CRIMINOLOGY

경찰을 위한 범죄학

김옥현 저

박영사

서문(序文)

어떤 책이든 그것이 간직해야 할 고유한 개성이 있다.

이 책은 독창적 학문으로서 새로운 이론을 제시하기 위한 목적으로 저술된 것이 아니다. 그간의 범죄 관련 연구 성과를 종합·정리하여, 이러한 지식의 응용자인 예비 경찰들과 이러한 분들을 가르치며 국가의 훌륭한 인재들을 선발하기 위한 출제를 담당하시는 분들에게 도움을 드릴 목적으로 전공기본·수험필독서로 만들어졌다.

학문의 진보는 지금까지 알려져 있지 않았던 새로운 법칙이나 이론을 제시하는 것만으로는 이루어지지 않는다. 그간의 성과들을 현실에서 적합하게 활용하고, 그 학문이 다루는 문제들을 어느 정도 잘 해결할 수 있도록 적실(適實)하게 그 지식을 제공하는 것으로도 이루어질 수 있다고 본다.

범죄학은 우리나라에서는 새로운 학문이라고 할 수 있다. 얼마 전까지만 하더라도 범죄학이라는 용어는 우리에게 거의 알려지지 않았으며, 별로 관심을 끌지 못하는 분위기였다. 기껏해야 형사정책이나 교정학 국가시험과 관련 과목에 혼재되어 소개되고 공부하는 정도였다.

이러한 상황을 배경으로 범죄학은 외국의 저작을 번역한 책들이 몇 권 있었고, 독자적인 범죄학 저술도 불과 2·3종 출간되어 있을 뿐이었다.

그러나 지금까지 이룩한 성과가 부족하다고 해서 실망하거나 외면할 필요는 없다고 본다. 외면하거나 포기할 게 아니라 새롭게 각성해야 한다. 그리고 어떤 계기가 뒷받침되어야 한다.

그런데 마침내 이러한 계기를 마련해 준 사건이 나타났다.

그것은 「경찰공무원 임용령」 <2020.10.27. 개정>을 통해, '경찰간부 후보생 공개경쟁 선발시험'과 '경력경쟁 채용시험'에 「범죄학」을 필기시험 주요과목으로 정한 것이다.

이를 계기로 우리나라에서도 범죄학이 사회과학의 한 분야로서 널리 확산될 수 있는 관심과 연구가 이루어질 것으로 기대를 모으고 있다.

범죄학은 사회의 안전과 질서를 유지하기 위한 분야에서 널리 활용되고 있으며, 이를 연구하는 사람도 세계적으로 크게 늘고 있다. 그래서 이번 계기가 역사적·사회적으로 중요한 의미가 있다고 생각한다. 이러한 맥락에서 이 책은, 범죄학을 우리나라에서 새롭게 발전시키는 데 조금이나마 기여하면서 현실적으로 필요한 분들에게 실용되도록, 18·19세기를 기점(起點)으로 20세기를 거쳐 21세기에 이르기까지의 범죄학 연구 성과들을 종합하고, 체계적으로 정확하게 소개하는 데 초점을 두면서 엮었다.

본인은 대학교에서 사회학과 법학을 전공한 것을 계기로, 약 30년에 걸쳐 오로지 형사정책과 범죄학·교정학을 연구하며 수험 강의에 전념해온 경력에 기대어 이 책을 편집하였다.

이 책을 편집하면서 국내외에서 저술된 많은 문헌들을 최대한 정확하게 이해하고 해석하여 학문적 오류나 부적합한 용어가 없도록 하면서도 방만하게 추상적으로 종합하는 데 그치지 않고, 우리 사회의 특정 분야와 수요자에게 집중하여 명확한 도움이 되도록 최선을 다하였다. 그렇지만 짧은 연구와 성급한 표현들이 광범위하고 복잡한 전체 범죄학을 알리는 데에는 많이 부족할 것이다. 그러므로 각 분야의 훌륭한 연구자들의 차원 높은 질정(叱正, 꾸짖어 바로잡음)을 바라며, 더욱 깊고 넓게 연구해가면서 시행착오를 꾸준히 보완해 나아갈 것을 약속드린다.

그간 이 책이 나오기까지 친절하게 자료를 제공해주신 분들과 조언과 협조를 해준 많은 분들에게 감사를 표한다.

진정으로 우리사회의 안녕과 진보를 기원하며

김옥현 씀

목차

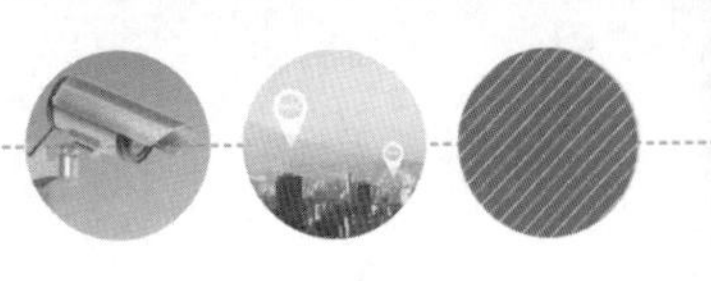

목차

PART 04 사회학적 범죄 이론(Social Theories of Crime)

PART 05 범죄대책에 관한 이론(Theories of Project Against Crime)

PART 01

범죄학의 기본 (Basic Theories of Crime)

경찰을 위한 범죄학 犯罪學 CRIMINOLOGY

일반적으로 '범죄학'이라고 하면, '범죄에 대한 과학'이라고 말한다. 범죄는 복잡한 현상이다. 범죄문제에 대한 해답을 찾는 일은 결코 쉽지 않다. 그러므로 범죄를 탐험하는 학문인 범죄학이 필요하지 않겠는가?

이 편은 범죄학에 입문하는 학생들이 범죄학의 토대를 구성하는 기초개념과 연구대상 · 방법을 이해하며 범죄학의 필요성과 가치 등을 인식하면서 범죄학적 사고능력을 기르는 데 도움을 주기 위하여 편제했다.

'범죄학적 사고능력' 즉 '범죄학적 상상력'은 우리가 일상적으로 접하는 매스컴상의 범죄에 대해서도 타성적 정보수용에서 벗어나 모든 범죄를 새롭게 바라보는 안목을 선사할 것이다.

CHAPTER 01

범죄학이란 무엇인가?

제1절 범죄학(犯罪學, Criminology) 개념

범죄학(criminology)이란, 사회적 일탈과 비행·범죄에 관한 연구(a study of social deviance and delinquency and crime)를 말한다.

일반적으로 소개되는 '범죄학'(criminology)에 대한 고전적 정의(定義, definition)로서, 세계적으로 유명한 범죄학자인 에드윈 세덜랜드(Edwin Sutherland)와 도널드 크래시(Donald Cressey)는 범죄학에 대해 다음과 같이 말한다. "범죄학은 범죄라는 사회현상에 대한 지식의 체계이다. 그것은 형사법(刑事法)의 입법과정과 이에 대한 법률위반 및 사법기관의 대응과정을 그 연구영역으로 한다."[1)]

① 형사법의 제정과 집행을 연구하는 분야와, ② 범죄의 원인을 실증적으로 연구하는 분야, 그리고 ③ 범죄에 대한 실효성 있는 대책을 연구하는 분야로 구성된 학문이 범죄학이라고 정의(定義, definition)한 것이다. 즉, 범죄학은 범죄원인론뿐만 아니라 법제정, 법위반, 법집행 과정 등 형사정책적 수단들의 실제 효과를 과학적으로 탐구하여 실효성 있는 범죄방지대책을 제시하기 위한 경험과학이다.

이는 넓은 의미로 범죄학을 정의한 명제이다. ①과 ③은 형사법 제정과 집행부분을 설명하는 '형사법과 형사사법(刑事司法)에 관한 이론'의 범주로 유형화할 수 있고, ②는 특히 범죄학을 좁은 의미로 규정할 때, 그에 해당하는 '원인론'으로 유형화 할 수 있다.

1) Edwin Sutherland and Donald Cressey, Principles of criminology. 10thed. 3면.

형사법과 형사사법에 관한 이론은 '왜 우리는 형사법을 제정하는가?', '왜 형사사법 체제가 우리나라에서는 현재의 방식대로 운용되는가?' 등의 문제를 설명하기 위해 연구된다.

원인론은 법 위반행위뿐만 아니라 사회규범을 어기는 일탈행위를 설명하는 데까지 확장되어 연구되므로 '범죄와 일탈의 원인을 밝히는 이론'으로 연구된다.

현재 범죄학이 가장 발달한 나라는 미국이다. 미국의 경우에는 사회학에 기반을 둔 원인론 중심의 범죄학이 주류를 이루고 있다. 이에 비해 독일 등 대륙법계의 범죄학(독일어: Kriminologie)은 원인론 못지않게 범죄처리절차의 규범적 원리도 중요하게 연구되고 있다.

범죄학은 인류학, 생물학, 심리학, 사회학, 법학, 경찰행정학 등의 다양한 관점에서 탐구하는 학제(學際, interdisciplinary)적 분야이므로 관련된 여러 학문 간의 경계를 아울러서 연구해야 하는 종합과학이다.

이와 같은 특성상 범죄학을 범죄생물학, 범죄심리학, 범죄사회학 등으로 나누기도 하지만, 인간과 사회의 문제를 다루는 범죄학은 본질상 심리학·사회학·법학·교정학 등 다양한 학문의 기여 없이는 형성될 수 없으므로, 이러한 구분은 실질적으로 무의미하다. 그러므로 여러 학문분야를 통섭한 '범죄학'이라는 명칭이 가장 적실(適實)한 용어이다.

범죄학자는 어느 사회에서 사회문제로 직면하는 범죄현상을 파악하고 그 범죄의 특성과 원인 및 방지대책을 탐구하는 데 중점적인 관심을 둔다.

18세기와 19세기 전반에 범죄학의 중점은 범죄의 원인 연구가 아니라 형법의 개혁에 있었다. 이 시기에 베카리아(Cesare Beccaria)와 벤담(Jeremy Bentham)과 같은 학자들은 범죄자를 다루기보다는 인도주의적인 형법을 개혁하는 방안 마련에 관심이 높았다.

역사상 범죄의 원인과 범죄인의 특성을 경험과학적으로 파악하고자 하는 학문 경향이 나타난 것은 1885년에 이르러서이다. 이즈음에 범죄학이 하나의 학문의 형태로서 연구되기 시작했다. 이러한 배경하에서 '범죄학'(犯罪學)이라는 용어(term)는, 19세기 후반 역사상 세계 최초로 이탈리아 범죄학자인 라파엘 가로팔로(Raffaele Garofalo)에 의해 범죄학을 뜻하는 이탈리아어 'Criminologia'(크리미노로지아)가 만들어졌다. 그 후에 프랑스 인류학자 토피나르(Paul Topinard)는 프랑스어로 '범죄

학'(프랑스어: criminologie)을 뜻하는 학문용어를 유사하게 사용하였다.[2)]

다시 말해, 범죄에 대한 연구가 범죄학이라는 이름으로서 전문화된 독자적인 연구 분야가 되기 시작한 것은 19세기 후반부터이고, 이러한 과정을 거쳐 '범죄학'이라는 용어가 일반적인 학문용어로 사용되기 시작한 것은 20세기 이후이다. 미국에서는 '범죄에 관한 학문' 교과서의 '책이름'으로 처음 「범죄학」(Criminology)이 출간된 것은 1920년, 미국의 사회학자 파말리(Maurice Parmalee)에 의해서이다. 이후 'Criminology'가 범죄학을 뜻하는 용어로서 국제적으로 널리 사용되고 있다.

제2절 범죄학의 특성과 주변 학문과의 관계

대륙법계 국가에 속하는 독일과 우리나라에서는 범죄학과 형사정책(독일어: Kriminal politik)[3)] 그리고 형법학을 학문상 구분하면서, 이 세 분야가 '총체적 형법학'을 구성하는 3대 지주라고 한다.[4)] 특히 이 세 분야 중 범죄학과 형사정책(학)의 관계에 대하여는 미국의 학문 경향과 비교하여 설명이 필요하다.

2) 현재 국내의 여러 문헌에서는 프랑스의 인류학자 토피나르(Paul Topinard)가 '범죄학'이라는 용어를 처음 사용한 것으로 소개하고 있다. 박상기/손동권/이순래, 형사정책, 2010, 3면. 배종대/홍영기, 형사정책, 2019, 43면 참조.
이에 대하여 wikipedia 영어판에서는 다음과 같이 설명하고 있다. "The term criminology was coined in 1885 by Italian law professor Raffaele Garofalo as Griminogia. Later, Franch anthroplogist Paul Topinard used the analogus French Term Criminologie." 이에 대한 1차 자료(Primary Source)는 Deflem, Mathieu, ed.(2006). Sociological Theory and Criminological Research: View from Europe and United State. Elesevier. 279면. 이 연구에 따르면, 토피나르가 1889년 파리에서 열린 범죄인류학회 2차 회의에서 "우리 과학(범죄학)의 정당한 타이틀은 라파엘 가로팔로가 준 것이다"고 밝힌 것이 확인되고 있다. 본서와 같이 '범죄학' 용어 제창자를 가로팔로로 소개하고 있는 교과서로는 허경미, 「범죄학」, 2020, 3면 참조.

3) 형사정책(刑事政策)은 독일어 'Kriminalpolitik'을 일본에서 한자어로 옮긴 것을 우리나라에서는 '형사정책'이라고 받아들여 그대로 사용하고 있다. 학문적으로는 독일의 형법학자, 포이에르바하(Feuerbach)가 「코란형사법 서설」에서 최초로 사용했다.

4) 배종대/홍영기, 앞의 책, 7면.

Ⅰ. 범죄학의 특성

1. 범죄학의 종합과학성과 독립과학성

범죄학은 개별범죄 또는 사회적 범죄 현상의 원인을 탐구하고 그에 대한 대책과 그 사실적 효과를 연구하는 학문이므로 인간과 사회의 모든 방면의 지식이 개입되어야만 효과적인 결과를 얻을 수 있다. 따라서 인류학·생물학·사회학·심리학·정신분석학·통계학·법학·경찰행정학 등 다양한 주변 학문에서의 성과를 기초로 활용하지 않을 수 없다.

이 특성에 대하여 미국의 범죄학자 톨스턴 셀린(Thorsten Sellin)은 "범죄학은 영토를 가지지 않은 제왕의 학문이다."라고 비유하여 표현하고 있다.

범죄학은 학제적 성격을 지닌 종합과학이기는 하지만, 범죄와 형벌에 관한 법(형법), 범죄, 범죄자를 이해하기 위한 목적을 지니고 있고 고유한 원리와 지식을 발전시키는 체계를 가지고 있으므로 20세기 이후에는 독립과학성도 인정되고 있다.

2. 범죄학은 사회적 현실을 실증적으로 연구하는 경험과학이다.

범죄학은 범죄의 현상과 원인을 실증적·인과적으로 탐구하고 그에 대한 대책과 실제 효과를 연구하는 분야이므로 경험과학을 본질로 하고 있다. 범죄학은 범죄의 원인과 결과, 범죄인 처벌 그리고 형사사법과정을 경험과학적으로 연구하는 분야이므로, '~해야 한다', '~을 하지 말아야 한다'에 대하여 연구하기보다는 '~이다', '~이 아니다'에 대하여 주로 연구한다.

Ⅱ. 범죄학과 형사정책(학)에 대한 관계

1. 개관

미국의 경우에는 범죄학(criminology)에 범죄방지대책에 관한 연구까지 포함하고 있고, '형사정책'이라는 학문 분과가 없으므로 구태여 범죄학과 형사정책을 구분하는 논의는 필요하지 않다. 그러나 한국의 경우 독일의 영향을 강하게 받는 법학적 현실에서 '범죄학'과 '형사정책'을 학문적으로 구분하기도 하고, 현실적으로 혼용하기도 한다.

현실적으로는 형사정책(학)을 넓은 의미로 인식하면서 범죄의 현상과 원인에 대한 이론, 범죄피해와 피해자에 대한 이론 등을 연구내용으로 포괄하면서 일반적으로 '형사정책(학)'이라고 부르고 있다.

공식적으로도 「공무원임용시험령」에 따르면, 보호직공무원 임용시험과목으로는 '형사정책'이 독자적인 학과목으로 실시되고 있고, 「경찰공무원 임용령」에 의하면 '경찰간부후보생 공개경쟁선발시험' 및 '경찰공무원 경력경쟁채용시험'에서는 '범죄학'을 시험과목으로 하여 양자를 구분하고 있다.

2. 범죄학(독일어: Kriminologie)과 형사정책(독일어: Kriminalpolitik) 및 형법해석학(독일어: Strafrechtsdogmatik)의 관계

형사정책은 범죄학의 경험적 연구를 바탕으로 독자적인 가치평가 규범기준에 따라 형벌의 입법, 개정 또는 폐지 및 범죄화·비(非)범죄화를 결정하는 기능을 담당한다. 형사정책은 범죄학의 경험적 연구결과를 기반으로 삼는다.

범죄학은 범죄현상의 원인 및 그에 대한 예방과 억제 대책 가능성을 사실적(경험과학적)으로 분석·연구한다. 또한 형법 적용의 결과를 경험과학적으로 분석하고, 그 효과를 검증하여 형사정책적 결정에 도움을 준다.

이에 따라 형사정책 분야에서는 정책적 결정에 관해 연구하여 형법의 제정·개정·폐지 등이 제시되어 입법 작용이 이루어진다.

입법에 의해 형법이 규정되면 형법(해석)학은 실정법을 해석하고, 범죄행위를 법률에 적용하는 데 필요한 규칙을 연구한다.

범죄학의 경험적 연구가 형사정책적 판단의 기초가 되지 못한다면 형사정책의 타당성은 기대하기 어렵고, 형사정책적 실무가 범죄학의 검증을 받지 못한다면 그 개선이 이루어지기 어렵다.

형사정책적 결정으로 범죄학의 연구성과가 형법에 반영되지 않으면 범죄학 연구는 현실적으로 실천되지 못하며 무용(無用)한 노력으로 그치게 된다.

형법이 실정화되어 형법학을 거쳐 적용된다 해도 범죄학의 검증을 받지 않으면 형사정책이 지향했던 효과의 정도를 증명할 수 없다.

따라서 범죄학과 형사정책, 그리고 형법학이 조화롭게 협조체계화되면, 범죄학의 경험적 연구는 형사정책의 활력을 불어넣고, 형사정책의 발전은 형법의 타당성과 효과를 높여주고 범죄를 경감하는 결과로 나타나, 더욱 안전하고 평화로운 사회를 구축하는 데 크게 이바지할 것이다.

형법해석학은 어떤 행위가 형식적으로 범죄가 되는지, 누가 범죄행위자가 되는지를 판단하는 도구이자 공식을 만들어줌으로써 사안에 대한 법적 평가의 객관성을 높여주고 사안을 효율적으로 해결할 수 있도록 도와준다.

범죄학, 형사정책, 형법(해석)학의 균형 있는 발전은 형법과 그 운영이 궁극적으로 달성하고자 하는 목적인 법의 이념, 즉 정의(正義, justice), 법적 안정성, 합목적성(合目的性)을 차원 높게 실현할 수 있는 바탕이 된다.[5)]

Ⅲ. 범죄학(Criminology)과 형사사법학(Criminal Justice)의 관계

범죄학은 유럽의 범죄학과 미국의 범죄학이 연구대상과 방법에서 다소 차이가 있다.

범죄의 현상과 원인에 대한 경험과학적 연구에 치중하였던 유럽의 범죄학이 20세기 초반에 미국에 도입되면서 형사법의 입법과정과 사법기관의 대응 등 범죄방지대책 연구를 포함하는 포괄적인 학문으로 개념이 확대되었기 때문이다.

초창기의 미국 범죄학은 독일의 형사정책 분야를 포괄하는 폭넓은 응용범죄학으로서 정의(definition) 범위를 확장하면서 형성되었다.

미국의 범죄학자들은 범죄가 왜 일어나는지를 이해하는 데 치중하였던 유럽의 범죄학적 분위기에서 벗어나 왜 사람들은 범죄를 저지르는가? 우리는 어떻게 범죄에 대응해야 하는가? 왜 어떤 행위는 범죄가 되는 데 비슷한 다른 행위는 범죄가 되지 않는가? 등에 대하여 질문을 던지면서 범죄이론의 변화와 그에 맞춘 형사사법 정책의 변화를 추구하였다.

---

5) '법의 이념'은 법이 추구하는 기본적인 사명을 말하므로 '법의 목적'이라고도 한다.
'정의'는 각자에게 각자의 정당한 몫을 주는 것을 의미하므로, 법은 공정성을 확보해주는 사회적 도구가 되어야 한다.
'합목적성'은 그 국가와 사회가 추구하는 바람직한 가치에 맞추어가는 경향이므로, 법은 더욱 성숙한 사회의 진보를 이끌어가는 기능을 해야 한다.
'법적 안정성'이란, 법은 생활양식의 기준이 되는 규범이므로 그 사회의 구성원들이 법규범에 맞추어 안심하고 평온하게 살아가는 데 지장이 없도록 명확하게 규정되어야 하고, 그 규범을 따르는 모든 사람이 쉽게 이해할 수 있도록 표현되어야 하며, 잦은 개정으로 혼란을 야기해서는 아니 된다는 당위성을 의미한다.
종합하여 결론을 내린다면, 법은 사회구성원 개개인의 자유와 권리를 최대한 보장해주면서도 공공복리와 조화를 이룰 수 있도록 하는 합목적성 및 안정된 법적 생활로써 사회의 안전보장과 질서를 유지하고자 하는 법적 안정성을 통하여, 공정하게 사회정의를 실현할 수 있는 기능을 하여야 한다는 것이다.

이러한 미국 범죄학은 그 후 더욱 전문적인 연구를 진행하는 과정에서 범죄학과 형사사법학(Criminal Justice)으로 분화·발전하였다.

형사사법학은 범죄학에 기반하여 발전한 분야이다.

형사사법학은 범죄학과 용어가 비슷하고 중첩된 연구 분야를 지니고 있어서 종종 개념상 혼동을 일으키기도 하지만 개념과 연구영역 사이에는 중요한 차이점이 존재한다.

형사사법학이란 경찰·법원·교도소 등 사법(司法)제도를 주로 연구하는 넓은 의미의 범죄학의 한 분야이다.

범죄학이 사회에서 발생하는 범죄의 동기와 원인, 범죄현상, 범죄의 특성 등을 설명하는 데 보다 중점을 두는 분야라면, 형사사법학은 경찰·법원·교정기관 등 형사사법기관에 대한 연구에 중점을 두면서 효과적이고 합리적인 범죄대책을 탐구하는 데 보다 중점을 둔다.

현재 미국에서 범죄학과 형사사법학이 독립된 학문으로 자리 잡고 있으나, 이 두 분야는 범죄와 관련된 밀접한 연구분야로서 상호불가분성과 상호의존성도 지니고 있다.

범죄학자 중에는 사법(司法)과 범죄통제에 관한 연구를 겸하기도 하고, 사법제도가 어떻게 작동하며 그것이 범죄와 범죄자에게 어떻게 영향을 미치는지, 그리고 형사정책이 범죄율·범죄추세와 어떤 상관관계가 있는지에 대하여 관심을 둔다.

또한 형사사법학 연구자들은 궁극적으로는 효과적인 범죄예방·억제 대책과 범죄자 교정프로그램 마련을 목표로 하지만, 이러한 목표를 효과적으로 달성하기 위해서는 범죄의 특성이나 원인 등에 대해서도 올바른 이해를 할 필요가 있다.

그러므로 형사사법학 연구프로그램에서 범죄학이 중요하게 다루어지고 있고, 범죄학 연구과정에서는 사법기관과 형사사법제도에 대한 관심을 끊을 수 없게 되어있어 이 두 분야는 상호 독립적이면서도 상호 의존관계를 유지하면서 발전해가고 있다.

형사사법학(criminal justice)은 독일 등 대륙법계 국가의 형사정책(학)(독일어: Kriminalpolitik)과 유사한 성격을 지닌 학문 분과로 볼 수 있다.

제3절 범죄학은 무엇을 위한 지식인가?

범죄학은 인간의 삶과 전체사회에서 행해지는 범죄에 대해 과학적으로 탐구하는 사회과학이다. 범죄학의 주된 연구대상은 범죄와 그 피해, 현상·원인 및 그 방지 대책이다. 우리는 범죄에 관한 적실(適實)한 이론을 통해 기존의 범죄 사실을 이해할 수 있고 새로운 범죄 사실을 추론할 수도 있다.

범죄학 이론도 인간의 행동과 사회를 더욱 잘 설명하고자 하는 사회과학의 일 분야이므로 독자인 여러분이 범죄학적 방식의 관찰과 생각을 발전시키면, 세계의 범죄사건들, 사람과의 관계들, 인간의 삶 등을 다른 관점에서 보게 될 것이다.

좋은 이론들은 왜 범죄가 발생하고 변화하는지에 대해 말해주고, 그러면서 우리의 지식을 확장해 준다.

여러분은 이제 범죄학의 이론들을 학습하게 될 것이다.

여러분은 이 이론들에 등장하는 어려워 보이는 생소한 용어들을 멀리하면 안 된다. 이러한 용어들은 범죄와 범죄에 관련된 사회적 사실을 해석하고 이해하는 여러 방식을 서술하는 데 하나의 지름길을 제공하는 수단이 된다. 그러므로 용어에 대한 명확한 이해가 필요하다.

이를 돕기 위해 본 저자는 용어와 과학적 지식을 더욱 쉽게 이해할 수 있도록 적확(的確)한 언어로 복잡한 이론들을 설명할 것이다.

많은 학생이 범죄문제의 해결을 통해 다른 사람들을 도울 수 있게 되리라는 희망을 안고 경찰·검찰 등 가치 있고 보람 있는 커리어로 가기 위해, 그 첫걸음으로 범죄학을 공부하고 있다. 그렇지만 범죄를 다루는 일은 결코 쉬운 일은 아니다.

부정한 행위에 대한 우리의 인식은 인종·국가·성(gender)·종교·사회적 지위를 비롯하여 기타 여러 가지 상황에 따라 달라진다.

추구하는 이념에 따라서도 크게 달라진다. 이념은 세상을 바라보는 관점과 삶을 살아가는 방식이 되는 일련의 가치관이나 신념을 뜻한다. 이념은 우리 모두에게 무의식적으로 작용하며 똑같은 사건을 놓고도 크게 다른 인식을 하게 하는 선입견을 형성하는 주된 동기가 된다.

범죄와 범죄인에 대한 우리의 선입견은 종교적 이념, 국가적 이념, 정치적 이념, 사회 계층적 이념, 성(gender)적 이념 등에 따라 크게 좌우된다.

요즈음 크게 부각되고 있는 성범죄 관련 성인지감수성이나 기업범죄, 화이트칼라 범죄, 정치범죄 등 범죄의 해악이나 중요도에 대한 평가뿐만 아니라 사법절차상 나타나는 '유전무죄(有錢無罪), 무전유죄(無錢有罪)'와 같은 공정성에 대한 인식, 그리고 범죄에 대한 해결방법으로 경찰활동의 강화와 강력한 처벌 위주의 강경대응정책으로 나갈 것인지(보수주의 입장), 빈곤지역개발·복지정책 확대와 교정교화 처우 중심으로 나갈 것인지(진보주의 입장)에 대한 정책 결정 등이 대표적인 이념 관련 문제들이다.

범죄학적 패러다임의 근간에는 이데올로기적 편견이 숨어 있는 경우도 많다.

이러한 복잡한 배경을 안고서 여러분들은 만족스러운 커리어 수행을 위해 어떠한 행위를 진정 중요한 범죄로 인정할 것인지, 범죄인 처벌을 우선할 것인지, 범죄피해자 보호를 우선할 것인지, 타인들에게 피해를 준 사람에게 획일적으로 공평하게 책임을 묻는 것으로 사건을 처리할 것인지, 행위자의 특수한 상황과 개인적 상태에 따라 개별적인 적합한 고려를 할 것인지 등 많은 평가적 고민을 갖게 될 것이고 역할 갈등[6]도 자주 느끼게 될 것이다.

이러한 문제들을 직면한 경우에나 그 밖의 예상치 못한 많은 상황에서 범죄과학을 통해 양성된 교양은 여러분들의 더욱 훌륭한 커리어 경로를 이끌어 주는 데 크게 이바지할 것이다.

어떤 사람은 직업적 업무수행에 그치지 않고 기존 사회 상황을 변혁시키기 위한 참여를 꿈꿀 것이다. 이러한 사람들에게는 특히 '응용범죄학'이 큰 도움을 줄 것이다.

응용범죄학은 범죄문제 해결에 대한 실용적 연구로서, 이러한 연구 성과를 바탕으로 경찰의 치안정책이나 사법(司法) 서비스 공급의 변화를 위한 조언을 하거나 가능한 해결책을 시사하여 준다.

---

6) 역할갈등(role conflict): 한 조직사회에서 구성원은 동시에 여러 개의 기대되는 역할을 갖는다. 예컨대 경찰이라는 지위에 대해 강력한 질서 유지자 역할도 기대되면서 다른 한편으로는 사회적 약자에 대한 따듯한 보호자 역할도 기대되는 것 같은 경우이다. 이처럼 한 구성원이 지니는 서로 다른 역할에 따른 대립 또는 갈등을 역할갈등이라고 한다. 업무상 어려움과 스트레스 요인 중 중요한 것의 하나가 역할갈등이라고 보고되고 있다.

범죄를 어떻게 설명하느냐에 따라 우리가 추구하는 범죄통제정책이 동력을 얻을 수도 있고, 동력을 잃을 수도 있다. 또한 정당성을 얻을 수도 있고, 정당성을 잃을 수도 있다.

우리는 먼저 '범죄학 학습하기'에 앞서서 그 기초적 전제인 '범죄학적으로 생각하기'가 무엇을 의미하는지를 헤아려 보면서 짧지 않은 범죄학 여정을 출발하자.

CHAPTER 02

범죄학 패러다임 변천사

패러다임(Paradigm)이란 어느 한 시대, 어느 한 지역의 사람들이 사물에 대한 인식을 하거나 이론을 구성할 때 그들의 사고나 견해를 지배하고 있는 관점(생각의 방향) 또는 이론적인 틀을 뜻한다. 이는 일종의 고정관념이나 선입견과도 맥락을 같이하는 편향된 인식체계라고 할 수 있다. 직설적으로 표현하면 '색안경으로 세상 바라보기'에 비유할 수 있는 '인식체계의 테두리'를 말한다.

사람들에게 범죄를 저지르게 하는 동기와 원인을 물으면 대부분이 자기 나름의 범죄원인을 지적한다. 흔히 지적하는 원인은 실업·가난·나쁜 가정환경·가벼운 처벌 등이다. 이처럼 대부분의 사람은 범죄가 왜 발생하는가에 대한 일정한 견해를 가지고 있다. 즉 범죄에 대한 자신들의 이론을 가지고 있는 셈이다. 범죄문제나 사회문제에 대한 자신의 견해가 일종의 패러다임이다. 이러한 견해나 사고의 틀을 학문적인 차원으로 승화시켜, 이론적 패러다임이 중요하게 논의되고 있다. 이론적 패러다임은 사회적 배경이나 역사적 상황에 따라 형성되고 변화해간다.

기존의 패러다임으로 당면한 문제를 해결할 수 없어 꽉 막혀있을 때, 다른 관점이나 이론·사상 따위를 찾아 새로운 사고체계를 모색하는 것을 '패러다임의 전환'이라고 한다. 이는 미국의 학자 토머스 쿤(Thomas Kuhn)이 「과학혁명의 구조」에서 처음 사용한 용어이다.

범죄이론도 사회적 배경이 그 방향을 결정하는 데 있어 핵심요인이라고 할 수 있다. 사회적 배경이 변화하고 사람들의 사고방식이 달라지면 세상을 보는 관점과 범죄에 관한 생각도 달라진다. 이에 따라 왜 범죄가 일어나는지, 어떻게 그러한 범죄를 통제할 것인지에 대한 견해도 바뀌게 된다.

범죄이론도 특정 시·공간에 맞춘 패러다임에 바탕을 두고 있다. 역사적으로 가장 큰 범주로 범죄이론의 패러다임을 구분하면 초자연주의적 이론과 자연주의적 이론으로 나눌 수 있다.

제1절 초자연주의적 범죄이론 – 심령론(Spiritualism)

범죄행위에 대한 설명으로서의 심령론 또는 귀신론은 오늘날의 범죄학적 패러다임과 극명하게 대비된다. 심령론 또는 귀신론은 범죄를 저지르는 사람은 요사스러운 악령(evil spirits)에 사로잡혔기 때문이라고 간주한다.

이러한 관점은 고대 신화시대에나 존재했을 것으로 생각하기 쉬우나 중세 유럽에서는 심령론적 설명이 잘 짜여, 봉건주의 사회구조와 정치구조에 연결되어 활성화되었고, 현대에도 군데군데에서 드러나고 있다.

오늘날에는 "악령이나 귀신이 사람에게 그렇게 하도록 만들었다."라는 주장에 대해 크게 비판되고 있지만, 그럼에도 불구하고 1987년 미국에서 회계부정 범죄로 검거된 범인의 부인이 "악마가 컴퓨터 안에 들어갔었음이 틀림없다."라고 말했다는 당시의 보도 내용이나, 범죄행위로 수형생활을 하는 사람 중에는 "새 삶을 살기 위해 신께 돌아섰다."라는 사람들이 종종 나타나기도 한다. 워터게이트 사건으로 유명한 찰스 콜슨(Charles Colson)이 "죄 많은 인간의 본성이 범죄의 원인이며, 종교적 전향만이 범죄성을 치유할 수 있다."라면서 국제 교정단체를 설립한 예 등에서 보듯이 현대에도 어떤 사람들에게는 여전히 초자연주의적 패러다임이 영향을 미치고 있다.

초자연주의적 패러다임이 오늘날보다 훨씬 더 전면적으로 맹렬한 기세를 떨치고 있던 중세 유럽에서는 사회규범을 위반하거나 종교적 계율을 어긴 사람들은 마녀이거나 악마에 홀린 것으로 여겼다. 그래서 당시에는 악마에게 홀려서 나쁜 짓을 한 사람을 말뚝에 묶어 화형(火刑)에 처했다. 이러한 관행은 17세기까지도 계속 유지되고 있었다.

범죄에 대한 초자연적인 관점은 근대 이전의 형사사법체계나 범죄 여부 판별법에도 반영되었다. '결투에 의한 재판', 시련재판(trial ordeal) 또는 시죄법(試罪法) 등이 그러한 것들이다. 결투재판은 원고와 피고에게 창과 방패를 갖게 한다. 그리하고는 결투를 시켜 둘 중 하나가 죽을 때까지 싸우게 하여 죽은 사람을 유죄자로 판결하고 교수대에 매달아 처형을 한다. 이 경우 대신 싸워줄 전사를 돈을 주고 구할 수도 있었다. 이것은 신이 죄 없는 사람에게 승리를 안겨준다고 믿었기 때문에 정당화되었다.

시죄법은 물이나 불 등을 사용해서 육체적 고통이나 시련을 부과하고, 그 결과를 해석하여 죄의 유·무를 판단하는 중세 유럽의 재판법이었다. 이 재판의 결과는 오직 신(神)만이 알 수 있다고 보았으므로 '신명(神明)재판'이라고도 불렀다.

이 시련재판은 13세기 이후 '면책선서'로 발전했다. 사죄법의 예를 들면, 어떤 사람이 죄인인지 아닌지를 시험하기 위해 그 사람들 묶어서 신성한 물에 던지고 나서 피고가 가라앉으면 무죄이고, 물에 뜨면 유죄로 판별한다.

피고가 물에 뜨는 것은 신성한 물이 죄인을 거부한 것으로서 유죄로 보아 교수형이나 화형에 처했다. 피고가 완전히 물에 잠기면 피고는 무죄로 인정된다. 이는 신이 죄 없음을 인정하여 받아준 것으로 보았기 때문이다. 그렇지만 무죄의 결과는 그대로 익사하는 것이었다. 16~17세기 유럽 전역에서 약 10만 명에 달하는 사람들이 마법에 걸렸다는 이유로 처형된 것으로 추산된다. 이러한 시련재판(시죄법)은 로마교황의 비난을 받게 되자 면책선서로 대체되었다. 면책선서제도는 피고가 12명의 신망 있는 사람을 모으고, 그들이 신 앞에서 진실을 말할 것을 선서하여 맹세하고, 그들이 무죄라고 주장을 하면 무죄로 판결하는 제도이다. 이는 신에게 벌 받는 것이 두려워 맹세 후, 감히 거짓말을 하지 못할 것이라는 믿음을 바탕으로 생각한 아이디어였다. 이 면책선서제도는 근대에는 법정 증인의 선서제도와 배심원재판제도로 발전되어 오늘에 이르고 있다.

서양의 근대적인 교도소제도도 범죄를 종교적으로 설명하는 초자연적인 설명에 바탕을 두고 있다. 크리스트교에 있어서 죄의 관념은 다양하고 복잡하지만, '신의 뜻의 부정', '성령의 부재(不在)', '악마성 오염' 등에 의해 비롯되는 행위를 범죄의 속성으로 보고 있었다.

미국 최초의 근대적인 교도소제도인 펜실바니아제(Pennsylvania System) 또는 필라델피아(Philadelphia)제는 1790년대 제도화되었는데, 이 체제를 만들어낸 크리스트교의 한 종파에 속하는 퀘이커(Quakers)교도는 범죄자를 사회와 격리하고 감방에 홀로 고립시켜서 독거구금 후, 성경을 읽게 하고 육체노동을 통해 보속[7]하게 하는 자유형 집행방식인 엄정독거구금제도를 창안했다.

이 엄정독거제도는 '하느님께 죄를 고백하고 회개하면서 뉘우쳐 마음을 고쳐먹으면, 하느님은 참회하는 자의 죄를 용서하시고 새사람이 되게 하신다.'라는 믿음을 배경으로 한 것이다.

그들은 이러한 제도의 의미를 나타내기 위해 오늘날 일반적인 교도소(prison)에 해당하는 행형시설을 '참회소(penitentiary)'로 제도화했다.

---

7) 보속(補贖, penance): 넓은 의미로는 손해배상을 뜻하는데, 종교적으로는 노동을 통해 죄에 대한 피해를 배상하고, 자신의 이기심을 이겨내면서 죄를 짓지 않고 거룩하게 살겠다는 다짐을 상징하는 행위이다.

그들은 참회소로서의 감옥을 '사람들의 죄악에 대해서 참회하는 참회자들을 위한 장소'로 여겼다. 이러한 독거제구금방식은 오늘날 세계 각국의 구금방식에 영향을 미쳤고, 우리나라에도 영향을 미쳐 행형(行刑)법률에 "수용자는 독거수용한다. 다만 법정 요건에 해당하는 사유가 있으면 혼거수용할 수 있다"[8]고 규정한 '독거제 원칙, 예외적 혼거제 인정'의 구금제도 채택에도 연결되어 있다.

심령주의적·초자연주의적 범죄설명들의 주된 문제는 그러한 설명들이 현실적·이성적·과학적으로 이해될 수 없다는 것이다. 이러한 이론들에 의한 범죄의 원인은 경험적인 사물의 세계를 뛰어넘는 것이기 때문에, 그것이 과학적으로 검증될 수 없다. 이것이 바로 범죄에 대한 현대의 이론들이 물질적·경험적 세계에 기반하고 있는 주된 이유이다.

제2절 자연주의적 범죄이론

자연주의 세계관은 자연 이외의 초월적인 힘이나 존재를 인정하지 않고 자연만을 일체의 존재와 가치의 원천으로 인정하는 입장이다. 현대에까지 가장 큰 영향을 미치는 자연주의(自然主義)로의 패러다임전환의 계기를 마련한 것은 계몽주의이다.

17세기 후반 유럽에서 시작된 계몽주의는 18세기에 장밋빛으로 꽃피워, 범죄에 대한 사고방식에서도 미신·편견·종교적 폐습의 어둠을 걷어내고 이성(理性, reason)에 의하여 모든 범죄행위를 설명하려고 하였다.

계몽주의란 프랑스어 뤼미에르(Lumières)가 뜻하듯이 '어둠에 빛을 비추어 밝고 현명하게 하는 운동'으로서, 이 입장에서는 이성을 척도로 종교도, 국가도, 사회제도도, 범죄관도 모든 것이 성역 없이 비판되었다.

그러므로 이제까지의 귀신론 등 미신적·초현실적 허구에 입각한 세계관은 어지없이 쓰레기통에 내던져지고, 정치에 관해서는 사회계약론이 주장되고 과학에서는 실증주의(實證主義)가 강조되었다.

특히 범죄와 관련한 사법제도에 끼친 영향은 매우 큰 의미가 있다. 그 당시까지 범죄혐의를 받으면 자백을 받아내기 위하여 잔인한 고문이 가해지는 것이 인습(因習)이었다. 폭력이나 절도 등으로 고소된 사람에 대해서도 채찍질, 인두질, 신체

8) 「형의 집행 및 수용자의 처우에 관한 법률」 제 14조 참조.

절단이 가해졌고, 고문에 못 이겨 자백하면 거의 모든 중범죄자는 사형에 처해 잔인하게 처형됐고, 하물며 가벼운 절도범에 대해서까지 사형을 선고하여 공개처형하는 경우도 많았다.

이러한 형 집행은 권력자들 측에서 보자면, 고문과 신체형·사형은 압제·폭력·복수욕, '처벌하면서 누리는 잔인한 즐거움'을 나타내는 정도였고, 처벌받는 측에서 보자면, 그것은 사람들이 자신을 절망에 몰아넣으면서 '그를 내다버린 듯한 천상의 신과 그 심판자'를 찬양하기를 바라는 치욕스러움이었다.

이러한 역사적 상황에서 18세기 후반에 이르면, "형벌은 복수하는 것이 되어서는 아니 되고, 범죄해악에 비례하는 적합한 것으로 해야 한다. 사형은 살인범에게만 부과해야 한다. 인간성에 위배되는 신체형은 폐지되어야 한다."라는 외침이 계몽주의 입장에서 활발하게 제기되고 있었다.

고문과 신체형이 없는 사법체계의 필요성은 인간 본성의 외침으로 나타났다. 즉, 아무리 흉악한 살인자에 대해서도 그를 처벌할 때에는 하나의 사실을 존중해야 하는데, 그것이 바로 '인간성'이라는 것이다.

그리하여 이러한 흐름이 19세기 들어와서는, 범죄자에게서도 발견되는 이 '인간성'이 형벌의 목표가 되어야 한다고 보았고, 이에 따라 형벌과정은 범죄적 충동을 가진 사람들에 대한 억제(deterrence)이어야 하고, 범죄성을 교정교화하고 재사회화(resocialization)시켜야 한다는 주장으로 나타나 형사정책과 행형학(penology)과 범죄학(criminology)으로 학문적 발전이 이루어졌다.[9]

자연주의 범죄 패러다임에 바탕을 둔 범죄이론들은 그 수효가 매우 많고, 다양하게 대립되는 관점을 취하면서 여러 범주의 패러다임으로 분화·발전하고 있다.

범죄와 형벌 등 대책에 관한 유사한 관점에 따라 범주별로 구분하면 고전주의(classicism) 범죄이론, 19세기 실증주의(positivism) 범죄이론(생물학적 실증주의, 사회학적 실증주의), 20세기 생물학적·생물사회학적 범죄이론, 심리학적 범죄이론, 20세기 사회실증주의 범죄이론(사회구조적 범죄이론, 사회과정 범죄이론), 20세기 고전주의적 범죄이론, 갈등론적 범죄이론, 통합이론과 생애과정이론(Life-Course Criminology)으로 나눌 수도 있다.

범죄 패러다임 범주 구분은 객관적으로 입증할 수 없는 기준에 따른 것이므로 범죄학자들의 다양한 관점이나 이념 등에 따라 여러 가지 많은 유형으로 분류할 수 있다. 따라서 정론(正論)이라고 할 수 있는 표준적인 분류는 아직 정립되어 있지 않다.

9) 이에 관한 자세한 설명은 미셀 푸코 저, 오생근 역, 「감시와 처벌」 참조.

Ⅰ. 고전주의 범죄이론(Classicism Criminology)

1. 고전주의 범죄이론의 범죄관·형벌관

이성에 의한 사고력과 합리적 판단능력이 인간의 본질적인 특성이며 인간의 행동을 설명할 수 있는 기초가 된다는 관점이다.

고전주의 범죄이론은 범죄와 형벌을 설명할 때 이성의 토대 위에서 합리적·자연주의적 접근을 취한다는 공통점이 있다.

이 입장은 자유의지에 의한 합리적 쾌락주의에 근거하여, 범죄는 더 많은 쾌락과 이익을 더욱 쉽게 얻기 위해 선택되는 행위라고 본다. 즉, 범죄는 개인의 자유로운 선택의 산물이며, 범죄의 잠재적 비용에 대한 잠재적인 이익을 계산하며 선택된 행동이라는 것이다.

따라서 범죄를 억제하기 위한 형벌은 범죄에 대한 대가(이익)가 그것에 의해 얻어지는 보상(이익)보다 좀 더 많아질 수 있도록 범죄행위의 해악성에 비례하여 철저하게 부과되어야 한다고 주장했다(객관주의 형법이론).

이 입장의 형벌논리는 '할지도 모를 위험성'이 아니라 '실제로 행한 결과'를 바탕으로 책임을 평가하여 '형벌은 범죄에 맞도록' 결정해야 한다는 객관주의 형벌이론이다. 이 시기의 범죄이론의 최대과제는 과도하고 잔인한 형벌을 합리적으로 개혁하는 것이었다.

고전주의 범죄이론가로 대표되는 학자는 이탈리아의 체사레 베카리아(Cesare Beccaria, 1738~1794)와 영국의 벤담(Jeremy Bentham, 1748~1832) 및 독일의 포이에르바하(독일어: Anselm von Feuerbach)이다.

이분들은 죄형법정주의(罪刑法定主義)를 강조하면서, 형벌은 잠재적인 범죄를 억제할 수 있도록 형벌의 고통이 범죄에 비례해서 공평하고 신속하고 확실하게 실행되어야 한다고 주장했다.

이 패러다임에 바탕을 둔 범죄학자는 범죄를 최소화할 수 있는 형벌시스템을 만드는 것을 과제로 삼는다. 고전주의 범죄 패러다임은 범죄 억제에 대한 이론 및 연구의 기초를 제공하고 있다.

2. 베카리아(Cesare Beccaria)

베카리아는 「범죄와 형벌」(1764)을 저술하여 전근대적이고 비인간적이며, 야만적인 당시의 형사사법제도를 비판하고 고전학파의 선구자가 되었다. 그분은 처벌은 공개적이어야 하고 신속하며 필요한 것이어야 하며, 범죄에 대해서는 처벌하는 것보다 예방하는 것이 바람직하다고 하면서 다음과 같은 주장을 하였다.

(1) 입법의 기능

범죄에 대한 형벌은 법률로써만 정할 수 있다. 형벌은 자유를 남용하는 사람들로부터 사회구성원 전체의 자유를 지키기 위해서 존재해야 한다.

(2) 법관의 기능

형사사건에서 법관들은 법을 해석할 권한이 없다. "법의 정신을 고려해야 한다."라는 명분도 인정되어서는 안 된다. 법의 정신에 따른 해석은 법관을 입법자로 만드는 것과 같다.

(3) 죄형균형론

범죄와 형벌 사이의 비례관계가 유지되어야 한다. 형벌이 그 목적을 달성하기 위해서는 형벌로 인한 고통이 범죄로부터 얻은 이익을 약간 넘어서는 정도가 되어야 한다. 그리고 범죄와 형벌은 법률에 의해 규정되어야 한다(죄형법정주의).

(4) 범죄의 경중

범죄의 진정한 척도는 '사회에 끼친 해악'이지 범죄자의 의사가 아니다(객관주의 형법이론).

(5) 가혹한 형벌 폐지

형벌이 그 목적을 달성하기 위해서는 형벌의 고통이 범죄로부터 얻을 이익을 상쇄시킬 정도에 한정되어야 한다. 이것을 넘어서는 것은 무용한 형벌이다. 잔혹한 형벌은 인도적인 차원에서 뿐 아니라, 범죄예방에도 유해(有害)한 결과를 초래한다. 잔혹한 형벌을 가할수록 그 형벌을 피하기 위해 후속범죄를 저지르게 되는 측면도 무시할 수 없다.

(6) 신속한 형벌

범죄가 범해진 후 신속하게 형벌이 과해지면, 형벌은 그만큼 더 공정하고 유용하게 된다. 즉 범죄와 처벌 사이의 시간적 길이가 짧을수록 범죄예방에 더 효과적이다.

(7) 형벌의 확실성

범죄를 잘 억제할 수 있는 방법은 가혹한 형벌이 아니라 형벌의 확실성이다. 즉, 잔혹한 형의 집행보다도 예외없는 처벌이 범죄예방에 효과적이다.

(8) 법률의 제정 및 집행의 원리

최대다수의 최대행복(후일 벤담이 인용) – 인간행위의 원동력을 쾌락의 추구와 고통의 회피로 보고, 형법은 인간의 공리성을 고려하여 범죄방지를 위한 공리적 기능에 중점을 두어야 한다.

(9) 객관주의 형법 이론을 바탕으로 한 형법 개혁운동 주창

유럽·미국의 형사법개혁에 영향을 미쳤고, 특히 1791년 프랑스 형법의 이론적 토대를 제공했다. 그분은 신분과 지위의 고하에 상관없이 행위의 객관적인 측면을 기초로 일률적인 법집행이 이루어져야 한다고 주장했다. 즉, 형사사건에서 '법 앞의 평등'이 당연히 관철되어야 한다는 주장이다.

(10) 일반예방주의

범죄를 처벌하는 것보다 예방하는 것이 더 좋은 방법이다. 이를 위해서는 교육이 중요하다. 범죄를 예방하기 위해서는 법규를 문서로 확정하여 모든 사람들이 읽고 이해할 수 있도록 해야 한다.

(11) 자의(恣意)적인 사면제도 반대

사면은 범죄자에게 처벌되지 않을 수 있다는 요행심을 불러 일으킴으로써 법에 대한 존중심을 훼손하는 결과를 가져온다.

(12) 사형폐지론의 선구

사회계약론에 근거하여 최초로 사형폐지를 주장했다. 사형은 일반예방에 필요한 한도를 넘으므로 불필요한 제도이다.

(13) 배심원제도

범죄자와 피해자 사이에 계급의 차이가 있는 경우에는 배심원의 절반은 피해자 계급, 나머지 절반은 범죄자 계급으로 구성해야 한다.

3. 벤담(J. Bentham)

(1) 「도덕과 입법의 원칙」 간행

"법의 목적은 사회 공유의 행복을 창조하고, 보장해 주는 것이며(공리주의 법철학), 형벌부과의 목적은 범죄예방에 있고(일반예방사상), 만일 범죄의 예방이 불가능한 경우 덜 중요한 범죄로 유도하고, 범죄자로 하여금 범죄에 필요한 만큼의 힘을 다른 분야에 사용토록 유도하여 피해 확대를 방지하며, 범죄예방에 가능한 한 적은 비용을 사용하는 것이다."라고 주장했다.

또한 '형벌은 일반예방목적에 의해 정당화되어야 하고, 개선목적은 형벌의 부차적 목적이 되어야 한다.'고 하여 공리주의적 형벌관을 취했다.

(2) 행복지수 계산법, 파놉티콘형 교도소 구상

범죄로 인한 이득, 고통 등을 고려하여 적정한 비례적 형벌이 부과되도록 채찍이론의 비유를 들어 '형벌의 계량화'를 추구했고, 파놉티콘형 감옥[10]을 구상하여 감옥의 중요한 기능이 규율과 통제의 확보라는 점을 자각시키는 데 기여했으나, 그때 당시에 실현시키지는 못했다. 또한 범죄란 실제로 악을 낳는 '실제적 범죄'로 한정되어야 한다고 하면서 '상상적 범죄'의 비범죄화를 주장했다.

4. 포이에르바하(독일어: Anselm von Feuerbach)

(1) 심리강제설과 죄형법정주의 주장

포이에르바하는 독일의 저명한 형법학자로서 소위 '심리강제설'로 일컬어지는 형법이론을 주창하여 일반예방이론을 완성했고, "법률이 없으면 범죄 없고, 형벌도 없다."는 명제로서 죄형법정주의(罪刑法定主義)를 명쾌하게 표현했다.

포이에르바하는 베카리아와 벤담의 영향을 받아, 인간은 이성적 존재이므로 자신의 행위에 대한 이익과 불이익을 비교·계산하여 쾌락·이익을 선택하고 불쾌·손해는 회피한다고 보았다. 그분은 형벌의 목적은 범죄를 방지하는 데 있으며, 이는 일반국민에게 범죄를 행함으로써 얻어지는 쾌락과 이익보다 범죄로 인한 처벌

---

10) 파놉티콘(Panopticon)은 '벌어지고 있는 모든 것을 한 눈에 파악할 수 있는 능력'이란 뜻을 지닌 말이다. 최소비용으로 최대의 감시효과를 얻을 수 있는 파놉티콘(패옵티콘) 감옥은 일종의 이중 원형 건물양식으로서, 중앙에는 원형의 감시탑이 있고, 그 둘레에는 원형으로 여러 층의 수용자거실이 배치된다. 감시탑에서는 각 구석구석까지 수용자거실을 훤히 볼 수 있지만, 수용자들은 감시자를 전혀 볼 수 없도록 한다. 그 결과 수용자들은 감시자가 있건 없건 항상 감시받고 있다고 생각하게 하는 효과가 있다. 따라서 이 양식은 감시기능이 뛰어나다는 장점이 평가되어 미국 등 여러 국가의 교도소 건축형태에 영향을 미쳤다.

로 인해 불쾌와 고통이 더 크다는 것을 알게 해주어야 실현된다고 주장했다. 이것이 '심리강제설'의 핵심내용이다. 이에 따라 무엇이 범죄이고, 그 범죄에 대하여는 어떤 형벌이 가해지는지를 성문법으로 규정하여야 한다고 주장했다.

(2) 형사정책 개념 정의와 형사정책(독일어: Kriminalpolitik) 용어 최초 사용

"형사정책은 형벌의 목적(일반예방)에 적합할 뿐만 아니라 가능한 한 인간적·시민적 자유를 촉진하기 위하여, 형벌을 어떻게 정립하고 집행해야 하는가를 체계적으로 연구하는 것을 주된 임무로 하는 형법의 보조수단이다. 즉, '형사정책'이란 '입법을 지도하는 국가적 예지'를 뜻한다."라고 하면서, '형사정책'이라는 용어를 처음으로 사용하였다.

Ⅱ. 19세기 실증주의 범죄이론(Positivism Criminology)

자연적 설명은 인간행동을 설명하기 위해 물질세계의 사물과 사회현상을 이용한다.

실증주의이론은 자연적 설명의 중심을 이루는 과학적 이론들이다. 19세기의 실증주의 이론은 생물학적(生物學的) 실증주의와 사회학적(社會學的) 실증주의로 범주화할 수 있다.

19세기 후반에는 찰스 다윈(Charles Darwin, 1809~1882)의 진화론에 힘입어 과학적인 범죄연구방법이 유럽에 뿌리내리기 시작했다. 다윈의 인류 진화에 대한 발견은, 다른 학자들에게 모든 인간행위는 과학적 원리에 의해 설명될 수 있다는 패러다임을 취하도록 동기를 부여했다. 사회학의 창시자인 오귀스트 콩트(Auguste Comte, 1798~1857)는 사회현상을 연구하는 데 있어서도 화학자들이 물리적 세계를 연구할 때 사용하는 과학적 방법을 적용해야 한다는 실증주의(positivism)를 주장하게 되었다. 사회학에 대한 실증주의적 접근은 관찰과 비교, 실험에서 나오는 경험적 증거들에 바탕을 둔 사회에 대한 지식 생산을 추구한다.

실증주의에 따르면, 인간의 행위는 자유의지에 의해 합리적으로 선택된 결과이기보다는 자유의지를 압도하는 다양한 작용의 결과이다. 즉, 범죄 행동이 개인의 통제를 넘어선 요인에 의해서 결정되는 것으로 설명한다. 또한 범죄 범죄행동을 인과적으로 설명하는 데 성공함으로써, 범죄와 형벌은 이성적 사유의 대상이 아니라 과학적 인식의 대상이 되어야 한다고 주장한다.

1. 생물학적 실증주의 범죄이론

생물학적 실증주의 패러다임을 범죄학에 맨 처음 적용하여 과학적으로 범죄를 연구한 사람들은 라바터(J. K. Lavater, 1741~1801)와 같은 관상(인상)학자들이었다.[11] 이들은 눈·귀·코의 모양과 그것들의 간격이 반사회적 행위와 연관이 있는지 알아보기 위해 범죄자들의 얼굴 특성을 연구했다.

이러한 맥락에서 연구범위를 더욱 확대·발전시킨 실증적 연구가 골상학(骨相學)이다. 이 연구는 두개골의 형태에 관한 지식을 통해 인간의 성격과 여러 능력 정도 및 운명을 추정하는 학문이다. 즉, 두개골의 크기와 형태를 분석하면 대뇌피질의 형태까지 알 수 있고, 그것을 통해 그 사람의 특성을 파악할 수 있다고 주장하는 학문이다.

골상학의 창시자는 오스트리아의 해부학자였던 프란츠 조셉 갈(Franz Joseph Gall, 1758~1828)이다. 갈은 인간의 심리적 기능과 행동은 대뇌 표면의 각 부분에 의해 통제된다고 하면서 대뇌의 각 부위의 크기와 형태를 분석하면 그 사람의 심적 특성을 유추할 수 있다고 주장했다.

이 학문은 19세기 중엽에 크게 유행하였고 미국에까지 전파되었다. 이러한 연구는 오래지 않아 과학적 지지를 받지 못하고 쇠퇴했지만, 그들의 노력은 과학적 방법을 사용하여 범죄를 연구하고자 했던 초기의 시도였고 나중에 범죄인류학자 체사레 롬브로소(Cesare Lombroso)에게도 영향을 미쳤다는 점에서 학설사적 의미를 지닌다.

19세기 초반에는 개인적 요인이면서도 생리적 요인보다는 성격적·정신적 요인에 초점을 맞춘 정신이상과 범죄의 상관성에 관한 연구도 이루어지기 시작했다.

프랑스에서 근대 정신의학 발전에 이바지한 정신의학자 필립 피넬(Philippe Pinel, 1745~1826)은 괴이한 생각과 행동 패턴을 보이지만, 정신착란(정신질환)상태에 있는 정신병자가 아닌, 일부 사람들이 있음을 발견했다. 피넬은 정신과 용어로 '인격(성격)장애(personality disorder)'를 처음 만들어 사용하면서, 이해력·판단력·지각능력·기억력에 있어서는 병적일 정도의 문제가 없고 일반인이 보기에도 정상적으로 보이지만 작은 자극에도 쉽게 충동적인 공격성을 표출하는 일부 남성들을 지칭하여 '망상(착란)이 없는 조증(躁症)'이라는 진단명을 붙였다. 이는 오늘날 정신병질적 성격(Psychopathic Personality)과 비슷한 인격(성격)장애를 가리킨다.

---

11) Larry J. Siegel, Criminology, Tenth Edition, 3면.

영국에서도 제임스 프리차드(Jam Prichard, 1786~1848)에 의해 완전히 미친 사람(광인)은 아니면서도 도덕적으로 문제가 있는 행동을 반복하는 사람을 모아서 그 특징을 제시했다. 그는 도덕적으로 문제 있는 인격장애자를 정신과에서 정신질환자로 잘못 진단해서 처벌을 면제받게 해서는 아니 된다는 주장을 했다.

이러한 측면에서 19세기에 지적했던 대표적인 인격장애는 오늘날 문제되고 있는 반사회적 인격장애 내지 사이코패스(Psychopath) 정도로 추정된다.

인격장애의 예를 들면, "왜 미팅 때 나를 비웃는 거야?", "그러지 않았는데요.", "그때 씩 웃었잖아.", "카톡 하나 와서 그것 보고 웃었는데요.", "이전에도 내가 말하는 동안 웃더니, 내가 그렇게 우습게 보이나? 만만하냐고? 그러다가 너 죽어."

이처럼 회의 중 어떤 직원이 살짝 웃은 것을 가지고 자기를 비웃는 것으로 굳게 믿고는 적대적 행동을 취하는 사람도 있고, 끊임없이 주변 사람을 경계하고 의심하는 사람 등이 인격장애의 유형들이다.

인격(Personality)은 한 사람의 일관되고 광범위하며 자연스러운 판단과 언행, 정서적 반응의 총체이다. 그렇지만 이 인격(성격)으로 인해 자신에게뿐만 아니라 다른 사람들에게도 피해를 주면서 사회생활에 정상적으로 적응할 수 없는 인격 상태가 있다. 이를 '인격(성격)장애'라고 부른다.

인격장애가 문제가 되는 것은, 인격장애의 경우 자신이 타인에게 문제를 일으키고 있다고 생각지도 못하고, 자신은 스스로 불편해하거나 비정상적이라고 생각하지도 않는다는 점이다. 그러므로 치유를 통해 변해야겠다는 생각도 전혀 하지 않는다.

서양에서는 이 인격장애자를 '입안의 마늘'로 비유한다. 자기는 마늘이 좋아서 실컷 먹었는데, 말을 할 때마다 마늘 냄새가 진동해서 주변 사람을 고통스럽게 하는 상태와 비슷하기 때문이다.

이런 19세기 초반의 노력은 범죄행위를 해명하는 열쇠로서 뇌의 기능과 성격의 문제를 제시했고, 그 후 지그문트 프로이트(Sigmund Freud, 1856~1939)의 정신분석학 이론이나 알프레드 아들러(Alfred Adler, 1870~1937)의 개인심리학 등의 발달에 많은 영향을 미쳤다.

2. 사회학적 실증주의 범죄이론

범죄에 대한 생물학적이고 심리학적인 접근은 범죄나 일탈이 사회보다는 개인의 잘못된 특성에서 비롯되는 것이라고 전제한다. 그러나 사회학적인 접근에서는 범죄가 발생하는 사회적·문화적 맥락에 초점을 맞춘다.

사회학적 범죄이론을 개척한 사람은 벨기에의 과학자인 아돌프 케틀레(Adolphe Quetele, 1796~1874)이다. 케틀레는 천문학·수학·통계학뿐만 아니라 사회학 분야에도 업적을 남겼다. 그분은 「사회물리학 시론」을 통하여 평균적인 인간(일반인)의 개념을 제창하였고, 사회과학에 통계학을 적용함으로써 '근대 통계학의 아버지'라고 불리고 있다. 케틀레는 범죄학적 연구를 하면서 인구밀도·성별·종교·수입 등 통계학적 자료와 통계학을 사용하는 방법을 제시했다. 케틀레는 죄를 저지르는 성향에 대한 사회적·환경적 요인의 영향을 조사하기 위하여 프랑스에서 수집된 자료를 연구했다. 케틀레가 범죄와 관련되는 자료로 고려한 요인으로는 지리적 위치, 기후, 연령분포, 성(gender), 계절, 교육수준 등이었다. 연구결과 그분은 이러한 사회·환경적 요인들이 범죄발생 정도와 함수관계가 있음을 밝혀냈다. 그리하여 사회환경적 요인과 범죄 사이의 법칙성을 주장했다. 그분의 연구에 따르면, 연령·성별이 범죄와 상관성이 높고, 계절·날씨·인구구성·빈곤 등이 범죄성과 밀접하게 연관되어 있었다. 범죄율은 여름에, 남부지역에서 높게 나타나, 범죄와 기온 간에 법칙성을 보였다. 또한 이질적인 인구구성지역, 가난하고 교육수준이 낮은 사람들에게서 범죄율이 높게 나타났다. 그리고 범죄율은 음주습관에 따라 차이가 컸다. 그분은 이러한 범죄 현상을 보고, "사회는 범죄를 미리 갖추어 두고 있으며, 범죄자는 그것을 실행하는 도구에 불과하다."라고 주장하여 범죄가 사회환경적 요인에 의해 유발된다는 점을 강조하였다.

케틀레는 현대 범죄학의 연구결과와 거의 동일하게 사회현상과 범죄의 관계를 밝혀내어 범죄사회학의 기초를 닦았다. 그분의 이러한 업적은 높이 평가되어 "롬브로소를 능가하는 진정한 범죄학의 아버지"로까지 인정받고 있어, 현대범죄학의 출발점을 만들었다고 볼 수도 있다.[12)]

비슷한 시기에 프랑스 사법성에서 통계업무를 주관했던 게리(Andre-Michel Guerry, 1802~1866)는 프랑스의 통계자료 분석을 통하여 「도덕통계분석」을 저술하면서, 발생한 범죄의 분포를 지도에 표시하는 방법을 사용했다. 이러한 독특한 범죄연구방법을 창안했기 때문에 게리는 케틀레와 함께 '범죄학의 지도학파'(cartographic school of criminology)로 불리기도 한다.

게리의 1825-1830년 프랑스 범죄통계표 분석에 따르면, 1) 범죄와 연령의 관계는 25-30세 사이의 범죄율이 가장 높고, 2) 범죄발생과 빈곤은 직접적인 연관성을 인정하기 어렵고, 오히려 빈민지역의 사기·절도 범죄율이 가장 적으며,

12) Lindesmith, A./Levin, Y., The Lombrosian Myth in Criminology, 1937, 652-671면.

3) 범죄 발생의 가장 중요한 원인은 국민의 도덕적 타락에 있었다. 이는 지식교육보다는 인성 형성적 윤리 도덕교육의 중요점을 시사하고 있고, 상대적 빈곤 내지 빈부 격차의 의미를 암시하고 있어서 오늘날에도 고려할 필요가 있는 연구라고 볼 수 있다.

Ⅲ. 생물학적·생물사회학적 범죄이론

최초의 실증주의 범죄학자는 범죄가 개인 의지의 통제 밖에 있는 요인에 의해 결정된다고 보면서 생물학적 요인에 주목했다. 그 대표적인 학자가 롬브로소이다.

19세기 후반부터 '사회의 과학'은 일종의 학제(學際)적 분업을 발생시켜, '사회학'은 근대 산업사회에 초점을 맞추고, '인류학'은 비유럽 전근대 세계를 다루게 되었다. 이러한 분위에서 인류학은 유럽의 시대적·경제적 발달수준에서 뒤떨어진 열등한 사회와 사람들에게 관심을 기울이며 탐욕스러운 제국주의 정당화 논리를 만들어가고 있었다.

이러한 사고 경향에서 힌트를 얻어 롬브로소는 정상적인 진화수준에서 뒤떨어지는 사람들은 비정상적인 범죄행동을 할 것이라고 추론하여 '범죄인류학'을 개척했다. 그는 이러한 관점에서 범죄성(criminality)은 기질적으로 결정되고 유전에 의해서 고착된다고 보았다. 이는 생물학적 결정론이었다.

이러한 관점은 19세기 후반부터 20세기 초반까지 얼마 동안 주목을 받았으나 현대에는 과학적으로 지지를 받지 못하면서 쇠퇴하였다.

현대의 생물학적 범죄이론은 생물학적 결정론을 고집하지 않는다. 이러한 입장에서는 범죄 관련성이 높은 생물학적 특징은 분명 존재하지만, 그러한 특징을 지닌 모든 사람이 절대적으로 범죄를 범한다고는 보지 않으며, 그것을 범죄행위를 유발할 가능성을 증가시키는 요인 정도로만 보아야 한다는 주장이다. 그리고 이 입장은 생물학적 특징과 사회적 환경 사이의 상호작용을 중시한다. 범죄 관련성이 있는 생물학적 특징을 가진 사람일지라도 그것이 어떤 상황에서는 범죄유발에 미약한 영향을 줄 수도 있고 다른 상황에서는 크게 영향을 미칠 수도 있다는 것이다. 이러한 특징을 지니고 있기 때문에 현대 생물학적 이론은 순수생물학이 아니라 '사회생물학(Sociobiology)' 또는 '생물사회학(Biosociology)'이라고 부른다.

Ⅳ. 심리학적 범죄이론

19세기 중·후반과 20세기 초반의 실증주의범죄이론가들은 범죄의 원인을 개인의 내재적 요인에서 찾고자 하는 개인적 원인론을 주로 주장하였다. 개인적 원인론 내지 내인성(內因性) 원인론은 생물학적 실증주의범죄이론과 심리학적 실증주의 범죄이론이다. 심리학적 원인론도 생물학적 원인론처럼 개인의 내면에 있는 범죄 원인에 초점을 맞추지만, 그 원인이 유전된다거나 생물학적(신체적)으로 결정된다고 보지 않는 점이 특색이다.

심리학적 이론에서는 청소년 비행이나 성인범죄는 대부분 낮은 지능 또는 비합리적인 충동이나 억압과 같은 심인성(心因性·정신적인) 원인으로부터 야기된다고 본다. 심리학적 측면에서 범죄행위를 설명하는 이론들은 인간의 지능 또는 성격을 중심으로 범죄를 설명한다.

오늘날에는 지능보다는 성격에 초점을 맞춘다. 어떤 심리학자는 반사회적 행동을 무의식적 동기형성 관점에서 설명하는 정신분석학적 이론(Psychoanalytic theory)을 주장하고 어떤 학자는 성격이론(Personality)을 주장한다.

정신분석학적 이론에서 범죄는 아주 어린 시절 정서적 발달과정에서 나타난 장애와 비정상에 근원을 두고 있다고 본다. 정신분석학적 이론에 대비되는 성격 이론에서는 범위 원인은 무의식적 동기가 아니라, 개인 성격의 작용이라고 본다.

또 다른 심리학적 이론인 행동주의(behaviorism) 학습이론은 사회학습과 행동모델링(modeling)을 범죄성의 주된 요인으로 중시한다.

그 밖의 또 다른 심리학적 이론인 인지이론(cognitive theory)은 인간의 지각 수준과 그것이 행동에 미치는 영향을 분석한다.

Ⅴ. 20세기 사회학적 실증주의 범죄이론

1. 사회구조적·거시적 범죄이론

사회구조적·거시적 범죄이론은 지역사회의 혼란과 무질서를 야기하는 사회해체, 사회적 불평등으로 인한 빈곤, 성공 기회 부족, 하위문화적 가치체계 등을 주요 범죄원인으로 본다.

1920년 이후 미국 범죄학을 주도했던 패러다임은 사회학적 실증주의 범죄이론이다.

19세기 후반에서 20세기 초반 유럽과 미국의 지배적인 사고는, '사람들이 행위과정을 자유롭게 선택하는 것인가?' 아니면 '인간행동이 생물학적 또는 심리학적인 내적 요인의 힘에 의해 결정되는 것인가?'에 매달려 있었다.

이러한 분위기에서 사회학적 패러다임으로 전환하는 데 있어서 큰 역할을 한 사람이 프랑스의 사회학자 에밀 뒤르켐(Emile Durkheim,1858~1917)이었다. 뒤르켐은 사회학과 범죄학에 광범위한 영향을 주었다. 미국에 있어서도 뒤르켐의 영향이 대단했다. 지금은 사회적 요인의 힘을 범죄를 설명하는 데 있어서 주된 요소로 보고 있지만, 그 당시에는 매우 급진적인 사고로 받아들여졌었다.

이러한 뒤르켐의 역할을 배경으로 범죄학의 지적 토대로서 사회학적 실증주의가 우월성을 구축하게 한 것은 시카고학파로 불리는 어니스트 버제스(Ernest W. Burgess, 1886~1966) 등 도시사회학자들이었다.

도시사회학자들은 도시의 사회생태학에 관한 연구를 수행했고, 이를 바탕으로 시카고학파 사회학자들은 범죄와 사회생태학적 조건이 서로 연관된다는 견해를 제시했다.

뒤르켐의 핵심적인 주장 중 하나는 "급격한 사회변동이 사회통제의 붕괴를 가져와, 이것이 범죄증가의 원인이 된다."라는 것이었다. 이러한 관점은 시카고학파의 생태학적 범죄이론으로 계승되었다. 다만 시카고학파는 전체 사회의 급격한 변동 대신 이웃지역(neighborhood)의 급격한 변동에 초점을 맞추었다. 다윈의 '적자생존의 법칙'이 적용되는 식물생태학에서 유추한 인간공동체에서도, 각 개인은 상호 연관되고 상호의존적인 공동체 안에서 그들은 생존을 위해 투쟁하는 과정에서 범죄가 발생한다는 설명이 시카고학파의 인간생태학적 범죄이론의 핵심논리이다.

이 이론은 쇼(Shaw)와 맥케이(McKay)의 사회해체론으로 형성되었다. 쇼와 맥케이의 이론은 범죄의 지역사회적 배경을 분석하는 사회구조적·거시적 범죄연구의 기반이 되었다.

뒤르켐의 이론에 대해 쇼와 맥케이는 '급속한 사회변화'에 대한 뒤르케임의 관점을 '지역사회의 급속힌 변화'에 초점을 맞추어 범죄이론을 발전시킨 것이라면, 로버트 머튼(Robert K. Merton)은 급속한 사회변화에 따른 범죄증가에서 벗어난 부분에까지 설명 범위를 확대하여 미국 사회의 높은 범죄율을 뒤르켐의 아노미이론을 응용한 사회구조적 압박이론(Strain Theory)[13]으로 계승·발전시켰다.

---

13) strain theory의 'strain'은 우리나라 대부분 문헌에서 '긴장'으로 번역하고 있다. 나는 'strain'이라는 단어를 놓고 오랫동안 고민해왔다. 이에 적합한 단어를 찾기 위하여 수십 번 우리말 단어를 샅샅이 훑었다. '긴장'이란, '마음을 조이고 정신을 바짝 차림' 아니면 '남북긴장'에서처럼 '정세나 분위기가 평온치 않은 상태'를 뜻하기 때문에, 머튼이 그분의 아노미이론에서 뜻한 바를 제대로 이해시키며 전달할 수 있는 말이 아니라는 생각이 들었기 때문이다. 그동안 적지 않은 원서(原書)를 보면서 상당히 많은 용어를 바꾸어 이해한 경우가 많

머튼에 의한 뒤르켐의 이론 수정은 미국의 사회구조 속에서 압박(긴장)을 통한 범죄설명의 이론적 토대를 마련했다는 데 그 의미가 크다.

머튼의 사회구조적 압박(긴장)이론과 같이 계층구조적 배경을 분석하는 사회구조적·거시적 범죄이론에서는 사회구조 중 하위계층의 매우 높은 범죄율에 주된 관심을 가지며, 왜 하위계층이 범죄를 많이 범하는가를 설명하는 데 초점을 맞추고 있다.

2. 사회과정적·미시적 범죄이론

사회구조적 이론이 지역·계층 구조적 특성에 따른 범죄율의 차이를 해명하는 데 중점을 두었다면, 사회과정이론은 개인이 어떻게 범죄자가 되는지를 설명하는 데 중점을 두면서, 개인 상호간의 교제 및 개인의 사회경험을 범죄의 주된 동기 내지 원인으로 보는 주장이다.

사회계층과 범죄와의 관계를 보면 그 연관관계가 확실하지 않다.

상대적으로 열악한 지역에 거주하는 사람들이나 경제적 빈곤의 압박으로 고통을 받는 사람 집단에서도 소수의 사람만 지속적으로 범죄를 범하고 있을 뿐이다.

범죄를 유발하거나 조장할 수 있는 요인이란 어느 한 지역이나 계층에만 존재하는 것이 아니라, 모든 계층에 분포되어 있으므로 하위계층에 초점을 둔 사회구조적 이론은 한계가 있을 수밖에 없다고 보는 관점이 사회과정이론이다. 이 입장에서는 단순히 하위계층이기 때문에 범죄를 저지를 가능성이 크다고 단정해서는 아니 된다고 주장하고 있다. 이 입장은 계층에 대한 편견을 완화하는 데에도 도움이 된다.

사회학자 중 많은 사람이 계층의 위치만으로는 범죄성(criminality)을 설명하기 어렵다고 보고, 개인이 사회과정(social process)의 주요 요소들과 어떻게 상호작용하느냐에 따른 범죄 관련성을 규명하고자 한다. 이러한 미시범죄학자들은 범죄경력자를 만드는 사회화의 요소로서 특히 가정·친구·또래집단·학교를 중요한 요소로 다루고 있다.

사회과정이론의 가장 큰 장점은 하위계층의 범죄뿐만 아니라 어떠한 사회·경제적 계층의 범죄도 모두 설명할 수 있다는 점이다.

았지만 단어 하나를 두고 이처럼 장고를 해 본 적은 없었던 것 같다. 이리 하다가 '압박'이라는 단어를 이 이론에 적합한 용어로 선정했다. 물론 이 단어도 적확하게 딱 들어맞는 말은 아닐지 모르지만, 그래도 이 단어가 보다 적합하다고 생각된다. 용어는 '의미의 정확성을 바탕으로 그 주장내용을 맥락에 맞게 이해할 수 있도록 사용되어야 한다.'는 것이 나의 믿음이므로, 앞으로도 기존 용어와 다르게 우리말 용어가 사용되는 경우가 있을 것이다. 다소 혼란스럽더라도 저자의 충정을 너그럽게 헤아리며 그 이론이나 설명을 보다 더 잘 이해하는 데 활용하기를 기대해본다.

미시적 차원에서 범죄 원인을 분석하는 이론을 범죄과정의 핵심요소 및 강조하는 관점에 따라 유형화하면, 사회적 학습이론, 문화갈등이론, 사회적 통제이론, 사회적 반응이론(낙인이론, labeling theory), 등으로 구분할 수 있다.

사회학습이론은 사람들이 어떻게 범죄를 행하게 되는가에 대해, '주변으로부터 배움으로써 범죄가 발생한다.'라는 점을 강조하는 이론이다.

문화갈등이론은 범죄행위가 서로 다른 문화적 가치나 행동양식 사이의 갈등이 표출된 행동이라는 점을 강조한다.

사회적 통제이론은 사람과 사람이 어떻게 관계를 맺고 상호작용을 하는 것이 '주어진 개인적 범죄욕구를 통제할 수 있게 되느냐?'를 설명하고자 한다. 사회의 범죄예방시스템이 일부 사람들을 통제하는 데 실패하게 되면 범죄가 발생하게 된다는 점을 강조하는 이론이 통제이론이다.

사회적 반응이론은 낙인이론라고도 부른다. 이 입장에서는 일탈은 고유의 객관적 실체가 아니라, 특정 행위에 대해 법집행기관이나 사회가 일탈이라고 규정·반응함으로써 비로소 일탈이 된다고 보면서, 어떤 사람에게 부정적 낙인을 찍음으로써 낙인찍힌 사람이 어떻게 직업적 범죄자로 악화되어가는지를 설명하는 데 중점을 둔다.

Ⅵ. 갈등론적 범죄이론

사회는 무엇이 좋고, 아름답고, 중요하고, 정의로운지에 대한 기본적 가치 합의를 바탕으로 이루어져 있는가?

법은 일정한 힘 있는 기득권 집단의 특별한 이익을 지키기 위한 강제수단이 아니라, 더 나은 공공복지를 위해 분쟁을 평화롭게 해결하고 범죄를 공정하게 통제함으로써 사회의 모든 사람의 이익을 위해 봉사하는 보편타당한 규범인가?

이처럼 꿈같은 이상향, 완벽한 법이 존재한다는 전제하에 사회과학이론을 탐구하는 패러다임이 기능주의이론 내지 합의론에 기초한 범죄이론들이다. 이와 같은 패러다임은 사회학계에서의 뒤르켐의 영향력과 2차 세계대전 승전 후 미국의 주도적인 힘과 번성기를 배경으로 1950년대까지는 주류적인 미국 범죄사회학의 흐름이었다.

갈등이론은 사회는 기본가치에 대한 합의를 바탕으로 이루어지는 것이 아니라 돈·지위·권력에 대한 경쟁인 이해관계의 갈등이 상존하고 이와 같은 갈등은, 사회를 움직이는 핵심적인 사회과정 요소라고 본다. 갈등이론가들은 법은 특별한 집단의 이익을 위해 존재하고, 힘 있는 집단에게는 매우 관대하게, 힘없는 집단에게는 지나칠 정도로 가혹하게 집행된다고 본다.

갈등이론에 속하는 범죄이론에서는 법 제정 및 집행과정에서 나타나는 불공정과 갈등의 문제를 설명하고, 이에 대한 근본적인 해결책을 탐구하는 데 중점을 둔다.

갈등이란 우리의 선입견과는 달리 이중적인 성격을 지니고 있다. 갈등은 그것이 폭동이나 전쟁, 파괴로 이어지면 부정적 기능을 하지만, 변화와 혁신을 불러올 때는 긍정적인 기능을 한다.

갈등관계 속에서 법이, 불만에 가득 찬 가지지 못한 약한 자를 억압하고 통제하는 데 이용되고 가진 자들이 그들의 이익과 권력을 지속적으로 유지하는 상황을 조성하는 데 악용된다면, 법은 오히려 범죄를 촉진한다.

법이 재벌 회장의 수천억 횡령에 대해서는 기껏해야 징역 3년, 집행유예 5년을 결정하고(소위 '3·5법칙'), 수년간 실직상태에서 생계형 절도로 수백만 원의 피해를 끼친 하위계층 서민에게는 상습범이라는 명분으로 실형 3년의 징역형을 선고하는 것을 보면, 그러한 점이 확인된다.

20세기 초반 범죄학이론은 너무 오랫동안 합의론에 바탕을 두고 범죄행위를 설명하는 데에만 초점을 맞추고 있었지만, 1960년 이후로 그러한 이론의 중요성이 감소했고 1958년 조지 볼드(George B. Vold)가 집단갈등이론을 미국에서 제시한 이후 오늘날에는 합의론적 패러다임 이상으로 중요한 범죄학 패러다임으로 자리 잡고 있다.

갈등범죄학 이론가들은 사회구조와 지배집단의 권력 유지라는 관점에서 범죄와 일탈에 대한 분석을 시도했다. 권력자들도 법을 어기지만 처벌되지 않는다고 하면서, 법이 권력자들의 특권을 유지하기 위한 도구가 되고 있다고 주장한다.

그들은 사회에서 법의 제정과 적용의 실상을 연구하는 데에도 관심을 가졌다. 그들은 법이 중립적이고 인구 전체에 균등하게 적용된다는 것을 인정하지 않는다. 대신에 지배계급과 피지배계급 간의 불평등이 늘어나면서 법이 기존 체제와 기득권을 유지하기 위한 중요한 도구가 되었다고 주장하고 있다.

이러한 지배계급과 피지배계급 사이의 역학(dynamics)은 형사사법체계의 작동 과정에서 나타나, 그 사법체계는 서민이나 노동자계급 법 위반자들에게는 더 억압적이었다. 또한 부유층에게 지나치게 유리한 조세법이나 법인세 입법에서도 작동했다.

이에 대한 예를 들면, 기업범죄는 많은 관심을 받는 일반적인 범죄보다 훨씬 더 경제적으로 많은 사람에게 커다란 해를 끼치지만, 사법체계는 이러한 부분에는 거의 작동하지 않고, 매매춘종사자·마약복용자·절도범 등과 같은 사회에서 힘없는 사람들에게 집중적으로 작동된다.

갈등범죄학 등 새로운 범죄학과 관련된 이러한 연구들은 상대적 피해의 정도, 정의(justice), 권력과 정치의 문제를 범죄와 일탈의 연구에 포함시킴으로써 범죄학연구의 지평을 확대했다는 점에서 중요하다. 그러한 연구자들은 범죄가 모든 계층이나 분야에서 발생하고 불평등과 사회집단 간 경쟁적인 이해관계라는 맥락에서 이해되어야 한다는 점을 강조했다.

범죄를 불평등한 사회체제와 힘의 불균형, 사회갈등과 경쟁 때문이라고 보는 범죄이론들을 갈등범죄이론, 마르크스주의이론, 급진이론과 비판범죄학이론, 페미니즘이론 등으로 부르고 있다.

그리고 새로운 범죄이론 중 가장 새로운 범죄이론은 '사회해악학'(Zemiology) 이다. 이는 일반적인 범죄연구의 하위영역인 경제적 불평등과 사회적 불평등이 끼치는 해악에 초점을 맞춰 연구하는 분야이다.[14)]

'사회해악학'은 개인에 의해 야기되는 해악으로서의 범죄보다는 '사회적 해악'에 대한 연구이다. 사회해악학(Zemiology)은 '손해'를 뜻하는 그리스어로부터 이름이 붙여졌다. 이는 전통적인 범죄학과 범죄개념에 대한 비판에서 비롯되었다.

절도범죄 피해처럼 '개인에 의해 야기되는 해악(피해)'과는 대조적으로, '사회적 해악(피해)'이란 개념에는 실업·빈곤 등 '국가와 기업에 의한 해악(피해)'까지 포함한다. 이러한 개념을 중요시하는 입장에서는, 전통적인 범죄학을 뛰어넘어, 종래 범죄학에서는 거의 범죄로 규정하지 않았거나 범죄로 인식하지도 못했던 과장광고 사기, 안전의무 불이행, 빈곤 강요, 환경오염 등 개인들의 생활에 영향을 미치는 사회구조적 불평등으로 인한 해악(피해)들까지 독립적인 연구 분야에 포함하기 위하여 노력하였다.

사회적 해악에 관한 문제는 네오(neo)마르크스주의자나 여권운동가들과 같은 급진적 범죄학(radical criminology) 내지 비판범죄학계에 속한 사람들에게 많은 관심을 받아 왔다. 이러한 전통범죄학에 대한 비판적인 진영에서는 범죄를 가장 넓은 의미의 범죄학적 개념으로 정의하는 경향을 보여 왔다.

사회적으로 심각한 피해를 일으키는 많은 사건이 전통적인 형사법에서는 배제되어 있고, 형법에 의해 처리된다고 해도 매우 소홀하게 처리되고 있다.

이와 같은 상황에서 범죄로 처리되는 사건에만 지나치게 중점을 두는 것은 사회적으로 더욱 중대한 해악을 일으키는 환경오염·빈곤·착취와 같은 사건들에 관해 관심을 기울이지 못하게 만들 수 있다. 그러므로 급진적 범죄학에서는 정치·경제적

14) Hillyard, P., Pantazis, C., Tombs, S., and Gordon, D. (eds) (2004) Beyond Criminology? Taking Harm Seriously (London: Pluto Press). 이에 대한 국내 최초 소개는 이윤호, 「범죄학」, 2021, 19~24면 참조.

세력이 범죄와 일탈 행동에 주요한 역할을 한다고 주장하면서 범죄개념을 확장하고 범죄학이론의 지평을 넓히고자 했다.

이러한 입장에 서 있는 이들로부터 '사회해악'의 개념은 전통적인 범죄피해를 뛰어넘어 인간의 삶에, 특히 사회적으로 힘없는 사람들의 삶에, 더 큰 영향을 미치는 문제로 부각되기 시작했다. 이와 같이 새로운 범죄학과 관련된 연구자들은 사회적 불평등으로 인한 피해, 사회정의, 권력과 정치의 문제 및 기업의 폭리 추구의 문제 등을 범죄와 일탈문제에 포함해 연구의 지평을 확장하였다.

그들은 범죄가 모든 계층에서 발생하고, 불평등과 사회집단 간 경쟁적인 이해(利害)라는 맥락에서 이해(理解)되도록 패러다임을 전환했다. 이처럼 가장 진보적인 입장에서는 전통적인 범죄 개념이나 사법시스템(penal system)의 한계를 극복하면서 경제적 불평등과 사회구조적 불공정이 끼치는 사회적 해악에 초점을 맞추어 연구하는 '사회해악학'으로 범죄학의 영역을 크게 확장하고 있다.

사회해악학은 개인이 끼치는 범죄피해(해악)보다는 사회적 해악에 중점을 둔 연구이고, 전통적인 범죄개념과 범죄학에 대한 비판에서 연구되기 시작했다.

이와 같은 맥락에서 사회해악학의 선도적인 연구가인 힐야드(Hillyard)와 톰스(Tombs) 등 사회해악학 주장자들은 전통적 범죄학과 전통적 범죄개념에 대한 비판을 다음과 같이 구체적으로 제기하고 있다.

1. 범죄라는 개념은 존재론적 객관성(실체성)이 없다.

'crime'(범죄)은 '특정한 법률규정을 위반함으로써 그것에 대응하는 처벌이 요구되는 행위'를 뜻하는 라틴어 'crimen'에서 유래한다. 따라서 범죄는 법률적 개념이다. 법률적 개념에서 접근한다면 범죄란 형사법 규범을 위반한 행동을 말한다. 이러한 '형사법상의 제재가 예정되어 있는 행위'라는 의미의 범죄개념에는 그 개념을 결정짓는 핵심적인 고유한 실체가 없다.

법위반으로서의 범죄가 모든 사회규범의 위반을 의미하는 것도 아니다. 예컨대 1930년대 미국에서의 금주법상 음주범죄는 당시 미국 사회 전체에서 술 마시는 것을 사회규범으로 인정하고 있었으므로, 음주는 범죄이기는 하지만 사회규범을 위반하는 행위는 아니었다.

또한 불평등·차별·빈곤·산업재해·환경오염·사생활의 침해·국가의 학대 등 많은 사람에게 악영향을 미치고 손상을 가하는 사회적 해악(harm)은 범죄(crime)에 포섭되어 있지 않다.

이처럼 범죄는 사회 상황과 상관없는 보편적·절대적·객관적 개념이 아니라 시대와 지역에 따라 양적·질적으로 끊임없이 변화될 수밖에 없는 편파적·유동적·상대적 개념일 뿐이다.

따라서 사회학적 측면에서의 범죄개념에서는 구체적인 때와 장소에 의해 특정되며 현실사회를 떠나서는 존재할 수 없는 사회현상으로서의 사회적 존재개념이 되어야 한다. 이러한 차원에서는 '범죄'개념보다는 '사회적 해악(harm)'이 더욱 적합한 개념이다.

2. 범죄학은 범죄에 대한 사회적 통념(myth)을 영속(고착)화시킨다.

범죄학은 사회적·제도적·물리적·재정적·신체적·심리적 해악(harm)을 제대로 반영하지 못하는 범죄개념에 기반을 두고 있다. 따라서 범죄학이 그러한 패러다임 속에서 그러한 범죄개념을 계속하여 사용하는 것은 범죄가 사회적 해악과는 별개의 사회현상으로 인식될 수 있는 독특한 행위라는 통념을 고착화하게 된다. 그러므로 전통적인 범죄학은 '사회해악학'으로서 진화되어야 한다.

3. 전통적 범죄는 대부분이 피해자가 견뎌내는 해악이 그다지 크지 않은 사건들로 구성된다.

힐야드와 톰슨에 따르면, 형법은 참으로 매우 심각하면서도 반사회적인 행위들을 제대로 범죄로 규정하지 못한다고 한다. 따라서 전통적인 범죄개념에서는 차별·불평등·국가의 학대·환경오염 등 많은 심각한 해악을 범죄화하지 못하고 있다는 것이다.

4. 전통적인 범죄통제 체계와 방법도 효과가 많이 떨어지는 것이므로 종래의 형사정책은 명백히 실패했다.

힐야드와 톰스는 전통적인 사법제도가 이 절차를 거치는 범죄자들에게만 절차상 심각한 고통만 부과하고 범죄적 해악으로부터 사람들을 보호하지 못한다고 주장한다. 사회 정책으로서의 범죄 정책은 단순히 범죄통제로만 그쳐서는 아니 되고, 사회적 해악을 줄이는 것이 되어야 하는데, 전통적인 형사사법제도는 사법절차가 진행되는 과정에서 사회적 해악을 줄이기보다는, 때로는 해당 사건의 범죄행위로 인한 해악 이상의 사회적 해악을 발생시키기도 한다는 것이다.

전통적인 형사사법 체계에서 범죄에 대한 유일한 해결방법이라고 할 수 있는 자유형은 범죄자를 교화 개선하여 재사회화하거나, 피해자에 대한 고통과 피해를 치유·회복시키거나, 범죄를 억제하는 형사정책적 목적을 성취하는 데 성공하지 못하고 있다.

따라서 교도소는 범죄문제를 해결할 수 있는 기능을 제대로 해낼 수 없다는 것이다.

그럼에도 불구하고 범죄의 증가는 기존의 범죄통제의 확대와 엄벌을 정당화하는 구실이 되었다. 이에 따라 1980년대부터 미국이나 영국에서는 정부가 범죄통제를 중요한 정책으로 부각시켰고, 범죄통제예산은 다른 어떤 공공지출보다 더 빠르게 증가했으며, 범죄를 해결하는 방법으로 많은 교도소가 증설되었을 뿐 아니라, 민영교도소까지 도입되었다.

이와 같은 비판을 배경으로 '사회해악학'의 접근은 '범죄' 개념을 '사회적 해악' 개념으로 대체하고, 단순히 '법률적 범죄의 통제'에 그칠 것이 아니라 '사회적 해악의 근본적 감소나 해소'가 사회 정책의 목표가 되어야 한다고 주장한다. 다시 말해, 장기적으로 사회 전체의 해악을 감축하는 데 도움이 되는 '해악의 근본 원인을 제거하는 새로운 대안'으로 범죄학(criminology)을 넘어선(beyond) 사회해악학(zemiology)이 등장하게 되었다.

21세기의 형사정책의 최고 이념이 되고 있는 회복적 사법주의(restorative justice doctrine) 차원에서도 사회적 해악에 대한 근원을 파악하고, 그것의 제거에 초점을 맞춘 사회정책이 범죄학의 주요 주제로 확장될 필요가 있다고 본다.

20세기를 넘어서 21세기로 접어들면서 범죄학은 '피해자학'에 이어서 '사회해악학'으로 범주가 넓어지고, 더욱 현실적이고 실용적으로 사회의 그늘진 곳으로까지 세심하게, 연구와 관심을 확장해나가는 경향은 좀 더 인간적인 세상에 대한 희망과 기대를 주고 있다.

Ⅶ. 통합이론과 생애과정이론

1. 통합이론

범죄학은 참으로 복잡한 학문이다. 범죄학이 복잡하다는 것은 그만큼 인간을 제대로 이해하기 어렵다는 말일 것이다. 범죄학이론은 자체적으로 정합(整合)[15]적이어야 할 뿐 아니라 경험적으로도 적실(適實)[16]해야 하고, 그 사회 당대의 핵심적인

15) 정합(整合): 이론의 내부에 모순 없이 가지런히 잘 들어맞음.

16) 적실(適實): 실제에 잘 들어맞음.

쟁점에 통찰을 줄 수 있어야 한다.

그것은 변화하는 상황에서 요구되는 필요에 의해 변혁되고, 갱신되어야 한다. 이론들의 수용여부와 실제 어떻게 적용될지는 시대적 상황에 달려 있기 때문이다.

범죄학이론의 역사는 성공적인 관점들이 정제(整齊)[17]되어 있다기보다는 언제나 발전과정에 있음을 보여준다. 보다 생산적인 발전의 길은 오래된 관점들을 끌어와 새로운 관점들과 접목시킴으로써 그 유효성을 높이는 것이다.

최고의 범죄이론들은 우리 사회에 출현하는 범죄문제들을 비춰줄 수 있는 역량을 보유하고 있어야 한다. 이론적 통섭[18]이야 말로 고유한 이론이 중요한 사회변화를 다룰 수 있도록 갱신하면서도 그것의 정수를 간직할 수 있는 길이라고 할 수 있다.

근래 들어 범죄학 연구의 새로운 방향으로서 주목해야 할 또 다른 관점은 통합적 연구경향 및 생애과정(life course)에 따른 범죄성향의 변화에 관한 연구이다.

어느 이론도 범죄의 모든 면을 다 설명할 수는 없다. 어느 이론도 모든 정책이나 모든 범죄방지 프로그램의 기초를 제공할 수는 없다. 그러므로 이론은 평가하고, 그 평가를 바탕으로 발전시켜 나가야 한다.

일반적으로 이론을 평가하고 발전시키는 방법은 다음과 같다.[19]

첫째, 각 이론들을 독립적으로 검토하여 그것의 주장이나 예측이 실증적으로 검증되면 수용하고, 경험적으로 지지를 받지 못하면 배제하는 방법이다.

둘째, 둘 또는 그 이상의 이론들을 경합시켜 어느 이론이 범죄에 대해 가장 잘 설명하고 보다 나은 정책적 시사(함의)를 제공하는지를 분석하는 방법이다.

셋째, 범죄의 다양성을 더 잘 설명할 수 있도록 두 개 이상의 이론들을 통합시키는 방법이다.

이론통합의 과정에서 '개념통합'(conceptual integration)과 '명제통합'(propositional integration)이 많이 사용되고 있다.

'개념통합'의 예를 들면, 사회통제이론의 핵심 개념 중 하나로서 '애착'(attachment)이 있다. 이 개념은 원래 부모나 친구 등과 '친밀감을 가지고 감정적으로 유대를

17) 정제(整齊): 정돈하여 가지런히 자리잡고 있음.

18) 통섭(統攝, consilience): 기존의 지식을 뛰어넘을 수 있도록 지식들을 크게 통합함. 이는 사회생물학의 창시자 에드워드 윌슨(Edward O. wilson)이 강조하는 사상이다.

19) 민수홍·박상우·기광도·전영실·최병각·김혜경 역, 범죄학이론(에이커스의 Criminological Theories, 제 7판), 2019, 553-582 참조.

맺는 정도'를 내용으로 한다. 이 개념을 '다른 사람을 본받아 범죄행동을 배우는 과정'을 중요시하는 학습이론에서는 '타인의 역할모델의 영향력 정도'로 개념적 확장을 하여, 애착의 정도가 강한 관계에 있는 사람의 언행은 모방을 더 강하게 유발한다는 가설로까지 내용을 확대하여 '모방'(imitation)이라는 학습이론의 일반개념에 통합하여 사용할 수 있다. 이와 같이 '개념통합'이란 한 이론의 개념이 다른 이론의 개념과 내용이 중첩되게 사용하는 것을 말한다.

'명제통합'의 예를 들면, '사회적 목표를 달성할 수 있는 제도적 수단과 기회가 부족하면 범죄가능성이 높다'고 가정하는 아노미이론과 '사회적 힘이 약한 집단에게는 법이 불리하게 입법되고 불리하게 적용되므로 그러한 집단은 범죄자로 규정될 가능성이 높다.'라고 가정하는 갈등이론은 두 이론 모두 "계층이 낮을수록 범죄율을 높아진다."라는 명제로 통합할 수 있다.

명제통합이란 둘 또는 그 이상의 이론이 서로 다른 개념과 추론에서 출발하지만 범죄에 대한 설명에서 동일한 결론을 예측하는 명제를 공통적으로 나타내는 것을 의미한다.

이처럼 이론을 통합하는 방법은 여러 가지 있지만, 통합이론은 둘 이상의 여러 이론적 주장들을 하나의 패러다임에 조화시켜 범죄를 설명하려는 연구체계를 뜻한다.

이론의 통합은 하나의 이론이 지니고 있는 내재적 한계를 극복하는 데 도움이 되리라는 기대를 할 수 있다. 통합이론들은 특정이론적 기원이나 관점에서 벗어나 범죄행위의 원인이 될 수 있는 여러 요인을 하나의 설명모델에 자유롭게 포함할 수 있기 때문이다.

그렇지만 범죄학적 지식의 발전이 독자적인 이론 간에 경쟁이 있을 때보다 지연될 수 있고, 논리적 체계성이 흐트러져 균형을 이룬 관점을 유지하지 못하는 혼란이 야기될 수 있는 위험도 있으므로[20] 단기적인 설명력 증진과 더불어 이론적 지식의 장기적 발전에도 부합될 수 있도록 더욱 정제된 노력이 요청된다.

2. 생애과정이론(Life Course Theory: 발달범죄이론)

생애(生涯)는 한 사람이 태어나서 사망할 때까지 한평생의 기간을 말한다.

---

20) 이론통합의 문제점을 지적하며 이론 통합을 반대한 대표적인 학자는 트레비스 허쉬(Travis Hirschi)이다. 그분은, 대부분의 범죄학이론은 내포하는 가정이 달라 서로 모순적이라고 주장하며, 범죄학의 한 연구방법으로 쓰이는 통합에 대하여 강력하게 반대했다. "이론이 본질적으로 같은 것을 주장한다면 통합될 수 있지만, 대부분 이론이 그렇지 않다. 그러므로 범죄학 이론이 분리되어 다양하게 존재하는 것이 좋다."고 주장했다.

'생애과정'(life course)은 아동기에서 청소년기를 거쳐 성년기·노년기를 보내다가 죽음에 이를 때까지의 개인적 변화과정을 가리키는 말이다. 이는 '생애주기'(life cycle)와 유사한 단어지만 사회학에서는 생애과정(인생경로)이라는 용어가 더욱 많이 사용되고 있다.

생애주기는 '계절의 주기'처럼 물리적·기계적 느낌이 강하게 풍기므로 보다 개별적·능동적·사건적 이미지가 강한 '생애과정'이라는 말을 더욱 선호하고 있다.

생애과정 범죄이론은 범죄성(criminality)이 생애과정에 따라 영향을 받으며 변화하는 동적(動的, dynamic)과정이지, 출생 시나 출생 직후에 나타는 주된 속성이 경직되어 불변하는 성질이 아니라고 보는 관점이다.

생애과정 범죄이론은 연령에 따른 범죄경력[21](criminal career)의 변화 발전 관계를 연구하므로 발달범죄학(developmental criminology)이라고도 부른다.

대부분의 범죄이론은 생물학적·심리학적·사회적 요인과 범죄의 정적(靜的) 관계에 관심을 모은다. 그러므로 이러한 요인이 범죄인에게 미치는 영향은 연령에 관계없이 동일하다고 가정한다. 그러나 생애과정(발달범죄학)이론은, 범죄자의 연령에 따라 어떤 요인이 그 사람에게 미치는 영향의 정도가 달라진다는 것을 전제한다. 다시 말해, 사람이 성장해가면서 그들의 행위에 영향을 미치는 주된 요인도 변화한다는 사실을 인정한다.

일반적으로 범죄율은 청소년기(10대 후반~20대 초반)에 급격하게 증가하는 것으로 나타나 있고, 20대 후반이나 성인기가 되면 감소하기 시작한다. 그러나 경력범죄자(career criminals)의 경우에는 30대 이후로도 높은 수준의 범죄율을 유지하는 것으로 나타나고 있다.

생애과정(발달범죄학)이론은 발달심리학에 뿌리를 두고 연구되고 있으며, 범죄를 생애과정의 사회적 사건(social event)으로서 탐구한다. 이러한 접근방법은 미국의 비행소년 연구가인 글룩 부부(Gluecks)의 1930년대 비행에 대한 시계열적 분석연구(종단연구)가 토대를 제공하였다.

---

21) '범죄경력'(criminal career)란, 한 사람의 생애에서 범죄행위를 언제 시작하고, 얼마나 지속하다가, 언제 그만두는지를 나타내는 개념이다. 범죄경력 파악에 있어서는 범죄행위의 빈도나 심각성을 고려하지는 않는다. 이는 '경력범죄자'(career criminal)와 구분되어야 한다. 경력범죄자는 '직업범죄자'라고도 부르는데, 이는 오랜 기간에 걸쳐 빈번히 범죄를 저지르는 상습범죄자를 가리킨다. 경력범죄자가 아닌 대다수 범죄자는 범죄경력이 짧다.

CHAPTER 03

범죄학의 연구대상으로서의 범죄, 범죄인 및 피해자

제1절 범죄란 무엇인가?

Ⅰ. 범죄의 규정[22](規定, definition)

범죄학의 학제적 학문성과 여러 가지 패러다임을 고려할 때, 범죄에 대한 개념 정의를 둘러싸고 많은 견해가 존재한다는 것은 당연하다. 다만 어떠한 견해를 가지든 공통적으로 인정하는 범죄의 본질은 '범죄는 인간의 행위'라는 것이다. 그리고 가장 단순하게 법률주의적 정의(legalistic definition)에 따르면, '범죄는 형법전에 규정된 요건에 해당하는 행위로서 국가로부터 처벌받는 행위'이다.

이렇게 정의하는 경우 형법상 범죄요건을 갖추지 못한 행위나 사법기관에 의해 처리되지 않은 행위는 범죄개념에서 제외된다. 이처럼 극히 제한된 범죄규정(정의)은 범죄학에서는 받아들일 수 없다.

범죄에 대해 체계적으로 연구하기 위해서는 연구의 핵심대상인 범죄가 무엇인지에 대해 사회과학적으로 이해할 필요가 있다.

범죄학자는 자신이 취한 패러다임에 따라 무엇이 범죄행위를 구성하며, 무엇이 사람들로 하여금 범죄를 저지르게 하는가에 대한 그들 자신의 이론을 주장한다. 특정 범죄학자가 어떤 패러다임을 선택하느냐는 그가 어떻게 범죄를 규정(정의)하느냐에 상당부분 영향을 미친다.

---

22) 규정(規定): 내용이나 성격 의미 따위를 분명히 밝히는 것. 영어 문헌에서는 'definition'으로 표현하는 경우가 많다. 'definition'은 우리나라에서 '정의'(定義)로 번역하는 경우가 많다.

또한 범죄에 대한 규정(정의)은 범죄학 연구의 범위와 내용 그리고 연구방향에 큰 영향을 준다.

범죄에 대해 지나치게 좁게 규정하면 연구되어야 할 부분 중 많은 부분이 제외될 것이고, 지나치게 넓게 규정하면 대부분의 사회적 행위가 연구대상이 되어 연구의 방향이 흩어지게 될 것이다.

그러므로 범죄문제를 효과적으로 연구하기 위해서는 무엇보다도 먼저 '범죄가 무엇인지'를 적절하게 규정하여야 한다.

범죄학자가 범죄를 규정하는 관점은 크게 합의론적 관점과 갈등론적 관점 그리고 상호작용론적 관점 등 새로운 관점들로 구분할 수 있다.

Ⅱ. 합의론적 관점과 갈등론적 관점

일반적으로 범죄학에서의 범죄는 형사사법제도에서 다루어지는 행위를 전제로 한다. 그러므로 범죄학에서 범죄란 대부분 법률주의적 규정(정의)(legalistic definition)이다.

법률주의적 범죄개념은 그 사회관에 따라 합의론적 관점에서의 범죄 규정과 갈등론적 관점에서의 범죄규정으로 구분된다.

1. 합의론적 관점에서의 범죄

합의론적 관점에서의 법(法)은, 자연스럽게 통합되어 구성된 사회에서 그 구성원들의 사회적 합의에 따라 보편적 규범으로 만들어진다. 이러한 법은 사회구성원들의 공유하는 가치·신념 등을 반영한 것이므로 그들의 생활과 질서를 지도하는 도덕 규범과 같은 성격을 지닌 규범으로서 모든 영역에, 모든 계층의 구성원에게, 공정하게 적용된다.

합의론적 관점에서의 범죄는 사회적 합의에 의해 제정된 형법에 위반된 행위이다. 따라서 이러한 범죄는 그 사회구성원들의 일반적 생활원칙에 반하는 것이고, 사회전체의 조화와 통합을 깨트리는 반사회적 행동이다.

살인, 강간, 강도, 절도, 사기, 횡령, 방화, 폭행, 상해, 손괴 등이 전형적인 범죄의 유형들이다.

합의론적 관점에서 범죄를 규정하는 대표적인 학자로는 미국의 유명한 범죄학자인 서덜랜드(Edwin H. Sutherland)와 크레시(Donald Cressey)를 들 수 있다. 그분들의 합의론적·법률주의적 범죄규정에 관한 주장 취지는 다음과 같다.

"범죄의 본질적인 특성은 국가사회에 피해를 주는 행위로서 국가가 그것을 금지시켜 최후수단으로 형벌을 부과하는 행위라는 점이다. 즉, 범죄행위는 형법을 위반하는 행위를 말한다. 형법에 의해 금지되지 않는다면 그것은 범죄가 아니다. 범죄를 정의할 때 필요한 요소는 사회적으로 해악이 되는 행위에 대한 법률적인 기술(記述)과 그러한 행위에 대한 처벌의 법률적 규정이다."[23)]

범죄에 대한 합의론적·법률주의적 접근은 범죄를 기존의 법체계에 의해 확립된 신념·도덕·규칙의 산물로서 이해한다. 그리고 법은 모든 분야와 사람들에게 공정하게 적용된다고 본다. 범죄에 대한 합의론적·법률주의적 접근은 '이상적인 법체계'에 대한 신념을 바탕으로 한다.[24)]

합의론적·법률주의적 범죄관은 1950년대까지는 범죄학계의 주류적인 패러다임이었다.

이 관점은 살인·강도 등 전형적인 범죄, 약물 남용·매매춘 등 사회적 해악이 큰 공공질서 위반범죄(피해자 없는 범죄)[25)]를 사회적 합의에 따른 불법행위로 규정하고 형벌로써 통제하는 것을 정당화한다.

---

23) Sutherland. E. H & D. R. Cressey, 1974, Crimilogy, Ninth Edition 참조.

24) 서덜랜드는 범죄규정에 있어서 기본적으로는 합의론적·법률주의적 관점을 유지하면서도, 비교적 높은 직위에 있는 사람들이 일상적인 업무와 관련하여 행하는 범죄인 화이트칼라 범죄(white collar crime)와 관련하여 "불법적인 행동은 처벌된다는 사실로서 규정되는 것이 아니라, 처벌할 수 있는 가능성이 있다는 사실에 의해 규정되어진다."라고 하면서 법률주의적 규정의 범주를 넓혔다. 화이트칼라 범죄는 상위계층에 의한 경제범죄라는 특성상 엄격하게 처벌되지 않는 경우가 많으므로 전형적인 합의론적·법률주의적 범죄규정에서 벗어날 수 있으므로 범죄규정의 범주를 '처벌될 가능성이 있는 반사회적 행위'로까지 넓혀서 범죄학의 연구대상으로 삼아야 한다고 주장했다. 즉, 서덜랜드는 화이트칼라 범죄도 법률주의적 범죄 규정을 충족시킨다고 주장하면서도 현실적으로는 상응하는 처벌이 제대로 이루어지지 않는 것을 인정하면서, 그러한 범죄에 대한 처벌 가능성을 높이는 방향으로 범죄학적 연구범위를 확대했다. 이러한 특징을 강조하기 위하여, 이러한 접근방법을 사회적-법률주의적 접근(the socio-legal approch)이라고도 한다. (이윤호, 범죄학, 8면).
와 같은 분석의 자세한 논거는 Sutherland, E. H, 1949, White Collar Crime 참조.

25) 사회는 일반적으로 사회규범이나 관습, 전통적 가치에 반하는 행동을 금지하거나 제한해왔다. 이러한 행위들로서 범죄화되어 있는 것을 '피해자 없는 범죄'(crimes of without victims) 또는 '공공질서 위반범죄'라고 한다. 이에 해당하는 것이 포로노물 제작·유포, 성매매, 약물사용, 음주운전 등이다. 살인·강도 등 전형적인 범죄는 본질적·객관적으로 사회에 끼치는 해악이 크고 명백하므로 어느 누구나 범죄화에 공통적으로 긍정한다. 그러나 사회적 해악 여부나 정도에 대해 명백성과 객관성이 떨어지는 공공질서 위반행위들은 그러한 행위와 관련된 사람들에게 실제 피해를 주는 것은 아니므로 범죄화에 대해 의견이 대립되고 있다. 합의론자들은 그러한 행위들도 '피해자 없는 행위'가 아니라, 사회 전체가 이러한 행위에 대한 피해자이므로 범죄로 규정하여 형벌을 부과하는 것은 문제되지 않는다고 한다.

전형적인 범죄(crime)나 공공질서 위반범죄(sin, vice)는 사회구성원들이 합의한 가치에 위배되는 비도덕적 행위유형이고, 이러한 행위들은 모두 공유된 도덕성을 표현하고 있는 형법을 위반했기 때문에 범죄로 규정하는 것은 당연하다는 입장이다.

합의론적 입장에서는 전형적인 범죄(crime)뿐만 아니라 매매춘·약물남용과 같은 사회적 해악(sin, vice)도 공공의 복지에 해로우므로 범죄화하고 형벌로써 통제하는 것에 대해 정당성을 부여받았다고 본다.

이러한 주장은 도덕적인 문제까지 법으로 규제하는 것은 법이 지녀야 할 '도덕적 중립성'에 어긋나고 실질적 해악을 처벌하는 것이 아니라, 단지 우리와 다르기 때문에 처벌되는 경향이 많으므로 정당화 되어서는 아니 된다는 법도덕주의에 반대하는 입장과는 대립되고 있다.

2. 갈등론적 관점에서의 범죄

갈등론의 입장에서도, '범죄란 법률에 의해 금지된 행위'로 본다는 점에서는 법률주의적 정의(legalistic definition)를 범죄학 연구의 중심으로 삼고 있다고 할 수 있다.

다만, 갈등론에서는 범죄를 규정하는 법의 보편적 도덕성을 인정하지 않고 부분적 도덕성만 인정하고, 법이 모든 집단이나 계층(계급)의 이익을 위해 존재하는 규범이 아니라 지배집단이나 특정 계층(계급)의 이익 보존을 위한 규범일 뿐이라고 본다. 그러므로 범죄개념은 반도덕적 성격을 지닌다고 보지 않고, 경제적이고 정치적인 성격을 지닌다고 본다. 즉, 범죄를 통제하는 것은 구성원 전체의 도덕적 합의나 사회 전체의 붕괴를 막기 위해서가 아니라 일부 집단의 부(富)와 권력 및 지위를 지키기 위함이라고 본다. 그리고 법은 힘없고 가난한 사람들에겐 가혹하게, 힘 많고 부유한 사람들에게는 지나치게 관대하게 집행되는, 법집행의 불공정성을 큰 문제로 본다.

형법은 본래 중립적이어야 하지만, 현존하는 정치·경제적, 성적·인종적 권력과 기득권을 반영하고 보호하고 있으며, 범죄는 가난하고 힘없는 사람들을 희생시켜 상류층의 권력과 경제적 지위를 보호하도록 만들어진 정치적 개념이라고 주장하는 입장이 갈등론적·법률주의적 관점이다.

갈등론적 입장에서는 현실사회를 상호 갈등적·경쟁적인 다양한 집단의 모임으로 인식한다.

이러한 경쟁적 사회관계에서 정치적·경제적 권력을 지닌 집단은 자신들의 경제적·사회적 지위를 유지·강화하기 위해 형사사법체계를 이용한다.

이 점에 대해 갈등이론가인 볼드(George Vold)는 '법은 자신의 권리와 이익을 보호하기 위하여 정부의 도움을 얻고자하는 정치적 집단에 의해 만들어진 것'이라고 하고, 터크(Austin T, Turk)는 '법이란 힘 많은 집단의 이익을 보호하기 위한 무기' 라고 주장하며, 챔블리스(William Chambliss)와 시드먼(Robert Seidman)은 '법은 지배 집단의 우월성을 보장하기 위한 행위규범'이라고 규정한다.

이러한 현실적 예는, 가난한 사람들의 '거리의 범죄'(street of crime)라고 일컬어지는 절도·강도 등에 대해서는 그 피해에 비해 무거운 형벌을 규정하고 있고, 부유한 사람들의 '화이트칼라 범죄'(white collar crime)인 횡령·증권 관련 범죄, 불법적인 비즈니스 관행들에 대해서는 그 피해에 비해 매우 가벼운 형벌을 규정하고 있는 형법의 조문들에서 확인할 수 있다.

범죄개념의 정치적 성격과 관련해서는 퀴니(Richard Quinney)가 "범죄는 정치적으로 조직된 사회에서 지배계급에 의해서 범죄화되기 때문에, 범죄의 규정은 지배계급의 이익과 대립되는 행위들로 구성된다."고 명제화한 지적을 통해 잘 표현되고 있다.

갈등론적 관점에서 보면 비슷한 살인·강간 등에 있어서도 백인이나 상위계층에 속한 사람들 피해자로 하는 경우에는 무거운 형이 부과되고, 흑인이나 유색인종, 하위계층을 대상으로 하는 경우에는 상대적으로 가벼운 형이 부과되는 사례들이 상당히 발견되고 있다.

갈등론적 관점에서는 참으로 중대한 범죄로서 무거운 법정형으로 규정되어야 할 행위들은 다음과 같은 행위들이다.

ⓘ 갈등론적 관점에서의 중대범죄

- 경찰들의 잔혹한 법 집행 및 유죄 조작
- 검찰의 차별적·선택적 수사와 기소(공소제기)
- 안전하지 못한 작업환경으로 야기한 산업재해
- 인종적·성적 차별주의
- 경제적·정치적 권력형 범죄
- 불공정한 교육·고용 기회 조성
- 부적절한 육아 및 아동 학대
- 남성들의 데이트 폭력
- 환경오염 유발 행위
- 성적(性的) 자기결정권 침해
- 인간의 존엄성 침해 언행

Ⅲ. 상호작용주의적 관점에서의 범죄

상호작용주의적 관점은,

> ① 사람은 사물에 대해 주관적 의미를 부여하고, 실재에 자신이 해석한 의미에 따라 행동한다.
> ② 사람은 자신의 행동에 대해 다른 사람이 긍정적 또는 부정적으로 반응하는 과정을 관찰한다.
> ③ 사람은 다른 사람이 부여하는 의미와 상징을 파악하고 그러한 반응을 고려하여 자신의 행위를 재평가하여 해석한다고 본다.

즉, 세상에는 어떠한 객관적 실체도 존재한다고 볼 수 없고, 어떠한 사건이나 행위 등은 평가자의 해석에 따라 주관적으로 평가되어 선한 것이나 악한 것으로 분류되는 상징적 상호작용과정이라는 주장이다.

예를 들면, 담배피우는 행위. 그것은 낭만적이고 멋있는 취향으로 평가할 수도 있고, 자신과 다른 사람들의 건강을 해치는 사회유해적 행동으로 평가될 수 있다는 것이다.

상징적 상호작용주의 관점에서는 범죄의 객관적·법률적 측면보다는 타인과의 상호작용에서의 행동·반응 등이 범죄나 범죄자로 규정하는 과정에 미치는 영향을 중시한다.

사람과 집단들의 작용 반작용을 중심으로 인간의 행동결과를 연구하는 상호작용주의 패러다임은 법률로 규정되어 있는 추상적인 범죄보다도 현실적·구체적으로 경찰 등 법집행기관이 공식적으로 범죄나 일탈로 낙인을 찍은 행위를 범죄에 대한 정의(definition)로서 중요하게 다룬다.

이 관점에서는 어떠한 행동도 보편적·본질적으로 일탈적·범죄적인 것은 아니라고 보기 때문에 법률적 범죄개념에 대해서는 회의적이다.

이러한 관점에서 범죄를 규정하는 대표적인 범죄이론이 낙인이론(labeling theory)이다.

낙인이론에서는 범죄를 '귀속(평가)의 산물'로 보아, 가장 상대주의적 관점에서 범죄를 규정한다.

낙인이론가들은, 범죄란 일탈행위와 마찬가지로 사회내의 통제조직의 규정에 의하여 범죄의 내용과 범죄자가 결정되는 의미에서만 존재하는 것이지, 그 자체로써 고유한 속성을 지니는 범죄 또는 범죄자는 없다고 본다.

즉 사회통제조직을 장악한 자와 통제를 받는 자의 상호작용적 역학관계에 따라 범죄개념이 정해지고 이에 따라 범죄자도 결정된다고 본다.

다시 말하자면, 범죄행위란 그 자체가 객관적이고 고유하게 존재하는 것이 아니라, 사회적 반응에 의해 규정됨으로써 인식되며, 국가사법기관이 법을 집행함으로써만 형성된다고 보고 있다.

따라서 범죄발생의 규모나 범죄자의 분포는 법이 어떤 식으로 구성되고 법집행을 어떻게 하느냐에 따라 달라지므로, 범죄발생의 원인을 규명하는 데 있어 보다 중요한 것은, 법의 형성과정이나 집행과정에 초점을 두어야 한다는 것이다. 이러한 입장을 '사회반응주의'라고도 부른다.

이러한 측면에서의 대표적인 낙인이론가의 한 사람인 하워드 베커(Howard Becker)는 "일탈자(범죄자)는 낙인이 성공적으로 부착된 사람이고, 일탈행위(범죄)는 사람들이 그렇게 낙인찍은 행위이다."라고 주장한다.

상호작용주의 관점의 특징을 정리하여 제시하면 다음과 같다.

첫째, 형법의 내용과 범죄 규정은 그 사회의 법 제정 권력을 지닌 집단이 부여하는 가치와 평가에 달려 있다.

예를 들면, 담배는 합법적이지만 비슷한 해악을 가진 마리화나는 불법이다. 동성애나 낙태는 어느 국가에서는 합법인데, 다른 국가에서는 불법이다.

둘째, 어떤 개인의 행위가 범죄로 규정되는지 규정되지 않는지는 사회적 상호작용과 낙인찍기의 함수관계에 의해 결정된다.

예를 들면, 두 사람이 싸우다가 한 사람이 죽은 사건이 발생했을 때 그 살인이 정당방위로 인정되어 처벌받지 않을 행위인지 폭행치사인지는 그들의 행위 정황과 변호사의 변론 능력에 따라 검찰이나 법원에서 어떻게 그 행위를 해석하고 평가하느냐에 달려있다.

셋째, 어떤 사람이 유죄로 판결되어 자유형이 확정되어 형집행 중 교정처우 받는 과정도 상당히 주관적이다.

예를 들면, 똑같이 징역 10년형을 받았는데 어떤 수형자는 도주의 위험성이 높다고 평가하여 관리·감시를 엄중히 하는 중(重)경비시설에 수용하고, 어떤 수형자는 통상적인 관리·감시를 하는 일반경비시설에 수용된다. 또는 징역의 집행 중에 있는 자에 대해 그 행상이 양호하고 재범위험성이 낮다고 하여 언제쯤 가석방을 해줄지 아니면 만기석방시킬 것인지도 교정기관의 주관적 평가에 따라 달라진다.

상호작용주의 관점에서 보면, 범죄의 규정은 특정국가의 사법체계에서 영향력을 미치는 사회 권력의 평가와 결단을 반영하는 경우가 많다. 권력자나 세력을 지닌 집단은 어떤 행위에 대해 옳고 그름을 해석하여 결정하고, 어떤 행위자를 일탈자나 범죄자로 낙인을 찍을 것인지에 대해 결단을 내리는 힘을 행사한다. 따라서 범죄는 본질적·객관적으로 악하거나 해롭거나 비도덕적인 행위이기 때문만이 아니라 사회가 그런 식으로 해석하여 규정하기 때문에 불법적·일탈적 행위가 되는 경우도 있다.

이러한 상호작용주의의 관점은 갈등론적 관점과 비슷한 점이 있다.

두 관점은 모두 사회적·경제적·정치적 권력을 지닌 집단의 이익이나 지위에 반하는 행위가 주로 범죄로 규정된다고 보면서 사회적 가치·규범 및 법률·범죄에 대한 사회적 합의를 인정하지 않는다.

그렇지만 상호작용주의 관점은 범죄나 범죄자로 규정되는 과정에서 나타나는 정치경제성을 강조하지 않고 사회적 반응을 중시하고, 갈등론적 관점과 달리 범죄와 범죄통제의 문제를 미시적으로 분석하며, 범죄나 범죄자를 규정하는 주체의 정당성까지 문제 삼지 않는다는 점에서 본질적 차이가 있다.

[제2절] 범죄개념은 분야에 따라 어떻게 구분되는가?

범죄학은 '현실 학문'이고 '일상생활에 대한 학문'으로서 실용성을 본질로 삼아야 한다.

범죄학의 실용성은 범죄를 줄이거나 없애기 위한 도구로서의 역할이다. 그러므로 범죄학의 논의는 궁극적으로는 범죄대책을 염두에 두어야 한다. 범죄에 대한 개념 규정도 관점에 따라 매우 다양하지만, 그러한 개념이나 용어는 정책적인 기준으로 활용될 수 있어야 논의의 실익(實益)이 있다. 그러므로 범죄의 범위(the scope of crime)도 연구 분야나 활용영역에 따라, 강조되는 기능에 따라, 구분하여 논의되고 있다.

I. 범죄개념의 다양성과 기능

'범죄'란 일반적으로 법에 의해 보호되는 이익인 '법익을 침해하는 행위' 또는 '사회적 안전과 질서를 문란하게 만드는 반사회적 행위' 중 이를 처벌하기 위해 형사법에 규정되어 있는 행위를 말한다.

'일탈'과 '범죄'는 여러 분야에서 중복되어 사용되고 있지만, 같은 개념은 아니다.

일탈(deviance)이 범죄보다 더 넓은 개념이며, 사회학에서는 범죄를 포섭하는 개념으로 일반적으로 사용되고 있다.

'일탈 사회학'은 범죄에 관한 연구도 하지만, 형사법 밖의 일탈행동도 연구한다. 일탈 행동을 연구하는 사회학 분야에서는 범죄에 대한 대책에 대한 관심보다는 어떤 행위들이 왜 일탈로 규정되는지, 일탈개념과 정상개념이 사회적으로 어떻게 만들어지는지에 대해 주로 관심을 갖는다.

일탈과 범죄에 대한 학문은 '일탈사회학'과 '범죄학'으로 서로 구분되지만, 연관성이 깊은 연구를 한다. 일탈사회학과 범죄학을 연결시키는 개념이 범죄화(criminalization) 개념이다. 범죄화 개념은 범죄학에서 범죄의 유형을 연구하는 데 근본적인 요소이다. 일탈행동이 집중된 감시, 재정의(再定義)되어 최종적으로 형벌의 대상이 되어가는 과정이 범죄화다.[26]

범죄학은 '범죄에 관한 연구'로서 사회학뿐 아니라 생물학, 심리학, 피해자학, 예방학, 교정학, 형사정책학, 형법학 등과 밀접하게 상호보완적으로 관련을 맺으며 범죄문제의 해결에 기여하는 학문이다.

독립된 여러 인접학문들과 범죄학을 연계시키는 다리 역할을 하는 개념이 '범죄'이다. 그러므로 범죄학에서 다루는 범죄개념은 개방적이고 다양하지 아니할 수 없다. 즉, 절대적 범죄개념·상대적 범죄개념, 형식적 범죄개념·실질적 범죄개념, 개별현상으로서의 범죄·집단현상으로서의 범죄, 형사범죄(刑事犯罪)·행정범죄(行政犯罪) 등 구별기준이 다양하다.

범죄학에서는 과거·현재의 범죄뿐만 아니라 장래 발생할 것으로 예측되는 범죄도 연구대상이다. 또한 숨은 범죄(암수범죄), 피해자 없는 범죄, 거리의 범죄, 화이트칼라 범죄 등 특수한 범죄와 범죄화, 비범죄화 등도 범죄 개념과 연관해서 중요한 연구대상이다.

Ⅱ. 절대적 범죄개념과 상대적 범죄개념

'절대적 범죄'란 시간과 공간을 뛰어넘어 '어느 시대건 어느 곳에선 똑같이 범죄'라고 인정되어, '똑같은 형벌이 부과되는 행위'를 가리키는 개념이다.

26) Anthony Giddens and Philip W. Sutton, Sociology, 2017, 885–890면 참조.

이처럼 어느 사회에서든 절대적으로 범죄가 되는 행위는 존재하지 않음으로 어느 학문에서든 절대적 범죄개념은 인정되지 않는다.

절대적 범죄와 유사한 개념은 이탈리아 범죄학파의 한 사람인 라파엘 가로팔로(Raffaele Garofalo, 1852–1934)의 자연범(natual crimes)을 들 수 있다. 이 자연범은 자연법을 어기는 행위로서, 이러한 범죄행위는 문명화된 사회의 모든 정상인이 지닌 '정직성'(probity)과 '연민'(pity)이라는 기본적 도덕 감정을 지니지 못한 사람이 행하는 범죄를 의미하므로 시간과 문화를 초월하여 인정되는 개념이라고 주장했다. 이 개념은 가로팔로가 1885년 그분의 저서 「범죄학」에서 살인범죄, 폭력범죄, 절도범죄, 성폭력범죄 등은 형법상 금지되는 개념을 뛰어넘어 그 자체로서 비난받는 범죄행위라고 설명했다.

이 자연범은 과학적으로 전혀 지지받지 못하고 있다. 그러므로 범죄연구에 있어서 유의미(有意味)한 개념은 '상대적 범죄'개념 밖에 없다.

이에 관하여는, 전형적인 심각한 범죄라고 생각되는 살인행위도 상대적으로 범죄일 수도 있고, 범죄가 되지 않을 수도 있음을 통해서 확인할 수 있다. 전쟁 시에는 적군을 많이 죽일수록 영웅으로 대접받고, 경찰관이 폭동으로 인한 살상을 막기 위해 직무상 사격을 가해 위험한 주동자를 살해했다고 해도 표창받을 행위이지 범죄가 되지 않는다.

범죄 규정이 시간과 장소에 따라 변화한다는 것은 범죄화(criminalization)와 비범죄화(decriminalization)개념으로 논의를 확대한다.

Ⅲ. 범죄화와 비범죄화

1. 범죄화(犯罪化)

범죄화란 어느 시점까지는 범죄로 여기지 않던 행위를 범죄로 만드는 과정을 말한다.

종래에는 예상치 못했던 반사회적 행위가 나타나서 그러한 행위 유형을 형사법상 범죄로 규정하는 것임을 강조하기 위해 '신(新)범죄화' 또는 '신규(종)범죄화'라는 구체적인 용어를 사용하기도 한다.

예를 들어, 산업혁명 이전까지는 '환경오염'이라는 말조차 없었는데 현대에 와서는 웬만한 기존범죄보다 심각한 범죄로 규정되고 있고, 인터넷 저작권 침해, 해킹

행위, 증오범죄, 동물학대, 주가 조작 등도 신범죄화된 범죄유형들이다.

신범죄화가 이루어지면, 경찰 등 형사사법기관은 새로 법률상 범죄가 된 행위가 금지될 수 있도록 사회에 정착시켜 나가야 할 임무를 수행해야 한다. 경찰 등 사법기관의 종사자들이 새롭게 범죄화된 범죄목록을 제대로 숙지하지 못하게 되면, 시민들의 법의식을 선도할 수도 없고, 행해진 그러한 범죄처리에 소홀하게 되어 목표로 했던 범죄화의 목적달성이 지연될 수밖에 없게 될 것이다.

2. 비범죄화(非犯罪化)

범죄학의 중요한 이슈(issue) 중 하나가 형법의 그물망이 얼마나 넓게 펼쳐져야 하는가이다.

이와 관련하여 비범죄화가 중요한 논점이 되고 있다.

비범죄화란 기존의 범죄를 범죄가 아닌 것으로 규정하는 것이다. 즉 가벌적인 행위양태의 숫자를 감소시킬 목적으로 일정한 행위 양태의 불법 내용을 법정책적으로 달리 평가하여 당해 행위양태를 더 이상 제재하지 않거나(반가치 판단의 지양), 혹은 더 가볍게 제재하는(반가치 판단의 경감) 절차를 말한다. 따라서 비범죄화론은 어떤 범죄행위에 대한 사회적 동의를 의미하는 것이 아니며, 어떤 행위에 대한 제재(制裁)의 완전 폐지가 아니라 형사처벌의 완화를 목표로 한다.

범죄화의 과잉경향에 대하여 국가형벌권의 확대금지를 요구하는 비범죄화 주장은 형법 또는 형사정책의 겸억주의라고도 불리우고 있으며, 현재 형사사법상에 있어서 가장 중요한 이슈가 되어 있다. 비범죄화는 가장 급진적인 불개입주의의 산물이다.

비범죄화는 특히 종교형법과 정치형법 분야에서 가장 활발하고 성공적으로 이루어졌다. 우리 역사상 조선시대에는, 주자(朱子)와 다른 학문적 입장을 취해 이단으로 지목당해 사문난적(斯文亂賊: 교리에 어긋나는 언동으로 유교를 어지럽히는 죄인)으로 규정되어 결국 사약을 받아 사형을 당했던 윤휴 선생도 있었고, 중세 유럽에서는 신을 모독하는 행위를 독신죄(瀆神罪)로 규정하여 화형(火刑)에 처했었다. 그러나 오늘날에는 다원주의 이념에 따라 종교 분야나 사상·정치 분야의 범죄 행위들은 대부분 비범죄화가 이루어졌다.

(1) 이론적 근거

1) 형사소추기관의 과중한 업무부담 경감

대량적인 경미범죄에 대한 비범죄화 요청 및 과잉범죄화에 대한 반성(형사사법경제 증가)

2) 인간화·자유화·합리화 등 형법의 지도원칙 실현

3) 적극적 일반예방 효과의 제고

일반예방은 소극적 일반예방(형벌위협을 통한 억제)과 적극적 일반예방으로 구분된다. 형법제한의 법정책적인 필요성은 적극적 일반예방(법질서의 존립과 관철력에 대한 신뢰의 보존 및 강화)의 합목적성으로부터 도출된다.

잡다한 범죄가 너무 많이 규정되어 있으면 어떤 행위가 금지되는지 흐리터분하고 분명하지 않아서 일반 시민들은 범죄가 되는 행위들을 일일이 파악하기 어려워 규범의식이 낮아 이로 인해 적극적인 일반예방효과가 떨어지게 된다. 따라서 아주 가벼운 범죄나 너무 세부적인 내용에 대해 금지하는 범죄들을 비범죄화하게 되면 규범의식을 높여 적극적 일반예방효과를 높일 수 있다.

4) 정치·종교형법의 규율영역 축소·사회의 다원화와 가치의 다양화에 따른 형법의 탈윤리화를 강화할 수 있다. 형법은 특정 세계관이나 도덕관을 개입시켜서는 아니 된다.

5) 낙인부작용의 최소화 추구

6) 자의적 법집행·법집행기관의 타락 방지

7) 형법의 보충성 원칙 실현

형법은 형벌이라는 가혹한 제재수단을 사용하기 때문에 행정법 등 다른 법의 금지와 제제가 효과 있게 작동하여 법익을 보호할 수 있는 경우에는 우선적으로 개입하지 말라는 '보충성의 요청'을 받는다.

예를 들면, 주차 위반 시 행정벌인 과태료 부과 정도로 충분히 통제할 수 있다면, 형벌인 벌금형이나 구류형 등을 적용해서는 안 된다는 것이다. 그러한 경우인데 형법에 주차 위반에 대한 범죄와 형벌 규정을 둔다면, 그것은 사회적·국가적 낭비일 뿐 아니라 정당하지 않은 형법이 된다.

(2) 비범죄화의 유형

1) 일반적인 유형 분류

① 법률상의 비범죄화(협의의 비범죄화)

입법활동 또는 위헌 결정·판례변경에 의한 비범죄화로 입법상의 비범죄화와 사법(재판)상의 비범죄화를 말한다.

② 사실(단속)상의 비범죄화

일정한 범죄행위에 대한 고소·고발의 기피, 경찰의 비개입, 검사의 불기소 처분, 법원의 절차 중단 등을 통한 비범죄화.

사실상의 비범죄화는 결국 법률상의 비범죄화로 이어진다. 사실상의 비범죄화 상태에 있다가 결국 법률상 비범죄화된 대표적인 범죄로는 낙태죄를 들 수 있다.

2) 나우케(Naucke)의 분류

선언적인 비범죄화, 외견상의 비범죄화, 현실적인 비범죄화로 유형화했다.

이 중 선언적인 비범죄화와 외견상의 비범죄화는 위의 법률상의 비범죄화에 속하며, 현실적인 비범죄화는 사실상의 비범죄화에 해당한다.

선언적인 비범죄화는 국민에게 유리하게 작용하지만, 외견상의 비범죄화는 오히려 과잉통제로 작용하여 불리해질 수도 있다.

(3) 우리나라의 비범죄화 사례

혼인빙자간음죄는 2009년 위헌결정 이후 2012년 완전히 폐지되었고, 간통죄는 2015년 헌법재판소가 위헌이라고 결정했다.

헌법재판소는 "간통죄는 성적 자기결정권·사생활의 비밀과 자유 침해 및 사적 영역에 대한 과도한 개입으로 인하여 헌법이 보장하는 행복추구권에 반한다."라고 판시했다. 간통죄는 2016년 「형법」 개정을 통해 형법에서 삭제되었다.

낙태죄는 2019년 헌법재판소가 위헌으로 보아 '헌법불합치' 결정을 내렸다.

가장 최근에 비범죄화된 것은 양심적 병역거부이다. 이전에는 양심적 병역거부를 하면 통상 1년 6개월의 징역형을 선고해왔고, 헌법재판소도 여러 번에 걸쳐 합헌이라고 결정을 내린 바 있었다. 이에 맞서 대체복무제도를 도입하여, 양심적·종교적 병역거부자에 대해 형벌 이외의 방식으로 대응해도 된다는 의견도 강력하게 제기되어 왔다. 이러한 시대적 상황에서 헌법재판소는 2018년 6월 28일 선고한 결정례(2011 헌바379)를 통해, 그간의 입장을 바꾸어 양심적 병역거부자의 병역의무가 면제되는 것은 아니라고 하면서도, 양심적 병역거부 개념을 인정하는 취지의 결정을 하여 법률상 비범죄화시켰다. 즉, 국방의무와 양심의 자유를 조화시킬 수 있는 방법으로 대체복무제가 마련되어야 한다는 취지였다. 이에 맞춰 대법원도 전원합의체를 거쳐 양심적 병역거부자를 처벌할 수 없다는 새로운 판례를 내놓았다.

Ⅳ. 형식적 범죄개념과 실질적 범죄개념

1. 형식적 범죄개념(법적 개념으로서의 범죄)

형식적 범죄란 형사법률이라는 형식을 통해 범죄로 규정된 행위를 가리키므로 '형법적 범죄'라고도 한다.

형법 제 241조(간통죄) 배우자 있는 자가 간통한 때에는 2년 이하의 징역에 처한다.

위 형법 조문은 2015년 2월 26일 헌법재판소가 위헌결정을 하였으므로 현재는 없어진 범죄규정이다. 위헌으로 결정된 법률 또는 법률의 조항은 그 결정이 있는 날로부터 효력을 상실하기 때문이다.[27] 간통에 해당하는 행위는 비록 비도덕적인 행위라고 할지라도 본질적으로 개인의 사생활에 속하고, 사회에 끼치는 해악이 그다지 크지 않거나 구체적 법익에 대한 명백한 침해가 없기 때문에 실질적으로는 범죄가 아니라는 취지로 위헌결정을 내렸다. 그러나 그간 이 조문이 효력을 발휘하고 있던 60여 년 동안은 실제로는 범죄가 아니었음에도 형식적·형법적으로는 버젓이 범죄로 규정되고 있었던 것이다.

형식적 범죄의 기준은 오로지 형사법률 규정이기 때문이다. 형식적 범죄개념은 규범종속적 범죄개념이다. 따라서 입법자의 의도에 따라 규정되는 개념이다.

형식적 범죄개념은 죄형법정주의를 바탕으로 보장적 기능을 수행함으로써 국민의 인권보호에 기여한다.

그렇지만 형식적인 범죄개념을 취하는 경우 범죄학·형사정책의 연구에 있어 범죄라는 용어는 법률을 위반하는 행위로 한정되기 때문에 입법적 지체현상에 따라 법적 허점이 야기되는 문제가 나타난다.

2. 실질적 범죄개념(범죄학적 범죄개념)

실질적 범죄는 법 규정에 한정되지 않고 "범죄의 실질(사회유해성)을 지니는 반사회적인 법익침해행위"를 말한다.

이는 범죄개념에는 시간적·공간적 상대성과 가변성이 있기 때문에 필요하다. 이 개념은 범죄와 범죄 아닌 것에 대한 실질적인 기준을 제시한다.

---

27) 헌법재판소법 제 47조 제2항 참조.

실질적 의미의 범죄개념은 신범죄화 또는 비범죄화의 척도가 된다.

범죄학·형사정책의 대상으로서의 실질적 의미의 범죄는 '사회유해성' 또는 '법익침해성'을 기준으로 하는 개인의 '반사회적 행위'를 의미한다. 실질적 범죄개념은 신범죄화·비범죄화의 척도가 되는 범죄개념으로서 범죄개념에 탄력성을 제공하는 데 의의가 있다.

이는 재판과정에서 법관에게 무엇이 범죄이고, 어떻게 처벌해야 하는지에 대한 기준 제시가 어려워, 사법기관의 자의적인 처벌이 가능하다는 것이 단점이다.

사회학에서 주장하는 일탈행위[28] 까지도 포함될 수 있는 개념이다.

실질적 범죄개념도 절대적 범죄개념과는 달리 실정법체계를 전제로 한다. 실질적 범죄성 여부도 특정 시대, 특정 사회의 가치기준이나 헌법 질서를 기준으로 삼기 때문이다.

V. 개별현상으로서 범죄·집단현상으로서의 범죄

1. 개별현상으로서의 범죄(Crime)

개인의 행동에 있어서 발생 가능한 비정상적인 현상을 말한다. 즉, 개인의 개별적 현상으로서의 범죄를 가리키는 개념이다. 이 개념은 범죄 원인을 개인적·미시적 차

28) 일탈행위(deviance)란 일반적으로 기대되는 행위에서 벗어나고, 사회에서 많은 사람에 의해서 받아들여지는 규범에 순응하지 않는 행위를 말한다.(알코올중독, 가출, 자퇴 등). 범죄학에서는 범죄뿐만 아니라 일탈행위를 주된 연구대상으로 삼고 있다. 일탈행위의 개념은 법규범에 의존하지 않는다는 점에서 실질적 범죄개념과 통하고, 그 기초를 사회규범에서 찾는다는 점에서 사회학적 범죄개념의 일환이다(사회유해적 행위 또는 사회적 일탈행위). 범죄와 일탈의 관계는, 일탈이 언제나 범죄가 되는 것은 아니고, 범죄도 언제나 일탈이 된다고 할 수 없다.(예 도박, 혼외정사, 미국에서 금주법이 제정되었을 때 음주행위). '일탈행위'개념은 규범의존성이 있는 범죄개념에서 탈피한 몰가치적 개념(가치중립적 개념)이다. 사회에 유익한 일탈도 존재하기 때문이다. 어떤 사람은 봉사와 헌신으로 일관하는 삶을 살아가면서 현대사회의 핵심적인 가치들인 물질적 보상과 개인적 성취에 어긋나는 일탈을 하는 것이 그 예라고 할 수 있다. 현재 대부분의 운전자들은 일탈자는 아니지만, 범죄자들이다. 대부분의 운전자들이 단속이 없다고 가정하면 법적 제한속도 이상으로 운전하는 것이 일반적이기 때문이다. 법적 규정은 제한속도 80km일지라도 비공식적인 규칙은 규정속도를 초과하여 교통의 흐름을 지연시키지 않도록 하는 것이다. 일탈은 개인들의 행위만 지칭하는 것이 아니라, 집단의 행위도 지칭한다. 사이비 종교집단이나 일진회와 같은 일탈적인 하위문화(deviant sub−culture)가 집단적 일탈의 예이다. 일탈적 하위문화는 일탈사회학이나 범죄학에서 중요하게 다루어지고 있는 범죄조직(건달)문화(gang culture) 등이다.

원에서 찾는 범죄생물학, 범죄심리학, 생물사회학 등 미시적 범죄원인론에서 연구대상으로 삼고 있다.

형법이나 교정 분야에서는 상대적으로 개별현상으로서의 범죄가 더욱 중시된다.

2. 집단(集團)현상으로서의 범죄(criminality)

전체사회에서 발생 가능한 질병과 같은 자연적인 현상으로, 일정한 유사성과 경향성을 지닌 사회적 병리현상으로서의 범죄를 말한다.

집단현상으로서의 범죄는 개별범죄의 집합이 아니라 전체로서 고유한 하나의 사회적인 현상이다.

즉 '일정한 시기에 일정한 사회 내에서 발생하는 범죄의 총체'를 말한다. 이는 범죄 원인을 사회적·구조적 차원에서 찾는 범죄사회학에서 연구대상으로 삼는다.

이러한 범죄개념은 각 사회집단 내의 범죄통계를 기초로 사회학적 연구방법을 통해 접근이 가능하고, 범죄가 발생한 장소(예컨대, 국가·지역·지방 등), 시간 및 범위(전체 범죄량), 범죄의 태양과 발달형태 등을 고려해 그 특징을 연구할 필요성이 있다.

형사정책에서는 상대적으로 집단현상으로서의 범죄연구에 더욱 중점을 둔다.

그렇지만, 개별적인 행위로서의 범죄이건 집단 현상으로서의 범죄이건 범죄라는 행위 자체는 모두 상대적인 개념이고, 범죄학상 범죄를 연구할 때에는 양자를 전제로 양면적인 성격을 고려해야 한다.

제3절 범죄학의 연구대상으로서의 인간 – 범죄형 인간

범죄학은 범죄와 관련된 학문 중 한 분야이다.

범죄와 직접·간접적으로 연관된 학문인 형법학·형사소송법학·교정학·형사정책학 등은 범죄를 대상으로 하여 그 해결책을 강구하는 학문이다.

범죄란 사람이 행하는 사회현상이므로 일정한 '사람'을 떠나서는 존재할 수 없다.

형법학·형사소송법학적 사유 및 범죄학·형사정책학·교정학적 고찰은 항상 '행위자인 사람'에 출발점을 두고 있다. 더욱이 이러한 학문들이 사람들의 범죄 원인을 밝혀내어 그 범죄인들을 어떻게 처우하여 결과적으로는 우리 사회에서 범죄를 어떻게 얼마나 줄여나갈 것인가에 대한 효과적인 대책을 강구한다는 점을 고려한다면, 범죄를 직·간접적으로 연구대상으로 하는 범죄과학은 범죄행위의 주체인 인간에 관한 연구에 초점을 맞추어야 한다.

범죄 학문들은 '범죄와 관련된 사람'을 대상으로 한다는 점에서 공통점이 있다.

그렇지만 학문의 특성과 목적에 따라 사람의 다른 차원을 강조하여 범죄인을 규정하고, 각각 다른 학문적 지위를 부여하며 연구대상으로 삼고 있다.

Ⅰ. 형법학상 연구대상인 범죄인 - 범죄행위자

형법학 또는 형법해석학(독일어: Strafrechtsdogmatik)이라고 부르는 범죄와 형벌에 관한 학문은 실정형법에 대한 학문이다.

형법학은 형사법을 해석하고, 절차에서 구성된 범죄 사안을 법률에 적용하기 위해 필요한 규칙을 연구하는 학문이다.

즉 어떤 행위가 형식적으로 범위행위로 인정되며, 누가 범죄행위의 주체로서 범죄인이 되는지에 대한 판단 방법을 연구하는 학문이다.

형법상 범죄인으로 인정되면 그에 대한 법적 효과로서 형벌이 부과된다. 형벌은 범죄행위자에게 부과하는 해악(害惡)이다. 해악으로서의 형벌을 부과하려면 범죄행위자에게 책임이 인정되어야 한다. 책임은 비난가능성을 가리킨다. 비난가능성은 범죄행위자를 꾸짖을 수 있는 성질을 말한다. 다시 설명하면, "네 탓이다!"라고 손가락질할 수 있는 상황 인정이다. 이러한 책임을 물을 수 있는 성질을 '책임능력'이라고 한다.

형법학에서는 책임능력과 범죄행위의 주체가 될 수 있는 능력인 행위능력을 포함하는 개념으로 '범죄능력'을 사용한다. 이는 범죄의 주체가 될 수 있는 능력과 형벌의 객체가 될 수 있는 능력을 뜻한다. 그러므로 형법학에서의 사람에 관한 관심은 형벌을 부과할 수 있는 사람이냐 아니냐에 모아진다. 즉 범죄능력을 인정할 수 있는 사람이냐 범죄능력을 인정할 수 없는 사람이냐의 기준을 연구하는 것이 사람에 관한 연구의 핵심이다.

사람 중에서 자연인은 범죄능력자로 인정되는 것이 당연하다. 그러나 법인(法人)에 대해서는 범죄능력을 인정하지 않는 주장도 있고, 부분적으로는 범죄능력을 인정하는 주장도 있다.

형법학에서의 범죄인이란 형법학상 범죄개념인 '구성요건에 해당하고 위법하고 책임 있는 행위를 한 사람'이다. 참으로 단순 명료한 개념 정의이다.

범죄 과학 중에서 가장 좁은 의미의 범죄인 개념을 사용하는 분야는 형법학이다.

넓은 의미의 형법학에 속하는 형사소송법학의 연구대상인 사람은 소송의 주체로서의 '피고인'이다.

피고인은 검사에 의하여 형사책임을 져야 할 사람으로 공소가 제기된 사람이다. 피고인은 공소가 제기된 사람을 가리키므로, 공소 제기 전에 수사기관에 의하여 수사의 대상으로 되어 있는 사람인 피의자와 구별된다. 징역·금고·구류의 형이 확정되거나 노역장 유치명령을 받아 교정시설에 수용된 수형자와도 구별된다.

형사소송법학상 사람에 대한 주된 관심은 피고인의 인간으로서의 존엄과 기본권이 부당하게 침해되지 않도록 하는 데 있다.

이를 위해 무죄추정의 원칙이 강조되고 있다. 이 원칙은 무고한 사람을 처벌해서는 안 된다는 인권보장사상에서 유래하여 시민적 자유를 수호하려는 현대 법의 특징을 나타낸 것이며, 이에 의하여 피고인은 형사절차의 주체로서 절차상 여러 권리를 갖게 된다.

「헌법」 제27조 4항은 "형사피고인은 유죄의 판결이 확정될 때까지는 무죄로 추정된다."라고 규정하여 무죄추정의 원칙을 기본권으로 보장하고 있다. 형사소송법에도 같은 취지의 규정을 두어 무죄추정의 원칙을 선언하고 있다. 그러므로 사법기관의 종사자들은 피의자나 피고인에 대하여 고문을 가하고 모욕적인 신문을 해서는 아니 되고, 체포·구속된 경우에도 불필요한 고통을 가해서도 아니 되며, 피의자·피고인에 대한 불리한 진술을 강요해서는 아니 된다.

Ⅱ. 교정학상 연구대상인 범죄인 - 수형자 등 처우대상자

교정학의 중점 대상은 수형자이다.

교정학에서는 형법학과는 달리 형사책임의 주체에 한하지 않고 널리 개별현상으로서의 범죄와 관련된 사람들에게까지 확장된 관심을 갖는다. 일탈 행위를 경험한 모든 자연인은 연령·정신상태·범죄성향의 진전 여하에 관계없이 교정의 대상이 될 수 있다.

개별현상으로서의 범죄와 관련하여, 모든 일탈의 주체는 결국 특수한 행위성향을 갖는 인격자이므로 그 사람의 범죄성 원인을 발견·제거하여 치유·개선·교화시킴으로써 사회에 복귀시키는 차원에서 교정학은 처우대상자로서의 일탈자에게 초점을 맞추어 연구되고 있다.

이에 따라 특별예방론이 형 집행 분야에서 강조되고 있다. 특별예방론이란 범죄행위자 자신에게 영향을 주어 앞으로 다시는 범죄인이 되지 않고 정상인으로 생활할 수 있도록 만드는 것을 형벌의 목적으로 삼는 견해이다. 특별예방은 범죄행위자에게 형벌이나 보안처분(강제적 예방처분)을 가하는 법체계에서 특히 주목된다. 이러한 법으로 현재는 「형의 집행 및 수용자의 처우에 관한 법률」이 중심적으로 운용되고 있다. 이 법 적용과 관련하여 교정학 분야에서는 특별예방이 범죄인의 재사회화라는 형태로 활발히 논의된다.

재사회화란 범죄행위자로 하여금 앞으로 법을 준수하는 시민으로 변화하게 하는 노력을 말한다. 재사회화는 교정이론가들의 목표이자 꿈이다. 그렇지만 현실은 그렇게 낙관할 수만은 없다. 우리나라 등 많은 나라의 실증적 자료를 보면 범죄를 범하여 형벌을 집행 받은 후 또 다시 범죄를 범하는 비율이 상당히 높게 나타나고 있다. 높은 재범률을 바탕으로 자유형 집행과정을 보면, 현대 형벌의 중심이 되는 자유형의 집행을 통하여 범죄인이 새로운 준법시민으로 변하기보다는 오히려 범죄에 물든 확률이 더 높다고 할 수 있다.

이 때문에 근래에 와서 많은 나라에서 자유형을 제한하려는 움직임이 강하게 나타나고 있다. 자유형 집행 대신 범죄인을 지역사회 내에서 교화·개선하고자 하는 노력인 사회내처우(Community Treatment) 또는 지역사회교정(Community based Treatment)의 확대가 활발히 논의되고 있는 것은 이러한 경향을 반영한다.

Ⅲ. 형사정책상 연구대상인 범죄인

형사정책학의 연구대상으로서의 범죄인은 형사책임의 주체로 한정하지 않고, 이미 범죄성이 인정된 사람으로도 한정하지 않고, 널리 잠재적으로 범죄적 위험성을 가진 사람까지 포함된다.

형사정책학에서는 개별현상으로서의 범죄행위(crime)를 하는 특정 개인범죄자보다는 일정한 시기에 일정한 사회에서 질병처럼 이루어지는 집단현상으로서의 범죄성(criminality)을 지닌 사람들에게 관심이 더 높다.

형사정책학의 목표는 특정 사회 내에서 집단현상으로서의 범죄성을 낮추어, 사회적 병리현상인 전체 범죄를 예방하고 해결하는 범죄방지대책을 계발(啓發)하는 것이다. 따라서 범죄자나 잠재적 범죄자의 연령, 성별, 직업, 사회적 계층, 범죄경력 및 인격적인 특징 등에 대한 조사·연구가 중요한 의미를 가진다.

Ⅳ. 범죄학의 연구대상인 범죄인

범죄학의 연구대상이 되는 범죄인 개념은 형사정책학상 범죄인 범주와 유사하게 가장 넓은 개념이다.

범죄학에서의 범죄인은 범죄행위의 주체가 되는 모든 자연인이다. 범죄의 원인을 규명하고 범죄대책을 논할 때 대상이 되는 범죄인은 개별적인 범죄행위자는 물론이고 범죄성(criminality)을 지닌 집단도 해당된다. 범죄행위를 한 것으로 확인된 범죄인은 물론이고 범죄행위를 하였으나 발견되지 않은 숨은 범죄인, 장차 범죄를 저지를 가능성이 있는 잠재적 범죄인까지도 넓은 의미의 범죄인 개념에 포함된다.

범죄와 관련 있는 사람들은 서로 다른 소질적 특성을 지니기도 하고, 상이한 생활환경 속에서 범죄를 행하게 된 동기도 복잡 다양하다. 따라서 범죄성을 일정한 조건과 특성에 따라 비슷한 집단으로 유형화하고 유형별로 적절한 처우 방법과 대책을 개발한다면 경찰의 수사, 검찰의 기소, 법원의 재판, 교정시설의 교정 등의 형사절차를 체계적으로 운영하는 데 많은 도움이 될 것으로 기대된다.

이 같은 기대를 가지고 그간 롬브로소(C. Lombroso) 이후 많은 학자들이 다양한 기준을 가지고 범죄자들을 유형화하는 데 노력을 기울여 왔다. 그리하여 우리나라의 모든 형사정책학(범죄학) 저술들에서도 빠짐없이 범죄자 유형론 또는 범죄인 분류론이라는 장(chapter)을 게재하고 있다.

그 부분에서는 롬브로소의 범죄인유형 분류로서 생래적 범죄인(타고난 범죄인), 정신병(정신 이상) 범죄인, 격정적 범죄인(히스테리 범죄인), 기회적 범죄인, 습관성 범죄인(상습범죄인) 유형을 비롯하여 10여 명의 학자들의 유형분류를 각기 다른 명칭으로 소개하고 있다.

이러한 범죄인 유형론은 학문적 기대와는 정반대로, "유전적으로 열등한 사람들을 제거해 독일을 정화한다."는 목표하에 악용된 독일 나치 범죄생물학 등에 영향을 미쳐, 범죄자·부랑자·동성애자·매춘부 등에 대한 유전적 결정론과 유대인 등에 대한 인종차별주의로 나타나는 엄청난 폐해를 초래하기도 했다.

원래 범죄인을 특성에 따라 분류하고자 한 목적은 범죄 원인을 과학적으로 분석하고 그에 따라 합리적인 범죄대책을 제시하는 동시에 교정교화 내지 재사회화에 필요한 지식을 얻는 데 있었다. 그러나 현재까지의 범죄인 유형화는 과학적 기준이 마련되지 못하였고, 형사사법 분야에서 실제 활용할 수 있을 정도로 체계적이지도 않다. 또한 분류기준들이 현실적으로 적용될 수 있을 정도로 구체적이지도 않다. 그러므로 범죄인 유형론은 이제 범죄학의 뒤안길로 파묻혀버린 논의가 되었다.

이러함에도 범죄자 유형론에 관하여, 우리나라 범죄학이나 형사정책에서 무비판적으로 수용하는 것은 이제는 지양되어야 한다.

범죄학은 본질적으로 실용적 학문이므로 실용적 가치가 없는 논의는 과감하게 제거해나가면서 보다 집중해야 할 실용적 분야에 관심을 모으는 것도 우리가 지향해야 할 학문적 자세라고 생각된다. 범죄이론 자체를 위한 이론 즉, '이론을 위한 이론'은 존재해서는 아니 된다. 그래서 이 교재에서는 범죄인 유형론을 범죄학설사적 취지를 살리는 정도로 간략하게 선정, 소개하였다.

[제4절] 범죄학의 연구대상으로서의 피해자

Ⅰ. 서설

범죄란 범죄자가 단독으로 만들어내는 독자적인 행위가 아니라 누군가 또는 무엇인가를 대상으로 그것과의 상호작용과 상호영향에 의해 조성되는 관계적인 복합행위이다. 즉, 일부 특수한 형태의 범죄[29]를 제외하고는 대부분의 범죄행위는 일반적으로 범죄자와 그 상대방인 피해자와의 상호작용적 과정을 거쳐 성립되고 있다.

어떤 측면에서 보면 범죄자가 전적으로 범죄자의 역할이나 책임에 의하여만 일방적으로 발생한다고 단정할 수는 없고, 피해자의 역할이나 책임도 범죄 발생에 상당한 영향을 미친다고 볼 수 있다. 따라서 범죄가 이루어지는 과정에서 피해자의 역할과 책임도 규명되어야 한다. 또한 효과적인 범죄방지대책이 이루어지기 위해서는 범죄자의 측면에서 범죄 원인을 분석하여 범죄의 감소 내지 방지대책을 기획하는 것도 중요하지만, 그러한 차원을 뛰어넘어 피해자의 측면에서 범죄를 촉진·조장·유발하는 요인을 분석하고 그 피해를 예방하는 대책까지 아울러 수립하는 것이 필요하다. 그리고 형사절차에서 범죄자의 인권보장이나 교정도 중시되어야 하지만, 그에 못지않게 피해자에 대한 배려와 피해회복 또한 중시되어야 한다.

그럼에도 불구하고 20세기 초반까지만 해도 범죄학에서는 피해자를 독자적인 연구대상으로 인정하지 않았고, 범죄자와 피해자의 사회적 상호작용을 고려한 접근방법도 이론화되지 않고 있어서, 범죄학은 일면적인 '가해자학'에 머무르고 있었다.

형사사법절차에서도 범죄자에 대한 인권보장 및 교정에 관한 관심이나 원칙·제

29) 이러한 특수한 형태의 범죄로는 피해자가 없는 것으로 보이는 자살방조, 매매춘, 약물남용, 도박, 장물수수, 증·수뢰, 수간(獸姦), 동성애, 간통, 혼인빙자 간음, 동의낙태, 경제범죄, 환경범죄 등을 들 수 있다.

도개발은 지나치다 할 정도로 강조·발전되었지만, 피해자에 대한 관심 및 회복·보상·보호·참여 제도나 원칙은 거의 무시되고 있는 실정이었다.

이처럼 전통적인 범죄학이나 사법절차에서 피해자는 잊혀진 관계자(forgotten actor)로 취급되어 소외되고 있었다. 이러한 문제들의 심각성을 깨닫고 피해자에 대한 관심과 연구를 시작한 것은 20세기 중반에 들어서면서부터이다.

범죄현상의 보다 사실적 파악은 물론이고 범죄의 원인·동기 파악을 위해서도 피해자에 대한 과학적 분석이 필요하다는 것을 알게 된 것이다. 그리하여 범죄원인론의 일환으로 범죄발생과정에서의 피해자의 역할을 밝히려는 계기에서 피해자 연구가 시작되었다. 그 후 피해자의 보호에 관련하여서도 연구되고 있다.

최근에는 '피해자학'(Victimology)[30)]이 독립된 학문으로까지 자리 잡아가고 있고, 회복적 사법주의(restorative justice doctrine)입장에서는 피해자의 원상회복과 피해자의 형사사법절차 참여가 중점 관심이 되고 있다.

Ⅱ. 범죄학에 있어서 피해자란 어떠한 존재인가?

1. 범죄피해자 개념범위(the scope of criminal victim)의 의미

범죄는 범죄자(가해자)와 피해자의 상호작용에 의해 만들어지는 것이므로 범죄연구에 있어서 피해자의 개념을 어떻게 파악하느냐 하는 것은 매우 중요하다.

피해자의 개념을 어떻게 정의(definition)하느냐에 따라 범죄학의 학문적 성질과 연구영역이 달라지기 때문이다.

먼저 범죄학에서 피해자의 개념을 범죄피해자(crime victim)로 한정할 것이냐 아니면 범죄피해자 아닌 비범죄피해자(non－crime victim)까지 포함시킬 것이냐가 논의될 수 있다.

---

30) 피해자학은 범죄의 피해를 받거나 받을 위험이 있는 사람에 대하여 그 생물학적·사회학적 특성을 과학적으로 연구하고, 이를 기초로 범죄에 있어서 피해자의 역할, 형사사법에 있어서 피해자 보호 등을 연구대상으로 하는 학문분야를 말한다. 원래 피해자학(victimology)이라는 용어는 1948년 미국의 위덤(Wartham)이 『폭력의 현장』(The Show of Violence)이라는 저서에서 처음 사용한 표현인데, 1950년 이후에 독자적인 학문분야로서의 성격이 논의되어 왔다.
독자적인 학문개념으로서 '피해자학(victimology)'이라는 용어는 1956년 피해자학의 창시자로 인정받고 있는 벤자민 멘델슨(Benjamin Mendelsohn)이 피해자 문제를 과학적으로 연구하는 학문을 뜻하는 합성어로써 Victimologie(프랑스어: 빅티몰로지)를 창안하여 본격적으로 사용하기 시작했다. (諸澤英道 被害者學, 2016, 13면).

범죄학에 있어서 피해자의 의미는 범죄원인을 보다 정확하게 밝히고 피해자에 대한 대책을 적절히 강구하는 데 있으므로 피해자의 개념을 지나치게 넓게 설정하는 것은 적합하지 않기 때문에 범죄피해자로 한정하는 것이 일반적이다.

범죄학에서 피해를 범죄피해(criminal victimization)로 한정한다면, 피해를 사람에 의한 피해로만 한정할 것이냐도 논의될 수 있다. 오늘날에는 국가에 의한 범죄피해도 있지만 특히 기업에 의한 피해(corporate victimization)도 심각하고 광범위하게 나타나고 있다. 그럼에도 불구하고 기업에 의한 범죄피해의 대부분이 형사법상 규제에서 배제되고 있는 것은 문제이다.

그리고 범죄피해로는 자연인에 대한 피해도 있고, 국가나 기업에 대한 피해도 있으므로 법인이나 기업 그리고 국가 역시 피해자 개념에 포함시킬 수 있다.

피해자에 대한 보호와 관련해서는 직접피해자로 한정할 것이냐 간접피해자도 고려할 것이냐가 중요한 논점이 될 수 있다.

범죄로 인한 피해는 물질적·재산적 피해도 있지만 정신적 피해도 무시할 수 없다. 따라서 직접 피해를 당한 범죄자의 상대방뿐만 아니라 간접적으로 피해를 입은 직접피해자의 가족이나 이해관계자 및 범죄 공포를 느끼는 이웃사람들이나 지역주민 그리고 범죄문제를 해결하는 국가까지도 범죄피해자에 포함시킬 필요가 있다.

오늘날의 범죄학이나 피해자학에서는 직접피해자뿐만 아니라 간접피해자까지도 연구대상으로 삼고 있는 것이 일반적인 경향이다. 간접피해자는 특히 범죄피해의 회복 차원에서 중요한 연구대상이 되고 있다.

범죄학에 있어서 피해자의 개념은 어느 하나로 고정시키는 것보다는 연구영역이나 정책의 대상에 맞게 범위를 조정하여 규정하는 노력이 필요하다고 생각된다.

2. 피해자 개념의 다양성

(1) 최협의의 피해자 개념

법률상 범죄가 성립하는 경우에 범죄자의 상대방으로서의 피해자이다. 이는 형법학에서의 피해자에 해당한다. 형법학에서는 범죄에 의해 침해당한 법익의 주체가 피해자가 된다.

(2) 협의의 피해자 개념

범죄자의 대응개념으로서의 직접적인 범죄피해자이지만, 법률적 범죄의 성립과 관계없이 현실적으로 직접 범죄피해를 경험 한 사람인 실질적 범죄피해자까지 포함한다. 여기에서 범죄란 구성요건에 해당하고 위법한 행위를 의미하고, 피해자에는 책임무능력자에 의한 범죄피해자도 포함한다.

(3) 광의의 피해자 개념

범죄자와 피해자 대응구조를 전제하지 않고, 범죄피해를 직접 경험한 직접피해자와 간접피해자(피해자와 이해관계에 있는 사람들과 범죄공포를 느끼는 사람들까지 포함)를 포괄하여 지칭한다.

일반적으로 범죄학이나 피해자학 연구대상으로서의 피해자는 이 광의의 범죄피해자이다.

(4) 최광의의 피해자 개념

범죄피해자에 한정하지 않고 산업재해 등 열악한 사회 환경으로 인한 피해자, 자연재해에 있어서의 피해자, 부주의한 운전으로 인한 자상·자살 피해자 등 비범죄피해자까지 포괄하는 개념이다.

멘델슨(B. Mendelsohn)은 피해의 개념을 범죄로부터 개방시켜 인간에 대한 일체의 유해한 결과를 당한 자를 범죄학상 피해자로 보아야 한다고 주장했다.

이러한 논의는 낮은 사회계층이나, 인종차별과 같은 사회환경에 의한 피해자 등과 같이 피해자가 되기 쉽거나 범죄피해에 대해 방어력이 취약한 사람들에 대한 효과적인 대책을 위해서는 단지 범죄피해로만 한정하는 것은 지나치게 협소한 관점이라는 취지의 주장이지만, 아직까지는 그다지 지지를 얻지 못하고 있다.

(5) 「범죄피해자 보호법」상 피해자

> "범죄피해자"란 타인의 범죄행위로 피해를 당한 사람과 사실상 혼인관계에 있는 사람까지 포함하는 그 배우자, 직계친족 및 형제자매를 말한다. 그리고 이러한 사람들 외에 범죄피해방지 및 범죄피해자 구조 활동으로 피해를 당한 사람도 범죄피해자로 본다(제3조).

이러한 피해자 개념의 다양성을 전제로 하여 검토, 결론을 제시한다면 다음과 같이 주장할 수 있다고 본다.

범죄학에서 피해자에 대한 논의는 범죄원인론에서 피해자가 범죄발생에 미치는 영향과 관련하여 논의되고 있고, 또 하나는 피해자의 지위 강화(형사절차에서의 피해자의 진술권, 정보권, 통제권, 인격권 및 변호인의 조력을 받을 권리 등의 보장, 원상회복제도의 도입 등)와 관련하여 논의되고 있다.

다시 말해, 피해자연구의 사회과학적 의미는 범죄발생의 원인을 객관적으로 규명하고 피해자에 대한 적절한 보호대책 수립에 있다.

따라서 범죄학적 의미에서의 피해자는 단순히 법률상 범죄가 성립된 경우 가해자의 상대방으로서의 피해자에 한정해서는 아니 되고, 실질적 의미의 범죄로 인해 그 법익을 직·간접으로 침해당한 존재로 해야 한다.

이는 범죄학의 지나친 개방화를 막고, 실천적인 측면에서 효과적인 피해자 보호대책 제시를 위한 집중적인 연구를 위해서도 필요한 범주 제한이다.

다른 한편으로 범죄학적·형사정책적 측면에서는 이미 발생한 범죄피해에 대한 회복방법도 중요하지만, 예상되는 범죄피해의 최소화도 그에 못지않게 중요하므로 기성(旣成) 피해자뿐만 아니라 피해자가 되기 쉬운 사람, 즉 잠재적 피해자에 대한 과학적 연구도 중시되어야 한다.

또한 피해자가 입은 피해에는 범죄로 인해 생명·신체·재산 등에 1차적으로 입은 피해에 한정되지 않고, 범죄사건의 트라우마를 겪는 범죄의 후유증이나 언론보도 등으로 인한 2차 피해도 고려해야 한다.

이와 같이 적절한 피해자의 개념 규정은 범죄발생과정에 있어서 피해자의 역할과 그로 인한 피해자의 책임에 대한 양형(量刑)상 고려, 사법(司法)절차에서의 피해자의 참여와 지위 향상, 그리고 피해자나 지역사회의 권익보호와 피해회복 등 회복적 사법주의(restorative justice doctrine)를 연구하는 데 있어서 기본적 요소로서 의미가 있다.

Ⅲ. 범죄에 영향을 미치는 피해자의 역할 관련 주요개념

상식적으로 범죄가 빈번하게 발생하는 지역에 가까이 살수록, 가치가 크고 크기는 작으면서도 장물 처리가 손쉬운 물건을 지닐수록, 그리고 보호능력이 떨어질수록 범죄피해를 입을 가능성이 높아진다는 것을 알고 있다.

이와 관련해서는 형법이론적 차원에서는 유의미한 고려 사항은 되기 어렵고, 피해자의 형태는 기껏해야 범죄자의 '책임' 측면에서 적합한 양형인자로써 범죄자의 형의 종류와 정도 판정에 영향을 미칠 뿐이다.

그렇지만 범죄예방론적 차원에서는 의미가 크다.

범죄에 영향을 미치는 피해자의 역할과 관련된 특성과 개념들은 상황적 범죄 예방 분야에서 의미 있게 다루어지고 있다.

상황적 범죄예방론에서는 특정한 범죄, 특정 장소와 시간·상황을 범죄예방 노력의 대상으로 삼는다.

상황적 범죄예방은 범죄발생에서 기회요인의 역할을 중시하면서 범죄발생 기여요인을 감소키는 것을 강조하고 있다. 상황적 범죄예방론 입장에 의하면, 범죄자는 자기에게 가장 이득이 되는 기회가 어떤 것인가를 선택하고 범죄에 대한 처벌 위험, 노력, 이득 등에 관한 계산 결과에 따라 행동한다고 본다. 즉, 상황적 범죄예방론은 범죄자들이 충동에 따라 단순히 행동하는 것이 아니며, 이들은 범죄행동을 할 것인가 말 것인가에 대한 선택적 통제력을 가지고 있다고 가정한다.

상황적 범죄예방은 범죄기회를 감소시키고 범죄자의 자각된 위험을 증가시키는 노력을 강조한다. 상황적 범죄예방론은 잠재적 범죄자가 범죄를 매력적이지 않은 것으로 생각하도록 주변 환경을 변화시켜 범죄를 줄일 수 있다는 것이다.

상황적 범죄예방론은 사회 전체에서 획기적인 범죄감소를 기도하기 위해서가 아니라, 특정한 범죄문제, 특정 장소·시간 및 대상 등과 관련하여 다음과 같은 피해자의 역할 관련 개념을 의미 있게 논의하고 있다.

범죄피해의 위험을 증가시키는 변수로서는 근접성, 노출, 매력성, 감시 등이 제시되고 있는데, 이러한 요소들은 범죄 발생의 변수이기도 하다. 범죄행위는 범죄피해와 밀접하게 관련되기 때문에 범죄피해를 설명하는 변수는 범죄행위와도 관련된다.

1. 범죄피해의 기본요소가 되는 네 가지 개념

(1) 범죄와의 근접성(proximity to crime)

어떤 사람이 피해자가 될 가능성, 즉 범죄피해자화(被害者化)에 있어서 기본적으로 중시되는 개념 중 하나는 잠재적 범죄자와의 가까움(근접성)이다.

일반적으로 범행의도를 지닌 동기화된 범죄자는 자신의 일상활동과 일치하는 지역의 범주 내에서 범죄를 행하고 범죄기회를 찾기 위해 구태여 그 지역에서 멀리 이동하지 않는다. 따라서 동기화된 범죄자는 목표에 대한 접근 가능성이 높은 잠재적 피해자를 범죄대상으로 삼는 경우가 많다. 그러므로 범죄다발지역에 거주하거나 그 지역에서 직업생활을 하는 사람일수록 범죄피해자가 될 위험이 높아진다.

이에 따라 동기화된 범죄자와 빈번히 접촉하며 살아가야 하는 사람들은 범죄에 대한 안전의식을 키우고 범죄를 촉진·조장하지 않도록 주의를 기울여야 하고 자신의 취약성을 보강하는 노력이 필요하다.

잠재적 피해자는 우리가 운전하면서 예상되는 여러 사고들에 대비하여 방어운전을 하듯이, 범죄피해위험에 대해서도 예상되는 여러 범죄로부터 자신을 보호하는 노력을 기울여야 한다.

(2) 범죄위험성에의 노출(exposure to crime)

대부분의 폭력범죄, 성범죄, 재산범죄들은 가해자와 목표물, 즉 범죄피해의 대상이 되는 사람이나 재물 간의 직접적인 접촉을 수반하면서 그 대상이 취약성을 보일 때를 기회 삼아 행해진다.

피해(범죄)위험성에 노출되는 정도는 범죄에 대한 취약성의 정도에 의해 정해진다.

범죄 피해의 위험성이 높은 생활양식을 지닌 사람들은 범죄피해에 더욱 취약하다.

범죄피해자이론은 피해자의 생활양식과 그로 인한 피해 위험성에의 노출을 중요개념으로 분석한다.

일반적으로 젊은 사람이 노인보다, 남성이 여성보다, 미혼자가 기혼자보다, 가난한 사람들이 부자들보다, 흑인이나 유색인종이 백인보다, 범죄환경에의 노출이 심하다.

이것은 직업활동(일, 학업, 가사활동 등)과 여가활동에서 나타나는 생활양식의 차이와 연관되어 있다. 특히 밤에 집 밖에 나가서 활동하는 시간이 길수록, 외부에서 활동하는 동안 거친 성향을 지닌 사람들과 밀접한 관계를 유지해야 할수록, 범죄자가 될 가능성이 높은 사람들과 교제할 경향이 클수록, 식구들이 오랫동안 집을 비워야 할수록 범죄피해에 노출될 위험은 커진다.

범죄에 대처하기 취약한 사람들은 가해자의 범죄행위에 직면하게 되었을 때, 도피·대항·설득 등의 상황 적절한 피해방지 방안을 강구하기 위한 노력을 더 많이, 더욱 세심하게 기울여 나가야 한다.

일상적 예방조치는 범죄피해를 감소시키고 결국 범죄를 줄이는 데 크게 기여한다.

(3) 범행 표적의 매력성(target attractiveness)

보석 등 고가(高價)의 물건을 소지하고 있는 사람은 약탈적 범죄의 대상이 될 가능성이 높다. 범죄자는 범죄를 저지르는 상황에서, 범죄의 대상인 어떤 사람이나 목표물에 대하여는, 다른 것보다 더 큰 매력과 유혹에 끌려 그것을 대상으로 범죄피해를 발생시킨다.

이는 범죄과정에 있어서 특정한 표적이 그 범행자에게 경제적 가치가 크다고 인식되거나 상징적 가치가 있다고 평가되고 때문에 범행의 대상으로 선택된다는 논리에 입각한 개념이다.

범죄표적으로서의 매력 정도는 가격이 높거나, 이동과 장물처리가 손쉬운 물건인 것과 같이 경제적 가치가 크다는 것뿐만 아니라, 저항이 적어 쉽게 범죄를 성공시킬 수 있을 때도 커진다.

표적 선택에서는 표적이 지닌 상이한 가치와 주관적 유용성이 매력 판단의 중요한 요인이 된다고 한다.

강도나 절도범죄자에게는 부자나 호젓한 호화저택이 임대주택이나 가난한 사람보다 일단은 더욱 매력 있는 표적이 될 수 있고, 성폭력범죄자에게 있어서는 저항능력이 약하고 신고 가능성이 낮다고 생각되는 비서나 하위직급의 조직원 등 자신의 영향력이 강하게 미치는 사람이 더욱 매력이 높은 대상이 될 수 있다.

이에 따라 고가(高價)의 물건에 대해서는 비밀표식을 하여 장물처리를 어렵게 한다든지, 영향력이 강한 사람과 단둘이 있어야 할 상황에서는 스마트폰 녹화기능을 작동해 둔다든지 하여 표적으로서의 매력성을 낮추는 대비방안이 필요하다는 점을 유념할 필요가 있다.

(4) 보호감시능력(capable guardianship)

보호감시능력은 동기화된 범죄자의 범행대상이 될 수 있는 사람(잠재적 피해자)이나 물건(잠재적 표적)에 대해 감시상태를 유지하는 등 범죄 발생을 사전에 방지·차단할 수 있는 능력을 말한다.

이러한 능력은 물리적 차원과 사회관계적 차원으로 설명할 수 있다.

물리적 보호능력을 높이기 위해서는 KT텔레캅과 같은 보안회사의 방법시스템에 가입한다든가 방범장비를 설치한다든가 보안등을 밝게 설치한다든가 CCTV를 많이 운용한다든지 하여 감시역량을 키우는 방법을 동원해야 한다.

사회관계적 보호능력의 강화를 위해서는 거리의 자연스러운 눈들을 통해서 감시가 이루어지도록 지역주민들 간에 유대를 높이고 가계구성원이나 이웃 사람과의 친분 및 협력체계를 유지하는 것이 바람직하다.

왜냐하면 일반적으로 능력 있는 전문감시자보다도 지역주민들의 일상적인 관심과 주시가 보다 근본적이고도 효과적인 피해방지 방법이라고 인식되고 있기 때문이다.

2. 범죄발생 기여적 상황변수로서의 피해자행위

(1) 피해자의 범죄조장(victim facilitation)

범죄피해자가 동기화된 범죄자의 범죄성향을 더 심해지도록 부추기거나 범행을 더 쉽게 하는 상황을 만들어주는 역할을 할 수 있다.

이와 같은 의미의 '조장'이란 잠재적인 범죄피해자가 범죄 발생에 적극적인 역할을 수행하지는 않았다 하더라도 무심코 또는 게으름이나 소홀·부주의 등으로 인하여 자신을 범죄피해 위험성에 빠뜨림으로써 범행실행을 보다 용이하게 하는 방임 행위를 말한다.

자동차를 잠그지 않고 외진 주차장에 주차한다든지 오랫동안 여름휴가를 떠나면서 신문 등의 배달을 중지시키지 않아 장시간 비어있는 집이라는 것이 표시 나도록 한다든지 술에 취하여 노숙을 한다든지 하면 범죄 피해위험성을 상당히 강화시킬 수 있다.

그렇지만 피해자의 조장은 범죄의 주된 원인이라고는 할 수 없다. 왜냐하면 범행의 대상을 선택·결정하는 것은 범죄자이기 때문이다.

예컨대 밤늦은 시간에 인적이 드문 한적한 골목을 노쇠한 노인 혼자서 현금이 많이 들어있는 가방을 들고 힘겹게 걷는 것은 피해자 조장 여건이 높게 형성된다 해도, 그러한 행동이 범죄의 주된 원인이라고는 규정할 수 없다. 다시 말해, 조장은 피해자에 대한 책임 전가까지 인정하기는 어려운 개념이다.

(2) 피해자의 촉진(victim precipitation)과 유발(victim provocation)

유발(provocation)과 촉진(precipitation)은 종종 혼용되는 경향을 보이고 있다.

'유발'과 '촉진'은 범죄발생과정에 있어서 피해자에게도 책임을 인정하고자 하는 피해자비난론(victim blaming)과 관련하여 주목받는 개념이 되었다.

일찍이 가로팔로(Raffaele Garofalo, 1851–1934)가 처음으로 범죄피해자가 다른 사람으로 하여금 공격하도록 유발할 수 있음을 설명하였다면, 1958년에 울프갱(Marvin Wolfgang)은 살인에 있어서 피해자가 먼저 가해자에게 유형력을 가하기 시작하여 촉진했기 때문에 발생하는 경우도 상당히 많다는 것을 지적하였다.

이러한 계기로 범죄학이나 피해자학 분야에서 '유발'과 '촉진' 개념이 자주 언급되고 있다.

피해자 조장(victim facilitation)이란 용어는 잠재적 피해자가 주의의무를 태만히 하여, 또는 자신도 모르게, 동기화된 범죄자의 범죄행동을 보다 쉽게 하는 상황을 조성하는 것을 가리키는 소극적인 개념이다.

이에 비해 촉진·유발은 동기화된 범죄자를 전제로 하지 않고 구체적인 범행동기를 지니지도 않은 사람의 범행 발현에 적극적 기여를 하거나(촉진), 그러한 일이 없었다면 발생하지도 않았을 범죄를 부추기거나 선동하여 범행하도록 유인하는 것(유발)을 가리키는 적극적인 개념이다.

촉진과 유발(도발·촉진)은 범죄자의 범행에 한몫을 하는 것이라 할 수 있는 능동적인 행위이므로, 그 정도에 비례하여 발생한 범죄에 일정한 책임을 인정할 수도 있다.

예를 들면, 장난삼아 남의 차를 훔쳐 타는 청소년들의 joyriding의 과정에서 자동차주인이 방심하거나 주의의무를 태만히 하여 자동차 키를 잠그지 않은 경우라면 '조장'이라 할 수 있고, 이에 대해서는 피해자의 책임을 묻는 것은 적합하다고 할 수 없다. 조장은 주로 재산범죄와 관련해서 논의되는 개념이다.

피해자의 유발·촉진은 피해를 당한 쪽에서 먼저 위협적인 유형력을 행사하거나 자극적인 말을 하여 결과적으로 피해자가 된 사람이 원했든 원하지 아니했든지 간에 범죄발생을 야기하거나 가속화시키는 촉매 역할을 한다고 볼 수 있다. 이는 살인·폭행·성범죄와 관련하여 논의되는 경우가 많다.

예컨대 성범죄 사건에서, 술자리에서 처음 만난 상황에서 남녀가 어울려 술을 마시면서 피해자가 말이나 태도·몸짓 등으로 성적 관계를 동의하는 듯한 정황이 확인되고, 모텔에 비친 CCTV에는 서로 의지한 채 입실한 경우, 이 사건의 책임 정도를 어떻게 인정하고 분배하여야 하느냐와 관련하여 촉진이나 유발이 문제 되기도 한다.

촉진이나 유발 개념이 피해자에게 책임을 인정하기 위한 개념으로 사용된다면, 자칫 피해자에게 책임을 전가함으로써 또다시 피해자를 비난하게 되어 이중의 상처를 안겨줄 수 있다.

그러므로 이러한 개념은 극히 제한적으로 논의되어야 하고 책임 분배는 극히 엄중하게 성찰되어야 한다.

그리하여 조장 또는 촉진·유발 등의 개념은 형사법적 개념으로 사용되기보다는 예방론적 차원에서 잠재적인 피해자에 대한 교육이나 계몽을 위한 개념으로 활용되어야 한다고 본다.

이러한 취지를 보여주는 다음과 같은 사례를 통해서도 이러한 경향을 확인해 볼 수 있다.

2000년 10월 서울 강남구에서 고교 2학년 P군이 자기 어머니를 살해 후 4개월간 안방에 유기했다가 검거되었다. P군은 중학교 때에는 언제나 전교 1등을 놓치지 않았던 모범적 우등생이었다. P군이 어머니를 살해하기 전 그의 어머니는 4일 동안 잠을 못 자게 하면서 공부만 하도록 강압하였다고 한다. 그 이전에는 정신력을 기르라고 밥을 굶긴 적도 여러 번 있었다. 어떤 때는 책상에서 졸았다는 이유로 골프채로 1~2백 대를 때리며 하루 종일 잔소리하기도 했다. 이 사건 판결에서 법원은 존속살해죄를 범한 P의 심신미약 상태에서의 범행을 인정하여 징역 3년을 선고하였을 뿐 피해자의 유발·촉진 또는 조장을 논의하지는 아니했다.

(3) 비(非)처벌성(impunity)에 기여

범죄자가 범행을 한다 해도 피해자가 신고 내지는 고소를 하지 못하리라 판단되면 그러한 대상은 범죄의 피해자가 될 확률이 높아진다. 이러한 피해자의 특성을 '면책성', '무사성', 또는 '처벌받지 않을 가능성'이라는 개념으로 표현되고 있다.

예를 들어 뇌물로 받은 보석을 절취당한 사람과 같이 피해자 자신의 범죄피해를 신고할 확률이 낮기 때문에 범행대상으로 선택되는 경우 등이 그 예에 해당한다.

비처벌성의 특징을 가지고 있는 잠재적 피해자는 잠재적 범죄자의 반복적 피해를 받을 위험성이 크다. 반복적 피해는 피해자가 고소 등 방어적 행위를 취하지 않을 경우 발생할 수 있다.

예를 들어, 아내에게 폭력을 상습적으로 행사하는 남편은 아내가 경찰에게 신고하지 않으리라고 예상하기 때문에 그러한 범행을 계속하는 경우가 많다. 그리고 증오범죄[31](hate crime)가 발생한 경우 미국의 백인 경찰이 신고에 제대로 반응하지 않는 것처럼, 가정폭력이나 학교폭력 등에 경찰이 개입하지 않으려는 관행이 유지될 때 그러한 분야에서 만성적 피해자가 많아질 수 있다.

(4) 취약성(脆弱性, vulnerability) 표출

어떤 사람은 자신을 특별한 위험에 처하게 하는 어떠한 언행도 하지 않는다 해도, 자신의 속성·통상적 행동·사회 내에서의 지위 등으로 인하여 위험에 처하게 되는 상태 속에서 살아갈 수밖에 없는 경우가 있다. 이러한 상태를 취약성이라고 한다.

어린이·여성·노인·소수민족 등은 학대나 폭행 등에 대항하는 데 있어서 취약성을 지니고 있다.

31) 증오범죄(憎惡犯罪)란 동성애자, 소수민족, 장애인, 노인, 특정 종교인 등 자신과 다른 사람이나 사회적 약자층에 속한 사람에게 이유를 알 수 없는 미움을 가지고 뚜렷한 이유 없이 테러를 가하는 범죄행위를 일컫는다. 증오범죄집단으로는 미국의 KKK단이 가장 규모가 크고 전형적인데, 이는 18세기 미국 사회에 만연했던 개인이나 단체에 의한 사형(私刑)의 악습이 이어져 내려왔다는 분석이 있다.

취약성은 여러 유형이 있다. 방어공간[32] 요건이 미흡한 환경과 관련이 있는 생태적 취약성(ecological vulnerability), 사회의 특정한 집단에 속함으로써 생기게 되는 지위 취약성(status vulnerability), 빠져나오기 어려운 특정한 상황에 처해 있는 역할 취약성(role vulnerability) 등이 그 예라고 할 수 있다.[33]

생태적 취약성은 빈민지역이나 경찰 등의 관심이 소홀한 지역으로서 CCTV도 거의 설치되어 있지 않은 장소에서 나타나고, 지위 취약성은 하위계층, 소수집단이나 어린이·여성·노인 등 인구학적 특징을 지닌 집단 등에서 나타나며, 역할 취약성은 아내로서의 역할이나 하급 직원이라는 역할, 지도받는 학생이라는 역할 등에서 나타나는 취약성이 대표적 유형이다.

(5) 범죄 기회(criminal opportunity) 제공

잠재적 피해자가 제공하는 범죄 기회는 범죄 발생에 있어서 중요하고도 필요한 조건이라고 할 수 있다. 기회를 주지 않게 되면 범죄는 확실하게 예방된다.

피해 위험한 상황에의 노출을 증가시키고, 자기방어나 보호수준을 감소시키며, 범죄표적으로서의 가치나 매력성을 높이 인식시키면서, 일상활동이 진행될 때일수록 범행을 위한 기회를 제공하고 피해위험성을 증대시킨다고 할 수 있다.

범죄율 및 개인의 범죄피해위험성과 밀접한 관련이 있는 범죄 기회는, 개인의 일상활동의 행태나 잠재적 범죄자와 피해자가 엮는 상황, 그리고 사회적 여건에 따라 매우 다양하게 나타날 수 있다.

Ⅳ. 범죄피해자학의 발전과정

1. 서설

범죄에 대해 과학적으로 규명하기 위해서는 범행의 주체인 범죄자, 그 대상이 되는 피해자, 그리고 범죄자와 피해자 간의 상호작용상황 등을 모두 연구해야 한다.

그렇지만 한동안 범죄학자들은 범죄동기의 원인에만 초점을 맞추는 연구를 진

---

32) 방어공간(Defensible space)이란, 그 자체로서 범죄가 예방되는 사회 구조적·물리적 안전 여건이 잘 갖추어진 건물이나 장소를 말한다. 이 용어는 미국의 뉴먼(O. Newman)이 제시한 범죄예방모델에서 핵심적인 개념으로 제시되었다. 뉴먼은 공공주택과 같은 주거환경의 건축설계가 어떻게 방어공간을 형성하여 범죄기회를 감소시킬 수 있는지를 분석하는 연구를 했다. 이러한 연구의 영향으로 CPTED(셉테드)정책이 개발되었다.

33) C. Wilson, Criminal Victimisation: The influence of Interpersonal.

행해왔고 잠재적 피해자의 특성과 행동이 범행에 어떻게 영향을 미치는지에 대하여는 거의 관심을 두지 않았다.[34]

그리하다가 피해자가 단순히 범행의 수동적 표적에 그치는 것이 아니라 자신의 행위로 인해 자신의 범죄피해에 영향을 미칠 수 있으며, '범죄자 행위를 유도할 수 있다.'는 사실을 깨닫기 시작하면서, 1940년대에서 1960년대를 거치면서 범죄자, 피해자, 범죄자와 피해자가 엮는 상황을 통합된 틀 속에서 연구하고자 하는 경향이 형성되었고, 이러한 연구경향에 힘입어 오늘날에는 다양한 이론들이 피해의 원인을 설명하기 위해 노력하고 있고, 피해자학이 큰 발전을 이루었다.

역사적으로 살피건대, 피해자학이 성립하기 훨씬 이전부터 부분적으로는 피해자에 대한 관심이 기울어져 왔다.

예컨대 18세기 말에 재판사례에 대한 연구가 이루어지면서 삐따발(Pitaval), 포이에르바하(Feuerbach) 등이 구체적 형사사례에서 범죄의 피해자가 어떤 태도를 보였는가를 소개하고 있었고, 20세기에 들어와서도 2차대전 이전에 스위스, 미국, 독일 등에서 일부 학자들이 범죄학에서 범죄원인에 대한 분석과 관련하여 피해자의 종류나 피해상황을 지적한 자료들이 있다. 그러나 이러한 자료들 대부분은 살인, 공갈, 성범죄 등 특정한 유형의 사건에 대한 통계에 그치고, 피해자의 심리를 고찰하고 사건의 배경을 설명하는 과정에서 나타난 부산물에 그치는 것들이었다. 따라서 범죄자와 피해자의 동적 관계를 파악하는 것과는 상당한 거리가 있었다.[35]

2. 피해자학의 성립과 발전

1940년대 이후부터 범죄학과 형사사법의 분야를 중심으로 피해자에 대한 본격적인 논의가 전개되기 시작하였다. 이러한 변화는 크게 두 가지 차원에서 전개되었다.

초기에 피해자학 연구는 1940년대에 범죄원인론의 일환으로 범죄발생과정에 있어서의 피해자의 역할을 밝히려는 데서 시작되었다. 범죄발생과정에서 피해자가 어떤 역

34) 피해자에 대한 주체적인 연구 이전 시기의 전통적인 형법학이나 형사소송법학 그리고 범죄학에서도 단편적이긴 하지만 피해자의 문제를 다루어 왔다. 예컨대 형법에서도 인과관계나 정당화사유, 책임, 양형 등의 단계에서 피해자의 측면을 고려하고 있고, 형사절차에서도 수사절차나 증거법 등에서 — 경우에 따라서는 다른 소송법상의 지위를 부여하여 — 피해자를 고려의 대상으로 삼았으며, 범죄학에서도 범죄현상의 원인분석을 위해 피해자를 보조적인 연구대상으로 삼아 왔다. 그러나 이러한 관심은 범죄인의 행위를 규범적으로 확정하고 적정절차에 따라 실체적 진실을 발견하기 위한 보조수단에 그치는 것이었고, 피해자를 독자적인 관심의 대상으로 하여 이에 대한 과학적인 연구가 이루어진 것은 아니었다.

35) 정영석·신양균, 형사정책, 1997, 268면.

할을 했는지, 범죄발생에 기여하는 피해자의 행위나 속성은 무엇인지, 범죄자와 피해자가 어떤 관계·상황이었는지와 같은 내용이 주로 그러한 연구의 주제였다. 이에 따라 범죄피해를 입기 쉬운 사람을 유형적으로 선별하여 그에 대한 대책을 강구함으로써 종래 범죄대책의 한계를 보완하고자 하였다.

또 다른 차원의 연구는 시민사회에서 시민의 권리와 자유를 보장하기 위해서는 범죄자의 권리보호 못지않게 중요한 것이 형사사법을 통한 피해자 보호라는 자각이 생기게 되었다는 점에서 시작되었다.

3. 2차 세계대전 이후의 피해자 연구

(1) 헨티히(Hans von Hentig, 1887-1974)

헨티히는 1941년 「행위자와 피해자의 상호작용에 관한 연구」라는 논물을 통해, 범죄피해자는 단순한 수동적 객체에 불과한 것이 아니라 범죄화과정에 있어서 적극적인 주체라는 점을 부각시켜, 최초로 동적 관점에 근거하여 범죄자와 피해자의 상호작용에 의하여 범죄가 발생한다고 주장했다.

1948년에는 「범죄자와 그 피해자」를 저술하여, 범죄자와 피해자는 서로 밀접한 관련이 있어서 양자의 상호관계와 그것을 바탕으로 하는 발전과정을 전체적·동적으로 파악해야 한다고 주장했다. 즉 범죄자가 범죄를 결의하고 그 결의를 실행에 옮기는 범죄화과정을, 현실적으로 범죄자·피해자 양자가 정신적·심리적 상황이나 사회적 상황에서 서로 밀접하게 관련을 가지면서 생활하는 가운데 범죄라는 사태를 발생시키는 '상호작용 과정'으로 보고, 범죄행위와 피해발생 간의 과정을 상호작용적으로 파악하는 것이 범죄의 실태를 규명하는 데 바람직하다고 주장했다.

범죄학자인 헨티히는 피해자론을 범죄학에 대한 '보조과학'으로서의 성격을 가진다고 보았다. 그렇지만 그분은 특정 범죄는 "피해자의 존재가 오히려 범죄자를 만들어 낸다."라고 하여 범죄자와 피해자의 관계에 대한 과학적인 연구의 필요성을 강조하면서, 경우에 따라 피해자가 범죄 발생 원인 내지 환경 요소가 될 수 있다고 지적하였다. 즉 범죄피해자는 범죄발생과정에서 단순한 수동적 객체에 지나지 않는 것이 아니라, 적극적인 주체로서 작용할 수도 있다는 점을 부각시켰다.

그분은 피해자유형 분류에도 관심을 보여, 피해자를 일반적 유형으로서의 피해자와 심리적 유형으로서의 피해자로 분류하고, 각각의 유형에 속하는 피해자를 제시하였다.

피해자 개념에 대해서는 "객관적으로는 보호법익을 침해받고 주관적으로는 이러한 침해에 대해 불쾌와 고통을 느끼는 자가 피해자이다."라고 하여 협의의 피해자 개념을 취하였다.

그는 피해자학을 체계적·학문적 수준에서 처음 구성한 학자로서 평가받고 있다.

헨티히의 피해자 연구는 유럽뿐만 아니라 미국에도 영향을 미쳐 울프갱(Marvin Wolfgang)과 아미르(Menachem Amir) 등이 피해자의 촉진(victim precipitation)이 살인이나 성범죄를 야기하는 중요한 요인이 될 수 있다는 연구를 하도록 하는 계기를 제공했다고 볼 수 있다.

(2) 엘렌베르거(H. Ellenberger)

헨티히의 연구의 영향을 받아 심리학·정신의학적 가설을 통해 피해자의 특성과 역할을 해명하려고 연구했던 사람 중 한 분은 스위스의 엘렌베르거였다.

그분은 1954년 「범죄자와 피해자의 심리적 관계」라는 논문을 통해, '범죄원인'에 대응하는 개념으로서 '피해원인'이라는 개념을 제창하고 범죄예방을 위해서는 범죄원인에 주어지는 관심만큼 피해원인에도 관심을 가져야 한다고 하였다.

그분은 범죄자와 피해자 관계에 관하여 ① 가해자에서 피해자로 그 입장이 변화는 경우, ② 가해자가 동시에 피해자가 되는 경우, ③ 남들에게 알려지지 않은 잠재적 성격이 갑자기 돌출하여 그것이 본인을 가해자 혹은 피해자로 만드는 경우로 나누어 고찰하고, 잠재적 피해자(피해를 입기 쉬운 성질을 지닌 자), 생래적(타고난) 피해자에 대한 구상도 하였다.

그는 어릴 때 학대·착취 등의 피해자였던 사람이 범죄자로 발전하는 경우가 많다고도 주장했다.

(3) 멘델스(B. Mendelsohn)

멘델슨은 1940년경에 강간범의 변호를 담당하는 동안 그 피해자인 여성의 역할과 강간범죄의 상관성에 흥미를 갖고, 피해자인 여성의 역할을 정확히 분석하기 위해서는 여성 법관을 양성할 필요가 있다는 주장을 했다(「형사학에 있어서 강간과 여성사법관의 중요성」).

그 후 1956년 「생물·심리·사회학의 새로운 과학의 분야-피해자학」을 발표, 독립과학으로서의 '피해자학'이라는 새로운 개념을 제창했고, 가해자와 피해자를 형사상의 대립(동반)자로서 이해하였고, 피해자를 범죄피해자에 한정하지 않고 널리 사고나 자연재해의 피해자까지 포함시키면서(최광의의 피해자 개념), 피해수용성(피해자에게 존재하는 피해를 받기 쉬운 무의식적 경향)을 개념도구로, 범죄피해자의 범죄 발생 책임 정도에 따라 피해자 유형을 여섯 단계로 분류하였다.

그분은 피해자로부터 분리된 범죄자의 존재를 부정하고, 가해자와 피해자의 밀접한 상호관계를 설명하였으며, 피해자는 가해자와 마찬가지로 독특한 생물학적·심리학적·사회학적 특징이 있으므로 피해자의 연구가 필요하다고 주장했다.

또한 그분은 피해자에 대한 연구는 피해자에 한정되지 않고, 피고인(범죄인)에게도 유리하게 작용하는 것으로 범죄학 못지않게 피해자학도 형사재판에서 중요한 역할을 한다고 하였다.

범죄학 연구에 있어서 새로이 피해자 연구의 필요성을 강조한 헨티히, 엘렌베르거, 멘델슨 등은 '피해자학의 아버지'라고 불린다.

4. 1960대 이후의 현대 피해자학

초기의 피해자 연구가들은 피해자의 개인적 특성과 범죄 발생에 있어 기여자로의 피해자 역할에 중점을 둔 연구를 했다면, 1960년대에 들어서면서부터는 범죄학자 중 일부는 피해자의 사회적 여건도 중요하다는 것을 인식하기 시작했다.

피해자 조사 자료에 의하면 피해자화(victimization)의 위험이 무작위적(無作爲的)으로 분포되어 있는 것이 아니라 성별·연령별·경제적 계층 등에 따라 다르게 분포되어 있다는 것이 밝혀졌다.

일반적으로 남성·젊은 층·미혼이나 이혼 등으로 인한 독신자·실업자·빈곤층, 그리고 도시거주자 등의 피해자화율이 더 높게 나타나고 있으며, 이러한 현상은 폭력범죄의 피해자화율뿐만 아니라, 재산범죄의 피해자화율에서도 비슷한 추세를 보이고 있다.

이에 따라 피해자학 연구가 중 일부는 잠재적 피해자의 '일상활동(routine activity)', '생활양식(lifestyle)' 등과 관련된 범죄기회(criminal opportunity)에 대한 접근법으로 체계적인 이론을 개발하게 되었다.

(1) 피해자 촉진이론(Victim Precipitation Theory)

피해자 촉진이론에 따르면, 피해자는 자신을 부상이나 죽음으로 이끄는 범죄자와의 싸움을 먼저 시작하는 것 등으로 범죄에 직접적인 원인 제공자 역할을 할 수도 있다. 이 이론은 피해자의 역할, 피해자-범죄자 관계에 연구의 초점을 맞추고 있다. 피해자 촉진은 능동적일 수도, 수동적일 수도 있다고 한다.

울프갱은 '피해자 촉진'이라는 용어가 여러 살인사건에 적용되는 것으로 설명하면서, 피해자의 촉진자 역할이 범죄의 직접적인 원인이 되는 경우도 있다고 한다. 그분에 따르면, 피해자가 자신의 가해자가 된 살인범죄자에게 말다툼을 먼저 걸었거나 무력을 먼저 사용한 경우가 전체 살인사건의 26% 정도에 이른다. 이러한 경우 피해자의 촉진 역할이 살인범죄의 직접적인 원인이라고 할 수 있고, 일부의 경우 피해자의 존재 자체가 곧 살인범죄의 결정적인 인자(因子)라는 것이다.[36]

1971년 아미르(Menahem Amir)는 여성 피해자가 종종 매혹적으로 야한 복장을 하거나, 결국 성폭력범죄자가 된 사람과 어떤 관계를 갖고자 함으로써, 그들의 공격에 원인을 제공하는 경우도 상당수 있다고 주장했다.[37]

아미르의 주장에 대하여는 많은 논쟁을 불러왔지만, 미국의 법원은 성범죄사건에서 피해자의 행위가 어떤 식으로든 관계에 동의하는 것으로 해석될 수 있다면 무죄 판결을 내리는 경우도 많았다. 이러한 형태의 행위는 능동적 촉진에 해당하는 예이다.

수동적인 촉진은 피해자가 무의식적으로 잠재적 범죄자를 위협하거나 자극하는 어떤 특성을 나타낼 때 일어난다. 수동적 촉진은 대인적 이해관계의 갈등 때문에 범죄에 영향을 미칠 수 있다.

예를 들어, 두 사람이 취업·승진·애인이나 탐나는 물건을 놓고 경쟁관계에 있을 때 범죄가 발생한다든가, 여성의 승진이나 성공이 질투심 많은 배우자나 파트너로부터 폭력과 반발을 초래하여 범죄로 이어질 수도 있다.

수동적 촉진은 잠재적 피해자가 단순히 그 출현만으로도 잠재적 범죄자의 명성이나 지위, 경제적 복지를 위협할 수 있는 어떤 집단에 속해 있는 경우에도 발생할 수 있다.

예를 들어, 일자리와 주거를 구하기 위해 특정 지역에 이민자들이 들어오는 경우, 증오범죄가 발생할 수 있다.

이러한 수동적 촉진과 증오범죄와의 관계는 경제력이나 정치권력이 범죄 발생에 상당한 영향을 미치는 요소가 된다. 만약 범행의 표적이 되는 집단이 경제적으로 성공을 하게 되거나 정치권력을 획득하여 그 지역사회에 무시 못 할 영향력을 행사하게 된다면, 그들의 취약성은 감소되어 범죄피해 가능성은 크게 낮아진다. 그들은 여전히 잠재적인 위협으로 인식되지만, 더 이상 쉽게 공격할 수 있는 표적이 되지는 않는다. 따라서 그들은 더 이상 수동적 촉진자가 아니 된다.

이러한 사례에서 시사하는 바는 경제력이나 정치권력도 범죄피해위험을 감소시키는 인자(因子)가 될 수 있다는 점이다.

울프갱이 피해자 촉진 개념을 바탕으로 한, 피해자의 범죄발생 기여에 관한 최초의

36) Marvin Wolfgang, Patterns of criminal Homicide, 1958.

37) Menachem Amir, Patterns in Forcible Rape, 1971.

체계적 연구를 한 이래로, '피해자 촉진'이라는 용어는 살인뿐만 아니라 강간·폭행·강도와 같은 여러 약탈범죄[38]에 널리 쓰이면서 이러한 범죄의 설명에 있어서 피해자 행동의 중요성을 확산시켰다.

그렇지만 피해자 촉진이라는 개념이 범죄에 대한 책임이나 비난 일부를 피해자의 행동에 두고 있으므로 그것을 인정하는 데 있어서 정의(justice)에 어긋나는 일이 없도록 경계를 늦추어서는 안 된다.

(2) 일탈장소이론(Deviant Place Theory)

일탈장소이론이란, 해체된 지역 및 동기화된 범죄자들이 많이 살고 있고 인구이동·익명성이 높은 환경이면서 사회의 유대나 경찰력이 약한 장소와 피해자화의 상관성을 강조하는 이론이다.

이 이론의 주요 전제는 피해자가 범죄를 조장하는 것이 아니라는 논리이다.

이 입장에 따르면, 피해 위험성이 높은 범죄다발지역에 거주하는 사람은 자신의 행위나 생활양식과는 무관하게 범죄성에 노출되는 정도가 커지므로 약탈범죄의 피해자가 될 가능성도 커질 수밖에 없다. 사회적으로 해체된 지역, 상업시설과 주거시설이 혼재하는 지역, 가난하고 인구밀도가 높으면서 변화가 심한 지역 등은 잠재적 범죄자 비율이 크고 그러한 사람들과 접촉하게 될 위험성을 많이 내포되어 있다. 이러한 지역에는 홈리스(homeless: 집이 없는 사람), 약물중독자, 가난한 노인·독신자 등 범죄의 손쉬운 표적이 되는 사람들이 많이 거주한다. 그래서 범죄다발지역으로 낙인찍힌 지역이 된다.

이러한 지역에서 거주하거나 이러한 지역을 더 자주 방문할수록 잠재적 피해자 자신의 범죄 조장·촉진 행동과 관계없이 범죄피해에 노출될 가능성은 그만큼 커진다. 그러므로 이러한 지역에서는 안전을 위해 일상활동을 바꾸거나 개인적으로 조심하는 것은 그다지 큰 의미가 없다. 즉, 결과적으로 잠재적 범죄자가 많이 살고 있는 지역에서 거주하는 사람은 본인이 어떤 행위를 하느냐 하는 것이 피해 입을 가능성에 거의 영향을 미치지 않기 때문에 일상행위 양식을 바꾸거나 방범 안전을 위해 조심해야 할 이유가 별로 없게 된다는 것이다.

이 이론의 장점은 통상적인 생활양식을 갖고 있는 사람이 피해자가 되는 이유를 설명할 수 있는 점이다.

범죄다발지역은 그 지역의 여건이나 방범수준이 범죄피해의 가능성을 결정하는 데 있어서 개인적 특성이나 행동보다 더 중요하다.

---

38) 약탈범죄란 폭력을 써서 다른 사람을 공격하는 유형의 대인범죄와 물건을 직접 강·절취하는 재산 범죄를 말한다.

범죄피해는 생활양식이나 위험 감수의 결과가 아니라, 장소나 지역의 함수이기 때문이다.

범죄다발지역에서 거주하거나 활동하는 사람들은, 부유하고 안전한 지역에서 살아가는 사람들보다도 그들 스스로를 보호하고 안전을 지키기 위한 노력을 훨씬 더 기울여야 한다. 그렇지만 개인적으로는 그러한 여력이 없다. 따라서 이러한 지역에 대해서는 공공예산을 투입하여 조명을 밝히고 방범용 CCTV 등을 많이 설치하면서 지역사회 경찰활동을 강화하기 위한 정책이 우선적으로 보강되어야 할 것이다.

지역사회 경찰활동은 범죄에 관한 신고를 접수하고, 수사를 하고, 용의자를 체포하는 등의 전통적인 경찰활동을 뛰어넘어 흔히 질서유지 활동으로 불리는 활동 등과 시민과의 보다 나은 관계를 만드는 활동, 시민의 참여를 증대시키는 활동 등까지 포함하는 광범위한 주민생활 개입활동으로서 범죄예방에 기여하는 효과가 클 것으로 기대된다.

(3) 생활양식-노출이론(Lifestyle-exposure Theory)

생활양식－노출이론은 생활양식이론(lifestyle theory)으로 불리기도 한다.

이 이론은, 사람들의 생활양식이, 범죄성향(범죄를 범하는 경향 또는 범죄를 범하려는 동기)이 강한 잠재적 범죄자에 대한 노출 정도를 다르게 만들고, 그 노출 정도는 그 사람의 범죄피해 위험성을 결정하는 중요한 요인이 된다는 설명이다.

즉, 위험한 사람 가까이 가서 스스로 범죄피해위험에 빠뜨리는 것이 피해증가의 주된 요인이라는 것이다.

이 이론의 주요 전제는 사람들이 고도로 위험한 생활양식을 가질 때 피해위험이 증가한다는 논리이다.

예를 들면, 같은 사람이지만 어떤 청소년이 가정 내에서 생활할 때와 가출하여 거리를 전전할 때의 생활양식의 차이에 따라 그 사람이 잠재적 범죄자에게 노출되어 범행기회를 제공하는 정도가 크게 달라진다는 것이다. 이에 따라 그 사람의 범죄피해위험성은 10대에 가출하여 고위험성 생활양식(원조교제 등을 통해 술과 약물을 복용하는 등)을 가진 사람들과 어울려 지내는 생활양식을 갖게 되면 극도로 범죄피해위험이 증대된다.

이 이론의 연구초점은 개인 활동, 또래와의 관계, 범죄 유형 등이다.

생활양식이론은 개인의 생활양식의 선택과 그 생활양식을 기반으로 한 일상적인 활동이 범죄피해 야기와 밀접한 관계를 만든다는 주장이다.

생활양식은 개인의 직업 활동과 여가활동을 포함하는 일상적인 활동의 형태를 말한다. 이는 지역이나 계층 또는 남녀노소 등 인구학적·사회학적 조건에 따라 생활양식이 정해지고, 그러한 생활양식의 차이는 개인의 범죄에 대한 근접성과 취약성의 정도를 결정하고, 이것은 곧 범죄로부터 피해를 입을 가능성의 차이를 나타내게 된다는 논리이다.

이 이론은 처음에는 사회계층별 폭력범죄의 피해위험성의 차이를 밝히기 위해서 제안되었으나, 점차로 재산범죄의 피해위험성의 차이를 설명하는 데까지 확대되었다.

이 이론의 장점은 범죄피해의 패턴을 사회구조와의 관계에서 설명할 수 있다는 점이다.

결론적으로 이 이론은, 인구학적·사회학적 계층·지역에 따른 범죄율의 차이는 이러한 계층에 속한 피해자의 개인적 생활양식의 차이를 반영한다는 것이다. 이 이론에 의하면, 젊은 사람·남자·미혼자·흑인·저소득층 및 저학력층 등은 노년층·여자·기혼자·백인·고소득층 및 고학력층보다 더 위험한 생활양식을 가져서 범죄의 피해자가 될 확률이 높다.

대표적 주장자는 힌델랑(M. S. Hindelang), 고트(갓)프레드슨(M. Gottfredson) 등이다.

범죄 관련 고위험성 생활양식은 결국 범죄피해 위험성도 높게 만든다.

10대 소년들이 거리생활에 노출되는 시간이 많을수록 범죄자가 될 위험이 높아지고, 동시에 범죄피해자가 될 위험이 더욱 높아진다.

미국의 통계에 의하면, 무기를 가지고 다니는 남성은 무기를 가지고 다니지 않는 남성에 비해 거의 세 배에 가까운 피해를 당한다. 일진회와 같은 비행집단에 가입하여 활동하는 아이들은 일반적인 학생들에 비해 심각한 폭행을 당할 가능성이 매우 높게 나타난다. 싸움이나 술을 즐기는 사람은 술을 파는 곳에 자주 가는 생활양식에 가깝고, 싸움이나 폭행이 주로 술집에서 발생하기 때문에 늦은 밤 술집을 돌아다닐 경우 쉽게 그러한 피해의 위험에 처하게 된다.

이러한 사례를 통해 알 수 있는 것은 범죄자와 피해자는 동전의 양면처럼 연관되고, 서로 구분되는 별개의 집단이 아니라는 점이다.

이 이론이 주는 시사점은 "칼로 일어선 자는 결국 칼로 망한다."라는 이치이다.

(4) 일상활동이론(Routine Activities Theory)

이 이론의 주된 논리는 범죄율과 피해율이 동기화된 범죄인의 존재, 범행표적 이용가능성, 보호력(감시)의 부재(不在)에 의해 설명될 수 있다는 점이다.

전통적으로 범죄학 연구는 범죄자의 성향(criminality)이 어떻게 형성이 되고, 형성된 범죄성향(범죄를 범하는 경향 내지 동기)에 따라 어떻게 범죄가 결정되고, 동기화된 범죄자의 수의 비중은 사회적 위치나 계층에 따라 어떻게 다른 범죄율의 차이를 나타내는가를 밝히고자 했다.

그리고 범죄대책으로는 범죄성향을 가진 사람을 교정하고, 범죄를 발생시키는 사회적 해악(사회의 잘못된 구조와 여건)을 개혁하는 데 중점을 두었다. 이러한 정책은 근본원인을 개선하는 근원적인 대책이지만 단기간에 가시적인 구체적 성과를 나타내는 데는 한계가 있을 수밖에 없다. 그리고 구조적·정치적 쟁점을 피할 수 없도록 한다.

그런데 주택에 주거침입경보기를 설치하거나 골목에 CCTV를 설치하거나 현금등록기에 보유하는 현금을 최소화하거나 현금 대신 카드를 소지하는 것만으로도 범죄를 예방하는 데 가시적이고 구체적인 성과를 가져올 수 있도록 시사하는 범죄이론이 있다면 얼마나 좋을까?

이와 같은 효과를 가져 올 수 있도록 뒷받침하는 실용적인 이론이 '피해자가 제공하는 범죄 기회'에 초점을 맞춘 이론이다.

이 이론의 모토(motto)는 "범죄 기회를 줄여라, 그러면 범죄는 감소할 것이다."이다.

범죄의 기회를 줄이라는 제언(提言)은 우리가 가장 쉽게 범죄를 예방할 수 있는 주변 환경적 측면에 초점을 맞춘다. 이와 같은 맥락에서 범죄기회이론(opportunity theory)을 대표하는 일상활동이론을 정립(定立)한 학자가 코헨(Lawrence Cohen)과 펠슨(Marcus Felson)이다.

일상활동이론의 한 가지 핵심적인 전제는 모든 조건이 동일하다면, 범행을 할 기회가 많을수록 범죄율과 피해율이 더 높다는 것이다. 펠슨과 코헨은 시간, 공간, 표적, 사람이라는 기본요소를 통해, 범죄의 양이 사회의 병리적 특성에 의하여 좌우되기보다는 평범한 사람들의 매일매일의 정상적인 활동에 의해 영향을 받는다는 사실을 강조한다.

사람을 대상으로 하는 폭력범죄와 물건을 직접 훔치는 범죄인 약탈적 범죄가 일어나기 위해서는 약탈행위자, 피해자나 범행대상물(suitable target)이 동일한 시간과 공간에 있어야 한다.

이에 관하여 펠슨은 '범죄의 화학'으로 비유하며 범죄 발생의 3대 요소인 동기화된 범죄자(motivated offenders), 적당한 표적(suitable target), 가용(可用)한 보호력(감시)의 부재(absence of guardians)가 동시에 존재해야만 범죄가 일어날 수 있다고 보았다.

이는 모든 필수적인 요소들이 함께 갖춰지지 않으면 화학반응이 일어날 수 없는 것과 같은 이치라는 것이다.

다시 설명하면, 범죄성향을 갖고 그 성향을 행동으로 표현할 동기화된 범죄자가 존재한다 해도 적당한 표적을 만나고, 감시부재상황까지 갖춰져 범죄의 기회가 구비되어야만 성공적으로 범행을 완성할 수 있게 된다.

이 세 가지의 요인 중 일상활동이론가들은 '기회'라는 복합요소를 더욱 강조하고 있다.

기회는 정상적인 삶을 살아가는 사람들의 주변 환경에 의해 생겨나고 그 정도가 변화하므로 이 점을 강조하여, 일상활동이론을 '범죄기회이론' 또는 '환경범죄학'[39]이라고도 한다.

이 이론의 장점은 범죄율-피해율 및 그 변화를 단기적으로 설명할 수 있는 점이다. 즉, 이 이론은 피해자의 활동이 어떻게 범죄율－피해율에 영향을 미치는지를 보여주고, 범죄피해 위험은 보호력(감시)를 높이고 표적의 취약성을 감소시킴으로써 줄어들 수 있음을 알려준다.

ⓘ 펠슨과 코헨의 일상활동이론의 세 가지 범죄발생요소

범죄발생 요소	개념 설명	범죄학적 특징과 핵심요지
동기화된 범죄자	범죄성향이나 동기를 가진 사람: 미취업 10대 청소년, 실직자, 약물남용자 등	• 전통적 이론의 대부분은 범죄성향과 동기 형성의 원인 탐구에 중점을 두고, 적당한 표적이나 감시의 부재상황과 같은 기회요소는 연구하지 않음 • 일상활동이론은 범죄자의 특성과 동기의 형성과정은 연구대상으로 삼지 않음
적당한 표적	범죄자가 갖고 싶은 제물이나 약탈하고 싶은 사람: 비싼 자동차, 빈집, 옮기기 쉬운 물건 등	범죄는 적당한 표적이 있어야만 추구된다. '적당한'이 뜻하는 것은 보상이나 만족 면에서 매력적인 대상이 되도록 하는 성질을 상징함
활용할 수 있는 보호력(감시)의 부재(不在)	보호능력자 또는 감시인은 가족·친구·재산 감시인·이웃, 보안체계, 경찰 등	감시인 또는 보호능력이 갖추어지면 범죄는 예방되고, 그것의 부재는 범죄를 발생할 여건을 조성하게 된다.

펠슨과 코헨은 시간의 흐름에 따라 범죄율의 변화를 중점적으로 설명하고자 했다. 이 분들은 "범죄자는 어떤 범죄에서 단지 한 요소일 뿐이며, 가장 중요한 요소는 아니다.

39) 범죄기회이론은 범죄자 개인의 특성보다 주변 사회 환경에 따른 범죄사건의 분석에 중점을 두는 범죄학적 연구영역인 환경범죄학으로 분류한다. 환경범죄학은 1971년 제프리(C. Ray Jeffery)가 처음 주창한 용어이다. 이는 범죄사건을 상세하게 검토하는 이론, 경험조사 및 실제적 응용까지 포함하는 학문분과이다.

증가하는 범죄율은 범죄자의 특성 변화 때문이 아니라 약탈적 범죄를 수행할 기회의 증가가 주된 결정 요소이다."라고 주장한다.

펠슨과 코헨은 1950년대 이후 미국에서 약탈적 범죄가 크게 증가한 이유를 다음과 같은 맥락에서 설명했다.

"2차 세계대전 이후 미국인들은 집으로부터 멀리 떨어져서 일상활동을 하게 되었다. 게다가 맞벌이 생활로 인해 집은 점점 낮 시간대 빈집이 되어 감시부재상황이 되었고, 그러한 빈집에는 비싸고, 내구성 있고, 옮기기 쉬운, 그리고 장물처리도 쉬운 전자제품 등 매력적인 목표물들이 적당한 표적으로 많이 증가되어 있었다."

일상활동 이론의 연구 초점은 경찰이나 감시인의 범죄방지효과, 범죄 기회, 인구 변동, 범죄율-피해율의 변화이다.

범죄발생요인 각각은 상호작용하면서 약탈적 범죄의 피해자화 가능성을 높인다. 범행대상이 제대로 보호받지 못할 때 미취업 10대 소년들과 같은 동기화된 범죄자들에게 노출이 커져 피해받을 위험성이 높아진다.

같은 상황이라 해도 표적의 가치와 활용할 가능성이 증가하면 범죄율·피해율 또한 증가한다. 반대로 스마트폰과 같이 이전에 비쌌던 중고가격이 내려가면 범죄율·피해율 또한 내려간다.

어느 사회에서 동기화된 범죄자의 수가 늘어나고, 그들을 값비싼 상품 가까이 있게 하면 피해 정도는 늘어나게 될 것이다.

현대 도시에는 쇼핑몰이 많이 있다. 여기에 많은 유동인구와 젊은이가 모이고 가게에는 값비싼 제품들이 보기 좋게 전시되어 있어서 상품 절도와 직원의 횡령을 부추긴다. 쇼핑몰의 주차장에는 문이 잠겨있지 않은 차량이 있고, 훔친 물건을 훔친 차에 싣고 유유히 빠져나와도 알아차리는 사람이 거의 없는 경우도 많다.

범죄는 도시화가 진행되면서 증가해왔다. 세탁기·청소기·배달체계의 발달 등으로 가족의 잡일로부터 청소년들을 자유롭게 해주고, 가족 간의 통제도 많이 약화되면서 동기화된 범죄자의 수가 늘어났고, 도시는 범죄자가 숨거나 체포를 피하기 쉽게 해준다. 범죄의 기회는 산업화·도시화로 매우 증가하였다. 바(bar)나 남자친구의 원룸에서 술을 지나치게 마시는 젊은 여성들이 많아지면서 데이트 성폭행을 증가시킬 수 있고, 결혼기가 늦어지면서 혼자 사는 젊은 여성 가구가 많이 있는 것도 범죄율·피해율을 높이는 요인이 될 수 있다. 동기화된 남성 범죄자들은 범행대상이 흐트러지면, 그녀가 성적 행동에도 개의치 않을 거라고 제멋대로 생각하는 심리 경향이 있으므로 이러한 점도 경계해야 한다.

강하게 동기화되어 있는 범죄자조차 범죄의 표적이 잘 보호되어 있으면 감히 범행을 시도하지 않는다. 집이나 공공건물에 값비싼 물건이 많아도 효율적인 보안시스템이나 유능한 경비원이 있으면 계산적인 범죄자는 그것을 범행대상으로 삼지 않는다.

범죄자들은 경찰력도 중요하게 인식한다. 잠재적인 범죄자들로 하여금 범행해도 곧바로 검거되어 '범죄가 별로 남는 장사가 아니다'라는 확신을 심어주는 것은 훌륭한 예방수단이 된다. 그러므로 거리 순찰을 늘리고 범죄현장에 신속히 도착하는 사전 예방적·공격적 경찰활동은 약탈적 범죄를 억제하는 데 큰 도움이 된다.

우리의 일상생활 속에서 범죄를 감소시키는 많은 방안이 있는데, 그러한 조치 중에서 당장, 직접적으로 효과 있는 조치는 잠재적 범죄자에게 눈에 잘 띄는 기회를 제거하는 것이다.

범죄를 보다 어렵게 만들기 위해 문을 잠그고, 거리의 가로등과 CCTV를 개선하고, 경보기를 설치하고, 여행 시 집안에 전등을 켜두고 우유 등의 배달 중지로 빈집임을 표시 나지 않도록 하고, 더 나아가 주거환경의 거리·건축 환경(built environment)설계가 방어공간(defensible space)을 형성되도록 하여 근본적으로 범죄기회를 감소시켜야 한다.

이와 관련하여 방어공간 개념을 주창했던 뉴먼(Oscen Newman)은 "잠재적인 범죄자들에게 강한 범죄억제수단으로 작용할 수 있는 매우 효과적인 영역적 조건들과 경찰활동수단들이 필요하다. 상호도움이 되는 주민들 간의 교류가 강화될 수 있도록 주거단위를 묶음으로써, 이동통로에 경계선을 그음으로써, 특별한 외부 이용자의 활동공간을 내부의 주거영역과 구분되게 배치함으로써, 그리고 시각적인 감시가 효율적으로 나타나도록 자연스런 감시기회를 많이 제공함으로써, 방어공간을 통해 범죄를 감소시킬 수 있다."라고 주장하였다.

이러한 방어공간 개념을 보다 넓게 확대·응용하여 제프리(C. Ray Jeffery)는 '환경설계를 통한 범죄예방'(CTED, 셉테드) 정책을 제안하였다.

일상활동이론과 그보다 일반화된 환경범죄학은 이러한 아이디어에 근거하여, 우리의 주변에서 범죄의 기회를 차단하는 체계적인 접근을 할 것을 강조하고 있다.

V. 피해자 특성과 유형

1. 헨티히(Hans von Hentig)의 피해자 유형

헨티히는 범죄자와 피해자 사이의 상호관계에 주목하여 피해자의 특성이 피해자화에 기여할 수 있다는 점을 파악하고, 피해를 입기 쉬운 성향이라는 관점에서 범죄의 한 요소로 작용하는 피해자를 일반적 유형(the general class of victim)과 심리학적 유형(the psychological type)으로 크게 두 가지 범주로 나누고, 각각의 유형에 속하는 피해자들을 예시하여 피해자를 유형적으로 연구하였다.[40)]

ⓘ 피해자 범주 유형

유 형	내 용
일반적 피해자 유형	여성 · 어린이 · 노인 · 심신장애자 · 이민자 · 소수집단 등 피해자가 생물학적 · 사회적으로 저항능력이 약해 피해를 입기 쉬운 외적 특성을 기준으로 한 구별이다.
심리학적 피해자 유형	피해자의 심리적 공통점을 묶어 기준으로 한 것으로, 우울한 자, 탐욕자, 방종한 자, 고독과 비탄에 찌든 자, 괴롭히는 자, 고립 · 파멸된 자 등으로 예시했다.

ⓘ 심리학적 유형(The psychological types of victim)

분 류	유형 특성
우울한 자 (의기소침자) (The depressed)	존재에 대한 관심이 상실되어 있고, 무기력하고 우울한 생활을 하는 유형(우울형)으로서, 이들은 누구보다 쉽게 압도당한다. 자포자기적 생활로 자해 · 자살 가능성이 있다.
탐욕자 (The acquisitive)	탐욕에 눈이 어두워 쉽게 속고 사기피해자가 되기 쉬운 유형(탐욕형)
방종한 자 (The wanton)	자유분방하고 억제되지 않은 행동으로 인해 공격의 표적이 되기 쉬운 유형(자유분방형). 무절제한 음주 · 약물남용, 충동적 욕설 등으로 폭행 등 피해를 입기 쉬움
고독과 비탄에 찌든 자 (The lonesome and The heartbroken)	쓸쓸하고 고독한 상태로 비탄에 잠긴 생활을 하므로 주의능력이 떨어지고 저항능력이 취약하여 피해를 당하기 쉬운 유형(고독 · 비탄형)

40) Hans von Hentig, The Criminal and His Victim, 1948.

괴롭히는 자 (The tomentor)	평상시 오랫동안, 결과적으로 공격자로 변한 사람을 학대·폭행하는 등 괴롭힘을 주다가 어느 단계에서 반격 피해를 당하는 유형(난동형). 처자를 학대하다가 분노에 겨운 처자에게 폭행당하거나 살해되는 사례 등
고립·파멸된 자 (The blocked, exempted, and fighting)	파산선고를 받는 등 고립무원의 생활로 몹시 소외된 생활 중이거나 은둔적인 생활을 하는 사람으로서 주변으로부터 전혀 도움을 받을 수 없는 유형(고립형). 범죄자로부터 가장 만만한 먹잇감으로 여겨짐

헨티히는 이러한 유형의 피해자를 범죄의 발생 요인 내지 환경요소로 파악하고자 하였다. 그분은 죄를 범하는 행위자(doer)와 그로 인해 고통을 당하는 사람(sufferer)이라는 관계 도식 [doer–sufferer relation]을 통하여 어떤 범죄는 '피해자의 존재가 오히려 범죄자를 만들어낸다'고 지적하였다.

헨티히는 이러한 전형적인 유형 이외에도 돌출적인 성격이나 음주·약물 남용 등으로 범죄피해를 유발하거나 촉진하는 등 적극적 역할을 하는 '촉진적 피해자 유형(The activating sufferer type)'도 제시하면서 자기 자신의 범죄피해에 기여적 역할을 하는 피해자와 범죄행위자 사이의 상호관계를 분석하고자 하는 새로운 범죄연구 접근법을 주장하였다.

2. 엘렌베르거(Ellenberger)의 피해자 유형

유 형	내 용
잠재적 피해자성	피학대자, 우울자, 자기도취자, 강박증 환자, 죄책감에 빠진 사람, 막연하게 불안감을 느끼는 사람, 공포증자 등이 잠재적으로 피해자가 되기 쉬운 속성이 많다.
일반적 피해자성	위와 같은 특수한 유형에 속하지 않지만, 피해자가 범죄자와 신경증적·심리학적·유전학적·생물학적으로 특수한 관련이 있어 피해자가 되기 쉬운 속성을 가리킨다.

3. 멘델슨(Benjamin Mendelsohn)의 피해자 유형

멘델슨은 가해자와 피해자 간에는 ① 피해자가 가해행위의 원인이 되는 경우, ② 피해자가 가해의 구실이 되는 경우, ③ 피해자가 동의한 결과로 범죄가 발생한 경우, ④ 피해자가 우연의 일치로 피해를 입는 경우 등 4개의 심리학적·사회학적 측면이 있다고 보고, 가해자와 피해자와의 책임관계에 따라 6개의 유형을 제시하여 설명하였다.

분 류	내 용
책임이 전혀 없는 피해자	범죄발생에 전혀 책임이 없는 피해자, 예를 들면 미성년자, 약취유인죄의 영아, 영아살인죄의 영아 등이 이에 해당한다(전형적 피해자, 무자각(無自覺)의 피해자).
책임 조금 있는 피해자	이 유형은 대개 무지로 인해 피해자가 되는 경우이다. 예를 들면 피해자가 불법임을 알면서도 낙태시술 등을 받다가 사망한 경우이다. 실제로 대부분의 범죄가 여기에 해당할 것으로 생각한다(무지 또는 부주의로 피해를 입은 사람).
가해자와 동등한 책임이 있는 피해자	이 유형은 '자발적 피해자'로서 동반자살이나 사기성 범죄를 함께 도모하다가 결과적으로 피해를 입은 사람 등이다.
가해자보다 더 유책한 피해자	이 유형은 피해자가 피해를 촉진 또는 유발한 경우이다. 상대방에게 학대를 가하다가 피해방어적 행동으로 피해를 당한 경우이다(패륜적 유발범죄자).
가장 유책한 피해자	불법적인 공격을 가하다가 피해를 당한 피해자로, 정당방위의 상대방(공격적 피해자) 등이 이에 해당되는 유형이다. 무단으로 야간에 주거를 침입하다가 집주인의 총격으로 사망한 경우 등이 이에 대한 예이다.
기망적 또는 상상적 피해자	죄 없는 상대방을 무고하는 것이 밝혀져 불이익을 겪거나, 피해망상증 등으로 누군가 자신을 공격하려 하고 있다고 상상하여 피해를 호소하는 사람 등이 이 유형에 속한다.

멘델슨은 피해자에 대한 연구가 자칫 관념적인 논의에 그칠 수 있음을 깨닫고, 피해자가 피해를 입게 되는 과정을 현실적으로 피해자의 유책성의 정도를 통하여 분석하였고, 재판절차에서도 범죄자만이 아니라 피해자까지 고려하여 범죄자에게 적정한 양형을 할 수 있는 근거를 제공하였다.

4. 셰이퍼(S. Schafer)의 피해자 유형론

셰이퍼는 헨티히와 멘델슨의 추상적·규범적 경향의 유형론을 절충하여, '경험적인 피해자의 기능'에 중점을 둔 피해자 유형 분류를 제시했다. 셰이퍼는 피해자가 자신의 피해자화에 끼치는 기능을 중심으로 '기능적인 측면에서의 책임'(functional responsibility) 여부와 책임 비중을 파악하여 피해자-가해자의 상호작용관계를 분석하고자 했다.

셰이퍼는 범죄는 단독으로 일어나는 것이 아니라, 여러 여건과의 상호작용에 의해 '저질러지는 것'(be committed)이므로, 범죄자 단독의 행위가 아니라 사회적 행위로 파악되어야 한다고 본다.

범죄가 발생하는 과정을 동태적으로 분석해보면 피해자의 무관심·부주의·촉진·유발 등에 의해 범죄자는 공격성이 강화되거나 억제되는 등 피해자의 기능이 범죄-

피해 발생에 큰 영향을 끼친다는 것이다.

셰이퍼는 이러한 분석을 바탕으로 피해자의 생리적·사회적 상황에 따른 기능적 책임 정도를 기준으로 7가지 피해자 유형을 제시하였다.[41]

셰이퍼의 피해자 유형

기여 없는 피해자(Unrelated Victim)
피해자는 범죄-피해 발생에 어떠한 기능과도 무관하므로, 피해자에게는 전혀 기능상 책임을 물을 수 없는 경우의 피해자이다. 이 경우 피해자는 우연히 범죄의 표적이 되었을 뿐이다.
생물학적으로 취약한 피해자(Biologically Weak Victim)
• 어린이나 노인처럼 취약한 신체적 조건 때문에 저항능력이 매우 낮아 잠재적 범죄자에게 만만한 표적이 되어 피해를 당하는 경우의 피해자 • 이 경우에도 피해자에게는 기능적 책임을 인정할 수 없다.
사회적으로 취약한 피해자(Socially Weak Victim)
• 사회적 소수집단(minority)에 속해 있어 한 사회·한 국가 내에서 소외되고, 사회적 편견과 갈등 등으로 보호받지 못하는 상황에서, 잠재적 범죄자의 손쉬운 표적으로 인식되어 증오범죄 등의 피해를 당하는 피해자 • 이 경우에도 피해자에게 기능적 책임을 인정할 수 없다.
정치적 피해자(Political Victim)
• 정치적·이념적으로 주류사회집단과 다르다는 이유로 테러를 당하는 등 잠재적 범죄자의 배타적·공격적 피해를 입기 쉬운 피해자 • 이 경우에도 피해자에게는 기능적 책임이 인정되지 않는다.
범행 촉진적 피해자(Precipitative Victim)
• 범죄다발지역에 자주 출입하거나 비행집단에 가입해 활동하는 등 스스로 피해자화를 촉진하는 행동을 하다가 피해를 입은 피해자 • 이 경우에는 피해자에게도 일정 부분 기능적 책임을 물을 수 있다.
도발적 피해자(Provocative Victim)
• 먼저 싸움을 걸거나 상대방을 적극적으로 자극하는 말과 행동을 하여 결국에는 공격을 받아 피해를 입은 피해자 • 이 경우에는 피해자도 범죄자와 기능적인 측면에서 함께 상당한 책임이 인정된다.
자기 초래 피해자(Self-Victimizing)
• 약물복용·마약거래·매매춘 등 피해자 없는 범죄에 자발적으로 참여하여 자신의 건강을 손상시킨다든지 여러 가지 해악을 겪게 되는 피해자 • 이 경우에는 기능적·물질적·정신적 모든 책임을 피해자가 전적으로 감수해야 한다.

41) S. Schafer, The Victim and His Criminal: A Study in Functional Responsibility, 1968. 이윤호, 피해자학, 2020, 14면. 허경미, 피해자학 2017, 20 ~ 21면 참조.

제5절 범죄피해자의 보호·구제

Ⅰ. 범죄피해의 실상(實狀)

1. 개설

현재까지 범죄문제의 처리나 정책에 있어서는 지나칠 정도로 범죄인 중심의 배려나 처우에 치중되어 있다고 볼 수 있다.

문명국가의 징표로서 그렇게도 소리 높여 외쳐대는 사법(司法)정의(justice)가 피해자에게는 1차적·직접적 피해에 더하여, 손실·고통·비용의 가중(加重)으로 작용하고, 억울한 비난 감수, 자기존중감의 저하, 불안·공포·소외·스트레스의 축적 등의 결과를 초래하여, 오히려 사회적 부정의(不正義·injustice)로 받아들여지고 있는 현실이다.

범죄피해는 단발적으로 그치는 것이 아니다. 멘델슨(B. Mendelsohn)이 '피해자화의 3단계'를 지적한 바와 같이, 범죄자로부터 직접적으로 당하는 제1차적 피해로 끝나지 않는다.

피해자는 경찰·검찰·법원에서 수사·재판을 받는 과정에서 많은 불이익을 받고 사회·언론의 흥미를 끌면서 심각하게 프라이버시가 침해되는 고통을 감수해야 하는 등 제2차 피해자화가 이루어지는 경우가 많다.

또한 제1·2차 피해자화로 인한 정신적·육체적 트라우마에 시달리며 피해구제를 제대로 받지 못함으로써, 신체적·경제적·정신적 충격의 복합적 반응으로 인한 범죄를 행하게 되는 경우가 생길 수도 있어 제3차 피해자화가 일어날 수도 있다.

현재 피해자학에 있어서는 일반적으로 범죄의 이중피해(double victimization)개념을 인정하고 있다. 즉, 피해자들은 가해자인 범죄자로부터 피해를 당하고, 또다시 범죄자에게 편중된 형사사법절차상 사법제도로 인한 피해를 당하고 있다는 것이다.

범죄피해는 직접피해자에게만 미치는 것이 아니다. 많은 시민이 직접적인 범죄경험과 무관하게 두려움과 우려를 가지게 되고, 경찰 등 사법기관에 대한 불신을 키우게 되어 사적으로 보호·보험료 등 개인적 비용을 추가 부담해야 하고, 야간 외출 회피 등으로 인한 생활양식의 변화 등으로 인해 삶의 질이 상당히 떨어지게 될 수 있다.

이러한 실상을 배경으로 세계는 요즈음, 피해자의 보호·구제의 확대 및 형사사법제도에서 피해자의 지위와 권리를 개선·강화하는 움직임이 확고한 국제적 조류로 자리 잡아 가고 있는 추세이다.

이러한 국제적 조류에도 불구하고 우리나라의 경우, 형사사법제도의 목적에 대한 관점에서 피해자는 외면되고 있고, 피해자에 대한 사회적 배려나 지원의 수준은 국제적인 기준에 크게 미치지 못하고 있다. 따라서 이에 대한 관심과 연구, 정책과 제도의 개선이 시급한 과제로 떠오르고 있는 상황이다. 특히 성폭력 피해자 보호와 가정폭력 피해자 보호 문제가 전 세계적인 이슈로 떠오르고 있다.

이와 관련한 사례를 소개하면서 성폭력 범죄의 심각성과 절실한 대책의 필요성을 강조하고자 한다.

일명 '은지 사건'[42]이라고 불렸던 이 사건은 포항시 외곽 시골에서 은지라는 지적장애 어린이가 2년 동안 동네 사람들로부터 지속적으로 성폭행을 당한 사건이다. 사건 해결과 은지를 돕기 위해 여러 방면으로 뛰어다니던 은지의 담임교사 김선생님은 2008년에 은지사건을 인터넷에 올리기도 하고 여러 기관을 찾아다니며 적절한 대책 마련과 제도 개선을 위해 많은 노력을 기울였지만, 구체적 해결책을 찾을 수가 없었다. 당시 김선생님이 인터넷에 올린 다음과 같은 글을 보면 우리나라 피해자보호 실상과 보호시스템 구축이 얼마나 절실하게 필요한지를 느낄 수 있다.

"법률에 명시된 '국가와 지방자치단체는 성폭력범죄를 예방하고, 그 피해자를 보호하며 유해환경을 개선하기 위해 필요한 법적·제도적 장치를 마련하고 필요한 재원을 조달해야 한다.'라는 규정을 보면 쓴 웃음만 나온다."

그 당시 김선생님은 정부기관과 전문단체가 적극적으로 나서 은지와 그 지역 버스기사로부터 은지와 마찬가지로 성폭행을 당했던 은지어머니 등 은지 가족에 대한 구체적인 보호가 이루어져야 한다고 호소하였고, 은지사건을 알고서도 덮어버렸던 관련 공무원들과 복지기관에 대한 직무태만이 처벌되어야 한다고 주장하였건만, 그분의 외침은 메아리 없는 외침이 되고 말았다.

그 이후, 김선생님은 2009년 다시 인터넷에 글을 올렸는데, "오늘도 친아버지에게 10살 때부터 지속적으로 성폭행을 당하고 있는 여중생을 만나고 오면서 도대체 이 나라에서 어떻게 아이들을 보호하고 버티어야 하나 하는 심한 회의와 염려가 밀려왔다."라고 토로하는 글이었다.

---

42) Wikipedia 내용과 은지의 담임교사 김태선 선생님의 일화 참조.

'은지사건'뿐만 아니라 성폭력 특별법 제정에 직접적인 영향을 주었던 '김보은(가명)·김진관(가명) 사건'과 '김부남(가명) 사건'도 우리나라 피해자 보호 시스템 발달사에서 참조해야 할 주요사건이다.

김보은·김진관 사건은 1992년 충주에서 피해자 김보은과 그녀의 대학친구 김진관이 12년 동안 자신을 성폭행해 온 검찰직 공무원이었던 계부를 살해한 사건이었다.

김보은의 어머니는 그녀가 7세 때 결국 살인피해자가 되어버린 계부와 재혼을 했다. 그녀는 9세 때부터 상습적인 성폭행을 당하기 시작했다. 이에 대해 그의 어머니가 항의하자 집에 식칼과 쥐약을 준비해 놓고 사실을 밖에 알릴 경우 가족을 몰살시키겠다고 협박하면서 그녀와 어머니를 번갈아 성폭행하는 야수짓을 자행해 왔다.

이를 알게 된 대학 친구 김진관은 의협심을 일으켜 그 계부를 찾아가 성폭행을 그만 둘 것을 권유하였으나, 그 당시 검찰청 총무과장으로 재직하고 있던 계부는 오히려 "다 잡아 처넣겠다. 더 이상 까불면 죽여버리겠다."라고 협박하기까지 하였다. 이러한 상황에서 김보은과 김진관은 강도로 위장하여 술에 취해 잠들어 있는 파렴치한 계부를 살해하고 말았다.

이 사건은 김진관의 아버지가 한국성폭력상담소에 상담하면서 세상에 알려졌고, 전국에서 구명운동과 성폭력특별법 제정을 촉구하였다. 결국 이들의 정당방위는 인정되지 않았으며, 김보은에게는 징역 3년에 집행유예 5년이 확정되었고, 김진관은 징역 5년이 확정되었다. 그리고 그 후 김보은은 사면·복권되었고, 김진관은 잔여형의 2분의 1을 감형받았다.[43)]

김부남 사건은 사건당시 30세였던 여성이 9세 때 자신을 성폭행했던 당시 55세였던 남성을 찾아내서 살해한 사건이었다. 그녀는 자신이 9세 때 이웃집 아저씨에게 성폭행을 당하였다. 그 후 그녀는 정상적인 사회생활을 하지 못할 정도의 트라우마에 시달렸고 결혼 후에는 정상적인 결혼 생활도 하지 못하고 정신병원에서 치료를 받기도 하다가 결국 가해자였던 사람을 찾아가 살해하게 되었다.

김부남은 공판과정에서 "나는 짐승을 죽인 것이지 사람을 죽인 것이 아니다."라고 진술하였고, 이에 대해 재판부는 징역 2년 6월, 집행유예 3년, 치료감호를 선고·확정하였다. 이에 따라 김부남은 공주 치료감호소에서 1년 7개월간 치료감호를 받고 출소하였다.

이 사건은 아동 성폭행의 후유증과 참상을 알리는 계기가 되었고 3차 피해자화

43) 참고자료: 대법원 1992.12.22., 선고, 92도2540 판결례.

에 대한 전형적인 예로 지적되고 있으며, 김보은·김진관 사건과 함께 우리나라에서 「성폭력범죄의 처벌 및 피해자 보호 등에 관한 법률」[44] 제정에 직접적인 계기를 마련하는 데 기여하였다.

가정폭력도 현재 큰 사회문제화되고 있다. 다음 시(詩)는 가정폭력의 특성과 심각성을 상징하는 것으로 가정폭력문제를 거론하면서 자주 제시되고 있다.

나는 오늘도 꽃을 받았어요
부제: 피해자 여성이 피해자 여성에게 주는 뼈아픈 편지

폴레트 켈리

나는 오늘 꽃을 받았어요./ 생일도 아니었고 다른 특별한 날은 더욱이 아니었어요./ 지난 밤 우리는 처음으로 말다툼을 했어요./ 그가 던진 수많은 잔인한 말을 듣고 나는 참으로 가슴이 찢길 정도로 아팠어요./ 하지만 지금 저는 그가 미안해 한다는 것도/ 그가 한 말이 진정이 아니었다는 것도 알게 되었어요./ 왜냐하면 그가 오늘 나에게 꽃을 보내왔거든요.

저는 오늘도 꽃을 받았네요./ 우리의 기념일도 다른 특별한 날도 아니었어요./ 지난 밤 그는 저를 벽으로 밀어붙이고 목을 조르기 시작했어요./ 마치 악몽을 꾸는 것만 같았어요./ 현실이라고 도저히 믿을 수가 없었거든요./ 오늘 아침 깨어보니 제 몸은 온통 멍투성이었고 아팠답니다./ 하지만 지금 저는 그가 틀림없이 미안해할 거란 것을 알아요./ 왜냐하면 그가 오늘도 제게 꽃을 보내왔으니까요. 이렇게 예쁜 꽃을……

나는 오늘도 꽃을 받았어요./ '부부의 날'도 아니었고 다른 특별한 날도 아니었는데요./ 지난 밤 그는 나를 또 다시 두들겨 팼답니다./ 이제까지 그 어느 때보다 극심해졌어요./ 만약 내가 그를 떠난다면 우리는 어찌 될까요?/ 돈은 어떻게 벌고요?/ 나는 그가 무섭기도 하지만요 그렇다고 떠나기도 두렵답니다./ 하지만 지금도 그가 틀림없이 미안해할 거란 것을 알아요./ 왜냐하면 그가 오늘도 나에게 꽃을 보내왔잖아요. 이다지도 붉게 가시돋힌 장미꽃을……

44) 이 법은 1994년 1월 5일 제정·시행되다가 2010년 4월 5일 폐지되었다. 이 법을 승계하여 현재는 「성폭력범죄의 처벌 등에 관한 특례법」과 「성폭력방지 및 피해자보호 등에 관한 법률」로 전문화되어 시행되고 있다.

> 저는 오늘도 꽃을 받았네요./ 오늘은 아주 아주 특별한 날이 되었어요./ 저의 장례식날이 되었답니다./ 지난밤 결국 그는 저를 패 죽였거든요./ 죽을 때까지 흠씬 두들겨 패더라고요./ 만약에 제가 그를 떠났을 만큼만 용기와 의지를 가졌었다면/ 저는 아마 오늘같이 애처롭게 꽃을 받지는 않았겠지요. 이렇게……

이 시는 가정폭력의 지속성과 그 발달경향, 그리고 경제력이 없는 아내와 아이들의 상황, 그로 인해 피하지도 대항하지도 못하면서 노예근성화되어 피해를 감수하다가 결국 돌이킬 수 없는 희생에 이르게 되는 과정을 잘 지적하고 있다.

Ⅱ. 범죄피해자를 위한 정책의 전개 필요성

범죄피해자가 입는 피해는 범죄로 인한 생명·신체·재산 등에 대한 1차적·직접적 피해로 한정되는 것이 아님을 알았다.

범죄사건을 겪음으로써 정신적(심리적) 충격을 받고 심신의 장해를 겪어 그 후 생활에 문제가 발생하거나, 매우 많은 의료비를 부담하거나, 범죄피해의 후유증으로 인해 직업생활을 하지 못해 경제적 곤궁에 빠지는 경우도 생길 수 있다.

또한 범죄사건의 발생 후에 주변사람들에게 잘못된 소문이 퍼지거나 언론의 취재·보도 및 경찰·검사 등 형사사법 관계자의 부적절한 대응으로 인해 정신적으로 큰 상처까지 입고 고통을 겪거나 심한 경우 자살이나 범죄를 하게 되어 인생 전체가 망가지고 그 가족에게까지 엄청난 충격과 불행을 안겨주는 것도 볼 수 있었다.

이러한 것들을 총칭하여 제2차적·3차적·간접적 피해라고 한다.

이와 같은 피해 전체를 감안한다면, 피해자를 위한 보호제도나 지원을 강구하는데 있어서는 피해자뿐만 아니라 피해자와 관련된 사람과 지역사회도 포함하여 검토할 필요가 있다.

이와 관련해서 여러 국가에서는 구체적으로 형사사법체계와 피해자보호(Criminal Justice System and Victim Protection)에 대한 논의와 개선이 이루어지고 있다.

Ⅲ. 여러 외국에서의 피해자 보호 정책 전개

1. 피해자의 법적 지위 등에 관한 관심

범죄학에서 범죄피해자에 대한 관심의 시작은 1940년대 범죄원인론의 일환으로 범죄발생과정에서의 피해자의 역할과 기여를 밝히려는 데에서 비롯되었다. 즉, 범죄과정에서 피해자가 어떤 역할을 했는지, 범죄를 촉진·유발하는 피해자의 행동이나 속성은 무엇인지, 범죄자와 피해자가 어떤 관계에서 어떻게 상호작용을 했는지와 같은 내용이 연구 주제였었다. 이를 바탕으로 범죄피해를 입기 쉬운 잠재적 피해자들을 유형적으로 선별하여 그에 따른 범죄예방대책을 세움으로써 범죄피해를 방지하고자 하였다.

그러나 그 다음 단계의 연구에서는 범죄피해자가 입은 범죄피해의 실상이나 범죄피해를 입은 후에 피해자가 겪게 되는 상황으로 연구의 중점이 옮겨졌다.

이러한 연구추세에 따라 미국과 유럽에서는 1960·70년대부터 범죄피해자의 보호·후원·구제를 위한 다양한 정책을 시도하고, 사법제도나 그 밖의 법제도에서도 피해자의 법적 지위와 권리 보장에 대한 이슈(issue)가 활발히 논의되었다.

이러한 변화·발전의 배경에는 사법(司法)절차에서 발생하는 제2차 피해의 존재를 중요하게 인식하게 되었을 뿐만 아니라, 사법절차가 피의자 또는 피고인 및 수형자에게 편중되어 피해자의 입장으로부터 지나치게 멀어지면서 일반 시민의 형사사법에 대한 불신이 차츰 커지고 있는 현실이 자리 잡고 있다.

그 당시 피해자는 사법절차상 법적 당사자가 아니므로 자신이 피해자가 된 범죄사건에 대한 형사재판에 참가하지 못했고, 그 사건처리의 내용이나 정보조자 받을 수 없었다.

형사소송법상 피해자는 사법절차의 당사자 아닌 증인에 불과했기 때문이다. 이는 원래 피해자를 중립화시켜 형벌에서 사적 복수의 성질을 털어냄으로써 공(公)적인 형사제재로 순화시켜 온 형사사법의 발전의 결과였다. 그렇지만, 피해자는 실질적으로 그 사건의 중요한 당사자인데, 그러한 실질적 지위를 전혀 고려 하지 않는 사법제도가 정당한 것인지, 그리고 이러한 절차나 제도가 일반 시민의 신뢰를 계속 얻을 수 있을지가 문제시되었다.

이러한 상황에서 범죄피해자에 대한 관심이 높아짐과 더불어 사법절차에서 피해자의 법적 지위에 대한 재검토가 이루어졌다.

이에 관한 학문적 이슈를 크게 나누면, 1) 사법절차에 대한 피해자의 참여, 2) 피해자에 대한 사법절차 관련 정보 제공, 3) 사법절차에서의 피해자 보호, 4) 사법절차를 통한 신속한 손해 회복 등으로 범주화할 수 있다.

2. 미국의 피해자 권리 보장 운동

1981년 미국의 법학자 캐링턴(Frank Carrington)은, 범죄피해자는 국가로부터 보호받을 법적 권리를 갖는다고 주장했다.

그분에 따르면, 범죄인이 변호와 공정한 재판을 받을 권리를 갖는 것처럼, 국가는 법을 준수하는 일반 시민에게도 기본적인 권리를 보장해야 할 의무가 있다는 것이다.

이러한 권리에는, 폭력적인 범죄로부터 적절하게 보호받을 권리를 비롯하여 피해배상과 형사사법절차의 도움을 받을 권리에 이르기까지 다양한 권리가 있다.

피해자 권리 보장 운동가들의 영향을 받아 미국의 모든 주에서는 현재 그 법전에 '피해자의 권리헌장'이라고 부르는, 범죄피해자의 법적 권리를 담은 규정들을 갖고 있다. 이러한 권리 중 핵심적인 권리들은 다음과 같다.

- 소송 진행과 피고인의 상황에 대한 정보를 고지받을 권리
- 형사소송절차에 참여할 권리
- 형사소송절차에서 진술할 권리
- 유죄가 확정된 범죄자로부터 배상받을 권리
- 해당 사건의 기각 처리 또는 유죄 인정 협상(Plea bargaining) 전에 피해자가 의견을 제시할 수 있는 권리
- 신속한 재판을 받을 권리
- 피해자의 개인정보를 보호받을 권리

이러한 피해자 권리 보장운동은 여러 방면으로 영향을 넓혔다.

이러한 영향에 따라 미국에서는 미국 연방 「범죄피해자 권리법」(2004)을 제정하여 '범죄피해자 권리헌장'을 다음과 같은 내용으로 규정하고 있다.

■ 미국 「범죄피해자 권리법」(2004)에 따라 규정된 범죄피해자의 권리: 범죄피해자 권리 헌장
2004년 제정된 「범죄피해자 권리법」은 법무성의 공무원들이 범죄피해자가 '다음과 같은 권리들'을 통보받고, 피해자가 부여받은 권리들이 확실히 인정될 수 있도록 최선의 노력을 하도록 규정하고 있다.

1. 범죄인으로부터 정당하게 보호받을 권리
2. 해당 범죄와 관련된 공개적인 소송 또는 가석방 절차에 대해 범죄인의 석방이나 도주에 대해 적확하고 시기적절한 정보를 받을 권리
3. 피해자가 공개적인 소송절차로부터 배제되지 않을 권리
4. 형의 선고, 가석방·석방 등의 공개적인 소송절차에서 피해자가 정당하게 참여·청취할 권리
5. 범죄사건과 관련하여 국선변호인 등과 협의할 정당한 권리
6. 법에 규정된대로 적기(適期)에 완전한 배상을 받을 권리
7. 소송절차의 부당한 지연을 반대할 권리
8. 공정하고 존엄하게 대우받고, 사생활을 보호받을 권리

3. 피해자 권리 보장 운동의 국제적 흐름

피해자 참여·보호에 대한 관심은 국제적인 흐름으로도 나타나, 1985년 UN총회에서 「범죄 및 권력남용 피해자를 위한 기본원칙선언」이 결의되기에 이르렀다.

이 선언에서는 1) 피해자가 피해회복을 위해 재판절차에 접근할 수 있도록 해주고, 사법절차에서 공정한 대우를 받을 것, 2) 피해자가 가해자(범죄자 포함)로부터 적정한 피해배상을 받을 것, 3) 가해자(범죄자)로부터 충분한 배상을 받지 못한 경우에는 국가가 재정적으로 보상할 것, 4) 피해자가 관계기관으로부터 필요한 지원을 받을 수 있도록 할 것 등을 내용으로 담았다.

그리하여 회원국에 대하여 이러한 조치의 시행이 권고되었다. 이러한 내용의 권고를 바탕으로 1996년에는 「UN 범죄방지 형사사법위원회」가 이 선언의 활용 및 적용에 대한 매뉴얼을 준비하자는 결의안을 채택하였다.

이에 따라 UN 전문가 그룹에 의해 'UN피해자 선언 이행을 위한 입법기관에 대한 가이드 및 UN피해자선언 활용 및 적용을 위한 피해자 관련 사법(司法)에 관한 핸드북'이 제시되었다.

미국의 피해자 권리 보장운동은 유럽으로도 확산되었다.

EU회원국가들은 피해자보호를 위해 다음과 같은 피해자 권리를 보장하는 법령을 만들어 시행하기로 합의하였다.

■ EU회원국가들이 합의한 피해자권리
- 피해자는 존엄한 대우를 받아야 한다.
- 형사소송절차에 참여하여 실제적이고 적절한 역할을 할 권리를 보장받는다.
- 소송절차에 출석하여 청취할 권리, 증거 제출할 권리를 보장받는다.
- 피해자가 이용할 수 있는 도움 제도, 범죄를 신고하는 기관과 방법, 형사소송절차와 그 과정에서의 역할, 보호와 조언을 구하는 방법, 배상받을 권리, 판결 및 가석방 등 처우 결과에 관한 정보 등을 통지받을 권리를 보장받는다.
- 형사소송과정에서의 의사소통을 보호받을 권리를 갖는다. 이에 따라 국가는 소송과정에서 의사소통의 어려움이 최소화될 수 있는 방안을 마련해야 한다.
- 소송과정에서의 자신의 역할에 관하여 적절한 장소에서 무료로 법률적 도움을 받을 수 있어야 한다.
- 형사소송절차에 참여하는 데 뒤따르는 비용을 지급받아야 한다.
- 형사소송과정에서 피해배상을 받을 수 있는 기회가 주어져야 한다.
- 형사소송과정의 적절한 시점에서 형사상 중재를 받을 수 있는 기회가 주어져야 한다.
- 다른 회원국에 거주하는 동안에도 형사소송과정에서 겪게 되는 어려움이 최소화될 수 있도록 다양한 혜택이 주어져야 한다.

제6절 우리나라의 범죄피해자 정책

Ⅰ. 범죄피해자에 대한 보호와 구조

범죄피해자에 대한 보호와 구조는 형사(사법)절차에서의 보호·구조와 형사(사법)절차 밖에서의 보호·구조로 크게 나눌 수 있다.

현행 「헌법」에서는 구체적으로 명시하여 사법절차에서의 피해자 보호·구조에 대한 기본권은 규정하지 않고 있다. 따라서 헌법의 기본원칙을 형사절차에서 실현하는 법률인 「형사소송법」(criminal procedure law)에서도 피해자를 보호하기 위한 독립적인 규정을 두고 있지 않다.

헌법에서 사법절차 밖에서의 보호·구조와 관련된 기본권으로 명시하고 있는 것은 '범죄피해자 구조청구권'이다.

현행 법률과 실무에서도 형사피해자의 보호를 위한 특별절차는 형사기본법이 아닌 특별법이나 행정규칙에 의거하여 부분적으로 시행되고 있는 현실이다.

특별법상 범죄피해자의 원상회복을 위한 형사절차상 제도로는 형사조정·배상명령·화해절차 등이 있다. 그렇지만 이러한 피해자의 구제제도는 피고인(범죄인)이 무자력이거나(재산이 없거나), 범인이 검거되지 아니한 경우에는 아무런 의미가 없다. 이러한 경우에 의미가 있는 구제제도가 '국가에 의한 범죄피해자 구조제도'이다.

Ⅱ. 헌법상 범죄피해자 구조청구권

1. 범죄피해자 구조청구권 의미와 이론적 근거

「헌법」 제 30조는 '타인의 범죄행위로 인하여 생명을 잃거나 신체상의 피해를 받은 국민은 법률이 정하는 바에 의하여 국가로부터 구조를 받을 수 있다.'라고 규정하여 범죄피해자에 대한 국가 구조청구권을 인정하고 있다.

범죄피해자 구조청구권이란, 피해자 본인의 책임 없이 다른 사람의 범죄행위로 인하여 생명을 빼앗기거나 신체상의 피해를 입은 피해국민 또는 그 유족이 가해자인 범죄자로부터 충분한 피해배상을 받지 못한 경우, 국가에 대하여 일정한 보상을 청구할 수 있는 권리이다.

이 권리는 범죄로 인한 생명·신체의 피해자와 그 가족을 보호하고, 사회의 안정을 도모하기 위한 사회보장적 권리이다. 이는 범죄로부터 국민을 보호해야 하는 국가가 보호의무를 다하지 못한 것에 대하여 국민의 적극적 청구권으로 발현된 권리라 할 수 있다.

이 권리의 보장은 현행 헌법이 범죄피해자로 하여금 국가에서 구조를 청구할 수 있는 길을 열어 놓고 있다는 데 의미가 있다.

국가는 범죄 없는 사회를 만드는 것이 국가의 가장 이상적 책무라고 할 수 있으나, 현실은 그렇게 할 수 없기 때문에, 범죄로 인한 각종 피해를 최소화하는 역할이라도 하여야 한다. 특히 다른 사람의 범행에 의하여 생각지도 못하게 생명을 잃거나, 신체상 중상해나 장해를 입어 직업·사회 활동에 지장을 받고, 그로 인하여 자신과 가족의 생활이 힘겹게 될 때, 그것이 피해자 본인의 책임 없이 나타난 경우라면, 사회정의(justice)의 차원에서도 국가가 그에 대한 구조를 해주는 것은 당연하다.

이와 같은 국가의 사회국가원리에 따라 여러 나라가 1960년대부터 범죄피해자 구조제도를 시행하고 있다. 이는 뉴질랜드를 시작으로 영국·미국·캐나다·독일·스위스·일본 등에서 제도화하였고, 우리나라는 1980년 제9차 개정 헌법에서 처음으로 채택하였다. 그리고 범죄피해자의 구조청구권을 현실적으로 실시하기 위하여 「범죄피해자 구조법」에 이어 현행 「범죄피해자 보호법」을 제정·시행하고 있다.

2. 범죄피해자 구조청구권의 요건과 내용[45)]

국가로부터 구조금을 받을 수 있는 구조대상 범죄피해자는 다음 요건을 갖춘 사람이다.

첫째, 다른 사람의 범죄행위로 인하여 생명·신체에 피해를 입은 사람과 그 배우자, 직계친족 및 형제자매이다(법 제3조 1항 제1호).

둘째, 범죄피해방지 및 범죄피해자 구조 활동으로 피해를 당한 사람이다(법 제3조 2항).

그밖에도 자기 또는 다른 사람의 형사사건의 수사 또는 재판에 고소·고발·증언 등으로 협조했다는 이유로 보복범죄피해를 입은 사람도 포함된다(법 제 16조).

위의 요건에 해당하는 사람의 구조대상 범죄피해는 우리나라 영역 안에서 또는 우리나라 영역 밖에 있는 우리나라 선박이나 항공기 안에서 범해진 범죄행위로 생명을 잃었거나 중상해 또는 장해를 입은 경우이다.

구조금 지급대상 범죄피해를 우리나라 영역 내로 제한하는 이유는, 구조금 지급 해당 여부 등에 대하여 상세한 사실조사를 통하여 부당한 지급을 방지하기 위함이다. 국가 밖에서 발생한 범죄피해는 조사에 상당한 시간을 필요로 하고, 상세한 조사가 어렵기 때문에 본 제도를 적용하기에는 적절치 않다고 보고 있다.

이 요건 내용 중 '중상해'는 범죄행위로 신체나 그 생리적 기능에 큰 손상을 입은 경우이고, '장해'는 범행으로 입은 중상해가 치료된 후에 남은 신체의 장해를 말한다. 이에 대한 정도와 기준은 「범죄피해자 보호법 시행령」에서 정하고 있다.

범죄피해구조금은 구조피해자가 피해의 전부 또는 일부를 배상받지 못한 경우에만 청구할 수 있다. 구조금의 지급은 범죄로 인한 피해배상에 있어서 보충성을 갖는다. 범죄피해자에 대한 국가의 구조책임은 어디까지나 보충적인 성질을 갖고 있기 때문이다.

범죄피해자가 범죄피해를 원인으로 하여 국가배상법 기타 법령에 의한 급여 등을 지급받을 수 있는 경우에는 구조금은 지급하지 아니한다. 그리고 이미 다른 방법에 의해 손해배상 등을 받은 경우에는 그 받은 금액의 한도 내에서 구조금을

---

45) 「범죄피해자 보호법」에 구체적으로 규정하고 있다.

삭감할 수 있으며, 국가가 이미 구조금을 지급한 때에는 구조금수령자가 가지는 손해배상청구권을 대위하게 된다.

구조금의 청구주체는 다른 사람의 범행으로 피해를 입은 사람과 그 유족이다.

유족이라 함은 피해자의 배우자(사실혼 포함)와 사망 당시 피해자의 수입에 의하여 생계를 유지하던 자녀(태아 포함), 부모, 손자녀, 조부모, 형제자매뿐 아니라 피해자에게 생계를 의존하지 않았던 피해자의 자녀, 부모, 손자녀, 조부모, 형제자매를 말한다. 유족의 순위는 앞에서 열거한 순서와 같다. 다만 부모의 경우에는 양부모가 친부모보다 선(先)순위이다.

외국인인 경우에는 우리나라와 상호보증이 있는 국가 소속 외국인만 구조금 신청주체가 된다.

구조청구권은 우리나라 주권이 미치는 영역 내에서 발생한 범행으로 피해를 입은 피해자만이 그 주체가 된다.

범죄피해 구조청구권의 주체와 그 발생요건에 대하여는 법 제19조 1항에서 제척사유를 정하고 있으므로, 그에 해당하면 구조금이 지급되지 아니한다. 그 제척사유는 피해자와 가해자 사이에 부부, 직계혈족, 4촌 이내의 친족, 동거친족 등의 친족관계가 있는 경우이다.

이렇게 친족관계가 있다고 하여 그 친족 간의 범죄이기 때문에 구조금을 지급하지 않는 이유는, 상호 협력해야 하는 가족 사이에서 발생한 범죄를 일반범죄와 똑같이 볼 수 없고, 친족 간의 범죄에 대하여 구조금을 지급하면 그 구조금이 가해자에게 전달되어 가해자를 이롭게 할 우려가 있기 때문이라고 한다.

그러나 이러한 근거에 대하여는 이 제도가 창설될 당시인 1960년대에서 1970년대 사이 무렵과 달리 가족제도의 성격이 많이 변했고, 친족 간의 범죄라 하더라도 그 형태가 매우 다양하며, 가해자를 이롭게 할 위험성이 인정될 수 있는 경우라 하더라도, 그것에 대해서는 별도의 보완책을 강구한다면 충분히 대처할 수도 있을 것이다.

따라서 친족 간의 범죄이기 때문에 무조건 구조금을 지급하지 않는 것은 합리성이 없다고 보는 것이 세계적인 추세이다.

또 다른 제척사유들로는, 유족이 구조피해자를 고의로 사망하게 한 경우, 구조피해자가 사망하기 전에 그가 사망하면 유족구조금을 받을 수 있는 선순위 또는 같은 순위의 유족이 될 사람을 고의로 사망케 한 경우, 구조피해자가 사망한 후 유족구조금을 받을 수 있는 선순위 또는 같은 순위의 유족을 고의로 사망케 한 경우 등에 해당하면 유족구조금을 받을 수 있는 유족으로 보지 아니한다.

그리고 구조피해자가 해당 범죄행위를 교사 또는 방조하는 행위를 한때, 해당 범죄행위를 유발하는 행위를 한 때 등에 해당하는 경우에도 구조금을 지급하지 아니한다.

또한 정당행위·정당방위 또는 과실에 의하여 피해가 발생한 경우(고의로 인한 범죄 발생이 아닌 경우) 및 사회통념상 구조금 지급이 부적당하다고 인정되는 경우에는 근본적으로 구조금 지급 사유에서 제외된다.

다만 제척사유에 해당하는 경우에도, 구조금을 지급하지 않는 것이 사회통념에 위배된다고 인정할 만한 특별한 사정이 있는 경우에는 구조금의 전부 또는 일부를 지급할 수 있다(법 제19조 7항).

그러나 긴급피난이나 행위자가 책임무능력을 이유로 범죄가 성립되지 아니하는 형사미성년자의 행위, 심신상실자의 행위 그리고 강요된 행위로 범죄가 성립되지 않는 경우에는 구조금 지급 사유에 포함된다.

3. 범죄피해자구조청구권의 행사절차

(1) 범죄피해자에 대한 구조금지급에 관한 사항을 심의·결정하도록 하기 위하여 지방검찰청에 법무부장관의 지휘·감독을 받는 '범죄피해구조심의회'를 두고 법무부에 '범죄피해구조본부심의회'를 설치한다(제24조).

(2) 구조금의 지급신청은 신청자의 주소지·거주지 또는 범죄발생지를 관할하는 지구심의회에, 범죄피해의 발생을 안 날로부터 3년, 또는 당해 범죄피해가 발생한 날로부터 10년 이내에 하여야 한다(제25조).

(3) 신청을 받은 지구심의회는 신청인·관계인의 조사, 피해자건강상태의 진단, 행정기관 기타 필요단체에의 조회 등 필요한 조사를 하고(제29조), 신속하게 신청의 인용 여부를 결정해야 한다(제26조).

(4) 구조금지급신청을 기각 또는 각하하는 결정에 대해서는 2주 이내에 지구심의회를 거쳐 본부심의회에 재심을 신청할 수 있다(제27조).

(5) 그리고 피해 정도의 불명 등 신속하게 결정할 수 없는 사정이 있는 때에는 대통령령이 정하는 금액의 범위 내에서 긴급구조금의 지급을 결정할 수 있다. 긴급구조금이 지급된 때에는 나중에 정식결정에 의해서 정산이 되는 것은 물론이다(제28조).

(6) 구조금수령권은 구조금지급결정이 신청인에게 송달된 날로부터 2년간 행사하지 아니하면 시효소멸한다(제31조).

(7) 그리고 구조금의 지급이 있은 후라도 구조금이 잘못 지급되었거나 신청인의 거짓이나 그 밖의 부정한 방법으로 구조금을 지급받은 사실이 발견된 때 또는 제척사유가 사후에 발견된 때에는 심의회의 결정으로, 지급된 구조금의 전부 또는 일부를 환수할 수 있다(제30조).

Ⅲ. 형사조정제도

이 제도는 회복적 사법주의를 우리나라 사법제도에 실현하기 위한 취지에서 도입되었다는 점에서 의미가 크다.

1. 형사조정절차의 대상사건(범죄피해자 보호법 제41조)

「범죄피해자 보호법」은 수사 중인 일정한 형사사건에 대한 조정절차를 제도화하고 있다.

이 형사조정절차는 범죄피해자의 피해회복을 위한 수사절차상의 제도라는 점에서 공판절차에서 행하여지는 배상명령제도나 형사상 화해제도와 차이가 있다.

검사는 피의자와 범죄피해자 사이에 형사분쟁을 공정하고 원만하게 해결하여 범죄피해자가 입은 피해를 실질적으로 회복하는 데 필요하다고 인정하면 당사자의 신청 또는 직권으로 수사 중인 형사사건을 형사조정에 회부할 수 있다(같은 법 제 41조).

형사조정에 회부할 수 있는 형사사건은 ① 차용금, 공사대금, 투자금, 등 개인 간 금전거래로 인하여 발생한 분쟁으로서 사기, 횡령, 배임 등으로 고소된 재산범죄사건, ② 개인 간의 명예훼손·모욕, 경계 침범, 지식재산권 침해, 임금체불 등 사적 분쟁에 대한 고소사건, ③ 위에서 규정한 사항 외에 형사조정에 회부하는 것이 분쟁 해결에 적합하다고 판단되는 고소사건, ④ 고소사건 외에 일반 형사사건 중 위의 ①부터 ③까지에 준하는 사건이다.

다만 여기에 해당하는 형사사건이라고 하더라도 ① 피의자가 도주하거나 증거를 인멸할 염려가 있는 경우, ② 공소시효의 완성이 임박한 경우, ③ 불기소처분의 사유에 해당함이 명백한 경우(다만 기소유예처분의 사유에 해당하는 경우는 제외한다)에는 형사조정에 회부하여서는 아니 된다.

2. 형사조정위원회(범죄피해자 보호법 제42조 제43조)

검사가 회부한 형사사건에 대한 형사조정을 담당하기 위하여 각급 지방검찰청 및 지청에 형사조정위원회를 둔다. 형사조정위원회는 2명 이상의 형사조정 위원으로 구성한다. 형사조정위원은 형사조정에 필요한 법적 지식 등 전문성과 덕망을 갖춘 사람 중에서 관할 지방검찰청 또는 지청의 장이 미리 위촉한다.

형사조정위원회는 당사자 사이의 공정하고 원만한 화해와 범죄피해자가 입은 피해의 실질적인 회복을 위하여 노력하여야 한다. 형사조정위원회는 형사 조정이 회부되면 지체 없이 형사조정 절차를 진행하여야 한다. 다만 형사조정절차에 동의하지 않을 뜻을 명확히 한 경우에는 형사조정위원회는 담당 검사에게 사건을 회송하여야 한다. 형사조정위원회는 필요하다고 인정하면 형사조정의 결과에 이해관계가 있는 사람의 신청 또는 직권으로 이해관계인을 형사조정에 참여하게 할 수 있다.

형사조정위원회는 형사사건을 형사조정에 회부한 검사에게 해당 형사사건에 관하여 당사자가 제출한 서류, 수사서류 및 증거물 등 관련 자료의 사본을 보내 줄 것을 요청할 수 있다. 요청을 받은 검사는 그 관련 자료가 형사조정에 필요하다고 판단하면 형사조정위원회에 보낼 수 있다. 다만 당사자 또는 제 3자의 사생활의 비밀이나 명예를 침해할 우려가 있거나 수사상 비밀을 유지할 필요가 있다고 인정하는 부분은 제외할 수 있다.

당사자는 해당 형사사건에 관한 사실의 주장과 관련된 자료를 형사조정위원회에 제출할 수 있다. 형사조정위원회는 자료의 제출자 또는 진술자의 동의를 받아 그 자료를 상대방 당사자에게 열람하게 하거나 사본을 교부 또는 송부할 수 있다.

형사조정위원회는 조정기일마다 형사조정의 과정을 서면으로 작성하고, 형사조정이 성립되면 그 결과를 서면으로 작성하여야 한다. 형사조정위원회는 조정과정에서 증거위조나 거짓 진술 등의 사유로 명백히 혐의가 없는 것으로 인정하는 경우에는 조정을 중단하고 담당 검사에게 회송하여야 한다.

형사조정위원회는 형사조정 절차가 끝나면 그 과정 및 결과를 적은 서면을 붙여 해당 형사사건을 형사조정에 회부한 검사에게 보내야 한다.

검사는 형사사건을 수사하고 처리할 때 형사조정 결과를 고려할 수 있다. 다만 형사조정이 성립되지 아니하였다는 사정을 피의자에게 불리하게 고려하여서는 아니 된다.

Ⅳ. 형사상 화해제도

1. 형사상 화해절차의 의미

형사상 화해절차는, 형사피고사건의 피고인(범죄인)과 피해자가 손해배상 등에 관하여 합의한 경우에 이들의 신청에 의하여 합의한 내용을 공판조서에 기재하면, 그 공판조서에 대하여 민사재판상의 화해조서와 같은 효력을 인정하는 제도이다.

형사상 화해절차는 「소송촉진 등에 관한 특례법(소촉법)」에서 규정하고 있는 제도이다.

이 제도는 배상명령제도와 같은 취지로 범죄행위로 인한 피해를 별개의 민사소송절차에 의하여 않고 피해자가 신속하게 원상회복할 수 있도록 하기 위한 목적을 지니고 있다.

2. 형사상 화해의 요건과 절차(소촉법 제36조)

(1) 화해신청의 요건

형사피고사건의 피고인과 피해자 사이에 해당 피고사건과 관련된 피해에 관한 다툼을 포함하는 민사상의 다툼이 존재하고, 이에 관하여 피고인과 피해자가 합의한 경우라야 한다. 민사소송법에 따른 소송상 화해의 경우에는 법원이 소송진행 중 화해를 권고하거나 화해권고를 위하여 당사자 본인이나 그 법정대리인의 출석을 명할 수 있지만, 형사상 화해의 경우에는 이러한 절차가 없이 사전에 당사자 사이에 합의가 존재해야 한다는 점에서 차이가 있다.

(2) 화해신청의 절차

① 신청권자

민사상 다툼에 대하여 합의한 형사피고사건의 피고인과 피해자는 그 합의 사실을 공판조서에 기재하여 줄 것을 법원에 공동으로 신청할 수 있다. 그리고 민사상 다툼에 대한 합의가 피고인의 피해자에 대한 금전 지불을 내용으로 하는 경우에 피고인 외의 자가 피해자에 대하여 그 지불을 보증하거나 연대하여 의무를 부담하기로 합의하였을 때에는 피고인 및 피해자의 신청과 동시에 그 피고인 외의 자는 피고인 및 피해자와 공동으로 그 취지를 공판조서에 기재하여 줄 것을 신청할 수 있다.

② 신청방법

형사상 화해신청은 피고사건이 계속 중인 제1심 또는 제2심 법원에 당해 사건의 변론종결 전까지 할 수 있으며, 신청권자가 직접 공판기일에 출석하여 서면으로 신청하여야 한다. 화해신청서면에는 해당 신청과 관련된 합의 및 그 합의가 이루어진 민사상 다툼의 목적인 권리를 특정할 수 있는 충분한 사실을 기록하여야 한다.

3. 형사상 화해의 효력

합의가 기재된 공판조서는 확정판결과 같은 효력을 가진다(소촉법 제36조 제5항, 민소법 제220조). 따라서 합의한 내용이 이행되지 않을 경우 피해자는 새로이 민사소송을 제기할 필요 없이 피고사건을 심리한 법원의 화해조서를 가지고 강제집행을 실행함으로써 피고인과의 합의내용을 효율적으로 실현할 수 있게 된다. 화해가 성립한 경우에 화해비용은 특별한 합의가 없으면 당사자들이 각자 부담한다.

V. 배상명령제도

1. 배상명령의 의미

배상명령이란 법원이 직권 또는 피해자의 신청에 의하여 범죄인인 피고인에게, 범죄행위로 인하여 발생한 피고인의 민사(民事)적 손해배상을 명하는 소송절차이다. 배상명령절차는 형사절차에서 민사소송에 의한 손해배상판결과 동일한 재판을 할 수 있는 제도라는 점에 특색이 있어 부대(附帶)소송 또는 부대사소(私訴)라고도 한다.

이 제도는 「소송촉진 등에 관한 특례법」에 의해 시행되고 있다. 배상명령제도의 목적은 피해자의 신속한 원상회복과 권리구제에 있다. 범죄행위로 인한 손해배상의 문제를 형사절차에서 동시에 판단하도록 함으로써 별개의 민사소송절차에 따른 모순·번잡과 소송비용 부담을 피하고 신속하게 피해배상을 받을 수 있도록 하여 피해자를 보호하고, 피해자를 형사절차에 참여하게 하여 실체적 진실발견에도 도움이 되고, 형사판결과 피고인의 손해배상의무를 동시에 확정함으로써 피고인의 교화개선과 사회복귀에도 도움을 줄 수 있는 제도이다.

그러나 민사소송과는 이념과 절차가 다르고, 사실인정을 위한 증거법칙에 차이가 있는 형사소송절차에서 손해의 배상을 명하도록 한 것은 법관에서 지나친 부담을 주고 재판의 지체(지연)를 야기할 우려가 있다는 점 등이 문제점으로 나타날 수가 있다.

또한 형사절차에서 민사상의 손해배상청구권을 적정하게 파악하는 것이 현실적으로 어렵기 때문에 손해배상의 범위에 제한이 가해질 수밖에 없다는 점도 이 제도의 한계로 지적되고 있다. 이러한 점들로 인해 배상명령제도는 우리나라에서 아직까지는 많이 활용되지 않고 있는 현실이다.

2. 배상명령의 요건(소촉법 제25조)

(1) 배상명령의 대상

배상명령은 특정된 유형의 범죄에 한하여 인정된다.

배상명령은 상해죄, 중상해죄, 상해치사죄, 존속폭행치사상죄를 제외한 폭행치사상죄, 과실치사상의 죄, 강간과 추행의 죄, 절도와 강도의 죄, 사기와 공갈의 죄, 횡령과 배임의 죄, 손괴의 죄에 대하여 할 수 있다. 또한 이러한 범죄를 가중처벌하는 죄 및 그 죄의 미수범을 처벌하는 경우 미수의 죄도 배상명령의 대상이 된다.

그리고 「성폭력범죄의 처벌 등에 관한 특례법」에서 규정하고 있는 업무상 위력 등에 의한 추행 죄, 공중밀집장소에서의 추행, 성적 목적을 위한 공공장소 침입 행위, 통신매체를 이용한 음란행위, 카메라 등을 이용한 촬영행위 및 그 미수범도 배상명령의 대상이 된다.

또한 「아동·청소년의 성보호에 관한 법률」에 규정된 아동·청소년 매매행위, 아동·청소년에 대한 강요행위 등에 대해서도 배상명령이 가능하다.

피고인과 피해자 사이에 합의된 손해배상액에 관해서는 그 이외의 범죄에 대하여도 배상명령을 할 수 있다. 이는 이미 합의에 이른 배상액에 대하여 배상명령에 의한 집행력을 부여하여 지체없이 강제 집행을 할 수 있도록 하기 위한 것이다.

배상명령은 제1심 또는 제2심의 형사공판절차에서 위의 범죄에 대하여 유죄판결을 선고하는 경우에 가능하다. 따라서 무죄·면소 또는 공소기각의 재판을 할 때에는 배상명령을 할 수 없다.

(2) 배상명령의 범위

배상명령은 피고사건의 범죄행위로 인하여 발생한 직접적인 재산상의 손해(물적 피해), 치료비 손해 및 위자료의 배상에 한한다. 그러므로 간접적 손해는 배상명령의 범위에 포함되지 않는다.

생명·신체를 침해하는 범죄에 의하여 발생한 기대이익의 상실이 배상명령의 범위에 속하는가도 문제로 되나, 「소송촉진 등에 의한 특례법」이 배상명령의 범위를 물적 피해와 치료비 손해 및 위자료로 명시하고 있다는 점과 기대이익의 상실액을 배상명령의 대상으로 할 경우 그 산정과 관련하여 재판의 지연이 초래될 염려가 있다는 점 등을 고려할 때 이는 배상명령이 범위에 포함되지 않는 것으로 보고 있다.[46)]

(3) 배상명령의 제외 사유

법원은 다음의 사유에 해당하는 경우에는 배상명령을 하여서는 아니 된다.

① 피해자의 성명·주소가 분명하지 아니한 경우

② 피해금액이 특정되지 아니한 경우

③ 피고인의 배상책임의 유무 또는 그 범위가 명백하지 아니한 경우

④ 배상명령으로 인하여 공판절차가 현저히 지연될 우려가 있거나 형사소송절차에서 배상명령을 함이 상당하지 아니하다고 인정되는 경우

(4) 배상명령의 절차(소촉법 제25조)

1) 신청에 의하지 않는 직권에 의한 배상명령

법원은 직권으로도 피고인에 대하여 배상명령을 할 수 있다. 사법(私法)상의 손해배상청구권에 대해 법원이 직권으로 배상명령을 하는 것은 민사소송의 당사자 처분권주의에 대한 예외라고 할 수 있다. 이는 피해자가 배상신청을 하지 않았지만 심리도중 피고인의 재산이 발견되어 배상명령을 함이 상당하다고 인정되거나 피해자가 의도적으로 배상금 수령을 거부하는 경우 등 예외적인 때에 직권에 의한 배상명령이 필요하다고 본다. 그리고 이 경우에도 신청에 의한 배상 명령에 준하여 피고인에게 배상책임의 유무와 범위를 설명하고 의견을 진술할 기회를 주어야 한다고 보고 있다.[47)]

2) 신청에 의한 배상명령(소촉법 제27조)

① 신청권자: 배상명령의 신청인 자격이 있는 피해자 또는 그 상속인이다. 다만 피해자는 법원의 허가를 받아 그 배우자·직계혈족 또는 형제자매에게 배상신청에 관하여 소송행위를 대리하게 할 수 있다.

② 신청기간과 관할법원(소촉법 제26조): 배상신청은 제1심 또는 제2심 공판의 변론종결 시까지 사건이 계속(係屬)된 법원에 신청할 수 있다. 그러므로 배상신청은

46) 신동운, 신형사소송법, 2008, 1438면, 이재상·조균석, 형사소송법, 2019, 882면.

47) 이은모·김정환, 형사소송법, 2019, 922면.

상고심에서는 허용되지 않는다. 배상명령사건은 피고사건이 계속된(재판의 대상이 되어 있는 사건의 재판을 맡고 있는) 법원의 전속관할에 속한다.

③ 신청방법: 피해자가 배상신청을 할 때에는 신청서와 상대방 피고인의 수에 상응한 신청서부본을 제출하여야 한다. 다만 피해자가 증인으로 법정에 출석한 때에는 말(구술)로 배상을 신청할 수 있고, 이때에는 공판조서에 그 취지를 기재하여야 한다.

④ 신청의 효과: 배상명령신청은 민사소송에 있어서의 소의 제기와 동일한 효력이 있다. 그러므로 피해자는 피고사건의 범죄행위로 인하여 발생한 피해에 관하여 다른 절차에 의한 손해배상청구가 법원에 계속 중인 때에는 배상신청을 할 수 없다. 그렇지만 신청인은 배상명령이 확정되기 전까지는 언제든지 배상신청을 취하할 수 있다.

3. 배상신청사건의 심리

법원은 배상신청이 있을 때에는 신청인에게 공판기일을 통지하여야 한다. 신청인이 공판기일의 통지를 받고도 출석하지 아니한 때에는 그 진술 없이도 재판할 수 있다.

신청인 및 그 대리인은 공판절차를 현저히 지연시키지 않는 범위 안에서 재판장의 허가를 받아 소송기록을 열람할 수 있고 공판기일에 피고인 또는 증인을 신문할 수 있으며 기타 필요한 증거를 제출할 수 있다. 이를 허가하지 않는 재판장의 재판에 대하여는 불복을 신청하지 못한다. 피고인의 변호인은 배상신청에 관하여 피고인의 대리인으로서 소송행위를 할 수 있다.

법원은 필요할 때에는 언제든지 피고인의 배상책임 유무와 그 범위를 인정함에 필요한 증거를 조사할 수 있다. 법원은 피고사건의 범죄사실에 관한 증거를 조사할 경우 피고인의 배상책임 유무와 그 범위에 관련된 사실을 함께 조사할 수 있다. 피고사건의 범죄사실을 인정할 증거는 피고인의 배상책임 유무와 그 범위를 인정할 증거로 할 수 있다.

4. 배상신청에 대한 재판(소촉법 제32조)

(1) 배상신청의 각하

법원은 배상신청이 부적법하거나 그 신청이 이유 없거나 배상명령을 함이 타당하지 아니하다고 인정될 때에는 결정으로 이를 각하하여야 한다. 배상명령을 함이 상당하지 아니한 때란 피해금액이 특정되지 않거나 공판절차가 현저히 지연될 우려가 있는 경우 등을 들 수 있다. 유죄판결의 선고와 동시에 신청각하의 재판을 할 때에는 이를 유죄판결의 주문에 표시할 수 있다. 신청을 각하하거나 그 일부를 인용한 재판에 대하여 신청인은 불복을 신청하지 못하며, 다시 동일한 배상신청을 할 수도 없다.

(2) 배상명령의 선고(소촉법 제31조)

배상명령은 유죄판결의 선고와 동시에 하여야 한다. 배상명령은 일정액의 금전 지급을 명함으로써 하고, 배상의 대상과 금액을 유죄판결의 주문에 표시하여야 한다. 배상명령의 이유는 특히 필요하다고 인정되는 경우가 아니면 이를 기재하지 아니한다. 배상명령은 가집행할 수 있음을 선고할 수 있다(동조 제3항). 이 경우에 가집행의 선고방식, 선고의 실효와 원상회복, 강제집행정지 등에 관하여는 민사소송법을 준용한다. 배상명령을 한 때에는 유죄판결서의 정본을 피고인과 피해자에게 지체 없이 송달하여야 한다. 배상명령의 절차비용은 특별히 그 비용을 부담할 자를 정한 경우를 제외하고는 국고의 부담으로 한다.

(3) 배상명령에 대한 불복(소촉법 제32조·제33조)

1) 신청인의 불복

배상신청을 각하하거나 그 일부를 인용한 재판에 대하여 신청인은 불복을 신청하지 못한다. 그러므로 배상명령이 각하된 경우 그 각하결정은 즉시 확정된다.
이 경우 신청인은 민사소송에 의하여 손해배상을 청구할 수 있다.

2) 피고인의 불복

① 유죄판결에 대한 상소

배상명령은 유죄판결을 전제로 하므로 유죄판결에 대한 상소의 제기가 있는 때에는 배상명령에 대하여 따로 불복하지 않더라도 배상명령은 확정되지 않고, 피고사건과 함께 상소심에 이심(移審)된다. 이와 같은 상소에는 검사가 제기한 상소도 포함된다.

상소심에서 원심의 유죄판결을 파기하고 피고사건에 대하여 무죄·면소 또는 공소기각의 재판을 할 때에는 원심의 배상명령을 취소하여야 한다. 이 경우 상소심에서 원심의 배상명령을 취소하지 아니한 때에는 이를 취소한 것으로 본다. 그렇지만 원심에서 피고인과 피해자 사이에 합의된 배상액에 대하여 배상명령을 한 때에는 유죄판결을 파기하더라도 배상명령은 효력이 상실되지 않는다. 그렇다고 해도 상소심에서 원심판결을 유지하는 경우라면, 배상명령에 대하여는 이를 취소·변경할 수 있다.

② 즉시항고

피고인은 유죄판결에 대하여 상소를 제기함이 없이 배상명령에 대하여만 상소제기기간 내에 형사소송법의 규정에 의한 즉시항고를 할 수 있다. 배상명령에 대한 즉시항고의 제기기간은 일반적인 항고기간 3일이 아니라, 상소제기기간인 7일이다. 다만 즉시항고를 제기한 후 상소권자의 적법한 상소가 있는 때에는 즉시항고는 취하된 것으로 본다. 여기의 상소권자에는 검사가 포함되지 않는다. 검사는 형사사건에 대해서만 상소할 수 있고, 민사상 손해배상청구권의 존부와 범위를 다투는 배상명령사건에 있어서는 당사자가 될 수 없기 때문이다.[48]

5. 배상명령의 효력(소촉법 제 34조)

배상명령은 민사판결과 유사한 효력을 가지므로 확정에 따른 효과는 원칙적으로 민사소송의 경우와 유사하다. 확정된 배상명령 또는 가집행선고 있는 배상명령이 기재된 유죄판결서의 정본은 민사집행법에 의한 강제집행에 관하여는 집행력이 있는 민사판결의 정본과 동일한 효력이 있다. 따라서 별도의 집행문 부여를 받을 필요 없이 확정된 배상명령 또는 가집행 선고 있는 배상명령에 대해서는 집행력이 인정된다.

그러나 배상명령에 확정력이나 일사부재리의 효력이 인정되는 것은 아니다. 그러므로 배상명령이 확정된 때에는 그 인용금액의 범위 안에서 피해자는 다른 절차에 의한 손해배상을 청구할 수 없으나, 인용금액을 넘어선 부분에 대하여는 별소(別訴, 별개의 민사소송)를 제기할 수 있다. 이 때 청구에 대한 이의(異議)의 주장에 관하여는 그 원인이 변론종결 전에 생긴 때에도 할 수 있다.

48) 이은모·김정환, 형사소송법, 2019, 925면.

제7절 성폭력과 형사사건의 피해자 보호를 위한 제도

Ⅰ. 개설

요즈음 여러 나라를 대상으로 조사한 통계를 보면, 아동이 성학대나 성매매로 내몰리고, 포르노물에 이용되거나 성인에 의한 성추행 등 성적 착취의 대상이 되는 경우가 끊이지 아니하고 있다.

미국의 경우 매년 40만 명가량의 아동이 이러한 피해를 겪고 있고, 우리나라에서도 '나영(가명)이 사건'처럼 범행의 잔혹성과 범인의 파렴치함, 그리고 그 피해의 처참함과 감내하기 어려운 평생의 고통과 트라우마 등이 알려져, 그러한 범죄의 근절 대책 및 피해자 구조·회복 제도에 관심이 높아지고 있다.

성폭력범죄피해와 관련해서는 제2차 피해도 가벼이 할 수 없는 문제이다. 제2차 피해는 수사단계 및 공판단계에서 특히 성폭력피해자가 많이 겪고 있다고 알려져 왔다.

'나영이 사건'에서도 검찰은 사건의 조사과정에서 '녹화가 안 됐다', '녹음이 안 됐다', '소리가 너무 작다'라고 하면서 어린 피해아동(사건 당시 8세)에게 무려 5번씩이나 그 끔찍했던 상황을 반복 진술하게 하였음이 밝혀졌다. 이에 따라 제2차 피해를 방지하기 위하여 다양한 대책이 세계적으로 시도되고 있다.

Ⅱ. 강력 성범죄자에 대한 전자감시제도

1964년 미국 하버드대학 교수 슈비츠게벨(R. Schwizgebel)이 착안, 실험한 위치추적 전자감시 방안은 1983년 미국 뉴멕시코 주 법원 판사 러브(J. Love)가 실제로 사용하기 시작했다. 러브판사는 만화 '스파이더맨'에서 영감을 얻어 보호관찰처분(감독과 지도를 하는 사회내처우)을 받은 보호관찰대상자에게 준수사항 이행 여부를 감독하기 위하여 전자팔찌를 착용시킨 것이었다.

이것은 범죄자에게 자유형을 집행하는 대신 사회내처우로서 전자감시를 수반한 보호관찰을 실시하는 것으로, '자유형의 대체제도'의 성질을 지닌 것이었다.

이 제도의 등장은 당시 미국의 교정시설 과밀수용의 심각성을 배경으로 하였다. 초기에 이 제도는 과밀수용을 해소하기 위하여 자유형 집행유예를 선고하면서 전자감시부 보호관찰을 실시한다든가 가석방하면서 전자감시부 가택구금을 이행하도록 하는 수단으로 주로 사용되었다.

그 후 미국 플로리다주에서 전자감시제도가 본격 실시되면서도 주로 교통범죄자·재산범죄자·약물범죄자 등 가벼운 범죄를 범한 자에게 자유형을 대신하여 보호관찰을 선고하면서 전자감시를 준수사항으로 병과하는 형태로 시행되고 있었다.

이러한 형태로 시행되던 전자감시제도가 점차 재범위험성이 높은 범죄자들의 석방 후 감시수단으로 확대되어 갔다.

이러한 상황에서 오늘날처럼 강력 성범죄자를 주 대상으로 전자감시부착이 시작된 것은 2005년 플로리다주에서 '제시카 런스포드법(Jessica's Law)[49]'이라고 불리워지는 법률이 입법화되면서 부터이다.

이 법률의 애처로운 별칭이 되고 있는 제시카 런스포드는 사건 당시 9세의 가녀린 소녀 성범죄피해자이다.

2005년 2월 24일, 제시카가 갑자기 집에서 실종된 것으로 신고되었었다. 범인이 검거된 후 사건 전말을 보면 짐승보다 못한 인간의 한 단면과 그 피해의 참상을 대할 수밖에 없다. 범인 존 어벤더 쿠이는 제시카의 집에 침입하여 잠들어 있는 제시카를 납치하여 그의 여자 형제의 집 벽장 속에 3일 동안 감금했다. 경찰이 자신의 집으로 수사망을 좁혀오고 있다는 것을 파악한 범인은 당황하게 되었고, 아직 죽지 않은 제시카를 암매장했다. 제시카의 주검은 두 개의 비밀봉지를 묶어 만든 쓰레기주머니에 담겨 발견되었다. 그 아이의 두 팔은 묶여 있었지만, 어떻게 해서든 살기 위하여 비닐봉지에 손가락으로 두 개의 구멍을 냈었던 것도 나타나 있었다.

이 사건 재판에서 검사는 배심원들과 법관에게 "제시카는 유괴될 때 갖고 나온 헝겊 인형과 함께 범인이 파놓은 구덩이에 묻혀 질식사했습니다. 이건 있을 수 없는 악입니다. 그 아이는 어둠 속에서 얼마나 고통스러웠을까! 얼마나 무시무시하게 무서웠을까! 만약 이러한 범인이 사형을 면할 수 있다면, 이 세상 그 누가 사형을 받아야 합니까?"

범인은 만성 약물중독자였고, 약물에 취한 상태에서 처음 범행을 한 것으로 밝혀졌지만, 법원은 그 범인에게 사형을 선고하였다.

49) 제시카법(Jessica's Law)은 제시카의 아버지가 해당 사건 이후, 성범죄자들에 대한 엄중한 감시를 할 수 있는 법률이 필요하다는 운동을 벌인 결실로 만들어졌다. 이 법률은 12세 미만의 아동에게 성범죄를 저지른 자는 중범자로 분류하고, 최소 25년의 징역형 및 석방 후 최소 5년 동안 전자발찌를 부착시키도록 하는 규정을 담고 있었다.

이 제시카 사건을 계기로 플로리다주에서는 성범죄자에 대한 형량을 대폭 늘리고, 석방 후 성범죄자에 대한 전자감시 부과와 모든 지역의 보호관찰관이 성범죄자 데이터베이스를 열람할 수 있게 하는 법률을 만들었다. 그 후 여러 나라에서 재범위험성이 높은 강력범죄자에게 전자감시장치를 부착하는 제도가 확산되었고, 우리 나라의 전자장치 부착명령제도도 제시카법의 영향을 받았다고 할 수 있다.

Ⅲ. 우리나라의 전자감시제도

1. 개설

우리나라의 전자감시제도는 용산 아동 성폭력 살해사건을 계기로 2008년 특정 성폭력범죄자의 재범방지를 위하여 「특정 성폭력범죄자에 대한 위치추적 전자장치 부착에 관한 법률」을 제정하여 전자발찌(Ankle monitor)를 사용하는 제도로 도입하였다.

전자장치 부착감시 제도는 재범위험성(가능성)이 높다고 객관적으로 예측되는 특정 범죄자에게 교정시설에서 출소 후 위치를 파악할 수 있는 전자발찌를 부가적으로 부착함으로써 그의 이동경로를 추적할 수 있게 하여 같은 범죄가 다시 일어나는 것을 예방하기 위한 취지를 지니고 있다.

우리나라에서 전자장치 부착감시 제도의 근거법률은 순차적으로 대상을 확대·개정되었다. 2009년에는 근거법률이 「특정 범죄자의 위치추적 전자장치 부착 등에 관한 법률」로 개편되면서 미성년자 대상 유괴범죄로 확대되었다. 2010년에는 살인범죄자가 대상으로 포함되었고, 2012년에는 「특정 범죄자에 대한 보호관찰 및 전자장치 부착 등에 관한 법률」로 또다시 확대·개정되면서 적용대상에 강도범죄자가 포함되었다.

이렇게 특정 강력범죄 4대 사범을 대상으로 하다가 2020년에 와서는 '전자팔찌 조건부 보석제'를 도입하였다. 전자팔찌 조건부 보석제는[50] 구속된 피고인에 대해 전자장치 부착을 조건으로 보석을 허가하는 제도이다.

50) 이 제도에 따라 법원은 전자보석 결정 시 재택(가택)구금·외출제한·주거제한·피해자 접근금지 등 전자보석 대상자의 특성을 감안한 대상자별 차별화된 조건을 부과할 수 있다. 이에 따라 피고인은 4대 특정범죄사범과 달리 전자발찌가 아니라, 스톱워치 방식 손목시계형 전자팔찌를 부착한 채로 석방된다. 이 제도는 1년 1인의 교정비용 약 2,600만 원을 크게 줄일 수 있고, 당면한 과밀수용 완화에도 도움이 될 것으로 기대되고 있다.

전자보석제도의 도입에 따라 「특정 범죄자에 대한 보호관찰 및 전자장치 부착 등에 관한 법률」은 법제명(法題名)을 「전자장치 부착 등에 관한 법률」로 개정하였다.

2. 전자장치 부착 대상 특정 범죄

성폭력범죄, 미성년자 대상 유괴범죄, 살인범죄, 강도범죄가 전자장치 부착 대상범죄이다. 이러한 범죄는 재범의 위험성이 특별히 높은 것으로 알려져 있으므로 현행법에서 그러한 범죄에 대한 대비책으로 전자감시제도를 도입하였다.

전자감시제도는 실질적 의미의 보안처분에 해당하므로 이 제도의 실시에는 소급효과가 인정된다(같은 법 부칙2 참조). 또한 일사부재리의 원칙이나[51] 불이익변경금지의 원칙[52]도 적용되지 아니한다.

전자장치 부착요건 중 '재범의 위험성'은 필요 최소한의 요건이다. 이 '재범의 위험성'은 재범할 가능성만으로는 부족하고 대상자가 장래에 다시 대상 범죄를 범하여 법적 평온을 깨뜨릴 상당한 개연성이 있을 것까지 요한다.[53]

3. 위치추적 전자장치

전자장치란 전자파를 발신하고 추적하는 원리를 이용하여 위치를 확인하거나 이동경로를 탐지하는 일련의 기계적 설비로서, 휴대용 추적장치, 재택(在宅)감독장치, 부착장치 등을 말한다(같은 법 제2조 및 시행령 제2조).

4. 성폭력범죄자에 대한 전자장치 부착

> 검사는 법정(法定) 성폭력범죄를 범하고, 다시 성폭력범죄를 범할 위험성이 있다고 인정되는 사람에 대하여 다음 각 호의 어느 하나에 해당하면 법원에 전자장치를 부착하도록 하는 명령을 청구할 수 있다(같은 법 제5조 1항).
>
> 1. 성폭력범죄로 징역형의 실형을 선고받은 사람이 그 집행을 종료한 후 또는 집행이 면제된 후 10년 이내에 성폭력범죄를 저지른 때
> 2. 성폭력범죄로 이 법에 따른 전자장치를 부착 받은 전력이 있는 사람이 다시 성폭력범죄를 저지른 때
> 3. 성폭력범죄를 2회 이상 범하여(유죄의 확정판결을 받은 경우를 포함한다) 그 습벽이 인정된 때

51) 2009. 9. 10 2009 도 6061, 2009 전도 13 참조.

52) 2011. 4. 14. 2010 도 16939, 2010전도 159 참조.

53) 2012. 5. 10 2012 도 2289, 2012감도 5, 2012전도 51 참조.

4. 19세 미만의 사람에 대하여 성폭력범죄를 저지른 때
5. 신체적 또는 정신적 장애가 있는 사람에 대하여 성폭력범죄를 저지른 때

5. 부착명령의 판결(제9조)

① 법원은 부착명령 청구가 이유 있다고 인정하는 때에는 다음 각 호에 따른 기간의 범위 내에서 부착기간을 정하여 판결로 부착명령을 선고하여야 한다. 다만, 19세 미만의 사람에 대하여 특정범죄를 저지른 경우에는 부착기간 하한을 다음 각 호에 따른 부착기간 하한의 2배로 한다.
  1. 법정형의 상한이 사형 또는 무기징역인 특정범죄: 10년 이상 30년 이하
  2. 법정형 중 징역형의 하한이 3년 이상의 유기징역인 특정범죄(제1호에 해당하는 특정범죄는 제외한다): 3년 이상 20년 이하
  3. 법정형 중 징역형의 하한이 3년 미만의 유기징역인 특정범죄(제1호에 해당하는 특정범죄는 제외한다): 1년 이상 10년 이하

② 여러 개의 특정범죄에 대하여 동시에 부착명령을 선고할 때에는 법정형이 가장 중한(무거운) 죄의 부착기간 상한의 2분의 1까지 가중하되(더 무겁게 하되), 각 죄의 부착기간의 상한을 합산한 기간을 초과할 수 없다. 다만, 하나의 행위가 여러 특정범죄에 해당하는 경우에는 가장 중한 죄의 부착기간을 부착기간으로 한다.

③ 부착명령을 선고받은 사람은 부착기간 동안 「보호관찰 등에 관한 법률」에 따른 보호관찰을 받는다.

6. 전자장치 피부착자의 준수사항(제 9조의2)

법원은 부착명령을 선고하는 경우 부착기간의 범위에서 준수기간을 정하여 다음 각 호의 준수사항 중 하나 이상을 부과할 수 있다.
다만, 제4호의 준수사항은 500시간의 범위에서 그 기간을 정하여야 한다.
  1. 야간 등 특정 시간대의 외출제한
  2. 특정지역·장소에의 출입금지
  2의2. 주거지역의 제한
  3. 피해자 등 특정인에의 접근금지
  4. 특정범죄 치료 프로그램의 이수
  5. 그밖에 부착명령을 선고받는 사람의 재범방지와 성행(성질과 행동)교정을 위하여 필요한 사항

법원은 특히 19세 미만인 사람에 대해서 성폭력범죄를 저지른 사람에 대하여 부착명령을 선고하는 경우에는 '피해자 등 특정인에의 접근금지'를 반드시 포함하여 일정한 준수사항을 필요적(의무적)으로 부과하여야 한다. 또한 19세 미만인 사람에 대해서 성폭력범죄를 저지른 사람에 대하여

형 집행 종료 후의 보호관찰명령을 선고하는 경우에 법원은 '피해자 등 특정인에의 접근금지'를 포함하는 준수사항을 반드시 부과하여야 한다.

Ⅳ. 성범죄자 신상공개제도

1994년 미국 뉴저지 주 조용한 도시 근교마을에서 칸카(Kanka) 부부의 7세 된 딸이 실종되자 그들의 삶은 산산이 부서지고 말았다. 수사 결과 7살의 여자아이 메건 칸카(Megan Kanka)는 이웃에 살던 33세의 백인 남자 팀멘데콰스(Timmendequas)라는 성범죄 전과자에게 성폭행 후 살해된 것으로 밝혀졌다.

범인은 메건에게 강아지를 보여주겠다고 유인하여 그러한 범행을 한 것이다. 범인은 중상해범죄와 아동성폭행죄로 6년간 수형생활을 마치고 익명으로 메건의 이웃에서 살고 있었던 것이다. 그 범인에게는 사형이 확정되었으나 2007년 뉴저지주가 사형을 폐지하면서 가석방이 없는 무기징역으로 자동 감형되어 아직도 형 집행 중에 있다.

메건의 엄마·아빠는 살던 집이 메건에게 안전할 것으로 생각하고 그곳을 골라 거주하고 있었는데, 만약 이웃사람이 성범죄 전과자라는 사실을 알았다면 비극을 막을 수 있었을 것이라고 주장하면서 성범죄자 공개 입법을 위한 운동을 시작했다.

그 결과 1994년 세계 최초로 뉴저지주에서 성범죄자의 신상을 등록시키고 공개할 수 있도록 하는 메건법(Megan's Law)이 제정되었다.

그리고 1996년에는 연방 메건법(Sex Offender Registration Act)이 통과되어 미국의 각 주가 메건법과 유사한 법을 제정하도록 요구하였다. 이 법에는 등록의무가 있는 성폭력범죄자를 뉴욕주의 「성범죄자 등록법」(Sex Offender Registration Act)처럼 재범위험성의 정도에 따라 3단계로 분류, 단계에 따라 차등을 두어 등록기간을 달리하고, 법집행기관과 지역사회에 공개하고, 학교와 미성년자 관련 단체 등에 통지하도록 하는 내용을 담고 있다. 그리하여 미국의 대부분의 주가 관련법을 제정하고 있다.

Ⅴ. 성폭력범죄자의 신상정보등록제도

성폭력범죄자의 신상정보등록이란 특정 성폭력범죄자의 성명·주소·사진 등 개인

신상정보를 파악하여 국가기관이 관리하며, 등록대상 성범죄자의 범죄예방 및 수사 등에 활용하는 것을 말한다.

우리나라에서 성폭력범죄자에 대한 신상정보등록제도는 「성폭력범죄의 처벌 등에 관한 특례법」(성폭력처벌법)[54]에 의해 시행되고 있다.

이 제도의 도입에 따라, 등록대상 성범죄로 유죄판결이 확정된 자 또는 공개명령이 확정된 자에 대해 성명·주민등록번호·주소 및 실제거주지·직업 및 직장 등의 소재지·연락처·신상정보(키·몸무게)·소유차량 등록번호 등과 같은 기본신상정보와 등록대상 성범죄 경력정보, 성범죄 전과사실(죄명·횟수), 「전자장치 부착 등에 관한 법률」에 따른 전자장치 부착 여부에 관한 정보를 법무부장관이 등록·관리하고 있다.

법무부장관은 기본신상정보를 최초로 등록한 날부터 10년 내지 30년간 보존·관리해야 한다.[55] 법무부장관은 등록정보를 등록대상 성범죄와 관련한 범죄 예방 및 수사에 활용하게 하기 위하여 검사 또는 각급 경찰관서의 장에게 배포할 수 있다(같은 법 제46조 1항).

또한 등록정보의 공개에 관하여는 「아동·청소년의 성보호에 관한 법률」이 적용되며, 등록정보의 공개는 여성가족부장관이 집행하므로 법무부장관은 등록정보의 공개에 필요한 정보를 여성가족부장관에게 송부하여야 한다(같은 법 제47조).

VI. 우리나라의 성폭력범죄자의 신상정보 공개·고지제도

1. 신상정보 공개제도

「아동·청소년의 성보호에 관한 법률」(청소년성보호법)은 성범죄자의 신상에 관한 등록정보의 공개명령과 고지명령에 관하여 규정하고 있다. 이 법에서 '아동·청소년'이란 19세 미만인 자를 말한다. 다만, 19세에 도달하는 연도의 1월 1일을 맞이한 자는 제외한다.

54) 이 법은 성폭력범죄의 처벌 및 그 절차에 관한 특례를 규정함으로써 성폭력범죄 피해자의 생명과 신체의 안전을 보장하고 건강한 사회질서의 확립에 이바지함을 목적으로 제정·시행되고 있다.

55) 등록정보의 등록기간: 등록 원인이 된 성범죄로 사형·무기형 또는 10년 초과의 징역·금고형을 받은 사람은 30년, 3년 초과 10년 이하의 자유형 확정자는 20년, 3년 이하의 자유형 또는 공개명령 확정자는 15년, 벌금형 선고받은 사람은 10년 동안 등록정보를 보존·관리하여야 한다(같은 법 제 45조 1항).

(1) 등록정보의 공개명령

일정한 성폭력범죄자에 대하여 공개하도록 제공되는 등록정보를 공개정보라 하고, 법원이 공개정보를 해당 등록기간 동안 정보통신망을 이용하여 공개하도록 하는 명령을 공개명령이라고 한다(같은 법 제49조 1항).

법원은 일정한 성폭력범죄자에 대하여 공개명령을 등록대상사건의 판결과 동시에 선고하여야 한다. 공개대상이 되는 성폭력범죄자로는 아동·청소년 대상 성범죄를 저지른 자, 성폭력처벌법상 성범죄를 저지른 자, 앞의 공개사유 성범죄를 범하였으나 심실상실자 불(不)처벌 형법 조항(제 10조 1항)에 따라 처벌할 수 없는 자로서 동종(같은 종류)의 죄를 다시 범할 위험성이 있다고 인정되는 자 등이 해당한다. 다만, 이러한 죄를 범한 자가 아동·청소년인 경우(19세 미만자), 그밖에 신상정보를 공개하여서는 아니 될 특별한 사정이 있다고 인정하는 경우에는 공개명령을 하여서는 아니 된다.

공개정보는 여성가족부장관이 집행한다. 이에 따라 여성가족부는 공개 정보통신망으로 성범죄자 알림e(http://www.sexoffender.go.kr)를 개설하여 운영하고 있다.

이 사이트를 통해서 개인신상정보와 사진, 키와 몸무게, 성범죄 사실의 요지 등이 공개되고 있다. 공개정보를 정보통신망을 이용하여 열람하고자 하는 자는 실명인증 절차를 거쳐야 한다(같은 법 제49조 제6항).

(2) 등록정보의 고지명령제도

등록정보 공개대상자 중 일정한 성범죄자에 대해 법원이 판결로 공개기간 동안 일정한 고지(알림)정보를 일정한 사람들에 대하여 알려주도록 하는 명령을 고지명령이라고 한다(같은 법 제50조 1항).

법원은 고지명령을 등록대상 성범죄사건의 판결과 동시에 선고하여야 한다. 다만, 공개명령 제외자처럼 미성년자나 고지하여서는 아니 될 특별한 사정이 있다고 판단되는 사람은 고지명령을 하여서는 아니 된다.

고지명령은, 집행유예를 선고받은 고지대상자는 신상정보 최초 등록일로부터 1개월 이내, 금고 이상 실형을 선고받은 고지대상자는 출소 후 거주할 지역에 전입한 날부터 1개월 이내, 고지대상자가 다른 지역으로 전출하는 경우에는 변경정보 등록일부터 1개월 이내에 하여야 한다(같은 법 제50조 1항).

고지대상 성범죄자는 공개명령 대상자와 같고, 고지명령을 선고받은 자는 공개명령을 선고받은 자로 본다(같은 법 제50조 2항).

고지명령에 따라 고지해야 하는 정보는 고지대상자가 이미 거주하고 있거나 전입하는 경우에는 '공개명령의 대상인 공개정보'이다.

다만, 주소 및 실제거주지는 상세한 주소를 포함시켜야 한다. 그리고 고지(알림) 대상자가 전출하는 경우에는 고지정보와 그 대상자의 전출정보이다.

고지명령도 여성가족부장관이 집행한다. 여가부장관은 고지정보를 관할 구역에 거주하는 아동·청소년의 친권자 또는 법정대리인이 있는 가구, 어린이집의 원장, 유치원의 장과 초·중고등학교의 장, 읍·면사무소와 주민자치센터의 장, 학교교과 교습학원의 장과 지역아동센터 및 청소년 수련시설의 장에게 우편으로 송부한다.

또한 읍·면사무소 또는 동 주민자치센터 게시판에 30일간 게시하는 방법으로 고지명령을 집행한다(같은 법 같은 조 제4항).

여가부장관은 고지명령의 집행에 관한 업무 중 우편송부 및 게시판 게시 업무를 고지대상자가 실제 거주하는 읍·면사무소의 장 또는 동 자치센터의 장에게 위임할 수 있다. 여가부장관의 위임을 받은 자치센터의 장 등은 우편송부 및 게시 업무를 집행하여야 한다. 여가부장관은 우편송부 및 게시판 게시에 따른 고지 외에도 그 밖의 방법에 의하여 고지명령을 집행할 수 있다(같은 조 제8항).

(3) 성폭력범죄자의 취업제한제도

이 제도는 「아동·청소년의 성보호에 관한 법률」(청소년성보호법)에서 규정하고 있다.

법원은 아동·청소년 대상 성범죄뿐만 아니라 성인대상 성범죄로 형 또는 치료감호를 선고하는 판결 또는 약식명령으로, 그 형 또는 치료감호의 전부 또는 일부의 집행을 종료하거나 집행이 유예·면제된 날 또는 벌금형을 선고받은 경우에는 그 형이 확정된 날부터 일정한 기간 동안 아동·청소년 관련기관 등을 운영하지 못하도록 하는 취업제한 명령을 하여야 한다. 또한 취업이나 노무(근로·노동)를 제공하는 것도 하지 못하도록 취업제한 명령을 하여야 한다.

취업제한 명령은 성범죄 사건의 판결과 동시에 선고하여야 한다. 약식명령의 경우라면 취업제한 명령을 성범죄 사건의 판결과 동시에 고지하여야 한다.

그렇지만, 재범의 위험성이 현저히 낮은 경우 또는 그밖에 취업을 제한해서는 아니 되는 특별한 사정이 있다고 판단되는 경우라면 법원은 취업제한 명령을 하지 아니한다.

법원은 취업제한을 선고하려는 경우에는 정신건강의학과 의사, 심리학자, 사회복지학자, 그 밖의 관련 전문가로부터 취업제한 대상자의 재범위험성 등에 관한 의견을 들을 수 있다.

이와 같은 요건과 절차에 따라 취업제한 명령을 선고 또는 고지하는 경우 그 기간은 10년을 초과하지 않는 범위에서 법원이 정한다.

아동·청소년 관련기관 등의 설치 또는 설립 인가·신고를 관할하는 지방자치단체의 장, 교육감 또는 교육장은 아동·청소년 관련기관 등을 운영하려는 자에 대한 성범죄 경력 조회를 관계 기관의 장에게 요청하여야 한다. 다만, 아동·청소년 관련기관 등을 운영하려는 자가 성범죄 경력 조회 회신서를 지방자치단체의 장, 교육감 또는 교육장에게 직접 제출한 경우에는 성범죄 경력 조회를 한 것으로 본다.

아동·청소년 관련기관 등의 장은 그 기관에 취업 중이거나 사실상 노무를 제공 중인 자 또는 취업하려 하거나 사실상 노무를 제공하려는 자에 대하여 성범죄의 경력을 확인하여야 하며, 이 경우 본인의 동의를 받아 관계 기관의 장에게 성범죄의 경력 조회를 요청하여야 한다. 다만, 취업자 등이 성범죄 경력 조회 회신서를 아동·청소년 관련기간 등의 장에게 직접 제출한 경우에는 성범죄 경력 조회를 한 것으로 본다.

성범죄 경력 조회 요청을 받은 관계 기간의 장은 성범죄 경력 조회 회신서를 발급하여야 한다(같은 법 제56조).

여성가족부장관 또는 관계 중앙행정기관의 장은 관할하는 단체에 성범죄로 취업제한 명령을 선고받은 자가 아동·청소년 관련기관 등을 운영하거나 아동·청소년 관련기관 등에 취업 또는 사실상 노무를 제공하고 있는지를 직접 또는 관계 기관 조회 등의 방법으로 연 1회 이상 점검·확인하여야 한다.

즉, 교육부장관은 학교, 행정안전부장관은 공공시절 중 아동·청소년이 이용하는 시설, 여성가족부장관은 청소년 보호·재활센터와 청소년지원센터, 식품의약품안전처장은 어린이급식관리지원센터, 경찰청장은 경비업을 행하는 법인을 점검·확인해야 한다(같은 법 제57조).

중앙행정기관의 장은 취업제한 명령을 위반하여 아동·청소년 관련기관 등에 취업하거나 사실상 노무를 제공하는 자가 있으면 아동·청소년 관련기관 등의 장에게 그의 해임을 요구할 수 있다.

중앙행정기관의 장은 취업제한 명령을 위반하여 아동·청소년 관련기관 등을 운영 중인 아동·청소년 관련기관 등의 장에게 운영 중인 아동·청소년 관련기관 등의 폐쇄를 요구할 수 있다.

중앙행정기관의 장은 아동·청소년 관련기관 등의 장이 폐쇄요구를 정당한 사유 없이 거부하거나 1개월 이내에 요구사항을 이행하지 아니하는 경우에는 관계 행정기관의 장에게 해당 아동·청소년 관련기관 등의 폐쇄, 등록·허가 등의 취소를 요구할 수 있다.

제8절 피해자에 대한 보복방지제도

Ⅰ. 직접·간접피해자에 대한 보복 방지의 의미

피해자 또는 피해자와 관련된 사람 및 일반시민이 범죄인의 유죄를 입증하기 위해 정보를 제공하거나 제공하려고 하는 것에 대하여 범죄인이나 기타 주변사람으로부터 보복 내지 협박을 받는 일이 없도록 하여야 한다. 이러한 보호조치는 피해자나 신고인·증인 등 직·간접 피해자 보호의 의미도 있지만, 사법(司法)에 대한 국가의 기능을 보호하는 효과도 있다.

Ⅱ. 직·간접 피해자의 보호제도

직접피해자를 포함한 정보제공자의 보호에 관한 현행법상의 규정으로 형법 등 실체법상 증인협박죄 같은 죄목(罪目)은 아직 명시되어 있지 않고 있다.

절차법적으로는 피고인이 피해자, 당해 사건의 재판에 필요한 사실을 알고 있다고 인정되는 사람 또는 그 친족의 생명·신체나 재산에 해를 가하거나 가할 염려가 있다고 믿을 만한 충분한 이유가 있을 때에는 필요적 보석을 인정하지 않는다는 규정을 두고 있다(형사소송법 제 95조). 또한 보석 후에 이러한 사유가 생기면 법원은 직권 또는 검사의 청구에 의하여 보석을 취소할 수 있도록 하고 있다(형사소송법 제102조 2항). 이는 피해자를 포함한 정보제공자의 보호에 관한 직접적인 규정이다.

그리고 피해자 등의 간접적 보호조치로는 '피해자 진술의 비공개'를 규정하고 있다. 피해자의 사생활의 비밀이나 신변보호를 위하여 「형사소송법」에서는 피해자의 진술을 공개하지 않을 수 있게 하고 있다. 즉, 법원은 범죄로 인한 피해자가 증인으로 신문하는 경우 당해 피해자·법정대리인 또는 검사의 신청으로 피해자의 사생활의 비밀이나 신변보호를 위하여 필요하다고 인정하는 때에는 결정으로 심리를 공개하지 않을 수 있다(형사소송법 제294조의 3).

더 나아가 「특정범죄 신고자 등 보호법」[56]은 피해자를 포함한 고소·고발인·증인

---

56) 이 법은 강간·살인 등 특정강력범죄 등 특정범죄에 관한 형사절차에서 국민이 안심하고

등을 포함한 신고자와 그의 친족·동거인, 그 밖의 밀접한 인적 관계에 있는 사람들이 보복당할 우려가 있는 경우, 검사 또는 사법경찰관은 범죄신고 등과 관련하여 조서나 그 밖의 서류를 작성할 때 범죄신고자 등의 성명·연령·주소·직업 등 신원을 알 수 있는 인적사항을 기재하지 아니하도록 하고 있다(같은 법 제7조).

또한 검사 또는 경찰서장은 범죄신고자 등이나 그 친족 등이 보복당할 우려가 있는 경우에는 일정 기간 동안 해당 검찰청 또는 경찰서 소속 공무원으로 하여금 신변안전을 위하여 필요한 조치를 하게 하거나 대상자의 주거지 또는 현재지를 관할하는 경찰서장에게 신변안전조치를 하도록 요청할 수 있도록 하고 있다. 이 경우 요청을 받은 경찰서장은 특별한 사유가 없으면 즉시 신변안전조치를 하여야 한다(같은 법 제13조). 신변안전조치로는 일정 기간 동안 특정시설에서의 보호, 일정 기간 동안의 신변경호, 참고인 또는 증인으로 출석·귀가 시 동행, 대상자의 주거에 대한 주기적 순찰이나 폐쇄회로 텔레비전(CCTV)의 설치 등 주거에 대한 보호 조치 등이 있다(같은 법 13조의 2).

특히 성폭력범죄의 피해자, 성폭력범죄를 신고한 사람을 증인으로 신문하거나 조사하는 경우에는, 법원 또는 수사기관은 보복당할 우려가 있는지 여부와 상관없이 조서에 인적사항 기재를 생략할 수 있고, 증인신문을 하는 경우에 비디오테이프 등 영상물로 촬영하여 촬영된 영상물에 수록된 범죄신고자 등의 진술을 증거로 할 수 있다.[57]

그리고 성폭력범죄의 수사 또는 재판을 담당하거나 이에 관여하는 공무원 또는 그 직에 있었던 사람은 피해자의 주소·성명·나이·직업·학교·용모, 그밖에 피해자를 특정하여 파악할 수 있는 인적사항이나 사진 등 또는 피해자의 사생활에 관한 비밀을 공개하거나 다른 사람에게 누설하여서는 아니 된다.

누구든지 피해자 인적사항이나 사진 등을 피해자의 동의를 받지 아니하고 신문 등 인쇄물에 싣거나 방송 또는 정보통신망을 이용하여 공개하여서는 아니 된다(성폭력범죄처벌법 제24조).

이러한 규정에도 불구하고 피해자의 신원과 사생활의 비밀누설 금지 의무를 위반한 자나 피해자의 인적사항과 사진 등을 공개한 자는 2년 이하의 징역 또는 500만 원 이하의 벌금에 처하도록 하고 있다(같은 법 제50조 2항).

자발적으로 협조할 수 있도록 그 범죄신고자 등을 실질적으로 보호함으로써 범죄로부터 사회를 방위하는 데에 이바지함을 목적으로 2006년 제정되었다.

57) 「성폭력범죄의 처벌 등에 관한 특례법」 제 23조 및 「특정범죄 신고자 등 보호법」 제23조.

제9절 가정폭력 피해자의 보호

Ⅰ. 가정폭력(domestic violence)의 의미

가정폭력은 인간 생존의 기본이 되는 가정 내에서 원초적 친밀관계에 있는 가족구성원 사이의 신체적·정서적(정신적) 또는 재산상 피해를 끼치는 행위를 가리킨다. 가정폭력행위에는 신체적 폭행이나 상해뿐 아니라 언어폭력, 기물파손, 정서적·성적 학대, 무관심과 방치, 협박 등이 있다.

가정구성원의 사회·경제적 자유를 억압하거나 의견을 지나치게 무시하고 특정인의 의견을 강요하는 행위도 가정폭력에 해당한다. 부모의 지나친 훈육과 체벌(몸에 직접 고통을 주어 벌함) 역시 가정폭력으로 간주할 수 있다.

형법상의 폭행의 죄가 사람의 신체에 대한 침해만을 내용으로 하는 것에 비하면, 가정폭력의 개념은 매우 넓게 인정되고 있다. 가정폭력은 피해자와 가해자가 근원적으로 함께 생활해야 할 가정 내에서 일어나는 폭력이라는 점에서 일반적인 폭력과 다르다. 가정폭력은 지속적이며 일상적으로 피해자에게 신체적·정신적 피해를 준다. '적과의 동거'가 강요됨으로써 피해자는 일상적으로 불안감에 시달릴 수밖에 없다. 그리고 혈연관계나 부부관계라는 밀접한 관계 속에서 일어나기 때문에 피해의 회피·단절도 더 어렵다. 피해자나 가해자 어느 한쪽이 집을 나가거나 가정을 깨뜨리기 전까지는 끝이 나지 않는다.

가정폭력은 피해자뿐 아니라 가족 전체에게 영향을 미치기 때문에 피해의 폭도 더 넓다. 또한 사랑의 믿음과 책임이 있는 관계에서 일어나는 폭력이므로 법적 범죄성뿐만 아니라 윤리적인 죄질도 크다

가정폭력은 특히 가해자가 알코올 중독이나 도박중독, 의처증·의부증 같은 기질적 특성을 가지고 있을 때 폭력의 정도가 심해지는 것으로 나타난다. 가정폭력이 심각한 경우 자녀들은 어린 나이부터 폭력을 피해 집을 나가서 또 다른 비행과 범죄의 동기가 되며, 가정폭력의 후유증은 적응장애·행동장애·정신장애 등으로 나타나 인성 형성에도 매우 나쁜 영향을 준다.

가정폭력피해자가 학교에서는 학교폭력을 범하게 되는 경우가 상당하므로, 가정폭력은 학교폭력으로 옮겨지면서 사회문제로 확대되는 경우가 많다.

가정폭력은 대개 부모나 남편이 가해자인 것으로 나타나는데, 반대로 아내가 가

해자이거나 자녀가 나이든 부모를 구타한다든지 유기하는 사례도 적지 않게 발생하고 있다. 이러한 경우는 전통적인 윤리와 가치관이 붕괴되면서 자라난 황금만능주의, 부모의 자식에 대한 과잉보호·과잉기대 등도 상당히 영향을 미치고 있는 것으로 보인다.

가정폭력은 일반폭력범죄에 비해 은폐되는 비율이 매우 높다. 피해자는 그래도 가족이라고, 그래도 사랑해야 한다고, 좀처럼 신고하거나 가해자를 고소하지 않는다. 가족을 매정하게 버리는 것은 피해자도 원치 않는 경우가 많기 때문이다. 설령 신고하거나 고소한다고 해도 가해자가 후회하는 모습을 보이거나 용서를 구하면 '그놈의 정(情)이 뭐길래' 슬며시 용서해 주는 경우가 많다.

종래에는 가정폭력을 가정 내의 갈등이나 사적인 다툼과 같은 가정의 문제로 여기면서 다른 사람이 개입하지 않으려는 경향이 있어서 일반적인 폭력이나 형법상의 폭행범죄로 받아들이지 않았다. 경찰 또한 가정폭력을 '민사의 문제'로 취급하여 개입에 소극적인 경우가 많았다. 가정폭력도 폭행범죄라는 인식이 경찰 내에서 확고히 자리 잡지 못한 상황에서는 경찰이 피해자의 신고를 받고도 '부부싸움', '자녀훈육' 운운하며 안일하게 대처하여 피해를 키우는 경우도 많았다. 이와 같은 대처의 배경에는 '부부싸움은 칼로 물 베기'로 인식하거나 가정폭력을 단순히 '집안일' 쯤으로 여기는 사회풍토가 진하게 깔려 있었다.

가정폭력은 형사법규 위반 다른 범죄행위보다 법적 죄의식과 사회적 비난 인식이 낮다.

그러나 가정폭력은 가출·가정파탄을 야기하고 폭력성의 세습을 가져오는 것으로서, 보통 폭력보다 더욱 심각한 범죄이다. 현재 대부분 국가에서는 가정폭력을 법으로 금지하면서 처벌되어야 할 범죄로 규정하고 있다.

ⓘ 가정폭력범죄의 특징

연속·강화성	가정폭력은 언어폭력이나 가벼운 구타로 시작하여 지속되고, 연속적으로 행해지면서 무거운 범죄로까지 발전·강화되어 심각한 단계에 이르는 경우가 많다.
상습성	폭력이 습관처럼 반복되고, 폭력이 반복될수록 주기도 빨라지는 경향이 강하다.
은폐성	가정폭력범죄는 신고·고소율이 매우 낮고, 형사사법적으로 처리되는 비율도 낮아 공식적 범죄통계에 수록되지 않는 경우가 많다. 따라서 암수비율이 높고 숨은 범죄가 아주 많다.
세습성 (세대 전수성)	가정폭력은 폭력의 세습화를 초래한다. 가정 내 폭력을 경험한 사람이 갈등적 가정환경의 영향이나 보복심리의 표출 등으로 폭력적인 인성이 형성되어 이후 특정 상황에서 폭력을 행사할 위험성이 높아진다. 일반적으로 가정폭력은 대물림된다고 하여 세대 전수성을 가정폭력의 중요한 특징으로 보고 있다.

Ⅱ. 가정폭력의 형태

가정폭력의 형태(유형)은 신체적인 폭력, 정서적인 학대, 경제적인 위협, 성폭력, 방임 등으로 구분할 수 있다.

정서적인 학대란 가족관계적 지위가 강한 쪽이 상대적으로 힘이 약한 쪽에게 무시·모욕적인 폭언 등을 하여 기분을 상하게 하거나 직접 때리지는 않으면서도 때리려는 듯한 위협을 가하거나 물건을 부수는 등의 언행으로 학대하는 것을 말한다. 또한 이유 없이 의심하거나 고립시키는 것도 이에 해당한다.

경제적인 위협이란 생활비·교육비를 주지 않는 행위나 생활비 지급 등에 대해 일일이 보고하게 하거나 적은 금액도 허락 없이는 사용하지 못하게 하거나 가정구성원의 소득을 가로채는 행위 등이다.

성폭력이란 원하지 않는 성행위를 강요하는 등 가정구성원의 성적 자기결정의 자유를 침해하는 행위 등을 말한다.

방임이란 어린 자식이나 나이든 가족에게 음식을 주지 않거나 불결한 생활환경에 오랫동안 놔두거나 아파도 병원에 데리고 가지 않거나 기본적인 교육조차 시키지 않는 것 등이다.

Ⅲ. 가정폭력에 해당하는 죄

「가정폭력범죄의 처벌 등에 관한 특례법」 제 2조는 가정폭력 범죄를 규정하고 있다. 이를 근거로 가정폭력범죄를 유형화하면, 상해와 폭행의 죄, 유기와 학대의 죄, 체포와 감금의 죄, 협박의 죄, 강간과 추행의 죄, 명예에 관한 죄, 주거침입의 죄, 권리행사를 방해하는 죄, 사기와 공갈의 죄, 손괴의 죄 등으로 구분할 수 있다.

이 중에서 최근 학계나 일반인들에게 관심이 높아지고 견해의 대립이 일어나고 있는 죄는 배우자에 대한 강간과 강제추행의 죄이다,

법학계의 일부 견해는 혼인계약의 내용에 강요된 동침까지 포함된다고 할 수 없으므로 부부관계가 해소되어 가는 경우는 물론 그렇지 않은 때에도 배우자에 대한 강간죄나 강제추행죄를 인정해야 한다고 주장하고 있다.[58)]

이에 반해, 현재 우리나라 다수의 견해는 부부관계의 특수성과 이 죄의 법정형을 고려할 때 배우자는 이 죄의 대상이 될 수 없다고 한다.[59)]

58) 박상기, 형법각론, 149면. 오영근, 형법각론, 139면.

59) 김일수·서보학, 형법각론, 131면. 김종원, 형법각론, 128면.

이러한 견해의 대립에 대해 대법원은 과거에는 자기 처에 대해서는 이 죄의 성립을 인정하지 않다가 2013년 이후에는 인정하고 있다.

판례의 내용은 "부부 사이에는 민법상의 동거의무가 인정되고, 여기에는 배우자와 성생활을 함께 할 의무가 포함된다. 그러나 거기에 폭행·협박에 의하여 강요된 성관계를 감내할 의무까지 내포되어 있다고는 할 수 없다. 그러므로 혼인관계가 파탄된 경우뿐만 아니라 혼인관계가 실질적으로 유지되고 있는 경우에도 남편이 반항을 불가능하게 하거나 현저하게 곤란하게 할 정도의 폭행·협박을 가하여 아내를 간음한 경우에는 강간죄가 성립한다고 보아야 한다."가 요지이다.

성적 자기 결정의 자유는 인간의 존엄과 가치를 보장하기 위한 권리로서, 어떠한 관계에 있든 인정되어야 하므로, 참으로 합당하고 이치에 부합하는 판결이라고 생각된다.

Ⅳ. 가정폭력 방지대책

1. 상담

가정폭력 피해자와 그 가족은 가정폭력 상담기관을 통해 가정폭력에 대해 전반적으로 상담을 받을 수 있다.

가정폭력상담소는 여성가족부에서 위탁 운영하는 여성긴급전화(국번 없이 1366)와 경찰청에서 운영하는 '안전 Dream 아동 여성 장애인 경찰지원센터 (국번 없이 117) 및 각종 단체에서 운영하고 있다.[60]

가정폭력상담소에서는 가정폭력의 피해뿐 아니라 가해자의 교정치료, 가정폭력 예방교육 등의 프로그램을 운영하고 있다. 가정폭력과 관련된 상담내용은 법에 의해 비밀이 철저히 보호되고 있다.

손동권·김재윤, 151면. 신동운, 형법각론, 709면.

60) 한국가정법률상담소: 1644－7077, 건강가정지원센터: 1577－9337, 여성긴급전화: 국번 없이 1366,
한국여성의전화: 02－2263－6464, 한국남성의전화: 02－2653－9337 등이 있다.
한국어에 서툰 결혼이민자들은 이주여성 긴급지원센터(1577－1366)에서 여러 나라의 언어로 상담을 받을 수 있다.

2. 법적 대처 제도

우리나라에서는 1997년 「가정폭력방지 및 피해자보호 등에 관한 법률」(가정폭력방지법)[61]과 「가정폭력범죄의 처벌 등에 관한 특례법」(가정폭력처벌법)이 제정되어 1998년 7월 1일부터 시행하고 있다.

(1) 가정폭력에 대한 신고

누구든지 가정폭력을 알게 된 경우에는 신고할 수 있으며, 그 신고를 이유로 불이익을 받지 않는다.

일반인은 신고에 대한 의무가 지워지는 것이 아니지만, 교육기관·의료기관·보호시설 종사자는 그 직무를 수행하면서 가정폭력범죄를 알게 된 경우, 정당한 사유가 없으면 즉시 경찰(112)에 신고해야 한다.[62]

가정폭력범죄의 신고를 받은 경찰은 지체 없이 가정폭력의 현장에 출동하여 피해자에게 ① 폭력행위의 제지, ② 가해자와 피해자의 분리 및 현행범인의 체포 등 범죄수사, ③ 피해자의 동의가 있는 경우 피해자의 가정폭력 관련 상담소 또는 보호시설 인도, ④ 긴급치료가 필요한 피해자를 의료기관으로 인도, ⑤ 폭력행위 재발 시 가해자의 접근 금지 등과 같은 임시조치를 신청할 수 있음의 통보, ⑥ 피해자보호명령 또는 신변안전조치를 청구할 수 있음의 고지 등의 응급조치를 취해야 한다.[63]

경찰은 피해자를 보호하기 위해 신고된 현장 또는 사건 조사를 위한 장소에 출입하여 조사하거나 질문을 할 수 있다.[64]

경찰은 1차적으로 위의 응급조치에도 불구하고 가정폭력범죄가 재발될 우려가 있고 긴급하여 가해자의 접근 등을 금지시키는 법원의 임시조치 결정을 받을 수 없을 때에는 직권 또는 피해자나 그 법정대리인의 신청에 의하여 다음의 어느 하나에 해당하는 긴급임시조치를 할 수 있다.

- 피해자 또는 가족구성원의 주거 또는 점유하는 방실로부터의 퇴거 등 격리
- 피해자 또는 가족구성원의 주거, 직장 등에서 100미터 이내의 접근 금지
- 피해자 또는 가족구성원에 대한 정기통신을 이용한 접근 금지

61) 가정폭력방지법은 가정폭력을 예방하고 가정폭력의 피해자를 보호함으로써 건전한 가정을 육성함을 목적으로 제정·시행하고 있다.

62) 가정폭력처벌법 제 4조 2항.

63) 같은 법 제5조 및 제9조 1항.

64) 가정폭력방지법 제 9조의 4 제2항.

(2) 가정폭력에 대한 고소

피해자 또는 그 법정대리인은 가정폭력 행위자를 고소할 수 있다. 피해자의 법정대리인이 가정폭력행위자인 경우 또는 가정폭력행위자와 공동으로 가정폭력범죄를 범한 경우에는 피해자의 친족이 고소할 수 있다.

피해자는 「형사소송법」의 "자기 또는 배우자의 직계존속은 고소하지 못한다."라는 규정에도 불구하고 가정폭력행위자가 자기 또는 배우자의 직계존속인 경우에도 고소할 수 있다. 법정대리인이 고소하는 경우에도 또한 같다. 피해자에게 고소할 법정대리인이나 친족이 없는 경우에 이해관계인이 신청하면 검사는 10일 이내에 고소할 수 있는 사람을 지정하여야 한다.[65]

(3) 가정보호사건 담당 판사의 임시조치 및 보호처분

임시조치(같은 법 제29조)
• 피해자 또는 가정구성원의 주거 또는 점유하는 방실(房室)로부터의 퇴거 등 격리(2개월 이내, 두 차례까지 연장 가능) • 피해자 또는 가정구성원이나 그 주거·직장 등에서 100미터 이내의 접근 금지 또는 전기통신을 이용한 접근 금지(2개월 이내, 두 차례까지 연장 가능) • 의료기관이나 그 밖의 요양소에의 위탁(1개월 이내, 한 차례 연장 가능) • 경찰관서의 유치장 또는 구치소에의 유치(1개월 이내, 한 차례 연장 가능) • 상담소 등에의 상담위탁(1개월 이내, 한 차례 연장 가능)
6개월 이내의 보호처분(같은 법 제40조)
• 가정폭력행위자가 피해자 또는 가정구성원에게 접근하는 행위의 제한 또는 전기통신을 이용하여 접근하는 행위의 제한 • 가정폭력행위자가 친권자인 경우 피해자에 대한 친권행사의 제한 • 보호관찰 또는 200시간 이내의 사회봉사·수강명령 • 보호시설에의 감호위탁 • 의료기관에의 치료위탁 • 상담소 등에의 상담위탁

65) 가정폭력처벌법 제 6조.

CHAPTER 04

범죄학의 연구방법

제1절 개관

1. 오늘날 범죄연구는 사회과학적 연구방법론이 주류를 이루고 있다. 사회과학적 연구는 이론과 실증적 방법론으로 구성되어 있다. 방법론은 정확한 자료의 수집·분석을 위해 필요하고, 이론은 수집·분석된 사실을 합리적으로 설명하기 위한 체계를 세우고 설정된 주제의 핵심내용을 서술하기 위해 필요하다. 실증적 방법론은 이론을 객관화하고, 이론적 설명은 실증적 연구에 체계와 법칙을 제공한다.
2. 범죄학적 연구는 자연과학과는 달리 사회과학으로서 인간행동과 사회를 연구대상으로 한다. 따라서 연구방법상 윤리성이 유지되는 한도에서 객관성의 유지가 가장 중요하다. 객관성이 유지되기 위해서는 가치중립적 연구방법이 전제되어야 한다.

제2절 관찰과 실험

범죄 및 범죄자에 대한 과학적인 연구방법은 기본적으로 '관찰'과 '실험'이라는 두 가지 방법으로 집약된다. 범죄학의 연구에서는 주로 관찰방법이 주류를 이루고 있지만 특별한 경우 실험이 이용되는 경우도 있다.

제3절 연구방법

1. 범죄통계표 분석(대량관찰법)

세계적으로 가장 많이 이용되는 전수(全數)조사(complete enumeration) 방법의 일환이다. 범죄현황을 분석하는 데에는 범죄율, 범죄해결율, 검거율 등의 수치가 활용된다. 그중에서 범죄통계와 관련하여 인구 십만 명당 범죄 발생 건수를 표시하는 범죄율(범죄 수/인구×100,000)이 많이 쓰인다. 범죄율을 이용한 통계분석은 중요범죄와 상대적으로 가벼운 범죄가 동등한 숫자로 통계화되므로 범죄의 심각성 등 질적 수준이 반영되지 않는 문제점이 있다.

이 밖에도 매시간의 범죄 발생 건수를 표시하는 범죄시계가 있으나, 통계적 가치는 없고 일반인들에게 범죄 경고기능을 한다는 의미밖에 없다.

우리나라의 공식적 범죄통계로는 경찰청에서 발간하는 경찰백서·경찰범죄통계·경찰통계 연보, 대검찰청에서 발간하는 범죄분석·검찰연감·범죄백서, 여성가족부의 청소년백서, 대법원 행정처의 사법연감 등이 있다.

(1) 범죄통계분석 방법의 장점

범죄 및 범죄자에 대한 객관적이고 일반적인 추세를 이해하는 데 가장 효과적이다.

(2) 범죄통계분석 방법의 단점

1) 범죄통계는 범죄발생실태를 정확하게 반영할 수 없으므로, 현실적으로 발생하였으나 공식통계에 수록되지 않은 암수(숨은)범죄와 암수범죄자에 관한 사항은 별도의 방법으로 보완해야 한다.

2) 일정기간에 발생한 범죄 및 범죄자들을 죄종별로 집계하여 일반적인 경향성만을 파악할 수 있는 양적 방법이다. 따라서 범죄현상의 내재적 상관관계나 범죄원인을 분석하기 위한 자료로는 활용하기 어렵다.

3) 특정행위의 범죄화 또는 비범죄화라는 변화에 대한 설명이 어렵다. 통계표는 법률의 개폐, 집중단속기간의 실시 등과 같은 요인들 때문에 범죄 또는 범죄자 통계의 변화를 초래하는 유동적인 자료다(항상성 결여).

4) 국가별 범죄개념의 상대성이 반영되지 못한다.

5) 공식통계는 범죄학적 연구를 위한 통계라기보다는 수사기관의 독자적인 목적 위주로 작성된 것이고, 사법기관의 사건처리방침과 사법기관종사자들의 재량행위로 인하여 범죄율이 왜곡되고 축소될 가능성이 있어 범죄학적 연구자료로는 한계가 있다.

6) 숨은(암수) 범죄의 규모가 정확히 파악되지 않으면 공식통계상 나타난 범죄량의 변화가 실제로 범죄증감으로 인한 것인지 아니면 범죄신고율의 변화나 형사사법기관의 활동의 차이에 의한 것인지를 구별할 수 없어 범죄문제의 심각성을 직접 파악하기 어렵다.

2. 사례연구

(1) 범죄자 개개인에 대하여 일기나 편지 또는 전과기록 등 개인의 정보를 얻을 수 있는 자료를 바탕으로 그의 인격·환경과 같은 여러 측면을 종합적으로 분석하고, 그 각각의 상호 연관관계를 규명함으로써 범죄 및 범죄인의 인과관계를 정확하게 해명하려는 질적 연구방법이다. 이러한 개별적 사례연구 방법을 통하여 범죄학에 접근하는 것을 '임상범죄학'이라 지칭하는데, 조사대상자에 대한 개별적 사례조사(Case Study)나 생애사연구(life history study)가 전통적인 연구방법이다.

(2) 이 방법은 미시범죄학적 연구방법이다. 이는 하나 또는 몇 개의 대상에 대한 깊이 있는 정밀조사를 목표로 한다. 대표적인 연구로는 서덜랜드(Sutherland)의 '전문절도범(Professional Thief)'에 관한 연구가 있다.

(3) 교정분야에서 많이 활용한다.

(4) 범죄학의 방법론으로 중요한 방법이나, 조사자의 개인적 견해나 편견에 의해 결과가 왜곡될 수 있고, 일정한 어느 조건이 범죄에 미치는 영향의 경중을 정확하게 파악하기 어렵다는 점과 전형적인 대상이 아니면 다른 상황에 일반화하기 어렵다는 것이 단점이다.

3. 참여적 관찰법(현장조사)

(1) 이 방법은 자연상태의 고릴라와 동물원의 고릴라가 서로 다른 행태를 보이는 것에 착안하여 생물학자들이 착안한 조사방법이었다. 그 후 인류학자들이

원시사회를 연구하는 방법으로 활용하던 것을, 주로 낙인이론을 취하는 사회학자들이 범죄자, 마약중독자, 부랑자, 흑인집단, 갱단 등 특수집단을 연구하기 위하여 범죄학 연구방법으로 도입하였다.

(2) 서덜랜드는 '자유로운 상태에 있는 범죄자의 연구'로서 범죄자에 대한 가장 생생한 자료를 수집할 수 있다고 평가했다. 이 방법은 체포되지 않은 범죄자들의 일상도 관찰할 수 있다는 장점이 있다. 그러나 조사방법이 소규모로 진행되기 때문에 연구결과를 일반화하기 어렵고, 조사방법의 성격상 많은 시간이 소요되고, 조사자가 피관찰자들의 인격상태를 객관적으로 관찰할 수 없으므로 연구관찰자의 편견이 개입되어 객관성을 유지하지 못하고, 조사대상에 동화되거나 혐오하는 감정에 빠져 법률적 문제가 발생할 수 있다는 단점이 있다.

(3) 마사키 아키라(正木亮)와 오스번(T. M. Osborne)이 자원수형자로 실행한 예가 있다. 자원수형자로서의 범죄연구는 체포된 이후의 범죄자를 대상으로 실시되는 참여적 관찰법이다.

4. 추적조사(follow-up-study: 추행조사)

추적조사는 연구대상을 시간이 경과함에 따라 반복적으로 관찰하여 그 변화과정을 파악하는 시계열적(종단적) 조사의 일환이다.

일정 수의 범죄자 또는 비범죄자를 일정 기간 계속 추적하면서 그들의 행태와 성격 그리고 사회적 조건의 변화상태를 사후 검토하고, 그것들과 범죄 또는 범죄인과의 연결관계를 알아보는 방법이다. 일정한 시점과 일정 시간 경과 후 시점 간의 수직(종단)적 비교방법으로 생애사 연구와 관련이 깊다. 추행조사 방법은 초범 시부터 재범 시까지 범죄자의 범죄행태의 변화를 연구하기에 가장 적합한 질적 연구방법으로 평가되고 있다. 이 방법은 추행을 당하는 사람들의 사실관계를 정확히 밝힐 수 있어 오랜 시간의 경과 후에도 그 사실을 파악할 수 있다는 장점이 있다.

5. 표본집단조사(계열조사·부분조사·일부조사)

(1) 일정한 집단을 표본으로 선정하고, 그 표본조사를 통해 전체의 현상을 유추하는 방법이다. 예를 들면, 유전소질이 범죄에 미치는 영향을 파악하기 위해 쌍둥이를 표본으로 선정해서 연구하는 쌍둥이연구가 이에 해당한다.

(2) 범죄자로 구성된 대상(실험)집단에 대응하는, 정상인들로 구성된 통제(대조)집단을 조사·비교하는 방법을 사용한다(수평적 비교방법).

(3) 연구결과 밝혀진 사실들 사이의 인과적 상호연관관계 규명이 어려운 양적 연구방법이라는 단점이 있다.

6. 실험(experiment) 연구

실험은 일정한 조건을 인위적으로 만들어 놓고 그 안에서 일어나는 사실을 관찰함으로써 인과관계 검증과정을 통제하여 설정된 가설의 타당성을 검증하는 방법이다.

이 연구방법은 전통적으로 자연과학에서 사용되어 왔으나 근래에는 범죄학·사회학·심리학 등 사회과학에서도 상당히 사용되고 있다.

실험은 연구자가 그 연구대상에 대해 적극적으로 작용을 개입시켜 연구대상에 대한 외부영향이나 다른 요인의 개입을 제거하여 대상을 일정한 상태에 머물도록 한 다음, 단순화된 조건을 갖추어 실시하므로 연구의 내적 타당성에 영향을 미치는 요인들을 통제하는 데 유리한 연구방법이다.

실험은 특정 변수 간의 관계를 고찰하는 데 유용한 수단이지만, 사회 현상의 경우 수행하기 곤란한 점이 많다.

실험은 연구의 타당성을 높이기 위하여 실험집단과 통제집단을 무작위적으로 구성하여, 두 집단을 관찰한다. 그리하여 실험집단에 대해서는 인과적 요인으로 추정되는 요인(독립변수)을 조작하여 그 작용을 보고, 통제집단은 그대로 관찰한다.

이와 관련하여 두 집단의 인과적 원인의 차이를 발견하기 위하여 두 집단에 대한 사전검사와 사후검사를 통하여 종속변수에 미치는 독립변수 처치의 효과를 검증한다.

실험연구는 정통 사회학이나 범죄학보다는 사회심리학이나 범죄심리학 및 응용정책연구에서 새로운 시책의 효과를 평가하는 데 주로 이용된다. 이는 인간행동을 조작하는 것과 관련된 윤리적 문제, 이론적·실천적 어려움에서 기인한다.

실험연구의 대표적 예를 들면, 깨진 유리창 이론(Broken Window Theory)의 바탕이 된 짐바르도(P. Zimbardo)의 '깨진 유리창의 자동차 실험'과 반두라(A. Bandura)의 어린이 공격성 파악을 위한 '보보인형 실험'(Bobo doll experiment) 등이 대표적이라고 볼 수 있다.

7. 조사연구(Survey)

(1) 기술적 연구나 추론적 연구를 위한 양적 자료를 수집하고 인과성 문제를 다루는 연구방법이며, 설문지·면접·또는 전화접촉을 통해 자료를 수집한다. 피해

자조사(victimization survey study)나 자기보고식 조사(self report study) 등이 이에 속한다.

(2) 주로 범죄피해, 범죄에 대한 공포, 경찰이나 형사사법제도, 기관에 대한 여론 등을 측정하는 데 주로 활용된다.

8. 코호트 연구(Cohort Study)

이는 유사한 특성을 공유하는 사람의 집단인 코호트(cohort)를 시간의 흐름에 따라 관찰하는 '전향적 추적조사'인데, 코호트를 적절하게 선택하는 경우 어떤 경험이 어떠한 범죄를 야기하는지에 대한 연구를 할 수 있다. 이는 원래 질병 발생에 관한 연구방법인데, 범죄연구방법으로 원용되고 있다.

9. 메타분석(Meta-analysis · 통합분석)

메타분석은 동일하거나 유사한 연구주제로 실시된 많은 통계적 연구를 다시 통계적으로 통합하고 종합해서 체계를 세우는 문헌연구의 한 방법이다. 이는 다수의 연구결과로부터 모아진 데이터를 활용하면, 하나의 연구에서 나온 결과보다 더욱 타당한 지표를 가지고 인과관계를 제시할 수 있어 공공정책의 효과를 평가하는 수단으로 활용되고 있다. 이는 개별선행연구의 주관적 편파 가능성을 극복할 수 있어 일반화 가능성이 커지며, 정책효과의 크기와 그 불확실성을 정량화할 수 있어 검증력과 정확성을 높일 수 있는 장점이 있다. 예컨대 각각의 범죄예방 프로그램의 효과, 크기들을 합산하여 효과의 평균 크기를 숫자로 산출해보는 것을 들 수 있다. 따라서 이 방법을 활용하면 특정한 범죄예방 프로그램의 결과변수에 대해 효과적인 요인과 비효과적인 요인을 구별해낼 수가 있으므로, 이러한 자료를 활용하여 실증적이고 효과적인 범죄예방 프로그램의 기준을 제시할 수 있다.[66]

자료를 종합하고, 종합한 자료를 사용하여 결과의 효과 정도(효과성)를 검증하는 방법이다. 이는 독립적인 연구이지만 비슷한 실험들에 적용하는 양적 통계분석이다.

10. 심층 면접 · 관찰연구

심층 면접·관찰연구는 소수의 연구대상자를 선정하여 심층 면접하거나 행동을 면밀히 관찰하는 방법으로서 범죄자의 동기와 행동을 심도 있게 파악하기 위한 방법으

66) 이백철, 교정학 17~18면.

로 이용되고 있으며, 대규모의 설문조사에서 결여되는 심층적 데이터를 얻을 수 있는 장점이 있다.

제4절 범죄통계에서 암수(暗數)의 문제

1. 의의

(1) 실제로 발생하였으나, 범죄통계에 보고되지 않은 범죄를 '암수(숨은)범죄'(dark figure · hidden crime)라 한다. 암수범죄가 존재한다면, 범죄통계는 범죄에 대한 대책을 수립하는 데 있어서 정확한 자료가 될 수 없게 된다.

절대적 암수범죄	실제로 행해졌으나 수사기관이 인지하지 못함으로, 또는 누구도 인지하지 못함으로 인해 공식통계에 기록되지 않은 범죄. 매춘·마약 수수·낙태·도박 등 피해자가 없거나 피해자와 가해자의 구별이 어려운 범죄에서 많이 발생한다.
상대적 암수범죄	수사기관에 인지되었지만 해결하지 못함으로 인해 공식통계에 기록되지 않은 범죄. 상대적 암수범죄의 발생은 그 나라의 수사기관의 검거율과 증거채취력의 정도와 밀접한 관련이 있다. 즉 상대적 암수범죄의 양은 검거율과 반비례 관계에 있다. 법집행기관의 자의 내지는 재량도 상대적 암수범죄와 관련이 깊다.
범죄경력의 암수	어떤 범죄로 유죄판결을 받았으나, 실은 형사소추기관에 의해 입증된 것보다 많은 범죄를 범함으로써 나머지는 공식통계에서 누락된 범죄로, 여죄 조사에 의해 알 수 있다.
규범적 암수	실질적 범죄개념에 포함되면서 형식적 범죄개념에서 제외되는 행위를 말한다.

(2) 범죄통계에는 암수범죄가 빠져 있으므로 공식통계를 활용하기 시작한 범죄학연구 초기부터 문제였다. 그러나 초기의 학자들은 명역범죄와 암역범죄 사이에는 항상적인 관계에 있다고 보아(예컨대, 케틀레의 '정비례법칙'), 암수범죄를 범죄통계학적 고찰에서 문제삼지 않고자 했다. 그러나 그러한 항상적 관계가 부인되면서부터 "범죄통계는 모든 통계 중 가장 신빙성이 없고 난해한 분야"(Sutherland)이고, "암수에 대한 정확한 이해는 범죄통계의 중요한 급소라 할 수 있다."(Exner)라고 하여 통계학적 고찰에서 가장 중요한 영역으로 부각되기 시작했다.

2. 발생원인

(1) 완전범죄로 인한 범죄의 미인지 내지 미검거

(2) 피해자의 신고 기피

1) 범죄가 완료되지 않고 미수에 그친 경우
2) 경제적 또는 신체적으로 피해가 없는 경우
3) 범죄피해가 심각하지 않은 경우(경미범죄)
4) 무기류가 사용되지 않은 경우
5) 범죄피해에 대한 보상을 받기가 어렵다고 여기는 경우
6) 보복이 우려되는 경우(조직범죄 등)
7) 범죄가 개인 비밀을 누설할 우려가 있는 경우(성범죄 등)
8) 형사사법 절차에 대한 부담감

(3) 법집행기관의 선별화 과정에서의 자의적 처리에 의한 누락(법 집행의 차별성 문제로 낙인이론가들이 중시 – 화이트칼라범죄, 여성범죄 분야)

이에 대해 Sellin은 선별과정에서의 암수를 줄이는 방법으로 경찰통계를 활용할 것을 주장했다. 셀린은 범죄통계의 가치는 절차개입에 의하여 범죄현장으로부터 멀어질수록 그 가치가 감소한다고 보았다.

(4) 형사사법기관의 활동의 소극성 및 무능

(5) 형사사법기관의 이념

형사사법기관이 어떤 이념이냐에 따라서도 암수비율에 차이가 난다.
가령 응보이념을 취하면 인지된 대부분 사건이 공식적으로 처리되지만, 갈등해소서비스가 중심이념이 되면 대부분의 사건이 비공식적으로 처리되기 때문이다.

(6) 소추하였으나 증거불충분 등으로 무죄판결을 받는 경우

(7) 사법기관들의 통계행정체제의 미비로 인한 탈루

(8) 정치적 이유로 통계 조작

3. 암수가 많은 범죄분야

(1) **성범죄:** "성범죄의 90% 이상이 암수범죄이다."라는 주장도 있다.

(2) **여성범죄**: 폴락(O. Pollak)이 여성범죄의 가장 큰 특징을 은폐성이라고 지적했듯이(기사도 정신 가설)[67], 여성범죄는 암수가 많다.

(3) **기타**: 화이트칼라 범죄, 낙태, 매춘, 상점 절도, 피해자 없는 범죄 등

4. 암수해명방법

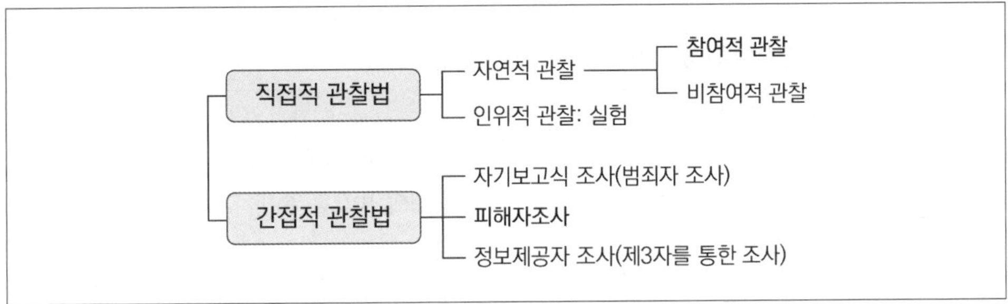

(1) 암수조사의 범죄학적 중요성

1) 암수조사에서는 범죄학적 연구의 관점이 보다 많이 고려된다.

2) 암수범죄의 조사는 경미한(가벼운) 범죄와 일탈 행위를, 중대한 범죄 중심의 공식통계보다 더 잘 파악한다.

3) 암수범죄의 조사는 범죄피해에 대한 자료 및 시민의 범죄피해위험성에 대한 정보를 제공해 주고, 사회구조 내부의 범죄피해의 분포도와 범죄비용에 대해 알 수 있게 한다.

4) 범죄피해의 연구는 형사정책에 대한 시민들의 인식과 평가를 조사할 수 있고, 공

---

67) 폴락(O. Pollak)은 여성범죄의 은폐성을 설명하기 위해 '기사도정신가설'을 제시했다. 사회적으로 여성은 연약하고 보호가 필요한 존재로 여겨짐으로써, 여성은 범죄를 저지를 가능성이 낮다는 선입견을 가지고서 여성에 대하여는 신고나 고발, 유죄선고 등을 잘 하지 않는 경향이 있다는 것이다. 즉, 남성 경찰·검사·법관은 여성에게 기사도적 태도를 가지고 있음으로 여성범죄자에게는 관대한 조치를 하기 때문에 여성범죄는 실재보다 훨씬 적게 통계에 수록된다는 주장을 '기사도정신가설'이라고 하였다. 이 가설은 가장 일반적이고 오랫동안 남성범죄자보다 여성범죄자를 더 가볍게 처벌하는 경향에 대한 해석으로 받아들여 왔지만, 최근에 대부분의 페미니스트에 의해 부인되었다. 그 대신 여성범죄자에 대한 관대함은 '국가온정주의'(Paternalism)의 산물로 재해석되었다. 이 입장에서는 남성의 호의에 의해서가 아니라, 여성을 매우 약하고 소극적인 존재로 취급하여 여성을 처벌에 견디지 못할 것으로 생각하거나 처벌과정을 통해 교화되지 않을 것으로 여겨 그러한 조치를 한다고 이해한다.

식적 사회통제기관의 범죄통제 역할의 효율성을 평가할 수 있게 한다.

(2) 설문조사 방법(survey)

1) 최초로 도입된 것은 자기보고식 조사이나 가장 많이 이용되는 암수조사방법은 피해자조사(victimization survey study)이다.

가장 전형적인 암수해명방법인 피해자조사의 장·단점

장점	단점
① 더욱 신뢰성 있는 범죄지표를 제공한다. ② 범죄학적 이론구성을 위한 자료를 제공해 준다. ③ 범죄문제에 대한 관심을 제고시킨다. ④ 범죄비용을 산출하는 데 유용하다. ⑤ 범죄에 대한 공포를 알아볼 수 있다. ⑥ 형사사법제도에 대한 평가가 가능하다. ⑦ 범죄의 양 당사자인 가해자와 피해자를 동시에 고려하고 피해의 상황변수까지 참고하기 때문에 범죄에 대한 보다 완벽한 자료를 제공해 줄 수 있다(범죄학의 연구영역을 피해자에게까지 확장하는 데 기여).	① 피조사자가 응답하는 피해가 반드시 실제 범죄의 발생을 의미하지는 않는다(자료의 신뢰성 문제). ② 전통적 범죄가 주로 대상이 되므로 우리 사회의 전체범죄를 파악하는 데 불충분하다. ③ 상사나 기업 등 조직에 의한 범죄나 피해자 없는 범죄 및 화이트칼라범죄 등의 조사가 어렵다. ④ 피해자조사의 결과를 공식통계상의 범죄와 직접 비교할 수 없다. ⑤ 조사가 복잡하고 시간 및 인력·경비 부담이 크다. ⑥ 과소·과대보고의 문제가 발생한다. ⑦ 강간 등은 피해자의 수치심과 명예의 손실 때문에 사실상 조사가 어렵다. ⑧ 정치범죄, 조직범죄, 살인범죄, 경제범죄 등의 분석에는 도움이 되지 못한다.

2) 정보제공자 조사: 이 방법은 조사대상 범주에 있으면서 자신이 피해자나 범죄자가 아니지만 조사대상 범죄를 알고 있는 사람으로 하여금 보고하게 하는 조사이다. 범죄피해자 조사에 대한 보조적인 방법으로 활용된다.

3) 범죄자에 대한 조사(자기보고식 조사): 여기서 범죄자는 형법상의 범죄자가 아니고 실제 범죄를 범한 자를 의미한다. 일반인들을 대상으로 하여 만일 형사사법기관에 의해 인지되었다면 처벌을 받았을 범죄를 저지른 적이 있는지를 면접이나 설문지를 통하여 물어보는 방법이다.

ⓘ 자기보고식 조사(self refort study)의 장·단점

장점	단점
① 암수범죄도 파악할 수 있으므로 실제 범죄량과 빈도를 평가하는 데 유리하다. ② 범죄분포에 관한 포괄적 이해가 가능하고 범죄성 파악과 범죄통계상 존재할 수 있는 계급적 편견을 파악할 수 있다. ③ 피조사자의 인격특성, 가치관, 태도, 환경 등도 동시에 조사하기 때문에 범죄이론을 검증할 수 있고, 범죄성인자도 분석할 수 있으며, 나아가 범죄자와 준법자, 누범자와 초범 또는 폭력범과 비폭력범 등을 비교할 수 있는 요인을 파악할 수 있다. ④ 공식통계는 오로지 범죄자와 비범죄자라는 이분법적인 인위적 구분만 하고 있으나 범죄자조사는 양극단 사이에 위치하는 다양한 범인성을 파악할 수 있게 하며, 범죄나 비행은 사람에 따라 구분되는 것이 아니라 그 사람에 내재하는 다양한 변수로서 고려되어야 한다는 사실을 일깨워 준다.	① 조사대상자의 정직성과 진실성의 문제로 인한 타당성이 의문시된다. ② 대표성이 없어서 연구결과의 일반화가 곤란하다. 특히 살인과 같은 강력범죄의 실태 파악은 거의 불가능하다. ③ 조사대상자의 기억력과 정확성이 의문시된다. ④ 표준화된 질문항목이 구성되어 있지 않은 상태에서 연구자들이 서로 다른 질문항목을 사용함으로써 그 결과를 상호비교하기 어렵다. ⑤ 피조사자의 범인성 정도를 비행의 빈도에만 의지하므로 조사자료의 처리와 해석에 있어서 한계가 있다(비행종류와 죄질까지 동시에 고려하는 방안의 모색문제). ⑥ 과대보고와 과소보고의 문제가 발생한다. ⑦ 가벼운 범죄를 조사하는 데 활용할 수 있으나, 무거운 범죄(중범죄)를 조사하기에 적합하지 않다.

(3) 설문조사방법의 한계

1) 응답자의 선정문제, 응답의 진실도, 무응답자의 처리방법 등
2) 정보의 타당성 및 신빙성에 대한 검증 곤란
3) 법적 범죄개념에 대한 무지(범죄 아닌 행위를 범죄로 착각하는 문제)
4) 피해자 없는 범죄, 화이트칼라범죄, 환경범죄 등에 대한 피해자조사방법의 적용 곤란성

(4) 결론

설문조사방법은 위와 같은 한계를 지니고 있으므로 공식통계분석방법(대량관찰법)을 대체하는 방법으로까지는 활용되지 못하고, 다만 공식통계를 보완하는 방법으로만 활용되고 있다.

PART 02

생물학적 범죄 이론 (Biological Theories of Crime)

경찰을 위한 범죄학 犯罪學 CRIMINOLOGY

생물학적 범죄이론은 범죄를 저지르도록 영향을 미치는 주된 요인을 사람의 신체적·유전적 특성에서 찾으며, 범죄인과 비(非)범죄인은 본질적으로 구분되는 생물학적 특성(차이점)을 지니고 있다고 전제하고 있는 관점이다. 이 관점에서는 범행과 같은 인간의 문제를 '육체의 저주'로 풀이한다.

우리는 오늘의 과학적 진실이 내일 부정(否定)될 수도 있다는 것을 역사적 경험을 통해 알고 있다.

범죄이론도 어떻게 과학으로 정의(definition)·재정의(redefinition)되는지, 시대에 따라 자연과학적 발견들에 어떻게 적응하는지, 그리고 정치적 흐름에 그것이 어떻게 이용되는지를 관찰하면서 이해해 보자.

CHAPTER 01

유전이나 육체적 상태는 범죄와 어느 정도 연관되는가?

초기의 범죄생물학 이론가들은 범죄의 책임을 유전이나 육체적 상태로 돌리려는 입장을 지니고 있었다.

제1절 범죄생물학의 전개

범죄에 대한 과학적 연구는 18세기 후반 생물학적 이론과 함께 시작되었다. '범죄와 범죄자에 대한 연구'를 '범죄학'이라고 하는데, 범죄학이라는 용어는 19세기 후반까지 일반적인 용어로 쓰이지 않았다.

범죄학이 하나의 학문으로서 형태를 갖추고 전문적으로 연구되기 시작한 것은 롬브로소(C. Lombroso)가 1876년 「범죄인」(Criminal Man)을 저술하면서부터이다.

롬브로소는 범죄자를 동물적이고 야만적인 특성을 지닌 제대로 진화되지 못한 인간(throwback[1]·atavism)으로 보면서, 범죄는 과학에 의해 연구될 수 있는 자연현상이라고 주장하였다.

롬브로소는 직접적인 유전보다 종(種)의 발전으로서의 진화를 강조하여, 그가 전형적인 범죄인으로 규정하는 '타고난(생래적) 범죄인'(born criminal)은 태어날 때부터 신체적·정신적 변태(anomalies)라고 하는 격세유전적 특징을 가진 사람이라고 했다.

격세유전이란 진화과정에서 오래전 과거 세대 조상에게 나타났던 유전형질이 후손에게 다시 나타나는 현상을 말한다. 롬브로소는 이러한 신체적·정신적 변태 또는 비정상성은 마치 동물이나 원시인과 닮았다고 보았다. 롬브로소는 이러한 변태

1) throwback: '오랜 과거의 사람과 비슷한 퇴보된 사람'을 가리키는 생물학적 용어임. 이와 비슷한 뜻을 지닌 용어가 'atavism'인데, 이 용어도 '격세유전(隔世遺傳)을 나타내는 개체'를 가리킨다. 격세유전이란 '몇 대를 거른 오래전 조상의 형질이 재현됨'을 말한다.

(비정상성)를 조사하고, 수치화하며, 분류하였기 때문에 그의 연구방법론은 경험과학적 차원으로 올라서게 되었고, 그는 이 새로운 연구방법론을 '범죄인류학'(criminal anthropology)라고 불렀다.

범죄 인류학은, 자유의지론 등 철학적인 차원에서 '범죄의 특성'을 규정한 고전학파 범죄이론에서 '범죄인의 특성'분석으로, 법이론적 사고방식을 과학적으로 전환시켰다.

이로써 범죄 그 자체보다는 범죄자를 연구하는 롬브로소의 유명한 연구방법론이 확립되었다. 롬브로소는 범죄연구에 관한 과학적 접근법을 도입하며 토마스 쿤이 엄밀하게 정의한, '패러다임을 바꾼 사람'[2]으로서의 자격을 갖춘 범죄학자이다.

그분은 범죄의 정의를 바꾸어 위법행위 그 자체뿐만 아니라 비정상적이고 유해한 모든 것을 의미하도록 범죄개념을 만들었다. 롬브로소는 범죄 위험성은 '행동'이 아닌 '상태'라고 하며, 위험성을 다시 정의하였다.

롬브로소는 범죄연구에서의 초점을 '범죄에서 범죄자로' 바꿨으며, 범죄자에 초점을 맞추는 경향은 오늘날에도 상당히 중시되고 있다. 오늘날 징역형과 같은 자유형이 고전학파의 영향을 받아 형벌의 중심이 되고 있으면서도, 수형자 처우에 있어서 치료·개선·교정교화에 중점을 두는 것은 그러한 경향을 반영한 것이다.

범죄인류학은 그 이전의 도덕적 정신 이상이론[3], 관상학[4], 골상학[5], 다윈의 진화론

---

2) Thomas kuhn이 엄밀하게 정의한 '패러다임을 바꾼 사람'이란 과학이 할 수 있는 것과 할 수 없는 것에 대한 전통적인 아이디어를 부수고, 과학적인 혁명을 시작한 사람을 뜻한다.

3) 18세기 후반에서 19세기 초반에 범죄와 관련하여 큰 주목을 끌었던 정신이상 이론은 과학적인 범죄학의 뿌리라고 할 수 있다. 이 이론가들은 연구의 근거를 19세기를 지배한 실증적 원리인 사실에 입각한 관찰, 객관성, 귀납법 등에 두었다. 이 입장에서는 범죄의 원인을 물리적인 질병의 관점에서 이해하는 것이 특징이다. 도덕적 정신이상 범죄자는 무자비하고 다른 사람들에게 해를 가하려는 충동을 제어할 수 없고, 도덕적으로 미개하면서도 생물학적·신체적 이상은 나타나지 않는다. 이 개념은 롬브로소의 '타고난 범죄인' 개념에 영향을 미쳤고, 오늘날의 정신병질에 관한 연구, 사이코패스에 관한 연구와 관점이 유사하다.

4) 관상학은 얼굴의 구조와 표정의 배후에 있는 정신적(심리적)과정을 이해하고자 하는 이론이다. 외관이 마음의 상태와 관련이 있다는 라바터(Johann Caspar Lavater)의 관상학적 연구는 범죄학 초기의 범죄학자들에게 영향을 주었다.

5) 골상학은 도덕적 정신이상 이론처럼 범죄에 대한 형이상학적이고 신학적인 해석을 과학적인 설명으로 전환시켰다는 점에서 의미가 크다. 골상학의 인접한 배경에는 도덕적 정신이상 이론과 관상학이라는 과학이 있었다. 최초로 완전히 발달한 범죄 관련 이론의 기반이 된 것은 골상학이다. 골상학자들은 두개골의 윤곽을 연구함으로써 범죄의 성향과 다른 비정상적인 정신 상태를 진단하려고 했다. 골상학자들은 두뇌의 작용을 정상으로 돌리기 위해 과도하게 발달된 부분의 크기를 줄이고, 잘 발달되지 않은 부분을 증대시키려고 시도하였다. 골상학의 대표적인 연구자는 18세기에서 19세기 초반 활동했던 갈(Franz Joseph Gall)이다. 골상학자들은 두개골의 서로 다른 영역들 아래에 어떤 정신적인 능력이 내재하는지를 연구하여, 두개골의 발달 부위와 범죄 관련성을 파악하고자 하였다. 이 입장은 범행과 같은 잘못은 나쁜 유전적 형질, 나쁜 환경, 능력을 손상시키는 병에 의해서 결정되는

의 영향을 받아 창안되었다.

범죄자들의 뇌와 두개골의 형태를 바꿈으로써 범죄자들을 갱생(更生)시킬 생각을 했던 골상학은 범죄인류학에 의해 계승되었다가 다윈의 진화론에 의해 폐기되었다.

뇌가 분업화되어 있다는 이론에 근거를 둔 골상학적 해석들은 1859년 다윈(Charles Danrwin)의 「종의 기원」(Orgin of Species)이 발표된 이후 더 이상 쓸모없게 되었다. 식물과 동물의 진화에 관한 다윈의 책이 나오자 범죄에 관한 생물학적 이론가들은 범죄 행동을 진화론적 관점에서 설명하기 시작했다.

이러한 지적 분위기에서 롬브로소도 범죄자를 동물적이고 야만적인 특성을 지닌 제대로 진화되지 못한 인간으로 보는 아이디어를 생각해냈다.

이에 따라 롬브로소는 격세유전 이론을 주장하여, 타고난 범죄인과 같은 전형적인 범죄자는 두개골 및 뇌처럼 신체도 비정상적이고 퇴화된 존재라고 보았다.

20세기 초반 생물학적 범죄이론은 1900년부터 1920년까지 지능박약적 해석이 주류를 이루었다. 이 시대의 범죄학은 우생학운동[6]을 지지하며, 여러 세대에 걸쳐 범죄를 전파하는 나쁜 유전자를 지닌 저능아를 찾아내고 제거하는 데 초점을 맞추었다. 이러한 입장을 정신박약론이라 부른다.

것이지, 자유의지에 의한 선택에 의한 것이 아니라고 보는 결정론적 학설이다. 골상학자들은 19세기 형법개혁운동에도 관여하였다. 그들은 범죄행위의 심각성에 따라 책임을 정하고, 그 책임에 따른 획일적 처벌을 통해 범죄억제를 주장하는 고전학파의 형벌이론이나 보복적·속죄적 응보형이론에 반대하였다. 그들은 범죄자에게서 발견되는 기관들의 상태가 범죄자의 책임 정도에 영향을 준다고 하면서, 범죄에 대한 능력과 성향의 차이를 인정하고, 처벌의 수위를 범죄자에게 맞추는 '처벌의 개별화'를 권장하였다. 그리하여 18세기 법학이 범죄의 심각성이라는 관점에서 책임을 정의하였던 것에 반하여, 19세기 후반의 법학이 개별 범죄자의 생물학적 성향 및 범죄 능력의 관점에서 위험성을 정의하는 데 큰 영향을 미쳤다. 또한 19세기 말경의 우생학적 접근법 및 형법의 기능을 범죄예방, 교정, 교정할 수 없는 자들로부터 사회 보호(사회방위) 추구를 강조하는 경향에 강한 영향을 미쳤으며, 부정기형의 채택에도 영향을 미쳤다.

6) 우생학이란 인류를 유전학적으로 개량할 목적으로, 여러 생물학적 조건과 인자 등을 연구하는 학문을 말한다. 이는 1883년 영국의 골턴(France Galton)이 창시한 학문이다. 이 학문은 우수한 소질이나 건전한 소질을 가진 인구의 증가를 꾀하고, 열악한 유전소질을 가진 인구의 증가를 방지하기 위하여 유전성 정신병자나 정신박약자, 범죄성을 지닌 자를 강제적으로 또는 임의로 단종시키는 것을 주장하는 입장이다. 이에 따라 독일의 나치스 때 시행된 극단적인 우생정책은 엄청난 인권침해를 야기하였다.

1930년대 미국에서는 신체 형태가 범죄적 성향과 관련이 있다고 보는 체형이론이 나타났다.

체형이론은 독일의 정신과 의사 크레치머(Ernst Kretschmer)의 체형과 정신병과의 관련성에 관한 연구를 바탕으로 셀던(W. Sheldon) 등에 의해 제기되었다.

이렇게 발전하고 있었던 생물학적 범죄이론은 독일의 히틀러(Hitler)의 제 3제국(1933－1945)이 지배하던 12년 동안 나치가 4만 명을 합법적으로 죽이기 위해 악용되었다. 나치가 범죄인뿐 아니라 유대인이나 집시에게도 선천적인(타고난) 범죄적 성향이 있다고 하면서 그들의 학살을 합리화했었던 것을 감안하면, 나치가 살인을 합리화하기 위해 범죄자생물학을 이용한 살인건수는 수백만에 달한다고 할 수 있다. 이 시기의 독일인들은 범죄자생물학이 유전적인 범죄인을 찾아낼 수 있다고 믿는 경향으로 기울었다. 그리고 그러한 유전적 범죄인의 번식을 막기 위해 부정기형 등 사회격리조치의 필요성을 범죄자생물학이 입증해줄 수 있다고 믿었다.

나치는 2차 세계대전 중 범죄자생물학의 적용을 확대하여 범죄적 정신이상자뿐 아니라 정신적인 장애를 가진 것으로 예측되는 범죄자까지 안락사 대상으로 선별하는 데 범죄자생물학을 이용했다. 나치는 '유전적 반사회자'로 인정되는 범죄인들과 유대인 등을 가스실에서 학살하거나 극심한 노동에 시달려 죽도록 강제수용소에 감금시켰다. 나치정권의 집권기는 생물범죄학의 가장 어두운 암흑기였다.[7] 범죄학의 암흑기라고 할 수 있는 이 시기에 나치정권 하에서 벌어진 이러한 측면은 그간 우리나라에서는 범죄학 분야에서 거의 알려지지 않은 채로 지나쳐 왔다.

나치시대 범죄학의 어두운 역사는 2차 세계대전 이후 1950년대에 이르러서 생물학적 이론이 철저하게 배제되고, 범죄에 관한 사회학적 이론이 주류로 자리 잡도록 하는 데 큰 영향을 미쳤다.

그 시기의 범죄학자는 생물학적 이론을 범죄행위에 대한 설명으로는 과학적 근거가 없고 타당한 논리에 맞지 않는 것으로 비판했다. 그 결과 20세기 중반기는 사회학이 학계와 범죄연구 분야를 주도했고, 반사회적 행동의 원인이 개인적 특성에 있다는 주장은 적대적인 취급을 받았다. 학자들 중 일부는 '생물학공포증'(biophobia)이라고 불릴 정도로 극단적으로 생물학적 본성이론을 반대하는 입장을 취하고 있다.

모든 과학에 어느 정도 정치색이 입혀진다는 것이 알려져 있는 사실이지만, 초기 생물학적 이론, 우생학, 특히 나치 독일에서는 범죄학이 정치적으로 왜곡되고

7) 범죄학의 암흑기에 대한 설명은 N. Rafter 등의 「The Criminal Brain」 제2판 2부 제8장 참조.

악용되어 형사정책이 인종 및 성 차별주의 또는 인권탄압의 독재수단이 되었던 것은 극단적인 사건으로 기록되고 있다.

과학도 사회적인 맥락에서 발달하기 때문에 특정한 가치에 물들지 않는 과학은 있을 수 없다 하더라도, 과학이 정치적 도구로 악용되지 않도록 경계하고, 과학도 최소한의 윤리성이 지켜지는 범주에서 연구되어야 한다는 것이 우리에게 교훈으로 각인되어야 한다.

우리는 1950년 이전 초기 생물학적 이론들이 배제와 격리, 그리고 우생학의 부당하고 혐오스러운 정책에 대한 정당화 역할을 했던 뼈아픈 역사를 결코 잊어서는 아니 된다.

1960년대 사회학적 범죄이론들이 절정을 향해 달릴 때 그간 움츠려들었던 생물학적 범죄학은 다시 범죄학의 영역으로 들어오고 있었다. 처음에서는 서서히 발전하여 유전학·신경과학·심리학과 관련하여 연계되기 시작한 생물학적 범죄학은 20세기가 기울 무렵 가속도가 붙어 발전하였다. 그리하여 21세기에는 생물학적 범죄학은 사회학과 통섭(융합)하여 21세기 범죄학을 주도할 것이라고 예측되고 있다.[8)]

20세기 중반 이후 생물학적 범죄이론 초기의 결정론적 해석 및 환경에 의한 후천적 영향을 부인하는 해석이 사라졌다.

1970년대 이후 21세기에 접어들면서, 생물학을 무시하면서까지 인간행동을 사회문화적 학습과 환경의 영향으로 설명하는 이론들은 더 이상 지지를 받지 못하는 경향이다. 한 때 대부분의 사회과학자는 우리 행동에 있어서 생물학적 요인을 독단적으로 무시하면서 행복한 무지에 빠져 있었다는 자각도 학계에서 많이 일어났다.

1975년 생물학자 에드워드 윌슨(Edward Osborne Wilson)이 「사회생물학」(Sociobiology: The New Synthesis)을 저술, 출판하면서 범죄에 대한 생물학적 기초가 다시 각광을 받기 시작했다.

사회생물학은 생물학적 인자와 유전적 인자가 어떻게 사회적 행동(범행도 포함)의 학습과 인지[9)]에 영향을 미치는지를 강조한다는 점에서 이전의 결정론적·일원론적·생물학적 이론과 차이가 있다. 즉 한 개인의 생물학적 유전인자는 그의 행동성향 및

8) N. Raffer 등의 「The Criminal Brain」 제 2판, 3부 제 11장, '생물사회학적 범죄학의 미래' 참조. 이 책은 우리나라에서 「범죄자의 뇌-생물범죄학의 이해」, 손봉규·유동겸 옮김으로 출판되었다. 같은 책 374-375 참조.

9) 인지(認知)란 자극을 받아들이고, 저장하고, 인출하는 일련의 정신과정을 뜻하는 심리학 용어이다.

행동유형의 한계를 결정하고, 그 행동의 구체적 형성은 환경의 영향에 의해 이루어진다는 주장이다. 이에 따르면, 소질은 범죄의 가능성이며, 환경은 그것이 발현되는 조건이다. 이러한 인식은 생물학이 기존의 환경적 구조와 연결되며, 생물학적 영향력과 사회학적 영향력의 상호작용을 인정하는 통합적 접근으로 '생물사회학'(Biosociology) 라고도 부르고 있다.[10)]

사회생물학 또는 생물사회학적 모델은 인간의 모든 행동형질은 그것이 본능적이든 학습된 것이든 간에 생물학적 유전정보와 '환경' 간에 일어난 상호작용의 산물로 보고 있다. 따라서 신체적 특성과 정신적 특성은 범죄성을 설명하는 사회적·환경적·개인적 요인 전체에서 단지 일부분만 차지하는 것으로 인식되고 있다.

어떤 사람은 소질적·유전적으로 공격적 성향을 지닐 수 있지만, 환경적 조건은 반사회적 행위를 억누를 수도 있고 자극할 수도 있다는 것이다.

21세기는 보통 '생물학의 세기'로 표현되고 있다. 과학자들 상당수가 다가올 수십 년 동안 범죄학과 다른 인간 행동과학을 지배할 조짐을 보이는 새로운 해석 모델로 사회생물학 또는 생물사회학적 모델을 말하고 있다.[11)]

「범죄화이론」(Criminological Theory)의 공저자 중 한 사람인 컬렌(Francis T. Cullen)도 생물사회범죄학이 사회학적 범죄학에 비해 광범위하고, 보다 강력한 패러다임이며, 21세기 주요 패러다임이 될 것이라고 주장했다(Cullen, 2009). 이러한 흐름은 범죄학에서도 '학문간 통섭(융합)'을 강조하는 입장으로서, 현대적 문화 동향에 순응하는 차원에서도 바람직하다고 본다.

---

10) 오늘날 범죄생물학에서는 출생 때 결정되는 생물학적 조건에 의해서만 범죄자의 행동이 조종되는 것으로 보지 않고, 신체적·환경적·사회적 조건이 결합되어 인간의 행동을 야기한다고 보고 있다. 이는 유전소질과 사회환경의 통합적 접근으로서, 이러한 패러다임을 생물사회학적 범죄이론이라고 부른다. 이에 관한 연구서로는 앤서니 월시(Anthony Walsh)가 저술한 「생물사회학」(Biosociology)이 2014년 미국에서 출판되었다.

11) 에드워드 윌슨과 「사회생물학의 승리」, John Alcock 지음, 김산하·최재천 옮김, 2016, 219면.

▌범죄성에 대한 통합적 접근 (생물사회학적 관점)

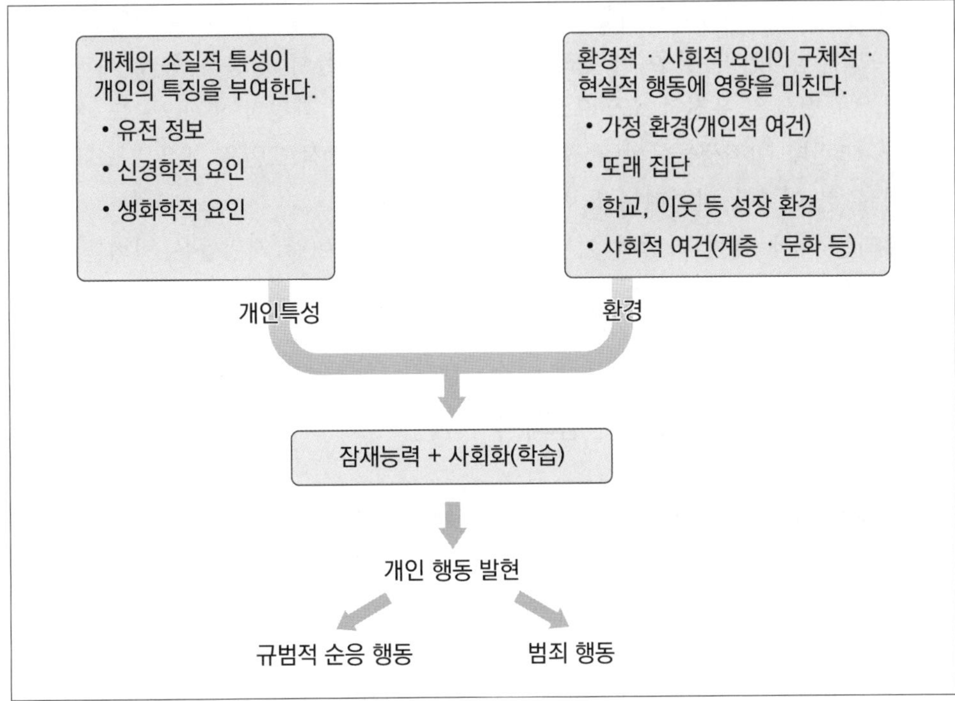

제2절 전통적인 범죄생물학 이론

Ⅰ. 서설

초기 생물학적 범죄이론은 범죄를 개인의 생물학적 결함의 결과물로 보았다.

이러한 입장은 범죄의 원인이 개인적인 특성에 있다고 본다는 점에서 특성이론(Trait Theory)이다. 특성이론은 개인의 생물학적 특성 또는 심리적 특성이 범죄로 연결된다고 본다(생물학적 결정론).

범죄인을 각기 다양한 본질적 특성을 지닌 존재로 가정한다. 범죄자들은 일반인과 다른 생물학적 결함이나 열등성과 같은 특성을 가지고 있으며, 이와 같은 유전적·생물학적 특성으로 인해 본인의 의지와는 관계없이 범죄를 저지를 수밖에 없다고 보았다.

이 이론은 법을 준수하는 사람과 법을 위반하는 범죄인을 구별하는 해부학적·생리학적 또는 유전학적 비정상성에 초점을 맞춘다. 또한 범죄에 대한 사회환경적 요인의 영향을 무시하거나 경시한다.

부모가 범죄인인 경우 자녀도 범죄인이 되는 비율이 상당히 높게 나타나고 있는데, 이 현상은 유전적 요인으로도 설명할 수 있고 환경적 영향으로도 설명할 수 있다. 그런데 범죄생물학의 관점에서는 생물학적·유전적 요인을 매우 강조하며 범죄성의 유전 여부를 밝히려는 노력을 경주하고 있다.

우리는 이에 대한 타당성 여부를 성찰하면서 왜 어떤 사람들은 범죄를 범할 수밖에 없는지 이해해 보자.

Ⅱ. 롬브로소의 타고난 범죄자 이론

19세기 후반에서 20세기 초반의 범죄 생물학적 이론의 기반이 된 가장 중요한 주장은 롬브로소의 타고난 범죄인(born criminal) 이론이었다. 이 주장은 롬브로소 이후의 생물학적 연구의 기초를 제공했다.

롬브로소는 사회적 다윈주의를 도입하여, 범죄인은 생물학적 진화에서 일반인과 다른 진화단계에 있음을 입증할 수 있다고 주장했다.

그분은 수형자의 머리·몸·팔·피부 등 신체적 특성을 관찰하고 군인 등과 비교해 본 결과, 범죄자는 두개골 함몰과 같은 신체적 특징을 가지고 있다는 점에서 일반인과 구별된다는 것을 발견했다.

범죄자는 원시적인 선조들의 특징, 즉 인간진화의 초기 상태로 퇴행하는 격세유전(隔世遺傳)의 특징을 지니고 있다는 점에서 일반인과 다르다는 것이다. 그분은 이러한 차이점을 근거로 범죄의 원인이 생물학적 특성에 의한 것이라고 결론지었다.

타고난 범죄인은 원시인의 체격, 정신능력, 본능 등 타고난 신체적 특성으로 인해 사회의 법규를 위반하는 범죄를 행하게 된다. 그러므로 이들은 시민사회의 일상생활에 쉽게 적응하지 못하며, 특별한 예방조치를 취하지 않는다면 필연적으로 범죄를 범하게 된다. 타고난 범죄인에 대해서는 무기형과 같은 격리만이 그들이 가지고 있는 선천적이고 격세유전적인 범죄 충동을 막을 수 있다.

타고난 범죄인은 얼굴이나 머리의 비대칭·원숭이 같은 큰 귀·두꺼운 입술 등 눈에 보이는 정형화된 어떤 외모에 의해 구분된다(범죄인 정형설).

이러한 비정상적인 이상한 특성 가운데 5가지 이상을 가지고 있는 남자는 타고난 범죄인으로 분류된다. 여성의 경우에는 3가지 이상 비정상적 특성을 지니면 타고난 범죄인에 해당된다.

이러한 해부학적 특징은 경찰이 범죄자를 색출해내는 과학적인 방법으로 활용되었다. 이러한 색출법은 1870년대 프랑스·미국 등에서 사용되다가 1920년대에 들어와 지문(fingerprint)으로 대체되었다.

롬브로소의 연구는 주로 남성에 맞추어져 있었지만, 후에 그는 자기의 사위인 윌리엄 페레오와 공동으로 「여성범죄인」(The Female Offender)을 출간하여 여성범죄인에 대해서도 전문적인 연구를 시행했다. 이 연구에 의하면, 여성보다는 남성에게 자연선택에 따른 타고난 범죄인이 많았다. 여성 범죄자들은 남성 범죄자보다는 더 적은 퇴행적(격세유전적) 신체 특징을 가지고 있다. 여성 중에서 매춘부는 다른 여성 범죄자들보다 더 격세유전적 특징을 가지고 있다. 왜냐하면 매춘부의 행위들 대부분이 일반여성들의 행동양식에서 일탈된 범죄 행위라고 보았기 때문이다.

저자들은 타고난 여성 범죄자는 남성 범죄자보다 악마적 성향들이 더욱 광범위하고, 다양하며 더욱 무자비하다고 묘사한다. 이러한 연구결과는 방법론과 이론적 가정 모두 혹독한 비판과 공격을 받았다.

롬브로소가 분류한 범죄인 유형인 타고난 범죄인·정신이상범죄인·기회범죄인·격정범죄인 등 네 가지 중 정신이상 범죄인도 적지 않게 생물학적 요인과 관련이 있다.

- 정신이상 범죄인은 퇴행적 특징을 상당히 많이 지니고 있다. 정신이상과 범죄성은 매우 밀접하여 거의 일치하는 것으로 보인다. 범죄와 정신이상은 모두 정신적 외상, 두개골의 비정상성 그리고 알코올 중독에 의해 야기된다.[12)]
- 기회범죄인은 신체적 비정상성을 거의 가지지 않은 범죄유형이다. 주로 외부상황에 따라 범죄를 범한다.[13)]
- 격정범죄인은 통상적으로 살인범에서 나타나는 신체적 또는 도덕적 비정상성은 찾아볼 수 없다.[14)]

초기의 롬브로소는 대부분의 범죄자를 타고난 범죄인으로 파악했으나 「범죄인」 제 5판에서는 타고난 범죄인 이외에 다양한 범죄 유형을 인정하고, 범죄인의 범주를 확대시켜 범죄원인을 설명하면서 사회적 요소도 중시했다. 그럼에도 타고난 범죄인은 그분의 이론에서 중심개념으로 남아있고, 사회적 요인을 인정했지만 환경적 요인과 생물학적 요인을 동등한 결정인자(因子)라고 보아 생물학적 결정론의 패러다임을 유지하며 자유의지를 부정했다.

---

12) 「범죄인의 탄생」, 이경재 옮김, 제4판, 312면.
13) 「범죄인의 탄생」, 이경재 옮김, 제4판 330－331면.
14) 「범죄인의 탄생」, 이경재 옮김, 제2판 134－136면.

오늘날 미국에서는 범죄생물학이론을 인정하는 사람들이 늘고 있지만, 범죄생물학 이론을 추종하는 사람들도 그 뿌리를 롬브로소에 두는 학자들은 거의 없다.

또 최근의 범죄생물사회학이 확산되면서 범죄 생물학이 부활하고 있지만, 그 부활이 과거의 범죄인류학으로 되돌아간 것도 아니다.

그렇지만 범죄생물학이 다시 등장한 것은 롬브로소의 주된 사상을 널리 알리는 것이 되고 있다. 그리하여 오늘날 롬브로소의 저서 「범죄인」과 롬브로소의 이론은 여러 가지 점에서 생물학과 범죄에 관한 현대적 이론의 선두주자로 평가되고 있다.

Ⅲ. 생물학적 열등성에 따른 범죄자

롬브로소의 타고난 범죄자 이론은 신체적 구조와 범죄의 상관성을 강조한 생물학적 이론으로서 같은 시대 유럽과 미국의 격세유전설 및 범죄인정형설의 근거가 되었다. 이러한 '타고난 범죄인 이론'을 과학적으로 검증한 대표적인 사람이 영국의 고링(Charles Goring)이다.

고링은 영국의 교도소 의사이면서 범죄심리학자이다. 이분은 수년에 거친 연구결과를 「영국의 수형자」(The English Convict)라는 저서로 1913년 출간했다. 고링은 당시 가장 정교한 신체측정 방식과 생물통계학이라는 통계적 방법을 사용했다.

그분은 4000명의 수형자 표본을 대학생, 군인, 교수, 병원환자 등과 비교 연구해 머리 크기, 눈 색깔, 얼굴형태 등 신체특징과 행위 사이에는 통계학적으로 유의미한 상관관계가 없음을 밝혀냈다. 즉 인류학적으로 신체적·외형적 특성에 따른 범죄자 유형은 존재하지 않는다는 것이다. 따라서 롬브로소의 격세유전설 및 범죄인 정형설은 잘못된 것이라는 주장이다.

그분의 연구결과에 따르면, 범죄자와 일반인은 신체적 외모와 특성에 따라 구분할 수 없다.

많은 사람들은 고링의 연구가 롬브로소의 생물학적 이론 전체를 완전히 부정한 것으로 잘못 알고 있다.

고링은 진화론적 격세유전설과 범죄인정형설은 인정하지 아니했지만, 범죄자는 범죄적 특질은 지니고 태어난다는 견해는 받아들인 범죄생물학자이다.

그분은 범죄에 대한 사회·환경적 요인의 영향을 부정하면서, 범죄자는 일반인에 비해 신체적·지능적으로 본래 열등한 존재라고 주장했다.

고링은 수형자와 일반인의 통계학적 비교 연구를 하여, 수형자는 일반인보다 키가 작고, 몸무게는 적으며, 낮은 지능을 지니고 있다고 평가했다.

고링은 이러한 연구결과를 토대로, 범죄자는 선천적으로 '결함 있는 신체와 지능'을 지닌다고 보았다.

그분은 후에 '도덕성 결여'라는 특징도 범죄자의 특성으로 추가했다. 고링은 자신의 연구를 통해 모든 범죄자는 일반인보다 본래적으로 열등하다는 결론을 내리고 있다.

고링은 20세기 영국 최초의 범죄학자로서 정신박약과 범죄의 관련성을 주장하여, 정신박약(낮은 지능)을 범죄원인화하는 노력을 국제적으로 이끌었다.

이후 유명한 인류학자 겸 우생학자이면서 미국 하바드대학교의 교수였던 후튼(Earnest A. hooton)은 롬브로소의 범죄인류학 이론을 한 단계 발전시킨 두 권의 저서 「미국의 범죄자」(American Criminal)와 「범죄와 인간」(crime and Man)을 1939년 출판하였다.

후튼의 범죄자 연구의 중심적인 목표는 범죄성향의 외형이 범죄자의 몸에 어떻게든 나타난다는 롬브로소의 아이디어를 입증하는 것이다. 후튼은 롬브로소의 방법과 논증을 비판하였지만, 롬브로소가 위대한 과학적 혁신자라고 믿고 있었다.

후튼은 고링의 주장을 비판하면서 범죄유형에 따른 신체적 특성의 상관성을 인정하였다. 또한 다양한 인간체형을 서로 다른 인격적 특성 및 능력과 관련지으려 하였다.

후튼은 범죄인은 일반인과 사회학적·계량적·형태학적 특성 면에서 구분되며, 그것은 범죄인의 열등한 유기체적 특징으로 나타날 것이라고 했다.

범죄의 1차적 원인은 생물학적 열등성이라는 주장이다.

그분은 "범죄자는 일반인보다 거의 모든 신체측정에서 열등함을 나타낸다."라고 결론을 내렸다.

후튼의 연구도 몇 가지 측면에서 비판을 받았고, 오늘날에는 과학적 지지를 받지 못하고 있다. 그분이 발견한 수형자와 일반인 사이의 차이는 실제로 매우 미미하다. 오히려 수형자와 일반인 사이의 차이보다 수형자 사이에 나타나는 차이가 더 컸다.

후튼은 먼저 범죄인류학의 부활을 시도하였다가 실패하자 체형 연구로 방향을 돌렸다.

롬브로소에 의해 창시되고 고링과 후튼에 의해 발견된 범죄인의 열등성에 대한 관념은 19세기 후반에서 20세기 초반에 활발했던 정신박약이론, 체형이론, 내재적 범죄인 특질이론, 내분비 불균형 이론 등 많은 생물학적 이론과 맥락이 유사하다.

20세기 초반까지의 생물학적 이론은 비생물학적·사회·환경적 요인도 부분적으로 고려했지만, 이런 사회·환경적 요인은 신체적·생물학적 요인보다 부수적인 것으로 보았다.

이러한 생물학적 범죄이론들의 중심명제는, 심각하고 상습적인 범죄자는 후천적으로 만들어지기보다는 자연적으로 타고난 것임을 인정하는 것이다. 이러한 이론들에 따르면, 범죄인은 일반인과 단순히 외적으로 다르게 행동하는 것이 아니라, 선천적으로 결정된 생물학적 특성이나 열등성으로 인해 본질적으로 다른 존재이다. 즉 범죄인과 비(非)범죄인은 본질적으로 태어날 때부터 다른 존재로 간주한다.

Ⅳ. 체형(體型)15)이론

체형이론이란 신체적 형태와 범죄행위를 분석하는 가설이다.

이 이론은 "몸의 신체적 모습과 개인의 성격적 소질(기질) 사이에는 높은 수준의 관련성이 존재한다"고 주장한다.

체형이론은 미국에서 하버드 대학교를 중심으로 하버드대학 교수인 후튼, 의사이자 심리학자인 셀던(Willam Sheldon), 범죄학자 부부 굴룩 부부(Sheldon Gluek와 Eleanor Gluek)에 의해 발전되었다.

체형이론은 나치(Nazi) 독일에서도 발달했으며, 나치 독일과 우생학으로서의 연결성은 체형이론이 범죄학적 연구 주제에서 배제되도록 하는 데 큰 영향을 미쳤다.

1. 크레치머의 체형이론

고대부터 과학자들은 몸과 마음, 육체적 형태와 행동습성의 연관성을 찾으려 했다.

20세기 초반의 체형이론을 확립하는 데 기여를 한 핵심인물은 독일의 정신과 의사 크레치머(Ernst Kretschmer)였다.

크레치머는 범죄인보다는 정신병에 관심이 높았지만, 체형은 범죄에도 영향을 미친다고 보았다.

1921년 「신체구조와 성격」(독일어: Körperbau und Charakter)에서 체형을 비만형, 운동형(근육형), 세장형(쇠약형) 세 종류로 크게 구분하였다. 이를 바탕으로 체형과 범죄율 및 범죄유형을 조사하였다.

15) '체형'이란 '신체의 유형 또는 형태'의 줄임말로, '체격을 나타내는 특징'을 뜻한다. 비만형, 근육형, 몸이 삐쩍 마른 형인 수신형(瘦身型) 내지 가늘고 긴 형인 세장형(細長型) 등이 있다.

(1) 키가 작고 뚱뚱한 체형인 비만형은 자극에 민감하게 반응하고 정(情)이 많고, 순환성 기질 및 조울증과 연관성이 높다. 이 체형은 범죄확률은 다른 체형보다 낮고, 범죄를 범한다면 사기죄와 관련이 많고 폭력죄와도 종종 관련이 있다.
(2) 운동(근육)형은 근육질이 적당히 잘 발달되어 운동에 적합한 체형으로, 성질이 느리지만 때로는 폭발적으로 감정을 터트리고 무미건조한 점착성 기질이며, 간질과 관련성이 높다. 이 체형은 다른 체형에 비해 폭력성이 강해 범죄 가능성이 높고, 주로 폭력범죄를 많이 범한다.
(3) 세장(쇠약)형은 키가 작고 마른 체형이고, 성격은 민감하고 비사교적인 분열성 기질이고, 조현병과 관련성이 높다. 범죄는 사기·절도와 관련이 많고 누범률이 높은 편이다.

이 밖에 전형적인 체형은 아니지만 여러 체형의 특징이 복합된 혼합형은 풍속범죄나 질서위반범죄와 관련되고 폭력범죄와도 어느 정도 관련을 보인다.

크레치머는 나치가 집권하자 나치 지원을 거부하였지만, 그의 이론은 나치 정부가 정치 목적으로 이용하였다.

2. 셸던(W. Sheldon)의 체형이론

셸던은 우리의 몸은 아주 오래 전부터 유전되어온 다년간의 매우 심도 있는 습성의 객관적 분석 대상이며 기록의 실체라고 주장하면서 자신의 범죄생물학적 접근방법을 '체형심리학'이라고 불렀다.

셸던은 인격을 결정하는 육체적인 요인을 다루는 체형심리학에 관한 네 권의 저술을 통해 3개의 기본적 남성체형과 세 가지 기질(성격)의 종류를 제시하고, 체형과 남성 비행자의 관련성을 분석하였다.

3개의 기본적 체형이란 부드럽고 둥근 내배엽형, 근육질의 다부진 중배엽형, 가늘고 긴 체형으로 약하고 지적인 외배엽형을 말한다.

이는 크레치머의 분류체계를 변형한 것이다.

기질의 종류는 기본체형과 관련된 생물학적으로 결정된 태도, 믿음, 동기를 규명한 것으로, 편안하고 사교적이며 많이 먹는 내장 긴장형, 근육을 쓰는 활동 및 행동과 힘을 쏟는 추진력이 가장 두드러지는 신체 긴장형, 차분하고 비사교적이며 대뇌의 영향을 강하게 받는 두뇌 긴장형이 그에 해당한다.

셸던은 비행소년은 중배엽형에서 상당히 높은 비중을 차지하고, 외배엽형에서는 매우 낮은 비중을 차지한다는 것을 발견하였다.

ⓘ 신체 유형과 기질의 종류

신체 유형		기질의 종류	
내배엽형	소화기관이 상대적으로 잘 발달. 살찌기 쉬운 체질임. 전신(全身)이 부드럽고 둥근 형태. 짧고 가는 팔·다리, 가는 골격, 부드럽고 매끄러운 피부	내장 긴장형	몸가짐이 여유롭고 편안한 성격. 가벼운 사치품을 좋아하는 성향. 온순하면서도 기본적으로 외향적임
중배엽형	근육·골격·운동조직이 비교적 잘 발달. 큰 코, 우람한 가슴, 손목과 손이 큼, 여윈 경우라면 각이 진 체격이고, 여위지 않은 경우라면 우람 건장한 체형	신체 긴장형	활동적이며 역동적 성격, 걸을 때나 말할 때 자신감이 풍기고, 단호한 제스처를 많이 취하는 경향. 행동이 공격적임
외배엽형	신경계통을 포함한 피부의 외층이 상대적으로 잘 발달됨. 마르고 허약하고 연약한 몸. 작고 연약한 뼈. 축 처진 어깨. 작은 얼굴과 날렵한 코, 가느다란 머리카락, 몸집은 작지만 전체 몸의 표면은 큰 편임	두뇌 긴장형	내향적 성격임. 신체기능에 대한 불만이 많음-알레르기·피부병이 많고 만성피로감, 불면증 등 호소. 소음·냄새 등 외부자극에 민감함. 비사교적 성격-대중 속에서 쉽게 위축됨

셀던은 태아발생학과 신체발달학을 가미시켜 신체적·심리적 유형의 분류체계를 세웠으며, 이전의 어떤 체형이론가보다 인간의 체형이 유전된다는 주장을 일관되게 고수했고, 열등한 '원형질'을 가진 사람의 번식을 막음으로써 범죄와 다른 사회문제를 없애고 싶어 한 대표적 우생학자였다.

셀던은 대학교 남학생들에 비해 비행소년들이 중배엽형인 경향이 높다는 것을 제시했고, 물려받은 생물학적 열등감이 범죄를 유발한다고 굳세게 주장하였다.

3. 굴룩(Glueck) 부부의 체형이론

중배엽형과 비행(범죄)과의 연관성은 반복적인 비행성향을 지닌 청소년 500명과 일반청소년 500명을 종단적(시계열적)으로 분석, 비교한 굴룩 부부의 연구에서도 발견되었다.

그분들의 조사에 따르면, 비행소년들은 중배엽성으로 특징 지울 수 있다. 다시 말한다면, 비행소년들은 주로 골격과 근육으로 짜여진 몸을 가지고 있고 원기왕성한 유형으로 강한 남성미가 발견된다.

굴룩 부부는 비행소년들의 신체형이 유전의 영향을 받았을지 모른다는 추측을 하면서도 유전에 의한다고 확신할 수는 없다고 보았다. 또한 범죄적 성향을 오직 생물학적인 요소에서만 국한해 보지 않았고, 범죄적 성향에 영향을 미칠 수 있는 많은 요소 중 체형은 단지 하나의 요소임을 강조하였다(다원인자론).

실제로 후튼과 셀던의 범죄학적 연구와 비교했을 때 글룩 부부의 연구는 신중하고 반환원주의적이며, 과학적 자료와 정보가 잘 구비된 사회과학의 본보기라는 평가를 받고 있다.[16)]

글룩 부부는 미국 범죄학사에서 범죄요인으로 소질과 환경을 고려하는 다원인자론(多元因子論)을 확립하였고, 소년비행예측 발전에 큰 기여를 하였으며, 과학이 사회문제들을 해결하는 데 도움을 줄 수 있을 것이라는 믿음을 가지고 범죄자를 갱생(치료 개선)하는 노력을 기울였고 형사사법제도를 개선하기 위하여 열정적인 연구와 제안을 제시하였다.

1990년대 후반 샘슨(Robort J. sampson)과 라웁(John H. Laub)은 체형에 관한 글룩 부부의 종단적 연구를 계승하여 후속연구를 진행하고, '비공식적 사회통제 연령단계이론'을 만들어 발달과 생애과정 범죄학[17)](Developmental and Life–course Criminology·DLC) 발전에 기여하고 있다.

4. 체형이론에 대한 평가 및 체형이론의 미래

체형연구는 주로 작은 표본을 가지고 연구하였다는 점에서 대표성을 인정받기 어렵다는 비판을 받고 있다.

특히 셀던의 연구는 방법론상 무작위 표본을 사용하지 않은 점, 선험적인 추론과 주관적인 평가, 잘못된 측정, 사진의 조작·계산 오류·부적절한 사용 등으로 비판을 받아왔다.

또한 체형과 행동 사이의 관계는 간접적일 수 있으므로 체형과 일정한 행동경향 사이에 직접적인 인과관계를 인정하기 어렵다.[18)]

궁극적으로 체형과 범죄 및 비행 사이의 상관관계는 사회적 메카니즘 때문일지도 모른다. 예를 들어 신체적으로 더 크고 근육질 체형을 가진 사람은 우선적으로 폭력을 사용하는 것이지, 중배엽형 체형 그 자체가 폭력성향을 지닌다고 보기 어려운 것이다. 따라서 어떤 신체구조가 선천적으로 범죄자 성향을 띤다는 것은 오늘날 과학적으로 지지를 받지 못하고 있다.

16) 「범죄자의 뇌–생물범죄학의 이해」, 래퍼 외 지음, 송봉규·유동균 옮김. 2020, 225면.
17) DLC는 시간(연령)이 경과함에 따라 나타나는 다양한 유형의 범죄행위를 설명하는 동태적 연구방법을 가리킨다.
18) VOID'S THEORETICAL CRIMINOLOGY, 제 4판, 70면.

체형과 범죄 행위 사이의 연구를 종합하여 결론을 내린다면, 체형과 범죄 행동의 연관성은 거의 없다. 그리고 체형은 고정되어 있는 것이 아니라 한 사람의 체형도 변화한다는 점을 고려한다면, 어떤 사람을 하나의 체형으로 고정시켜 기질이나 행동경향을 규정하는 것은 타당하지 않다.

이러한 문제점들이 있지만, 체형이론은 20세기 범죄학에서 중요한 역할을 했다. 체형이론은 현대 유전학과 범죄에 관한 오늘날 연구의 전조로서 기능을 했다고 볼 수 있다.

앞으로는 새로운 물결의 유전학 이론들이 우생학과 같은 반근대주의적 충동으로 휩쓸릴 가능성이 적다.

그렇지만 앞으로도 범죄적 성향을 범죄자의 몸에 있는 선천적 특징에서 찾고자 하면서, 범죄적 특성을 지닌 사람의 번식을 막자는 제안을 할 수도 있다는 점을 경계해야 한다.

사람들은 사회과학인 범죄학이 범죄를 통제할 방법을 곧바로 보여주길 원할지도 모른다. 그렇지만 더 이상 사회과학이 이 세상을 구제할 것이라고, 또는 세상 전체는 아니더라도 자신이 속한 사회계급의 특권을 보호해줄 것이라고 과잉 기대하는 미신에 빠져들어서는 아니 된다.

제3절 범죄에 대한 유전학적 접근법

생물학과 사회과학이 발달하면서 20세기 중반까지 범죄자의 행동에 소질에 따른 본성이 큰 영향을 미치는지, 아니면 후천적인 양육이 더 큰 영향을 미치는지에 대해 '본성 대 양육'(Nature versus Nurture)이라는 논쟁이 진행되어왔다.

19세기 말엽부터 20세기 초반까지는 본성이 양육보다 더 큰 영향을 미친다는 믿음이 강하게 지배하고 있었다. 이를 뒷받침하는 논리로써 '나쁜 종자이론'(The bad seed theory) 또는 '우생학'이라고 불리는 접근법이 있었다.

우생학적 접근법은 범죄행동이 여러 세대에 걸쳐 많이 나타나는 범죄인 가계의 연구를 통해 범죄자의 행동과 유전적 특성 사이의 연관을 입증하고자 하는 노력을 하였다.

우생학적 접근법은 20세기 중반 이후 폐기된 바 있었지만, 세분되면서 오늘날에도 계속해서 연구되고 있다.

Ⅰ. 가계연구[19](study of family tree)

유전적 조건에 따른 인간의 행동을 설명하고자 하는 노력은 오랜 옛날부터 있어 왔다. 부전자전(父傳子傳), 시부시자(是父是子) 즉, '그 아비에 그 자식'이라는 어구(語句)에도 그러한 경향을 찾을 수 있다.

가계연구는 골턴(F. Galton)이 1869년 그의 저서 「유전적 천재성」(Hereditary Genius)에서, 천재성은 선천적인 것이며, 유전되는 것이라고 주장하면서 연구의 계기를 만들었다.

가계연구 중 범죄인 가계연구는 특정 범죄자의 가족력(家族歷)과 혈연관계를 추적하여 그 가계에 범죄자가 어느 정도 포함되는지를 살펴, 범죄의 원인을 밝히는 연구 방법이다.

이는 의학에서 유전병이나 사망원인 따위를 밝혀 환자의 치료에 이용했던 방법을 범죄연구에 도입한 것이다.

범죄자의 조상 세대에 이상성격자·저지능자(정신박약자) 등이 많이 있는 가계가 있고, 이는 범죄성이 유전된다는 가설을 입증하고자 하는 노력에 의해 범죄인 가계 연구로 나타났다.

범죄적 성향이 유전된다는 것을 증명하기 위한 연구사례로 대표적인 가계연구는 1877년 덕데일(Richard Dugdale, 1841~1833)의 「주크(Juke) 일가: 범죄, 빈곤, 질병, 유전에 대한 연구」, 1912년 고더드(Henry Goddard)의 칼리카크 가계(The Kallikak Family) 연구, 1913년 고링(C. Goring)의 통계학적 범죄인 가계 분석 연구 등이 있다.

덕데일은 어떤 가계를 조사하던 중 맥스 주크(Max Juke)라는 남성으로부터 내려온 가계에서 7세대 걸쳐 폭행·강간·알코올 중독·성매매 관련자가 수백 명이 있음을 발견하고 「주크일가」[20]로 출간하였다.

---

19) 가계연구(家系研究)란, 개인의 어떤 행동 특성이 그가 속해 있는 혈연관계에 따른 독특한 유전적 소질의 영향으로 발생한 것인지를 종단적(縱斷的)으로 검증하는 연구방법을 가리킨다. 이 연구는 가족의 혈연관계를 족보(pedigree) 또는 유전표(genogram)로 정리해서, 이를 활용하는 방법으로 실시한다.

20) 맥스 주크(Max Juke)는 실명이 아니고 가명(假名)임. 이 가계의 종단적인 연구 결과에 의하면, 이 가계에 속해 있는 사람들은 대개 술 마시기를 좋아하고 성관계가 문란하고, 계획성이 없이 생활하면서 정규교육을 받지 못했으며, 대부분은 범죄자·알코올 중독자·매춘부 등이 된 것으로 나타났다.

이 연구보고는 유럽과 미국의 범죄연구가와 정책입안자들의 큰 관심을 끌었다. 롬브로소도 이 연구를 인용하였고, 많은 사람이 나쁜 유전적 형질이 세대를 통해 유전되는 증거라고 생각하게 되었다.

주크 가계는 범죄, 정신병, 빈곤 등 사회적 결점의 집합체로서, 유전적·생물학적 결함을 가진 완벽한 전형으로 인정되어 19세기 말에서 20세기 초반 사회과학의 역사에 상당한 사건으로 남아있다. 이는 유전적 결함이 있는 특성들을 감염시키는 유전적 힘에 대한 학문적 증거로 사용되었으며, 우생학자들이 정신박약자 등 나쁜 종자를 가진 사람에 대한 강제불임화, 뇌리전리술, 격리, 그리고 심하게는 멸종과 같은 정책을 요구하는 논거로 사용되며 20세기 초반 서구의 우생학 운동의 불쏘시개 역할을 하였다.

우생학 운동은 '적합한' 사람들이 더 많은 자녀를 가질 것과 적합하지 않은 사람들의 번식을 차단할 것을 장려한 운동이었는데. 이 운동은 1900년경 부각된 정신박약론과 어우러져 활성화되었다가, 1920년경 식기 시작했다.

고더드는 미국의 정신박약아 훈련원에서 근무하던 심리학자로서 20세기 초반 정신박약을 범죄원인화하는 운동의 선구자적 역할을 하였다. 그는 정신박약이 멘델(Greor Mendel)의 유전법칙에 따라 유전된다는 것을 증명하기 위하여 칼리카크(Kallikaks[21]))라고 이름 붙인 어떤 가계연구를 하였다. 이 연구 결과는 우생학 연구로서 「칼리카크 가계: 정신박약의 유전에 관한 연구」(The Kallikak Family: A Study in the Heredity of Feeblemindedness)라는 제목으로 출판되었다.

「칼리카크 가계」는 미국 독립전쟁 당시 살았던 한 군인을 아버지로 둔 어떤 가족으로부터 갈라져 나온 두 계보를 추적 조사한 연구이다. 마틴이라는 군인이 전쟁 중 정신박약 여인을 상대로 아이를 가지게 했고, 그로부터 이어져 내려오는 가계에서 알코올 중독자, 뇌전증 환자, 정신박약으로 범죄를 범한 사람들과 같이 범죄 성향을 가진 180명 이상의 후손들을 발견했다. 마틴(Mantin)은 전쟁이 끝나고 고향에 돌아와서 명망있는 가문의 여성과 결혼했고, 그로부터 이어져 내려온 가계에서는 높은 수준의 사회적 지위를 지니며 살아온 496명의 자손을 파악했다.

고더드는 공통 조상으로부터 퍼져나온 이 두 가계의 비교를 통해, "유전이 인간의 특성을 결정하며, 교육이나 좋은 환경은 정신박약자를 정상인으로 바꿔놓을 수 없다."고 주장했다.

---

21) 'Kallikaks'라는 말은 고더드가 만든 표현으로, '좋은(good)'을 뜻하는 그리스어와 '나쁜(bad)'을 뜻하는 그리스어를 합성하여 만들었다. '나쁜' 혈통과 '좋은' 혈통으로 구성된 가계를 상징하는 합성어를 창안한 것을 보면, 고더드는 창의적 성향이 강한 것으로 보인다.

당시 유명했던 칼리카크가의 계보도는 정신박약은 열성 단위 형질이며, 이러한 결함은 멘델의 유전법칙에 따라 유전된다는 것을 확인시켜 준 것으로 받아들여졌다. 이렇게 해서 범죄자를 정신박약자 또는 저능한 일탈자(defective delinquent)로 만드는 작업이 완료되었던 것이다.

그렇지만 이러한 정신박약론의 주장은 객관적인 IQ검사가 발달하기 이전의 연구 결과로서, 정상인과 정신박약자를 잘못 진단하는 경우가 많았던 시기에 나온 것이므로, 과학적 근거로 보기는 어렵다. 그리고 정신박약과 범죄의 인과성도 입증되지 못했다.

그렇지만, 정신박약이 범죄의 원인이고, 정신박약의 원인이 유전이라는 주장은 당시에는 사회적으로 큰 파장을 일으키기에 충분했다. 그러한 주장에 따라 미국의 인디애나주를 시작으로 정신박약자(정신지체인)에 대한 강제 불임시술이 여러 주에서 시행되었고, 1927년 미국 대법원은 버지니아주의 정신박약자에 대한 강제불임시술 처분이 합헌이라고 판시하기도 하였다. 이리하여 버지니아주의 강제불임시술정책은 1974년까지 계속되다가 그 후 강제불임시술은 인간의 존엄과 가치를 침해한다는 세계적인 비판 추세에 따라 중단하게 되었다.

고링은 세대 간의 유사함 또는 연관성의 정도를 측정하기 위한 통계방법론을 활용하여 롬브로소의 타고난 범죄자 이론을 반박하였다.

고링은 범죄의 심각성은 구금의 빈도와 구금기간으로 측정할 수 있다고 가정했다. 이러한 통계치에 따른 세대 간 또는 형제간 구금의 상관관계를 분석한 결과 그 상관관계가 높게 나타남을 확인했다.

결과적으로 심각한 범죄성은 환경적 특성에 따라 달라지는 것이 아니라 유전에 의해 결정된다는 결론에 도달했다.

따라서 고링은 범죄를 줄이려면, 유전되는 범죄적 특성을 가진 사람이 자손을 갖지 못하도록 해야 한다고 주장했다.

그러나 고링의 주장에는 몇 가지 심각한 문제점을 지니고 있었으므로 유전소질이 범죄의 중요한 원인이라는 것을 입증했다고 보기 어렵다. 고링이 환경적 영향력을 적절히 측정하지 못한 것은 일방적으로 유전의 영향력을 지나치게 강조하는 결과로 나타날 수밖에 없기 때문이다.

그 이후의 범죄인 가계 연구도 환경이 범죄에 미치는 영향을 제대로 측정하지 못하는 문제점을 극복하지 못하였다. 그 결과 대부분의 범죄학자들은 범죄연구에서 더 이상 가계연구를 통해 유전의 역할을 증명하려 시도하지 않게 되었다.

일반적으로, 범죄를 범하는 경향에서 그 가족 구성원이나 가까운 친족 사이에서 많은 유사성을 보이고 있다. 이것은 비슷한 유전요인을 공유하기 때문이라고 볼 수도 있지만, 반대로 가족 간의 비슷한 환경이 이러한 결과를 만들어 낼 수도 있다.

II. 쌍둥이(쌍생아) 연구

상습범죄인의 범죄성이 사회적·환경적 요인에 의해서인지 아니면 유전적·소질적 요인에 의해 나타나는 현상인지를 입증하기 위해서는, 환경은 비슷하지만 유전소질에 차이에 따라 범죄행동의 차이를 보이는 대상들을 비교해 보든지, 아니면 유전소질은 같은데 환경이 서로 다르게 영향을 미처 범죄행동의 차이를 나타내는 대상들을 비교해 보아야 한다.

현실적으로 이러한 연구가 가능한 조건을 갖춘 연구가 쌍둥이(쌍생아)를 대상으로 하는 연구이다.

쌍둥이는 두 종류가 있다. 일란성 쌍둥이와 이란성 쌍둥이이다.

일란성 쌍둥이는 각각의 신체를 구성하는 유전자가 100퍼센트 일치한다. 이란성 쌍둥이는 유전자가 50퍼센트만 일치하고 50퍼센트는 서로 다르다.

환경은 비슷하지만 유전소질의 차이에 따라 두 사람의 범죄행동이 다르게 나타나는 것을 입증하기 좋은 것은 이란성 쌍둥이 연구가 적합하다. 왜냐하면 환경 면에서는 유사하지만 범죄행동에 있어서는 큰 차이를 보이는 두 사람이 있다면, 이러한 차이가 환경요인이 아니라 유전요인에 의한 것이라고 할 수 있기 때문이다. 이러한 연구 조건을 갖춘 연구가 비슷한 가정환경 내에 있는 이란성 쌍둥이에 관한 연구이다.

이란성 쌍둥이는 유전자가 50% 일치하므로 일반 형제자매들처럼 유전형질은 차이가 큰데, 같은 시기에 태어나 같은 가정환경에서 성장하기 때문에 환경은 매우 유사하다.

반대로 유전요인은 같은데, 환경의 차이에 따라서 범죄행동이 다르게 나타나는 것을 관찰하기에 가장 적합한 조건을 갖춘 연구가 일란성 쌍둥이에 관한 연구이다.

일란성 쌍둥이는 유전자가 100% 일치한다. 그런데 이 일란성 쌍둥이가 젖먹이 때 각각 다른 가정에 입양되어 성장했다면 유전형질은 같은데, 환경은 큰 차이가 있다.

이러한 지식을 전제로 이전의 쌍둥이 연구를 살펴보면, 쌍둥이 연구를 통해 유전소질의 영향을 강조하는 편향을 엿볼 수 있다.

쌍둥이 연구에서의 범죄행동의 차이를 검증하기 위하여 일란성 쌍둥이와 이란성 쌍둥이 중 형제 모두가 범죄를 저지르는 정도로써 '범죄일치율'을 비교한다.

일치율의 면에서 일란성 쌍둥이의 일치율이 이란성 쌍둥이보다 높다면, 유전요인이 범죄를 범하도록 하는 데 있어서 보다 중요한 역할을 하는 것으로 설명할 수 있다.

그간 대부분의 쌍둥이 연구에 따르면 일란성 쌍둥이의 일치 정도가 이란성 쌍둥이보다 상당히 높게 나타나는 결과를 보였다. 이러한 결과들은 범죄성이 환경의 영향보다 유전의 영향이 강한 것이라는 주장의 근거가 될 수 있다.

1. 랑에(Johannes Lange)의 연구

랑에는 독일의 범죄학자로서 쌍둥이 연구를 개척하였다. 그분이 1929년 발표한 「운명으로서의 범죄」라는 연구서에 따르면, 한 형제가 범죄자이면 다른 한 형제도 범죄자일 확률은 일란성 쌍둥이(77%)가 이란성 쌍둥이(12%)보다 높게 나타났다.

이러한 결과는 범죄를 일으키는 데 있어 유전이 강력한 역할을 한다는 것을 보여주었다.

따라서 나치 범죄학자들은 이 점을 우생학적으로 이용했다.

그러나 랑에의 접근법은 범죄행동에 환경이 상대적으로 어느 정도 영향을 미쳤는지에 대하여는 설명하지 못했다.

이 결점에 대해서는 랑에도 인정했다.

또한 연구과정에서 이미 범죄를 저지른 한 명의 형제를 대상으로 다른 쌍둥이 형제가 범죄를 범했는지 여부만을 조사했기 때문에 유전의 영향을 강조하는 가설을 증명하기 위한 대표성 있는 연구라고 보기는 어렵고, 제한적인 연구에 그쳤다는 비판을 받았다.

2. 크리스티안센(K. O. Christiansen)의 연구

덴마크 범죄학자 크리스티안센은 랑에 연구의 한계를 보완하기 위해 더 넓은 표본을 대상으로 삼았다. 이 연구에 따르면, 일란성 쌍둥이의 범죄일치율은 35.8%로 나타났고, 이란성 쌍둥이의 일치율이 12.3%에 그쳤다.

크리스티안센은 "이러한 결과가 유전적 요인에서만 영향을 받았다고 할 수 없다."라는 점을 인정했으나, 일란성 쌍둥이는 성장환경이 비슷한 경우가 많기 때문에 이러한 환경요인을 제대로 반영해야 하는데, 그 점을 충분히 반영하지 못했다는 비판은 여전히 남아 있었다.

3. 달가드(Dalgard)와 크링렌(Kringlen)의 연구

노르웨이의 범죄학자 달가드와 크링렌은 쌍둥이 연구를 통해 "범죄발생과정에서 유전적 요인의 중요성은 존재하지 않는다."라는 주장을 하였다는 점에서 주목을 받았다.

그분들은 139쌍의 남자 쌍둥이를 대상으로 범죄 일치율을 분석했는데, 일란성 쌍둥이 범죄일치율이 유의미한 정도로 높게 나타나지 않았다. 따라서 "유전이 환경보다 중요하다고 단정할 수는 없다."라고 주장했다.

4. 쌍둥이 연구에 대한 종합적 평가

이후 수많은 쌍둥이 연구가 뒤미처 이루어졌다.

그러한 연구 중에는 특별한 고려 없이 일란성 쌍둥이와 이란성 쌍둥이의 범죄행동을 비교하는 연구도 있었고, 일란성 쌍둥이와 이란성 쌍둥이가 어렸을 때 따로 떨어져 양육되었던 경우를 대상으로 환경이 미치는 영향에 중점을 둔 연구도 있었다. 이러한 연구 중 대부분의 연구는 비슷한 결론에 도달했다.

그 결론이란 유전자라는 형질의 본성(Nature)이 범죄행동에 영향을 미치지만, 가정환경이라는 형태의 양육(Nurture) 역시 범죄적 성향에 영향을 미친다는 것이었다.

그렇지만 그간의 쌍둥이 연구는 편중된 표본 선정, 일란성 쌍둥이 여부에 대한 부정확한 확인, 공식적인 통계만을 자료로 하는 부적절한 통계방법론 사용 등에 관한 문제를 완전히 극복하지 못한 한계가 있다.[22)]

그리하여 그 뒤 범죄학자들은 입양아 연구에 관심을 갖는 경향을 보였다.

쌍둥이 연구결과에 대해 범죄일치율의 관점에서 보면 유전소질이 중요하게 생각될 수 있으나, 일란성 쌍둥이의 불일치율의 관점에서 본다면 환경의 중요성이 인식될 수 있다.

쌍둥이 연구에서 일치율보다 불일치율이 항상 더 높게 나온 것은 결국 생물학적·유전적 소질만으로는 범죄성향을 충분히 설명할 수 없다는 한계를 입증하는 것이라고 볼 수 있다.

---

22) The Criminal Brain, 218면 이하.

III. 입양아(양자) 연구

입양아(양자) 연구는 쌍둥이 연구방식에 따르는 대신, 생물학적 가족(친생가족)으로부터 헤어져 입양된 아이들의 범죄율을 조사함으로써 쌍둥이 연구에서 나타나는, '같은 환경으로부터 나오는 문제'를 피했다.

친생자가 아닌 입양아를 연구하는 것은 인간행동에 영향을 미치는 유전의 영향을 분석하는 또 다른 방법이라는 의미가 있다.

입양아 연구는 양자를 대상으로 삼아 그의 친생부(실부)와 양부의 범죄성을 상호 비교하는 방법이다.

범죄를 범한 양자의 양쪽 부모를 조사한 결과, 친생부 중에서 범죄를 범한 비율이 양부 중에서 범죄를 범한 비율보다 높다면, 타고난 유전소질이 후천적 양육 환경보다 더 큰 영향을 미쳤다고 볼 수 있는 근거가 된다.

1. 슐싱어(F. Schulsinger)의 연구

유전성의 영향이 정신질환에 미치는 영향을 분석하기 위하여 처음으로 입양아 연구를 한 사람은 슐싱어이다.

슐싱어의 연구결과에 따르면, 알코올 등 약물 중독·범죄경력 등의 문제가 있는 친생부의 비율이 정신질환 양자 중에서는 14.4% 나타났고, 정신질환이 없는 양자 중에서는 6.7% 나타났다.

이러한 분석결과를 근거로 슐싱어는 정신질환과 같은 생물학적 결함이 혈연을 통하여 유전적으로 전수된다고 주장하였다.

그렇지만 신체적 결함과 정신적 결함을 명확하게 나눌 수 없었고, 이러한 결함이 곧 범죄성의 유전을 증명하는 근거로 보기는 어렵다는 비판이 있다.

2. 크로(R. Crowe)의 연구

크로는 양자들을 중심을 친생부와 양부를 관찰하는 슐싱어의 방법과는 반대로, 어머니가 범죄자였던 양자를 대상으로 연구하였다.

52명을 표본으로 분석해본 결과, 범죄자였던 생모에게서 태어났던 양자 중 25명이 범죄와 관련되어 있었고, 범죄자가 아닌 생모로부터 태어난 양자 중에는 단지 3명만 범죄와 연관되어 있었다.

따라서 이 연구를 통해서도 범죄성에 유전이 더 중요한 영향을 미치는 것으로 확인되었다.

3. 메드닉(Sarnoff Mednick)의 연구

가장 유명한 입양아 연구로 알려진 메드닉과 허칭스(Hutchings) 등 동료들의 입양아 연구 결과가 1984년 출판되었다.

이 연구는 유럽에서도 동일 민족의 비중이 높은 편이며, 시민들에 대한 기록을 잘 보관하고 있었던 덴마크의 기록을 활용하였다.

메드닉 등의 주된 연구주제는 '생물학적 부모에게 범죄전과가 있으면, 떨어져 양육되는 아이가 범죄를 범할 가능성이 올라갈까?'였다. 남자 양자에 관한 기록을 분석한 결과 다음과 같았다.

- 생물학적 친생부모와 입양한 양부모 모두 전과가 없는 경우, 13.5%의 양자가 범죄자였다. 이 경우 양자의 공식적 범죄기록 비율이 가장 낮다.
- 양부모는 전과 있지만 친생부모가 전과 없는 경우, 14.7%의 양자가 범죄를 저질렀다.
- 양부모 전과 없음과 친생부모 전과 있음의 경우 20%의 양자가 범죄를 저질렀다. 친생부모만 전과 있는 경우가 양부모만 범죄경력이 있는 경우보다 양자의 범죄를 범할 가능성이 높다는 것이 후속 연구에서도 확인되었다.
- 양쪽 모두 전과가 있는 경우에는 24.5%의 양자가 범죄를 저질렀다. 이 경우 양자의 공식적 범죄기록 비율이 가장 높다.

위의 통계치는 친생부모와 양부모 모두 전과가 있는 경우조차 양자는 범죄를 저지르지 않은 비율이 75% 이상이었으므로 훨씬 강한 환경적 영향이 있음을 가리키고 있지만, 메드닉은 이러한 통계치가 범죄행동에 유전적 영향도 있다는 주장을 뒷받침하는 논거라고 결론을 내렸다.

이 연구에서는 친생부의 범죄전과 유무에 따라 양자들의 범죄 정도가 상당히 달라진다는 것이 확인되었으므로, 범죄 발생에 유전성이 어느 정도 영향을 미친다고 할 수 있기 때문이다.

매드닉의 연구가 대표적인 입양아 연구이기는 하지만, 이 연구 역시 다음과 같은 비판을 받고 있다.

첫째, 이 연구는 생물학적 요인이기는 하지만 유전적 요인이 아닌 출산 전후의 손상과 같은 문제를 고려하지 않았다.

둘째, 환경의 영향이 연령단계에 따라 다르듯이, 유전가능성(heritability)의 영향이 연령에 따라 다르지만, 이 연구는 개인의 유전적 기질이 고정된다고 가정하였다.

셋째, 오늘날의 연구성과는 환경과 유전이 상호작용하면서 인간행동에 영향을 미친다는 것이 일반적인데, 이 두 요소를 독립적인 것으로 가정하였다.

즉, 이 연구자들은 '본성 대 양육'이라는 이분법적인 관점에서 벗어나지 못하면서 이 연구를 수행했다.

이 점이 현재 행동유전학의 관점에서 가장 큰 비판을 받고 있다.

현재 환경을 염두에 두는 행동유전학 이론들은 같은 유전자라도 상황에 따라 사람마다 다른 행동을 유발할 수 있다고 본다.

범죄 성향이 강한 유전자를 지닌 사람들은 범죄를 더욱 쉽게 저지르지만, 누구도 범죄자가 될 운명을 가지고 태어나는 것은 아니다.

일부 범죄유형에 유전이 강한 영향을 미친다는 것이 미네소타 쌍둥이 가족연구(Minnesota Twin Family Study)로부터 나왔고, 이 연구를 통해 '일찍부터 비행을 시작하는 사람들' 또는 '생애지속형 범죄자'가 '비행을 늦게 시작하는 사람들' 또는 '청소년기 한정형 범죄자'보다 유전적 요인의 영향을 많이 받는다는 것도 발견되었다.

이러한 연구결과들은 유전적 요인이 심각한 범죄를 설명하는 데 도움이 된다는 모피트(Terri Moffitt)의 '생애지속형 범죄자 이론'[23]을 크게 뒷받침하고 있지만, 모피트가 말했듯이 "본성은 양육을 통해 작동한다."라고 보는 것이 오늘날의 일반적인 입장이다.

넷째, 미국의 범죄학자 고트(갓)프레드슨과 허쉬(Gottfredson and Hirschi)가 메드닉의 연구결과를 다시 확인하기 위하여 1990년 시행한 스웨덴과 미국의 입양아 연구 결과에 따르면, 실제로는 유전적 특성으로 볼 수 있는 자녀의 범죄성이 매우 작아 통계적으로 의미없는 차이만 발견된다.

이분들은 친생부의 범죄성과 양자의 범죄성 간의 상관관계는 0.03 정도로 추정했고, "입양아 연구에서 나타난 '유전적 효과'의 크기는 거의 0(zero)에 가깝다."라는 주장을 했다.[24]

23) 1993년 모피트(Moffitt)가 청소년기 한정형범죄자와 생애 지속형 범죄자를 구분한 논문을 출판한 것은 생물사회학적 범죄이론의 발전에 중대한 전환점이 되었다.

24) Criminological Theories, 2017, 105면 이하.

Ⅳ. 성(性)염색체 이상과 범죄성(犯罪性)과의 관련 연구

1960년대 유전학적 접근법이 미국에서 되살아나는 계기로서 상당한 기여를 한 것이, '엄청나게 공격적인 남성은 XYY 성염색체 배열을 갖는다.'라는 사실에 대한 발견이었다. 이 사실의 발견은 1960년대 미국의 유전학계를 열광시켰었다.

인간의 정상적인 성(性)염색체는 남성은 XY, 여성은 XX이다.

정상적인 염색체에 비하여 성염색체 이상의 형태로는 1) XXY형(클라인펠터 증후군), 2) XYY형, 3) XXX(트리플 X형 증후군), 4) XO(터너 증후군) 등 다양한 유형이 있다.

범죄와 관련되어 문제시되었던 것은 XYY형과 XXY형이었다.

성염색체 이상의 범죄성과 상관관계가 있다는 가설을 증명하는 연구는 1959년 제이콥(P. A. Jacobs)과 스트롱(J. A. Strong)에 의하여 시도되었다.

1. 클라인펠터(Kleinfelter) 증후군(Sydrome)

XXY성염색체 보유자는 여성형 남성으로서, 외모는 남성이지만, 신체적 특징으로는 여성적인 특징이 많이 나타난다. 또한 심리적인 측면에서도 여러 장애 징후를 지닌 것으로 알려졌었다.

클라인펠트에 의해 처음 발견된 클라인펠터 증후군은 그 신체적 특성에서 성범죄, 절도 등을 저지를 가능성이 높다는 주장이 제기되었다.

그렇지만 그 관련성을 뒷받침하는 연구는 현재까지 존재하지 않는다. 다만, 지능이 낮고 사회성이 미숙하고 자신감이 결여되기 쉬운 심리적 특성과 연관해서는 범죄와의 관련성에 대해서 이를 인정하는 견해가 있다.

일본에서는 클라인펠터 증후군과 책임능력의 감소 인정여부와 관련해서 재판에서 여러 번 쟁점이 된 적이 있다.

일본 지방법원의 판례에 따르면, 남자아이 2명을 살해하고 형을 집행받은 후 출소한 클라인펠터 증후군 남성이 또다시 남자아이 살인 미수를 범했다.

이 사건에서 법원은 "피고인은 클라인펠터 증후군에 의한 지적장애 및 현저한 이상성격 등으로 인해 범행시 심신미약 상태에 있었다."고 인정하고 책임 감경으로 판결했다.[25)]

이 판례를 분석해보면, 이 판결이 클라인펠터 증후군과 책임능력 감경과의 관련

25) 東京地判 昭和 60·9·14 判時 1173호 157면.

성을 직접 인정하였다고 보기 어렵다. 본 판결은 비정상적인 성염색체를 가지는 것 자체를 책임능력 판단근거로 고려한 것이 아니라, 그것에서 비롯되어 나타나는 지적장애나 이상성격을 책임능력에 영향을 미친 생물학적 요인으로서 인정한 것에 지나지 않는다.[26)]

2. XYY형(초(超)남성형) 성염색체 이상

XYY형 증후군은 정상적인 남성과 달리 키가 더 크고, 지능지수가 낮으며, 폭력범죄를 저지르는 경향이 있고, 여드름과 인격장애로 시달린다는 보고가 있었다.

이러한 주장은 1960년대에 미국을 중심으로 많은 연구가 이루어졌다.

여러 연구는 키에 관한 것을 제외하고는 그러한 주장이 사실이라는 것을 증명하는 데 실패했다.

이러한 연구는 매우 선택적으로 추출된 수형자들을 대상으로, 또는 매우 희귀한 극소수의 XYY 염색체를 가진 남성들만을 대상을 이루어졌으므로 보편적인 연구를 할 수 없었다.

그리고 1970년 이후의 연구에 따르면, XYY형 염색체 보유자의 공격성 및 범죄적 특성 등에 관한 주장 대부분이 부정되었다.

이에 따라 이와 같은 연구는 점차 수그러들었고 현재는 의미 없는 연구로 기억되고 있을 뿐이다. 실제 XYY형 염색체 보유자인 경우에도 범죄자보다 준법시민이 더 많다.

---

26) 「일본의 형사정책」, 川出敏裕 저, 금용명·장응혁·안성훈 역, 2020, 12면.

CHAPTER 02

환경적으로 유도되는 생물학적 요인들은 어떻게 작용하는가?

[제1절] 현대의 범죄생물학적 이론과 생물사회학적 범죄학

사람은 생리적으로 구성된 생명체이다. 사람의 행동은 생물학적 요소의 발현이다. 그렇지만, 똑같은 생물학적 요소라도 똑같은 결과로 발현하지 않는다.

생물학적 발현과정에는 외부의 환경적 요소가 융합되기 때문에 발현 결과는 다양하다. 생물학적 요소와 환경적 요소는 상호작용하여 다양한 결과를 만들어낸다.

일반적으로 유전되는 것은 구체적 행동이 아니고 개인이 환경에 반응하는 방식이다.

범행을 포함한 인간 행동도 기질·행동 성향 등 생물학적 본성과 환경적 양육의 상호작용적 결과물이다.

인간의 순응적 행동이든 일탈적 행동이든 인간유기체의 생물학적 구성요인과 물리적·사회적 환경과의 상호작용의 결과로 발생한다.

"천성(본성, Nature)과 양육(Nurture)이 배타적으로 대립하는 것이 아니라, 다만 양육을 통한 천성(본성)만이 존재한다."[27)]

그러므로 특정 범행이 유전적으로 결정되거나 생물학적 법칙으로 예정되는 일은 없고, 범행을 유발하는 유일한 유전자도 존재하지 않는다.

범죄행위의 가능성과 감수성이 생물학적 요인에 의해 유발될 수는 있다. 그렇지만 이러한 잠재력이 실제로 현실적인 행동으로 발현될 가능성은 개인의 성장·생활 조건에 따라 다양하게 나타난다.

27) Anthony Walsh, Biosocial Criminology, 2002, 29면 이하.

오늘날의 범죄학에서는 생물학적 요인들 가운데 그 어느 것도 그것이 확고부동하게 범죄를 발생시키는 요소라고 보는 것은 없다(생물학적 결정론 불인정).

어떤 생물학적 요소가 물리적·사회적 환경과 상호작용하면서 영향을 주고받는다는 것만 인정하고 있다.

따라서 오늘날의 범죄행위 설명은 복잡하게 짜인 사회체계 내에서 작동하는 유전소질, 뇌기능, 신경체계, 영양상태, 생화학 작용, 호르몬 그리고 사회적 학습 요인들 간의 상호작용을 포함하고 있다.

정교한 수준의 생물사회학적 패러다임에서는 비행과 범죄의 발생 가능성을 증가시킬 수 있는 여러 생물학적 위험요인들을 중심으로 반사회적 행위를 분석하되, 이와 함께 부정적 환경조건과 생물학적 요인들이 결부되는 상황에 주목한다.

인간 존재의 근원이 되는 생물학에 바탕을 둔 범죄이론의 주된 쟁점은, 초기의 타고난 범죄인(born criminal)의 신체적 특징·체형·정신박약·신체적 결함과 신체의 구성에 대한 관심에서 남성·여성 호르몬의 균형, 신진대사 등에 관한 생화학과 뇌기능·중추 및 자율신경계, 생리적 자극수준, 신경전달물질에 관한 신경생리학을 포함하는 신경생물학 그리고 행동유전학·분자유전학 등 유전학 및 진화심리학으로 옮겨졌다.

20세기 후반 30년 동안 아주 폭넓게 사회과학은 쇠퇴하고 자연과학은 크게 번성하였다. 이러한 흐름을 배경으로 21세기에 들어서면서 생물사회학적 범죄이론은 미국의 범죄학계에서 범죄학자가 인정하고 신뢰하는 상위 그룹의 이론으로 자리잡고 있다.[28)]

생물학이 배제되고 있던 1950·60년대에 영국의 심리학자 아이센크(Hans Eysenck)는 1964년 「범죄와 성격」(Crime and Personality)을 출간하여 '생물사회학성'이라는 개념, 즉 생물학적 요소와 환경적 요소 사이의 상호작용개념을 제시하였다.

그 후 1975년 미국의 생물학자 에드워드 오스본 윌슨(Edward Osborne Wilson)은 「사회생물학」(Sociobiology)을 출간하여 큰 관심을 끌었다. 이 책은 이타적 행위를 포함한 모든 사회적 행동의 근원이 생물학에 있다고 주장하면서 유명해졌다.

생물사회학적 범죄이론과 관련해서는 미국의 유명한 범죄학자 제프리(C. Ray Jeffery)가 「생물학과 범죄」(Biology and Crime)를 출간했다. 제프리는 비록 뇌기능과 같은 생물학적 원인을 강조하고 사회적 요인의 중요성에 대하여는 큰 의미를 부여하지는 않지만, 범죄행위가 생물학적 요인, 행위요인, 환경 간 상호작용의 결과라고 주장했다.

28) Ronald L. Akers, Criminological Theoris, 92면.

범죄학분야에서 생물학적 해석으로의 전환과 함께 나타났던 것은, 범죄 위험에 대한 염려로 인해 미래의 해악을 예방하는 것으로의 방향 전환이었다. 예방(보안)에 대한 관심은 과거 우생학 운동 시기에도 있었던 현상이지만, 오늘날 새로운 예방론자들은 단종(斷種)과 같은 우생학적인 조치와 근거에는 관심을 두지 않으면서도 심각한 범죄자뿐만 아니라 가벼운 상습범에 대해서까지 무능력화하는 것에 높은 관심을 보이고 있다. 이러한 범죄학의 흐름에 대해 범죄이론가들은, 현대의 범죄학은 '예방의 국면'의 단계에 도달하였다고 평하고 있다.

제2절 생화학 조건과 범죄[29)]

생화학(生化學)은 생물체의 구성물질 및 생물체 안에서의 화학반응 따위를 탐구하고, 생명현상을 화학적으로 연구하는 학문이다.

인체의 생화학적 조건을 결정하는 생화학물이란 신체의 내분비선에서 생성되는 각종 분비물을 말한다. 인체 내에서 생화학물질을 생성하는 내분비선의 기능장애와 이로 인한 생화학적 불균형상태가 사람들의 신체반응이나 정신활동 등에 중요한 영향을 줄 수 있다는 주장이 20세기에 들어서면서 인체생리학자나 생물학자들에 의해 제기되었다.

생화학 조건이 범죄와 어떻게 관련되는지 연구하는 이론가들은 유전적으로 이미 결정되어 있는 생화학적 요소 및 음식과 환경에서 얻게 되는 생화학적 조건이 반사회적 행동(범죄)을 조종하며 직·간접적으로 영향을 미치고 있다고 본다. 다시 말해, 몸 안의 화학적 결핍이나 불균형이 사람들의 사고 양태와 행동통제에 영향을 미치고, 이러한 상태가 반사회적·일탈적 행동을 유발한다는 것이다.

호르몬과 신경전달물질이 범죄에 미치는 영향을 탐구하는 신경화학 분야와 음식과 범죄, 환경오염물질과 범죄 등에 관한 연구들을 통하여 그 문제점과 대응 방안을 생각해 보자.

29) Larry J. Siegel, Criminology: Theories, patterns, and Typologies, 2010, 135면 이하.

Ⅰ. 호르몬 균형과 범죄

세포들 사이에 화학적 메신저인 호르몬은 신체의 성장을 촉진·억제하고, 면역계를 통제하는 등 몸에서 여러 기능을 한다. 범죄학자들은 생식계를 조절하는 성호르몬인 여성호르몬과 남성호르몬인 테스토스테론(testosterone)의 범죄 유발 가능성에 큰 관심을 가졌다.

1. 테스토스테론과 범죄

테스토스테론은 반사회적이고 공격적인 행위와 연관하여 범죄학에서 연구되는 경향이다.

이와 관련한 연구패턴 중 하나는 여성보다 남성이 범죄율이 높은 것과 관련시키는 연구이고, 다른 하나는 남성호르몬이 가장 많이 생성되는 기간인 10대에 남성의 범죄율이 가장 높게 나타나는 것과 관련된 연구이다.

미국의 몇몇 연구에서는 백인 남성보다 흑인 남성의 테스토스테론 수치가 높다는 것을 발견하고, 이는 폭력하위문화 속에서 사는 사람들 중에서도 흑인 남성의 폭력범죄율이 더 높은 이유를 설명하는 논거로 사용되기도 한다.

현재, 테스토스테론이 범죄행위의 직접 원인이라는 것을 주장하는 검증된 범죄이론은 없다.

테스토스테론은 남성호르몬으로 확인되기 때문에, 이 호르몬은 남성의 공격성과 폭력성에 작용한다는 가설이 제기되고 있다.

테스토스테론과 범죄의 상관성을 보여주는 증거는 성범죄자 남성에게 테스토스테론을 억제하는 약물을 주입하는 '화학적 거세'를 한 결과, 몇몇 사례에서 재범이 줄어들었다는 연구이다.

현재 테스토스테론 수준이 성적 활동을 증가시키는 데 영향을 미친다는 것은 어느 정도 인정되고 있다.

그렇지만, 테스토스테론 분비량이 많은 소년이 필연적으로 더 공격적인 것은 아니라는 사례들도 많이 발견되고 있으므로 테스토스테론과 폭력범죄의 상관성은 크지 않다고 본다.

또한 테스토스테론의 수치가 폭력하위문화에 참여하였을 때나 범죄행위를 하는 동안에 높아진다는 연구도 있다.

따라서 성호르몬과 범죄 사이의 관계에는 생물학적 요인뿐만 아니라 사회적 요인도 수반되는 상당히 복잡한 관계임을 알 수 있다.

2. 여성호르몬과 범죄

여성 중 일부는 월경 전후에 있는 비정상적인 호르몬 수치의 변화로 인하여 생화학적 불균형으로 인한 짜증·우울·비이성적 성향이 증가하고, 이와 관련된 범죄와 어느 정도 연관이 있다는 조사결과가 있다.

보통 월경 전 긴장 또는 월경긴장(menstral tension)으로 불리는 이와 같은 상태로 말미암아 범죄를 저지르거나 비정상적인 행동을 하는 사례가 종종 보고되기도 한다.

월경을 범죄와 연결시키려는 연구의 대표자는 영국의 여의사 돌턴(Katharina Dolton)이다. 이분은 교도소에 수용된 여성 수형자들과 인터뷰를 통해, 월경 전·후 기간 동안 저지른 범죄로 형을 선고받은 여성범죄자가 수용자 중 절반에 달한다고 집계했다.

이러한 발견으로 그녀는 범죄와 월경 사이에는 연관성이 있다고 가정하게 되었다.

그러나 다른 조사에서는 범죄와 월경 사이의 연관성이 그렇게 명확하지 않게 나타났다.

영국법원은 1980년에 4건의 사례에서 월경 전 증후군을 형 경감 요인으로 인정한 바 있다. 그러나 미국의 법원이나 우리나라 법원에서는 그러한 사례를 찾기 어렵다.

이처럼 법원에서도 형 경감 요인으로 받아들이지 않고, 월경 전 또는 월경긴장과 같은 증후군이 기껏해야 범죄의 극히 일부분만 설명할 수 있다는 것이 밝혀지면서 월경과 범죄에 관한 연구는 내리막길을 걷게 되었다.

호르몬 수치의 변화 자체가 직접적으로 범죄를 발생시킨다는 주장은 인정되지 않는다. 그러한 상태는 단지 다른 요인들과 상호작용함으로써 범행의 가능성을 높일 수 있다는 것이 인정되고 있을 뿐이다.

Ⅱ. 신경전달물질과 범죄

신경전달물질은 뇌가 생산하는 화학물질이다. 이것은 뇌 속에서 전기적인 자극을 전파(전달)하는 기능을 하므로 뇌의 정보처리에 있어서 매우 중요하다. 그러므로 인지결함과도 연관된다.

일반적으로 신경전달 화학물질은 반사회적 행위를 포함하여 모든 행위의 기본요소가 된다.

20세기 중반에는 호르몬을 통해 범죄행동을 설명하는 분야가 크게 주목을 받았지만,

20세기 후반 이후 현재는 신경전달물질 연구로 대체되는 경향이다.

현재 100개 이상의 신경전달물질이 알려져 있지만 최근의 여러 연구는 (1) 세로토닌, (2) 도파민, (3) 노르에피네프린, (4) 모노아민 산화효소(MAO)의 비정상적 수준이 반사회적 행위(범죄)와 연관 있다는 주장이 제기되고 있다.

(1) 세로토닌에 대한 신경화학적 연구는 범죄자뿐만 아니라 우울증 및 조현병(調絃病) 환자를 포함한 반사회적 성향의 사람들의 세로토닌 수치가 정상보다 낮다는 사실을 발견했다.
이와 같은 경우에 공격성뿐만 아니라 충동성도 높인다.
핀란드의 상습폭력범에 대한 최근 연구에서도 낮은 세로토닌 수준이 충동성 통제를 약화시키고 과잉행동 경향을 촉진하는 것을 보여주었다.
그간 여러 연구를 통하여 평균적으로 반사회적 성향의 사람들이 일반인보다 훨씬 낮은 수치의 세로토닌을 가지고 있다는 것을 확인했다. 또한 세로토닌 농도와 충동적·자살적 행동 사이에는 반비례 관계에 있다는 연구들도 있다.

(2) 도파민은 성인 주의력 결핍 장애, 약물 중독, 공격적인 행동에 어떤 기능을 하는 것으로 알려졌다. 그러나 그런 기능의 본질에 대해서는 아직 충분히 해명되지 않고 있다.

(3) 노르에피네프린은 충동성, 감각 추구, 공격성과 관련된다. 도파민과 노르에피네프린이 비정상적으로 많거나 적을 때뿐만 아니라 이 두 물질 및 세로토닌 사이의 균형이 무너질 때도 문제가 생겨난다. 어느 연구에 의하면 그러한 불균형이 생기면 성적 일탈행위를 저지를 가능성을 높인다고 한다.[30)]

(4) 모노아민 산화효소(MAO)는 유전적으로 암호화된 산화효소로서, 이 효소에 의해 신경전달물질이 뇌에서 대사작용을 하게 된다. 모노아민 산화효소는 신경전달물질의 대사작용이 이루어지게 하는 역할을 하기 때문에, 만약 산화효소의 수준이 과도하게 높거나 낮을 경우에는 행위에 영향을 미칠 수 있다.

모노아민 산화효소의 공급부족으로 모노아민 산화효소의 농도가 낮아지면 매우 높은 수준의 도파민과 노르에피네프린의 수치를 유발해서 낮은 자기통제, 충동성, 공격성, 마약사용, 자극 추구와 위험 감수, 처벌 위협 무시, 낮은 학업 성적 등을 야기해 폭력범죄와 재산범죄를 저지를 가능성을 높인다는 주장이 있다.

비정상적인 수준의 모노아민 산화효소는 개인의 범죄율 차이뿐만 아니라 집단 사이의 차이를 설명해 줄 수도 있다. 예를 들면, 여성은 남성보다 더 높은 수준의 모노아민 산화효소의 수준을 보이고, 남성은 낮은 수준의 산화효소의 수준을 보이

30) Laurence. Tancredi, Hardwired Behavior, 2005, 110면.

는데, 이러한 생리적 조건이 남자와 여자의 범죄율 차이를 설명하는 하나의 근거가 될 수 있다.

뇌 속의 화학물질과 관련된 흥미로운 연구를 하나 더 소개한다.

뇌와 신경계는 아편·모르핀 등과 화학적으로 비슷한 기능을 하는 천연 마약을 생산할 수 있다고 한다. 그런데 범죄나 금지된 행위 등 스릴 넘치는 행동을 할 때 이러한 천연 마약을 더 많이 생산하도록 한다는 주장이 있다.

그 결과 그러한 행위들이 신바람 나게 하는 경험으로 인식되고, 그래서 범죄성향을 긍정적으로 강화하는 요인이 되며, 범행 시 기분이 고조 상태에 이르기도 한다는 것이다.[31)]

따라서 뇌는 위험을 감수하는 것에 대한 보상으로 그러한 행위를 할 때 자연적 쾌감을 불러일으킨다. 이에 따라 어떤 사람은 쾌속 질주·암벽등반·스카이다이빙 등을 통해 쾌감을 얻는 반면, 어떤 사람은 화성연쇄살인범처럼 성폭행 살인범죄를 저지르기도 한다는 것이다.

이러한 연구들을 통해 유전적 요인은, 인간행위에 영향을 주는 환경의 영향력을 완화시키거나 강화시킬 수 있음을 알게 되었다. 그리고 어떤 사람은 반사회적 행동(범죄)이 사회환경적 영향보다는 의사결정과 충동 통제에 미치는 뇌의 영향에 따라 결정될 수도 있다는 것도 이해할 수 있게 되었다.

뇌의 화학물질과 범죄의 연관성이 발견되었으므로, 이에 따라 폭력적 성향이 있는 사람을 세로토닌이나 도파민 같은 신경전달물질의 수준을 조절하는 향정신성 의약품으로 치료하는 경우도 늘고 있다.

이러한 처우방법을 '화학적 제지'(chemical restraints) 또는 '화학적 보호복'(chemical straitjackets)이라고 부른다. 특히 성범죄자에 대해서는 '화학적 거세'(chemical castration)가 세계적으로 널리 시행되고 있다.

화학적 거세는 성범죄자의 성욕을 억제시켜 재범을 방지하기 위해 향정신성 약물을 주입하는 제도이다. 성 충동 약물치료는 주기적으로 약물을 투입하여 남성호르몬 생성을 억제하여 성욕을 감퇴시키는 방법이므로, 수술로 고환을 제거하는 '물리적 거세'와 구분된다.

---

31) Walter Gove and Charles Wilmoth, "Risk, Crime and Neurophysiologic Highs: A Consideration of Brain Processes that May Reinforce Delinquent and Criminal Behavior," in Crime in Biological Contexts, 261~293면.
Larry J. Siegel, Criminology: Theories, Patterns, and Typologies, 2010, 130 ~ 131면.

우리나라의 경우 2011년에 「성폭력범죄자의 성충동 약물치료에 관한 법률」이 제정되어 아시아에서는 최초로 화학적 거세제도를 도입하였다.

현재 세계적으로는 미국의 8개 주, 독일, 스웨덴, 폴란드 등의 국가에서 시행하고 있다. 이러한 성 충동 치료제도는 대부분의 국가에서 범죄자 본인의 동의를 받아 시행하고 있다.

현재 우리나라에서는 법원의 판결에 따라 성 충동 약물치료를 강제 시행하는 제도와 범죄자 본인의 동의에 따라 법원의 결정으로 시행하는 방법이 실시되고 있다.[32)]

이 성 충동 약물치료명령제도는 2011년 처음 시행할 때에는 16세 이하 아동을 대상으로 한 성범죄자에 대해서만 적용하도록 하였으나, 2013년 개정을 통해 16세 이하로 한정된 피해자의 연령제한이 폐지되어 현재는 대상 피해자의 나이와 상관없이 19세 이상의 성폭력 범죄자를 대상으로 15년의 범위에서 실시하고 있다.

Ⅲ. 음식과 범죄

생화학적 조건이 사람의 행동에 영향을 미칠 수 있다면, 음식물 섭취가 범죄성과 연관될 수 있다는 가설을 세울 수 있다.

연구에 따르면, 나트륨·아미노산 등을 포함하는 특정 화학물질과 무기질의 섭취 부족이 조울증, 기억상실, 인지적 문제 야기, 비정상적 성적 행동을 야기한다고 한다.

식품 색소나 감미료와 같이 해로운 화학식품 과다 섭취는 공격적·충동적·반사회적 성향을 높인다는 보고도 있다.

범죄생물학자 중에는 음식물과 공격성의 상관관계를 인정하면서, 폭력적·공격적·일탈적 성향이 강한 사람들의 일부는 부적절한 음식 섭취 등으로 인한 비타민이나 무기질의 불균형이 그들의 반사회적 행동의 주된 원인이 되고 있다고 주장한다.

그들은 음식물의 섭취를 적절하게 개선한다면 상당수의 폭력범죄를 감소시킬

---

32) 「성폭력범죄자의 성충동 약물치료에 관한 법률」 제 4조에서 제8조 및 제 22조 참조.
검사는 사람에 대하여 성폭력범죄를 저지른 성도착증 환자로서 성폭력범죄를 다시 범할 위험이 있다고 인정되는 19세 이상의 사람에 대하여 약물치료명령을 법원에 청구할 수 있다(제4조 1항). 법원은 치료명령청구가 이유 있다고 인정하는 때에는 15년의 범위에서 치료기간을 정하여 판결로 치료명령을 선고하여야 한다(제8조 제1항). 검사는 판결로 치료명령이 선고되지 아니한 수형자 중 성도착증 환자로서 성폭력범죄를 다시 범할 위험성이 인정되고 약물치료를 받는 것을 동의하는 사람에 대하여 관할 지방법원에 치료명령을 청구할 수 있다(제22조 제1항). 법원은 이 치료명령청구가 이유 있다고 인정하는 때에는 결정으로 치료명령을 고지하여야 한다(같은 조 제2항).

수 있다고 주장한다.

탄수화물과 당의 과다 섭취와 반사회적·일탈적 행동의 관련성에 관한 연구도 있었다.

아이들의 음식물을 탄산음료 등 단 음료에서 천연과일주스로, 설탕을 꿀로 대체시킨 실험에서는, 그 결과가 아이들의 공격성의 수준을 낮추는 것으로 나타났다.

그러나 그 후 여러 연구에서는 당 소비와 폭력성 사이의 관련성은 찾아내지 못했다.

오히려 당 섭취가 폭력성을 낮추는데 기여할 수 있다는 연구결과도 있다.

당 섭취와 폭력성의 관련성에 대하여는 아직까지는 그것을 일관되게 인정할 수준의 객관적 연구결과는 없다.

Ⅳ. 저혈당증과 범죄

정상인에게 혈당은 에너지의 주요 공급원이 된다. 저혈당증이란 여러 가지 원인에 의하여 혈당이 정상수치 이하로 감소함으로써, 신체기관에 공급되는 포도당의 양이 감소하고 다양한 증상을 나타내는 상태를 뜻한다.

뇌 신경계는 혈당 부족에 민감하다. 혈중 포도당이 정상수치 이하로 되면, 저혈당증을 극복하기 위해 교감신경이 항진되어 혈압 상승, 가슴 두근거림, 떨림이 발생하고, 식은 땀·공복감 등이 발생할 수 있으며, 심해지면 참을성이 없고 성질이 조급해지는 성마름, 불안, 우울, 의식소실 등이 나타난다.

연구에 따르면, 저혈당증 상태가 지속되면, 그로 인해 약물 남용·폭력행위 등 반사회적 행동으로 연결될 수 있다고 한다. 저혈당증이 폭행이나 치명적인 성범죄와 연관이 있다는 연구도 있다.

범죄행위의 전과가 있는 사람들을 대상으로 저혈당증의 비율을 조사하는 연구도 있었다.

교정시설의 수용자에 대한 연구는 그들이 정상인보다 높은(나쁜) 수준의 저혈당증 보유비율을 지니고 있는 사실을 발견했다.

습관적으로 폭력적이고 충동적인 집단에서도 유의미하게 저혈당의 수준이 높게 나타난다는(나쁘다는) 연구결과도 있다.

V. 영양 결핍, 무기질의 불균형과 범죄

20세기 후반 생물사회학적 범죄이론가 중에는 영양 결핍·무기질의 불균형 등이 감각에 중대한 장애를 일으키고, 이로 인해 때때로 폭력적인 자기파괴행위, 과활동(過活動)[33]과 반사회적 행동 유발 등이 나타날 수 있음을 주장하는 학자들이 있다.

최근 이루어진 연구는 나트륨·수은 등 어떤 화학물질과 무기질의 과다 섭취 또는 결핍이 인지적 문제·기억 상실·우울증·조병(mania)·비정상적 성적(性的) 활동 등을 발생시킬 수 있다는 것을 보여주었다.

빵의 부패를 방지하기 위해 사용하는 식품첨가물이 문제 행동과 관련이 있다는 연구결과도 있다.

비아그라(viagra) 성분이 되는 화학물질이 공격적이고 폭력적인 행동과 연관된다는 보고도 있다.

어떤 화학물질과 무기질은 인간 행동에 직접적으로 영향을 미치는 경우가 있다.

어린 나이 14세 무렵부터 음주를 시작한 사람은 성인이 된 후 음주를 시작한 사람에 비해서 알코올 중독자가 될 가능성이 5배에 이른다는 연구결과가 있다.

알코올에 뇌가 조기 노출되면, 뇌세포에 장애를 일으켜 중독을 막아줄 학습기능과 기억 과정에 손상이 일어날 가능성이 높다.

따라서 어린 나이 때부터 술을 마시기 시작하는 것은 인간 행동에 직접적인 영향을 미친다.

신체의 생화학적 구성과 일탈적·반사회적 행위 사이의 관계가 간접적인 경우는 더 많다.

화학물질·무기질의 불균형이 자극을 받아들이고, 저장하고, 인출하는 일련의 정신과정인 인지(認知)와 학습능력에서 장애 등의 문제를 일으키고, 이러한 요인이 다시 일탈적·반사회적 행동과 연결된다.

어떤 연구에 따르면, 철분이나 망간 등을 지나치게 섭취한 경우, 지적 장애·주의력 결핍 과잉행동장애(ADHD) 등의 신경학적 기능장애를 일으킨다고 한다.

이러한 신경학적 기능장애는 비행이나 범죄의 선행요인(先行要因)으로 밝혀졌다.

홍콩에서의 연구 결과, ADHD로 진단된 아이들 중 상당수가 혈중 수은 수준이 유의미할 정도로 높게 나타났다.

---

33) 과활동이란 가만히 있으면 안절부절못하여 전신을 계속 움직이거나 지나치게 많이 움직이는 성질이다. 집중 결핍 장애 또는 운동 과다증이 있는 아이들에게서 많이 나타난다.

이 연구는 태아 시기나 출생 이후의 수은 중독이 인지 기능에 손상을 입혀서 비행·범죄와 연관되는 행동 기능에 문제를 야기한다고 결론을 내리고 있다.

여러 연구는 납 축적이 지역적·국가별 범죄율 차이와 개인별 범죄경력의 차이와 연관성이 있다는 것을 발견했다.

지역·국가에 따른 거시적 범죄지표에서 납 농도가 가장 높은 지역에서 살인율도 가장 높게 나타남을 보여주었다.

경제학자 릭 네빈(Rick Nevin)은 전 세계적으로 범죄수준의 장기적 변화와 환경의 납 농도 변화 간에 유의미한 연관이 있음을 실증적으로 제시한다. 네빈은 취학 연령 이전 시기에 납에 노출된 경우, 그 아이가 10대 후반에서 20대 초반이 되어서 비행이나 범죄를 범할 가능성이 높다는 것을 발견했다.

그분에 따르면, 여러 나라의 폭력범죄율 변화를 약 70% 이상 납 농도의 변화로 설명할 수 있다고 한다.

미국에서는 1960년대에 소년범죄율이 급증했는데, 이는 2차 대전 이후 납이 함유된 휘발유의 사용이 많이 증가했기 때문이라는 것이다. 미국에서 납 함유 휘발유의 사용이 크게 감소하자 범죄율 역시 크게 감소했다.

미시적 수준에서 개인을 대상으로 한 연구결과에서도, 비행소년이 일반 아이들보다 뼈 안의 납 농도가 약 4배가량 높게 나타났다.

범죄학자 데노(Deborah Denno)의 연구에서도 뼈에 납 농도가 높은 아이들이 뼈에 납 성분이 발견되지 않은 아이들에 비해 주의력이 낮고, 비행률이 높으며, 공격성이 훨씬 높다는 연구결과를 제시한다.

최근의 연구에서는 납 농도가 공격적 행동과 연관이 있는 IQ 점수와도 관계가 있다는 연구결과를 보여주고 있다.

조현병처럼 반사회적·공격적 행동과 연관성이 큰 정신질환과 납에 대한 노출 간의 상관성을 보여주는 연구들도 있다.

또 다른 연구에 의하면, 산모의 납 농도, 납 함유가 높은 해산물과 같은 음식물의 섭취가 자궁 안에 있는 태아에게도 영향을 미친다는 것을 보여준다.

이러한 연구를 종합해 보면, 음식물의 균형적 섭취, 생태환경의 오염도 개선, 환경 지향적 경제 정책 등은 사람들에 웰빙(Well being)과 건강뿐만 아니라 장기적으로 범죄율을 낮추는 데에도 크게 도움이 된다는 것을 일깨워주고 있다.

제3절 후천적 생물학적 결함과 범죄

휘트먼(Whitman)이라는 미국의 젊은 남성이 엄마와 아내를 죽인 후 텍사스에 있는 대학 종탑에 올라 행인에게 소총을 쏘아 15명을 사살하고 31명에게 부상을 입혔다.

이 사람은 1966년 사건 당일 "내 몸을 부검하여 정신병이 있는지 알아봐 주면 좋겠다."라고 애잔하게 유언을 남기는데, 부검해본 결과, 그에게 시상하부에 뇌종양이 있는 것으로 드러났다.

이 결과를 놓고 이 종양이 감정 및 공격성과 관련된 기능을 하는 기관인 편도체를 압박하여 휘트먼의 범행을 조장했을 것이라는 견해를 제기하는 몇몇 학자들도 있었다.

그런데 휘트먼은 어린 시절 학대를 받으며 자랐고 성인이 되어서도 우울증이 있었기 때문에 이러한 환경적 요인이 뇌의 종양만큼이나 그의 살인 난동 유발에 중요한 역할을 했을지도 모른다는 분석도 있다.

또한 우울증과 같은 심리학적(정신적)문제가 뇌종양과 같은 생물학적 문제와 상호작용했을지도 모른다.

과학자들은 휘트먼과 같은 사례뿐만 아니라 범죄와 생물학적 또는 사회적 요인 사이의 연관성을 밝혀내려는 목적으로 장기적인 코호트(cohort)[34] 데이터를 활용하여 통계적으로 분석하는 연구를 하기도 한다.

이러한 연구사례로는 미국 펜실바니아 병원에서 1959년부터 1962년 사이에 태어난 약 1,000명의 아이들을 데이터로 삼아 후천적 생물학적 요인인 납 중독이 이 집단의 소년들이 나중에 범죄를 저지르는 데 어떠한 영향을 미치는지를 추적한 연구가 있다.

이 연구 결과, 납 중독이 나중에 범죄를 저지르는 데 큰 영향을 미치는 요인이 되었다는 결론이 나왔다.

이 코호트에 속해 있는 몇몇 아이들은 어렸을 때 페인트 부스러기와 고농도의

34) 코호트(cohort)는 무리·집단이라는 뜻을 가진 단어이다. 코호트 연구는 '요인(要因) 대조연구'(factor－control study)라고 불리기도 한다. 특정 요인을 지닌 집단과 그런 요인을 지니지 않은 집단을 일정시간 동안 미래를 향하여 추적하고, 연구대상 비행이나 범죄의 발생률을 비교하여, 요인과 비행·범죄 발생 관계를 조사하는 연구방법이다. 이는 의학적 연구방법을 범죄연구에 도입한 것이다.

납이 함유된 물질을 섭취하며 자랐다.

이 소년들은 높은 범죄율을 나타냈다.

납은 신경학적 손상을 야기하는 물질이며, 신경학적 손상은 결국 충동성·공격성, 인지장애 등으로 이어지는 경우가 많다.

그 연구에 뒤미치는 후속연구에 따르면, 납 중독은 남성범죄를 예측할 수 있을 정도로 강력한 변수이고, 이 변수는 다른 생물학적 요인 변수나 사회적 요인 변수가 힘을 발휘하지 못하게 할 정도로 강한 작용을 한다고 주장하기도 한다.

이와 같은 주장을 하면서도 이 분야의 전문가인 데노(Deborah W. Denno)는, 가난한 하위계층 사람들이 페인트 부스러기와 같은 고농도 납 함유물이 많은 집에서 살 가능성이 매우 높기 때문에 열악한 가정형편이라는 사회적 요인 변수와 생물학적 요인 변수 사이의 상호작용의 결과도 무시할 수 없다고 한다.

이 연구와 관련하여 데노는 "사회적 요인은 신체에 생리적 영향을 미친다."라고 하면서 생물학적 요인과 사회학적 요인의 상호작용을 인정하는 결론을 내렸다.[35)]

후천적 생물학적 이상(異常)과 관련된 환경적 요인으로 어린 시절의 트라우마(trauma)가 있다. 어린 시절의 트라우마는 범죄와 관계되는 두뇌 손상 및 신경생리학적 증상으로 이어질 수 있다는 연구가 있다.

페리(Bruce Perry)의 연구에 따르면, 미국에서 매년 수백만 명의 아이들이 근친성교, 폭력, 가정 등에서의 폭력 목격, 심각한 사고 경험과 같은 트라우마에 노출되고 있고, 이러한 트라우마는 나중에 나타나는 범죄성향과 관련된다고 한다.

두뇌가 발달 중일 때 트라우마가 남긴 정보는 아이들의 신경 발달 패턴에 영향을 미치거나 두뇌발달을 차단할 수도 있다고 페리는 설명하고 있다.

그로 인한 결과로는 유머·공감·애착(attachment)·감정 조절과 같은 것을 중개하는 두뇌기능에 장애를 일으킬 수 있다.

트라우마를 겪은 아이 중에는 불안한 상황이 되면 얼어버리는 상태로 나타나기도 한다.

이러한 두뇌 기능의 장애와 행동들은 나중에 범죄성향을 유발하는 것과 관련된다.

성인 트라우마 역시 반사회적 행동과 연결되는 경우가 있다.

연구자들은 트라우마에 의한 두뇌 손상은 충동성을 높이고 부정적 감정을 증가시킬 수 있음을 보여준다.[36)]

---

35) Deborah W. Denno, Commentara. In Understanding Crime, 2005, 177~178면.

이러한 연구는 후천적이며 외부적인 사건이 인간의 두뇌와 인격에 내재화되어 작용할 수 있음을 보여준다.

지금까지 살펴본 후천적 생물학적 요인들 중 어느 것도 범죄의 독자적인 원인으로 증명되지는 않는다.

대부분이 사회적 요인과 서로 융합하여 결과를 나타내는 것으로 해석된다.

이에 관하여, 심리학자 레인(Adrian Raine)의 다음과 같은 언급이 종합적인 평가와 일반론을 설명한다고 볼 수 있다.

"현실적으로 무엇이 생물학적 요인 변수이고 무엇이 사회학적인 요인 변수인지 명확하게 결정하는 것은 불가능하다. 두뇌의 기능장애로 이어지는 두뇌 손상이 후천적으로 환경에 의해 유발되는 것과 마찬가지로 생물학적 요인에는 사회적인 측면이 반영되고 있고, 유전적 요인과 생물학적 인자가 좋지 않은 양육(Nurture)에 영향을 미치듯이, 사회적 요인에도 생물학적 요인이 많이 관여된다[37]."

분석과 종합을 모두 포괄하면, 결론은 통섭(융합)이다.

이러한 경향이 현재 과학의 지배적인 패러다임(paradigm)이다.

제4절 정신기능과 범죄

Ⅰ. 학습무능력(학습장애)과 범죄[38]

학습무능력이란 뇌기능 장애 등 특별한 이상은 없는데도 일상적인 교육환경에서 학습능력이 매우 떨어지는 상태를 말한다. 비행(범죄)소년들은 대부분 학교에서 적응하지 못하고 성적도 최하위 단계에 있는 경우가 많다. 그래서 공부를 잘하지 못하는 학습무능력이 비행이나 범죄의 중요한 원인이라는 주장이 있었다. 이러한 주장

36) Michael G. Vaughn, Correlates of traumatic brain injury among juvenile offenders, 2014, 188~203면.

37) Adrian Raine, Annotation: The role of prefrontal deficits, low autonomic arousal, and early health factors in the development of antisocial and aggressive behavior in children. Journal of child psychology and psychiatry, 417면.

38) Vold and Bernard, Theoretical Criminology, 1979, 101면 이하.

은 생물학적 관점과 사회학적 관점에서 제기되었다.

생물학적 측면을 중시하는 학자들은 장애의 정도는 약하지만 대뇌의 기능장애와 같은 생물학적 특성으로 말미암아 성격 자체가 충동적이게 되며, 사회적 암시(social cues)에 대한 지각능력이나 경험으로부터 배우는 능력이 전반적으로 낮아지게 된다고 주장한다.

이와 같은 상태는 반사회적 행위를 통제하는 데 중요하게 작용하는 사회적 보상이나 처벌 효과를 감소시키게 된다.

이로 인해 학습무능력 상태에 있는 사람은 비행이나 범죄를 저지를 수밖에 없다는 논리이다.

사회학적 측면을 강조하는 학자들은, 학생들이 학교에서 성적이 낮으면 선생님과 부모로부터 무시되거나 무관심의 대상이 되고, 나아가 문제아로 취급되거나 불량소년으로 낙인되어 결석·퇴학 등으로 이어지고 부정적인 자기관념을 지니게 되어, 이와 같은 상황에 대한 스트레스와 고충을 다른 것에서 보충하려는 보상심리가 생겨 비행이나 범죄를 행하게 된다고 주장한다.

따라서 '사람의 가치는 성적순이 아니라는 것'을 다 같이 인식하고 각자의 적성과 특성을 다양하게 펼칠 수 있는 분위기와 다양한 가치가 존중될 수 있는 여건을 조성해야 한다는 것이다.

이러한 주장들에도 불구하고, 현재까지 학습무능력이 범죄발생의 직접적인 원인이라는 경험적 증거는 발견되지 않고 있다.

생물사회학적 접근방법에서 학습무능력과 비행·범죄와의 관계는, 대뇌의 기능장애 등 생물학적 요인으로 비롯된 학습무능력의 아이들은 학교생활과 같은 일반적인 활동에서 좌절감을 맛보게 되고, 실추된 자아존중감으로 소외와 고통을 겪게 되며, 비슷한 처지에서 좌절감을 겪고 있는 아이들과 사귀기 시작하면서 점차 비행과 범죄의 방향으로 나아간다고 보고 있다.

Ⅱ. 지능과 비행(범죄)과의 관계[39]

20세기 후반에도 지능지수가 높을수록 소년이 비행을 범할 가능성이 낮아지고, 지능지수가 낮을수록 비행을 범할 가능성이 높아진다고 하면서 지능(IQ)과 비행 간에는 부(負·반비례·－(마이너스))의 관계에 있다는 주장이 있다.

고든(Robert A. Gordon)은 지능지수와 비행의 관련성은 경험적 연구결과에 나타

39) Ronard L. Akers, Criminological Theories, (Seventh Edition), 114면 이하.

나고 있다고 하면서, 미국에서 흑인과 백인의 비행(범죄)율의 차이를 흑인과 백인의 지능지수의 차이로 보았다.

범죄사회학자 허쉬(Travis Hirschi)와 힌델랑(M. J. Hindelang)도 지능지수와 비행의 관계는 밀접하지는 않지만 적어도 사회계층과 비행 간의 관계만큼은 인정된다고 주장했다.[40)]

1994년에는 낮은 지능을 범죄와 여러 정치적·사회적 문제의 가장 중요한 원인으로 다루면서 직선적이며 단순하게 접근했던 심리학자 헌슈타인(Richard J. Herrnstein)과 정치학자 머레이(Charles Murray)의 「종 곡선: 지능과 미국 생활의 계급구조」라는 논문이 발표되기도 하였다.

이 논문에서는 상습적 중범죄자는 우발적 범죄를 저지르는 사람보다 일반적으로 낮은 지능지수(IQ)를 갖는다.

지능지수와 범죄적 성향 사이의 연관성은 "매우 많은 범죄를 일으키는 젊은 남성 범죄자들을 파악하면 확실하게 알 수 있다."라고 주장했다.

이 논문의 저자들은 "범죄자는 지적 장애를 가진 사람이다."라고 단정하면서 과거 정신박약 범죄이론가 고더드(H. Goddard)가 제안했던 것처럼 "정신박약자에게 저급한 일을 맡기자"는 주장으로 사람들을 선동하였다.

「종 곡선」은 여러 방면에서 관심을 받았지만, 논평자들은 이 논문에서 인종차별주의, 엘리트주의, 의도적인 왜곡, 과학적 오류를 발견하여 신랄한 비판을 제기했다.

또한 다른 연구에 의하면 사회학적 변수인 도시 내 거주 여부, 종교활동, 아버지와 함께 사는지 등을 포함시켜 파악하면, 지능지수와 범죄와의 관계는 사라진다는 보고도 있다.

지금까지의 연구들을 종합해 보면, 지능지수와 비행(범죄)과의 상관관계를 완전히 무시하기는 어렵다. 그렇지만 지능과 비행 간의 관계를 지나치게 강조해서는 아니 된다.

시간의 변화에 따른 변화유형을 파악하는 종단적 연구결과에 따르면 지능과 비행의 관계가 일정하게 유지되는 것도 아니고, 어린 나이 때 측정한 지능지수로 장래의 비행을 예측할 수도 없기 때문이다.

또한 흑인과 백인 청소년들 간의 비행행위의 차이가 일관되게 일정한 패턴을 보이는 것도 아니고, 인종 사이의 지능의 차이도 인정하기 어려우므로 인종 간의 비행률(범죄율) 차이를 지능지수의 차이로 연관시키는 것은 수긍하기 어렵다고 본다.

---

40) T. Hirschi and M. J. Hindelang, Intelligence and delinquency, 1977, 571~587면.

범죄(비행)에 대한 지능의 효과를 인정하는 경우, 인종차별주의나 비민주적인 정책과 연계될 수 있으므로 그러한 주장으로 비판받지 않도록 주의를 기울여야 한다.

지능지수(IQ)는 어느 정도 비행이나 범죄와 관련이 있다는 것은 부정할 수 없다. 그러나 이러한 연관 관계의 속성은 명확하지 않다. 지능이란 매우 복잡한 개념이며 일반적으로 그 사람의 '적응력'을 의미한다. 범죄가 어리석음의 결과라는 오랜 믿음은 충분히 공감이 가지만, 자료를 통해서는 객관적으로 입증되지 못하고 있다.

현재까지는 IQ 검사를 통해 측정한 지적능력이 비행·범죄와 직접적인 관련이 있다는 입증자료가 없으므로, 지능이 유전되는 측면도 있고 또한 비행·범죄와도 어느 정도 연관이 있다고 해도, 지능지수(IQ)가 낮으면 비행이나 범죄를 저지르게 된다는 결정론은 받아들일 수 없다.

그렇지만 지능과 학습장애와(학습능력)와 관련된 지금까지의 연구가 가치가 없다는 것은 아니다.

현실적인 응용가치를 높이기 위해서는 다음과 같은 릴리 등(J. R. Lilly, F. T. Cullen, R. A. Ball)의 「범죄학 이론」에서의 이에 대한 제안[41]을 참고할 필요가 있다.

이분들은 지능과 사회 환경의 매개변수가 작동하는 과정과 응용방법을 다음과 같이 제시하고 있다.

1) 낮은 지능(IQ)은 학교에서 학습장애로서 낮은 성적과 관계가 있다.
2) 좋지 않은 학업성적은 선생님의 따돌림이나 학생들의 무시 등으로 학교환경을 싫어하게 되는 것과 관련이 있다.
3) 학교환경으로부터의 소외는 제도나 권위에 대한 반항과 거부에 따른 학교 중퇴와 관련된다.
4) 제도·권위에 대한 반항과 거부 및 학교중퇴는 사회통제에 기여하는 사회유대의 약화와 관계가 있다.
5) 이러한 요인과 다른 요인들이 결부됨으로써 비행이나 범죄의 가능성이 증가할 수 있다.

이러한 연쇄과정은, 탐구하여 정책적으로 활용할 가치가 있다. 왜냐하면 이와 관련한 비행과 범죄의 가능성을 줄이는 데 있어서, 여러 단계에서 정책적으로 개입할 수 있기 때문이다.

---

41) J. R. Lilly, F. T. Cullen, R. A. Ball, Criminological Theory, 502 ~ 503면 참조.

1) 우선 IQ 점수가 낮아 학업 실패로 연결되는 고리를 끊어 줌으로써 이들의 학교 생활에 도움을 줄 수 있다.
2) 학업 성적이 낮은 학생들이 극단적 소외에 빠져들지 않도록 다양한 특기에 따른 활동 기회 제공 등으로 개입할 수 있으며, 선생님들이 관심대상 학생들을 따돌리지 않도록 지도할 수 있다.
3) 앞 단계의 이유로 중퇴하려는 학생들이 중퇴하지 않도록 중퇴가능성을 낮추는데 개입할 수 있다.
4) 중퇴한 학생들에 대해서는 위험한 상황에 빠져들지 않도록 청소년 돌봄 서비스 등 프로그램을 개발할 수 있다.

이러한 개입방법들은 서로 배타적이지 않고, 과정의 모든 단계에서 동시에 도움을 줄 수 있고, 사회 전체적으로 여건을 조성할 수도 있다. 이러한 과정과 개입은 지능적으로 영특하면서도 학교생활에 흥미를 느끼지 못하고 소외되는 학생들에 대해서도 적용할 수 있다.

Ⅲ. 인지능력 결함과 범죄

1. 아이센크(Eysenck)의 성향과 범죄

인지능력 결함이란, 의식적이거나 무의식적인 학습과 정보처리 기능에 문제가 생기는 것을 말한다. 정신박약 범죄이론도 이와 관련된 주장이었으나, 유전주의적 그 이론은 신뢰를 잃은 지 오래되었다.

그러할 즈음 1960년경에 와서 아이센크(Hans Eysenck)의 1964년 저서 「범죄와 성격」이 출간되어 무의식적 학습능력과 범죄적 성향 사이의 관련성이 제기되었다.

이 책은 자율신경계에 의존하는 무의식적 학습능력인 조건화 가능성과 범죄적 성향 사이에 연관성이 있다는 주장을 펼치고 있다.

아이센크는 자율신경계의 특징에 따라 사람들의 성향을 크게 내성적인 사람과 외향적인 사람, 두 부류로 분류하였다. 그에 의하면 내성적인 사람은 다른 사람보다 쉽게 조건화될 수 있어 자율신경계에서 불안반응을 유발하는 기능은 발달되었고, 이를 제거하는 기능의 발달정도는 낮은 수준이다.

반면에 외향적인 사람은 자율신경계가 덜 효과적으로 기능하기 때문에 조건화가 잘 안 된다. 따라서 외향적인 사람은 불안반응의 유발기능이 저조하고 해제능력은 발달된 상태라는 것이다.

이에 따라 외향적인 사람은 대뇌에 가해지는 자극이 낮기 때문에 항상 자극을 갈망하여, 성격 자체도 충동적·낙관적·사교적·공격적이 된다고 보았다. 반면 내성적인 사람은 대뇌에 가해지는 자극이 강하고 오랫동안 지속되기 때문에 자극을 회피하는 경향이 강하여 성격 자체도 신중하고, 조심스러우며, 비관적이 된다는 것이다.

이와 같이 아이센크는 자율신경계의 특성을 중심으로 각 개인의 성격이나 행동유형을 설명하였다.

따라서 그는 내성적인 사람은 처벌로 인한 불안감을 크게 느끼고 이를 회피하는 성향이 강하기 때문에 규범에 어긋난 행동을 하는 정도가 약하고, 반면에 외향적인 사람은 처벌에 대한 불안감을 대체로 덜 느끼고 또한 기본적으로 새로운 자극을 항상 추구하기 때문에 이들은 그만큼 반사회적 행위를 저지를 가능성이 크다고 보았다.

더 나아가 극단적으로 외향적 인간 또는 사이코패스는 양심을 전혀 습득해내지 못한다고 보았다.

게다가 외향성과 내향성이라는 성격적 특징은 유전되는 부분이 많다고 보았다.

아이센크는 외향적 성격을 지닌 범죄자는 도덕적인 행동을 학습하는 데 유전적으로 많은 어려움을 겪는다고 보았다.

2. 레인(A. Raine)의 인지능력 결함과 범죄

미국의 심리학자 레인(Adrian Raine)은 인지능력 결함을 포함한 다양한 장애와 범죄행동의 연관성을 분석한 「범죄의 정신병리학」(The Psychopathology of Crime)을 1993년 출간했다.

레인은 지능(IQ)뿐만 아니라 학습력, 주의력, 도덕적 추론력, 사회적 정보처리능력 등을 포괄할 수 있는 넓은 의미의 인지 결함 개념을 정의했다.

레인은 이렇게 넓은 인지 결함 개념을 전제로 범죄에 영향을 미치는 다양한 인지적 과정을 연구했다.

레인은 아이센크가 제시한 두 가지 성향의 사람들에 대해 더 깊은 연구를 하였다.

아이센크는 '조건화되기 쉬운 아이들'과 '조건화되기 어려운 아이들'을 유형화하고, 조건화되기 아주 쉬운 아이들은 법을 준수하는 사람으로 자라날 것이고, 조건화가 보다 잘 안 되는 아이들은 범죄자가 될 가능성이 높다고 예측하였다.

범죄와 관련된 '고전적 조건화'를 사례와 연결해서 알기 쉽게 설명해보자. 물건 훔치기처럼 바람직하지 못한 행동을 했을 때 어려서부터 부모로부터 지속적으로

혼이 나고 처벌받는다면, 언제부터인가 아이는 물건 훔치기를 상상만 하여도 자신도 모르게 기분이 언짢아지고 두려움이 생겨 그만두게 된다.

이러한 반응에 의한 학습이 '고전적 조건화'이다.

이는 파블로프(Ivan Petrovich Pavlov)의 개의 침 분비 실험으로 알려진 '고전적 조건화'를 응용한 행동주의 이론이다. 행동주의 이론에 따르면 사람의 행동 대부분은 학습을 통해 형성 및 수정이 이루어질 수 있다고 본다.

조건화되기 어려운 사람은 처벌의 교훈을, 조건화되기 쉬운 사람인 준법적인 성향의 사람들보다 느리게 습득하여 물건을 훔친 죄책감을 느끼게 되는 데에도 더 오랜 시간이 걸린다.

레인은 아이센크의 이론을 확장하여, 사람의 성향에 따른 반응을 사회 환경과 상호작용까지 고려하여 설명한다.

아이센크가 조건화되기 쉬운 아이들은 법을 준수하는 사람으로 자라날 것이라고 예측했는데, 레인은 이 예측을 세분하여 조건화되기 쉬운 아이들이 반사회성이 강한 하위계층 부모에 의해 양육된다면 오히려 반사회적인 범죄자가 될 가능성은 커질 수도 있다고 본다.

반대로 조건화가 되기 어려운 아이들이 반사회적 하위계층 부모들에게서 양육된다면 범죄자가 될 가능성은 오히려 더 낮아질 수 있다.

이것은 '레인의 역설'이라고 부를 만한 획기적인 발견이다.

레인의 아이디어는 '반사회화'과정에 초점을 맞춘 것이다. 조건화되기 아주 쉬운 아이들이 비도덕적인 나쁜 환경에서 양육된다면 재빠르게 범죄적 태도와 방법을 습득하게 된다.

반면에 느리게, 어렵게 조건화되는 성향을 지닌 아이들은 열악한 비도덕적 환경의 영향이 크게 미치지 아니한다.

레인의 이러한 설명은 조건화의 형태로 나타나는 학습장애가 범죄행동에 한 방향으로만 작용하지 않는다는 것을 밝혔고, 생물학적 요인인 학습장애와 사회적 요소인 가정환경의 상호작용의 효과까지 인식할 수 있도록 새로운 길을 열었다.

또한 이 연구를 통해 본성과 양육의 협조 과정을 보여주었기 때문에 본성과 양육의 이원적 대립을 뛰어넘는 사고의 틀(패러다임)을 마련했다는 평가를 받고 있다.

제5절 신경생리학과 범죄[42]

Ⅰ. 자율신경계 기능과 각성이론

1. 자율신경계의 기능

자율신경계란 혈압, 심장과 장의 활동, 호르몬 수치 조절과 같은 몸의 무의식적 기능을 통제하는 신경계의 한 부분을 말한다.

자율신경계의 작용과 범죄발생에 대한 최초의 연구는 아이센크(Eysenck)의 성격이론이다.

자율신경계와 사법절차 사이의 친근성은 거짓말탐지기를 통해 친숙하게 느껴진다. 거짓말탐지기는 대상의 거짓말 여부를 알아내기 위해 자율신경계의 기능을 측정하고 이용하는 기구이다.[43]

20세기 후반 자율신경계와 범죄성향의 관련성에 관하여 연구한 대표적인 학자는 메드닉(Sarnoff A. Mednick)을 들 수 있다.

메드닉은 미국의 대표적인 생물사회이론(biosocial theory)연구가이다.

이분은 어린 아이의 사회화 정도는 최소한 부분적으로 자율신경계의 기능에 의존한다고 보고 있다.

메드닉은 범죄를 저지르기 쉬운 사람은 각성(arousal)이 느리거나 자극에 대한 반응에 무딘 자율신경계를 유전적으로 지니고 있는 경우가 많다고 주장한다.

메드닉의 주장의 핵심은 반사회적 성향을 지닌 사람은 생리적으로 둔감한 자율신경체계로 인해 조건화하기 어렵다는 것이다.

생리적으로 무디고 느린 각성잠재력이 유전된 사람은 공격적이거나 반사회적인

---

42) The Criminal Brain, 265면 이하, Criminological Theories 112면 이하. Vold's Theoretical Criminology, 75면 이하 참조.

43) 거짓말탐지기(polygraph)는 자율신경조직의 작용 측정을 응용한 대표적 사례이다. 이 탐지기의 원리는 대부분의 사람들이 거짓말을 하는 때에는 처벌을 떠올리는 것이 조건화되어 있다는 점을 활용한 것이다. 즉, 거짓말을 하는 경우 조건반사적으로 처벌을 예견하게 되는 것을 이용하는 것이다. 사람들은 처벌을 예견하게 되면, 의식하지는 못하지만 자율신경계에 의해 '갈등 또는 공포반응'이 유발되고, 이에 따라 호흡량, 심장 박동수, 맥박수, 땀의 분비량 등의 변화가 나타난다. 거짓말탐지기는 이러한 변화과정을 전기적으로 측정하여 대상자 진술의 허위 여부를 판별하는 장비이다. 자율신경조직은 사람들의 갈등이나 공포 상태에서 특히 활발히 작동된다. 이렇게 함으로써 신체가 이 같은 상태에 보다 효율적으로 대비할 수 있게 된다.

행위를 통제하는 것을 느리게 배우거나 전혀 배우지 못할 수 있다.

이로 인해 그와 같은 사람은 법을 위반할 위험이 많다.

이 이론에 따르면, 민감한 자율신경체계는 반사회적 행동 경향을 제한(통제)하는 학습을 촉진하고 준법화 경향을 강화하기 쉽고, 반대로 둔감한 자율신경체계는 반사회적 행동경향을 금지하는 학습을 어렵게 하여 범죄성향을 강화할 가능성이 높다. 따라서 자율신경체계는 준법행위의 학습이나 범죄행위의 학습에 중요한 역할을 한다.

자율신경계에 대한 여러 연구들은 거짓말탐지기처럼 말초적 신경기능을 측정하는 방법을 사용했다.

메드닉도 자율신경조직의 기능상태를 조사하기 위하여 피부전도 반응회복률 검사를 사용했다.

보통 'SCR검사'로 불리는 메드닉이 개발한 이 검사방법은 검사대상자(피검사자)가 불안상태 등으로 피부전도가 최고치로 올라갔다가 이후 두려움이 감소되어 평상상태가 되면서 피부전도(skin conductance)가 정상수준으로 회복되는 시간을 측정하는 장치이다.

메드닉은 반사회적인 성향의 사람은 처벌의 위험을 겪은 후에 피부전도 반응회복이 늦다는 주장을 했다. 그 후 시들(Siddle)의 연구는 일반적으로 정신병자·범죄자·비행소년 등 반사회적 행위를 저지른 피실험자들은 피부전도가 회복되는 속도가 현저히 낮다는 것을 확인하고 메드닉의 주장을 지지했다.

그러나 더 최근의 연구는 이 발견을 지지하지 않는 것도 있다.

2. 각성이론(Arousal Theory)

각성(arousal)은 자극에 반응을 보이는 생리적·심리적 상태를 말한다.

범죄의 동기와 관련해서, 범죄는 스릴을 느끼기 위해 행해지는 측면이 있다는 주장이 오래전부터 제기되어 왔다. 이에 따르면, 청소년기에 마트 절도나 기물손괴 등 금지된 행동을 하는 것은 경제적 이득을 얻기 위해서보다는 금지된 행위를 '안 잡히고, 남이 하지 못하는 행위를 저지르는 맛'을 느끼려고 나쁜 짓을 한다는 것이다.

이러한 시각에서 보면, 비행이나 범죄 중에는 자기능력의 스릴 넘치는 과시적 과잉행동의 성격을 지닌 것도 상당히 많다.

예를 들어, 선생님에 대한 권위에 대한 도전으로 선생님에 대해 폭력을 행사하거나, 뭔가 남다른 권위를 가지려고 담배나 술을 마시며 과시하고, 뭔가 짜릿한 맛을 느끼려고 교무실에 몰래 들어가 기물들을 파괴하는 등의 행동을 한다.

이처럼 범죄로부터의 즉각적인 욕구 충족이 범죄의 동기가 될 수 있다.

이러한 범행동기를 가리켜 범죄학자 잭 카츠(Jack Katz)는 '범죄의 유혹'(seductions of crime)이라고 이름 붙였다.

카츠에 의하면, 비행과 범죄는 스릴(thrill)과 흥분 추구에 대한 개인적 욕구충족에 기여할 수 있다.

어떤 사람에게는 검거되지 않고 저지르는 범죄가 자기 능력에 대한 스릴 넘치는 과시여서, 성추행·기물파괴 등의 범죄행위가 매력적으로 느껴질 수 있다.

카츠는 이를 '몰래 저지르는 스릴'(sneaky thrill)이라고 개념화했다.

몰래 저지르는 스릴가설에 따르면, 심지어 살인행위도 정서적인 보상이 따를 수 있다. 살인자는 자기가 신화에 나오는 복수의 신이라도 된 것처럼 느끼며 피해자에 대해 생사여탈권을 행사한다.

이는 카츠가 발견한 그러한 범행동기는 '각성이론'(arousal theory)으로 연결하여 설명할 수 있다.

아이센크(H. J. Eysenck)와 구드욘슨(G. H. Gudjonsson)이 제시한 각성이론에 따르면, 여러 가지 유전적·환경적 이유로 사람에 따라 다양한 자극에 대한 반응이 나타난다.

사람은 저마다 적절한 최적의 각성수준을 유지하려고 한다.

너무 과도한 자극은 불안과 스트레스를 주고, 너무 약한 자극은 사람을 따분하고 지루하게 만든다.

뇌가 자극을 감각적으로 수용하여 입력·처리하는 방식은 개인별로 타고난 각성수준에 따라 다양하다.

어떤 사람은 조그만 약한 자극에도 충분히 만족감을 느끼는 반면, 어떤 사람은 만족감을 느끼려면 훨씬 높은 수준의 자극 입력이 필요하다.

따라서 후자는 폭력적이고 공격적인 행동 패턴을 통하여 자극적인 특수한 행위들을 좇아가는 '감각추구자'다.

신경학적 각성수준이 낮은 사람은 법이나 규범을 위반하는 것과 같은 좀 더 자극적이고 흥분되는 상황과 행동을 추구하고 위험이나 자극이 적은 순응적 준법행동을 회피하는 경향이 있다.

이들은 적정 수준 이하의 각성을 보충하기 위하여 모험적·스릴적·충동적 행동에 빠지려는 심리경향이 강하므로, 약물 사용, 비행, 범죄, 기타 일탈행동을 선호하는 일반적 경향으로 연결될 수 있기 때문이다.

사람들 중 어떤 사람은, 낮은 각성수준을 지니고 있다는 증거는 레인(A. Raine)이 동료들과 실시한 '안정 시 심박수 측정 연구'에서 제시된다.

이 연구에 의하면, 반사회적 성향이 있는 아동은 일반아동에 비해 안정 시 심박수가 더 적다. 레인은 심박수가 적은 사람은 공포를 잘 느끼지 못하고, 처벌의 위협에도 둔감할 것이라고 유추했다.

그래서 반사회적 행동을 해야 할 상황에서 상대적으로 두려움 없이 편안함을 느낀다는 것이다.

이처럼 각성수준이 낮은 사람은 위험한 상황을 찾으려고 할 것이고, 스릴 추구의 방편으로 범죄행위도 마다하지 않을 것이다.

공포를 잘 느끼지 못하고 극단적인 스릴을 추구하는 심리적 행동특성은 사이코패스(Psychopath) 특성이기 때문에 각성수준이 낮은 반사회적 어린이는 성인이 되어 사이코패스가 될 가능성이 많다.

사람의 각성수준을 결정하는 요인에 대해, 현대 사회생물학에서는 세부적으로 밝혀지지는 않았으나, 다음과 같은 몇 가지 요인이 설명되고 있다.

심박수(心搏數)
• 심박수란 일정한 시간 안에 일어나는 심장 박동의 횟수를 말한다. • 오늘날 연구는 안정 시 낮은 심박수(resting heart rate)와 범죄 참여 사이에 확연한 연관성을 보여주고 있다. • 뇌의 우반구(right-hemisphere) 기능장애가 자율각성에 영향을 미쳐 안정 시 심박수를 낮추는 결과를 가져온다. • 심박수가 낮은 사람은 아동 초기의 위험요인, 청소년기의 흡연, 팀 스포츠 참가, 폭음 및 충동성과 관련이 깊다. • 심박수가 낮은 사람은 범죄를 저지를 가능성이 높다. 그 이유는 그들은 각성의 느낌을 정상적 수준으로 끌어올리기 위해 강렬한 자극을 추구하기 때문이다.
뇌 구조와 뇌 화학 물질
• 공격 행동은 의사결정과 충동통제와 관련된 부위인 전두엽의 활동 감소와 감정적·충동적 활동과 관련된 편도체의 활발한 활동과 상관관계가 있을 수 있다. • 어떤 사람의 뇌는 다른 사람보다 신경전달물질을 받아들이는 신경세포가 많고, 어떤 사람은 더 적다. • 신경 세포의 수에 따라 각성수준의 차이가 나타난다.
자율신경계(ANS)
• 메드닉은 범죄를 저지르기 쉬운 사람은 각성이 느리거나 자극에 대해 둔감하게 반응하는 자율신경체계를 유전으로 가지고 있다고 한다. 그래서 사회생물학 이론가는 각성을 자율신경계와 연계시킨다. 각성 수준은 피부전도 반응을 통해 측정할 수 있다.

• 비정상적으로 큰 피부전도성을 지니는 사람은 보통사람에게는 거의 효과가 없는 자극에 대해 평균보다 큰 강도의 부정적 감정으로 반응한다.
• 이런 사람은 사소하게 넘겨버릴 도발에 대해서도 몹시 기분 나쁘게 받아들여 과도한 공격적 반응을 보일 수 있다.

연구를 종합·정리해보면, 뇌 구조·두뇌 화학물·뇌 발달이 인간 행동에 큰 영향력을 행사할 수도 있다.

특히 10대의 높은 비행률과 범죄율은 우리가 생각하는 것보다도 더 뇌의 상태와 연관성이 높을 수 있다.

뇌의 화학 체계의 상태와 뇌 영역 간의 연결성의 특징이 청소년을 어린애나 어른과 다르게 행동하게 만든다는 것이 점점 더 명확해지고 있다.

그렇지만, 각성이론은 어떤 사람은 각성수준이 낮으면서도 자극적이거나 위험하면서도 합법적인 스카이 점프와 같은 행동양식을 추구하는데, 왜 범죄자들은 자극적이고 위험한 스포츠 등을 대신하여 범죄행동을 저질러 낮은 각성상태에 적응하는지 그 이유를 제대로 설명하지 못한다.

지금까지의 신경생리학의 자율신경 관련 연구에 따르면, 자율신경계의 기능은 범죄 행동과 연관이 있다는 몇몇 증거가 인정된다.

그러나 지금 이 시점에서는 자율신경계와 범죄의 인과관계를 법칙적으로 명확하게 설명할 수 없다.

II. 중추신경조직의 기능과 범죄[44)]

중추신경조직(automatic nervous system)은 뇌와 척추에 있는 신경조직으로서, 사고활동과 자율운동을 담당하는 신체기관이다.

20세기 후반 신경생리학자들은 범죄학과 연결되는 두 종류의 연구를 진행했다.

그중 하나는 심장박동수·맥박수·땀의 분비량과 같은 것을 관장하는 자율신경계와 정신상태의 관계를 연구하는 분야이고, 또 하나는 두뇌의 구조와 기능을 연구하는 분야이다.

이러한 연구에는 '뇌파 검사'와 '두뇌의 신경영상 관찰법'이 이용된다.

---

44) George Vold and Thomas Bernard, Theoretical Criminology, 99면 이하. The Criminal Brain, 279면 이하 참조.

아이센크(Eysenck)가 범죄자를 조건화되기 어려운 사람으로 가정하기 시작한 20세기 중반부터 정신생리학자들은 반사회성(반사회적 성향)을 드러낼 가능성을 가지는 정신상태를 측정하기 위한 새로운 방법을 도입하였다.

뇌의 전기적 활동을 알아내는 뇌파 검사의 이용, 심장박동수 측정, 피부전도 검사였다.

뇌파검사기(EEG)는 뇌에서 진행되는 전기적이거나 화학적인 과정을 실제 측정할 수 있는 기구이다. 뇌파검사기에 기록된 비정상적인 뇌파는 여러 가지 이상행동과 밀접한 연관이 있는 것으로 추측되었다.

1940년대 이후로 여러 연구들이 범죄자들은 어떻게 비정상적인 뇌파유형과 관련되는지를 밝히고자 하였다.

이러한 연구들에 따르면, 범죄자들은 일반인에 비해 상당히 높게 비정상적인 뇌파검사 결과가 나타났다. 특히 상습적인 폭력범죄자들은 비정상적인 뇌파 비율이 더 높게 나타났다.

뇌파 연구는 범죄자가 일반인보다 자극에 둔감하므로 쾌감이나 흥분을 느끼기 위해 더 많은 자극이 필요한 것으로 보인다고 보았다.

폭력적인 상습범죄자들은 특히 이러한 성향이 강해 비정상적인 뇌파 패턴이 더욱 뚜렷하게 나타난다고 결론짓는 추세였다.

'뇌파의 활동과 범죄'에 대해 구체적으로 연구했던 메드닉(Mednick)은 6년 동안의 연구를 통해, 뇌파활동이 낮았던 사람 중에서 범죄를 저지른 비율이 높다는 것을 확인했다.

뇌파의 활동성이 높았던 사람들이나 정상적인 범위에 있는 사람들은 비교적 범행비율이 낮았다.

하지만 반사회적 인격장애와 뇌파 사이의 관계는 확실하지 않다.

또 다른 정신생리학적인 범죄 관련 테스트는 심장박동수를 측정하는 것이다. 이 테스트에서는 반사회적 성향의 사람들은 안정되어 있을 때 심장박동수의 수치가 낮다는 것이 발견되었다. 이는 당시 자극에 대한 둔감을 나타내는 지표로 해석되었다.

이 밖의 정신생리학적 테스트는 앞에서 소개한 피부 전도 검사였다. 이는 거짓말 탐지기(polygraph)처럼 피부의 전기적 활동의 작은 변화를 감지할 수 있다. 범죄자에게 흔하게 나타났던 검사결과는 약한 피부 전도 반응이었다. 이러한 반응은 자극에 대한 둔감성 또는 느린 생리학적 반응을 가리키는 증거로 해석되었다.

이러한 테스트를 통해 신경생리학자들이 내린 결론은, "범행은 만성적으로 자극을 잘 받지 못하는 상태에 대한 대항반응으로서, 흥분을 느끼기 위한 자가처방이다." 라는 주장이었다.

사이코패스[45](psychopath)와 범죄적 성향(반사회성)의 인간은 만성적으로 자극을 잘 느끼지 못하므로 집착적인 스토킹을 하거나 초과속 운전을 하거나 롤러코스터를 타거나 스릴을 추구하는 오락을 하거나 지나가는 사람에게 강도짓을 하거나 연쇄적으로 성폭행을 하거나 술을 마시고 난동을 부리며 더욱 격한 자극을 추구하는 경향이 강한 것으로 묘사되었다.

자극에 둔감한 사람은 활동성이 떨어지는 중추신경계와 자율신경계를 지니고 태어나기 때문에, 다시 말해 생물학적 따분함을 가지고 태어났기 때문에, 살아있다는 느낌을 채우기 위해 그러한 극단적인 흥분 추구 행동을 할 필요가 많다는 것이다.

그러한 범죄성향의 사람들은 생물학적으로 공포심을 잘 느끼지 못하기 때문에 법을 준수하는 성향을 가진 사람들만큼 처벌 위협을 심각하게 받아들이지 않아 쉽게 범행 충동을 제지할 수도 없다.

그 원인은 '자극에 대한 타고난 둔감'이다.

중추신경조직의 이상과 관련하여 연구된 또 다른 분야는 '뇌 손상' 또는 '뇌 기능장애'이다. 메드닉의 연구에 따르면, 뇌손상과 폭력행위와 중요한 연관이 있는 것으로 나타났다.

또 다른 연구에서도 어렸을 때에 부모가 적절한 보호를 하지 않았거나 지나친 체벌 등으로 인해 양육과정에서 신체적·정신적 손상을 입은 아이들이 나중에 반사회적 성향이 강한 것으로 밝혀진 바 있다.

20세기 중반을 거쳐 20세기 후반에는 두뇌 영상 연구가 생물사회학적 범죄학 분야에 떠오른 강력한 연구방법이 된다.

현재 신경생리학적 연구에 따르면, 공격성·폭력적 행동과 가장 관련이 깊은 것은 뇌의 외부 부분인 대뇌피질이다. 대뇌피질은 두 개의 반구로 되어 있고, 전두엽·후두엽·두정엽·측두엽 등 네 부분으로 구성된다.

반사회적 성향과 두뇌의 관계를 연구한 대다수 연구자는 전두엽과 측두엽을 주로 연구

45) 사이코패스란 반사회적 행동성향이 강하고, 공감능력과 죄책감 결여, 낮은 자기 통제력, 극단적인 자기중심성, 기만성과 같은 사이코패시(psychopathy)성향이 높은 사람을 가리키는 용어이다.

한다. 이 부분은 의도를 갖는 행위, 충동, 감정과 관련된 기능을 하기 때문이다.

전두엽 내의 장애와 불균형은 일반적으로 계산적·분별적 기능에 영향을 미치고, 측두엽은 일반적으로 감정적 행위와 직접적으로 더욱 강하게 연관된다고 알려져 있다.

이와 관련하여, 이를 검증하기 위해 최초로 두뇌 영상 연구를 실시한 학자는 레인(Rain)과 그분의 동료들이었다.

1998년 레인 등은 살인자 집단을 2개의 유형으로 구분하여 두뇌 영상(뇌 이미지) 연구를 실시하였다.

한 집단은 살인을 사전에 계획하고 준비해서 저지른 '고의적 살인자'로 구성하고, 한 집단은 살인을 충동적으로 저지른 '우발적 살인자'로 구성했다.

조사 결과, 우발적 살인자들은 전전두엽 기능성이 낮게, 우반구 피질하부 기능성이 높게 나타났다.

분석 결과, 충동적인 우발적 살인자는 전전두엽 조절기능이 결핍되어 피질하부에서 생성되는 공격적인 충동 조절능력 및 통제력이 떨어지는 것으로 나타났다.

반면에, 계획적인 고의적 살인자들은 전전두엽 기능성이 정상적이었지만, 그들 역시 우반구의 피질하부의 기능성은 대체로 높게 나타났다.

이는 계획적 살인자는 감정에 대한 전전두엽의 조절·통제력이 강했기 때문에 공격적인 충동을 보다 잘 통제한 것으로 파악되었다.

이러한 연구에 대한 결론으로 레인은 전전두엽 피질은 다른 두뇌 작용들을 통제·관리하고, 공격성을 통제하며, 도덕적이고 사회적인 분별력을 형성하는 데에도 결정적인 작용을 하는 것으로 보았다.

레인의 또 다른 조사에 의하면, 전두엽의 기능 이상이 폭력적인 범죄행동의 기저에 있는 것으로 보이는 반면, 측두엽의 기능 이상은 성범죄의 원인이 되는 것으로 보인다는 보고가 있다.

로(David Rowe)는 "전전두엽 피질은 다른 사람이 우리에 대해 어떻게 생각하는지에 관한 공감능력을 발휘하게 하여, 타인의 기대와 관심에 맞게 행동을 조정할 수 있게 하는 기능을 하는 것으로 보인다."라는 가설을 제시한다.

다른 사람의 정신상태를 헤아릴 수 없는 사람들은 다른 사람에게 공감하고 다른 사람의 반응을 예측하는 능력이 떨어진다는 것이다.

두뇌 영상 관찰에 의한 핵심적인 발견은, 두뇌의 전두부는 반사회적인 인격장애 및 범죄행동과 연관되며, 범죄자가 비범죄자보다 전전두엽 피질의 기능이 떨어진다는 점이다.

특히 전두엽의 기능장애는 폭력범죄자와 밀접하게 연관되고, 측두엽의 기능장애는 성범죄를 특징지우며, 폭력적 성범죄자는 전두엽과 측두엽의 기능장애를 보인다는 점이다.

전두엽의 피질은 출생 후 계속해서 발달하며 20세가 되어서야 성숙한다고 한다.

이러한 주장과 관련하여, 두뇌영상 연구자들의 패러다임을 이해해야 한다.

이분들은 롬브로소(Lombroso) 등과 달리, 생물학적 결정론을 인정하지 않으며 생물사회학적 관점을 유지한다는 것이다. 따라서 이분들은 범죄자를 단순히 이분법적으로 구분할 수 있다고 주장하지 않는다. 오히려 어느 순간 정상적인 범주의 한계를 넘어, 정상 상태에서 범죄적 성향으로 변화해가는 연속체의 개념을 생물학적·사회학적 상호작용 과정으로 이해한다.

두뇌 영상 연구는 '범죄적 성향(반사회성)'개념을 생물사회학적으로 재정의했다.

신경과학자들은 점점 더 범죄적 성향을 전전두엽 피질의 장애로 이해해 가고 있다.

그렇지만, 신경과학자들의 연구에 대한 다음과 같은 비판이 제기되고 있다.

첫째, 연구 당시 신경과학자들은 '정상적인 뇌'의 상태가 어떻게 생겼는지 정확히 제시하지 않아, 명확한 비교 기준이 없었다.

둘째, 연구표본의 크기가 작았고, 굉장히 선택적으로 표본(sample)이 추출되었으며, 연구절차도 표준화되지 않았다.

셋째, 연구결과가 일관성이 없다.

제6절 진화범죄론(진화심리학)[46]

진화와 범죄성향의 관계에 관한 연구는 '행동생태학'(Behavioral Ecology)이 기반이 되고 있다.

행동생태학이란 인간을 포함한 동물의 행동과 환경 간의 진화적 관계를 연구하는 학문이다. 진화범죄학(진화심리학)은 행동생태학의 한 구성요소로서, 사회생물학적 관점에서 행동진화에 영향을 미친 사회적 환경을 탐구하는 학문이다.[47]

46) John Alcock, The Triumph of Sociobiology, 18면.

47) Larry J. Sigel, Criminology, 147면 이하, The Criminal Brain, 275면 이하. Criminological

사회생물학적 관점은, 개체 간의 유전적 성공도(成功度) 차이에 작용하는 '자연선택'이 행동특성의 진화에 가장 큰 영향력을 미쳤다는 것을 전제한다.

다시 말해, 모든 종(種·species)에서 개체의 자손 또는 유전자를 더 남기게 해주는 형질이 진화되어 오늘날 개체의 행동특성이 만들어졌다는 것이다.

20세기 후반 진화범죄학(진화심리학)자들은 범죄가 오랜 세월의 '적응'에 의해 얻어진 특성이라는 주장으로 시작한다.

'적응'(adaptation)이란 생명체가 '자연선택(natural selection)이라는 진화의 과정을 통하여 특정 환경에서 잘 살아가게 된 상태'를 의미한다.

진화적 의미에서 '적응'이란 '자연선택의 필연적인 결과물'이라는 것이다. 다시 말하면, 모든 생명체는 자신의 유전자의 생존가능성에 가장 유리한 행동을 한다는 것이다.

진화범죄학자들은 진화에 의해 얻어진 것은 살인·강도·강간·탈세와 같은 특정한 형태의 범죄행동 자체가 아니라, '이기적이고 공격적으로 행동하는 성향'이라고 본다.

인간도 다른 동물들과 마찬가지의 적응적 이유로 특화·편향·치중된 성향을 발전시켜 나아간다는 것이다.

진화범죄학자들은 유전자에 기초한 진화이론으로 가족 내 살인, 아이 학대 및 방치, 부부폭력, 여성에 의한 폭력범죄와 재산범죄, 여성보다 높은 남성 범죄율을 설명한다.

진화범죄학자들은 폭력과 공격성을 나타내는 인간의 특성을 근원적으로 인간진화의 긴 과정에서 형성되었다고 믿는다.

이런 진화론적 관점에 따르면, 한정된 자원을 둘러싼 경쟁이 인간 종(species)에 영향을 미치고, 인간의 행동 특성을 부여했다고 볼 수 있다.

인류 생존의 과정에서는, 그들의 개체적인 특성 때문에 다른 사람보다 유리하게 자원을 더 많이 축적할 수 있는 사람이 번식의 가능성이 더 높고 그 종(種)에서 우위를 차지할 수 있다.

사람은 자신의 안전을 확보하고 유전적 혈통의 생존과 유전자의 번식을 추구하도록 진화해 왔다.

이러한 예를 들면, 가족 내 살인이 일어날 때에는 유전적으로 연관이 없는 경우에 일어나는 경우가 많다는 것이다. 가정 내 살인의 가장 빈번한 희생자는 가해자의 유전자를 가지고 있지 않아 가해자의 진화적응도를 극대화할 수 없는 의붓자식이다.

Theories, 122면 이하.

생물학적 아버지보다 의붓아버지에 의해 보다 많이 발생하는 살인은 진화론적으로 설명할 수 있는 살인 형태이다.

또한 인간이 가족보다 낯선 사람에게 살해될 가능성이 훨씬 큰 것도 진화론적으로 설명된다. 이러한 살인 패턴은 자신과 같은 유전자를 공유하지 않아 자신의 유전자를 퍼뜨리는 데에 아무런 도움을 주지 못하는 이들에게 폭력을 써서 문제를 해결하려는 남성의 진화적 성향을 반영한다. 이러한 살인 경향은 자연선택이 살인 패턴에 영향을 주고 있다는 논거이다.

종(種)의 분화는 종들의 공통조상에게 물려받은 유전자로 인한 공통형질로 시작된다.

현재 우리들은 진화론적 관점에서 보면, 영웅호걸이라고 평가될 수 있는 선조로부터 대(代)를 이어오고 있다고 볼 수 있다.

충동적·공격적으로 대범하게 위험을 감수하는 남성이 사회적 관계에서 거침이 없고, 여러 상대와 성교를 하여 많은 자손을 퍼트렸다고 할 수 있기 때문이다.

진화이론에 따르면, 그러한 행동 패턴은 자연선택에 의해 유전되며 충동적·공격적 행동성향은 다음 세대로 이어져서 계속 전수되어 오늘의 우리에게 이르고 있다.

이러한 관점에서 보면, 인류 역사가 폭력·전쟁·공격적 약탈로 점철되어 온 것은 자연선택에 따른 적응으로서 자연스러운 현상이라고 할 수도 있다.

Ⅰ. 성(sex)에 따른 진화와 범죄

우리와 염기서열이 거의 완벽하게 일치(98% 이상)하는 침팬지가 인간과 매우 가깝다는 사실은 어느 생물학자도 동의한다.

사회행동의 측면에서 보면, 수컷 침팬지들이 작은 무리를 이루어 이웃의 영역을 침범하고(일종의 전쟁), 약한 개체를 공격하는 현상은 인류의 역사에서 남성이 줄곧 보여온 공격적 성향과 매우 유사하다.

인간과 침팬지는 공통조상을 가지고 있으므로, 공통으로 나타나는 성향은 인간과 침팬지가 공통으로 가지고 있는 유전자에 기인할 가능성이 높다.

진화론적 관점은 범죄율에서 나타나는 성별 차이와 연결되기도 한다.

자신의 유전정보를 담고 있는 유전자 풀(gene pool)의 생존을 확실히 하기 위해 남성은 가능하면 많은 젊은 여성들과 짝짓기를 하는 것이 유리하다.

남성은 관계한 여성의 수가 많을수록 자신의 유전자를 지닌 자식의 수도 많아질 수 있기 때문이다.

반면에 여성은, 유전적 성공도의 양적 증가가 아니라 질적 이득을 추구한다. 긴 임신기간을 갖는 여성은 그들의 생존을 보장해 줄 자산과 안정적으로 자식을 양육해 줄 더 우수한 한 명의 배우자를 필요로 한다.

짝짓기 패턴의 이런 경향에 따라, 가장 공격적이고 강한 남성이 가장 많이 짝짓기할 수 있고 가장 많은 자식을 남길 수 있다.

따라서 인간 종의 진화역사를 통해, 공격적인 남성이 유전자 풀에 가장 큰 정보를 남겨 가장 큰 영향을 미쳤다.

현재 남성의 바람기(氣)와 공격성·폭력성 대부분은 이런 공격적·충동적 남성의 유전형질을 이어받은 후손이기 때문에 나타나는 성향이다.

이와 같은 맥락에서, 남녀 성별의 차이는 사회화(社會化)의 영향이라기보다는 시간의 흐름에 따라 발달해 온 짝짓기 패턴의 타고난 형질 차이 때문이라고 할 수 있다. 현재 여성은 전체 범죄율에서 20%를 넘지 않고, 교정시설의 수용률은 기껏해야 5~6% 정도에 그치고 있다. 이처럼 남성의 범죄율, 특히 심각하고 폭력적인 범죄율이 월등하게 높은 것은 타고난 유전형질의 차이 때문이라고 보는 것이 설득력이 크다.

젊은 남성들 세계에서 무모하게 목숨을 아끼지 않고 위험을 감수하는 경향은, 남성이 자신의 번식을 위해 적당한 짝 찾는 것을 강조하는 문화 단계에서 특히 발달할 가능성이 높은 것도 유전적 영향이 크다고 할 수 있다.

그들은 그러한 광경에서 잠재적 배후자와 잠재적 경쟁자에게 공격적이지 않으면, 자신의 유전자를 남기지 못할 처지에 놓이기 때문이다.

많은 사회에서 왜 남성이 여성보다 개인적 권력이나 사회적 지위를 얻으려고 하는가?

이에 대한 사회생물학적 가설은 인간이 진화해 온 역사 동안 권력과 지위를 획득하려 했던 것은, 여성보다 남성의 번식성공도에 더 많은 이익을 가져다주었기 때문이라고 한다.

여성은 잠재적인 남성 배우자의 사회적 지위와 권력을 호의적으로 평가하도록 자연 선택되어 왔다. 그것은 자신이나 아이들에게 돌아올 소중한 자원의 양과 관련이 큰 것이라서, 이러한 특징들에 적응해 왔다.

지위를 추구하는 성향에 있어서 성 간에 차이가 있다는 가설은 검증 가능하다.

많은 포유류에서도 수컷들 사이에서 사회적 우위를 차지하기 위한 경쟁이 일어나고, 일반적으로 승자가 얻은 보상은 다수의 암컷임을 보여주기 때문이다.

Ⅱ. 폭력범죄와 진화

현대사회에서 여성 배우자에 대한 학대의 높은 비율과 데이트 폭력에서의 여성의 많은 피해 등은 공격적인 남성이 자신의 짝을 통제하고 소유하려는 성향이 강하게 영향을 미치고 있는지도 모른다.

곤충이나 동물의 모든 개체가 각자의 번식 이익을 극대화하기 위해 각축을 벌이고 있는 것이 자연계인데, 그러한 갈등 성향이 인간의 유전자에도 유전정보로 남아 있어서 인간의 행동에도 근원적으로 방향을 제시하는 역할을 할 수 있다.

여성이 남편에게 살해된 범죄의 상당수가 그 동기를 보면, 아내의 간통에 대한 두려움과 아내가 새로운 짝에게 애착을 갖게 되는 것에 대한 스트레스인 것으로 나타나고 있다.

간통은 남성의 지배권과 앞으로의 번식의 영역에 도전하는 것이므로, 진화론적으로 해석될 수 있다.

진화론적 관점에서 보면, 과거 일부 문화권에서 남편이 아내의 불륜 현장을 목격했을 때 보복살인이 법적으로 합법화되었던 것이 자연스러운 것일 수도 있다.

도덕적으로 바람직하지 않은 인간의 행동이라 해도, 그것이 진화적인 의미에서 자연스러울 수 있기 때문이다.

데이트 관계나 사실혼 관계에 있을 때, 남성보다 나이가 훨씬 어린 여성이, 비슷한 연령의 상대방이거나 남자보다 나이가 많은 여성에 비해, 학대나 성폭행의 위험이 더 높다는 연구결과가 있다.

이는 학대·폭행하는 남성은 정식 결혼을 하지 않은 상태라서 젊은 짝을 잃을지도 모른다는 잠재적 두려움이 클 수 있고, 상대에 대한 통제와 소유의 목적 달성을 위한 대체 수단들이 없다고 생각되는 경우에, 그에 대한 압박감을 못 이겨 물리력을 동원하는지도 모른다고 해석할 수 있다.

같은 맥락에서, 경쟁자에게 짝을 빼앗길지도 모른다는 위협을 많이 느끼는 사람일수록 성폭력을 저지를 가능성이 높다는 주장도 있다.

오랜 세대 전에 우리의 조상들에게는, 성교와 자손의 생산기회를 놓치지 않도록 해준 성적 관심과 성적 흥분을 위한 행동들이, 오늘날의 남성들에게 다양한 성적 강제행위들을 하도록 하는 유전적 힘으로 영향을 미치고 있는지도 모른다.

애인에게 성관계를 갖자고 보채거나, 데이트 상대에게 불쾌한 정신적 압력을 행사하거나 다소 폭력적인 방법으로 상대를 범하거나, 친분이 있는 상대이거나 전혀 친분이 없는 사람에 대하여 성범죄를 범하는 등의 행동이 성적 강제행위 유형이다.

이런 행동을 하는 사람 중에는 그야말로 사이코패스도 있다. 그러나 사이코패스가 아닌 경우, 현대의 젊은 남자들에게 과거에 자연선택된 적응적·유전적 계보로 인해, 특정한 성적(性的) 심리의 짐이 안겨져 있는지도 모른다.

그렇지만, 진화이론은 아직까지 적절한 경험적 검증이 존재하지 않는다.

진화이론에 기초한 진화범죄론은 인간행동에 미치는 유전의 힘을 정당화하기보다는 자연선택된 파괴적인 심리성향을 극복할 수 있도록 교육하고, 예방프로그램을 개발하는 데에 중점적인 의미를 부여하고 있다.

남성의 자연선택된 적응과 달리, 오랜 옛날부터 강간은 여성의 적합도에 막대한 손해를 끼쳤고, 이는 오늘날에도 마찬가지이다.

강간당한 여성은 임신하기도 하는데, 그럴 경우 남자는 남의 유전자를 지닌 자식을 돌보는 대신 떠나는 경우가 많다. 비록 여성이 임신을 피하더라도 강간 자체가 남자에게 알려질 경우, 대개 동정보다는 적대감을 불러일으킨다.

자신의 것이 아닌 아이를 돌보는 것에 대해 편집증적으로 반응하도록 진화한 남성의 뇌는 적응적이지만, 냉혹한 성향이다.

강간에 의해 적합도에 심각한 타격을 입기 때문에, 최대한 이런 상황에 처하지 않으려는 여성이 늘 자연선택되어 왔다.

이러한 경향을 반영하는 특징 중 하나는, 강간을 겪을 때 동반되는 고통을 일으키는 심리기전(心理機轉)이다. 이런 심리기전으로 인한 고통은, 여성이 강간을 피하도록 동기부여를 해 줌과 동시에, 더 중요하게는 여성이 강간의 피해자일 뿐이지 강간범에게 조금의 협력도 있을 수 없다는 것을 배우자 등에게 확실하게 전달하는 과학적 지식이다.

이와 같은 과학적 지식에 근거한 교육은 남성들에게, 유전자를 위해 작동하는 자신의 진화된 심리가 다른 사람에게는 파멸과 고통 및 불행을 가할 수 있다는 것을 인식하게 하여, 그러한 방식으로 행동하지 않도록 할 수 있다는 것을 배우게 해준다.

남성들은 남성의 성 욕구는 여성보다 일반적으로 더 높다는 것을 이해해야 한다. 남성은 자신의 강한 욕망으로 인하여 상대방 여성의 의도를 오해하는 경우가 많다.

남성은 여성이 전혀 성적 의사가 없음에도 불구하고, 미소나 친근한 말 몇 마디를 나타내면, 그것을 성적 수용의 신호로 해석하여 받아들이는 경우가 많다고 한다. 섣불리 그리하면 아니 된다.

유전적으로도 근본적인 차이가 있는 남성과 여성의 성적 적응의 차별을 확실하게 이해해야만 '성 인지 감수성'(gender sensitivity)이 과학적인 상식으로서 일상생활에서 자리잡을 수 있다.

이제 사회생물학적 관점에서, 오랜 옛날부터 자연에서 벌어진 자연선택이 현대의 인간생활에서는 치명적인 효과와 부작용을 야기할 수 있음을 알게 되었고, 그러한 부작용이 작동하는 과정을 경계할 줄도 알게 되었다.

행동생태학과 사회생물학은 자연선택이 인간의 사회 또는 사회성 행동의 진화에 어떤 역할을 하였는가를 알게 하면서, 자연선택된 파괴적인 심리성향을 극복할 수 있다는 것도 알려준다.

그래서 오늘날 전 세계의 대부분의 사람이 자연선택된 이기적 유전자의 근원적인 욕구를 잠재우면서 현대 인간문화에 적응하면서 산다.

자연선택은 인간에게 이성(理性, Reason)도 발달시켜 주었기 때문이다.[48]

---

48) The Triumph of Sociobiology, 306~308면 참조.

CHAPTER 03

생물학적 이론들은 범죄학에서 어떻게 다루어지고 있는가?

제1절 생물학적 이론의 경험적 타당성

19세기에서 20세기 초반의 생물학적 범죄이론들은 20세기 중반, 범죄학에서 자취도 없이 사라졌었다.

초기의 생물학적 이론들은 매우 결정주의적 이론 체계를 가지고, 범죄자는 태어날 때부터 일반인과 다른 신체를 가졌고, 숙명적으로 반사회적 범죄행동을 할 수 밖에 없는 생리적 결함을 지니고 있는 괴물이므로, 건강하고 좋은 사람들의 안녕과 사회의 안전을 위해 사회로부터 격리하고 더 이상 번식하지 못하도록 하여야 한다는 생각에 논리를 제공하는 역기능과 관련되었기 때문이다.

초기의 생물학적 이론들은 본래의 연구 의도와는 달리, 타고난 범죄인인 결함 있는 사람들을 수용시설에 가두고 불임을 시키고자 했던 우생학적 정책과 이민 억제 정책, 순수 인종 보존을 위한 인종차별·말살 정책을 정당화하는 데 악용되었다.

그렇지만, 20세기 후반 이후 제안되는 정교한 생물사회(사회생물)이론들은 롬브로소(Lombroso), 후튼(Hooton), 셀던(Sheldon) 등의 편견과 결정론적 관점에서 벗어나고 있다.

오늘날의 생물사회학적 범죄이론가들은, “범죄인과 비범죄인은 타고나기보다는, 어떤 사람은 일탈적·반사회적·폭력적 성향을 지니고 있을 뿐이고, 환경적 여건이 때때로 상황에 따라 그러한 사람들이 범죄를 저지르도록 촉발할 수 있다”는 관점을 취하고 있다.

그러므로 생물학적 요소와 사회적 관계, 일상적인 범죄기회의 조합이 범죄율을 예측하는 데 기본이 된다고 본다. 이러한 관점으로는, 법을 지키며 살아가는 많은 사람들이 평생 한 두 번의 이해하지 못할 반사회적인 일탈행동을 하기도 하고, 반대로 범죄경력이 많은 사람들이 종종 규범적인 준법행위들을 하는 이유를 설명해줄 수 있다.

또한 범죄율의 지리적 패턴과 시간적 패턴의 특징도 설명할 수 있다.

범죄성향이 있는 사람들이 리비아의 공사 현장에 파견되어 생활할 때보다 겨울에 서울 본사로 복귀하여 생활할 때 폭력범죄를 범할 조건이 낮아진다. 그들의 호르몬이나 생화학물질의 활성화 수준이 지역이나 계절에 따라 달라지기 때문이다.

그리고 사회적 압박요소에 대해 왜 어떤 사람들은 대부분 순응적으로 대응하는데, 왜 어떤 사람들은 일탈적으로 반응하는지, 그러한 개인적 차이에 대해서도 유전적·생물학적 기질 차이로 설명할 수 있게 해준다.

생물사회학적 관점은 범죄를 포함하는 인간의 행동이 생물학적 요인과 심리학적·사회학적 요인 간의 상호작용의 결과물이라고 본다.

생물학적 특성과 환경 간의 상호작용에 의해 범죄가 발생하게 된다는 주장은 오늘날 대부분이 수긍하고 있다.

그럼에도 불구하고, 생물학적 이론화가 범죄학에서 보다 주류적인 패러다임으로 자리잡고, 다양한 비행·범죄 문제들에 대해 설명력을 더욱 높이기 위해서는 몇 가지 한계와 비판을 뛰어넘어야 한다.

첫째, 생물사회범죄학 이론에 대한 가장 중요한 비판은, 이 이론이 아직까지는 유의미한 경험적 검증이 부족하다는 점이다.[49)]

대부분의 생물사회학적 연구는 표본이 상대적으로 적어, 연구의 대표성을 인정하기 어렵다. 생물사회학 연구자들은 제시된 이론을 명확히 하고, 비판을 잠재우기 위해서는 보다 확장된 연구를 더 많이 하여야 한다.

둘째, 범죄행동과 관련이 있는 생물학적 인자들을 찾는 것은 그러한 범죄행동에 대한 '환원주의적 관점'을 강화시킬 위험이 많다.

생물학에서 '환원주의'는, 생명현상이 물리학 및 화학의 이론이나 법칙에 의하여 해명이 가능하다고 보는 관점이다.

49) L. J. Siegel, Criminology, 152면.

복잡하고 다양한 생명현상을 직접적으로 관찰할 수 있는 물리·화학적 법칙 등으로 단일화하여 설명하려는 시도는 여러 가지 곤란한 점이 많으므로 실현에까지는 이르지 못하고 있다.

생물학적 패러다임은 주로 개인이나 그 개체 내에 있는 어떤 생리적 인자로써 광범위한 범죄를 해명하려는 경향이 강조될 수 있다.

이에 따라 거시적 범죄 현상 및 특징이나 개인들이 처해 있는 사회적·역사적 상황이 미치는 영향력을 소홀히 다루게 된다. 그렇게 되면, 왜 특정 지역에, 특정 시기에, 범죄가 크게 증가하는지 등에 대하여 타당성 있는 해명을 하기 어려워지고, 범죄에 대한 대책이 단순하게 편중될 수 있다. 그러므로 과도한 환원주의적 경향을 뛰어넘는 절제된 관점의 조화가 유지되어야 한다.

셋째, 생물사회학적 이론이 의도하는 바는 아니지만, 생물학적 관점이 강조되어 범죄자를 사회적으로 일반인과 본질적으로 다른 부류의 인간으로 차별하는 것을 정당화하는 데 이용될 수 있다.[50)]

생물학적 관점을 지나치게 강조하면, 범죄적 인간은 뇌·유전자·신경체계의 이상(異常), 생화학적 불균형, 신체의 비정상성, 생물학적 열등성, 신체유형적 특성, 생리적·유전적 결함이 있는 위험한 부류의 사람으로 인식될 수 있다. 이렇게 되면, 사회방위를 위한다는 명목으로 범죄자를 장기간 교정시설에 감금 또는 사형시켜 무능력화시키는 정책이 수용될 수 있다.

그리고 범죄발생원인과 관련하여 사회구조적 원인과 문제점은 책임의 범위에서 완전히 벗어나게 만들 수도 있다. 왜냐하면, 결국 범죄는 모두 생리적으로 결함이 있는 나쁜 생물학적 인간들이 저지르는 것으로 귀결될 수 있기 때문이다.

제2절 생물학적 이론의 정책적 시사(示唆·suggestion)

오늘날의 생물학적 이론들은 기본적으로 경직되거나 억압적인 범죄대책을 요구하지 않는다.

오히려 아동기 초기개입 프로그램들이나 치료개선모델 확대, 납 노출로부터의 도시주민들의 보호, 처벌보다는 예방과 처우를 중시하는 프로그램 등을 선호한다.

---

50) Criminological Theory, 524면.

최근의 생물학적 이론 주장자들은 초기 생물학적 이론가들이 지지했던 신체 침해적·격리적 정책을 전혀 지지하지 않는다.

범죄행위가 순수하게 자유의지에 의한 이기적인 선택이 아니고, 또한 범죄행위가 변화하는 사회구조적 산물만도 아니며, 생물학적인 범죄성향을 기본으로 하면서 사회적·심리적 요인과 상호작용하면서 만들어지는 것이라면, 형사정책으로 처벌만을 강조해서도 아니 되고, 범죄 정책이 완화적이고 치유적이면서 사회복귀적인 복지정책과 균형 있게 조화되어야 한다.

범죄학에 있어서는, 사회에만 범죄의 문제 책임을 두어서는 아니 되고, 개인의 범죄성에 대한 이론과 그에 대한 치유방법 개발이론에도 관심을 기울여야 한다.

범죄학의 성공 여부는 이론적 엄밀성이나 경험적 검증, 또는 이데올로기에의 부합에 달려 있는 것이 아니라, 우리 사회에서 비행과 범죄를 줄이는 데 어느 정도 기여하느냐에 달려있다.

범죄성의 치유나 예방, 범죄 억제, 재범 방지 등은 일반적으로 생각하는 것만큼 그 해결이 쉽지 않다. 그러므로 범죄성 치유와 관련해서도 정확한 원인과 인과과정을 해명하는 것이 중요하고, 그를 위해서는 장시간의 연구를 통해 범죄인에게 적용하는 처우(treatment)가 적어도 부작용을 일으키지 않을 정도로 확실하게 검증되어야 한다.

이를 위해서는 국가에서도 신약 개발에 엄청난 지원을 하면서 그 큰 수익을 기대하듯이, 범죄연구가들에게도 국가적 지원을 아끼지 않아야 할 것이다.

질병에 대한 신약 개발 효과 못지않게, 유효한 범죄성 치유방법과 효과적인 범죄 감경 대책 개발은 사회적·국가적으로 중요하고, 수익도 크다는 것을 놓쳐서는 아니 된다.

그리고 연구자들은, 범죄학에 근거한 주장이나 대책 제시에 있어서 범죄행동은 '개인의 생물학적 특성(소질)과 사회환경의 상호작용의 결과물'이고, "형법전은 범죄인에 대해서도 마그나 카르타(Magna Carta)가 되어야 하며, 범죄(형사)정책의 뛰어넘을 수 없는 장벽이 되어야 한다"는 리스트(독일어: v. Liszt, 1851~1919)의 경구(警句)를 결코 잊어서는 아니 된다.

PART 03

심리학적 범죄 이론

(Psychological Theories of Crime)

경찰을 위한 범죄학 犯罪學 CRIMINOLOGY

사람의 행동은 몸(신체)과 마음(심리)의 구성이다. 어느 하나가 없으면 사람의 행동은 나타날 수가 없다. 대부분 생각과 마음이 그 사람의 행동을 지배한다.
그렇다면, 범죄행동도 마음(심리)의 작용으로 나타나는 경우가 많지 않을까?

이와 같은 맥락에서 범죄와 심리·정신적 특성과의 연관성을 찾으려는 연구는 18세기와 19세기에 걸쳐 시작되었다.
그렇지만, '개인의 심리학적 측면에서 범죄행위를 설명하는 이론'이 본격적으로 발전한 것은 20세기에 들어와서이다.

이제 범죄행동과 범죄인에게 심리·성격·마음이라고 일컬어지는 사람의 구성요소가 어떻게 어느 정도로 영향을 미치는지, 그리고 어떻게 악영향을 미치는지, 그리고 악영향을 미치는 심리적 결함에 대하여는 어떻게 범죄학적으로 대처할 수 있는지에 대하여 탐구해 보자.

CHAPTER 01

서장(序章): 범죄심리학이론에 에둘러 볼거리

제1절 사례를 통한 범죄심리 고찰

심리학적 범죄이론은 어떤 사람은 그들의 신체적 특징이나 그들이 처해 있는 상황과 상관없이 범죄를 저지르게 만드는 심리적 요인이 있다고 가정한다. 그 심리적 요인은 크게 지능(Intelligence)과 성격(Personality)으로 구분할 수 있다.

지능은 심리학적으로 새로운 대상을 만나거나 새로운 상황에 부딪혀 그 의미를 이해하고 합리적인 적응 방법을 알아내는 지적 활동 능력을 가리킨다.

성격이란 개인을 특징짓는 지속적이며 일관된 감정적 특성 또는 상황에서 그가 어떠한 감정표현과 행동을 할 것인가를 우리에게 예상케 하는 표시라고 할 수 있다.

심리학적 범죄이론 본론으로 들어가기 전에 다음과 같은 사례를 보고, 심리학적 범죄이론은 왜 필요하고, 그리고 그러한 사건들과 유사하게 발생할 수 있는 범죄에 대해서는 어떻게 예방과 치유를 도모할 수 있을지에 대해 생각해 보자.

- 1920년대 미국에서 고더드(H. Goddard)는 바인랜드 교정시설의 모든 수용자와 신입자의 지적 능력을 검사했다. 검사 결과, 고더드는 대부분의 범죄자가 정신지체(지적 장애) 수준이라고 결론을 내렸다.

- 미국 거대 화장품 회사의 상속자인 러스터(A. Luster)는 해변의 호화로운 대저택에 살면서, 그가 데이트 상대인 여성에게 마약을 주사하여 의식을 잃게 한 후 강간한 혐의로 검거되었다. 수사과정에서 그는 상습적으로 여성들에게 마약을 투여하고 혼수상태의 여성을 상습적으로 강간했

던 사실을 보여주는 비디오 테이프가 발견되어 그의 어두운 이면이 드러났다. 그는 86개의 죄목으로 형기 합산 100년이 넘는 징역형이 선고되었다.

- 2007년 대한민국 국적으로 미국 영주권 보유자인 23세의 조승희는 미국 버지니아 공과대학교에서 총기를 난사하여 32명의 생명을 빼앗고 스스로 자살하여 생을 마감했다. 범행 후 그에게는 피해망상증이 있었고, 사회적 관계를 형성하지 못하는 외톨이였음이 밝혀졌다.

- 존 게이시(John Gacy)는 미국의 토건업자로서 일리노이 주 상공회의소로부터 '올해의 인물'로 선정되어, 당시 영부인이었던 로잘린 카터여사와 기념 촬영도 했던 유능한 사람이었다. 그는 1970년대에 32명의 소년 소녀를 살해하고, 그 시체들을 자기 집 지하의 통로에 암매장한 사실이 발각되었다.

- 한국의 대표적 연쇄살인범으로는 우범곤과 2004년 22명의 여성과 노인을 연쇄살해하고 시체를 훼손했던 유영철이 있다. 이 사람들 중 현재 수감되어 사형 집행 대기 중인 유영철은 사이코패스 평가표(PCL－R) 검사에서 40점 만점에서 34점을 받은 심각한 사이코패스이다.

- 1986년부터 1991년까지 경기도 화성시 인근에서 연쇄강간살인 범죄가 이어졌다. 이 사건은 71세의 여성 노인이 옷이 벗겨지고, 목이 졸려 살해된 채로 발견되면서 시작되었다. 그 후 1986년 두 차례, 1987년 3회, 1988년 2회, 1990년 1회, 1991년 1회 총 10회에 걸쳐 무차별하게 여성 10명이 강간 살해되었다. 이 사건은 우리나라에서 발생한 최초의 동기를 알 수 없는 연쇄살인사건이었고, 총 180만 명의 경찰이 동원되어 수사를 하였음에도 30년 가까이 시간이 흘러도 사건의 실마리가 풀리지 않았다. 특히 엄청난 경찰력을 동원하여 수사가 이루어지고 전 국민의 관심이 집중되는 상황에서도 잇따라 비슷한 사건이 일어났던 것이다. 그래서 이 사건은 영화 〈기생충〉으로 유명한 봉준호감독이 2003년 〈살인의 추억〉이라는 타이틀로 영화를 만들어 흥행되기까지 하였다.
  그러하던 중 2019년 9월 부산교도소에서 강간살인죄로 무기징역을 선고받아 형 집행 중이던 강간살인범 이춘재의 DNA가 그 사건들 당시 채취해 보관 중이던 DNA와 일치한다는 사실을 밝혀냈고, 그리하여 이춘재를 조사한 결과, 이춘재는 이미 범인이 밝혀져 다른 사람이 무기징역형을 받았던 사건까지 포함해서 연쇄살인을 총 14회 저질렀고, 그 밖에도 34건의 성범죄를 범했던 것이 드러났다.
  경찰은 2019년 12월, '화성 연쇄살인사건'으로 불려졌던 사건의 진범이 이춘재라고 신상을 공개하면서, 이 사건의 명칭도 '이춘재 연쇄살인사건'으로 변경했다. 이 사건은 미궁에 쌓여있던 것에서 벗어나 이춘재라는 진범이 검거되었지만, 2006년 공소시효가 이미 만료되어 있었으므로 이에 상응하는 처벌을 하지 못한 채 마무리 되었다.
  경찰의 분석에 따르면, 이춘재는 사이코패스 성향이 매우 강했다. 그로 인해 자신의 욕구 불만 해소를 위해 죄 없는 여성들을 대상으로 성도착증적 행위를 자행하면서 범행을 저질러 우리 사회를 공포의 도가니로 몰아넣었고, 수많은 피해자를 억울하게, 참으로 원통하게 희생시켰다.

- 2003년 운행 중이던 대구 지하철에서 인화물질에 불을 붙여 무려 300여 명의 사상 피해자를 낸 김대한, 2007년 초등학생 두 명의 여자어린이를 유인해 성폭행하고 살해한 정성현, 2008년 서울의 고시원에 불을 지른 후 대피해 나오던 사람들을 마구 칼로 찔러 13명을 죽거나 다치게 한 정상진, 2004년부터 2006년까지 14명을 살해하면서 사람이 죽어가는 과정을 오래도록 지켜보며 짜릿한 맛을 즐기기 위해 범행 기간 중에 살인도구를 칼에서 둔기로 바꾸었다고 하는 희대의 쾌락살인마 정남규, 2006년부터 2009년까지 4년에 걸쳐 버스정류장에서 귀가하던 여성 한 명 한 명을 승용차로 납치해 총 7명을 무참하게 살해한 뒤 암매장한 강호순 등은 지나치게, 그리고 오로지, 자기 자신만을 위하는 '이기적 자기애'가 강해서 자기에게 더 큰 쾌감을 주기만 한다면, 피해자에게는 상상을 초월하는 고통을 부과한다고 해도 상관치 않는다는 공통점이 있다고 한다. 그리고 그러한 극단적인 악행들은 일상생활에서는 전혀 느껴볼 수 없는 우월감과 권력욕과 통제욕이 빚어낸 분노도 많이 작용한다고 한다. 그렇다면, 범죄심리학에서는 범죄자들의 마음 속에 자리 잡은 욕구와 심리적 동기를 어떻게 파악하고 있을까?

CHAPTER 02

지능과 범죄는 어떻게 어느 정도로 연관되는가?

[제1절] 지능과 IQ테스트

지능은 상황을 파악하고, 문제를 해결하고, 경험을 통해 배우고, 추리하고, 복잡한 일들을 이해하고 해결책을 찾아내는 등의 능력이다.

낮은 지능은 비행 및 범죄와 관련성이 크다는 주장이 오랫동안 제기되어 왔다.

지능의 정도는 지능검사(IQ검사)를 통해 수치로 나타난다.

지능 검사는 프랑스 심리학자 비네(Alfred Binet, 1857~1911)의 연구에서 비롯되었고, 1905년 프랑스 정부의 지원을 받아 비네와 시몽(T. Simon)이 최초로 지능검사(intelligence test)를 만들어냈다.

이는 판단력, 추리력, 주의집중력을 측정하기 위한 문항들로 만들어졌고, 지적 능력이 낮은 아이를 선별하기 위한 지능검사였다.

그 후 1912년 독일에서는 이를 바탕으로 심리학자 슈테른(William Strern, 영어명: 윌리엄 스턴)이 정신연령과 실제(생활)연령에 대한 비(比)를 구하는 법을 연구하여, 최초로 IQ(지능지수)라는 용어를 탄생시켰다.

이러한 성과를 종합하여 미국에서는 성인의 지능까지 측정할 수 있도록 발전시켜 지금의 IQ개념이 만들어졌고, 지능 검사가 널리 알려지게 되었다.

지금과 같은 IQ테스트는 미국의 스탠퍼드(Stanford)대학의 교수 터먼(L. M. Terman)이 비네-시몽 지능검사를 번역하여 스탠퍼드 비네(Stanford-Binet) 지능검사를 만듦으로써 대중화되는 계기가 되었다.

지능검사사업이 급성장하게 된 것은 1914년 제1차 세계대전이 일어난 시기였다.

미국은 급하게 장병을 모집하는 과정에서 그 선발 기준으로 IQ테스트를 사용했다. 그 당시 미국에서는 IQ테스트를 통해 능력 있는 장병을 모집하여, 모집된 장병들을 적절하게 배치하는 문제를 해결하고자 하였다.

이때부터 IQ테스트는 지적 능력을 수치화할 수 있는 유용한 과학적 도구로 사용되고 있다.

그렇지만 IQ는 인간의 능력 전체를 측정하는 것이 아니고, 어휘력과 문제해결능력, 논리적 추론 등 특정 작업에 대한 처리능력을 측정할 뿐이고, 평생 변하지 않는 수준이 아니라, 학습을 통해서나 노력에 의하여 달라지는 상대적인 것에 불과하다.

제2절 지능에 관한 본성이론과 양육이론

Ⅰ. 본성이론(Nature Theory)

본성이론은 지능이 환경적 차이보다는 대부분 유전에 따라 결정된다고 보며, 낮은 지능지수는 범죄행위와 직접 연관된다고 주장한다.

20세기 초 새롭게 개발된 IQ검사가 교정시설과 소년원 수용자에게 실시되었을 때, 수용자의 대다수가 낮은 IQ로 나타났으므로, 이에 근거하여 본성이론 주장이 인정되는 추세였다.

1920년대 대표적인 정신지체(정신박약) 이론가인 고더드(Henry Goddard)는 많은 수용자가 정신박약(저지능, IQ 75 이하)이라는 것을 확인하고, 정신지체는 멘델(Gregor Mendel,1822~1884)의 유전법칙에서 밝혀진 열성 유전자가 원인이라고 보았다.

이를 근거로 고더드는 정신지체는 선택적 번식 정책에 의해서 제거할 수 있다고 하면서, 정신지체자(정신박약자)를 시설에 격리해서 더 이상 자식을 못 낳게 해야 한다고 주장하기에 이르렀다. 그렇지만 고더드는 1928년 입장을 바꾸어 정신지체(지적 장애)는 교육을 통하여 치유될 수 있으므로, 정신 지체자를 시설에 격리 수용하여 자손 번식을 막을 필요가 없다는 결론을 내렸다.

1926년 힐리(William Healy)와 브로너(Augusta Bronner)도 비행청소년이 정상 청소년에 비해 낮은 지능 등 정신적으로 결함이 있을 확률이 5~10배 더 높다고 주장했다.

이들 연구를 포함하여 당시의 여러 연구는 낮은 지능지수(IQ) 점수를 통해 잠재적비행자나 범죄자를 예측할 수 있으며, 선천적으로 낮은 지능은 일탈행동과 상관관계가 존재한다고 실증적 보고를 하고 있다.

당시의 지능지수 검사는 타고난 열성 유전요인을 측정하는 과학적 수단이라고 믿었고, 많은 범죄학자들은 표준 이하의 IQ를 받은 사람들은 높은 비율로 비행과 범죄와 관련을 맺는다고 간주했다.

그렇지만 제 1차 세계대전(1914~1918년) 중에 이루어진 검사 결과에 대한 연구는 지능과 범죄에 대한 관계에 부정적 관점을 제공했다.

수용자와 징집된 군인들의 지능 검사 결과, 몇몇 연구에서는 수용자가 징집 군인들보다 실질적으로 더 높은 지적 능력을 가지고 있다는 결론이 나왔다.

그 연구 결과에 따라 범죄행위를 설명하는 근거에서 낮은 지능은 제외되기 시작했다.

Ⅱ. 양육이론(Nurture Theory)

양육이론은 지능이란 부분적으로 유전되어 생물학적 조건의 영향을 받지만, 주로 양육환경에 따라 사회적으로 발달되는 것으로 보아야 한다는 주장이다.

1930년대 인간 행동에 대한 사회학적 설명이 부각되어 사회 문화적 조건의 영향이 중시되면서 지능에 관한 양육학파가 생겨났다.

이 입장에서는 부모, 학교 등 환경적 자극에 대한 반응으로 지능의 수준이 변화되며, 비행이나 범죄를 조장하는 열악한 환경 또한 낮은 지능지수에 영향을 미친다고 본다.

따라서 범죄자들이 일반인에 비해 낮은 지능지수(IQ)를 보이는 것은 범죄자의 생물학적·정신적 능력에 따른 결과가 아니라, 그들의 사회문화적 나쁜 환경을 반영하는 것일 수 있다. 이와 같이 지능은 유전되는 것이 아니므로, 지능지수가 낮은 부모 밑에서는 반드시 낮은 지능 아이가 태어나는 것이 아니고, 낮은 지능지수를 갖고 있기 때문에 직접적으로 그 영향을 받아 범죄를 저지를 수밖에 없다는 결론도 인정할 수 없다.

낮은 지능지수는 자동적으로 비행·범죄와 연결된다는 주장을 반박하는 연구는 1920년대 슬로슨(John Slawson) 등에 의해 이루어졌다.

슬로슨의 연구 결과에 의하면, 지능지수 검사의 어떤 부분은 문화적 편견이 개입되어 있었다. 또한 범죄 횟수와 범죄의 종류들 중에는 지능지수와 관련이 없는 것도 많이 발견되었다.

1920년대까지 여러 범죄학자들은 저지능과 범죄의 상관성을 믿었지만, 1931년 미국의 대표적인 범죄사회학자인 서덜랜드(Edwin H. Sutherland)의 연구(Edward가의 연구) 결과는 비행과 범죄는 낮은 지능에 의해 생겨나는 것이 아니라는 것을 사회학적으로 밝혀냈다.

이에 따라 미국에서는 1930년대 이후 오랫동안 지능지수와 범죄의 관련성은 배제되고 있었다.

Ⅲ. 20세기 후반의 지능과 범죄에 관한 논쟁

1970년경이 되면서 이전에 부정적 평가를 받았던 지능이론이 몇몇 학자들에 의해 되살아났다.

1969년 젠슨(A. Jensen)은 아프리카계 미국인(흑인)이 유럽계 미국인(백인)보다 평균적으로 지능지수가 15점정도 낮다고 하면서, 흑인의 범죄율이 백인의 범죄율보다 높은 것은 지능지수의 차이에 의해서 설명할 수 있다고 하였다.

젠슨은 지능지수의 개인적 차이의 약 80% 정도는 유전에 의해서 결정된다고 주장했다.

이분은 그간 미국에서 범죄자의 재사회화를 위한 치료적·교육적 프로그램이 실패한 이유는 범죄가 환경적 차이보다는 유전에 의해 결정되는 부분이 많기 때문이라고 분석했다.

1976년 고든(Robert Gorden)은 젠슨의 연구를 인용하며, 지능지수는 대부분 생물학적 요인의 반영 결과이며, 비행·범죄율의 차이는 지능지수의 차이로 가장 잘 설명할 수 있다고 주장했다.

고든은 범죄율의 인종 간 차이를 설명하는 데 인종 간의 지능지수의 차이를 이용하였다.

이듬해 1977년 미국의 저명한 범죄학자인 허쉬(Travis Hirschi)와 힌델랑(Michael Hindelang)은 지능지수와 범죄에 관한 관심을 끌어올리는 연구결과를 발표했다.

그분들은 기존의 연구들을 재검토·분석한 후, 낮은 지능지수는 인종 또는 사회·

경제적 계층보다 범죄성과 비행을 예측하는 데 더 중요한 요인이라는 것이 실증적으로 밝혀졌다고 주장했다.

허쉬 등은 IQ검사 과정에 인종과 사회 경제적 계층에 따른 편견이 반영되고 있다는 비판을 불식시키기 위해, 같은 인종·사회 경제적 계층 범주 내에서 범죄자와 비범죄자의 지능지수를 비교 분석해 본 결과, 같은 인종과 같은 계층 내에서도 범죄자와 비범죄자 사이에 의미 있는 지능지수 차이가 발견되었다고 한다.

그분들은 낮은 IQ가 학업 성적 저조를 통해 범행 가능성을 높인다고 보았다.

즉, IQ가 낮은 아이들이 학업성적이 좋을 수가 없고, 학교생활의 실패와 학습장애는 비행 및 성장 후 범죄 가능성과 밀접하게 연관된다는 것이다.

허쉬와 힌델랑의 분석과 추론은 그 후 여러 연구를 통해 인정되었다.

낮은 지능이 범죄를 포함한 사회적 행동의 가장 강력한 원인이라는 명제는 1994년 헌스타인(Richard Herrnstein)과 머레이(Charles Murray)의 베스트셀러인 「종(鍾)곡선: 미국인의 삶에서 지능과 계급구조」(The Bell Curve: Intelligence and Class Structure in American Life)에서 전폭적인 지지를 받았다.

이 책의 주장에 의하면, 지능지수가 낮은 사람이 범죄를 저지르고 검거되어 교정시설에 수용될 가능성은 매우 높다.

그분들의 주장에 따르면, 현대사회가 점점 더 지식·전문기술 및 성과를 강조하는 탈산업경제로 발전해감에 따라 삶의 기회와 행동방식은 점점 더 각자의 지적 능력에 의해 결정되는데, 지능이 낮아 지적 능력이 낮은 사람은 학교에서 실패하고, 일자리를 잃으며, 복지혜택에 의존하여 살아가면서, 결국에는 범죄를 저지르기 쉽게 되어간다는 것이다.

그래서 범죄문제를 다룰 때, 빈곤과 실업 등 경제적 대책 중심의 관심을 인지적 열등함에 대한 대처로 옮겨가야 한다고 주장한다.

심리학자인 헌스타인은 일관되게 낮은 지능이 인지적 지체뿐만 아니라 도덕적 지체에도 작용하여 도덕적 판단능력도 낮다고 한다.

이에 대한 예로써, 흑인은 선천적으로 열등하여 인지적·도덕적으로도 열등하며, 이 열등함이 그들의 높은 범죄율의 원인이라고 설명한다.

힌델랑은 비행청소년의 언어능력 및 언어적 지능지수(Verbal IQ)와 동작성 지능지수(Performance IQ)의 차이도 발견했다.

언어적 지능지수는 언어이해력을 측정한 수치이고, 동작성 지능지수는 환경과의 비언어적 분석의 정도와 구체적 상황에서 동작하는 능력의 정도를 측정한 수치이다.

대부분의 사람들은 언어적 IQ와 동작성 IQ가 서로 비슷하다. 그렇지만, 비행청소년은 언어적 IQ는 더 낮은데, 동작성 IQ는 정상 수준을 나타냄으로써, 두 가지 IQ 사이에 큰 차이를 보였다.

낮은 언어적 IQ가 비행·범죄와 연관된다는 연구에 의하면, 언어적 IQ가 낮으면 학습장애를 야기하고, 다양한 심리 사회적인 문제와 연관될 수 있으며, 도덕적 추론·공감능력·문제해결능력 등을 발전시키는 데 실패할 가능성이 많아 비행이나 범죄를 유발할 수 있다고 한다.

다른 연구에 의하면, 언어적 IQ는 교육의 영향을 많이 받으므로 언어적 IQ가 낮다는 것은 하위계층으로서 학교교육을 제대로 받지 못했다는 사실을 반영하고, 결과적으로 양육환경이 IQ에 상당한 영향을 미친다고 주장한다.

지능과 범죄 사이의 연관성은 대체로 인정되고 있다.

어떤 연구는 남자 청소년의 IQ와 비행 사이의 직접적 연관성을 보고하기도 하고, 간접적 연관성을 보고하기도 한다.

간접적 연관성이란, 낮은 지능은 나쁜 학업성적으로 이어지고, 낮은 학업성적은 학교생활이나 사회생활에 제대로 적응하기 어렵게 만들어 결국 비행·범죄 가능성을 높인다는 것이다.

Ⅳ. 낮은 지능(저지능)과 범죄와의 관련성 종합 고찰

지금까지의 연구결과는, 낮은 지능지수(IQ)는 비행이나 범죄와 상당한 관련성을 보여주고 있다.

그러나 아직까지도 왜 IQ가 낮은 사람이 IQ가 높은 사람보다 더 많은 범죄를 저지르게 되는지에 대하여는 직접적인 명백한 설명을 하지 못하고 있다.

그리하여 미국 심리학회(American Psychological Association)는 지능과 범죄에 대한 그간의 주장들을 평가하고, IQ-범죄 관계의 강도가 '매우 낮다'라는 결론을 내렸다.

이는 지능과 범죄와의 관련성이 있다 해도, 그것은 낮은 지능과 범죄 사이에 직접적인 인과관계를 인정하기 어렵다는 것으로 해석된다.

오늘날 지능과 범죄와의 관계에 대해 일반적으로 받아들여지는 설명은, 지능지수(IQ)가 무슨 능력을 측정하느냐에 따라 차이를 보이고, 어떤 관점에서 그 연관성을 파악하느냐에 따라 상관관계가 다르게 설명된다는 것이다.

지능과 범죄에 대한 관점과 주장 차이는 다음과 같다.[1)]

(1) 기존연구들에 대한 메타분석(meta analysis)은, 낮은 지능이 비행이나 범죄행위에 약간의 영향만 미친다는 것을 보고한다.
다시 말해서, 지능은 범죄 발생에 어떤 역할을 하지만, 그것은 범죄행동에 결정적인 영향을 미치는 것은 아니다.

(2) 지능의 측정은 다양한 방식으로 행해지고, 일관성이 없으며, 사용된 방식에 따라 결과가 달라질 수 있다.
교육적 기회, 문화적 노출 및 환경의 영향을 많이 받는 언어적 검사에 더 비중을 두느냐, 그러한 영향이 적은 동작성 검사에 더 비중을 두느냐에 따라 상관관계가 다르게 나타난다는 것이다.
또한 적성을 측정하기 위한 IQ검사를 사용했을 때 지능과 비행·범죄 사이의 상관관계는 약하다.
특별프로그램 이수나 특수학교에 다닌 것을 반영하는 지적 능력의 지표를 사용했을 때는 그 관계가 강하다.

(3) IQ검사는 편향적으로 중간계층의 가치를 반영하고 있다.
따라서 사회적 취약계층의 사람은 IQ검사에서 좋은 결과를 얻기 어렵고, 이 계층에 속한 사람은 다른 요인에 의해서도 범죄를 저지를 가능성이 높다.
빈곤과 제한적인 교육자원 등의 접근에서 불이익을 받은 사람들은 IQ검사에서 불리하게 결과를 감수해야 하고, 범죄 유발 요인도 많이 겪고 있다.

(4) 저지능자는 교사·경찰 등 중간계층의 의사결정권자에 의해 부정적으로 낙인찍히는 경우가 많다.
저지능이 범죄를 일으키는 것이 아니라, 저지능자에게 부착된 낙인이 그들을 비행·범죄로 몰아넣는 경향이다.

(5) 공식 통계를 사용한 연구는 IQ 높은 사람들의 숨은 범죄를 고려할 수 없는 결함이 있다.
IQ가 높은 범죄자는 검거와 처벌을 회피하는 능력이 IQ가 낮은 사람보다 뛰어날 수 있다. 그러므로 검거된 사람에 대한 데이터를 사용한 연구결과는

1) Criminological Theory, 442면. Criminology :Theories, patterns, and Typologies, 176~7면.

IQ 높은 범죄자는 누락시키고, IQ 낮은 범죄자의 비율을 높게 계산하는 문제가 있다.

IQ 높은 범죄자는 검거된 경우에도 유죄판결을 받아 처벌될 가능성이 낮다. 사법절차에서 IQ 높은 범죄자에 대한 우호적인 처분은 상대적으로 고통이나 낙인효과를 떨어뜨려 범죄배양효과를 약화시켜 재범가능성도 낮춰준다.

(6) 저지능과 범죄와의 관련성은 범죄유형에 따라 크게 다르다.

저지능은 방화나 성범죄 같은 범죄 유형과는 대체로 관련성이 높으나 사기·횡령과 같은 재산범죄, 화이트칼라 범죄 등과는 관련성이 매우 낮다.

(7) 범죄자가 일반인보다 낮은 IQ를 가지고 있다는 점을 인정한다 해도, 범죄율에 나타나는 특수 패턴을 설명하기 어렵다.

남성이 여성보다 범죄율이 월등하게 높은데, 이것은 여성의 지능이 남성보다 우수하다는 것으로 설명되지 않고, 범죄율이 계절이나 지역에 따라 차이를 보이는데, 그러한 차이를 지능의 차이와 연관시켜 설명할 수 없다.

사람들은 20대 후반 이후로 나이가 들면서 범죄를 멈추는 경향이 있는데, IQ는 나이가 많아질수록 높아지지 않는다.

제3절 범죄에 관한 인지이론(Cognitive Theory)

Ⅰ. 서론

인지(認知)란 어떤 대상을 느낌으로 알거나 이를 분별하고 판단하는 사고의 능력이다. 다시 말하면 어떤 사람의 '생각하는 방식' 또는 '사고패턴'을 뜻한다.

인지이론은 이러한 인간의 사고능력을 바탕으로 인간행동을 이해하는 데 있어서 지각·기억·지능 등 심적 과정에 초점을 둔다.

어떤 사람이 행동하는 방식은 대개 그가 생각하는 방식에 의해 결정된다. 건전한 생각은 규범적 행동을 유도하지만, 범죄적으로 생각하는 사고패턴은 만성적인 범죄행동을 만들어낸다.

그렇다면 결국 범죄에 대한 해결책은, 범죄자들에게 범죄적 사고패턴에서 전통적 사고방식으로 그들의 정신을 변화시키는 방법을 가르치는 것이다.

그런데 범죄적 사고패턴의 원인은 명확하게 해명되지 않고 있다. 그래서 그 원인을 해명하고 범죄적 사고패턴을 전통적 사고방식으로 변화시키는 방법을 찾는 것이 범죄심리학의 핵심 과제가 되고 있다.

이러한 맥락에서 제기된 이론 중 하나가 범죄에 관한 인지이론이다.

인지이론은 '인지적 표상'을 중심 개념으로 삼고 있다. 인지적 표상은 감각에 의해 획득한 현상이 마음속에서 재생된 것으로서, 개인의 주관, 정서, 사고 및 행동을 포함하는 정신 작용이다.

범죄학적 인지이론은 환경적 자극을 받아들이고 처리하고 반응하기 위한 인지적 표상의 구조를 파악하고, 개인의 인지발달 수준과 인지적 표상이 범죄에 미치는 영향을 해명하여, 범죄유발적 인지적 표상 발달을 저지하고, 범죄유발적 인지적 표상을 치유하기 위한 지식을 탐구한다.

인간은 주관적 존재로서 현실의 사건·상황을 그 자체로서 경험하는 것이 아니라, 그것을 인지적으로 표상하고 그에 따라 행동하며, 사고·감정·행동 그리고 그 결과는 관련성을 가지고 있다.

비슷한 자극이나 상황에서도 개인의 인지적 표상에 따라 폭력적 반응을 보일 수도 있고 유화적 반응을 보일 수도 있으며, 어떠한 목표를 추구하는 데 있어서도 인지적 표상에 따라 범죄적 행동을 취할 수도 있고 용인된 행동방식을 사용할 수도 있다.

인지적 시각을 가진 범죄심리학자는 인지능력의 발달과정과 개인이 세상을 어떻게 인지하고 정신적으로 개념화하며 문제를 해결하는지에 대한 연구에 중점을 둔다.

이를 바탕으로 오늘날 미국 등에서는 범죄자에 대한 인지행동 프로그램이 활용되고 있다.

이는 범죄자들의 인식의 재구조화와 행동 연습을 통하여 세상에 대하여 생각하고 바라보는 방법을 바꾸도록 지도하는 체계적인 처우과정이다.

Ⅱ. 인지발달이론(Cognitive Development Theory)[2]

이 이론은 '인간이 태어나서 사고능력이 어떻게 성장하고 발달하는가'와 관련되는 학문이다. 인지이론 중 도덕발달(moral development)과 지적발달 학파는 범죄심리학이론과 관련하여 가장 중요한 분야이다.

2) Criminology: Theories, Patterns, and Typologies, 161면 이하.

인지발달이론은 스위스의 심리학자 피아제(Jean Piaget, 1896~1980)가 제시했다.

피아제는 인간의 인지발달은 환경과의 상호작용에 의해 이루어지는 적응과정이며, 4단계를 거쳐서 발달한다고 전제한다.

여기서 '인지'란 자기가 겪은 경험을 여러 가지 방법을 거쳐 기억에 저장한 후 이를 사용할 경우 인출하는 정신 과정을 의미한다.

인지발달의 각 단계에 도달하는 데에는 개인의 지능지수나 사회 환경에 따라 개인 간에 연령의 차이가 있을 수 있으나, 발달 단계 순서는 바뀌지 않는다고 전제한다.

위 단계는 아래 단계의 심리적 구조가 통합되어, 단계가 높아질수록 복잡성은 증가한다.

개인의 인지구조는 유아에서 성인에 이르기까지 느리게 변하며, 각 단계의 일정 기간 동안 나타나는 사고양식에는 일관성이 유지된다고 본다.

인지발달의 단계

감각운동기(Sensorimotor Stage: 0~2세)
이 단계에서 아동의 행동은 자극에 의해 반응하는 데 그친다. 이는 언어가 발달하기 이전의 단계이기 때문이다. 이 시기 아동은 시각이나 청각 등의 감각과 운동 기술을 사용해 외부 환경과 상호작용을 하면서 지낸다. 이 시기의 중요 특성은 대상영속성(Object permanence)을 인식하게 되는 것이다. 대상 영속성이란 대상이 눈에 보이지 않게 되어도 그것이 세상에서 없어지는 것이 아니라 존재하고 있다고 이해하게 되는 것을 말한다. 이 시기의 또 다른 특징은, 유아 초기의 단순한 반사행동은 사라지고 점차 자신의 의도에 따라 계획된 목적을 추구하는 행동으로 발전하며, 모방이나 기억이 가능한 인지적 표상을 형성할 수 있다는 것이다.
전(前)조작기(Preoperational Stage: 2~6·7세)
조작이 가능하지 않은 시기이다. 조작이란 어떤 논리적인 사고를 통해 경험 따위를 일정한 방식에 따라 다루어 움직이는 것을 뜻한다. 이 시기에는 언어를 사용하면서 내면적으로 가지고 있는 인지적 표상을 여러 형태의 상징으로 표현하게 된다. 전조작기의 사고의 주요 특징은 상징적 사고, 자기중심적 사고, 직관적 사고, 인공론적 사고 등이다. • 이 시기의 아이들은 자기가 가지고 있는 표상들을 그림이나 언어 등으로 표현할 수 있게 되고 언어의 발달이 가속화된다. (상징적 사고) • 이 시기의 아이들은 다른 사람을 배려하지 못한다. (자기중심적 사고) • 이 시기의 아이들은 눈에 보이는 모양·크기·색깔만을 보고, 그것 한 가지 속성에 근거하여 대상을 이해하려는 사고능력을 갖는다(직관적 사고). 그러므로 같은 양의 물을 모양이 다른 그릇으로

옮기면 물의 양이 달라진 것으로 받아들인다.
• 이 시기의 아이들은 모든 것을 사람이 만들었다고 생각하고, 나를 위해 만들어져 있다고 생각한다. (인공론적 사고)

구체적 조작기(Concrete operational stage: 7~11세)
이 시기의 아이들은 보존개념(conservation)을 획득하여 모양이 달라져도 그 모양이나 수가 보존될 수 있다는 것을 아는 사고 능력을 갖는다. 같은 모양의 구슬을 보고 유리구슬과 쇠구슬을 다르게 파악하게 되고, 연역적 사고가 가능해지며, 분류·서열 등 집합적 관계뿐 아니라 공간적이거나 인과적인 관계를 이해하게 된다. 이 시기에는 정신적 조작이 가능하게 되므로 실제로 일어난 일을 머릿속에서 거꾸로 되돌려 보는 것과 같이 보다 융통성 있는 사고를 할 수 있다.
형식적 조작기(Formal operational stage: 11·12세 이후)
이 시기에는 성인에게 볼 수 있는 추상적이고 융통성 있으며 논리적이고 과학적인 사고능력이 활용된다. 그리하여 새로운 상황에 직면하면 과거와 현재의 경험을 살려 문제를 해결할 수 있고, 주어진 문제를 해결하기 위하여 사전에 일련의 계획을 세우고 체계적으로 시험하면서 해결책을 찾을 수 있게 된다. 체계적 사고, 추상적 사고, 결합적 분석, 추상적 추론, 명제적 사고 등이 형성되어 활용된다. 따라서 현실 상황에는 없는 개념도 상상하고 그려볼 수 있는 능력을 갖게 되고, 자신과 다른 사람이 이상적이라고 생각하는 것들에 대하여 생각할 수도 있게 된다.

Ⅲ. 도덕발달이론(Theory of Moral Reasoning)

1. 피아제의 도덕발달이론

피아제(Jean Piaget)는 아동은 인지발달 단계에 따라 두 가지 도덕적 발달 단계를 나타낸다고 보았다.

5세 이전의 아이는 선(善)과 악(惡), 옳고 그름의 차이를 알지 못하는 시기이다.

이 시기는 전(前)도덕기 단계에 속한다.

다음으로 도덕적 발달의 첫 단계는 타율적 도덕 단계이다. 이 시기는 전(前)조작기(7~8세)의 아동들이 해당된다.

이 시기에는 사회적 규칙을 권위(강제)에 의한 절대·불변의 것으로 인지한다.

이에 따라 옳고 그름의 판단은 결과만을 기준으로 하고, 행동의 의도는 고려하지 못한다.

10세 즈음 구체적 조작기 단계에 이르면, 아이들은 인지발달과 동시에 도덕적 규칙은 사회구성원의 합의에 따라 달라질 수 있는 가변적인 것임을 이해할 수 있게 된다. 이 단계가 자율적 도덕 단계에 해당한다. 이 시기에는 이전 단계와는 달리 행동의 결과뿐 아니라 의도와 동기의 선악도 고려하게 된다.

피아제는 이와 같이 인지 발달 단계 및 또래 또는 어른과의 상호작용을 통해 아이들의 도덕적 사고와 판단도 발달할 수 있다고 보았다.

다시 말해 도덕적 발달은 자기중심성을 탈피하고 다양한 관점을 인정하는 인지적 능력과 다양한 관점을 포용할 수 있는 조망 수용 능력에도 영향을 받는 것으로 보았다.

2. 콜버그(L. Kohlberg)의 도덕발달이론

콜버그는 피아제의 도덕발달이론을 직접적으로 계승하여 확장시켰고, 도덕 발달 개념을 처음으로 범죄학적 연구에 적용했다.

콜버그는 사람들이 도덕적 발달 단계를 거치면서, 그 단계에서 여러 가지 이유로 옳고 그름(善惡)에 대한 결정이나 판단을 내리게 된다는 것을 파악했다. 만성적 중범죄자는 도덕적 지향이 일반시민과 다를 수 있다.

콜버그는 사람을 도덕적 발달이 멈추는 단계에 따라 분류했다. 콜버그는 같은 사회적 배경을 가지면서도 범죄자는 일반시민에 비해 도덕적 판단 단계가 유의미하게 낮다는 것을 발견했다.

콜버그는 피아제의 인지발달이론에 따라 도덕적 단계의 세 가지 수준을 제시했다.

첫 번째 수준은 전(前)인습적 도덕적 사고 수준이다.

이때는 외부적 보상 또는 처벌에 근거하여 도덕적 판단을 한다.

이 수준은 다시 1단계인 타율적 도덕 단계와 2단계인 개인주의 단계로 구분된다. 이때 도덕적 판단 기준은 완전히 외부에 있다.

두 번째 수준은 인습적 수준이다.

이때는 타인이나 사회규범 등의 외부요인에 의해 규정된 도덕기준을 내면화한 시기이다.

이 수준도 3단계인 대인 간 기대 단계와 4단계인 사회시스템 도덕 단계로 나뉜다.

세 번째로 마지막 수준은 후(後)인습적 수준이다.

이때는 도덕적 가치를 완전히 내면화하여 외부에서 미치는 기준이 필요 없는 시기를 말한다.

이 수준도 다시 5단계인 개인의 권리 및 사회적 계약단계와 6단계인 보편적 윤리원칙 단계로 나뉜다. 콜버그는 이 단계를 충족시키는 개인은 거의 없다고 보았다.

콜버그의 도덕발달이론은 도덕성 발달에 있어서 인지 요인을 연계시켰다는 점에서 큰 의미가 있다.

그렇지만 문화적 편향성 및 성적 편향성이 있다는 점에서 비판을 받고 있다.

이러한 도덕발달 단계를 바탕으로 그 발달이 멈추는 단계에 따라 사람을 분류해보면, 범죄를 저지르지 않는 사람은 높은 도덕발달 단계인 3단계와 4단계의 도덕적 발달에 이른 반면, 범죄자는 도덕적 추론이 가장 낮은 단계인 1단계와 2단계에서 도덕적 발달이 머물고 있다.

후속 연구는 범죄를 저지르지 않으려는 결정이 개인의 도덕적 발달 단계에 따라 큰 영향을 받게 된다는 것을 보여주고 있다.

가장 낮은 단계인 전인습적 수준에 있는 사람은 처벌의 두려움에 의해 범죄를 억제한다.

중간 단계인 인습적 수준에 속한 사람은 대인 관계 맥락에서 가족·친지의 반응을 고려하거나 사회의 질서와 의무를 준수하려는 의도에서 범죄를 저지르지 않는 행동을 한다.

가장 높은 단계에 있는 사람은 타인의 다양한 의견과 권리, 가치와 자유를 인정하며, 각각의 가치는 고유한 것으로 상호 존중해야 한다는 믿음과 다른 사람 배려 의무 및 보편적 윤리에 대한 신념 때문에 범죄를 자제한다.

도덕발달이론은, 단순히 처벌을 모면하거나 내가 타인에게 배려하면 그만큼 타인도 나에게 배려할 것이라고 가정하는 이기적 관점에서 법을 준수하는 사람은, 법 준수는 사회의 모든 사람을 이롭게 하는 것이라고 믿는 사람에 비해, 범죄를 범할 위험성이 더 높다는 점을 시사하고 있다.

높은 단계의 도덕적 추론을 하는 사람은 다른 사람의 이익과 인권에 공감하는 공동체 감각이 강하며, 정직·관용·협력·비폭력 등 전통적·규범적 행동과 연관된다.

지금까지 연구들을 보면 높은 도덕 발달 단계에 있는 일반인이 범죄자에 비해 유의미한 정도로 많으며, 범죄를 저질러 처벌이 가해지면 도덕 발달 단계는 낮아지게 되고, 낮은 도덕 발달 단계는 또다시 범죄를 더욱 야기하는 악순환의 고리가 만들어진다는 사실이 확인되고 있다.

따라서 범죄에 대한 올바른 대책은 엄격한 처벌만이 아니라, 공동체 의식 등 적절한 도덕발달 수준을 유지하게 하는 것이다.

Ⅳ. 인지이론의 교정적·형사정책적 활용

범죄성향을 지닌 사람에 대한 효과적인 치료법으로 '인지행동 프로그램'이 있다.

이 치유법은 범죄자가 생각하는 방법에 초점을 맞춘 접근방법이다. 여기에서 '인지치료'란 일반적으로 범죄자의 범죄적 성향의 변화를 방해하는 인지 특성을, 다양한 생각·언어·개념적 치료를 통해 변화시키는 정신적 과정을 가리킨다.

생각하는 방법에는 문제해결방법, 다른 사람이나 피해자와 공감능력, 미래를 계획하고 실행하는 능력, 자신의 행동결과를 예측하는 능력과 같이 다양한 인지과정을 포함한다.

'인지'는 자극을 받아들이고, 저장하고, 인출하는 일련의 정신과정으로서, 우리가 우리를 둘러싼 세상을 인식하는 데 사용하는 믿음·가치·태도·안전성을 의미한다. 그러므로 인지(認知)는 범죄행동의 근본적 동기로 작용하는 경우가 많다.

인지행동 프로그램의 접근방법은 범죄자의 인지에 영향을 주고, 그 인지 특성을 바꾸려고 시도하는 기술이다. 이것은 역할 수행, 적절한 강제, 모델링(Modeling), 비이성적 믿음의 변경 등을 통해 이루어진다.

인간은 누구나 스스로 의미를 부여한 주관적인 세계에 살고 있지, 객관적인 세계에 사는 것이 아니라고 한다.

우리는 '어떻게 생각하고 어떻게 보고 있는가?'라는 주관적 인지의 지배를 받아 행동하고, 자신의 주관적 인지에서 벗어나기 어렵다.

그러므로 범죄성향을 지닌 사람이 자신의 생각과 관점을 바꾸도록 프로그램을 진행하는 것은 범죄적 성향의 교정에 있어서 가장 기초적인 처우(treatment)라고 할 수 있다.

제4절 범죄에 관한 행동주의이론

Ⅰ. 서론

범죄학에 있어서 행동주의(Behaviorism)는 인간의 범죄행동을 예측하고 통제하는 데 목표를 두고, 범죄행동과 외적 자극의 함수관계를 찾아 자극 조작을 통해 행동을 통제하려는 원리(Operant Conditioning)이다.

자극 조작의 수단은 보상과 처벌이 일반적이다.

행동주의는 스키너(B. F. Skinner, 1904~1990)가 제창했다.

범죄심리학적 행동주의이론은 인간의 행위가 학습경험을 통해 발달하는 것으로 보고 있다.

인간 행동은 보상에 의해 지속·강화되고, 부정적 평가나 처벌에 의해 약화·소멸된다고 전제한다.

행동주의 범죄심리 이론가는 무의식적 성격 특성이나 초기 아동기 양육과정에서 나타나는 인지발달 패턴에 대한 연구보다는, 사람들이 일상생활에서 현실적으로 나타내 보이는 범죄행동에 주목하면서, 그러한 범죄행동 습관을 수정하여 자신과 사회를 위한 더 나은 삶을 살아갈 수 있도록 미래지향적 의지를 갖게 동기화하고, 주변 환경을 행동수정에 도움이 되도록 개선하는 데 중점을 두고 있다.

이러한 행동수정주의는 사람은 다른 사람으로부터 받는 반응에 따라 자기 행동습관을 수정한다는 가설에 바탕을 두고 있다.

이 입장에서는 사람의 폭력적 범죄행동 성향은 단지 심리적 결함이나 손상에 따른 반응 결과가 아니라 사회생활 과정에서 학습된 반응결과라고 보고 있다.

행동주의(behaviorism)는 사람의 심리적 특성이나 신체적 구성이 범죄성향을 갖도록 할 수 있다고 인정하면서도, 그러한 측면보다는 환경적 요인이 더 큰 영향을 미친다고 본다.

범죄행동의 형태, 빈도, 행동 상황, 대상 선택 등은 대부분 경험적 학습을 통해 형성되고 수행된다고 주장한다.

범죄행동을 포함한 인간의 행동패턴은 의식적인 학습의 결과라고 보는 입장을 '사회학습이론'(Social learning theory)이라고 한다.

사회학습이론은 학습과정에서 인지적(심리적) 과정의 영향을 강조하는 심리학적 학습이론과 사회환경적 학습조건을 강조하는 사회학적 학습이론으로 구분된다.

'사회학습이론'이라는 명칭은 사회과학에서 사회행태적 연구를 시도한 반두라(Albert Bandura)가 최초로 사용했다.

이 이론은 스키너의 행동주의를 비판적으로 계승·발전시킨 이론이며, '인지적·행동적·환경적 요인 간의 상호작용'을 핵심으로 하는 연구 과정이므로, 이 이론의 변화된 형태는 심리학 및 사회학의 여러 영역에서 활용되고 있다.

'범죄학 분야에서 사회학습이론'은 일반적으로 에이커스(Ronald Akers)에 의해 발전된 범죄 및 일탈에 관한 사회학적 이론을 가르친다.

Ⅱ. 심리학적 사회학습이론(Social Learning Theory)

심리학적 사회학습이론은 사람의 행동습관은 다른 사람의 행동이나 어떤 주어진 상황을 관찰하고 모방하는 심리적 처리과정을 통해 형성된다고 보는 이론이다.

이 이론은 캐나다 출신의 미국 심리학자 반두라(Albert Bandura)가 주창했다.

반두라는 행동주의 학습이론에서 출발해 나중에는 인지적(심리적) 측면을 중시하는 사회학습이론 또는 사회인지이론(Social cognitive theory)을 발전시켰다.

사회학습이론은 행동주의이론 중 범죄학과 가장 관련이 많다.

이 이론에서는 인간의 폭력 성향이 타고나는 것이 아니라 삶의 체험을 통해 학습되는 것이라고 한다.

범죄성향 내지 범죄행동의 학습은 스키너가 제시한 것처럼 직접적인 자극과 강화 반응만을 통해서가 아니라, 다른 사람이 목표 달성을 위해 행하는 공격적 행동을 직·간접적으로 관찰하는 것을 통해서도 이루어진다.

예를 들면, 반두라가 보보인형 실험(Bobo doll experiment)을 통해 확인했듯이, 자신이 직접 어떤 목표를 달성하기 위해 폭력적 공격 행동을 하여 그에 대한 반응을 경험하지 않았다 해도, TV나 영화에서 폭력행위로 인해 보상받는 장면을 보면서 관찰학습하는 경우에도 폭력적으로 행동하는 것을 배울 수 있다.

사회학습이론의 핵심주장은, 사람은 다른 동물과 달리 인지능력이 있으므로 자기가 직접 비행이나 범죄행동을 하여 보상이나 처벌을 경험하지 않았다고 해도, 다른 사람이 어떤 일탈적인 행동을 하여 그에 따른 보상이나 처벌을 받는 것을 보는 것만으로도 그러한 행동을 학습할 수 있다는 것이다.

그리고 학습한 행동이라 해도 그대로 수행하지 않고 자신의 인지적 표상을 통해 수행 여부를 판단하여 그러한 행동을 배운 대로 할 수도 있고, 하지 않는 방향으로 반응할 수도 있다고 본다.

사람은 외적 행동만을 학습하는 것이 아니라, 가치·호감·태도·기대 등으로 구성된 성격도 학습에 의해 형성되므로, 폭력적·외설적 환경과 자주 접하게 되면 폭력성·공격성이 많은 범죄자가 될 가능성이 높아진다.

사람은 어릴 때 주변 어른들의 폭력적 행동을 보고 모방함으로써 폭력적 성향과 폭력적으로 행동하는 방식을 익힌다.

그렇게 습득된 폭력적·공격적 행동패턴은 성인이 된 이후에도 지속되어 사회관계에서 목표를 추구할 때나 어떤 문제를 해결해야 할 때 그런 행동방식을 우선적으로 수행하게 된다.

이러한 예는 우리 주변에서 쉽게 찾아볼 수 있다. 어릴 때 노름꾼인 아버지가 어머니를 상습적으로 폭행하면서도 아무런 제재도 받지 않고 어머니가 벌어온 돈을 가져다 쓰는 것을 보고 자란 소년이 나중에 보다 폭력적인 남편과 아버지가 되어 있는 경우라든가, 학교 다닐 때 일진회 같은 비행집단에 가입해 보내면서 폭력적인 행동을 하면서도 기세당당하게 생활하는 또래 비행소년들을 본받아 조직폭력배가 된 경우 등이 그 예이다.

학습 경험에 의해 범죄적 성향을 갖게 된 사람은 사회관계에서 폭력적·공격적으로 반응할 위험성이 높다.

남으로부터의 사소한 모욕을 자신의 사회적 지위에 대한 도전이라고 간주하고 폭력으로 공격적 반응을 보인다든가, 사업적 경쟁에서 불리하다고 생각하면 쉽게 폭력을 동원하기도 한다.

사회학습 범죄이론가는 무엇이 주로 폭력적·공격적 행위를 촉발하는지를 밝히려고 연구해왔다.

이분들은 행동 모델링(behavior modeling)이라는 과정을 통해 폭력범죄가 학습된다고 본다. 오늘날 사회생활에서 자행되는 폭력행위는 주로 가족 상호작용, 폭력적 주변 환경, 대중매체 등을 통하여 모방한 결과라는 것이다.

아내나 아이들을 때리는 가장이 있는 가구에서 자라난 남성 아이들은 공격적인 성향을 지닌 경우가 많고, 폭력이 일상화된 슬럼지역에서 사는 사람들은 규범적·전통적 행동방식이 일상화된 지역에서 사는 사람들보다 폭력적으로 행동할 가능성이 높다.

만화·영화·텔레비전은 일상적으로 폭력을 적나라하게 보여주고, 때로는 그것이 멋있게 표현된다. 등장인물은 싸움을 즐기고 사소한 일을 가지고도 자주 싸움을 벌인다.

폭력적 행동을 하고도 처벌되지 않고, 주변으로부터 찬사를 받으며 쉽게 문제를 해결하는 장면도 많다.

이러한 매체의 부정적 영향의 사례는 상당히 많다.

미국 최고의 연쇄살인범 테드 번디(Ted Bundy)는 1970년대 중반 수십 명의 젊은 여성을 살해한 후 검거되었다. 그는 그간 포르노물을 너무 많이 보았더니 불길한 실체가 자신의 의식을 사로잡았다고 진술했다. 그는 플로리다 주에서 처형되었다.

존 힝클리라는 미국인은 영화배우 조디 포스터(Jodie Foster)에게 빠져서 로널드 레이건 대통령을 저격했다. 그는 정치인에 대한 암살 시도를 그리고 있는 영화 「택시 드라이버」에서 조디 포스터가 매춘부로 출연한 영화를 15회 이상 보았다고 한다.

오늘날 전문가들은 대중매체의 폭력이나 포르노그래피(pornography)가 폭력적 행동의 직접적 원인이라고 믿는 것은 아니다. 그렇지만, 많은 전문가는 대중매체가 공격성에 기여하고 있다는 사실에 동의한다.

여러 연구 결과는 미디어 폭력·포르노 시청이 단기적·장기적으로 공격적 태도·변태적 행동·반사회적 가치나 행동을 증가시킨다는 것을 보고하고 있다.

그 이유로는 대중매체 시청이 성격과 인지에 변화를 일으켜 장기적인 행동 변화를 낳기 때문이라고 보는 견해가 유력시되고 있다.

그러나 범죄와 미디어의 관계는 최근 범죄추세를 타당성 있게 설명하지 못한다.

폭력적인 TV 프로그램, 폭력적 전자게임·영화·만화 등이 걷잡을 수 없이 증가하고 있지만, 어느 해에는 10대 청소년의 범죄율이 상당히 감소하기도 한다.

미디어의 영향이 반드시 부정적 반응만 유발한다고는 볼 수 없다.

어떤 사람은 아무리 나쁜 환경에 있을지라도 폭력적 행동을 취하지 않고 전통적인 행동방식으로 생활한다.

행동의 결과와 상황에 대한 사람들의 해석은 개인의 특성에 따라 경험으로부터 학습하는 방식에 영향을 미친다. 사람의 행동은 타고난 인간 본성과 각자가 겪는 자신만의 독특한 경험과 환경, 이 두 가지 요인이 함께 어우러져 만들어낸 결과물이다.

가출하여 원조교제로 보호처분을 받은 어떤 소녀는 그것이 자기 삶에서 최악의 혐오스러운 경험이었다고 생각하고 다시는 가출이나 일탈적 행위를 하지 않을 수 있다. 그러나 일부의 사람은 그것이 흥미로운 스릴 넘치는 경험이라고 느끼고 친구들에게 자랑할 수도 있다.

범죄나 비행에 대한 경험이나 환경의 영향은 일관적인 것은 아니다. 사람은 인지적 특성에 따라 차이를 보이지만, 일반적으로 사회학적·심리학적으로 취약할수록 크게 영향을 미치는 것으로 보고 있다.

사회학습이론을 정리해보면, 다음과 같이 설명할 수 있다.

사회학습이론은 사람의 행동이 직접적인 반응 경험만이 아니라, 다른 사람의 행동이나 어떤 주어진 상황을 관찰하고 모방하는 행동관찰학습(behavior modeling)에 의해서도 이루어진다고 본다.

이런 점에서, 직접적 보상이나 처벌의 조작결과에 의해서만 인간의 행동이 결정된다고 보는 그 이전의 행동주의이론과는 다르다.

반두라는 인간행동의 형성이나 수정과정으로 관찰학습을 중시하고, 관찰학습에서 모방의 범주를 넓혀 모방 수행과 모방 비(非)수행까지 포함시켰다.

다시 말해 관찰학습에는 관찰한 것을 모방하여 실행하는 모방학습뿐 아니라, 어떤 상황이나 행동을 관찰하였으나 모방하지 않는 학습까지 포함시킨다.

이러한 예를 들면, 폭력을 관찰함으로써 학습은 하였지만, 모방하지는 않은 경우이다.

반두라는 이러한 사회적 학습이 인지적인 과정 때문이라고 설명하면서 사회학습이론을 '인지적 학습이론(cognitive learning theory)'이라고도 부른다.

이와 같이 사회학습이론에서는 밖으로 드러나는 행동에만 초점을 맞추는 초기의 행동주의 학습이론과 달리, 인간의 내면에서 일어나는 인지(認知)과정도 중시한다.

다시 말해, 관찰학습을 통해 형성된 정보는 자기 효능감[3](self−efficacy)이라는 강화(强化)를 통해 필요성이 있을 때 행동으로 옮겨지는데, 이처럼 관찰에서 행동에 이르기까지의 과정을 네 단계로 설명한다.

---

3) self−efficacy는 '자기 효율성' 또는 '자기 효능감'이라고 번역되어 사용되고 있다. 이 개념은 사회학습이론의 핵심 개념이다. 자기효능감이란 구체적인 특정 과업을 잘 수행할 수 있다는 자신감 내지 믿음을 의미한다. 이는 막연히 추상적으로 지니고 있는 자신감과는 질적으로 다르다. 자기 효능감이 높은 사람은 어떤 과업에 도전하는 것을 피하지 않고, 적극적으로 도전하고, 인생을 주인공처럼 살면서, 열성적으로 과업을 수행하고, 실패하는 경우에도 노력 부족이라 여기며 보완하고, 중단 없이 지속적으로 추구해 나간다. 좋은 성과의 기반이 되는 것이 자기 효능감이므로, 자기 효능감 개발 이론이 큰 관심을 끌고 있다. 자기효능감은 학습과 행동에 직접적으로 많은 영향을 미치는 심리요소이다.

첫째는 집중(attention)이다.

관찰을 통한 학습이 이루어지기 위해서는 남들의 행동이나 주어진 상황이 관찰자의 주의를 끌어야 한다.

둘째는 파지(retention)이다.

관찰을 통해 학습한 정보를 파악하여 기억하며 유지하는 것이다. 학습한 정보가 내심으로 유지·강화되기 위해서는 언어적으로 부호화하여 기억하거나, 심상(image)으로 기억하는 인지적 조직화가 필요하다.

셋째는 재생(再生·reproduction)이다.

저장된 기억을 숙지하는 단계로, 학습한 내용과 관찰자의 행동이 일치하도록 자기 수정이 이루어진다.

넷째는 동기화(motivation)이다.

학습한 내용대로 행동에 옮기기 전에 기대를 갖게 만드는 과정이다. 동기화를 촉진하는 요인으로는 외적 강화, 대리강화, 자기강화 등이 있다.

이와 같이 직접적인 보상이나 처벌에 의한 강화뿐 아니라, 관찰학습(observational learning)을 중시하는 반두라의 사회학습 이론은 범죄에 영향을 미치는 대중매체 효과 연구에도 많은 영향을 주었다.

특히 텔레비전이나 스마트 영상의 폭력물과 아이들의 행동변화를 탐구하는 연구에 이론적 근거가 되고 있다.

사회학습이론에서는 대리학습 요인으로서 다른 사람의 행동 및 주어진 환경과 인지구조[4] 등을 중시하는 것 외에 미디어를 통해 제시되는 관찰모델과의 상호작용도 중요한 학습요인으로 다루기 때문이다.

4) 인지구조란 개념 형성, 지각·태도·신념 및 가치관과 같은 인간의 내적·심리적 과정을 통해 형성된 성격(personality)을 가리킨다.

CHAPTER 03

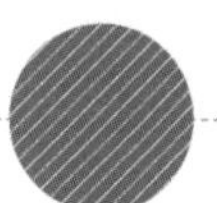

성격과 범죄는 어떻게 어느 정도로 연관되는가?

제1절 성격과 범죄

성격이란 어떤 환경에 처했을 때 그 사람이 나타내는 특정한 행동 형태를 가리킨다. 그러므로 일반적으로 사람들이 행동하는 방식은, '성격이 어떻게, 닥친 사건을 해석하고 그에 적절한 행동 선택을 하는지'에 따라 결정된다. 따라서 범죄의 원인으로 범죄자의 심리특성을 고찰하는 경우에 흔히 성격을 고려한다.

성격(personality)이란 지적 능력과는 별도로 한 개인을 특징짓는 지속적이고 일관된 행동양식을 가리킨다. 즉, 각 개인이 가진 남과 다른 자기만의 행동양식을 말한다.

성격은 어떤 주어진 상황에서 그가 어떻게 행동을 할 것인가를 예측하게 해준다. 성격은 그가 속해 있는 집단 내에서 다른 사람과 구별되는 행동과 관련된다.

이렇게 보면, 성격은 개개인을 구별하는 생득적(生得的)·습관적인 것으로서, 개인의 환경에 대한 고유한 적응을 규정하는 정신·물리적 조직으로서의 개인 내의 역동적 체제라고 말할 수 있다.

성격은 선천적인 요인과 후천적인 영향에 의하여 형성된 여러 요인에 의해서 결정된다. 성격은 소질적인 기질(氣質)과 생육환경(生育環境) 및 사회적 역할 등에 의하여 형성된다.

선천적인 유전소질에 의해서 거의 전적으로 결정되는 부분도 있고, 후천적인 성장 환경의 영향이나 사회적 역할이 성격의 특성을 형성하기도 한다. 따라서 성격 형성에서는 어떤 행위를 오랫동안 되풀이하는 과정에서 저절로 익혀진 행동방식인 습관이 미치는 영향도 크다.

좋은 습관형성은 좋은 성격을 기르는 것이 되며, 나쁜 습관형성은 나쁜 성격을 만든다.

성격과 범죄의 연관성을 연구하는 입장에 의하면, 범죄자는 일반인과는 다른 비정상적이고, 부적절하고, 일탈적 성향을 가지고 있다.

대체로 그러한 성향으로 지적되는 것으로는 충동성·공감능력부족·자극추구성·적대감·반발성향·폭력성 등이 있다.

그간 성격과 범죄의 연관성을 연구하기 위해 여러 종류의 심리(인성)검사나 성격 측정 방법이 적용되었다.

범죄인들의 일반인과 다른 성격적 특징을 규명하기 위하여 두 영역의 사람들을 대상으로 심리(인성)검사를 실시하고 그 수치를 비교하는 방법으로 어떠한 성격적 특성을 지닌 사람들이 범죄를 저지를 위험성이 높은 가를 분석하는 연구들이 실시되어 왔다.

Ⅰ. 글룩 부부의 성격 연구

글룩 부부(Sheldon and Eleanor Glueck)는 비행소년 500명과 같은 빈민가 출신 비(非)비행 소년 500명을 성격의 심층심리상의 특징을 반영하는 로르샤흐 인성테스트[5](Rorschach Test)에 의하여 검사·비교하여 다음과 같은 반사회적 청소년들의 성격적 특성을 제시하였다.

비행소년과 비행을 저지르지 않은 소년들을 비교했을 때에 한두 가지 성격 요인에 의해서는 양 집단의 차이를 구분하기 어려우나, 몇 가지 성격 요인이나 성격 유형에 있어서는 구분할 수 있었다.

대체로 비행소년들은 외향적이고, 활동적이며, 충동적이고 자기통제력이 약했다.

또한 비행소년들은 적대적이고 화를 잘 내며, 반항적(도전적)이고 파괴적이었다.

그리고 다른 사람의 기대에 관해서는 관심이 없이 자기중심적이고, 독단적이고 자기도취성이 강했고, 실패나 패배를 별로 두려워하지 않으며, 국가기관의 권위에 대해서도 무시하기도 하고 두려워하기도 하여 양면적인 태도를 보였다.

또한 일반소년들과 비교했을 때 비행소년들은 대부분 다른 사람으로부터 동조나

5) 로르샤흐 테스트(Rorschach Test)는 ① 권위와 사회에 대한 기본적 태도(자기주장성, 사회적 주장성, 반항성과 복종성, 권위에 대한 양면가치적 태도), ② 불안정감, 불안감, 열등감, 욕구저지감, ③ 친절성과 적의성(타인의 표면적인 접촉, 협동성, 친절성과 신뢰성, 적의성, 의혹성, 파괴성, 고독성, 방어적 태도), ④ 의존성과 독립성(타인에의 의존성과 타인의 기대에 응하고자 하는 긴장감, 관습성, 자기생활을 처리할 수 있는 능력감), ⑤ 추구하는 목표의 경향(자기애적 경향, 수용적 경향, 피학대증적 경향과 파괴적 가학증적 경향), ⑥ 기타 일반적 특징(감정표변성, 자기통제성, 활기, 내향성과 외향성, 정신장애) 등 여섯 가지 차원에서 인성적 특성을 분석하는 심리검사법이다.

인정을 받지 못하고 있다는 느낌이 강했다. 이 점이 가장 두두러진 차이점이었다.

이러한 굴룩 부부의 연구는, 반사회적 사람은 자신을 환경적 자극에 민감하게 만드는 독특한 개인적 특성을 가지고 있음을 보여주었고, 비행소년들의 성격이란, 여러 가지 요인들이 복합된 유형에 의해 파악할 수 있음을 보여준다.6)

Ⅱ. 아이센크(Hans Eysenck)의 성격이론

독일계 영국인 심리학자 아이센크(Hans Jurgen Eysenck, 1916~1997)는 성격을 외향성-내향성(extroversion-introversion) 및 안정성-불안정성(stability-instability)이라는 대립적 성격 특성으로 구분하고, 외향성(마음의 움직임을 적극적으로 나타내는 성향)과 불안정성의 성격적 특성이 반사회적 행동과 관련된다는 설명을 하고 있다.

내향성(성격이 내성적이고 비사교적인 성향)이 강한 사람은 각성이 민감하여 자극의 근원을 회피하는 경향이 있는 반면, 외향적인 사람은 스스로 행동동기와 행동결과를 살펴보는 능력이 취약하여 충동적으로 움직인다.

또한 불안정성이 커서 안정적이지 못한 상태에 있는 사람은 통상적으로 불안해하며 긴장(tension)된 상태로 지내면서 정서적으로 불안정하다.

아이센크는 불안정성이 큰 상태를 '신경증'(neuroticism)이라고 개념화했다.

아이센크에 따르면, 신경증 상태에 있고 외향적인 사람은 자기통찰력이 없고, 충동적이며, 정서적으로 불안정해서 닥친 사건에 대해 이성적 판단을 내리지 못할 가능성이 크다.

그러므로 외향적이고 신경증적인 사람은 약물 남용 등 자기파괴적 행동이나 반사회적 행동을 하기 쉽다.

그러나 내향적이고 안정적인 사람은 그러한 행동이 결국 자신에게 해롭고, 안정된 인생을 위협하는 결과를 가져올 수 있는 행위라는 것을 이성적으로 판단하여 알아차리고, 그러한 행동들을 회피할 수 있다.

아이센크는 앞에서 언급한 바와 같이 성격이 유전적 요인에 의해 결정된다고 보았으며, 또다시 유전에 의해 다음 세대로 이어진다고 보았다.

그 후 여러 연구에서 아이센크가 설명한 성격적 특성이 상습적인 경력범죄자(career criminal)의 범죄와 연관성이 있다는 것이 밝혀졌다. 경력적 범죄의 원인으로

6) Sheldon Glueck and Eleanor Glueck, Unraveling Juvenile Delinquency.

충동성, 적대감, 공격성이 많이 지적되고 있다.

Ⅲ. 슈나이더(Kurt Schneider)의 정신병질학

정신병질(精神病質·psychopathic personality)이란 정신질환이나 지능 장애는 없으나 원초적으로 정서·의지 등 성격 면에서 이상(異常)이 심각한 상태를 말한다. 이는 비정상적인 성격으로 말미암아 건전한 사회적응에 여러 가지로 곤란을 일으킨다.

슈나이더는 정신병질적 인격이란 "그 별난 특성 때문에 스스로 괴로움에 빠져들거나, 사회에 곤란한 피해를 주는 이상 인격(병적인 인격)"이라고 정의(definition)하였다.

정신병질은 '병적(病的) 성격이상', '정신병적 성격', '정신병증'이라고도 부른다.

정신병질의 유형 분류에는 시대와 국가, 학자에 따라 여러 분류법[7]이 있으나, 슈나이더는 10가지 유형으로 분류했고, 슈나이더는 10가지 정신병질 유형 중 자신 결핍성 정신병질, 무력성(無力性) 정신병질, 우울성 정신병질은 자기 자신을 괴롭게 하는 정신병질로 보았고, 의지박약성 정신병질, 발양성 정신병질, 무정성(無情性) 정신병질, 폭발성 정신병질, 기분표변(변동)성 정신병질, 과장성 정신병질, 광신성 정신병질은 사회를 해롭게 하는 반사회적 정신병질로 보았다.

위의 유형 모두가 범죄와 유관한 것은 아니므로 반사회적 이상 성격만이 범죄학적 의미를 지니며, 각 유형들은 순수한 형태보다는 복합적으로 그 비중을 달리하면서 나타나는 것이 일반적이다.

슈나이더가 제시한 성격유형별 정신병질 유형은 그 유형 자체로 명확한 고유한 특징을 구분하기 어렵고, 이러한 특징들이 어떻게 범죄와 연관되는지 논증이 어렵다는 비판을 받았다.

7) 독일의 정신의학자로서 1880년대에 정신과 진단체계를 처음 도입한 크레펠린(Emil Kraepelin)이 분류한 흥분인, 의지부정인, 욕동인, 기교인, 허언과 기만인, 반사회인, 싸움을 즐기는 호쟁인(好爭人) 등 일곱 가지 정신병질 유형은 정신병질에 대한 고전적 분류법으로 평가되고 있다.

ⓘ 슈나이더의 정신병질 유형별 특징과 범죄관련성

유 형	성격의 특징	관련되는 범죄 유형
자신결핍성 정신병질	자기우월성을 나타내고자 하는 마음이 강하지만 자신의 능력부족을 인식하고 강박관념을 지니며, 주변에 대한 의식이 강해 도덕성이 강함	감수성이 예민한 경우에는 강박관념으로 인한 범죄도 가능하다고 보나, 대체로 범죄와 관련이 적음
무력성 정신병질	잦은 병치레로 심신부조화 상태·타인의 동정·관심 호소, 신경증적 증상을 나타냄	범죄와 관련이 적음
우울성 (억울성) 정신병질	염세적·회의적 인생관, 자책성·불평·소극성이 특징임. 과거를 후회하고 미래를 걱정하며 모든 생활경험에 대하여 우울감이 지속적으로 나타남	대체로 범죄와 관련이 적으나, 자살 유혹이 강함. 강박관념에 의한 살상·성범죄 가능
의지박약성 정신병질	• 자기중심적 성향 • 내면적·외향적 의지가 모두 박약하여 모든 영향에 대한 저항력 상실, 인내심과 지능이 낮음. 환경의 영향을 많이 받음	좋은 환경하에서는 범죄와 관련이 적으나, 청소년 비행과 관련이 크고 누범자, 각종 중독자, 우발적인 절도·사기와 관련되기도 함
발양성 정신병질	명랑·쾌활형으로 과도하게 낙관적·경솔·불안정적인 면을 갖는 성격자로서 감정제어능력 결여, 실현가능성 없는 약속을 쉽게 하여 상습사기범이 되기 쉬움	상습범·누범 중에 많이 나타남. 모욕죄·상습 사기죄, 무전취식자와 관련 많음. 무정성과 결합되면 알코올중독의 위험성이 큼
무정성 정신병질 (배덕광, 도덕적 백치)	• 동정심·수치심·양심의 가책 등 인간의 고등감정 결여, 본능지배의 심리상태에서 생활함 냉혹하고 잔인한 성격이 강함. 자신의 본능 충족을 위해서는 교활한 꾀를 쓰며 다른 사람의 고통을 전혀 고려하지 않음 • 책임전가 성향도 강함	목적달성을 위한 흉악범, 범죄단체조직범, 누범 등에 많음(롬브로소의 생래적 범죄인, 가로팔로의 자연범. 뇌손상범죄인과 유사하며 범죄학상 가장 주목되는 유형)
폭발성 정신병질 (병적흥분자)	• 사소한 자극에도 병적으로 과도하고 격렬하게 반응하고, 앞뒤를 헤아리지 않고 폭언·손괴 등을 주저 없이 행함 • 뇌파검사에서 간질성기질을 나타내는 경우가 많음. • 자극에 민감·병적 흥분·음주시 무정성·의지박약성과 결합되면 매우 위험	살상·폭행·모욕·손괴 등 충동범죄의 대부분과 관련
기분표변성 정신병질	기분동요가 많아 예측곤란, 폭발성과 유사하나 정도가 낮음. 정신병질의 50%로 가장 높은 비율 차지. 의지박약·정신박약과 결합되면 위험	크레펠린이 욕동인이라 부른 유형에 해당. 방화·도벽·낭비성향·방랑성향·폭음성향에 따른 격정범으로 상해·모욕·규율 위반 경향. 범죄인 중에서 가장 높은 비중 차지
과장성(허영성, 자기현시욕성) 정신병질	자기를 세상의 중심으로 생각하는 등 자기를 실제 이상으로 과장하는 성향으로서 자기중심적이고, 자신에게로 주목·관심유발·자기 기만적 허언 남발, 욕구좌절 시 히스테리 반응	기만적·허세적 성격에 따른 고등사기, 수용 시 꾀병환자에게 많음
광신성(열광성) 정신병질	확신·이념적 사상에 몰두, 타인에 대한 불신경향. 소신에 따라 행동하는 강한 성격이며, 비현실적 주장이 많고 정의감에 따른 투쟁성이 강함	투쟁적 광신자의 경우에는 정치범 경향, 소송을 좋아함

제2절 사이코패시(Psychopathy)와 범죄

Ⅰ. 사이코패스 개념의 연혁

'사이코패스'(psychopath)란 용어는 1801년 프랑스 정신과 의사인 피넬(프랑스어: Philippe Pinel)이 사이코패스 증상[8]에 대해 설명하면서 처음으로 만들었다.

1920년대에 와서는 독일의 슈나이더(Kurt Schneider)가 정신병리학적 차원에서 사이코패스 개념을 설명했다.[9]

그리고 오늘날에 와서 캐나다의 심리학자인 헤어(Rebort D. Hare)가 사이코패스 판정 도구(PCL－R)을 개발하고 「진단명: 사이코패스」를 저술하여, 사이코패스가 과학적으로 심리학과 범죄학 분야에서 중요하게 다루어지고 있다.

Ⅱ. 사이코패스의 대표적 사례

세계적으로 유명한 사이코패스의 전형인 테드 번디(Ted Bundy), 최소한 30명, 많게는 100명의 여성을 납치·살인했다. 그가 교도소 수용 후 받은 심리검사에 따르면, 정신분열증·뇌 손상·저지능(정신박약)·기분장애·인격장애 등 정신질환자로 진단할 만한 것이 하나도 없었고, 심지어 알코올 중독 증상도 전혀 없었다.

워싱턴에서 대학을 다니며 장학생으로서 교수들의 총애를 받았던 심리학사 소지자로서 훤칠하고 매력적인 외모에다 지적이고 상냥한 말투였던 그가 자신의 결백을 주장하자 수많은 미국인은 그는 진짜 범인이 아니라고 믿었다.

그의 얼굴 인상과 외모, 말투로만 보아서는 그가 성범죄자, 연쇄살인범이라는 것을 짐작하기조차 어려웠다.

---

8) 피넬은 잔혹감·무책임·도덕심의 결여와 같은 특징들이 현저하지만, 정신착란 증세가 없는 조증 상태(maniawithout delirium)를 사이코패스의 특성으로 설명했다.

9) 슈나이더는 사이코패스의 기질은 평상시에는 내부에 잠재되어 있다가 범행을 통해서만 밖으로 드러나기 때문에 주변 사람들이 쉽게 인지하지 못하고, 그들은 비윤리적인 행동을 서슴지 않고, 사람들을 조종하는 데 능하다고 보았다. 이러한 피도 눈물도 없는 냉혈한들이 사회에서 큰 성공을 거두거나 높은 자리에 올라가는 일도 빈번하다는 것을 슈나이더는 간파하고 있었다. 이러한 관점에서 보면, 히틀러도 사이코패스에 해당하는 대표적인 사람이다.

Ⅲ. 사이코패스의 개념 논쟁

앞에서 예시한 번디와 같은 유형의 사람이 사이코패스이다. 사이코패스는 범죄를 저지르고도 죄책감을 느끼지 않는 사람들이라는 공통된 특징을 가지고 있다.

사이코패스가 겉으로 보기에는 멀쩡해 보이는 이유는 그들이 정신적 문제를 가리는 가면을 쓰고 있기 때문이다.

'사이코패스'라는 용어는 19세기 초에 처음 사용되기 시작했지만, 사이코패스가 악(evil)의 화신인지, 심한 정신질환자인지는 200년이 지난 21세기 오늘날에도 논란이 되고 있다.

사이코패스란 반사회적 행동, 공감 능력과 죄책감 결여, 낮은 행동 통제력, 극단적인 자기중심성, 기만성 등과 같은 특성인 사이코패시(psychopathy) 성향이 높은 사람을 가리킨다.

일종의 심리적 장애인 사이코패시는 잔인하고 폭력적인 행동 패턴을 반복하는 '가학성 성격장애'(sadistic personality disorder) 성향이 강해, 폭력적이면서 광기(狂氣)적인 인격 장애 측면의 정신병질로 규정되고 있다.

사이코패시한 사람들 보통 '사이코패스' 또는 '정신병질자'라고 부르고 있는데, 최근까지도 '소시오패스'(sociopath · 사회병질자)나 '반사회적 성격장애'(antisocial personality disorder)와 개념이 혼동되고 있어 '소시오패스'나 '반사회적 성격장애자'와 혼칭되고 있다.

소시오패스는 유전적 성향보다는 잘못된 사회화과정의 결과로 범죄성이 발달된 특징을 강조하는 명칭이라고 볼 수 있다.

1952년 미국의 정신의학회는, 소시오패스란 명칭을 사용하다가, 1968년에 와서는 반사회적 성격장애자라고 불렀다.

오늘날 영향력 있는 대표적인 사이코패스 연구가로서, 「진단명: 사이코패스」의 저자이기도 한 헤어(R. D. Hare)는 사이코패스(정신병질자)와 반사회적 성격장애자는 개념적으로 구분되어야 한다고 주장한다.

헤어가 주장하는 양자의 차이점은, 반사회적 성격장애자는 그것의 진단 시 주로 반사회적 행동과 범죄와 같은 사회 일탈적인 행동을 객관적인 지표로 삼는 데 반하여, 사이코패스 진단은 다양한 기준을 바탕으로 인성 · 감정 · 행동 등에 걸쳐 피검사자를 평가하는 다측면적 평가를 한다는 점이다.

따라서 사이코패스 진단에 있어서는 사회적 일탈행동뿐만 아니라 공감능력 · 과

대망상 등 더욱 다양한 지표까지 주목하고 있다.

이에 따르면, 사이코패스로 분류되는 사람은 반사회적 성격장애 기준에 쉽게 부합하지만, 반사회적 성격장애자들이 모두 사이코패스로 분류되지 않는다.

또한 사이코패스라고 해서 반드시 폭력적 반사회적 행위만 하고 있는 것도 아니다. 폭행·강간·살인 등 공격적인 반사회적 행동뿐만 아니라 화이트칼라 범죄와 기업범죄와도 연관된다.[10)]

사이코패스는 주어진 상황에 따라 다양한 형태로 드러난다. 그렇기 때문에 사업계나 정치계의 상위층에 속한 사람들 속에서도 종종 나타나고 있다.

그들은 계산적인 표정과 말투, 행동으로 사회에서 능수능란하게 어울려 지내고, 여건에 따라 발현되는 정도가 다르기 때문에 사고나 범죄를 저질렀을 때만 일반인과 구별할 수 있다는 특징을 갖고 있다.

그래서 사이코패스를 '반사회적 성격장애자'라고 부르기도 하는 것이다.

오늘날, 전문가들은 사이코패스와 소시오패스를 정신분석학 및 심리학에서 사용되는 정식용어로는 '반사회적 성격장애'(Antisocial personality, ASPD)범주 안에서 다루고 있는 것이 일반적인 경향이다.

즉 사이코패스와 소시오패스 모두 반사회적 인격장애를 지닌 사람을 가리키는 개념으로 볼 수 있다는 것이다.

범죄학적 관점에서는 소시오패스나 사이코패스 모두 잔혹성의 정도나 반사회적 행동 양상에 중점을 두고 있으므로 사이코패스와 소시오패스를 명확하게 구분할 필요는 없다고 본다.

Ⅳ. 사이코패스(정신병질)의 원인

심리학자들은 사이코패스의 발생 원인에 대해 생물학적·사회학적 요인 및 그 상호작용 등 다차원적인 설명을 제시하고 있다.

사이코패스의 원인은 아직까지는 정확히 파악하지 못하고 있다.

생물학적 입장에서는 신경학적 장애나 뇌 이상과 관계있다고 보아, 행동을 통제하고 충동을 조절하는 부분인 전두엽 부분의 활성화 저조가 사이코패스의 충동적 행동과 낮은 각성 수준으로 인한 자극적 행동과 관련이 있다고 설명한다.

사이코패스는 다른 사람보다 범죄행위로 인한 처벌 두려움이 매우 낮고, 다른

10) Criminology: Theories, Patterns, and Typologies, 169면.

사람들보다 그들의 행동을 규제하는 능력이 떨어질 수 있다는 것이다.

이와 같은 관점에서 보면, 사이코패스의 낮은 공포 수준이 더 충동적이고 적절치 못한 행동까지 서슴없이 저지르도록 하여, 일탈행동과 범죄, 그리고 그에 따른 체포·감금으로 이어진다고 할 수 있다.

또한 세로토닌과 MAOA 유전자 이상이 공격성을 증가시킬 수 있고, 어린 시절 뇌 손상이나 기능 장애가 장기적인 계획 부족, 욕구 지연 능력 부족, 피상적 감정과 공감 능력 부족, 충동성·공격성, 부적절한 사회행동 촉발 등 사이코패스의 특성으로 나타날 수 있다고 한다.

사회학적 설명은 부적절한 사회화 과정과 그 결과로서 사이코패스가 야기된다고 본다.

예를 들어, 어려서는 부모와의 애착이 결여되어서 윤리성 발달이 어렵게 되어 품행장애·반사회적 행동·공격성이 야기되고, 성장한 이후에는 낮은 사회경제적 지위로 인하여 이용 가능한 합법적 행동 선택에 제약을 받기 때문에, 목표를 성취하기 위해 반사회적 행동수단을 사용하고 경력적 범죄생활로 빠져들게 된다는 것이다.

또한 부모의 비일관적 훈육·반사회적 가치관·처벌·나쁜 학업 성과·와해된 가정·아동기의 분리 충격 등의 경험도 사이코패스와 관련이 크다고 본다.

생물학적 요인과 사회적 요인이 상호작용하여 사이코패스가 형성된다고 볼 수도 있다. 헤어는 이 입장을 취하고 있다.

헤어에 의하면, 사이코패스가 생물학적 요인과 사회적 요인이 복합적으로 작용해서 만들어진다고 한다.

다시 말해, 유전적 요인이나 소질요인이 선행적으로 뇌 기능의 생물학적 성격구조의 기반이 되고 성격 형성 및 발달에 영향을 주며, 여기에 성장환경과 경험 및 행위환경이 복합되어 사이코패시 성향이 만들어질 수도 있고, 반대로 생물학적 요인이 있지만 좋은 환경의 영향으로 그렇지 않을 수도 있다는 것이다.

V. 사이코패시의 치료와 사이코패스의 개선 가능성

사이코패스는 죄책감과 참회가 없고, 처벌에 대한 두려움도 없고 사회적 비난에도 둔감하여, 이들에 대한 치료·개선 방법이 전혀 없으므로 사형이나 무기종신형을 통해 사회로부터 영원히 격리시키는 방법밖에 없다는 시각이 강하다.

그렇지만 치료·개선하여 교정하는 것을 포기하기에는 너무 이르다고 할 수 있다.

사이코패스에 대해 다체계 치료법(multisystemic therapy, MST)를 적용하자는 주장이 있다(Harris and Rice, 2006).

이는 사회학습이론들을 적용한 행동 프로그램(behavioral program)과 사이코패스를 둘러싸고 있는 부정적 요인들을 모두 긍정적으로 개선하는 중화(neutralization)방법이다.

또 다른 방안으로는, 일반적인 고위험 범죄자들을 처우하는 교정법을 적용하여 집중적인 관리를 하고, 범죄를 야기하는 원인에 치료의 초점을 맞추어 인지 행동 중재 방법을 사용하자는 주장이 있다(Andrews and Bonta, 2010).

그러나 이러한 방법들은 구체적·세부적 기술이 개발되어 있지 않고, 검증 결과도 거의 없으므로 현실적 적용에는 한계가 있다. 그러므로 사이코패스에 대한 치료·개선법이나 대처방안에 대하여는 지속적인 연구가 이루어져야 할 것이다.

VI. 결어(結語)

약 200년 전에 제기된 사이코패스가 21세기인 오늘날에 이르러서도 여전히 해결되지 못하였고 오히려 그 문제의 심각성이 더욱 커지고 있는 것은, 사이코패스 범죄자뿐만 아니라, 이기적인 냉혈한들이 사회 곳곳에서 성공하는 사례들이 늘어가고 있으면서, 그로 인해 유·무형의 피해와 상처, 트라우마(Trauma, 충격적인 경험)를 겪고 있으면서도 그 어디에도 하소연하거나 구제를 요구할 수 없는 피해자들이 많기 때문이다.

오히려 공동체가 소규모로 운용되는 전통적인 사회 시기에는 공동체 내에서의 친밀한 유대를 바탕으로 서로서로 자연스레 감시하고 조그만 일탈에 대해서도 규제할 수 있는 비공식적 통제수단이 잘 작동하고 있었기 때문에 사이코패스가 존재하고 있다 해도 크게 문제가 나타나지 않는 경우가 많았을 것이다.

그러나 가족은 핵가족화를 넘어 1인 가구가 큰 비중을 차지하고 있고, 이기주의적인 개인주의가 만연한 가운데 무한 경쟁이 이루어지고 있는 현대사회에서는 사람이 정글의 포식자처럼 활개 치기 쉬운 많은 여건이 조성되어 사이코패스로 인한 피해와 충격이 훨씬 강하고 적나라하게 나타날 수밖에 없게 되어 있다.

그러므로 아주 어린 아이가 냉담하고 감정을 좀처럼 드러내지 않는 등 어려서부터 사이코패스의 조짐이 있는 아이들이 있다면, 이를 파악하여 전문적인 진단과 상담, 특별 교육 등을 할 수 있는 사회적 시스템을 갖추고, 범죄행동을 예방할 수 있는 체제를 갖추는 사회·국가적 노력이 더욱 필요하다.

그리고 반사회적 성격장애의 진단과 상담을 전문적으로 할 수 있는 심리학 지식을 갖춘 보호관찰관과 경찰을 충분히 양성하여, 보호시설과 경찰 내부에 배치해서 체계적인 활동을 할 수 있게 하는 구체적인 제도가 구비되어야 한다고 강조하는 바이다.

CHAPTER 04

정신(심리)분석학적 입장에서는 범죄를 어떻게 이해하는가?

제1절 프로이트(S. Freud)의 정신분석학과 범죄

범죄자와 관련된 정신분석[11]은 참 어려운 분야이다. 그만큼 범죄인을 제대로 이해하기 어렵다는 말일 것이다.

정신분석학적 범죄이론은 개인의 기질에서 범죄의 원인을 찾으려 한다는 점에서 범죄생물학적 이론과 비슷한 접근방법이다.

프로이트(Sigmund Freud)가 창시한 고전적 정신분석학적 범죄는 아주 어린 시절인 유아·유년기의 정서적 발달과정에서 나타난 심리적(정신적) 장애와 비정상으로부터 비롯된다.

정신분석학적 이론의 초석은 '무의식적 심리과정(무의식의 작용)이 있다는 가정'과 저항과 억압이론의 인식, 성(sex)과 오이디푸스 콤플렉스의 중요성 및 초기 아동기 체험의 중요성 이해이다.

프로이트는 직접적으로 범죄의 원인에 관한 연구를 하지는 않았다.

그렇지만, 오늘날 원인을 알 수 없는 범죄를 설명하는 데 많은 실마리를 제공하는 이론으로서 범죄학에서도 다루어지고 있다.

---

11) 프로이트의 가장 큰 업적은 인간의 마음에서 의식 이외의 '무의식'을 발견한 것이다. 우리의 내면에는 '자아'(ego)라는 명확하고 단단한 실체만이 아니라, 차마 깊이를 헤아릴 수 없는 심연이 있다는 사실을 프로이트가 처음으로 발견했다. 그 심연에 자리 잡은 마음의 구성요소가 원초자아(id)와 초자아(superego)이다. 의식의 심층에 있는 원초자아와 초자아가 미치는 힘에 의해 무의식이 작동하는 원리를 탐구하는 과정을 '정신 분석'이라고 한다. 정신분석을 '정신역동'이라고도 부른다. 정신역동은 본능적 욕구와 힘의 영향, 성격을 결정짓는 발달과정을 중요시한다.

사람의 행위 중에는 행위 당사자가 자신의 행동 동기를 전혀 알지 못하는 행위가 존재한다. 최근에 "유명한 SBS 전 앵커 지하철 몰카"라는 내용의 기사가 많은 사람에게 그 동기를 의아하게 만들었다. 그밖에도 유명 정치인·배우·가수·운동선수 … 멀쩡해 보인 그들은 왜 성범죄자가 됐나?

이러한 사건들은 심리적인 원인이 신체적 질환으로 나타날 수 있듯이, 심리적(정신적) 원인이 범죄행동으로 표현될 수 있다는 것을 추론할 수 있게 해준다.

행위의 당사자조차 자신의 행위 동기를 알지 못하는 무의식적 행동은 인간의 성(性·sex) 충동과 밀접한 관련을 맺고 있다고 프로이트는 말한다.[12)]

정신역동이론에서 히스테리와 같은 문제행동의 원인이란 어린 시절의 충격적인 경험(트라우마)인데, 대개는 성(sex)과 연관된 내밀한 요인이다.

우리는 살아가면서 흔히 실수를 저지를 때가 있다. 그러나 그것은 결코 우연이 아니고, 무의식이 영향을 미쳐 일어나는 심리적 행위라고 보는 것이다.

현대 정신분석학(정신역동이론)은 인격 발달 과정에서 사회적 요인(환경)이 담당하는 역할과 의식적 경험뿐 아니라, 의식적 경험과 무의식적 경험이 주고받는 상호작용에 더욱 집중하여 초점을 맞춘다.

그럼에도 이 입장은 인생 초기인 유아·유년기의 체험이 성격과 행동 동기, 욕구의 발달에 미치는 영향에 중점을 두고 있다.

Ⅰ. 인성(人性)의 구조

고전적 정신분석이론에 따르면 사람의 인성(마음)은 세 가지 요소로 구성되어 있다. 인성이란 각 개인이 가지는 사고와 태도 및 행동특성을 가리키는 심리학 용어이다.

---

12) 프로이트의 정신역동이론은 흔히 만사를 '성'으로 설명한다는 비난을 받고 있는데, 성(性)에 대해 도덕적 가치를 개입시켜서 판단하기보다는, 성이란 생명체 존재의 근원이고, 조상으로부터 현재의 개체가 이어져서 현실생존세계가 있을 수 있게 하여 주는 번식의 기본과정으로 이해할 필요가 있다. 성(sex)은 생명 탄생의 기원이고, 생명체의 역사를 이어주는 생명의 자기 복제 기능을 맡고 있는 근원적인 생명작용이라고 인식하는 것이 과학적인 사고이다.

ⓘ 프로이트의 인성 구조와 그 작용

인성 구조	기본 원리	분석 내용 설명
원초자아 (id)	쾌락의 원리	• 무의식적인 생리적 욕구로서 성욕과 같은 원초적 욕구임. 이는 즉각적인 만족에 따르려 함 • 따라서 비합리적이고 반사회적이며 본능적 충동의 무의식적 작용의 중심 역할을 함 • 이는 사회생활에 적절히 적응하기 위해 억압되고 다듬어져야 함
자아 (ego)	현실 원칙	• 자아는 현실을 고려하는 현실 원칙에 지배됨. 이는 욕망을 즉각적으로 충족할 수 없는 현실을 깨닫게 되는 인생 초기에 발달함 • 자아는 합리적 의식이므로, id의 욕구를 현실에 부합하도록 순화하고, 사회적 규범 안에서 행위를 하도록 유도함. 원초자아와 초자아를 조화하는 기능 • 사회적 적응과 통제는 정신의 의식적·합리적 부분인 자아의 주된 역할임
초자아 (superego)	도덕 원칙	• 초자아는 개인의 인성(마음)의 도덕적 부분으로서, 행동에 대한 도덕적 판단을 담당함 • 이는 부모와 의미 있는 주변 사람 및 공동체의 도덕적 기준과 가치를 자신의 인성으로 통합시킨 결과로써 발달시킨 것임 • 원초자아를 통제하는 기능을 함. • 초자아는 양심(conscience) 또는 이상아(理想我·egoideal)라고 할 수 있음 • 자아가 원시적 욕구를 억제하고 양심에 따라 행동하게 하는 정신요소 • 이는 무엇이 옳은지 그른지를 알려주고, 유쾌하지 않더라도 도덕적·규범적으로 허용되는 책임있는 행동을 하도록 지시하는 기능을 담당함

Ⅱ. 인성발달과 무의식의 작동

무의식의 작동방식을 연구하던 프로이트는 인성의 세 가지 구성요소를 발견했고, 더 나아가 성적 충동인 리비도(Libido)가 유아기부터 성인기에 이르기까지 모든 인간의 중요한 본능 가운데 하나라고 주장했다.

Libido[13]는 성본능(性本能) 또는 성충동(性衝動)이라고 번역되는데, 이것은 성기와

13) 리비도란 성 충동을 일으키는 에너지를 말한다. 프로이트는 이 리비도를 대단히 넓게 해석하면서, 이 리비도를 억제하고 승화해서 나타난 것이 인간의 문화라고 보았다. 가령 학문을 열심히 연구하는 것도 이 리비도의 활동방향을 바꾼 결과로 보고 있고, 수도승이 육체

성기의 접합을 바라는 성욕과는 본질이 다른 넓은 의미의 개념으로서 '삶의 본능'이라고 할 수 있다.

일반적으로 성본능 내지 사람의 정서적 성숙은 성(sex)에 근거한 발달 단계를 거친다. 따라서 신체의 다양한 부분을 통해 쾌감을 구하는 것으로 나타난다.

갓난아이 때(유아기)는 빨기와 물기를 통해 쾌감을 얻는 구강기(oral stage)를 갖는다.

출생 후 2~3세까지의 기간은 성적 관심의 초점이 똥의 배출에 맞춰지는 항문기(anal stage)이다.

출생 후 3년째에서 6년째 무렵은 남근기(phallic stage)로, 자신의 성기에 관심이 집중되는 시기이다.

성본능은 남근기에 절정에 이른 후 억압을 받아 남근기 이후 사춘기 이전까지 잠재(복)기(latency stage)를 거친다. 잠재(복)기 이후 생식(성기)기(genital stage)로 성숙한다.

이러한 발달과정에서 원초자아(id)는 3세경에 자아(ego)가 발달해 본능을 통제하게 될 때까지 억제되지 않는다.

남근기의 시작과 함께, 아이들은 이성 부모를 독점하고자 하며, 동성부모를 이성부모의 사랑을 독차지하는 데 있어서 경쟁하는 사람으로 인식한다.

그러나 이러한 감정은 정신의 도덕적 부분인 초자아(superego)와 의식적이고 합리적인 부분인 자아에 의해 억압되어 남성 아이에게는 오이디푸스 콤플렉스(Oedipus complex)가 생기고, 여자아이에게는 엘렉트라 콤플렉스가 생겨난다.

콤플렉스[14]는 정신분석학의 개념으로, 사람의 마음속의 서로 다른 구조를 가진 힘의 존재를 의미한다.

콤플렉스는 상황을 왜곡하여 보게 하며, 그래서 생각·감정·행동에 영향을 미치게 된다.

오이디푸스는 그리스 신화에 나오는 비극적인 영웅인데, 아버지인 왕을 죽이고 어머니와 결혼한 그의 생애를 빗대어 오이디푸스 콤플렉스를 개념화했다.

적 욕망을 억압하면서 승화시켜 종교생활에 몰두하는 것도 이러한 결과로 보았다. 그런데 이러한 성 충동은 꼭 이성에게만 향해지는 것은 아니다. 동성(同姓)이나 자기 자신, 애완동물, 물건 등을 향하기도 한다. 동성애 문제나 애완동물이나 어떤 물건을 지나치게 아끼면서 집착하는 성향도 넓게 보면 리비도의 표현이라고 할 수 있다는 것이다.

14) 콤플렉스란 무의식에서 작용하는 억압적 요소를 말하는데, 융(Carl Gustav Jung, 1875~1961)이 붙인 명칭이다. 콤플렉스는 무의식의 감정적 요소이지만 인간의 행위에 큰 영향을 미치며, 심하면 히스테리 증상을 일으킨다고 한다. 인간의 강한 감정적 경험 중 현실 의식으로 받아들일 수 없는 성질의 것일 경우에는 무의식 속에 억압된 채 존재하면서, 여러 가지 작용을 일으켜, 간접적으로 현실의식을 제약한다고 정신분석학에서는 보고 있다.

이는 남자아이가 어머니의 관심과 사랑을 독점하려고 하는 무의식적 마음을 가지고 아버지에 대해 미움과 두려움을 갖는 심리적 복합체를 말한다.

엘렉트라(Electra) 콤플렉스는 여자아이의 아버지에 대한 무의식적 사랑 욕구와 어머니에 대한 미움이나 두려움을 의미한다. '엑락트라'는 부왕(父王)을 죽인 어머니에게 복수하는 이야기를 내용으로 하는 그리스비극이다.

그러나 이러한 콤플렉스는 4~5세경에 해소되는 것이 일반적이다. 이러한 불합리한 욕구들을 계속 지니게 되면, 그 벌로 아버지나 어머니에게 제거될지 모른다는 공포심을 느끼기 때문이다.

이러한 발달 단계에서 잠재기를 건너면, 최종 발전단계인 어른으로서 성숙한 생식기(genital stage)를 거친다. 이는 성인으로서 성(sex)이 시작되는 시기를 나타낸다.

초자아(superego)는 동성 부모와의 동일시(同一視)와 부모의 통제를 내면화하면서 발달되는데, 이러한 과정을 통해 결국 아이들은 이성 부모를 독차지하려는 욕구를 포기한다.

이러한 발전 과정상에서 발달에 장애가 생기거나 유아기·유년기 발달 단계에서 고착(fixated)이 발생되면, 성인이면서도 유아·유년기 단계의 병리적 행동특성을 보이기도 하고. 무의식적 죄의식 상태에서 갈등을 겪기도 하며, 청소년 시기 이후 일탈적·반사회적 행동을 하게 된다. 따라서 범죄 행동은 원초자아, 자아, 초자아 간 심리적 갈등의 증후라는 것이다.

프로이트에 의하면, 성인의 범죄 등 문제 행동은 그 근원이 유아·유년기에 발생한 발달의 문제에서 비롯된다고 보고 있다.

발달과정에서의 문제와 그 결과 증후에 대한 예를 들어보면, 출생한 후 구강기 동안 충분히 빨고 무는 구강 만족을 얻지 못한 아이는 성장한 이후에 흡연·음주·약물 남용 등 입을 통해 만족을 얻는 행동에 빠지거나 의존적 인간관계에 집착할 가능성이 높다.

프로이트의 정신역동이론적 관점에서는 비행이나 범죄행동 그 자체는 그다지 중요하지 않다. 왜냐하면 그러한 문제행동의 근본 원인은 단지 원초자아, 자아, 초자아 간 심리적 갈등의 표출에 불과하기 때문이다.

그러므로 이러한 문제행동이나 범죄에 대하여 단순히 벌주는 것은 대책이 되지 못한다. 벌주는 것보다 근원적인 치료를 하여야만 그러한 문제에서 벗어날 수 있다.

결론적으로 원초자아, 자아, 초자아 간의 갈등은 비정상적인 성숙 및 본능의 과도한 통제나 억압, 어려서 경험한 부모와의 잘못된 양육관계, 정서적 발전단계에서의 지체 또는 고착, 억압된 성욕구와 그로 인한 죄책감, 특히 오이디푸스 또는 엘렉트라 콤플렉스 심화 등에서 성장 이후의 여러 문제가 유발될 수 있다.

비록 다른 표면적 요인들이 원인으로 작용하는 것처럼 보이지만, 실제로는 억압된 죄의식과 심리적 갈등이 비행이나 범죄의 '진짜 원인'이다. 이로 인해 비합리적인 행위들이 여러 형태로 나타날 수 있다는 것이다. 이점을 시사해 주는 것이 정신역동이론(정신분석학)의 범죄학적 의미이다.

제2절 후속 정신분석학과 반사회적 일탈행동

Ⅰ. 에고와 슈퍼에고의 불균형과 일탈행동

프로이트의 고전적 정신분석학을 기반으로 형성된 다른 정신분석학 이론이나 신(neo)프로이트적 이론들은 범죄행동의 이면에는 비합리적이고 무의식적 동기가 본질적인 원인으로 작용한다고 주장한다.

청소년 비행이나 성인범죄는 모두 비합리적인 충동이나 억압으로부터 비롯된다고 본다.

정신분석학적 설명에서 반사회적 일탈행위자는 유아기의 충격적 사건의 영향에 의해 조성된 동기가 있고, 그 동기는 행위자의 무의식 속에 숨어 있어 자신도 알지 못한다고 한다.

프로이트는 에고나 슈퍼에고와 관련지어 문제행동을 설명했지만 범죄를 저지르는 까닭에 대하여 자세한 분석은 하지 않았다.

그렇지만 정신분석학자들은 에고나 슈퍼에고가 제대로 형성되지 않았거나 적절하게 작동하지 않기 때문에 일탈행동이 발생한다고 보는 점에서는 생각을 같이하고 있다.

이드(id)는 생리적 본능, 욕구, 충동에 기초한 원초자아이므로 사람마다 큰 차이가 없는 것으로 인식하지만, 에고(ego)와 슈퍼에고(superego)는 사람마다 차이가 있다고 보고 있다.

프로이트의 이론을 계승·발전시킨 정신분석학자들 중 일부 학자는, 어떤 사람은 너무 과도하게 발달한 슈퍼에고로 인하여 항상 죄책감과 불안에 시달리기 때문에,

해결되지 못한 죄의식을 해소하고 심리적인 균형감을 얻고자 하는 동기에서 범죄를 저지를 수 있고, 억압된 죄의식으로부터 벗어나기 위해 검거되고 처벌되기를 무의식적으로 원한다고 한다.

정신분석학적 정신역동학에서는 범죄행위가 대부분 정서장애, 정신질환, 정신장애의 표출이나 증후로 인해 발생한다고 설명한다.

범죄뿐 아니라 마약·알코올 등 약물 남용과 같은 일탈행동들도 역시 억압된 죄의식, 억압된 공격성, 절망감이나 무력감, 그 밖의 해결되지 않은 무의식과 정서적 갈등을 처리하려는 동기에서 역기능적으로 표출된다고 보고 있다.

이렇게 역기능적으로 표출된 행동이 이루어질 당시의 사회적·환경적 사건은 그에 영향을 미치지 않고, 미친다고 하여도 촉발적 요인으로서만 가볍게 영향을 미칠 뿐이다. 그렇지만 유아·유년기의 충격은 매우 결정적인 요인으로 그에 영향을 미친다고 한다.

Ⅱ. 열등콤플렉스(inferiority complex)와 일탈행동[15)]

개인심리학(individual psychology)의 창시자인 아들러(Alfred Adler)는 인간행동의 동기에 대하여 '권력에의 의지'를 표명하여 프로이트의 쾌락원칙과 대립되는 이론을 주장하면서 열등 콤플렉스가 범죄행동 등 일탈행위에 미치는 영향을 강조했다.

'권력에의 의지'는 좀 더 나은 변화를 위한 인간의 창조적인 힘에 초점을 둔 개념이다. 이 개념은 '우월해지기 위한 노력'이라고도 할 수 있고, 또한 각 개인은 자기 나름의 생활양식을 근거로 목표를 달성하고자 하는 '창조적인 자기'를 가지고 있다는 주장을 뒷받침하는 것이다.

아들러는 프로이트와 마찬가지로 정신질환의 원인은 유전과 환경이 공동으로 작용한다고 보는 점에서 기본적으로 정신분석에 대한 생각은 유사하다.

그러나 아들러는 '기관열등성'(Minderwertigkeit)이라는 것을 강조하며, 생리적 기반이 열등한 경우 신경증이나 문제행동이 더 생길 것이라고 보았다. 사람은 저마다 타고난 기질적 불완전성을 가지고 있다.

그럼에도 사람은 불완전성으로 인해 발생한 열등감을 극복하고 보상하기 위해 노력하는 존재이다.

15) Alfred Adler, What life should mean to you, 범죄의 발생원인과 그 예방법, 180면 이하.

그런데 이 과정에서 실패하면 신경증적인 증상이 생기고 그와 관련된 문제행동이 나타날 수 있다.

아들러는 원인론·결정론적 관점의 프로이트와는 달리 목적론·의지론적 관점에서 정신역동이론을 펼치고 있음을 주목하자.

나폴레옹을 보라. 그의 강한 권력욕은 키가 작다는 열등감을 극복하기 위한 동기에서 '우월해지기 위한 노력'의 무의식적 추구로 해석된다.

사람들은 성취와 성공의 경험을 하면, 열등감이 완화되고 자연스럽게 자신감이 커진다.

그러나 반대의 경우에는 열등감만 커지고 열등 콤플렉스에서 벗어나지 못한 채 왜곡된 일탈행동을 저지를 가능성이 커진다.

이처럼 과거의 경험과 타고난 기질만이 그 사람의 정신세계 전체를 결정하지 않고, 개인의 노력에 따라 충분히 변화할 가능성이 있다.

개인심리학에서 아들러는 프로이트의 무의식적 결정론을 넘어서, 인간의 심리에는 '현재'와 '의지적인 힘'의 영향도 중요하고, 사회적 환경도 많은 영향을 준다고 보았다.

사람 성격의 주된 특징은 3~4세쯤 이미 결정되지만, 인간은 사회적 생활을 하면서 목표 지향적으로 행동한다.

사람은 지금 경험하고 있는 매 순간 의식적인 선택을 해나가기 때문에, 의식적인 자기 결정과 자유의지도 중요하다는 것이다.

정상적으로 성공적으로 살아가는 보통 사람과 범죄자는 본질적으로 다른 사람은 아니다.

그 차이는 결국 개인이 자신을 바라보는 방법, 즉 자존감의 차이에 있을 뿐이다.

범죄자는 자기 가치에 대한 평가가 매우 낮으며, 그들의 인생의 과제에 다가서는 데 실패한 사람일 뿐이다.

그들은 잘못된 양육환경으로 인해 공동체 의식이 결여되고 협력훈련을 못했고, 그 노력의 방향이 반사회적인 것일 뿐, 예외적인 사람은 아니라고 보는 것이 아들러의 관점이다.

범죄적인 경향은 타고난 결함도 아니고, 어린 시절 잘못된 환경 때문에 무슨 수를 써도 사라지지 않는 것도 아니라는 것이다.

범죄행동을 환경이나 유전의 탓으로만 돌려서는 아니 된다.

같은 가정이나 같은 환경에서도 아이들은 전혀 다르게 자라난다.

때로는 훌륭한 집안에서 범죄자가 나오기도 한다. 때로는 가족 구성원 중 여러 명이 교도소나 소년원에 간 경험이 있는 나쁜 집안에 성격도 행동도 어느 것 하나 나무랄 데 하나 없는 아이들이 있기도 한다.

또한 나중에 잘못을 뉘우치고 참회하여 새사람이 되는 범죄자도 있다.

아들러가 분석한 범죄자의 성격 구조를 보면, 특별한 문제를 지니고 있는 세 가지 주요 유형은 먼저 불완전한 신체를 가진 아이들, 다음으로 응석받이들, 세 번째로는 무시 받으며 자란 아이들이 많다고 한다.

열등감은 신체적 단점에도 집중된다. 불완전한 신체를 지녔거나 무시당해 자기가 사회 바깥으로 밀려나 있으며 인정받지 못한다고 생각하는 사람은 다른 사람에게 적대적인 태도를 취하면서 범죄자가 된다.

이 사람들은 운명적이고 구조적인 문제로 인해 쉽게 조정할 수 없는 범죄자 유형이라고 할 수 있다.

그러나 응석받이로 인한 범죄자는 좋은 여건 속에서 오히려 범죄자가 된 유형이므로 그 문제가 더욱 심각하다.

아들러는 때때로 범죄자 중에서 다음처럼 불평하는 사람들을 만났다

"내가 범죄의 길로 들어선 것은 어머니가 나를 너무 응석받이로 키웠기 때문이다."

부모는 이런 사람들을 사회의 훌륭한 일원으로 만들고 싶었을지도 모른다. 그러나 어떻게 키워야 좋을지 알지 못했을 것이다.

아이의 응석을 무조건 받아주고, 아빠찬스 엄마찬스를 써서 무대의 중심에 세워주었다면, 그는 다른 사람으로부터 존경이나 좋은 평가를 받기 위한 어떤 노력도 하지 않고, 그저 '존재하는 것만으로도 자기는 존귀한 사람'이라는 인식을 갖게 된다.

그래서 이런 사람들은 목표를 정하고 노력을 계속해 나갈 능력을 잃어버리고 말았다.

그들은 언제나 주목받고 싶어 하며, 늘 누군가에게 의존하며 늘 무언가를 기대할 것이다. 만족을 쉽게 얻지 못하면 환경이나 다른 사람을 탓하고, 분노조절장애자가 되어 있는 경우도 있다. 그리하며 범죄자가 되었다는 것이다.

현실에서 대부분의 범죄자가 자신은 값진 인생을 보내지 않고 있다는 사실을 알고 있으며, 값진 인생이 어떤 것인가도 알고 있다.

그러나 그들은 값진 방식으로 산다는 생각들이 두렵기 때문에, 밀어낸다.

두려운 까닭은, 그들에게 이를 이루는 데 쓸모 있는 능력이 없기 때문이다.

인생의 과제를 이루는 데는 협력이 요구되지만, 그들은 협력하는 훈련을 받지 않았다. 범죄자들은 앞으로의 삶에서 짐을 덜어내고 싶어 한다.

곧잘 보아왔듯이 그들은 자신을 정당화하고 싶어서 정상참작의 상황을 끌어들여 주장한다.

"나는 더는 견딜 수 없음을 느낀다. 내가 좋아하는 소녀는 나를 만나기 싫어한다. 나는 세련된 옷도 없고 돈도 없다. 버림받은 상태로 틀어박힐까? 나는 교수대에서 죽을 거라는 예언을 들었다. 버림받고 굶어 죽는 것과 교수대에서 죽는 것이 무슨 차이가 있을까? 나는 결과에는 상관없다. 어쨌든 죽이지 않으면 안 된다. 내가 어떻게 되든 아무도 내게는 관심이 없다." 등등 어떻게든 그들은 변명을 찾아낸다고 한다. 그들은 어린아이와 같다. 그들은 삶의 여유가 없기 때문에 극단과 정반대를 좋아한다.

그들에게는 모든 것이 무(無)이다.

"굶주림과 무시당함이냐 교수대냐, 구원이냐 파멸이냐"처럼 극단적인 선택을 좋아한다. 열등 콤플렉스에 억눌린 어느 범인은 "나는 기회를 기다리고 있다. 그때 나는 아무나 할 수 없는 일을 할 것이다."

그는 오직 자신에게 만이라도 영웅이 되고 싶어 한다.

"이건 너무나 대단한 일이어서 아무나 할 수 없다." 그는 피해자를 끔찍하게 칼로 공격했다. 분명 아무나 할 수 있는 일은 아니었다. 그러나 그는 자기가 믿는 것처럼 영웅이 될 수 없다는 것이다.

모든 범죄자, 그리고 모든 사람은 승리를 얻어 우월한 지위에 이르도록 노력한다.

그러나 이런 목표는 매우 다양하다. 보통사람과 범죄자는 성공목표의 방향에서 큰 차이를 보인다.

공동체 의식이 없는 범죄자의 목표에는 '이 사회에 이로운 것'이 없다.

범죄자의 목표는 늘 개인적인 것이 우월하다. 이것이 모든 범죄자의 매우 중요한 특징이라고 보고 있다.

범죄자 삶의 다양성을 이해하려면 개인의 생활방식을 잘 살펴야 한다.

한사람에게서 고유한 생활방식은 대체로 5~6세 때 그 중요한 특징이 결정된다고 본다.

그래서 생활태도를 바꾸기란 쉽지 않다. 이는 그 사람만의 성격 특징이며, 그는 생활방식을 이루는 과정에서 일어나는 잘못을 알지 못한다.

사람은 잘못을 인식해야만 바꿀 수 있다. 따라서 많은 범죄자는 몇 번이나 벌을 받아도, 때때로 비난받고 모욕당하고 경멸받고 우리 사회에서 누릴 수 있는 모든 좋은 것을 빼앗겨도, 자신의 생활 방식을 바꾸지 않고 같은 죄를 계속해서 저지른다.

이와 같은 맥락에서 범죄자의 특징을 분석한 아들러는, 범죄인을 포함한 모든 인간은 자신의 열등성을 극복하려고 열심히 노력하는 가운데 보다 나은 삶이 이루어진다는 이치를 발견했기 때문에, 범죄에 대한 대책에 있어서는 처벌은 아무런 효과가 없다고 보고, 범죄의 근본 원인(동기)을 찾기 위한 상담과 심리치료를 강조했다.

그리고 다양한 형태의 정신 병리를 예방할 수 있는 방법으로 사회적 관심과 민주적·인간적 가족구조 안에서의 자녀 양육을 강조하였다.

Ⅲ. 정체성의 위기와 범죄

정신분석학자 중 한 사람인 에릭슨(Erik Erikson, 1902~1984)은 '정체성의 위기'(identity crisis)와 일탈행동에 대해 설명했다.

'정체성의 위기'란, 생활에서 자신들의 역할에 대해 혼란을 겪는 상황을 말한다.

개인은 다른 사람의 기대에 맞추어 살 수 있는가에 대해 의심을 품는 시기가 있는데, 만일 그러한 기대가 충족되지 않는다면, 자신이 어떤 사람이 될 것인가에 대해 불확실하게 생각하며 혼란을 느낀다.

이는 사람이 자신의 가치와 삶의 방향을 결정하기 위해 노력하는 중에 갖게 되는 심각한 개인적 의문의 시기이다.

정체성의 위기를 겪는 청소년기에는 통제 불능의 행동을 보이거나 약물이나 다른 형태의 일탈을 시도하는 경우가 많다.

이로 인해, 청소년기는 '질풍노도의 시기'[16]라고도 부르며, 비행률이나 범죄율이 가장 높게 나타나는 시기이다.

Ⅳ. 슈퍼에고의 미발달과 범죄[17]

슈퍼에고의 미(未)발달 문제는 에이크혼(August Aichhorn, 1878~1949)에 의해 주장되었다. 범죄성과 가장 밀접한 연구를 한 정신분석학자는 에이크혼(독일어: 아이크호른)이다.[18]

에이크혼은 정신분석을 교육에 접목한 정신분석적 교육의 창시자로 평가받고 있다.

그분은 비행청소년과 혜택을 받지 못한 청소년들을 위해 많은 노력을 기울이면

16) '질풍노도'란 강한 바람과 성난 파도를 뜻한다. 청소년기의 격동적인 감정생활을 표현하는 사자성어이다. 즉, 청소년은 어른도 어린아이도 아닌 주변인이므로, 여러 면에서 좌절과 불만이 잠재하여 극단적인 사고와 과격한 감정을 곧잘 가진다.

17) August Aichhorn, Wayward Youth, 1936.

18) Criminology: Theories, Patterns, and Typologies, 187면.

서, 그들도 훈련과 교육을 통해 얼마든지 긍정적인 결과를 이끌어 낼 수 있다고 보았다.

또한 문제를 지니고 있는 청소년의 반사회적 경향을 조사하고, 공격적인 성향을 다루는 연구를 많이 하였다.

에이크혼은 드러나는 비행과 잠재적인 비행 간에는 분명한 차이가 있다고 생각했고, '초기 아동-부모의 관계의 이상(異常)'이 청소년의 반사회적 행동을 야기한다고 주장했다.

에이크혼은 소년들이 부모와 맺고 있는 관계를 조사해 본 결과, 비행소년의 대부분은 부모가 없거나, 있다고 하더라도 자녀들에 대하여 애정이 희박했다.

이러한 경우 슈퍼에고가 제대로 형성되지 않아, 이드(id)가 전혀 통제되지 못함으로써 이들이 아무런 양심의 가책도 없이 비행이나 범죄를 하게 되는 것으로 보았다.

이에 따라 그분은 비행소년을 치료하기 위해서는 처벌보다는, 이들이 어렸을 때 경험하지 못했던 성인들과의 동일시(同一視) 경험을 보충해준다는 차원에서, 소년들이 즐거워하고 행복해할 수 있는 따듯하고 인간적인 환경을 제공하는 것이 바람직하다고 주장했다.

에이크혼은 애정과 관심 부족으로 인한 슈퍼에고의 미발달 이외에도 애정의 과잉으로 슈퍼에고가 제대로 형성되지 못하는 경우도 발견했다.

예를 들어, 부모가 과잉보호를 한다든지 지나치게 관대한 경우에, 자녀는 응석받이가 되어 자기들이 하고 싶은 대로 할 수 있기 때문에 슈퍼에고가 형성되지 않아 비행이나 범죄와 연관되는 사례들이 있다는 것이다.

이러한 사례처럼, 비행·범죄의 원인이 부모의 과잉보호일 경우에는 부모의 애정 결핍성 슈퍼에고의 미발달과는 다른 치료법이 적용되어야 한다고 보았다.

에이크혼은 슈퍼에고의 미발달로 인한 범죄 유형 이외의 범죄 유형도 지적하였는데, 그 범죄 유형은 슈퍼에고는 정상적으로 발달했는데, 에고(ego) 측면에서 부모의 범죄성향을 내면화한 경우이다. 이 경우에는 슈퍼에고의 미발달에 대한 치료법과 다른 치료방법이 필요하다고 했다.

에이크혼은 청소년의 반사회적 행위는 사회적 스트레스만으로 이루어지지 않으며, 반사회적 행위를 유발하는 심리적 성향요인이 있어야만 이루어질 수 있다고 보았다.

에이크혼은 '잠재적 비행'(latent delinquency)이라는 개념을 제시하고, 이러한 정신상태는 그들의 성격으로 인해 다음과 같이 행동하는 청소년에게서 발견된다고 하여, 비행·범죄의 위험성이 큰 행동 양식을 지적했다.

(1) 즉각적인 만족을 추구하는 충동적 행동.
(2) 다른 사람과의 관계보다 개인적인 욕구를 우선적으로 충족하는 것이 바람직하다고 여기는 행동.
이러한 행동은 자기에 관한 것만 생각하는 '자의식이 강한 사람'의 행동 특성이다.
(3) 죄책감 없이 옳고 그름도 고려하지 않고 본능적으로 하는 행동.

V. 애착이론(Attachment Theory)

'애착'이란 '다른 사람에 대한 강한 감정적(정서적)·애정적 유대(결속)'를 뜻하는 심리학의 용어이다.

아이－어른 관계에서 아이의 유대는 '애착'이라고 하고, 양육자의 상호 유대는 '양육 유대'(care－giving bond)라고 부른다.

범죄와 관련된 애착이론은 영국의 정신분석학자(심리분석가)이자 정신과의사(심리치료사)인 보울비(John Bowlby, 1907~1990)가 체계적으로 정립했다.

보울비의 애착이론에 관한 연구 이후, 이 이론은 범죄학에도 적용되고 있다.

범인 프로파일링(profiling)과 범죄 유형의 분석과 예방정책 추진에서의 범죄행동의 인과 기제(causal mechanism)를 해명하는 차원에서 이용되고 있다.

아이－양육자 관계에서의 초기에 발생한 장애가 범행의 위험 인자로서 작용할 수 있다는 것이 발견되었기 때문이다.

이러한 맥락에서 애착이론은 현대 정신분석학적 범죄이론에서 가장 영향력 있는 이론으로 평가받고 있다.

또한 뒤의 범죄사회학 분야에서 설명하고 있는 발달이론(developmental theory)과 생애과정이론(life－course theory)이라는 두 주요 이론도 애착이론과 직접적인 관련을 맺고 있다.

앞에서 소개한 에이크혼의 연구에서도 범죄와 관련된 애착이론의 기원을 찾아볼 수 있다. 에이크혼은 정신분석을 교육학에 적용하는 과정에서 인간관계의 어려움에서 기인한 비정상적인 아이의 성장이 여러 비행 사례들에 연결되어 있음을 발견했다. 에이크혼은 불안정한 아이-부모 양육관계에서 사회화가 제대로 이루어지지 못했을 때, 이것이 아이의 발달을 멈추게 하면서 잠재된 비행 성향을 표면화되게 한다고 주장했다.

현대 애착이론에서는 생물학적으로 아기와 엄마는 서로에게 애착을 형성하려는 본능적 동기를 가지고 있다고 본다.

진화론적 관점에서 아기는 무력한 존재이기 때문에 어떻게든 엄마를 옆에 두려는 본능적 욕구가 있다.

엄마는 자기 아이에게 애착을 느끼도록 유전정보가 세팅되어 있으므로, 엄마에게도 돌봄 행동이 본능적이라는 것이다.

이러한 애착 본능이 적당히 충족되면 안정적 애착 심리가 형성되어 건강하게 정신발달이 이루어진다.

다만, 애착 본능이 가장 민감해지는 중요한 시기가 있다.

아직 확립된 이론은 없지만, 일반적으로 만 2세 이전을 바로 그 시기로 보고 있다.

이때 안정적 애착을 제대로 충족하지 못하도록 만드는 여러 문제 상황이 생기면, 아이의 발달에 영구적인 손상이 생길 위험이 존재한다. 이 손상으로 인한 결핍은 이후에 어떤 보상을 한다고 해도 치유되기 어려워, 성인기에도 성격적 결함이 발생하거나 정신병리가 생길 확률이 높다.

이러한 점을 감안하여 우리나라 교정시설에서는 생후 18개월까지는 수용자인 어머니가 직접 유아를 양육할 수 있도록 하는 제도를 도입하고 있다. [19)]

보울비의 연구에 의하면, 초기의 애착형성이 인간 본성의 가장 중요한 기본이 되고, 애착 형성이 잘되지 않으면 아동기뿐만 아니라, 성인기에서도 여러 가지 정신질환으로 나타날 수 있다고 한다.

다시 말해, 아이가 제대로 보살핌을 받지 못할 경우 성인이 된 후에도 정서적·지적 그리고 사회적 지체를 경험하게 된다는 것이다.

---

19) 「형의 집행 및 수용자의 처우에 관한 법률」 제 53조(유아의 양육)

① 여성 수용자는 자신이 출산한 유아를 교정시설에서 양육할 것을 신청할 수 있다. 이 경우 소장은 다음 각 호의 어느 하나에 해당하는 사유가 없으면, 생후 18개월에 이르기까지 허가하여야 한다.

1. 유아가 질병·부상, 그 밖의 사유로 교정시설에서 생활하는 것이 특히 부적당하다고 인정되는 때
2. 수용자가 질병·부상, 그 밖의 사유로 유아를 양육할 능력이 없다고 인정되는 때
3. 교정시설에 감염병이 유행하거나 그 밖의 사정으로 유아양육이 특히 부적당한 때

② 소장은 제1항에 따라 유아의 양육을 허가한 경우에는 필요한 설비와 물품의 제공, 그 밖에 양육을 위하여 필요한 조치를 하여야 한다.

애착은 아기가 어머니와 유대를 형성하는 출생 직후부터 형성되기 시작한다.

아기는 엄마를 향해 애착을 형성하고자 하는 욕구가 있는데, 제대로 준비가 되어있지 않거나 엄마가 적절한 반응을 보이지 않는 경우, 엄마와 분리되는 것을 회피하려 하고, 상실된 엄마와의 접촉을 다시 찾으려고 안절부절못하고, 울고 매달리는 행동을 보인다.

애착 관계와 관련된 아이는 보통 애착 대상을 자기 주변에 두려는 모습을 보인다.

이러한 '분리불안'(separation distress)은 애착 대상과 멀어지는 데 따라 생겨나고, 이러한 분리불안은 애착 관계가 형성된 아기의 적응을 위한 정상반응으로 여겨진다.

진화학자들은 이런 행동이 아이의 생존 확률을 높이기 위해 진화과정에서 생겨난 것으로 보고 있다. 이러한 분리불안 행동은 인간만 아니라 다른 포유류에서도 발견된다.

결국 어머니와 같은 애착 대상은 지원과 보호를 제공하며, 애착 관계가 없다면 유아는 생존할 수 없게 된다.

보울비는 자아와 초자아가 출생 당시 어머니와의 관계에 따라 결정된다고 본다.

유아기·유년기 초기에는 아기의 자아(ego)와 초자아(superego)는 작동하지 않고, 아기 대신 자아와 초자아 작용을 해주는 엄마에게 의존한다.

엄마는 아이에게 시간·공간 및 생활환경을 제공하며, 충동도 제한·통제해 주며, 아기의 자아이고 초자아가 되어준다.

점차로 아기는 이 기교를 스스로 익혀나가고, 그에 맞춰 엄마는 그 역할을 아이에게 전수하여 준다.

이는 음식을 먹는 것을, 앉고 서고 걷는 것을, 그리고 말을, 배울 때부터 시작해서 성인이 될 때까지 지속된다.

그래서 자아와 초자아의 발달은 애착 관계와 뗄 수 없이 형성되어간다고 보았다.

이와 같이 보울비는 설명하면서, 사람이 정신적·정서적으로 건강하게 자라기 위해서는 아이가 어머니 또는 양육자와 따듯하고 친밀하고 지속적인 관계를 형성하고, 이를 통해 둘 다 만족과 즐거움을 맛보아야지 그렇지 않고, 적절한 애착을 형성하지 못하게 되면 심리적 장애를 겪을 수 있게 된다고 한다.

다시 말해, 이런 박탈 경험을 겪으며 청소년기나 성인기로 넘어가게 되면, 다른 사람에 대한 신뢰와 존중이 결여되는 피상적 대인 관계·감각 추구·집중력의 결함과 같은 문제가 발생할 수 있고, 정서결핍이나 우울증·불안증후와 같은 정신병리의 중요한 발생 원인이 된다고 한다.

이러한 견해를 지지하는 심리학자들에 의하면, 애착(attachment) 박탈의 아이들은 많은 심리적 병리 증상을 보이는데, 그중에는 주의력 결핍 과잉행동장애(ADHD)와 유사한 증상도 있다고 한다.

이들은 충동적으로 행동하며 집중을 잘 못하기 때문에 학교에서 어려움을 겪고, 성인이 되어서는 다른 사람과 인간관계를 시작하고 유지하는 데 어려움을 겪게 되고, 이성 교제에서도 큰 문제를 보인다.

이혼이 급증하고, 성인기에도 혼자서 살아가는 싱글(single)의 비중이 높아지고 있는 현대사회에서 생애 초기의 애착 경험은 성인이 된 다음에도 안정적인 정서 유지에 중요한 작용을 하고 있기 때문에, 보울비의 애착이론은 현대인의 생활과 정신병리에도 중요한 가치를 지니고 있다.

사회정서발달이론으로서 애착이론은 오늘날 어린이 보육과 복지, 정신 건강 관련 사회 정책 수립과 실행에 있어서도 다방면으로 적용되고 있다.

어느 범죄학자의 연구에 의하면, 애착 결여 문제로 인하여 성폭력과 아동 학대 등 다양한 반사회적 행동이 발행하고 있고, 높은 남성 범죄율과도 관련이 있다고 한다.

프로이트의 영향을 받은 보울비는 정신분석가로서 아이들을 직접 관찰해서 상당히 체계적으로 연구했고, 또한 당시 진화론·생물학 및 동물연구 등 과학적인 연구성과들을 통합하여 프로이트 이론을 크게 발전시켰다는 평가를 받고 있다.

제3절 심리학적 범죄이론의 응용

Ⅰ. 범죄예측과 예방 및 교정처우 활용

범죄문제의 예방과 재사회화를 위한 교정교화에 있어서, 심리학적 접근은 기본적으로 그 사람이 범죄성향을 가지고 있는지, 범죄를 행할 위험성이 있는지에 대한 분석에 활용된다.

이와 관련하여, 예측분야에서는 심리학적 범죄이론이 활용되고 있고, 특히 교정분야에서는 처우의 개별화의 바탕이 되어 다양하게 적용되고 있다.

범죄예측은 소년범죄의 예방을 위해서도 활용되고 있고, 수사 · 기소 · 재판 · 처우 · 가석방 단계에서 활발하게 응용되고 있다.

다만, 예측의 문제에 있어서 '위험성'의 규정(definition)이 모호하다는 것과 과거의 범죄행적이나 성향 등 심리분석을 기초로 미래의 위험성을 예측할 때 예측이 빗나갈 가능성이 있고, 아직까지는 '잘못된 긍정'(false positive)의 문제나 '잘못된 부정'(false negative)의 문제를 완전하게 극복하지 못하고 있는 점이 한계로써 주의를 요한다.

II. 범인 프로파일링(Offender Profiling)

범인 프로파일링이란, 범죄현장에서 범죄자가 남긴 다양한 행동자료를 분석하여 해당 범죄자의 성격이나 특성을 추론하여 범인검거에 활용하고, 검거된 용의자를 대상으로 협력을 끌어내는 수사기법을 말한다.

이는 범죄현장에는 범죄자의 사회심리학적 특성을 반영하는 일상적인 습관이나 행동방식이 고스란히 남겨질 수 있다는 것을 전제로, 범죄현장을 분석하여 범죄자의 유형을 밝혀내는 정보를 끌어내고, 이를 바탕으로 수사망을 좁혀 범인검거를 촉진하는 방법이다.

범인이 검거된 후에는 범인의 혐의 부정 시 그 범인의 심리적 취약점이나 행동방식, 대인관계 등을 바탕으로 신문(訊問)전략을 세워 범인이 수사기관의 조사에 협조할 수 있도록 유도하는 신문기법으로 활용된다.

범인 프로파일링은 롬브로소 이후 실증주의 범죄학자들이 범죄자의 특성에 따라 범죄인을 분류했던 연구가 그 기원이 되었다. 이러한 연구에서는 범죄행위를 유발하는 요인을 갖춘 일정한 유형의 인간형을 상정했고, 일정한 체격형과 성격특성을 연계시키려고 노력했으며, 그 후 정신분석학이나 행동주의 심리학 및 행동과학의 발전을 바탕으로 새로운 수사·심리 기법으로 체계화 된 것이 현재의 범인 프로파일링이다.

범인 프로파일링은 미국연방수사국(FBI)에 처음 도입되었고, 현재는 우리나라를 비롯하여 많은 국가들에서 보편적으로 활용되고 있다.

Ⅲ. 자살자에 대한 심리적 부검(Psychological Attopsy)

심리적 부검(심리부검)은 자살로 생을 마감한 사람의 죽음과 관련된 정신적·행동적 요인들을 규명하는 조치를 말한다.

이는 심리학자, 정신과 전문의 등 심리분석전문가들이 자살자의 가족이나 주변인들을 심층적으로 인터뷰하고, 자살자의 개인적 기록과 병원진료기록 등을 분석해 자살사건의 원인을 규명한다.

심리부검의 개념은 1950년대 후반 미국 LA예방센터에 LA경찰이 자살로 의심되는 사망사건의 분석을 의뢰하면서 조사가 심층심리학적으로 이루어졌고, 이것이 심리부검의 기원이 되었다.

그 후 미국의 사망학자이자 심리학자인 슈나이드먼(Edwin S. Shneidman)이 1977년 'psychological autopsy'라고 용어를 만들어 '심리적 부검(심리부검)' 개념이 정립되었다.[20]

20) Isometsä, ET(2010). Psychological autopsy studies－a review.

PART 04

사회학적 범죄 이론 (Social Theories of Crime)

경찰을 위한 범죄학 犯罪學 CRIMINOLOGY

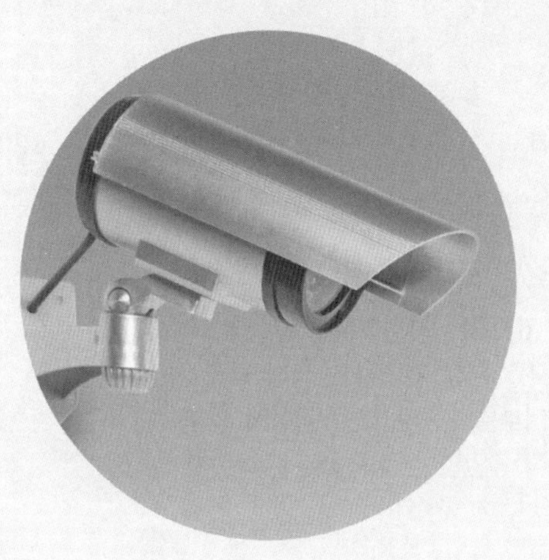

사람으로서 살아가는 삶의 원천으로는 생물학적·심리학적 요소뿐만 아니라 사회의 특정 집단과 사회구조도 중요한 기반이 된다.

우리가 살고 있는 사회구조 속의 여건과 발전은 그 사회 구성원들의 생활양식과 규범을 생성·변화시켜 개인들의 행동방식에 커다란 영향을 미치고, 가정이나 학교 등 개인이 밀접하게 상호작용하는 주변 환경의 차이는 개인의 인격과 사회적 연대를 차별적으로 형성하여 개인의 행동에 보다 직접적으로 구체적인 힘을 미치고 있다.

따라서 범죄행동에도 사회적 환경이 크고 작게, 그리고 직·간접적인 원인으로 작용할 수 밖에 없다.

이 편에서는 '사회속에서 한 개인의 선택은 어떻게 발전되는가?'하는 사회학적인 사고와 해석을 통해 범죄의 원인을 탐구하고 범죄의 예방과 재범 방지를 위한 방법을 탐색해 보자. 이러한 차원에서 '사회학적으로 범죄문제 생각하기'를 통해 대부분의 사람이란, 경험에 의해 삶이 바뀐다는 것을 확인하면서, 우리들의 행동에 담긴 사회적 원인과 결과를 좀 더 넓은 차원에서 객관적인 관점으로 심층적인 이해를 해나가자.

인간 사회는 일시적·표면적으로는 고정되어 있고 확고한 것처럼 보이지만, 항상 변화과정에 있다. 따라서 사회와 사회생활 속에서의 범죄를 연구하고 이해하려는 학문분야로서의 범죄사회학도 정지된 상태로 머무를 수는 없다.
머물러 정체하게 되면, 범죄사회학은 변화된 사회에 적합성이 떨어져 범죄에 대한 적절한 설명을 제공하지 못하게 된다. 이에 따라 범죄사회학 이론도 다양하게 제시되고 있다.
이러한 기본적인 사실에 근거하여 범죄사회학도 20세기를 거쳐 21세기로 오면서 많은 변화를 보이고 있다.
범죄사회학의 과제는 계속 변화하는 사회환경에 따른 범죄를 이해하고 설명하는 것이므로 우리도, 익숙하지만 낡은 이론에만 매달리지 말고, 열린 사고를 가지고 범죄와 사회의 관계에 대해 접근해 보자.

CHAPTER 01

개관

인간생활의 모든 중요한 문제는 사회적인 것이므로 개인은 사회적인 맥락에서 고려되어야 한다.

사회학적 범죄이론은 범죄문제들의 근원이 개인적 결함이 아닌 사회적 조건에 있다는 점을 강조하는 이론이다. 따라서, 다른 사람들을 고려하지 않고 범행 원인 결정을 내리는 '고립된 개인적 원인'은 사회학적 범죄이론에서는 인정하지 않는다.

제1절 사회적 원인론의 등장배경

1. 사회변동으로 사회문제의 규모가 확대되었다.

생리적·생물학적 및 정신·심리학적 특성과 범죄와의 관계는 불명확하고 애매한 점이 많았고, 1910년대 이후 인구이동, 도시화, 산업화 등의 사회변동으로 사회문제의 규모가 커짐에 따라 생물·심리학적·개인적 원인론의 한계가 드러났다. 이러한 현실적인 상황에서 사회적 환경과 범죄와의 관계는 직접적이고 일정하다는 믿음에 바탕을 둔 사회학적 관점이 나타났다.

2. 사회적 구조(지역 및 계층구조)에 따라 범죄행위의 유형과 범죄율이 다양해짐을 경험하였다.

이에 따라 범죄학자들은 그 이유를 규명하는 과정에서 개인적 요인을 탐구하는 이론들로는 이와 같은 현상을 설명하지 못한다는 한계를 자각하여 범죄를 사회적 상호작용으로 인식하게 되었으며, 따라서 범죄행위의 모든 참여자(가해자·피해자, 형사사법기관, 지역사회 등)의 상호작용을 고려하지 않을 수 없게 되었다. 또한, 범죄사회학의 입장에서는 '사회적 범죄율'이란 사회학적으로만 설명될 수 있다고 보았다.

제2절 일탈(범죄)연구의 두 관점

1. 형법의 제정 및 집행에 관한 이론(법과 형사사법에 관한 이론)

이 유형의 이론은 '왜 우리는 법을 제정하는가?', '왜 형사사법체계가 현재의 방식대로 운용되는가?' 등의 문제에 초점을 맞춰, 특정한 행동이 범죄로 규정되고 특정인이 범죄인으로 취급되는 과정과 이유를 설명한다.

이 이론들은 범죄와 법 모두를 설명하고자 하며, 낙인이론·갈등이론·마르크스주의 이론·페미니스트 이론 등 있다. 이러한 이론들은 사회적·경제적·정치적 변수가 형법제정 및 형사사법체계상 법의 집행과 운용에 영향을 미친다고 주장한다.

2. 일탈 및 범죄행위에 관한 이론(범죄와 일탈에 관한 이론)

이 유형의 이론은 왜 어떤 사람은 사회적·법적 규범을 위반하는가를 설명하고자 하며, 원인연구에 중점을 둔다. 원인에 대한 질문은 '왜 범죄와 일탈은 집단(계층)간 차이를 보이는가?', '왜 어떤 사람은 다른 사람보다 범죄와 일탈을 더 많이 저지르는가'를 중점 분석하는 범주로 나눌 수 있다.

첫 번째 질문은 사회적·집단적 유형에 초점을 맞춘 거시이론 또는 구조이론이다.

두 번째 질문은 개인적 범죄원인 차이에 초점을 맞추는 미시이론 또는 과정이론이다.

미시이론에는 생물학적·심리학적 이론과 사회학습이론·통제이론·문화갈등이론·낙인이론 등이 있고, 거시이론에 사회해체이론·긴장이론·갈등이론·비판범죄학 등이 있다.

제3절 합의론과 갈등론

1. 개관

사회학의 이론적 토대를 이루고 있는 합의론(구조기능주의)과 갈등론은 법의 성격을 각각 다르게 이해하고 있다. 합의론은 법을 사회구성원의 합의 내지 안정된 권위로, 갈등론은 억압을 위한 힘 내지 지배계급의 통치수단으로 이해하고 있다. 또한 합의론이 사회질서를 자발적 참여의 결과라고 인식하는 데 비해, 갈등론은 세력균형 상태에 지나지 않는다고 보고 있다.

2. 합의론: 사회에는 보편적으로 합의된 규범(법률)이 존재한다고 보는 입장

합의론의 입장에서는 대부분의 법이 공정성이나 도덕적 합의의 원칙으로 이루어져 있다고 전제한다.

사회에는 사회성원이 일상생활을 영위하고 주어진 상황에서 적절한 행동을 하는 데 있어서 지침이 되는 사회성원 간에 합의된 공통의 가치관과 규범이 있고, 이러한 가치관과 규범이 법으로 조문화된 것이 형법이라고 본다.

즉 사회의 법률은 사회적 질서와 균형을 위해 일반적으로 합의된 행위규범이고, 범죄는 이러한 법률의 위반이므로 사회 전체의 일반적 합의에 어긋나는 비도덕적 행위로 규정된다. 이러한 합의론적 관점에서의 범죄개념은 전통적인 주류범죄학이론들이 일반적으로 받아들이고 있다.

그렇지만, 이 입장은 우리가 살아가는 '생생한'(real) 현실 속에서는 어쩐지 거리감이 느껴지고 추상적이고 생기가 없어 보인다.

3. 갈등론: 사회에는 보편적으로 합의된 규범(법률)이 존재하지 않는다는 입장

사회는 성원 간의 합의에 바탕을 둔 안정된 체계가 아니고, 다양한 계층이나 집단 간에 서로 상충되는 이익과 권익을 차지하기 위해 끊임없이 다투는 경쟁의 장이라고 본다(갈등적 가치관). 이 관점은, 사회는 서로 상반된 가치와 이익을 가지고 있는 집단으로 구성되어 있으며, 국가는 가장 큰 권력을 가지는 집단의 가치와 이익을 대표하는 것으로 가정한다(마르크스주의 갈등이론). 그렇지만 모든 갈등이론이 마르크스주의적인 것은 아니다.

갈등론은 실증주의 범죄이론들이 범죄행위의 원인 분석에만 집중한 나머지 범죄 통제의 합리성에 대해서는 무관심하여 법 제정 및 집행과정에서의 불공정성을 간과하고 있는 점을 비판하고 있다. 따라서 갈등론에 의하면, 범죄는 도덕성의 문제가 아니라 사회경제적이고 정치적인 의미를 지닌 문제일 뿐이다.

예 낙인이론, 볼드의 집단갈등이론, 비판범죄학이론, 갈등적 범죄이론

그간 대부분의 갈등이론에서는 사회구조의 중요성을 강조하고, 구조화된 불평등이 거대구조들에 의해 만들어진다는 점에 초점을 맞추었으나, 최근 페미니즘 범죄론에서는 불평등과 갈등이 가정이나 직장 등 사적 영역에서도 발견된다고 보고 있다.

CHAPTER 02

범죄에 관한 사회구조적 이론 (Social Structure Theories of Crime)

우리 삶의 사회적 맥락은 개인 행위들의 무작위적인 나열의 합에 불과한 것은 아니다. 그것은 특정한 방식에 따라 구조화되거나 유형화된다. 이에 따른 대표적인 예가 사회계층의 구조화·유형화이다. 사회구조는 건물처럼 물리적인 경직된 구조가 아니다. 사회구조는 인간행위와 독립적으로 존재하는 것이 아니고, 인간 사회구조는 그 구성원에 의해 매순간 재편된다. 우리 모두는 사회구조적 맥락에 의해 영향을 받지만, 우리들 각자의 행동이 사회구조에 의하여 완전히 결정되지는 않는다. 사회가 개인들의 행동을 만드는 경우도 많지만, 우리들 스스로가 사회를 만들어가는 면도 많다. 따라서 우리가 사회구조적 이론에 접근할 때에는, 사회구조가 개인의 범죄를 완전히 결정해버린다는 '결정적 사고'에 빠져서는 아니 된다. 다만, 범죄 요인 중 사회과정이나 개인적인 주변 환경보다 상대적으로 더 사회구조적 영향력이 범죄의 동기 형성에 큰 영향을 미친다는 정도로 이해하도록 하자.

제1절 사회구조적 이론[1)]의 의의

이 이론의 기초는 구조기능주의 또는 합의론이다. 구조기능주의란 인간 개인보다는 사회체계, 사회제도를 중심으로 행위 또는 행위자와 사회 사이의 관계분석을 기본으로

1) 구조이론은 과정이론에 대응하는 개념인데, 이 이론은 사회가 조직되는 방법과 그것이 구성원의 행동에 미치는 효과분석에 초점을 두는 이론이다. 사회구조적 이론은 사회해체, 구조적 빈곤, 기회부족, 하위문화적 가치체계 등을 범죄의 원인으로 중시하는 거시적 이론들이다. 이는 자본주의 계층구조에서 하위계층이 중상위계층보다 더 높은 범죄율을 보이는 특징을 설명하기 위해 고안되었다. 사회구조적 이론 틀은 사회제도에 대한 기본적 신뢰를 바탕으로 하였지만, 그와 동시에 범죄의 근원적인 원인을 사회의 구조적 결함에서 찾고 있다.

한다. 이는 어떠한 사회구조적 상황에서 범죄는 일정한 사람들에게는 생활 속의 어떤 부분을 수행하는 데 필요한 기능을 하는 행위로 보아야 한다는 입장이다.

이에 따르면 범죄의 본질은 개인적 행위 자체에 내재하는 것이 아니라 개체 내재적 요인 밖에 놓여 있다. 따라서 범죄 정책은 사회체계의 균형이나 제도의 안정성에 초점이 맞추어진다.

사회구조적 이론에 의하면, 다원적·계층적 현대사회에서는 일부 구성원이 보편적으로 합의된 가치나 규범에 위배되는 행위를 행할 수밖에 없다.

특히 하위계층은 현대사회에서 요구되는 교육 등 계층상승을 위한 기회와 수단이 제한되거나 차단되어 가장 많은 박탈감을 느끼게 되고 합법적 수단으로는 상위계층과 경쟁할 수 없기 때문에 이로 인한 압박(strain·긴장)으로 때로는 일탈할 수밖에 없게 된다는 것이다.

사회구조적 이론은 사회경제적 하위계층이 처한 환경을 범죄의 중요한 원인으로 규정하는 관점인데, 이 이론들은 사회경제적 하위계층의 조건들을 범죄의 일차적 원인으로 간주한다는 공통점을 지니고 있다.

사회구조적 이론은 거시적인 사회적 상황 자체가 범죄를 유발시킨다고 보는 견해이므로 거시환경론[2)]이라고도 한다. 압박(긴장)이론(strain theory)과 사회생태학이 대표적인 사회구조적·거시적 이론에 속한다.

---

2) 거시이론은 범죄가 사회구조에 어떻게 연관되는가를 잘 설명해 준다. 거시적 이론(사회구조적 이론)들은 개인의 범죄성을 설명하기 위한 것이 아니고, 조직(집단) 수준에서 범죄율이 증감하는 이유를 규명하는 데 중점을 둔다. 이 이론들은 범죄를 빈곤이나 교육·취업기회의 부재 등 사회구조에 존재하는 불합리한 문제들의 부산물로 본다. 미국에서의 "범죄"는 각 지역별로 비슷하게 발생하고 있지 않다. 뉴욕 등 일부 도시의 살인범죄 발생건수는 다른 지역에 비해 매우 많다. 또한 한 도시 안에서도 구역별로 범죄문제의 심각성은 큰 차이를 보인다. 이처럼 각 사회집단 사이에 범죄율은 차이를 보이고 있다. 그렇지만 특정 사회집단의 범죄율은 큰 변동 없이 안정적으로 나타난다. 이것은 범죄율에 영향을 미치는 어떤 일관된 사회적 힘이 작용하고 있다는 증거이다. 개인의 외부에 있는 사회구조적 힘이 범죄율에 영향을 미치고 있다. 범죄의 사회적 패턴을 사회구조적 차원에서 연구하고자 하는 이론이 거시환경적 범죄이론이다.

제2절 사회생태학 – 사회해체이론

Ⅰ. 사회해체의 의미

사회해체(social disorganization)란, 급격한 산업화와 도시화에 따른 이민(주민이질성) 증대, 계층 간의 갈등, 윤리의식의 저하 등으로 종래의 사회구조가 붕괴되어 이전의 생활양식은 통용되지 않고, 기존의 사회규범에 대한 공감대가 저하되어 지역사회의 제도적·비공식적 사회통제가 약화되는 현상과 지역사회의 개인이나 집단 또는 조직이 집합적(공동체적)으로 공동의 문제를 해결할 수 없는 혼란·무질서한 사회상태를 말한다.

지역사회가 도시화 등 사회변동 때문에 사회구조 기능이 약화·붕괴되기 시작하고, 그 결과 이전의 사고체계·행동양식이나 가치기준은 이미 통용되지 않게 되며, 나아가 사회통제와 도덕적 규제가 상실되어 지역사회로서 기능을 하지 못하게 되면서 무질서적·무규범적 혼란상태를 나타낼 때, 이러한 도시상황을 초기 사회학에서는 '사회해체'라고 개념화했다. 해체된 지역은 '도시 안의 도시'라고 할 수 있다.

이렇게 사회해체가 진행된 지역에서는 가정·학교 등 전통적인 사회통제기관들이 규제력을 상실하게 되며, 이에 따라 그 지역에는 반사회적인 가치를 옹호하는 '범죄적 하위문화'가 형성되고 계속적으로 주민들 간에 전달, 학습됨으로써 해당 지역에서는 계속해서 높은 범죄율이 나타나게 된다.

Ⅱ. 사회해체론(Social Disorganization Theory)

사회해체론은 한 도시의 지역사회환경으로서 '사회조직의 해체'와 '범죄발생' 사이의 관계를 생태학적으로 밝히고자 하는 접근 방법이다. 즉, 사회해체로 인한 이웃의 생태학적 환경이 높은 범죄 및 일탈률을 낳는다는 주장이다. 이 관점은 범죄의 발생을 '사람의 문제가 아니라 지역의 문제'로 본다.

이 이론은 범죄율과 이웃의 생태학적 특성을 직접 연결시키는 사회(인간)생태학[3]

---

3) 사회(인간)생태학: 생태학이란 생명체와 외부환경과의 관계, 인간과 사회환경과의 상호작용 관계에 관한 연구이다. 이 입장은 "생명체의 구조와 질서는 자기를 둘러싼 환경의 본질에 따라 좌우된다."라고 본다. '범죄생태학'은 사회생태학의 일 분과로서, 범죄를 '부서진 사회'의 산물로 본다. 즉 범죄의 발생을 전통적 사회조직의 붕괴로 인한 규범의식의 변화, 그리

에 기반하고 있다. 이 이론의 주창자인 시카고학파 학자들은 일탈이, 버제스의 도시성장(都市成長)모델(동심원모델)[4]과 같은 도시공간에서 어떻게 유형화되는지를 연구했다.

사회해체론은 두 단계로 설명될 수 있는데, 첫째 단계는 산업화·도시화로 인하여 사회분화, 가치규범갈등, 사회이동, 문화변동, 문화공백, 문화충돌, 일차적인 인간관계의 감소 등 소위 사회해체라고 하는 사회문화적 조건이 발생하는 것이고, 둘째 단계는 사회해체가 내적·외적 사회통제[5]를 약화시키는 것이다.

사회해체론은 압박(긴장)이론(strain theory), 하위문화이론(subculture theory) 등과 함께 사회구조를 강조하는 이론으로서, 규범과 가치에 대한 합의론적 관점을 바탕으로 한다.

사회해체론은 사회질서·안정성·사회통합(유대)이 약화되면 비행이나 범죄가 증가한다고 보는 주장인데, 질서·안정성·통합이 붕괴된 현상인 사회해체가 이루어진 지역은 주민 구성이 변동되더라도 지속적으로 높은 범죄·비행률이 나타날 수밖에는 없다고 본다. 이 이론은 1930년대 시카고대학을 중심으로 주로 도시지역의 범죄와 비행의 지역적 분포에 대한 관심에서 연구되기 시작하여 최근까지 많은 관심의 대상이 되고 있다. 이 이론은 이후의 범죄학연구에 주요한 개념을 제시하고 이론적 지향에도 큰 영향을 미쳤다.

고 그로 인한 사회통제력의 약화와 반사회적 행위의 보편화에서 기인하는 것으로 본다(배종대, 형사정책 262면). 시카고학파의 사회생태학 연구는 비행이 일정한 지역을 중심으로 발달하게 된다는 '비행지역'이론으로 발전해 갔으며, 비행하위문화론의 원조로 평가되고 있다.

4) 도시성장모델(동심원모델): 버제스(E. W. Burgess)는, 도시발전은 특정활동이 특정 공간지역에서 모이는 동심원의 유형에 근접한다는 동심원 모델을 주장했다. 이것은 특히 시카고에 해당하는 모델로서 다섯 지역(zone)으로 구성되는데, 제1지역은 중심지역으로서 상업과 공업지대(중심상업지역), 제2지역은 과도기적 전이지역(轉移地域)으로서 상업과 공업이 들어오고 있는 와중에 있으면서 또한 빈민, 이주민이 거주하는 지대(틈새지역)로서, 거주하기에 가장 적절치 못한 구역이므로 통상 가장 최근에 그 도시로 이주해온 사람들을 포함하여 가장 가난한 사람들이 주로 거주한다. 제3지역은 한 집에 두세 가구가 공생하는 노동자 거주지대, 제4지역은 1가구 1세대의 중류층 거주지역, 제5지역은 교외지역과 위성도시 등으로서, 통근자 거주지역을 이룬다. 이들 다섯 구역은 각각 성장하면서 침입, 지배, 계승의 과정을 통해 다음 구역이 점유한 바깥 쪽 영역으로 점차 확장되어 간다.

5) 내적·외적 사회통제: 사회해체가 어떻게 사회통제를 약화시키는가를 설명하는 개념이다. 내적 통제는 사람들이 문화적 가치와 규범을 옳고 적정한 것으로 수용하기 때문에 사회적 규범을 위반하지 않는 것으로서, 이러한 내적 통제는 규범갈등, 문화 변동 및 사회적 이동성으로 인해 약화된다. 외적 통제는 사람들이 규범에 대한 동조로 보상을 받고, 반대로 규범위반에 대해서는 처벌을 받기 때문에 규범을 위반하지 않는 것으로, 일차적 인간관계의 감소로 인해 약화된다.

이 연구에 의하면 각 지역에 따라 사회해체의 정도가 다른데, 특히 거주와 상업활동이 교차하는 제2지역이 사회해체의 정도가 가장 심한 틈새지역을 형성하게 된다.

이 지역은 흑인 빈민 거주지역 또는 이민 온 여러 인종이 어우러져 살아가는 지역으로서 비행, 이혼, 정신병, 범죄 등 일탈이 집중된다. 이 지역에서는 전통적 사회통제과정을 약화시키는 생태학적 조건, 즉 종래의 사회규범이 그 구성원에게 미치는 규범력이 감소하고 비행적 전통과 가치관이 규범적(인습적) 전통과 가치관을 대체하여 비공식적 통제를 약화시키게 되는 현상이 두드러지게 되는데, 사회통제과정이 약화되면 일탈행위가 나타난다.

이렇게 범죄발생과정을 설명하는 이론을 사회해체론이라고 하며, 사회해체로 인해 형성된 범죄문화의 전달과정을 강조하여 문화전달이론(cultural transition theory)이라고도 부른다. 또한 도시성장과정에서 도시 지역에 따라 그 지역의 해체 정도가 다르다는 것에 주목하여 비행·범죄의 지역적 분포를 설명했다는 점에서 차별적 조직이론(differential organization theory)이라고도 한다.

▌사회해체와 범죄화 과정

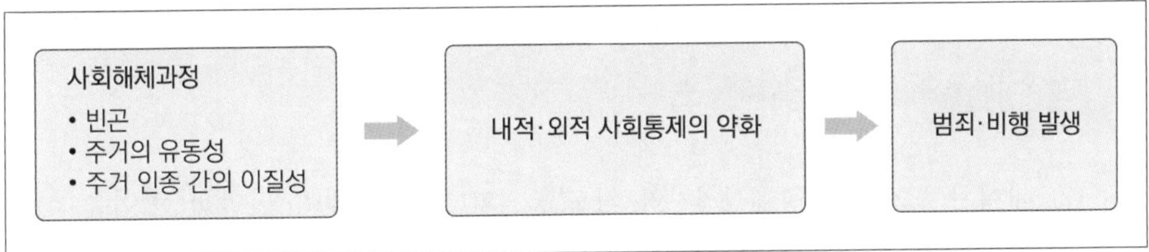

Ⅲ. 쇼(Crifford R. Shaw)와 맥케이(Henry D. McKay)의 연구

사회해체론을 처음으로 만든 쇼와 맥케이는 이 이론에서 개인적 요인을 강조하던 그 때까지의 연구 경향을 바꾸어, 사회적 환경이 개인적 요인보다 비행·범죄에 더 큰 영향을 미친다고 강조하였다.

(1) 이분들의 연구는 도시성장을 분석함으로써 범죄의 분포상태는 물론, 그와 같은 도시범죄의 분포 이유를 규명하고자 하였다.

공식통계나 사례연구를 이용하여 범죄를 측정하고 범죄발생지가 아니라 비행소년이 살고 있는 거주지역 또는 직장을 중심으로 분석해 본 결과, 인구의 이동이 심하고 문화적 갈등이 상존하여 사회의 비공식적 통제력이 약화된 중심상업지역과 과도기적인 지역의 도심(도시중심부)에 가까울수록 비행이나 범죄가 많이 발생하고, 도심에서 멀어질수록 비행발생이 적어진다는 사실을 발견하여 지역의 특성(환경)과 범죄 발생과는 중요한 연관성이 있다고 주장했다.

지역과 비행·범죄율이 관계가 있다는 논거로는

1) 학교의 결석률이 높은 지역에서 비행·범죄율도 높게 나타난다.
2) 거주자들의 사회적·민족적 구성이 변동함에도 불구하고 도심부 틈새지역의 높은 비행·범죄율은 지속되고 있다.
3) 비행·범죄율이 높은 지역은 사회조직 외의 지표인 높은 인구 이동·낮은 수입·낮은 주택소유율·높은 비율의 외국인 태생 주민 등의 지표도 함께 나타나는 특징을 보인다는 점을 들 수 있다.

이분들의 이러한 현상은 사회해체와 깊은 관련이 있고, 그 지역의 차별적 가치체계(문화)와 문화전달도 중요한 원인이라고 설명하였다. 이를 바탕으로 사회해체로 인한 범죄문제 해결책으로서 시카고지역프로젝트(Chicago Area Project)를 제시했다.

(2) 해체된 도심지역(중심상업지역·과도기 지역)에서 비행이 빈발하는 이유

쇼와 맥케이의 이론은 이 지역에 범죄성이 강한 사람이 모여들기 때문인지 아니면 지역 자체의 강한 범죄적 환경·문화 때문에 누구나 범인성의 잠재력을 갖게 된 결과인지가 명확하지 않아 논란의 여지를 남겨 두고 있다.

1) 생태학의 원리와 마찬가지로 하나의 인종이 지배하던 지역에 문화와 가치관 등이 다른 인종이 유입되어 지배적 주민이 되더라도 비행율이 여전히 높다면 지역특성, 즉 사회해체에 기인된 것으로 이해할 수 있다.
2) 그 지역의 인구구성이 비교적 안정되더라도 높은 비행률을 유지하고 있다면, 그것은 사회해체의 문제라기보다는 그 지역 거주자에게 주어지는 성취기회 부족 등 다른 원인에 기인한다고 볼 수 있다.
3) 해체된 동일 지역 내에서도 동양계인종의 비행률이 다른 인종보다 현저히 낮다면 이 점은 문화적 차이에서 기인한 것으로 볼 수 있다.
4) 위와 같은 분석에서 해체된 도심지역에서 비행이 빈발하는 이유를 분석하는 데에는 ① 사회해체론, ② 압박(긴장)이론, ③ 문화학습(전달)이론·문화갈등이론, ④ 일탈장소이론의 관점을 모두 적용할 수 있다고 본다. 또한 사회가 해체

되었다고 보기보다는 전통적인 사회와는 다르게 조직되었을 따름 즉, 차별적 조직화되었다는 주장도 있다(Sutherland의 차별적 교제(접촉) 이론).

Ⅳ. 버식(R. Bursik)과 웹(Webb)의 사회해체론

(1) 버식과 웹의 사회해체 개념과 의의

이분들은 '사회해체'를 지역사회가 사회조직화(social organizaion) 기능을 제대로 못하는 무능력상태로 정의한다. 즉 지역사회가 거주 주민들에게 일관되고 공통된 가치체계와 행위 기준을 사회화시키지 못하고, 지역주민들이 공통적으로 겪고 있는 범죄문제를 해결할 수 있는 사회통제능력이 결여된 상태라는 것이다. 이들은 사회통제의 결여나 붕괴가 사회해체의 핵심적 구성요소라고 본다.

이러한 사회해체는 지역사회의 안정성 측면, 즉 '주민의 이동성'과 '주민의 이질성' 정도에 의해 분석될 수 있다. 주민의 이동성이 심하고 구성원들이 이질적이면 주민들이 지역사회에 관심이 없고 일차적 유대관계가 형성되지 못하여 비공식적인 통제가 이루어지기 어렵다.

또한 상호 간에 의사소통이 어려워 공동의 문제를 해결하거나 공동의 목표를 추구하는 데 주민들이 참여하기 어렵게 되기 때문이다. 따라서 도심지역의 잦은 주민 이동과 높은 주민 이질성이 범죄 발생을 유도한다고 본다.

버식 등의 이러한 사회해체론은, 쇼와 맥케이의 이론이 지역사회의 해체가 어떻게 범죄 발생과 연관되는지를 명확하게 설명하지 못하고 있다고 비판하면서, 도시공동체의 경제적 조건과 급격한 사회변화 그 자체가 비행과 범죄의 직접적인 원인이 아니라고 주장한다.

오히려 사회해체는 사회통제 능력과 사회화 능력의 결여를 초래하여 범죄 발생과 관련을 맺는다고 주장했다.

(2) 사회통제 능력과 사회화 능력 결함의 범죄관련성

사회해체지역에서 범죄가 많이 발생하는 이유는 사회통제 능력 및 사회화 능력이 부족한 까닭이다. 버식은 사회통제능력 약화와 관련하여 ① 비공식적인 감시기능의 약화, ② 활동조절규칙(행동지배율)의 결핍, ③ 직접통제의 부재를 들고 있다.

비공식적인 감시기능의 약화란, 정상적인 사회라면 거리에서 일상적인 행동이 자연스럽게 감시되어 범죄를 억제할 수 있지만 사회해체지역에서는 사회통제를 담당하는 일차적 유대관계가 없음으로 우범자들을 감시·규제하지 못하는 상황을 말한다.

활동조절규칙의 결여란, 우범지역이나 위험한 지역에 대한 정보가 사회구성원 간에 교환되지 않음으로써 범죄피해에 대한 예측가능성이 없어져 효율적인 범죄방지를 하지 못하는 상황을 말한다.

직접통제의 부재란, 낯선 사람이나 수상한 사람이 나타나도 구성원 간의 무관심이나 익명성(어떤 행위를 한 사람이 누구인지 드러나지 않는 특성)으로 인해 직접 개입하여 범죄 발생을 사전에 차단하지 못하는 상황을 말한다.

이러한 사회통제 능력의 약화는 범죄를 유발하기 쉬운 환경으로 작용하기 때문에 사회해체는 범죄와 밀접하게 관련된다. 또한 사회화 능력의 측면에서 볼 때도 사회해체지역은 이질적 문화들이 서로 충돌하는 지역이므로 거주 주민들에게 일관성 있는 행위규칙을 제시하지 못하므로 거주 주민들은 일관된 행동기준을 내면화하지 못한 채 혼란에 빠져 쉽게 반사회적 행동을 자행할 수 있다.

V. 샘슨(R. J. Sampson)의 연구 - 집합효율성이론[6](공동체효능이론)

초기 범죄사회학이 미국의 산업화 내지 도시화과정을 구성요소로 만들어졌으므로 사회해체론적 시선은 20세기 초반에 국한되어 그 후 도시화·산업화가 성숙된 현대사회의 범죄요인들을 통합시켜 설명하는 데 실패했다는 평가를 받고 있었다. 이를 현대사회에 보다 타당하게 발전시킨 이론이 샘슨의 집합효율성(공동체효능)이론이다.

(1) 샘슨은 지역사회의 구조와 문화가 어떻게 범죄율의 차이를 만들어 내는지를 밝혀내기 위해 지역과 범죄와의 관계를 논증하였다. 그는 빈곤·인종 그 자체는 범죄와 직접 연계되지 않지만 거주이동·지역의 가족해체비율과 결합되면 폭력범죄와 연계된다고 분석했다. 그에 따르면, 인구밀도가 높고, 아파트가 많고, 가족적인 환경에서 살지 않는 사람이 아주 많이 집중된 지역은 범죄와 폭력비율이 높은 경향이 있다.

---

6) 배종대, 형사정책, 2014, 266~267면. 쇼와 맥케이의 전통적 사회해체이론은 많은 범죄학자들로부터 외면되었는데, 1980년대 후반에 와서 이 이론은 샘슨과 동료학자들에 의해 '집단효율성(collective efficacy)'모델로 발전하게 되었다. 집단효율성 측면에서는 "지역주민들이 지역사회에 대두될 수 있는 문제를 서로 협력하여 해결해 낼 수 있을 것이라는 신념의 강도가 중요하다."라고 한다. 현재 우리나라의 대부분 번역서에서는 'collective efficacy'를 '집합효율성'이라고 번역하고 있는데, 그보다는 '공동체효능'이 보다 더 이론의 내용을 잘 상징할 수 있으므로, 본서에서는 '공동체효능이론'이라는 번역어도 함께 병기한다.

그는 이러한 범죄현상을 '사회해체'라는 개념으로 설명했다. 그는 '사회해체' 개념을 '지역사회가 자체의 공동가치를 실현할 수 없는 상태'라고 정의했다.

(2) 그분은 해체된 지역사회가 스스로의 공동가치를 실현할 수 없는 이유를 '낮은 사회자본'으로 설명했다. '사회자본'이란, '공동의 행동을 용이하게 하고 공동목표의 성취를 가능하게 하는 사람들 간의 신뢰적 관계망 또는 규범'을 말한다.

사회자본이 낮은 지역은 지역거주자 사이의 관계성이 부족하고, 지역자치활동이 활발하지 않고, 공공장소에 대한 효과적인 통제가 이루어질 수 없어서 범죄자·비행자들이 쉽게 그 지역을 차지하여 범죄가 많이 발생한다.

따라서 그는 지역사회 주민 간에 수많은 사회적 관계가 있어 많은 사회적 자본이 존재할 때 그 지역사회의 집합효율성(공동체효능)이 높아져 범죄는 적게 발생한다고 주장했다. 즉, 집합효율성이 높을수록 범죄율이 낮아진다고 한다.

'집합효율성(공동체효능)'은 '상호 결속과 지지' 및 '비공식적 사회통제에 대한 공통된 기대'를 내용으로 하는 개념이다. 이 개념에는 사회공동체를 향한 관심(social interest)이 큰 영향을 미친다. 자신의 일밖에 관심이 없고 다른 사람에 대한 관심이 없는 사회는 집합효율성(공동체효능)이 낮아 비행·범죄율이 높아진다고 본다.

(3) 샘슨의 범죄대책

샘슨은 '사람이 아니라 장소 바꾸기'의 범죄대책을 권고한다. 즉 우범지역을 지정하고, 그 지역을 정화하는 등 퇴락의 악순환을 차단하며, 청소년활동의 조직화를 통해 성인과 청소년 사이의 사회적 관계성을 증진시키는 활동을 벌여야 한다는 것이다.

Ⅵ. 사회해체론의 업적

(1) 사회해체론은 지역이나 동네의 유대관계가 약해지면 범죄율이 높아진다는 것을 발견하여 도시의 생태계가 범죄행위에 영향을 미친다는 사회생태학이론으로 발전했다.

쇼와 맥케이의 이론은 거시적 관점에 대한 연구의 전통을 구축하는 기초가 되었다.

종래에는 생물학적·심리학적 원인론에 기반하여 범죄가 특정인이나 특정 인종 또는 소수집단에 한정된다고 가정하였으나 이에 의문을 제기하기 시작하였고, 범죄현상의 지역적 차이, 범죄다발지역에 대한 연구 등의 분야에도 많은 영향을 미쳐 범죄행위를 정신적 결함이나 신체적 기능장애보다는 사회적 환경의 산물로 인식하기 시작했다.

후에 사회통제이론, 아노미이론 등 긴장이론, 차별적 교제이론, 문화갈등이론, 일탈장소이론 등의 발전의 기초를 제공했고, 환경범죄학의 발달근거가 되었다.

(2) 이 이론이 현대 범죄학에서 차지하는 비중은 그리 크지 않지만, 산업화·도시화가 초기 단계에 있는 개발도상국의 일탈문제에는 적용 가능성이 높다.

(3) 범죄 및 비행의 예방을 위한 중요한 기초의 제공

비행의 원인을 지역사회의 붕괴나 빈민굴의 형성과 같은 생태적 조건(사회해체)으로 보기 때문에 범죄자나 비행자에 대한 개별적 처우는 비효과적으로 본다. 따라서 도시생활환경에 영향을 미치는 사회정책을 통한 사회의 조직화 등 지역사회와 도시의 전 부문에서 삶의 조건을 변화시키는 프로그램의 개발·시행이 필요하다고 주장했다.

예 쇼와 맥케이의 시카고 지역프로젝트(CAP: Chicago Area Project)는 도시의 범죄예방 프로그램으로서, 미국에서 가장 오래된 범죄예방 프로그램이다. 이는 1960년대 이후 개발도상국의 지역사회정화프로그램에도 많은 영향을 미쳤다.

(4) 1970년대 이후 범죄학 분야에서 중요하게 다루어지기 시작한 통합이론의 선구적 모델이 되었다. 쇼와 맥케이는 일찍이 1940년대에 사회해체이론과 사회학습이론을 이용하여 하나의 새로운 통합이론을 만들고자 하였다.

Ⅶ. 사회해체론에 대한 비판

(1) 이미 도시화·산업화가 다 이루어진 현대사회에서는 적용가능성이 희박하다(보편화의 한계). 특히 우리나라의 경우에는 미국이나 유럽처럼 빈민지역이나 소수인종 거주지역 등이 뚜렷하지 않아, 적합하게 적용할 여지가 희박하다.

(2) 방법론상, 생태학적 접근이 공식기록에 지나치게 의존함으로써 편견이나 암수범죄 등을 충분히 고려하지 않아 연구결과의 정확성에 의문이 제기된다.

(3) 생태학적 범죄이론은 비행·우범지역 안에 있으면서도 비행을 행하지 않는 대다수 청소년들에 대한 설명을 하기 어렵고, 동시에 비행·우범지역 밖에서도 비행·범죄가 발생하는 것에 대해서도 설명하기 어렵다.

(4) 청소년의 재산비행이 중심이었기 때문에 연구의 범위가 제한되며, 지역사회의 해체로 인한 비행지역 내지 우범지역이 범죄·비행을 유발토록 하는 것인지, 아니면 비행지역이 단지 비행소년 또는 범죄성향이 있는 사람을 유인하는지 인과관계가 불명(不明)하고 인종적·문화적 차이를 지나치게 경시한다.

(5) 사회해체가 일탈을 초래한다고 개념화했음에도 불구하고, 때때로 높은 일탈률을 사회해체의 지표로 사용함으로써 경험적 입증이 불가능한 순환론적 추론이라는 비판을 받고 있다.
(6) 도시로의 인구이동으로 인하여 도심지역이 사회질서·안전성 또는 인간적 유대가 약화된다고 주장하나, 그 곳에서도 사회질서와 인간관계가 독특하게 존재하고 있는 경우가 많으므로 사회해체라고 개념화하는 것은 인종적·문화적 차이를 지나치게 경시하는 것으로 볼 수도 있다. 도심이 해체되어 있다고 보는 견해 자체가 중류계급의 편견이라고 볼 소지가 있다.

Ⅷ. 사회해체이론에 바탕을 둔 최근의 범죄예방대책

'새로운 기대를 찾아 떠나는 이사(Moving to Offortunity for Fair Housing Demonstration)' 프로그램은 위기에 처한 청소년을 교외의 좀 더 조직화된 지역으로 재배치하는 정책이다. 이 프로그램은 미국에서 범죄나 비행을 줄이는 데 상당한 효과가 인정되었다.

제3절 사회적 압박(긴장)이론(Social Strain Theory)

뒤르켐(Durkheim)의 사회 사상을 계승한 미국의 대표적인 사회학자는 파슨스(T. Parsons)인데, 머튼은 뒤르켐과 파슨스의 이론을 기반으로 아노미이론을 만들었다. 머튼의 아노미이론은 구조기능주의를 대표하는 사회적 압박(긴장)이론(Strain Theory)이다.

Ⅰ. 아노미이론(Anomie Theory)

1. 아노미(Anomie)의 개념

아노미[7]라는 개념은 뒤르켐(Durkheim)[8]이 「자살: 사회학적 연구」에서 욕망의 규제

7) '아노미'는 사회규범이 더 이상 개인의 행위를 통제하지 못하는 사회적 상태를 말한다. Anomie란 무법상태를 의미하는 그리이스어에서 유래한다. 뒤르켐은 사회가 인간의 자연적 욕구를 통제하지 못하는 것을 '아노미'로 보았고, 머튼은 문화와 사회구조 사이의 모순을 '아노미'로 보았다. 만약 '경제적 성공에 대한 과도한 강조와 합법적 기회의 차단'이라는 사회적 상황이 주어진다면 사회구조의 하위계층에 속하는 사람들은 사회적 스트레스(압박)으로 인해 아노미 상태에 빠지게 된다는 것이 머튼의 아노미 개념의 핵심이다. 머튼은 사회적 목표에 대한 열망과 그 성취 사이의 괴리로 인한 압박이 아노미의 유발요인이라고 본다. 압박(strain)은 범죄의 동기형성과 관련된 개념이다.

가 필요한 상태에서 욕망이 규제되지 않는 무규제 상태를 설명하기 위해서 처음 사용하였고, 범죄·자살 등 사회문제를 설명하는 개념으로 사용되고 있다. 그에 따르면 아노미란, 집단이나 사회의 '무규범 또는 무질서 상태' 또는 '전통규범과 산업사회규범의 혼란상태'로 인한 사회통합이 결여된 상태로서, 사회구조적 속성이다.

뒤르켐에 따르면, 인간의 욕망(목표)은 자연적으로 주어지는데, 인간은 규제되지 않으면 끊임없이 자기의 욕구를 무한하게 달성하고자 하는 생물학적 인간으로 태어난다. 따라서 그분에 의하면 범죄성은 인류의 속성이다(성악설적 인간관). 즉 범죄성은 사회학적으로서가 아니라 생물학적·인류학적으로 설명될 수 있다.

그러므로 이러한 생물학적 인간이 사회적 인간으로 되려면 사회규범에 의해 규제되고 사회화되어 사회적 인간으로 형성되어야 하는데, '인간의 무한한 욕망을 사회규범이나 도덕으로써 제대로 규제하지 못하는 상황'이 발생할 수 있게 된다.

바로 이러한 상태가 아노미라는 것이다. 그는 아노미란 현재의 산업사회구조가 구성원 개인의 자연적 욕구나 물질적·경제적 욕망에 대한 통제력을 유지할 수 없을 때 일어나는 것으로 보았다.

머튼은 뒤르켐의 아노미 개념을 받아들여, 그 사회에서 받아들여지는 문화적 가치(목표)가 사람의 실제 현실과 마찰을 불러일으킬 때 발생하는 압박(긴장)을 설명하기 위해 아노미개념을 이용했다. 다시 말해, 머튼은 특정사회에서 문화적 목표는 지나치게 중요시하는 반면, 제도적 수단으로 그 목표를 달성할 수 있는 기회가 제한되어 있기 때문에 사회적 압박(긴장)이 발생한다고 보면서, 이러한 사회적 상황을 아노미 상태로 보았다.

이에 따르면, 사회구조(social structure)와 범죄 사이에는 일정한 연관 관계가 있다. 모든 사회구조(문화)에는 두 가지 내용이 있다. 첫 번째는 목표의 설정이다. 즉 '부자되는 것'과 같은 목표가 사회구성원 모두가 추구하는 목표로 설정된다. 두 번째 내용은, 이러한 목표를 달성할 수 있도록 허용된 제도화된 수단의 제공이다.

따라서 사회구조는 문화적으로 설정된 목표와 사회적으로 승인된(제도화된) 수단으로 짜인다. 이러한 사회구조에서 어떤 사회는 목표를 더 강조하고, 어떤 사회는 제도화된 수단을 더 강조한다.

8) 뒤르켐(Emile Durkheim)은 범죄와 관련해서, 어떠한 사회일지라도 범죄가 전혀 없을 수는 없다고 하면서 '범죄정상설'을 제기했고, 일부 범죄는 오히려 사회를 진보시키고 단합시켜 사회를 더욱 건강하게 만들 수 있다는 '범죄기능설(범죄유용설)'을 주장한 프랑스 사회학자이다. 그분은 사회내부의 사회구조가 그 구성원들에게 범죄를 저지르도록 압력을 가할 수 있다고 보는, 압박(긴장)이론(Strain Theory)적 주장을 최초로 사회학적 이론으로 제시했다.

이러한 사회에서 개인은 목표와 수단을 어떻게 수용하느냐에 따라 순응자가 될 수도 있고 비순응자인 범죄인이 될 수도 있다. 이와 같은 맥락에서 아노미 이론(Anomie Theory)은 '기회의 차이'에서 야기되는 사회적 압박(strain)에서 범죄의 동기가 생겨난다는 점을 강조하여 압박이론(Strain Theory)의 뿌리를 이루게 되었다.

반사회적인 행동은 본래 도구적(생계수단적)인 것인데, 사회경제적 지위가 낮은 경우에는 이용 가능한 제도화된 수단 선택에 제약을 많이 받기 때문에, 하위계층의 사람들은 사회적 목표 성취를 위해 반사회적 행동수단을 사용하는 경우가 많다는 이론이 사회적 압박(긴장)이론의 핵심논리이다.

2. 머튼(Merton)의 사회적 압박(긴장)이론(Strain theories)[9] – 아노미이론

머튼(Robert K. Merton)은 1938년에 발표한 「사회구조와 아노미」라는 유명한 논문에서, 규범적 통제 및 그 부재가 아노미 상태로 이끌어 간다는 뒤르켐의 원래의 개념을 버리고, 구조기능주의 이론을 배경으로 「문화적으로 규정된 목표」와 이 목표를 달성하게 하는 「제도화된(승인된) 수단」의 두 중심 개념으로 나눈 후, 이들 사이에 어긋남 내지 부조화가 있을 때 구조적 압박(긴장)이 생기고 이것에서 아노미가 만들어진다는 이론을 주장했다.

9) 압박(긴장)이론이란, 비행이나 범죄를 사회적 목표 달성의 실패에 대한 반응으로 설명하는 이론이다. 즉, 아노미·차단된 기회·불평등은 일탈적 적응, 높은 범죄·일탈률과 비행적 하위문화를 야기한다는 주장이다. 압박이론은 사회적 압박이론과 일반 압박이론 등이 있다. 사회적 압박이론은 20세기, 미국에서 범죄와 관련한 사회학의 주류를 이루었다. 사회적 압박이론은 프랑스 사회학자 뒤르켐이 "개인의 행위는 개인의 특성에 따라 결정되기보다는 사회적으로 결정된다"고 보아 범죄와 자살 등 일탈행위를 사회학적으로 설명한 것이 시발점이 되었다. 이후 머튼에 의해 수정되어, '일반적으로 경제적 성취라는 잣대로 매겨지는 성공에 대한 열망은 강조되고 선의의 경쟁이나 노력은 중시되지 않는' '물질만능주'의 내지 '금전숭배주의'로 특징지워지는 미국문화 속에서 범죄 이해의 아노미이론으로 정립되었다. 그 후 코헨, 클로워드와 올린에 의해 하위문화이론과 연계된 압박이론으로 확산되었다. 그러나 압박이론은 하위계층의 범죄(비행)에만 중점을 두고 있고, 압박을 경험하는 사람들 중 왜 몇몇 사람만이 범죄(비행)행위를 하게 되는지 설명하지 못한다는 비판을 받아 왔다. 그러다가 1990년대 들어와서 애그뉴(Agnew)는 미시적 수준에서 압박(긴장)이론(general strain theory, GST)를 주장하였다. GST에서 애그뉴는 긴장의 원인을 폭넓게 확대하여 목표달성의 실패, 긍정적으로 평가되는 자극의 상실, 부정적으로 평가되는 자극의 생성 등이 압박의 원인이라고 하면서, 압박이 분노·좌절·우울감을 유발하며, 이러한 부정적 감정은 압박에 대한 불법적 반응의 원인이 된다고 주장했다.
'strain'은 우리나라의 언어감각으로는 '긴장'보다는 '압박' 또는 '중압'이라고 번역하는 것이 더욱 적절하다. 'strain'이란 사회적으로 추구되는 목표(富·지위·권력·명성)를 성취하는 데 장애가 되는 사회구조적 압박상황을 말하기 때문이다. 이는 비행이나 범죄를 조장하는 동기요인이다. 우리말 '긴장'에 해당하는 영어는 'tention'이다. 그렇지만 본서에서는 'strain'을 가능하면, 우리나라 대부분의 교재에서 사용하는 용어인 '긴장'과 병기하도록 하겠다.

머튼은 구조기능주의 또는 문화결정주의 입장에서, 사회를 사회구조와 문화 간에 균형을 이룸으로써 유지되는 동적인 과정으로 보고, 사회구조는 지위와 역할로 조직된 그물망이고 여기에서 계층 또는 계급체제가 발생하게 되며, 문화는 가치, 규범, 상징체계로 조직된 그물망으로서, 여기에서 문화적으로 규정된 목표와 사회적으로 인정된 수단이 나오게 된다는 것이다(따라서 이 점에서 사람의 목표(욕구)를 선천적인 것으로 보는 뒤르켐과 차이가 있다).

사회구조와 문화 사이에는 균형이 있어야 하나, 이러한 균형에 괴리가 생길 때 문제가 발생한다. 즉 사회가 문화적 가치(목표)에 너무 큰 비중을 두는 반면에 이를 성취할 수 있는 합법적 방법(제도화된 수단)은 일부 계층에게만 제한되어 있을 때, 또는 목표는 중시하나 거기에 이르는 정당한 수단 방법은 중요시하지 않을 때, 사회적 긴장이 조성되고 이러한 사회적 긴장은 사회구조적 압력으로 작용하여 원래 선량한 사람들을 범죄로 이끌리게 하여 높은 일탈 또는 범죄율을 초래한다(성선설적 인간관).

사회적 긴장은 제도화된 수단을 사용하여 부(富)를 획득할 수 없는 하층민에게 더욱 집중되는 경향이 있다.[10]

3. 아노미이론의 세 기본 명제

이 이론은 다음과 같은 세 개의 기본 명제로 나누어질 수 있다.

첫째, 부의 성취를 강조하는 가치가 미국문화의 특징이며 이 「물질적 성공」의 목표는 상·중·하 모든 계층의 사람들이 다 추구한다는 것(공통가치설 또는 가치공유설),

둘째, 많은 하류계층 사람들에게는 이 목표를 달성할 수 있는 합법적인 수단이 제한되어 있다는 것(긴장상태),

셋째, 이 괴리로 인하여 하류계층 사람들은 비합법적인 수단으로라도 성공을 하려고 노력하게 된다는 것(범죄유발)이다. 즉 이 이론은 자본주의 사회의 기회의 차별성과 하류계층에 있어서 합법적인 기회가 없음이 범죄의 원인이라는 점을 강조하고 있다.

이러한 명제를 바탕으로 머튼은, 미국에서의 사회적 행동유형을 조사한 후, 개인이 그 사회의 목표와 수단에 적응하는 양식을 분류하는 체계를 세웠다. 이것이 그가 제시한 '개인적 적응양식'이다.

---

10) 머튼은 병리적인 사회구조 즉, 한 사회의 모든 성원이 접근할 수 있는 수단은 주어지지 않으면서 경제적인 목표(부의 성취)를 지나치게 강조하는 사회구조가 어떻게 사회의 특정한 계층에 압박(긴장)을 가져다주고, 결국은 범죄로 밀어 넣는가를 설명하고 있다. 이같이 구조적 긴장(압박)에 중점을 두어 범죄 발생을 설명하기 때문에 아노미이론을 흔히 'strain theory'라고도 부른다.

4. 머튼의 다섯 가지 개인적 적응 양식

(1) 머튼은 1957년 불평등한 미국 사회에 대한 반응의 유형을 제시했다. 그가 「개인적 적응의 양식」이라고 부른 이 유형은 ① 동조(순응)형(conformity), ② 개신(혁신)형(innovation)[11], ③ 의례(예범)형(ritualism), ④ 은둔(도피·회피)형(retreatism), ⑤ 반항(전복)형(revellion)의 다섯 가지 반응양식이다.

1) 동조형 외의 네 가지는 일탈적 반응양식이다.
동조형은 순응형이라고도 번역되는데, 문화적 목표도 수용하고 제도화된 수단도 수용하는 적응양식으로서, 대부분 사람이 이와 같은 적응양식을 취한다.

2) 개신형은 절도, 사기, 마약판매, 도박, 매춘행위 등 불법적인 활동을 통해서 경제적인 성공을 성취하려고 하는 경우로서, 머튼은 미국 사회에 존재하는 범죄는 대부분 혁신의 형태를 가진다고 보았다.
혁신형은 범죄자들의 전형적인 적응방식으로서 머튼이 가장 관심 있게 다룬 유형이다. 개신형은 목표를 달성하는 보다 손쉽고 빠른 방법으로, 제도적으로 승인된 방법 대신 불법적 수단을 혁신(innovation)적으로 대체하여, 수단·방법을 가리지 않고 무조건 목표만 달성하면 된다는 가치관을 지닌 자들이다. 이욕적 범죄자가 대표적이다. '돈버는 것'이 오로지 자신의 목표이고 다른 사람에 대한 관심은 전혀 없다면, 그 사람은 마약을 판매하거나 강도·사기를 저지르거나 해서 돈을 모으는 것이 왜 해서는 안 되는 일인지 모르게 된다. 이런 사람이 개신형의 전형적인 예에 해당한다.
이 양식은 제도화된 수단의 사용 가능성이 적을수록, 정당하지 못한 수단을 사용하는 데 대한 거리낌이 적을수록 빈도가 높아진다.

3) 의례형의 예는 관료제의 말단에 있는 사람들에게서 많이 발견되는데, 이들은 더 이상 올라갈 수 없음을 알고 있고 더 이상 시도도 하지 않으며 매일 주어진 일을 할 뿐이다.
이 적응형태는 실패의 가능성을 애초에 배제시키는 것이며, 인생을 가장 안전하게 사는 방식이다. 이 경우에는 사회규범은 위반하지 않았으나 성취라

11) 'innovation(개신)'이란, '이제까지 사용하지 않았던 새로운 수단·방법을 도입한다.'라는 것을 뜻한다. 즉, 사회문화적으로 승인된 수단·방법만을 고수하는 것이 아니라, '불법적 방식의 도입' 또는 '불법적 수단 사용'까지 목표달성의 수단·방법으로 새롭게 정당화하는 것을 상징하는 용어이다.

는 문화적 목표를 포기했다는 점에서 일탈적이다. 의례형은 목표의식이 없이 주어진 생활에 안주하면서 절차적인 규범이나 규칙에만 집착하는 행동양식이다. 즉, 적응의 초점은 목표라기보다 수단이 된다.
이 양식은 문화적 목표를 추구하는 과정에서 구성원들이 지위 불안을 많이 경험할수록 비중이 높아진다. 또한 제도화된 수단이 어느 정도 주어져 있고, 문화적으로 정당화된 수단에 대한 강한 사회적 믿음이 형성되어 있을 때 더욱 높아진다.

4) 은둔형은 일반사회에서 탈락하여 다른 사회세계에 살고 있는 사회적 도피자로서, 예컨대 정신이상자, 약물중독자·부랑자(거지) 등이 여기에 속한다고 볼 수 있다. 이들은 '사회 안에 있지만 사회적인 사람이 아니다.'
이 같은 행동에 빠져든 사람은 더 이상 목표를 향해 노력하지도 않고 정상적인 생활의 흐름도 지속하지 못한다. 이처럼 주류사회에서 떨어져나가는 현실도피 적응양식을 취하는 이중실패자들은 비생산적이기 때문에 사회로부터 심한 비판을 받게 된다. 은둔형 사람들은 범죄와 관련되는 경우에도 대부분 자신을 제외하면 피해자가 없는 그런 범죄행위에 가담한다.
이 양식은 제도화된 수단 사용 기회가 적은 반면, 문화적으로 정당하지 못한 수단의 사용에 대한 내면적인 금기가 강할수록 더욱 비중이 높아진다.

5) 반항형은 주류사회에서 떨어져나가지 않고, 기존의 문화적 목표와 제도화된 수단을 명시적으로 거부하고 새로운 목표와 수단으로 대치시킨 경우이다. 반항아는 사회에서 탈락하는 것이 아니라 적극적으로 그것을 변화시키려고 한다. 그들은 근본적으로 자신들만의 고유한 하위문화를 만들어가는 사회적 도전자에 해당한다. 정당한 정치활동 대신에 체제 전복적이며 폭력적인 방법을 사용하는 정치적 개혁주의자들이 이러한 반항형에 속한다. 이 같은 양식은 기존 사회질서를 새로운 사회질서로 대체하려는 명분이나 이념이 강할수록 비중이 커진다.
위의 다섯 가지 적응양식처럼 사회적 압박(Strain)이라는 같은 원인에 대해서도 개인별로 각각 다른 적응을 보이는 것은, 사람은 사회적 구조나 조건에 따라서만 결정되는 존재가 아니라 일정 정도 자유의지에 의한 행위선택도 반영한다는 것을 인정한 것이다. 이는 머튼이 파슨스의 행위이론의 영향을 받아 아노미이론을 발전시킨 것으로 볼 수 있다.

ⓘ 머튼의 다섯 가지 개인적 적응양식

적응양식	허용된 목표(가치)	제도화(허용)된 수단	행위유형	행동양식
동조(순응)	+	+	대부분의 정상인	무위(無爲)
개신(개혁, 혁신)	+	–	전통적 재산범죄자	규범위반
의례(의식주의)	–	+	하층관료, 샐러리맨	목표약화
은둔(회피주의)	–	–	약물중독자·부랑자	현실도피
반항(전복, 혁명)	∓	∓	반역자·혁명가	현실타파

※ +는 수용, -는 거부, ∓는 대체를 의미한다. 형사사법정책의 관점에서 보면, 동조형·의례형은 범죄문제를 야기시키지 않는 사람들이다. 범죄문제를 야기시키는 사람들은 혁신·은둔·반항형 사람들이다.

▌아노미이론의 범죄 설명 도식

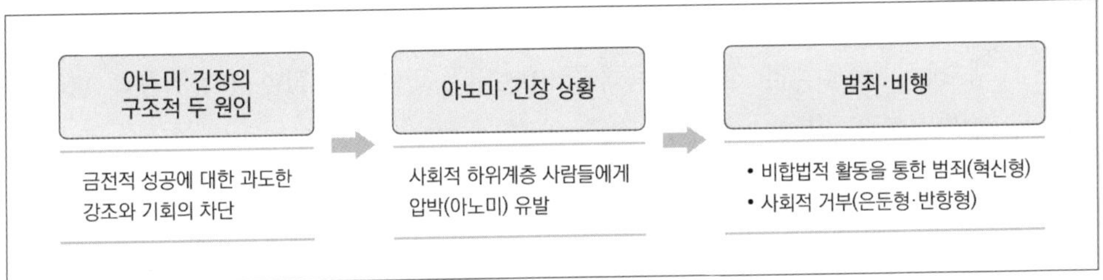

(2) 머튼의 아노미이론의 독창성은 비록 합법적 기회구조가 차단되어 있더라도 각자가 내면화한 문화적 목표와 제도화된 수단에 대한 차별적 인식에 따라 개인의 적응양식이 다를 수 있다고 본 점이다.
그리고 이러한 적응양식의 차이는 개인적인 속성에 의해서가 아니라 사회적 문화구조에 의해 결정된다고 보기 때문에 머튼의 이론은 개인적 범죄이론이 아니라 사회학적 이론인 것이다.

5. 아노미이론의 평가 및 비판

(1) 평가

1) 개인의 실패 원인이 그 자신의 무능이나 나태만이 아니라, 사회구조에 있다는 점을 인식하도록 하였다. 즉 경제제도와 사회제도의 상호관계가 집단의 아노미수준을 결정하며, 이것이 결국 범죄율에 영향을 준다는 것을 고려하여 범죄대책

을 마련할 수 있는 계기를 마련했다.

사회적 압박(긴장)이론에 따르면, 사회구조적으로 발생된 압박(긴장)을 줄이는 것이 범죄율 감소로 이어질 것이다. 이러한 차원에서 빈곤퇴치와 기회확대를 위한 정책이 제안된다.

2) 이 이론은 미국의 범죄통계에서 왜 하류계층이 가장 높은 비율을 차지하는지를 잘 설명해 준다는 점에서 많은 조사연구의 토대가 되었다(아노미 이론에 의하면 하류계층은 합법적인 수단과 기회가 부족하기 때문에 범죄율이 높다).

(2) 비판

1) 아노미이론은 모든 사회가 받아들이는 문화적 목표와 수단을 가정하고 있으나, 공통가치설은 지나치게 단순한 가정이며, 미국 사회 이외의 사회에서 적용되기 어렵다는 한계가 지적된다(보편성에서의 한계).

2) 이 이론은 재산범죄(비행)에 초점이 맞추어져 있으며, 단순히 쾌락을 위해서 행하는 비공리적인 청소년 폭력범죄(비행)나 과실범·격정범·상류계층의 범죄 등의 설명이 불가능하다.

3) 오늘날 자기보고식 연구를 통해 중상류층도 하류층과 마찬가지로 많은 범죄를 범하고 있다는 주장이 뒷받침되고 있는 상황에서 볼 때, 이 이론은 중류층범죄를 설명하는 데 한계가 있고 문화적 목표와 수단 사이의 어긋남 현상이 어떻게 해서 발생했는지 원인을 밝히지 못하고 있다는 비판이 있다.

중류계층의 범죄설명이 어렵다는 지적에 대항하기 위해 머튼은 '상대적 박탈'[12]개념을 사용하여 중상류계층의 범죄를 설명했다.

4) 경미한 재산범죄가 발생하는 이유를 제대로 설명하지 못한다.

아노미이론은 성선설에 입각하여 목표달성의 제도적 수단이 차단되어 있을 때 어쩔 수 없이 범죄수단을 택하게 된다고 보기 때문에, 처음부터 합법적으로도 얻을 수 있는 재산에 대한 범죄는 설명할 수 없다.

---

12) 상대적 박탈: 물질적 풍요라는 문화적 목표는 고정불변의 것이 아니므로, 그것을 달성하고 난 후 그것에 완전히 만족하는 것이 아니라, 오히려 보다 많은 것을 추구하는 욕망 때문에 더욱 높아진 목표를 추구하게 된다. 따라서 부자들도 다른 사람과의 비교에서 느끼는 상대적 박탈감으로 인해 불법적 수단을 택하게 된다. 이것에 덧붙여 머튼은 아노미의 '피드백(feedback) 효과 가설'을 통해 범죄의 확산을 설명하고 있다. 즉 아노미가 일탈행동을 유발할 뿐만 아니라, 일탈행동의 성공은 다른 사회구성원의 규범의식의 약화를 가져와 아노미를 확대하여 하류계층뿐 아니라 다른 계층의 범죄도 유발한다는 것이다.

5) 이 이론은 왜 사람들이 특정 유형의 적응과 특정범죄를 저지르는지 설명할 수 없고, 왜 대부분의 청소년범죄자가 성인이 되면서 범죄를 그만두게 되는지를 설명할 수 없다.

[제4절] 하위(대체)문화이론(Subculture Theory)[13)]

하위문화란 지배집단의 문화와는 별도로 특정한 집단에서 강조되는 가치나 규범체계를 말한다. 하위문화이론을 '문화적 일탈(비행)이론'이라고도 한다. 이 입장에서는, 더욱 큰 사회에서의 기준에 의한 규범위반인 비행·범죄가 단지 개인이 전적으로 사회화된 일탈집단의 규범에 따라 행동하기 때문에 발생한다고 본다.

다시 말해, 사회적으로 용인되지 않는 규범이나 행동방식의 문화에 의해 사회화되는 것이 범죄의 주된 요인이 된다는 점에 초점을 맞추는 범죄이론이 하위문화(문화적 비행)이론이다. 이 이론에서는 그러한 하위문화적 규범의 학습이나 사회화가 이루어지는 상황을 강조한다.

Ⅰ. 개관

어떤 사회이건 각계각층의 구성원들이 보편적으로 향유하는 주류문화(main stream culture)와 특정한 일부집단에 의해서만 지지되는 하위문화가 있다. 부차적 하위문화는 다양하게 존재하는데 그 중 건전한 하위문화도 있고 비도덕적·범죄적 하위문화도 있다.

하위문화이론은 공통적으로 범죄행위를 특정한 하위문화의 소산으로 보는 이론이다. 즉, 범죄행위를 특정의 하위문화에 의해 사회화된 결과라고 인식하는 이론들을 말한다.

하위문화이론은 일탈이 개인적 반응이 아니라 집단적 반응이라는 점을 강조하고 있다는 점에서 아노미이론과 차이가 있으나, 사회해체이론과 아노미 이론을 발전의 틀로 삼아 전개된 이론으로서, 긴장이론의 범주에 속하거나(코헨, 클로워드와 올린의 이론), 갈등이론의 범주에 속하는 이론(밀러의 이론)이 있다.

이 이론은 미국과 같이 중류계층의 가치체계에 의해 지배되는 사회에서, 범죄의

13) 'subculture'는 일반적으로 '하위문화' 또는 '부(副)문화'로 번역되어 사용되고 있다. 그런데, '하위(下位)'란 '낮은 지위나 등급'을 뜻하는 용어이므로 가치중립적 개념이 아니다. 따라서 사회과학에서는 가치중립적인 '대체문화'가 적합하다는 주장이 있다(배종대, 형사정책, 2014, 298면).

원인을 해명하기 위해서는 중류계층의 가치척도와 하류계층의 신분 좌절, 차별적인 성취기회차단 그리고 중상류층과 하류계층의 문화갈등을 전제로 해야 한다고 보는 입장이다.

하위문화이론에 속하는 여러 이론들의 공통점은 특정한 부분집단이 지배집단의 문화와는 상이한 이질적인 가치나 규범체계에 따라 행동하며, 그 결과로 나타나는 것이 비행 내지 범죄라고 보는 것이다. 그러나 하위문화의 형성과정이나 하위문화의 구체적 내용에 대해서는 다양한 주장이 제기되고 있다.

하위문화이론은 대부분의 비행행위가 집단 내 요인에서 발생한다는 것과 비행이 대체로 하류계층의 남자들에 의한 현상이라는 것을 전제하고 있다. 하위문화이론은 상대적으로 사회적 조건이나 상황 그 자체보다는 일정한 상황과 행위의 의미에 대해 개인들이 갖게 되는 관념을 범죄동기로 중시한다.

하위문화이론의 범주에 속하는 개별이론으로는 코헨의 비행적 하위문화이론, 클로워드와 올린의 차별적 기회구조이론, 밀러의 하층계급문화이론(하위계급 주요관심사론이라고도 함), 울프강과 페라쿠티의 폭력하위문화이론, 오그번의 문화지체이론 등이 있다.

Ⅱ. 비행적 하위문화이론(Theory of Delinquent Subculture) - 코헨(A. Cohen)

코헨(Albert K. Cohen)은 프로이트(Sigmund Freud)의 '반항 형성' 아이디어와 머튼의 아노미이론을 결부해서, 비행적(일탈적) 하위문화는 중산층의 사회규범에 의한 '반발'에 의해 만들어진다는 이론을 제창했다. 그분은 청소년들이 이러한 하위규범을 따르게 되는 것이 비행이나 범죄를 저지르는 주된 요인이라고 보았다.

1. 개관

(1) 머튼은 아노미이론을 재구성하면서 범죄를 설명하기 위해 어떤 집단이 사회구조적 압박상태(긴장)에 놓이게 되고, 그 압박상태에 어떻게 적응하는가에 초점을 맞추었다(압박(긴장)이론 정립). 이 논리는 도심의 하류층 남자 청소년 비행을 설명하기 위해 코헨과 클로워드와 올린이 하위문화이론의 기반으로 활용했다(압박이론의 확장).

(2) 상·중·하 계층으로 구조화된 사회에서 중산층의 가치나 규범, 평가기준으로 짜여진 학교사회의 조건은 하류계층 청소년들이 중류사회의 성공목표를 제도

적으로 성취할 수 없게 만들고, 이로 인해 하류계층의 청소년들은 학교 안의 지위획득 경쟁에서 지위좌절(status frustration)과 문화갈등을 경험하며 사회구조적 압박상황(긴장)에 처하게 된다.

이러한 긴장상황을 해결하려는 대응에서 하류계층 청소년들은 중산층의 가치에 반발하여 집단적으로 적응문제를 해결하려는 시도에서 비행하위문화를 형성한다.

이 비행하위문화는 중산층의 문화와 반대되는 가치와 기준에 바탕을 둔 문화이고, 이에 따라 사회화되면 심각한 비행에 빠지게 된다.

이와 같은 논리로 코헨은 1955년 출판된 「비행소년(Delinquent Boys)」이라는 저서에서 청소년들 사이에서 반사회적 가치나 태도를 옹호하는 비행문화가 형성되는 과정을 집중적으로 설명했다.

(3) 사회구조상 지위가 낮다는 것은 머튼의 아노미처럼, 그것은 하류계층 청소년들에게 불균형적으로 압박을 가한다(사회적 압박(긴장) 강화). 하류계층 청소년들은 부모가 낮은 지위의 직업을 가지고 있어, 가족한테서 어떤 귀속적 지위도 가지지 못하는 흙수저이기 때문이다.

그들은 정규교육을 받기 위해 필요한 기초지식이 미비하고, 다른 사람들에게 자신의 의사를 언어로 표현할 수 있는 능력이 부족하며, 장기적인 목표를 설정하고 이를 추구할 수 있는 자질이 부족하다.

그러므로 하류계층 출신 소년들은 학교에서 최초로 자기 지위에 대한 좌절감을 겪고, 중산층의 가치체계가 지배하는 학교환경 속에서 스스로의 열악한 지위에 대한 욕구불만과 자신감의 상실이라는 문제에 봉착하게 된다.

코헨에 의하면, 지위박탈 문제를 극복하여 그 또래 사이에서 지위획득을 추구하기 위하여 자기를 궁지에 빠뜨렸던 중산층 문화와 반대되는 기준에 바탕을 둔 비행집단문화를 형성하게 된다고 한다.

(4) 머튼과 코헨의 이론 구성의 차이

머튼과 코헨의 이론은 몇 가지 측면에서 차이가 있다. 머튼은 범죄의 실용적인 측면을 강조하여 사회구조적 압박에 대응하는 혁신에 초점을 둔 반면, 코헨은 많은 청소년 비행의 비실용적 특징을 통해 이유없는 범죄까지 규명하려고 했다. 코헨의 이론은 머튼이 제시한 혁명형과 유사하다.

그러나 코헨의 이론에서 반항이 취하는 특별한 형태는 중산층의 가치에 대한 전면적 거부라는 측면에서 머튼이 주장한 혁명형과 차이가 있다.

머튼의 이론에서 혁명형은 다양한 적응형태 중에서 한 가지 형태를 선택한 개인적 반응이다. 다시 말해, 코헨은 반항의 선택을 집단의 다른 구성원들의 결정과 관련된 집단적 반응으로 보는 데 반해, 머튼은 혁명형 적응을 여러 적응유형 중 자기 스스로 선택한 개인적 적응으로 본다.

▌비행적 하위문화 범죄 도식

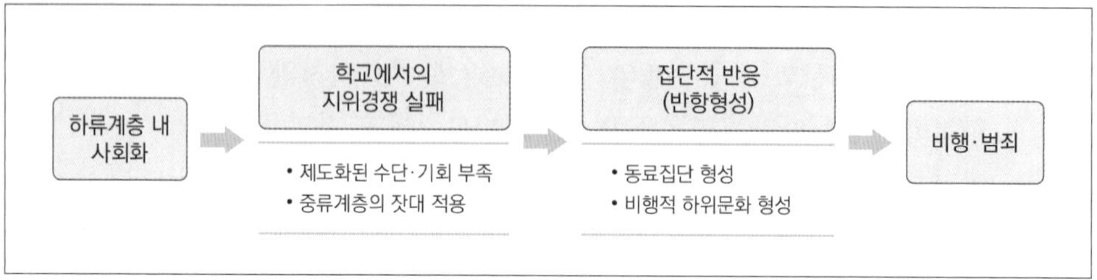

2. 비행적 하위문화의 형성과정

코헨은 하류계층 갱(비행소년집단)의 발생은 계층사회 내에서 하류계층 청소년들이 학교에 제대로 적응하지 못함으로써 발생한다고 보았다. 즉 지위획득은 경쟁 속에서 얻어지는 것이며 학교는 이러한 지위획득의 중요한 통로이다. 그러나 학교는 중류계층에 의해 지배되는 제도로서, 프로테스탄트 윤리와 같은 「중류계층의 척도」에 의해 평가가 이루어진다.

따라서 학교에서의 경쟁은 중류계층 소년들에게는 별문제가 없으나, 그들과는 다른 가정적 배경, 가치규범, 생활양식을 가진 하류계급 소년들에게는 긴장상태가 초래되고 그로부터 「적응의 문제(반응의 형성문제)」를 불러 일으킨다.

그러나 이러한 적응의 문제에 대해 모든 하류계층 소년들이 갱 비행의 반응만 보이는 것은 아니다. 이들이 보이는 다양한 반응에는 「대학소년(college boy) 반응」, 길모퉁이 소년(cornner boy)의 「은둔적 반응」, 「비행소년(delinquent boy)반응」 등 세 가지가 있다.

'대학소년 반응'은 더 많은 인내와 더 많은 노력으로 적응문제를 극복하고 성공하는 경우이고, '은둔적 반응'은 분명하게 비행소년이라고 할 수는 없지만, 체념하고 포기한 상태에서 거리를 서성이며 때로는 비행집단에 들어가 비행을 범하기도 하고 때로는 준법적인 생활에 참여하기도 하는 경우이다.

Cohen의 관심은 '비행소년 반응'에 있는데, 이들에게 있어 하위문화는 중류계층의 거부로부터 파생된 자신들의 좌절감으로 인한 긴장을 해소하고 자신들 삶에 의미를 부여하고, 또래 사이에서 지위획득의 목표를 추구할 수 있는 매개물이 되는 것이다. 갱(gang)이 생기는 것은 이러한 소년들이 함께 어울려서 집단적으로 반항[14]하기 때문이라는 것이다.

예를 들면, 학교생활에 적응하기 어려운 하류계층 청소년들 중에는 자신들이 소속되어 있는 집단이야말로 자신의 존재가치를 알아준다고 느끼는데, 그 모임은 문제아들의 갱집단이다. 전체의 주된 구성원으로서 자연스레 어우르지 못하는 일부 아이들이 어떻게 범죄자의 길을 걷게 되는가를 잘 보여주는 반응유형이 비행소년 반응이다. 비행소년 반응은 코헨이론에 있어서 중심이 된다.

코헨 이론의 핵심은 중산층 문화에 적응하지 못한 하위계층 출신소년들이 자기를 궁지에 빠뜨렸던 문화와 가치체계와는 정반대의 문화를 구성하여 자신들의 적응문제를 집단적으로 해결하려고 '비행하위문화'를 형성한다는 비행소년 반응에 대한 설명이다.

3. 비행하위문화의 특징

집단자율성(group autonomy, 집단자치)
하류계층 청소년들은 인습적인 사회에서 인정받지 못하는 것과 지위획득의 좌절에 대한 반동으로, 독자적 집단성을 강조하여 내적으로는 무조건적인 강한 단결력을 보이고 외적으로는 무조건적인 적대감을 나타내는 것이 주요 특징이다.
악의성(maliciousness, 파괴적 경향, 사악성)
다른 사람에게 고통을 주고 금기를 파괴하는 재미로 행동을 한다. 예컨대 골탕을 먹이기 위해서 기물을 파괴한다든지, 훔쳐다가 버린다든지 하고, 인습을 깨뜨리는 재미로 행동하는 경향을 말한다. 중산층문화는 대인관계에서의 타인 재산의 존중과 예의범절 유지를 강조하는 데에 반해, 비행적 하위문화에서는 악의적 행동을 통해 중산층문화로부터 소외된 사람들의 실추된 지위를 회복하려는 앙갚음의 심리경향을 나타낸다.
비공리성(non-utilitarianism, 비합리성)
합리적인 경제적 계산에 따라 이익을 추구하는 행위가 아니라 단순히 스릴과 흥미 등을 느끼기 위해 행동하는 경향이다. 즉 오락적 동기에서 이유없는 비행을 행하는 속성이 강하다.
반항성(negativism, 부정주의, 어긋나기)
기존의 지배문화나 전통적 가치에 반대하는 경향을 말한다. 하류계층의 소년들이 성인의 일반문화와 정반대되는 방향으로 하위문화의 가치나 규범을 형성하게 된다. 코헨은 이를 '반항형성' 개념으로 표현한다. 지위획득 경쟁에서 패배한 비행소년들은 심각한 압박(긴장)상태에 놓이게 되는데, 이러한 상황에서 그들은 중산층의 가치에 반항할 수 있고, 자신들의 지위와 가치를 증가시킬 수 있는, 새로운 가치구조를 세우려는 경향을 추구한다.
단기쾌락주의(short-term hedonism)

14) 비행소년들은 지위좌절감을 집단적으로 해결하고자 한다. 왜냐하면 지위좌절감에 대한 해결책은 지위를 획득하는 준거기준의 변화가 필요하기 때문이다. 그들은 중산층의 가치체계를 버리고 뒤집음으로써 그들이 잘하는 것을 행하여 손쉽게 지위를 획득할 수 있는 영역을 만들고자 한다. 그리하여 그들에게 소속감을 부여하고, 그들의 가치체계를 인정하는 범죄조직문화(gang culture, 건달문화)를 형성시킨다.

장래의 성공을 위해서 현재의 즉흥적인 욕구를 억제하지 않고 순간적인 쾌락을 좇는 경향을 말한다. 그래서 소년비행의 대부분은 장기적인 계획과 목적이 없고 퇴폐적인 오락에 빠져든다.
다재다능(versatility, 변덕, 다변성)
하류계층의 소년들은 한 가지 전문적인 전공보다 다방면의 재주, 잡기 또는 융통성을 중요시하고, 이를 이용해서 갖가지 비행을 범하는 경향이 있다.

4. Cohen(A. K. Cohen)이론에 대한 비판

(1) 하류계층 소년들의 갱 비행이 반드시 비공리적·악의적인 반항이라고 볼 수 없으며(클로워드와 올린), 중류계급에 대한 반발로 일어난 것도 아니라는 비판(밀러)이 제기되고 있다.

(2) 코헨의 이론은 하류계층 청소년들이 겪고 있는 학교생활의 지위 좌절문제에서 시작하고 있으나, 이는 하류계층 청소년들만의 문제가 아니라 모든 청소년들이 공통적으로 겪고 있는 문제이다.

(3) 그의 이론은 처음부터 사회계층적 편견을 지니고 있다.
청소년의 집단비행을 하위계층 청소년들의 소행으로 단정하면서 하위계층에 대해 모욕적으로 묘사하고 있는 그의 이론은 적지 않은 중산층 청소년들의 비행을 고려하지 않았다.

(4) 비행이론이라기보다는 비행 하위문화 형성이론이라고 비판되고 있다.
코헨은 비행소년의 태도, 가치관, 신념이 무엇이고, 이들을 습득한 이후 그들에게 주어지는 결과가 무엇인지에 대해서만 설명하고 있으므로, 비행적 하위문화의 내용이나 분포를 기술한 것에 지나지 않고, 직접적으로 비행·범죄의 원인에 관한 일반이론을 전개한 것이 아니라는 것이다.

(5) 코헨은 하류계층의 청소년들이 중산층의 가치관과 지위에 대한 열망을 지니고 있다고 전제하지만, 증명하지 못하고 있으며, 중산층의 가치관을 지향하지 않는 하류계층 청소년들에 대해서도 전혀 고려하지 않고 있다.
그들이 중류계층의 지위를 지향하지 않을 수도 있다면, 좌절감으로 인한 '반항형성'으로서의 하위문화라는 개념은 의문의 여지를 남길 수밖에 없을 것이다.

(6) 청소년들의 비행행위는 재산범죄가 많고 때로는 공리적·계산적·이성적일 때가 많으므로, 청소년들의 비행행위를 비공리·악의적·부정적이라고 단정하는 것은

지나치게 단순한 논리이다.

이에 대해 코헨은, 비행소년이 범하는 재산범죄는 대부분 재산적 이득 취득이 목적이 아니라, 오히려 비행을 통해 지위를 인정받기 위한 행동이라고 주장한다. 즉, 지위좌절에 대한 비공리적 대응이라는 것이다.

(7) 과학은 본디 가치를 포함하고 있지 않아야 하는데, 이 이론의 주된 개념인 '반항성', 악의성, '단기쾌락주의' 등은 과학에 어울리지 않는 가치 개입적 개념이다.

(8) 비행소년들의 비행행위는 생활의 한 측면일 뿐이지 원칙적인 생활방식이 아니며, 비행소년들도 범행 시 죄책감과 수치심을 느끼고 후회하는 경향이 많다. 따라서 그들도 보편적인 규범을 인정하고 있다고 보아야 한다(사이크스와 맛차의 중화기술이론에서의 비판).

Ⅲ. 차별적 기회이론(Differential Opportunity Theory) - 클로워드와 올린(Richard Cloward and Lloyd Ohlin)

1. 개관

(1) 클로워드(R. Cloward)와 올린(L. Ohlin)은 청소년 갱비행이 불평등한 사회구조 내에서 중산층문화에 대한 반항과 지위획득의 추구로부터 동기를 부여받는다는 점에 대해서는 코헨의 하위문화이론에 동의했다.

그러나 그들은 한 걸음 더 나아가 이러한 긴장상황에서 비롯된 비행청소년들은 코헨(A. K. Cohen)이 제시한 비행소년보다 더 심각한 비행소년이 되는 경향이 있다고 주장했다.

그들에 따르면, 더욱 심각한 비행소년은 단순한 지위획득만이 아니라 돈을 추구하는 범죄를 행한다. 특히 심각한 비행소년은 중산층의 가치와 전혀 다르게 빠른 차, 명품 의류 등 과시적 소비를 추구하여 중산층의 문화와 큰 충돌을 겪는다. 이로 인해 사회에서 멸시를 당하게 된다는 것이다.

그들은 또 한 걸음 더 나아가 이 비행소년들이 하게 되는 특별한 형태의 비행을 설명하기 위해 머튼의 긴장이론을 확장하기 위해 학습이론인 서덜랜드의 차별적 교제이론을 접목시켜 차별적 기회이론을 정립시켰다. 이 이론은 긴장이론 및 하위문화이론의 범주에 속한다.

(2) 클로워드와 올린은 특정지역에서 발생하는 일탈유형을 지역의 하위문화적 특성과

관련하여 설명하였다. 그들은 비행적 하위문화를 "어떤 특정한 형태의 비행활동이, 그 집단에 의해 지지되는 지배적인 역할을 수행하는 데 필수조건이 되는 집단의 문화"라고 정의하고, 비행문화의 세 가지 기본형태로서 범죄적 하위문화, 갈등적 하위문화, 은둔적 하위문화를 들고 있다.

2. 긴장이론과 학습이론이 통합된 하위문화이론

(1) 클로워드와 올린은 미국의 사회구조(자본주의 사회구조)에서는, 사회집단에 따라 경제적 성공(큰 부자가 되는 것)을 위한 합법적 수단에 대한 접근성이 다른 것처럼, 불법적 수단에 대한 접근성 역시 차별화되어 있다고 한다.

(2) 이러한 사회구조를 바탕으로 클로워드와 올린은 먼저 하류계층 청소년들이 그들의 성공목표를 달성하기 위해 합법적 또는 불법적 기회구조를 수단으로 이용할 수 있다고 전제한다. 즉 하류계층에서도 합법적 기회가 주어진다면 굳이 불법적 수단을 통해 돈을 벌려고 하지 않을 것이라는 것이다.

그러나 그들은 하류계층 청소년들에게는 경제적 지위를 높일 수 있는 합법적 기회가 극히 제한되어 있다고 가정했다. – (이 측면에서는 머튼의 아노미이론을 기초로 비행하위문화의 촉발요인을 분석하고 있다)

그렇다고 합법적인 기회구조에 접근할 수 있는 기회가 차단되어 있다고 해서 머튼의 개신형처럼 곧바로 재산범죄가 이루어지는 것은 아니고, 동시에 불법적 기회구조에 접근할 기회가 주어져야만 재산범죄가 형성될 수 있다고 한다. – (이 점에서 머튼과 차이가 있다)

(3) 합법적 기회구조가 차단된 사람들도 차별적으로 불법적 기회구조에 접근할 수 있느냐 없느냐 하는 문제는 하류계층 청소년이 살아가는 지역에 불법적인 기회가 어떻게 분포되었는가에 따라 달라진다.

어떤 지역의 소년들은 차별적으로 불법적인 가치와 수단을 배울 수 있는 기회가 주어지고 어떤 지역의 소년들에게는 차별적으로 불법적인 수단마저도 배울 수 있는 기회가 주어지지 않는다. 후자의 경우는 불법적인 수단을 이용하여 사회적 목표(경제적 부(富)의 성취)를 달성할 기회마저도 차단된다. – (이 측면에서는 접촉기회의 차이를 강조하여 차별적 교제이론이 적용된다)

(4) 아노미이론은 아노미 상황에 대한 비정상적 적응 형태 발달에 있어서 불법적 기회구조의 기능을 간과하였다. 클로워드와 올린은 머튼의 주장에 동조하면서도 이 점에 대해 비판했다. 또한 차별적 교제이론은 비행 형성에 있어서 불법적 수단의 차별성은 강조하면서 합법적 기회구조의 기능을 경시하고 있다고 비

판했다.

그래서 클로워드와 올린은 합법적 수단에 대한 접근성의 차별구조와 불법적 수단에 대한 접근성의 차별을 모두 고려하여 긴장이론을 확장한 '차별적 기회이론'을 하위문화이론으로 제시했다.

3. 아노미에 대한 집단 적응

차별적 기회구조이론은 머튼의 아노미이론과 같이, 사회적으로 강조되는 목표와 이러한 목표를 합법적으로 달성할 수 있는 가능성 간에 현격한 차이가 있는 사회구조에서 합법적·제도적 기회가 차단된 하류계층 청소년들은 경제적 열망으로 인한 좌절감·압박 등의 긴장상황에서 아노미 상태에 빠진다고 전제한다.

클로워드와 올린은 머튼이 주장한 아노미현상을 비행적 하위문화의 촉발요인으로 보았다. 그러나 머튼은 아노미상태(압박상황)의 적응양식을 개인문제로 고려하였지만, 클로워드와 올린은 집단적 적응양태로 보아, 하위문화가 형성되고 유지되는 것을 거주지역의 기회구조와 연관되는 집단적 일탈유형으로 설명하였다.

즉 하류계층 청소년들의 비행은 합법적 기회의 차단으로부터 야기되지만, 비행의 특성은 부(富)의 불법적 성취기회구조에 영향을 미치는 지역사회의 특성에 따라 달라진다는 것이다.

4. 아노미에 대한 세 가지 적응양태 – 범죄적 하위문화, 갈등적 하위문화, 은둔적 하위문화

(1) 클로워드와 올린은 청소년 폭력조직의 유형을 범죄적 유형(criminal pattern), 갈등적 유형(conflict pattern), 은둔(회피)적 유형(retreatism pattren) 등 세 부류로 나누어 그러한 유형에 해당하는 하위문화를 범죄적 하위문화, 갈등적 하위문화, 은둔적 하위문화로 구분했다. 각각의 유형은 아노미 상황에 적응하는 독특한 양태를 보여준다.

▍클로워드와 올린의 차별적 기회와 집단적 반응

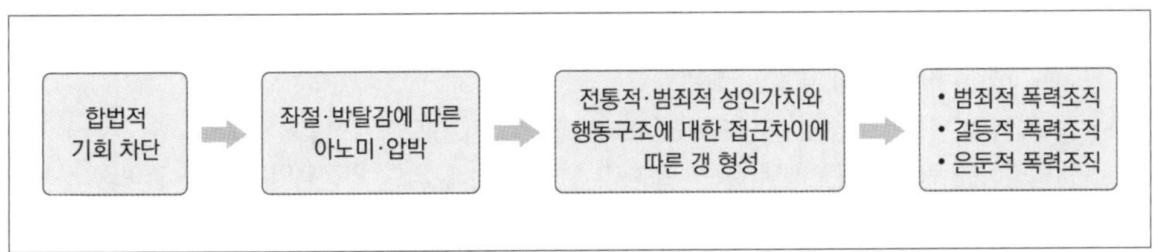

(2) 범죄적·갈등적·은둔적 하위문화

클로워드와 올린에 의하면, 합법적 기회가 차단된 지역이라도 하더라도 조직화의 유형·정도에 따른 그 지역 특성 차이에 따라 세 가지 하위문화가 발생, 유지된다.

합법적 기회는 없지만 재산범죄의 학습기회와 수행기회가 많은 지역에서는 소득의 취득을 강조하는 재산범죄적 폭력집단의 형태로 나타나는 범죄적 하위문화가, 조직적인 재산범죄의 학습기회는 없지만 사회조직에 의한 통제가 취약하여 폭력범죄의 수행구조가 있는 곳에서는 폭력적·파괴적인 갈등적 하위문화가, 사회조직에 의한 통제가 있어서 폭력적 범죄의 수행구조도 제한된 곳에서는 은둔적 하위문화가 나타난다.

ⓘ 클로워드와 올린의 하위문화유형과 특징

하위문화유형	합법적 성공수단	불법적 성공수단	폭력수용	적응양식	실패정도
범죄적 하위문화	−	+		혁신	한 번의 실패자
갈등적 하위문화	−	−	+	폭력(반항)	이중실패자
은둔적 하위문화	−	−	−	은둔(도피)	이중실패자

범죄적 하위문화(범죄적 폭력조직)

- 사회의 전통적 목표(부의 성취)를 추구하지만, 합법적 수단을 얻을 기회가 차단되어 있고 반면에 불법적 방법으로 돈과 지위를 획득할 수 있도록 해 주는 범죄를 위한 사회조직 형태의 불법적 기회구조가 갖추어진 지역에서 형성, 유지됨
- 범죄적 가치 및 지식이 체계적으로 전승되어 성인범죄자들과 미성년자들 또는 각 연령층 간에 매우 강한 통합을 보임
- 머튼의 혁신형 사람들과 유사-절취·갈취 등의 수단을 통하여 경제적인 지위 향상을 꾀하는 행동유형 일반화

갈등적 하위문화(갈등적 폭력조직)

- 성인들의 범죄가 조직화되어 있지 않아 불법적 기회구조마저 존재하지 않으며, 전통적인 목표는 버려지고, 대체로 자신들의 위세와 다른 사람들로부터 인정받기 위한 과시적 폭력과 무분별한 갱전쟁 등 자기파괴적인 범죄가 행해짐
- 이 지역의 범죄는 대체로 개인적이고, 조직화되어 있지 않으며, 가볍고 일회적임
- 불법적이든 합법적이든 지역사회의 조직이 없어 성인에 의한 안정적인 통제가 결여됨
- 이 문화는 코헨이 주장한 비실용적·악의적·반항적 행위의 원인이 되고, 젊은이들은 분노를 표출하는 폭력적 또는 갈등적 폭력집단을 형성하는 경향을 보임
- 합법적인 수단에도 불법적인 수단에도 모두 접근할 수 없으므로 이중실패자에 속함

은둔적 하위문화(은둔적 폭력조직)
• 머튼의 은둔형 사람들과 흡사한 하위문화 • 이 문화 속 청소년은 기회의 부족 또는 불법적인 수단사용에 대한 내적 금지 때문에 경제적 개선도 할 수 없고 폭력에 의지한 분노 표출에도 실패하여 알코올이나 마약에 빠져 낙오자가 됨 • 갈등적 하위문화와 함께 이중실패자에 속함-특히 이 유형은 학교생활도 적응 못하고 직업적 성공 가능성도 없고, 교활한 사기꾼이나 사나운 싸움꾼도 못되므로 전형적인 '이중실패자'임

(3) 범죄 발생 가능성(범죄적 하위문화 〉 갈등적 하위문화 〉 은둔적 하위문화)

조직적인 범죄활동이 많은 범죄적 하위문화 지역에서는 범죄기술을 배우거나 범죄조직에 가담할 기회가 많으므로 범죄가 발생할 가능성이 가장 큰 반면, 조직적인 범죄활동이 없는 지역에서는 비합법적인 수단을 취할 수 있는 기회가 제한되어 있으므로 범죄가 발생할 가능성이 적다.

5. 범죄대책

(1) 차별적 기회이론은 청소년비행의 예방과 범죄자 교화개선 측면에 폭넓게 활용되고 있다.

(2) 비행예방대책으로는 뉴욕에서 시행한 '청소년 동기화계획(mobilization for youth[15])'이 대표적인 비행예방프로그램이다.

(3) 교화개선프로그램으로는 소년교도소나 소년원 등 교정시설에서 학과교육이나 직업훈련을 중점적으로 시행하는 사회적 처우가 중시되고 있다. 그 이유는 범죄자들에게 합법적인 기회와 수단을 많이 제공하는 것이 범죄방지에 효과가 크다고 보기 때문이다.

(4) 미국에서는 1960년대, 클로워드와 올린이 개발한 광범위한 행동프로그램에 기반을 둔 청소년비행 방지와 통제를 위한 법률이 제정되어 교육의 개선, 작업기회의 개발, 하류층 지역에서의 공동체 조직, 개인과 폭력집단 등에게 다양한 서비스 제공 등이 시행되었다. 또한 후에 이러한 프로그램은 모든 하류층이 포함되도록 확대되었고, 존슨연방정부의 '빈곤과의 전쟁(反빈곤정책)'의 기초가 되었으나 큰 성과는 거두지 못했다.

---

15) 'mobilization for youth'를 직역하면, '청소년을 위한 동원'이지만, 이 대책의 취지까지 고려해서 '청소년 동기화계획'으로 번역했다.

6. 이론의 평가

이 이론은, 코헨이 비행소년을 모든 사회적 가치를 거부하는 파괴적·부정적 측면으로 보는 관점인 데 비해서, 비행소년을 세 가지 유형으로 나누어 고찰하고 있다는 점에서 현실적인 반영이라는 긍정적 평가를 받고 있다.

7. 차별적 기회 이론에 대한 비판

(1) 차별적 기회 이론은 현대 산업사회에서 하위문화의 다양성을 잘 파악하지 못하고 있으므로 목표와 수단의 문화적 다양성을 고려할 수 없다.

(2) 이 이론은 하류계층 비행을 설명하는 데 있어서 지위추구라는 사회적 상황변수만을 중요시하며 비행에 끌리게 되는 데에 작용하는 개인의 성격변수를 고려하지 않는다는 것과, 하류계층의 비행을 중류계층에 대한 반발로 봄으로써 중류계층의 관점이라는 편견을 보인다. 또한 중산층 이상의 범죄에 대해서는 제대로 설명할 수 없다.

(3) 특정 사회구조를 지닌 하나의 지역사회 내에 여러 하위문화가 존재하는 이유를 설명할 수 없다.

(4) 이 이론은 경제적 열망(목표)과 차단된 합법적 수단 및 기회로 인하여 좌절감을 갖게 되며 이것이 비행과 연관된다고 가정하고 있으나(압박이론), 많은 연구결과가 긍정적으로 검증받지 못하고 있다. 왜냐하면 하류계층 청소년들은 자신이 처한 환경조건을 감안하여 자신이 목표를 하향조정하는 경우가 많기 때문이다.

(5) 차별적 기회 이론은, 이 이론에 기초하여 뉴욕에서 실시한 "청소년 동기화계획"이 큰 효과를 거두지 못함에 따라 현실적용상의 한계를 드러냈다.

(6) 하위문화를 세 가지로 분류하였지만 분류 자체가 불명확하여 특정유형의 비행이 어떤 하위문화에 의해 유발된 것인지를 분명히 구분할 수 없다는 등의 문제가 지적되고 있다.

제5절 최근의 압박(긴장)이론

머튼의 아노미이론, 클로워드와 올린의 차별적 기회이론 등 압박이론은 20세기 미국에서 범죄사회학이론의 주류를 이루었지만 1970년대 이후 많은 비판의 대상이 되었다.

그 주된 이유는, 압박이론이 하위계층의 비행·범죄에 중점을 두고 있어 중류계층범죄를 해명하기 어렵고, 경제적 성공 이외의 다양한 삶의 목표를 경시했고, 압박(긴장)을 경험한 사람들 중 일부 사람만이범죄를 행하는 이유 등을 제대로 설명할 수 없었기 때문이다.

이러한 비판에 대응해서, 미시적(개인적) 수준에서 압박과 범죄의 관계를 설명하는 애그뉴의 '일반압박(긴장)이론'과 거시적(사회적) 수준에서 압박에 따른 범죄유발을 설명하는 매스너와 로젠펠드의 '제도적 아노미이론'이 제시되었다.

I. 일반압박(긴장)이론(General Strain Theory, GST) - 애그뉴(Robert Agnew)

1. 개관

일반압박이론에 따른 범죄와 비행은 학습·통제·성격 변수를 통해 작용하는 압박·스트레스에 대한 개인적 적응이다. 애그뉴는 하위계층의 범죄·비행뿐 아니라 다양한 사람들의 비행·범죄를 해명하기 위해 일반압박이론을 주창하였다. 압박이론은 역사적으로 사회적 계층과 연관된 압박의 원인을 거시적 수준에서 문제시했지만, 일반압박이론(GST)은 압박의 원인을 폭넓게 확대해서 미시적 수준에서 압박과 범죄의 상관성을 연계하는 범죄이론을 제시했다.

애그뉴는 '다른 사람과의 좋지 않은(부정적·강압적) 관계로 인해서 생성되는 부정적인 감정(분노)'을 '압박(strain, 긴장)'으로 정의하고, 부정적인 감정 즉, 강압적 관계로 유발된 분노가 범죄를 유발한다고 주장한다.

2. 압박(긴장)의 원인-부정적인 관계·감정 형성

(1) 다른 사람이 자신의 가치 있는 목표 달성을 방해할 때(목표달성의 실패)－기대·열망과 성취결과의 어긋남(괴리),

(2) 다른 사람이 이미 자신에게 가치 있는 것을 제거할 때(긍정적으로 평가되는 자극의 소멸(박탈) – 배신·이혼·이사·전학·이직·가족의 죽음 등,

(3) 자신이 원하지 않은 해로운 것을 부과할 때(부정적으로 평가되는 자극의 발생) – 가정폭력·범죄피해·아동학대 등이 다른 사람과의 부정적인 관계를 야기한다.

이러한 압박의 원인은 종래의 사회적 압박(긴장)이론이 사회계층과 연관된 압박요인에 대해서만 중점을 두었던 것과 차이가 있다.

애그뉴는 다양한 압박원인 중 각자가 받기를 원하는 대우를 다른 사람이 해주지 않는 유해한 상황과 그 상황에서 벗어날 수 없는 부정적인 관계를 가장 중요한 압박요인으로 보고 있다.

사회생활을 하는 대부분의 사람들은 위에서 든 압박 중 하나 이상을 보편적으로 경험한다. 그러나 모든 압박이 부정적인 감정을 똑같이 형성하는 것이 아니고, 그러한 것을 경험한 개인이 그것을 어떻게 해석하느냐에 따라 정도가 다르게 형성된다.

자신이 겪은 압박이 불공평하고, 주체할 수 없이 크고, 통제가 불가능하게 느껴질수록 그 긴장이 분노·좌절·우울감 등 부정적 감정을 더 강하게 유발하고, 이러한 부정적 감정은 압박(개인적 스트레스)에 대한 불법적 반응의 원인이 된다.

애그뉴는 이 '부정적 감정'을 '범죄행위를 유발하는 압박'으로 정의했다. 많은 연구가 "부정적인 관계와 스트레스가 많은 삶이 다양한 비행·범죄의 증가와 연관된다."라고 보고하고 있다.

3. 압박(긴장)의 성격 구분

(1) 객관적 압박과 주관적 압박(Strain)

애그뉴는 압박을 객관적 압박과 주관적 압박으로 구분했다. 객관적 압박이란, '대부분의 구성원이 싫어하는 사건이나 상황' 이다. 주관적 압박이란, '압박을 경험하는 당사자가 싫어하는 사건이나 상황'이다.

애그뉴는 모든 사람이 동일한 상황에 동일한 방식으로 반응하지 않는다는 점을 인정해야 한다고 하면서, 범죄행위에 있어서 압박이 갖는 역할을 이해하기 위해서는 압박에 대한 개인의 주관적 평가를 고려해야 한다고 강조하고 있다.

(2) 직접적 압박, 간접적 압박, 기대되는 압박

애그뉴는 개인이 직접적으로 경험하는 '직접적 압박'과 개인적으로 가까운 다른 사람에 의해 경험된 대리적 압박-'간접적 압박'(vicarious strain), 그리고 아직 일어나지는 않았지만 일어날 것으로 기대되는 압박-'예상되는 압박'(expected strain)으로 압박의 범위를 확대했다.

그는 이 세 가지 압박이 모두 비행·범죄에 영향을 끼치지만, 비행·범죄에 대한 가장 강한 영향은 개인적·간접적으로 압박을 경험한 경우라고 한다.

(3) 거시적 수준의 압박과 범죄율

애그뉴는 일반압박이론(GST)의 범위를 거시적 수준의 압박으로 넓혀 지역사회의 압박도 비행·범죄와 관련성이 있다는 것을 인정했다. 다시 말해, 압박을 경험하는 사람의 비율이 높은 지역사회는 압박을 경험하는 사람의 비율이 낮은 지역에 비해 더 높은 비행·범죄율이 나타난다고 한다.

4. 비행·범죄와 관련되는 압박의 네 가지 특징

애그뉴는 비행 또는 범죄를 스트레스의 결과로 보면서, 비행과 범죄를 더 많이 유발하는 압박과 그렇지 않은 압박을 차별화하고, 불법적인 행위에 크게 영향을 미치는 범죄 관련 압박의 특징을 네 가지를 제시했다.

(1) 다른 사람에 의해 야기된 압박이 부당하고 고의적인 것으로 간주되어 분노를 발생시키는 압박

(2) 심각하고, 오래 지속되며, 최근의 것이고, 집중적으로 나타나 강도(强度)나 심각성이 큰 압박

(3) 실업이나 노숙처럼 낮은 수준의 사회적 통제와 관련된 압박

(4) 범죄행위가 압박해소 수단으로 인식되어 불법적인 대응방식에 의존하도록 강하게 작용·장려하는 압박 등

애그뉴는 이 모든 조건을 포함하는 압박으로 제시한 예는 신체적 피해를 입은 경우의 압박이다. 애그뉴는 몇몇 압박은 범죄행위로 귀결되지만, 모든 압박이 범죄를 유발하는 것은 아니므로, 범죄행위의 가능성을 증가시키는 압박의 특징을 구체화한 것이다.

후속 연구에 따르면, 비슷한 수준의 압박(Strain)에 노출되었을 때에도 전체적으로 부정적인 정서가 높은 사람과 낮은 통제력을 지닌 사람이 불법적인 행위로 반응하는 경향이 특히 강하다.

5. 압박으로부터 범죄적 행위의 유발가능성을 낮추는 대책

애그뉴는, 일탈은 압박해소의 하나의 방법일 뿐이므로, 압박으로부터 범죄행위의 유발가능성을 낮추는 여러 인지적·감정적·행동적 적응방식을 교육·교화하면 비행이나 범죄를 줄일 수 있다고 주장한다.

그는 압박과의 관련성을 축소시키는 법을 아는 사람들은 반사회적인 행동을 할 가능성이 적어진다고 하면서, 인지적 적응방식의 예를 제시했다.

즉, "그건 별로 중요하지 않아"라고 목표의 중요성을 최소화함, "그렇게 나쁜 건 아냐!"라고 부정적 결과를 최소화함, "그건 내 탓이야!"라고 책임을 수용함 등이 압박으로부터 부정적인 감정유발을 완화하는 방법이다.

6. 일반압박(긴장)이론의 학설사적 의의

(1) 하위계층의 범죄뿐 아니라 중산층까지 포괄하는 모든 계층의 범죄유발과정을 설명할 수 있는 일반이론을 제시했다.

1) 머튼의 사회적 압박이론(아노미이론)이 사회적 스트레스에 따른 사회계층 간 범죄율의 차이를 해명하는 데 중점을 두었다면, 애그뉴의 일반압박이론은 압박의 개인적 영향에 중점을 두어 개인적 스트레스와 비행·범죄의 연관성을 해명했다.

2) 현대사회적 긴장의 복잡·다양성을 밝혀내고 압박이론을 확장시켰다.

(2) 모든 긴장이 비행·범죄를 유발하지 않는다는 점을 밝혀 범죄 관련성이 있는 압박유형을 제시했다.

(3) 개인적(미시적) 수준의 비행·범죄를 예측하는 데 유용할 뿐 아니라 집단별 수준의 범죄율의 차이를 설명하는 거시적 압박까지 포함하는 압박이론으로 범위를 넓혔다.

비슷한 유형의 압박일지라도 개인이 겪는 주관적 압박의 강도나 심각성이 클수록 비행·범죄행위로 귀결될 가능성이 크고, 압박을 겪는 주민의 비율이 높은 지역사회일수록 더 높은 범죄율을 나타낸다.

(4) 이혼·결별·실직·이사·전학·가족의 죽음 등 사회적 사건이 압박을 유발하여 개인의 비행·범죄에 영향을 미치는 과정을 설명할 수 있다.

Ⅱ. 제도적 아노미이론(Institutional Anomie Theory, IAT) - 메스너(S. Messner)와 로젠펠드(R. Rosenfeld)

1. 개관

애그뉴가 미시적 관점에서 압박이론을 수정·보완한 것과 달리, 메스너(Steven Messner)와 로젠펠드(Richard Rosenfeld)는 머튼의 '사회적 압박이론'과 같이 거시적 관점에서 '제도적 아노미이론'을 새로운 범죄대책적 차원에서 제시했다.

제도적 압박이론(IAT)의 핵심은, 물질적인 성공만을 지나치게 강조하는 미국문화가 미국사회를 범죄천국으로 만드는 주된 원인이므로, 범죄율을 근본적으로 낮추려면 미국사회의 문화적 수준에서 물질적 성공 이외의 목표에 더 큰 가치와 중요성을 부여해야 한다는 것이다.

이를 바탕으로 가족제도·교육제도·복지제도 등 비경제적 제도를 강화해서 사회적 긴장을 줄여나가는 정책이 필요하다는 주장이다.

2. 높은 범죄율과 아메리칸 드림(American Dream)

(1) 미국사회는 다른 어느 나라보다 높은 범죄율을 보이고 있다. 그 근본 원인은 아메리칸 드림이다. 아메리칸 드림은 '개인 간 경쟁을 통한 물질적 성공'에 지나치게 높은 가치를 부여해, 물질적인 성공만을 삶의 목적으로 강조하는 문화적 정신으로 구성되어 있기 때문이다.

ⓘ 아메리칸 드림을 떠받치는 네 가지 문화적 가치관

성취(업적) 지향(achievement orientation)
• 선의의 경쟁이나 성실한 노력 그 자체가 중요한 것이 아니라, 경쟁에서의 승리가 중요하다고 보는 가치관이다. 이 가치관에 따르면 수단·방법 가릴 것 없이 승리만 거두면 문화적 가치가 인정된다. "2등은 첫 번째 패배자이다!"라는 표어(motto)는 승리를 강조하는 문화의 상징이다. • 성취지향적 가치관은 궁극적으로 사람에 대해 그가 성취했거나 소유한 것에 기초해 그 사람의 가치를 평가하는 문화를 만들어낸다. • 아노미적 사회는 합법적·정당한 수단보다 목적을 강조한 결과, 상대적으로 비효과적이고 약한 사회통제력을 갖는 경향을 보인다. • 성취 중시는 아메리칸 드림을 특징짓는 문화적 정신으로 간주된다.
개인주의(individualism)
• 개인주의는 자신이 적합하다고 여기는 대로 생각하고 행동하는 미국인의 개인적 권리 중심의 가치관을 의미한다. 이러한 개인적 권리를 침해하는 것은 비(非)미국적인 것으로 인식되어진다. • 개인주의는 사회적 유대를 약화시켜 비공식적 통제를 경감시키며, 협력적인 자세로 다른 사람을 대

하기보다는 경쟁적인 자세로 다른 사람과 싸우도록 만든다.

보편주의(universalism)
• 문화적으로 공유된 가치관을 의미한다. 미국의 정신적 바탕이 되는 보편주의는, 머튼이 지적한 대로 미국인은 누구나 계층과 상관없이 경제적 성취를 문화적 목표로 삼게 한다. • 미국인들은 일반적으로 경제적 성취라는 잣대로 매겨지는 성공에 대한 열망을 갖도록 한다. • 신분상승의 열성적 추구와 그에 대한 실패 또는 성공에 대한 평가는 사회 전반에 걸쳐 큰 긴장(압박)을 야기한다.

황금(물질)숭배주의(fetishism of money,금전만능주의)
• 돈, 특히 많은 돈은 그 자체로 성공의 기준이 되고, 성공의 1순위 평가기준이 된다. • 금전적 성공은 본질적으로 끝이 없다. 얼마를 번다해도 더 많은 돈을 요구한다. 금전 축적의 무한성은 범죄를 유인한다. • 금전 축적에 대한 압박은 끊임없이 사람들로 하여금 어떠한 수단을 써서라도 그들의 목표를 추구하도록 강압한다. 그래서 매스너와 로젠펠드는 물질적인 성공을 강조하는 문화가 변하지 않는다면, 합법적(제도적) 기회의 재분배정책은 범죄행위에 대한 압력을 줄이기보다는 실질적으로 범죄에 대한 압력을 늘리게 된다고 주장했다.

(2) 문화적 가치와 사회·제도적 영향

IAT는 미국사회의 높은 비행·범죄율의 원인을 미국의 문화적·제도적 속성에서 비롯된 것으로 인식한다. 성취·개인주의·보편주의·물질만능주의에 대한 문화적 강조는 가족제도·교육제도·정치와 상호작용하여 사회제도의 성격과 기능에 영향을 미친다.

아메리칸 드림에서 성공추구에 있어서 과도한 경제가치 강조는 비(非)경제적 제도의 기능과 역할에 대한 평가 절하, 다른 제도에서 경제적 필요사항 수용, 다른 제도 영역으로 경제적 규범의 침투 등의 방식으로 미국 사회의 내부의 긴장을 높인다. 이를 도식으로 정리하면 다음과 같다.

비경제적 제도의 기능과 역할에 대한 평가 절하
• 사회에서 경제제도의 압도적인 영향력은 가족·교육·정치 등 비경제적 제도를 경제에 종속시킨다. • 제도적 힘의 균형에서 경제가 지배하면, 친사회적인 문화의 교훈은 아메리칸 드림의 무규범적인 경향에 압도된다. • 비경제적 목표의 평가절하는 교육 분야에서 두드러지게 나타난다. 좋은 직업은 일반적으로 높은 학력 또는 학위를 요구한다. 그래서 대부분의 학생은 미래에 좋은 직업을 원하기 때문에 학교에 다닌다. 따라서 학교는 본질적인 목표인 교육에만 전념할 수 없게 된다. • 비경제제도 또한 경제제도에 종속되는 경향이 있다.

비경제적 제도에서 경제적 필요사항의 수용
• 경제적 필요사항의 수용은 가정에서 잘 나타난다. 현대 가정은 경제적 필요사항을 수용하여 가정이 자녀 양육 등 가족을 위해 존재하는 것이 아니라 직업상의 일을 하기 위해 존재하게 된다. • 예컨대, 직장생활의 유지를 위해 전 가족이 자주 이사를 한다든지, 승진을 위해 오랜 기간 가족과 떨어져 해외 근무를 한다든지 하는 것을 당연히 수용한다. • 대부분의 산업화된 나라들은 부모의 자녀양육 참여를 위한 유급 육아·분만 휴가법과 같은 친가정정책을 지원하는 대신, 무급 휴직 등을 채택하여 친기업정책을 유지한다.
비경제적 제도 영역으로 경제적 규범의 침투
• 비경제적 제도는 경제적 규범이 침투함에 따라 그들만의 독자적인 사회화 기능·비공식적 사회통제기능 등을 성공적으로 수행할 수 없게 된다. • 트럼프와 같은 기업가들은 대부분 이전의 정치적 경험이나 배경 없이 선거에 의해 정치에 참여한다거나 미국의 대학들이 기업가를 이사장이나 총장으로 영입하는 것은 정부나 대학을 기업처럼 운영한다면 더 나을 것이라는 가정이 깔려 있다. • 가족·교육과 같은 비경제적 제도의 주된 임무는 경제적 가치가 아니라 신념·가치·헌신과 같은 것을 심어주는 것이다. 그러나 비경제적 제도들은 경제제도에 비해 평가 절하되고 경제적 고려사항에 맞추도록 강요된다. • 경제모델의 예찬은 가정·교육·정부의 고유한 역할을 무시하는 것이며, 경제적 성공을 잣대로 개인의 성공을 평가하는 문화적 가치를 심는 일이다. 이러한 경향은 사회적 긴장을 높여 비행이나 범죄를 더 많이 유발하게 된다.

3. 범죄대책

(1) 우리 사회·문화적 수준에서 물질적 성공 이외의 목표에 더 큰 가치와 중요성을 부여해야 한다.

(2) 사회문화에서 상호지지와 공동체정신·공공의 의무를 강조해야 하고, 개인적 권리·이익·특권에 대한 강조는 줄여야 한다.

(3) 비경제적 제도에 대한 영향력을 강화해야 한다. 이에 따라 시장경제에서 시민들을 보호하는 사회안전망 정책들로서 복지·보건·육아휴직 등을 확대·강화해야 한다. 특히 가정과 교육의 강화를 강조한다.

(4) IAT는 비행과 범죄율을 낮추는 대책으로서, 시장경제의 압박으로부터 개인과 가정을 지켜내야 하는 경제와 정부의 역할 변화에 첫 번째 초점을 맞춘다.

제6절 사회구조적 이론의 평가

Ⅰ. 개관

사회구조적 이론은 범죄의 원인을 사회해체, 사회구조적 불공정으로 인한 기회부족과 빈곤, 하위문화적 가치 등 그 사회의 조직과 사회적 구조의 특성에서 찾고자 하여, 개인의 특성이 아닌 환경조건을 강조하였으나, 그 사회의 구성원이 어떻게 범죄자가 되는지에 대해서는 별 관심을 두지 않았다. 따라서 범죄에 대한 책임을 개인보다는 사회에 두었다.

이러한 관점은 1950~60년대 당시 사회의 범죄현상을 설명하는 데 부적절하다는 비판을 받아, 1960~70년대에는 범죄를 유발하거나 조장할 수 있는 환경이나 범죄자의 특성이 무엇인가의 인자(因子)보다는 개인이 범죄자로 되어가는 과정에 초점을 맞추는, 관점의 변화가 있게 되어 사회과정 이론이 발전하게 되는 계기를 제공했다.

Ⅱ. 사회구조적 이론의 영향

사회구조적 이론은 범죄의 중요한 원인이 개인에게만 있는 것이 아니라, 사회구조적 불평등 · 기회의 불균형 · 빈곤 · 하위문화 · 인종 등도 큰 요인이 된다는 것을 발견한 것은 대단한 공로이다. 이와 같이 범죄와 사회적 문제에 대한 상관관계를 바탕으로, 사회구조적 이론은 범죄 원인론 및 대책론 분야에 많은 영향을 끼쳤다.

사회구조적 이론은 범죄의 원인이 성취목표와 기회·수단의 불균형으로 인한 것이라면, 그들에게 보다 많은 기회 · 수단을 제공하여야 한다는 정책방향을 제시해주었으며, 실제로 1960년대의 미국의 「청소년비행 방지와 통제를 위한 법률」(Juvenile Delinquency Prevention and Control Act)제정이나 '빈곤과의 전쟁'(War on Poverty) 등 범죄예방정책의 이론적 기초가 되었다.

이러한 범죄예방 프로그램에는 교육의 개선, 직업 기회의 창출, 하위계층 지역의 공동체 조직, 개인과 폭력집단 및 그 가족들에 대한 다양한 서비스 제공 등이 포함되어 있었다. 그리고 사회적 처우를 통한 수형자의 교화·개선, 재사회화를 위한 수형자의 교육 · 직업훈련의 강조 등이, 범죄인에게 합법적인 기회제공을 통한 재범방지책이 될 수 있다는 가능성을 시사해 주었다.

Ⅲ. 사회구조적 이론의 과제

1) 많은 여론조사와 연구결과가 그들의 주장과는 달리, 하위계층도 중류계층의 가치관을 지니고 있으며, 또한 높은 목표(열망)를 가진 청소년이 오히려 더 비행소년이 될 확률이 낮다는 점을 보여주고 있으므로 이에 대한 해명이 요구된다.

2) 사회구조적 이론은, 사회구조적 문제에 기인한 압박(strain) 때문에 발생했다고 볼 수 없는 경제범죄 등 중상류층의 범죄와 비행을 무시하고 있으므로, 보편적인 범죄문제를 해명하지 못하고 단지 하위계층의 범죄에 대한 설명에 지나지 않는다는 지적을 극복해야 한다.

3) 사회구조적 문제가 범죄의 원인이라면 이들이 성장하더라도 사회구조적 문제점은 지속되고 있으므로 계속 범죄를 수행해야 할 것이나, 상당수의 하위계층 청소년들은 성장해감에 따라 더 이상 일탈적인 행위를 하지 않는다는 '성장효과'에 대한 설명을 보다 명확히 해야 한다.

4) 사회구조적 이론은 열악한 환경 하에서 생활하는 모든 사람이 범죄를 범하지 않고 일부만이 범죄를 범하는 현상, 즉 '차별적(이질적) 반응'의 문제를 충분히 설명할 수 없다.
이에 대한 설명이 보완되어야 한다.

5) 사회구조적 이론은 지나치게 사회적 요인만을 강조하고, 개인의 생리적·심리적 요인을 무시함으로써 편협한 학문적 오류에 빠졌다는 비판이 있다.
이에 대해 사회적 요인과 개인적 요인의 상호작용에 의한 범죄형성에 대한 개방적인 수용태도가 요구된다.

CHAPTER 03

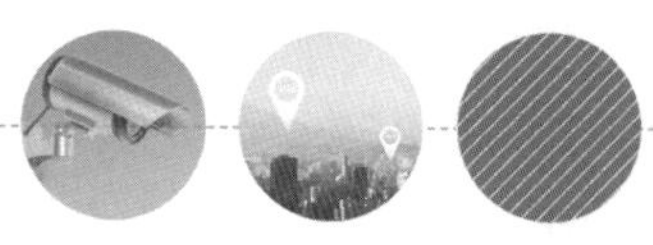

범죄에 관한 사회과정 이론 (Social Process Theories of Crime)

우리 모두가 사회적 환경에 의해 영향을 받지만, 우리의 행동이 전적으로 사회적 배경에 의해 완전히 결정되지는 않는다. 우리의 행위는 우리를 둘러싼 사회를 구조화하기도 하지만, 동시에 우리의 행동방식은 사회에 의해 구조화된다. 사회는 우리가 만드는 것과 기존 사회구조에 의하여 우리가 만들어지는 것의 상호작용적 복합이다. 우리가 우리 스스로와 사회를 만드는 것의 연계를 탐구하는 데 중점을 두는 관점이 사회과정이론이고, 특히 상호작용이론이 이러한 특색이 강하다.

'사회과정'이란, 개개인의 생물학적 특성보다 개개인 간의 관계를 일컫는 말이다. 사회과정 이론에 의하면 인생의 기회를 결정하는 것은 사회구조가 아니라 사회과정이다. 그러므로 가정·학교·또래집단·종교모임 등 사회화의 요소는 범죄행위의 중요 결정요인이 될 수 있다. 따라서 사회과정이론은 개인들 간의 접촉·교제나 개인의 사회적 경험과정에서 범죄의 원인을 찾는다.

제1절 서(序)

사회구조이론(거시환경론)이 사회구조적 특성에 따른 범죄율의 차이를 다루었다면, 사회과정이론은 개인이 어떻게 법위반자가 되는지를 해명하는 데 중점을 둔다. 그간의 많은 연구결과는 경제사회계층과 범죄의 상관관계에 주목해왔다.

그러나 사회계층과 범죄 사이에 확실한 상관관계가 성립하지 않는다는 지적들이 제기되고 있어, 경제적인 면에 기초한 사회계층구조 이외에도 범죄행위에 영향을 미치는 다른 많은 요인이 있을 수 있다는 점을 시사해 주고 있다.

예를 들면, 하위계층의 범죄가 중상위계층보다 상대적으로 많다 하더라도 중상위계층의 범죄 또한 무시 못 할 정도로 많으므로 사회계층구조상의 위치나 지위만으로는 범죄원인을 충분히 설명할 수 없다는 것이다.

이러한 배경하에서 사회과정이론(미시환경론)[16]은 동일한 사회구조적 조건을 가진 모든 사람이 모두 동일한 방향으로 범죄자가 된다거나, 준법시민으로 반응하지 않는다는 차별적 반응에 주목하였다.

그리하여 이런 차별적 반응을 설명할 수 있는 이론체계를 구상하는 과정에서 인간의 행위란, 일반적 환경조건하에서도 각자가 개인들 상호 간에 어떻게 대면접촉을 하고, 어떠한 가정, 어떠한 교우관계를 형성하느냐에 따라 그 각자가 다른 영향을 받을 수 있다는 점을 고려하게 되었다.

그래서 사회과정이론은 사회구조이론이 개인적 차원에 적용되었을 때 발생할 수 있는 오류를 시정할 수 있다. 즉 차별적 반응에 따른 범죄 발생과정을 설명할 수 있다.

사회과정이론의 장점 중 하나는 이론의 설명력이 어떠한 사회·경제적 계층에도 적용 가능하다는 것이다.

사회과정이론들은 사회적 상호작용을 중시하여 개인이 경험하는 사회과정이 규범위반에 대한 억제(통제)를 높일 수도 있고 그렇지 못할 수도 있다고 주장한다.

이 이론들은 집단(사회)뿐 아니라 개인적·심리적 변인(變因)들을 모두 포괄하기 때문에 '사회과정 이론'이라는 명칭 대신 '사회심리이론'으로 부르기도 한다.

사회과정이론은 범죄유발 원인을 개체 외부의 환경에서 찾는다는 점에서는 사회구조적 이론과 동일한 입장이지만, 거시환경 그 자체를 개괄적으로 고찰해서 그 사회성원들의 반응을 집단현상으로 인식하고자 했던 거시환경론과는 달리, 일반적 환경에서 생활하는 사람들 각자의 상호작용에 따른 개별적 반응의 문제에 초점을 맞추고 있다는 점에서 훨씬 미시적 이론체계이다.

---

16) 미시이론은 구체적 범죄과정 해명이론을 말한다. 미시이론은 사람들이 어떻게 해서 범죄자로 되어 가는가에 초점을 두고 있다. 그 초점은 특정한 집단이 될 수도 있고 개인이 될 수도 있으므로, 생물·심리학적 이론과 사회학적 이론 일부가 미시이론의 범주에 포함된다. 사회학적 미시이론으로는 사회통제이론, 문화갈등이론, 사회학습이론, 낙인이론이 있다. 미시이론은 사회과정이론에 상응한다. 미시이론들은 범죄행위를 한 개인의 특성, 동기 및 개인적 환경에 초점을 맞춘다. 이 이론들은 범죄를 행하는 개인과 범죄를 범하지 않는 개인의 차이를 찾고자 노력한다. 미시이론은 '방법론적 개인주의'라고도 한다. 방법론적 개인주의는 사회적 사실을 개인들의 행위에 입각해 설명할 수 있다고 가정한다. 그러나 이 입장은 개인의 사회적 행동이 발생한 사회적 맥락을 무시하는 것이 한계이다.

거시환경이론들은 사회적 상태, 경제구조, 문화 등과 같이 많은 사람들이 공통적으로 영향을 받는 광범위한 사회환경을 직접적인 범죄원인으로 보는 데 반하여, 미시환경이론들은 개인이 처해있는 주위상황을 직접적인 범죄원인으로 본다.

미시환경론은 사회적 발전·사회적 상호작용 변수 또는 사회심리학적 변수를 중심으로 이론체계를 수립하고 있다.

사회과정이론의 범주에 속하는 것으로는 학습이론, 통제이론, 또는 문화갈등이론과 사회적 반응 이론 등이 있다.

▌사회과정이론 분류

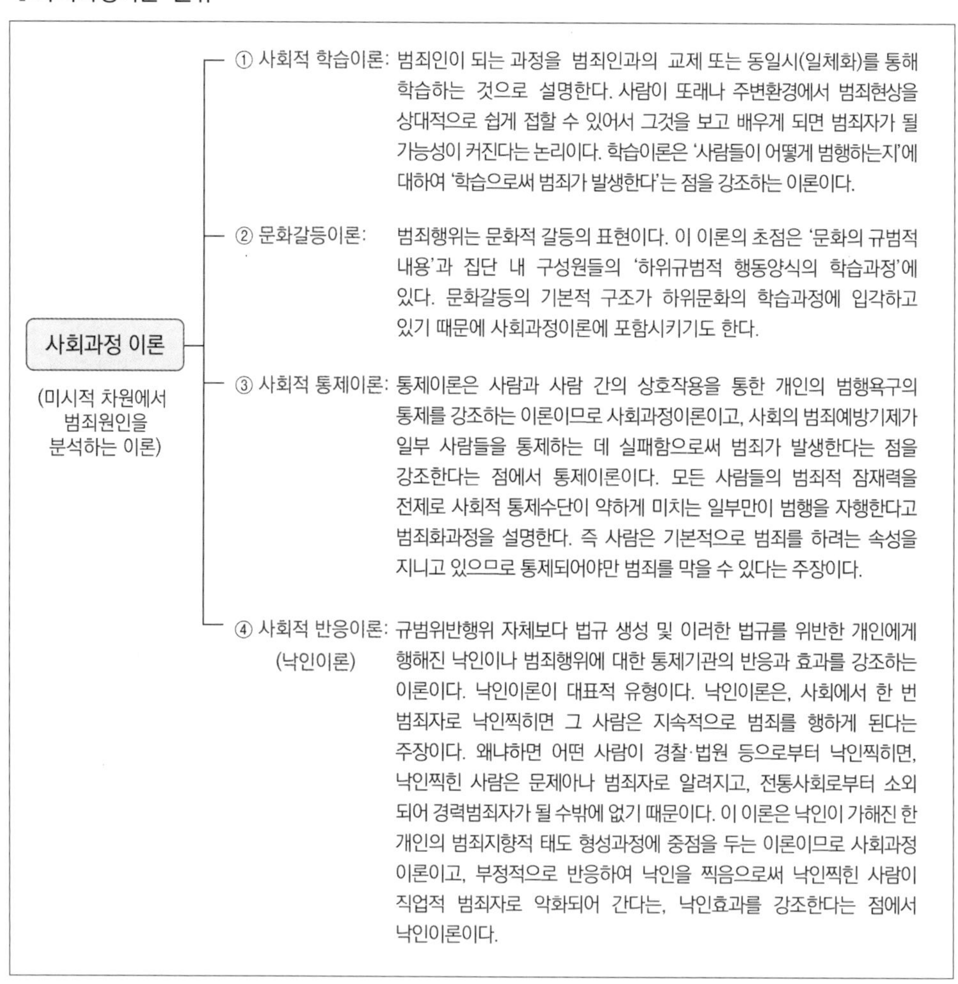

사회과정 이론

(미시적 차원에서 범죄원인을 분석하는 이론)

① 사회적 학습이론: 범죄인이 되는 과정을 범죄인과의 교제 또는 동일시(일체화)를 통해 학습하는 것으로 설명한다. 사람이 또래나 주변환경에서 범죄현상을 상대적으로 쉽게 접할 수 있어서 그것을 보고 배우게 되면 범죄자가 될 가능성이 커진다는 논리이다. 학습이론은 '사람들이 어떻게 범행하는지'에 대하여 '학습으로써 범죄가 발생한다'는 점을 강조하는 이론이다.

② 문화갈등이론: 범죄행위는 문화적 갈등의 표현이다. 이 이론의 초점은 '문화의 규범적 내용'과 집단 내 구성원들의 '하위규범적 행동양식의 학습과정'에 있다. 문화갈등의 기본적 구조가 하위문화의 학습과정에 입각하고 있기 때문에 사회과정이론에 포함시키기도 한다.

③ 사회적 통제이론: 통제이론은 사람과 사람 간의 상호작용을 통한 개인의 범행욕구의 통제를 강조하는 이론이므로 사회과정이론이고, 사회의 범죄예방기제가 일부 사람들을 통제하는 데 실패함으로써 범죄가 발생한다는 점을 강조한다는 점에서 통제이론이다. 모든 사람들의 범죄적 잠재력을 전제로 사회적 통제수단이 약하게 미치는 일부만이 범행을 자행한다고 범죄화과정을 설명한다. 즉 사람은 기본적으로 범죄를 하려는 속성을 지니고 있으므로 통제되어야만 범죄를 막을 수 있다는 주장이다.

④ 사회적 반응이론: (낙인이론) 규범위반행위 자체보다 법규 생성 및 이러한 법규를 위반한 개인에게 행해진 낙인이나 범죄행위에 대한 통제기관의 반응과 효과를 강조하는 이론이다. 낙인이론이 대표적 유형이다. 낙인이론은, 사회에서 한 번 범죄자로 낙인찍히면 그 사람은 지속적으로 범죄를 행하게 된다는 주장이다. 왜냐하면 어떤 사람이 경찰·법원 등으로부터 낙인찍히면, 낙인찍힌 사람은 문제아나 범죄자로 알려지고, 전통사회로부터 소외되어 경력범죄자가 될 수밖에 없기 때문이다. 이 이론은 낙인이 가해진 한 개인의 범죄지향적 태도 형성과정에 중점을 두는 이론이므로 사회과정이론이고, 부정적으로 반응하여 낙인을 찍음으로써 낙인찍힌 사람이 직업적 범죄자로 악화되어 간다는, 낙인효과를 강조한다는 점에서 낙인이론이다.

[제2절] 사회적 학습이론(Social Learning Theory)

'학습'이란 개인이 환경과 접하고 적응하면서 경험하여 얻은 결과물로 발전한 생각·습관·지식 등을 말한다. 이는 개인이 태어나면서 생물학적으로 결정되는, 학습되지 않은 본능적 행동과 구별된다.

'사회학습이론'(social learning theory)이라는 개념은 미국의 심리학자 반두라(A. Bandura)가 최초로 사용했다.

학습이론이란 범죄가 '정상적인 사람들의 정상적인 학습의 산물'이지, 생물학적 결함이나 심리적 기능장애의 산물이 아니라는 관점이다. 즉, 범죄행위를 비범죄적 행위와 동일한 학습과정의 산물로 여기기 때문에 범죄는 지니고 태어난다든가 '병리적'이라기보다는 '정상적'인 것으로 간주한다.

이러한 범죄사회학적 관점의 시작은 타르드[17]의 모방이론이다. 이에 따르면 사람은 흉내 내기를 통해서 행동방식이 발달해간다.

I. 차별적 교제(접촉)이론(Differential Association Theory)[18] - 서덜랜드(Edwin H. Sutherland, 1883~1950)[19]

서덜랜드는 범죄자는 원래부터 정상인과 다르기 때문에 범죄를 저지르는 것이

17) 타르드(프랑스어: Jean－Gabriel de Tarde, 1843~1904)는 프랑스의 사회학자이자 범죄학자이다. 그분은 '심리적 사회학'이라는 방법론을 확립하였다. 「모방의 법칙」이라는 저서에서, 사회적 관계 안에서 살아가는 모든 사람들은 다른 사람을 모방하는 것으로부터 행동의 동기를 형성하며, 모든 사회적 현상은 모방의 결과이고, 범죄행위 역시 모방되는 것이라고 하였다. 모방이론은 모방의 법칙으로 '거리의 법칙', '방향의 법칙', '삽입의 법칙(무한진행의 법칙)'으로 설명되고 있는데, 이러한 모방이론은 '학습이론'을 비롯한 후대의 여러 범죄사회학에 큰 영향을 미쳤다. 모방법칙이란, 모방의 강도는 거리에 반비례하고, 모방은 사회적 우위자를 중심으로 저위자가 모방하므로 상류사회에서 하류사회로의 방향을 지닌다는 주장이다.

18) 'differential association theory'를 우리나라에서는 분화적 접촉이론, 이질적 교제이론, 차별적 접촉이론으로 다양하게 번역·소개하고 있는데, 나는 왜 용어의 혼란을 가중시킬 수 있음에도 굳이 '차별적 교제이론'으로 번역하고 있는가?
서덜랜드는 'association'의 개념을 '학습'을 전제로, '학습이 이루어질 정도의 친밀한 접촉 즉 교제'라는 의미로 사용하고 있으며, 그는 교도관과 범죄자의 사무적 접촉처럼 단순히 형식적인 접촉으로는 범죄에 영향을 미치는 학습이 이루어지지 않는다고 이해하고 있다. 그러므로 우리말로는, '다가가서 닿는다'의 의미를 지닌 '접촉'보다는 '사람과 사람이 서로 사귄다'라는 의미의 '교제'가 이론의 개념을 살리는 데 보다 적절하다.

19) 서덜랜드는 20세기의 가장 중요한 범죄사회학자로 널리 인정받고 있다. 그는 사례연구를 통한 전문절도범 연구 및 화이트칼라범죄에 대해 처음으로 사회학적 연구를 시도한 범죄사회학의 개척자였다. 그리고 범죄 및 비행에 대한 사회학적 일반이론을 발전시킨 학자이다.

아니라(소질설 비판), 타인들과 교제(접촉)하는 과정에서 범죄행위를 학습하기 때문에 범죄를 저지른다고 보았다. 그분은 범죄행위에 대해 좋게 정의(definition)하는 사람들과 좋지 않게 정의(定義)하는 사람들과의 교제의 차이로 범죄행위를 설명했다. 즉, 비행이나 범죄 등 일탈행위를 긍정적으로 해석(definition)하는 사람들과의 빈번한 교제가 범죄의 주된 요인이라는 것이다. 그분의 이론은, 사람들은 사물에 대해 그들이 가지는 의미에 따라 행동한다는 상징적 상호작용론에 기반하고 있다.

결과적으로 서덜랜드는 개인이 범죄행위에 부여하는 의미, 즉 범행에 대해 호의적이거나 배타적인 가치들이 어떻게 해석되고 학습되는지를 설명하는 데 중점을 두고 있다.

1. 개관

(1) 서덜랜드는 범죄를 사회적 상호작용을 통해 학습된 행동으로 파악해야 한다고 주장하지만, 사회의 차원에서 범죄를 인식할 경우에도 범죄를 사회해체 그 자체의 산물로 보는 거시적 관점에는 반대하여 하위문화뿐만이 아니라 어떠한 문화에서도 일어날 수 있는 일탈적 사회화(학습) 과정의 결과로 이해하는 입장이다.

(2) 이 이론은 “차별적 교제(접촉)”와 “차별적 집단 조직화”라는 두 개념으로 구성되어 있는데, 전자는 개인적 차원에서 일탈적 사회화과정의 차이에 의한 범죄성향의 차이를 설명하는 개념이고, 후자는 사회의 차원에서 다른 집단 사이의 범죄율의 차이를 설명하는 개념으로 쓰인다.

(3) 이 이론은, 개인의 범죄성을 개인의 차별적 교제에서 그 원인을 찾고 있다. 이 이론에서는 학습의 내용을 구체적으로 적시했고, 학습이 이루어지는 과정을 구체화했다는 점에서 체계적인 학습이론으로 평가된다.

2. 일탈적 사회화에 관련된 사회심리학적 아홉 명제

(1) 범죄행위는 학습된다.

범죄는 생물학적 내지 심리학적 원인 즉 유전적 소질에 의해 설명할 수 있는 것이 아니다. 또한 타인과 고립된 상태에서 생겨나는 것도 아니다. 누군가와 접촉 내지 교제를 통해 누군가로부터 배운 행동이다.

(2) 범죄행위는 의사소통 과정에서 타인과의 상호작용에서 배워진다.

개인이 단지 사회해체로 인한 문화갈등적·범죄적 환경 속에서 거주한다거나 범죄적 성격을 보유하는 것 외에도 안내자·교사로서의 역할을 하는 타인과의 상호작용을 통한 학습 과정이 있어야만 범죄자로 될 수 있다.

(3) 범행의 학습은 주로 친밀한 인간관계가 있는 사적 집단 안에서 일어난다.

범죄는 누구에게서나 배울 수는 있으나, TV·영화 등의 매체 및 공적 집단보다는 주로 가족·동료집단과 같은 친밀한 개인적·대면적 접촉이 학습에 커다란 영향을 미친다.

그러므로 자녀양육에 있어서 부모의 영향을 강조하는 정책이 요구된다. 또한 청소년 비행(범죄)의 가장 강력한 원인은 비행친구와의 교제에 있으므로 건전한 교제에 대한 지도가 필요하다.

(4) 범행의 학습 시 그 학습은, (a) 범죄를 저지르는 데 필요한 복잡하거나 단순한 기술 및 (b) 동기, 충동, 합리화, 그리고 태도의 특수한 지향을 포함한다.

어떤 아이들은 비행소년들을 만나 어울리면서 열쇠를 따고 상점에서 절도하며, 약물을 얻고 사용하는 법을 배운다. 또한 그러한 행위의 은어나 법 위반에 있어 적당한 대응법도 학습한다.

그리고 자신들의 불법적인 행동에 대해 어떻게 합리화하고 핑계대며, 뉘우치는 것처럼 가장하는가의 대응법까지 배운다. 그러면서 범죄성향의 멘토로부터 성공적인 범죄자가 되어 범죄행위로 최대 이익을 얻는 법도 배워간다.

(5) 앞의 명제 중에서 가장 중요한 범행의 동기나 욕구의 구체적인 내용은 법규범을 호의적으로(좋게) 또는 비호의적으로(좋지 않게) 의미부여하는 해석(definition)으로부터 학습된다.

범죄의 동기와 충동의 방향은 범규범에 대해 친화적인가 거부적인가의 여러 측면을 인식함으로써 학습된다. 사회규칙과 법에 대한 대응이 사회 내에서 일정하지 않은데, 어떤 사람은 법을 경멸하거나 우습게 여기면서 무시하는 사람과 만날 수 있다.

무엇이 옳고 그르고, 또 무엇이 도덕적이고 비도덕적인가에 대해 사람들은 서로 정반대의 태도를 지닌 사람들과 교제(접촉)하면서 법에 대한 인식을 형성하게 된다.

서덜랜드는 이를 '문화갈등'이라고 하였는데, 이러한 사회적 태도와 문화규범의 갈등이 차별적 교제개념의 기초가 된다.[20]

20) 차별적 교제이론은 문화갈등론의 지향성을 가진다. 서덜랜드의 주된 목표는 규범적·문화적

(6) 한 개인이 범죄자와 비범죄자의 갈림길에 서 있을 때, 한 개인이 범죄자가 되는 것은, 법 위반을 긍정적으로 보는 입장(관념)과의 교제(접촉)가 법 위반을 부정적으로 보는 입장(관념)과의 교제를 능가할 때 이루어진다.

이것은 차별적 교제이론의 핵심적인 논리인데, 범죄행위는 법을 경시 내지 배척하는 집단과의 교제를 통하여 법을 배척하는 성향이 보다 강하게 학습되어 준법성향을 능가하게 될 때 발생한다고 한다. 이러한 상태에서는 열심히 일해서 경제력을 갖추는 대신 범죄를 꾀하는 경우가 많다.

(7) 차별적 교제의 양상은 빈도, 기간, 우선순위(시기) 및 강도(영향력의 정도)라는 네 가지의 측면에 따라 다양하게 나타난다.

한 개인이 범죄적·준법적 가치 또는 사람 및 집단과 이루어지는 교류는 다양하며 그러한 교제의 영향은 사회적 상호작용의 질에 의해 좌우되는데, 그것의 질은 자주(빈도) 그리고 오랫동안 교류할수록(기간), 조기에 시작할수록(우선순위), 그리고 교제대상의 권위와 설득력이 강하면서 중요도가 높고 특혜가 주어지는 교제일수록(강도) 강해진다.

(8) 범죄적 또는 비범죄적 행위유형과 접촉에 의한 범죄행위의 학습과정은 다른 일반적 학습과정의 모든 작용원리를 포함한다. 즉, 모든 사회적 행위의 학습 메커니즘은 동일하다.

범죄자와 비범죄자 간의 차이는 학습과정의 차이가 아니라 접촉유형의 차이이다. 즉, 학습과정 자체보다는 학습 내용이 범죄자가 되는지 여부를 결정하는 중요한 요소이다.

(9) 범죄행위가 일반적인 욕구와 가치의 표현이기는 하지만 일반적인 욕구와 가치추구만으로는 충분히 설명할 수가 없다.

왜냐하면 비범죄적 행위도 그와 동일한 일반적인 욕구와 가치의 표출이기 때문이다.

도둑과 정직한 근로자는 둘 다 돈에 대한 욕구는 같지만 수단이 다르다. 그러므로 단순히 돈에 대한 욕망 및 그 추구가 왜, 훔치거나 정직하게 일하는지에 대해서까지 설명해 줄 수는 없다.

다시 말해, 지위나 돈·명예 등에 대한 욕구는 범죄행위의 원인으로도 작용하나, 다른 비범죄행위의 원인도 되기 때문에, 그것을 가지고 범죄행위와 비

갈등이 범죄행동의 학습에 어떻게 영향을 미치는가를 설명하는 것이다. 다만, 그는 갈등적 이해관계를 가진 집단이나 계급이 아니라, 갈등적 가치관에 초점을 두었다.

범죄행위의 동기를 구분하기에는 무리가 있다.

3. 차별적 교제이론 분석

(1) 서덜랜드는 문화전달, 사회해체, 문화갈등의 개념을 바탕으로 학습이론을 제시했다.

(2) 그는 개인이 지역사회 내에서 범죄적 행위를 학습하는 과정을 차별적 교제로 설명함으로써 지역사회적·거시적 수준에서 개인적·미시적 수준으로 범죄학의 관점을 바꾸었다.

(3) 학습되는 것의 내용을 구체적으로 적시하였고, 학습이 일어나는 과정을 구체화하였다는 특징이 있다.

(4) 차별적 교제이론은 일상에서의 학습과정을 범죄의 영역으로 확장시켰다.

1) 이 이론의 요지는 "사람이 범죄자로 되는 것은 법 위반에 대하여 비호의적인 관념보다 호의적인 관념이 더 많기 때문"이라는 것이다.

2) 범행은 정상적인 학습과정에서 배워지며 더욱이 준법행위와 똑같은 방식으로 배워지고 그 학습내용은 범죄의 기술과 동기, 합리화 등이며 이러한 학습과정은 다른 사람과의 친밀한 교제에서 일어난다.

이러한 관점에 의하면, 비행다발지역은 사회해체론이 주장하는 것처럼 해체되었다기보다는 '차별적 사회조직화'되어 있으며 문화갈등의 상황에 있다는 것이다.

즉 복합·다양한 산업사회에는 이질적이고 갈등적인 다양한 규범들이 있고, 서로 다른 목표와 수단을 향해 각각 다르게 조직되어 있는데, 차별적 집단조직화는 범죄적 규범 및 학습구조의 존재를 설명하려는 것이라 하겠고, 문화적 갈등이란 사회에서 여러 집단이 행동에 적합한 여러 생각을 갖는다는 것을 의미한다. 반면에 교제 차이는 이 범죄적 규범의 전달(학습)을 이해하기 위한 개념이다.

3) 서덜랜드는 사람이 법을 위반하는 결정적인 요인으로, 그들이 경험하는 사회조건 그 자체보다 그것에 부여하는 의미를 강조했다. 의미에 따라 행동방향이 정해지기 때문이다.

(5) 이 이론은 특히 청소년비행의 설명에 상당한 타당성을 지닌다.

청소년비행은 집단적이고 모방적인 면이 많고 동료집단을 중시하며 환경에 민감하고 학습과정에 있으므로 청소년비행의 특성을 설명하기에 적절하다.

(6) 차별적 교제이론은 화이트칼라범죄(white-collar crime)부터 하위계층의 길거리범죄(street crime)까지, 그리고 청년층과 노년층, 흑인과 백인, 남성과 여성 범죄자를 아우르는 일반적인 범죄이론으로 제시되었다.

4. 차별적 교제이론의 범죄대책

(1) 서덜랜드는 사회에서 범죄를 예방하려면 개개인이 평소에 접촉·교제하는 환경을 더욱 반비행적·반범죄적인 것으로 구성하고, 그들이 평소에 만나고, 배우고, 듣고, 읽은 것을 더더욱 반비행적·반범죄적인 것으로 구성하여 비(非)범죄적 정의(定義, definition)에 대한 접촉·교제를 늘려야 한다고 주장했다.

(2) 범죄인을 교정하려면 심리학자·사회사업가 등의 도움을 받아 범죄성향을 지닌 사람들을 재사회화기관에서 집단으로 처우받을 수 있도록 하여야 한다. 이러한 대책을 서덜랜드는 '집단관계요법'이라고 칭했다. 집단관계요법의 핵심은, 사람들이 힘써 얻어야 할 재산을 범죄를 통해 얻으려 해서는 아니 된다는 사고와, 어떠한 형태로든 다른 사람에게 상처를 입혀서는 아니 된다는 가치를 갖도록 의식(관념)을 형성하는 것이다.

5. 차별적 교제이론에 대한 비판

(1) 적용상의 한계: 이 이론은 그가 연구한 '전문적 절도범'의 경우는 잘 설명할 수 있지만, 폭력 및 충동적 범죄 그리고 정신이상에 의한 성도착증 등을 설명하기가 어렵다. 또한 과실범·격정범 등 일부범죄를 설명할 수 없고, 단독범행에 대해서도 설명하기 어렵다.

서덜랜드는 차별적 접촉이론을 화이트칼라 범죄나 블루칼라(길거리) 범죄에 모두 적용할 수 있다고 하지만, 주로 개인의 지적 능력에 의해서 타인으로부터의 학습 없이 단독으로 터득하는 화이트칼라 범죄에 대해서는 만족할만한 설명을 하지 못하고 있다.

(2) 학습과정에서 매스 미디어의 중요성을 경시하고 교제결과에 따른 반응에 있어서 개인적인 차이(차별적 반응)[21]가 무시되고 있다.

범죄는 친밀한 직접적인 접촉을 통해서만 학습되지 않으며 비면접적 상호작용 또는 매스컴 등 간접 경험을 통해서도 학습될 수 있으며, 일탈적 집단과

---

21) '차별적 반응'이란 사람들이 똑같은 것을 겪어도, 모든 사람들이 똑같이 되지 않는다는 경험 결과의 차이를 가리키는 개념이다.

의 접촉이 반드시 범죄자로 만들지 않고 그 반응도 다양하다는 점(차별적 반응의 문제)을 무시하고 있다(이에 대한 개인적 반응의 차별성을 고려하고, 학습과정에서 문화전달의 주체를 직접 교제하는 사람들뿐만 아니라 매스컴 등을 통하여 멀리 떨어져 있는 준거집단이나 준거인에까지 확장함으로써 서덜랜드 이론을 수정·보완한 이론이 Glaser의 차별적 동일시 이론이다).

(3) 중요한 개념들(법위반에 대한 호·비호의성, 접촉의 빈도·강도·우선순위 등)의 모호성과 측정의 불가능 및 결과적인 이론 검증의 어려움이 있다.

(4) 모든 범죄가 반드시 상호작용적 학습을 통해서만 이루어진다고 할 수도 없다.
많은 조사보고에 의하면 범죄적 집단과의 접촉 없이도 상당수의 사람이 범행을 하고 있다고 하는데, 이에 대한 적절한 해명이 없으므로 차별적 접촉이론은 한계가 있다.

Ⅱ. 사회학습이론(Social Learning Theory) 또는 차별적 강화이론 (Differential Reinforcement Theory) - 에이커스(R. Akers)

1. 개관

사회학습이론은 범죄발생과정에서 사회화과정을 중시한다.

1920년대에 제시되어 발전되어 온 서덜랜드의 범죄학습이론은 "범죄는 정상적으로 학습된다."는 논리를 펴며, "그 학습은 친밀한 집단 내에서 이루어진다."는 주장이다.

그 후 1980년 이후의 학습이론인 버제스(Robert Burgess)와 에이커스(Ronald L. Akers)의 사회학습이론은 서덜랜드의 학습과정범위를 수정·확대하여, 학습이 다른 사람과의 교제뿐만 아니라 독자적으로도 '조작적 조건화의 원리'를 통한 환경과의 직접적 상호작용으로 이루어질 수 있다고 주장했다.

차별적 교제 강화이론(differential association reinforcement theory)은 차별적 교제이론을 수정·보완하여 원래의 차별적 교제이론보다 좀 더 명백하게 범죄와 비행을 설명한다.

그분들은 스키너(Burrhus F. Skinner)의 행동주의심리학의 연구성과인 조작적 조건화(자발적 반응)원리[22]를 도입하여, 학습과정의 확대 외에 무엇을 학습하는지에 대해서

22) 조작적 조건화(operant conditioning)는 사람들에게 긍정적인 이익의 결과를 가져오는 행

도 수정했다.

특히 그들은 오직 관념(가치관)만 학습된다는 서덜랜드 본래의 인지적 지향에서 벗어나 행동 그 자체도 조작적 조건화와 사회학습과정을 통해 학습될 수 있다고 보았다. 이는 '차별강화(differential reinforcement)' 또는 '사회학습(social learning)'이라는 용어로 개념화되었다.

에이커스는 버제스와의 초기 저작에서 차별적 교제 원리를 통한 학습과정을 조작적 조건화 원리를 통해 수정·보완하였다.

이 수정·보완은 범죄행동이 다른 사람과의 상호작용뿐 아니라 비사회적 상황을 통해서도 차별적으로 강화되어 학습된다는 원리로 체계화되었다. 비사회적 상황을 통한 학습이란, 다른 사람과의 상호작용 없이 환경이 범죄성을 강화하는 것을 뜻한다.

그렇지만 버제스와 에이커스는 서덜랜드의 주장처럼 범죄행동의 학습은, 주로 개인을 강화하는 주요 원천이 되는 집단에서 시작된다는 점을 강조했다.

그 후 에이커스는 조작적 조건화의 원리를 확대하여 모델링[23] 사회학습원리까지 포함시켜, 다른 사람의 행동결과를 관찰함으로써 학습되는 경우도 인정했다.

동은 계속하도록 하고, 부정적 결과를 낳는 행동은 피하도록 하는 교육원리이다. 예컨대 술을 마신 후 운전석에 앉으면 혐오스런 냄새가 나는 액체가 뿜어져 나오고, 뒷좌석에 앉으면 향수가 뿌려지는 지속적인 보상을 해주면, 그 조작적 행위가 뇌리에 남아 술을 마시고 차에 탈 때에는 계속 뒷좌석에 앉게 만들 수 있을 것이다.
이처럼 조작적 조건화의 기본개념은, 어떤 행동의 결과를 좋게 만들어주면 그 행동을 다시 또 하게 된다는 원리이다. 이 경우 결과를 좋고 이익되게 얻는 것을 보상(reward)이라고 하고, 보상을 통해 어떤 행동의 실행 빈도가 많아지는 것을 강화(reinforcement)라고 한다. 반면에 조작적 조건으로서의 처벌(punishment)은 행동에 대해 부정적 결과를 인식시킨다.
강화에는 긍정적 강화(positive reinforcement)와 부정적(negative) 강화가 있다. 긍정적 강화는 특정 행동을 하게 되면 보상을 받도록 하여 그러한 행동습관을 학습하게 하는 것이다. 예를들어 시험성적이 5점 올랐는데 친구들과 부모로부터 찬사를 받은 학생은 시험성적을 올리는 것이 긍정적인 효과를 얻는 것이라고 생각해서 계속해서 성적을 끌어올리도록 노력을 하게 된다.
부정적 강화는 특정 행동을 하지 않았을 때에는 부정적인 결과가 나타나는 것을 인식시킴으로써 반대 성향의 행동을 하도록 유도하는 것이다. 예를 들면, 보험에 가입하지 않아 큰 어려움을 겪는 모습을 보여줌으로써 보험에 가입하게 만드는 광고기법이 이에 해당한다.
처벌은 어떠한 특정 행동을 하지 못하도록 학습시키는 기제인데, 음주운전 방지나 마약 방지 캠페인 등에서 처벌을 통해 부정적인 강화를 유도하는 데 많이 활용되고 있다. 조작적 조건화 수단으로 처벌은 보상보다 행동변화에 효과가 적은 것으로 알려져 있다.

23) 모델링(modeling)은 '관찰적 학습' 또는 '대리 학습'으로 번역되는 교육심리학의 용어이다. 이 개념은, 어떤 행동을 학습하는 데 있어서는 반드시 직접적 강화 체험만이 필요한 것이 아니고, 다른 사람을 관찰하고 그들의 행동결과만 보는 것으로도 효과가 있다는 것을 말한다.

2. 사회학습이론의 네 가지 핵심요소 – 차별적 교제(접촉), 정의(定義), 차별적 강화, 모방

에이커스는 사회구조와 사회학습의 이론모형을 제시했다. 이 이론모형에 의하면, 사회구조적 요인은 개인의 행동에 간접적인 영향을 미치고, 사회학습변수는 개인의 행동에 직접적인 영향을 미친다.

즉, 계층·사회해체 등 사회구조적 요인은 차별적 교제·정의(definition)·차별적 강화·모방 등 사회학습변수에 영향을 미치고, 이러한 사회학습변수가 직접적으로 범죄적 행동과 준법적 행동에 영향을 미친다고 한다.

차별적 교제(접촉)-differential association
이 개념은 서덜랜드에 의해 구체화된 학습과정을 수용한 것으로서, 사회적 상호작용을 통하여 '법규범에 대해 호의적이거나 비호의적으로 뜻매김'하는 정의(定義)를 학습하는 패턴을 설명하는 개념이다. 에이커스는 차별적 교제의 결과가 빈도·기간·우선성(우선순위)·강도에 따라 다르다는 점에 대해서는 서덜랜드의 주장을 받아들이면서도 상호의사소통을 통한 정의의 직접적 학습뿐 아니라 원거리 준거집단과의 동일시를 통한 간접적 학습까지 인정했다. 사람들은 차별적 교제를 통해 정의내용이 학습되며, 학습된 정의내용은 비행이나 범죄를 범할 가능성을 높이거나 낮게 한다.
정의(뜻매김)-definition[24)]
에이커스는 '정의(定義)'를 사람이 자신의 행위에 부여한 의미를 뜻하는 개념으로 보았다. '일반적 정의'는 전체적인 도덕적 가치, 종교적·윤리적 신념, 그리고 반사회적 행위를 싫어하는 규범 등이 반영되어 규정되는 것을 말하고, 구체적 정의(특수정의)는 한 개인에게 특정 행동을 하도록 만드는 가치관을 말한다. 학습과정에서 형성되는 정의는 둘 다 포함하는 개념이고, 이는 개인 스스로의 비행·범죄에 대한 태도, 동기, 합리화, 옳고 그름에 대한 평가에 큰 영향을 미친다. 예를 들면, 한 개인은 학습된 정의에 따라 일반적인 법규범은 옳다고 받아들이면서도, 자기 자신은 창작활동을 하기 때문에 피해자가 없는 범죄인 대마초 흡연 규제가 자신에게는 타당하지 않다고 특수 정의하여 정당화할 수 있다. 범죄나 비행에 대한 긍정적 정의와 중화적 정의는 범죄나 비행가능성을 높인다.
차별적 강화-differential reinforcement
차별적 강화는 구체적 행위에 대한 실제적인 결과 또는 예측되는 결과로 인한 조작적 조건화를 나타내는 개념이다. 조작적 조건화는 어떤 행동을 강화하기 위해서 보상과 처벌을 이용한다. 구체적 행위에 대한 보상, 처벌회피 등 긍정적인 결과는 그 행위에 대한 열망을 강화시키는 반면, 처벌·비난 등 부정적인 결과는 억제의 효과 즉 약화를 유도한다. 따라서 사람은 보상이 기대되는 일은 행하고, 장래 처벌이 예측되는 일은 회피한다. 이 보상과 처벌에는 주변으로부터 칭찬이나 비난을 받는 것, 형벌이나 포상을 받는 것과 같이 사회적인 것이거나 대마초·마약 등으로 기분이 좋아지거나 건강을 잃게 되는 것처럼 비사회적인 것 모두 다 포함된다. 차별적 강화는 청소년들이 가벼운 범죄를 저질렀는데도 들키지 않고 넘어갔다거나, 특히 들키지 않고 피해갈 수 있었던 데 대하여 스릴과 대견함을 느낄 경우 더욱 잘 일어난다. 이러한 차별적 강화과정은 "바늘도둑이 소도둑된다"는 우리 속담이 적합한 비유라고 할 수 있다

모방(흉내 내기)-imitation

모방은 사회 집단의 구성원들 사이에 나타나는 의식적·무의식적 반복행위를 뜻한다. 모방행위는 다른 사람과의 상호작용을 통하여 발생할 수도 있고, 관찰을 통해 독립적으로 발생할 수도 있다. 행동이 모방될지 차단될지는 역할모델의 특성, 그 사람이 하는 행동, 관찰된 그 행동의 결과에 달려있다. 모방은 최초의 비행·범죄에 큰 영향을 미친다. 그러나 모방은 행위의 지속에도 어느 정도 영향을 미친다. 최초의 비행·범죄는 일탈적 집단과의 차별적 교제를 통해 정의·모방되며 사회적 환경에서 보상과 처벌에 따라 강화된다. 최초의 비행·범죄는 모방으로 시작되지만, 범행의 지속 여부는 주로 강화에 따라 결정된다. 즉 학습된 정의와 비행 또는 범죄 모델에 대한 모방의 정도와 강화의 결과에 따라 사람의 비행·범죄의 발생과 지속 정도가 달라진다.

▎범죄행동의 학습 및 범죄의 연속성

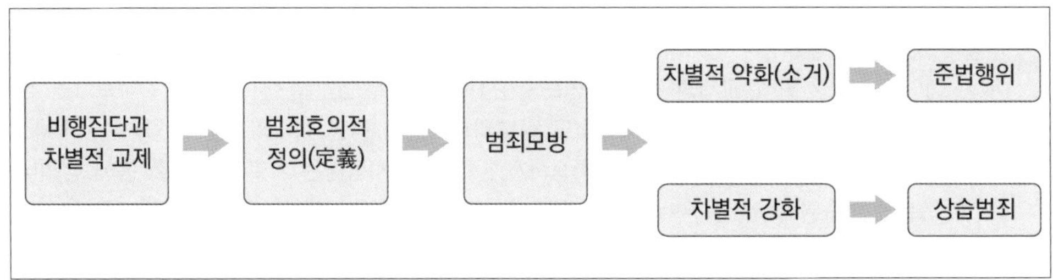

에이커스는 위의 도식처럼 범죄행동의 학습과정에서 일어나는 비행·범죄의 구체적 연속성을 제시했다.

연속성은 어떤 사람과의 차별적 교제가 시작되어 범죄행동에 호의적인 정의를 갖게 되고, 다른 사람의 행위 모방 또는 직접적인 상황을 통하여 범죄행동이 습득되며, 범죄행동에 대한 억제(약화) 또는 강화를 경험한다.

강화에는 범죄행동으로 직접 경험하는 보상·처벌뿐만 아니라 다른 사람의 범죄과정을 관찰함으로써 생기는 대리경험을 통한 보상·처벌도 포함되며, 또한 사회적·비사회적 강화까지 포함한다.

3. 결론

법 위반에 대해 비호의적인 정의보다 호의적인 정의가 강하면 범죄행위의 모방이 이루어지고, 그 범죄행위를 하다가도 그것에 대하여 비난·처벌이 가해져 부정적 강화가 이루어지면 인습적(준법적) 생활로 전환되고, 처벌 없이 보상(이익)을 얻으면 긍정적 강화를

24) 'definition'은 우리나라 교재에서는 정의(定義)라고 번역하는 경우가 많은데, 이 개념은 어떠한 규범이나 행동에 대해 가치를 부여하고 인식하는 것, 규정짓는 것, 개념정의하는 것을 뜻하는 개념이다. 본서에서는 문맥에 따라 '인식', '정의', '규정', '뜻매김'으로 번역하였다.

통해 지속적인 상습(경력)범죄자가 된다.

4. 차별적 강화이론에 대한 평가

(1) 차별적 교제이론의 가장 대표적인 보완 이론으로서, 사회학적 변수와 심리학적 변수를 연계시켰다.
차별적 교제이론의 학습과정이 명확하지 않다는 점을 집중 보완하기 위해 서덜랜드의 범죄학습이론과 스키너(Skinner)의 심리학적 학습원리인 조작적 조건화를 통합하여 보다 일반적인 행동이론을 제시했다.
차별적 교제이론에 대해 비판되었던 교제(접촉)와 범죄행동 사이의 부족한 연계를 차별적 강화 개념으로 인과관계를 보다 명료하게 보완했다.

(2) 범죄행위에 대한 처벌이 준법적 행위를 조장할 것이라는 점을 제시함으로써 통제의 측면을 강조하는 고전주의 범죄학을 사회학적 이론과 접목시켰다. 또한 '처벌'이나 '보상'이라는 개념을 사용하여 범죄과정을 설명함으로써 과학적 검증가능성을 높였다.

(3) 다른 사람과의 교제 이외에 비(非)사회적 자극에 의해서도 직접 범죄를 학습할 수 있다는 점을 제시했다. 따라서 환경 그 자체가 범죄성을 강화시킬 수 있다고 인정한다. 그렇지만 에이커스는 사회적 상호작용을 통한 사회적 강화를 중시했다.

(4) 범죄자와 차별적으로 강하게 접촉·교제하여 일차적인 범죄를 행했을 때 처벌이 가해지면 준법적인 행동으로 전환되고, 처벌이 모면되고 보상이 주어지면 바늘도둑이 소도둑이 되듯이 직업범죄자가 된다는 것을 지적하여 '차별적 반응'의 문제에 대해서도 설명할 수 있게 되었다.

(5) 처벌을 중요시함으로써 사회통제이론의 직접적인 기초를 제공했다.

(6) 다른 사람과의 사회적 상호작용 없이, 시행착오적으로 터득하는 것과 다른 사람들이 하는 행동을 관찰하여 모방(modeling)하는 것도 사회적 학습의 한 내용으로 보았다.

(7) 이 이론의 사회학습원리는 교정에 있어서 행동수정프로그램으로 연결되고, 비행자·범죄자에 대한 집단상담, 또래집단 상담프로그램, 자활(自活)프로그램, 약물·알코올 중독 예방프로그램, 수강명령, 성폭력 치료프로그램 이수명령 등의 이론적 논거를 제시했다.

Ⅲ. 차별적 동일시 이론(Differential Identification Theory) - 글래져(D. Glaser)

1. 등장배경

이 이론은 대인적·직접적 접촉·교제 없이도 모방행동(modeling)을 통해 범죄가 학습되어 발생할 수 있음을 강조한 이론이다.

차별적 교제이론은 차별적 반응의 문제를 해결하지 못하고, 또한 범죄의 학습이 반드시 친근한 집단과의 직접적인 접촉을 통해서만 학습되는 것이 아니라는 비판(학습과정의 단조로움)도 극복하지 못했다. 이에 대한 대안으로써 글래져가 '차별적 동일시'라는 개념을 제시했다.

그는 친밀한 면접집단을 통한 학습보다는 매스미디어를 통한 학습의 중요성을 강조했다.

2. 차별적 동일시 이론의 분석

이 이론도 범죄를 학습의 결과로 보는 점에서 차별적 교제 이론을 긍정하지만, 서덜랜드가 사용한 '교제(접촉)' 대신에 '동일시'(identification)[25]라는 개념을 사용하여 특정인이 범죄를 학습할 수 있는 대상을 TV나 영화의 주인공처럼, 청소년들이 직접 만나거나 교제한 적이 없는 실재상·관념상의 인간으로까지 확장함으로서 범죄의 학습이 반드시 친근한 집단과의 직접적인 접촉을 통하지 않아도 가능하다는 점을 설명하였다.

또한 실제로 범법적 경향으로 사람을 특징짓는 교제를 직접적으로 하지 않는 사람이라도 그러한 경향이 기대되는 역할모델적 사람과 동일시한다면 범죄행위의 반응을 보일 수 있고, 직접 교제하더라고 동일시하지 않으면 범죄행위의 반응을 보이지 않을 수도 있다고 함으로써 각 개인들의 차별적 반응에 대해서도 설명하였다.

다시 말해, 어떤 한 개인은 범죄자와의 직접적인 접촉을 통해서도 범죄학습이 가능하지만, 또한 대중매체로부터 보고 듣던 사람과의 동일시를 통해서도 범법행위(犯法行爲)를 추구할 수 있다는 것이다. 또한 특정인이 추구하는 어떤 가치를 동일시하

25) '동일시(同一視)'란 '다른 개인이나 집단의 특징을 자신의 것과 같다고 여기는 정신적 조작'을 말한다. '차별적 동일시'는, 어떤 사람이 준법행동 또는 범죄행동의 성향을 갖도록 하는 가치를 체득하는 과정에서, '실재 또는 상상의 사람과의 정체성을 일체화하는 정도'이다. '차별적 일체화'로 번역, 소개된 교재도 있다. 차별적 동일시 원리에 따르면, 대중예술의 스타가 직접적으로 사적인 인간관계를 맺고 있는 이웃사람보다 더 많은 영향력을 발휘할 수 있다. 예를 들면, 만화주인공 코난은 개인이 현생활에서 직접 접촉하는 사람들보다 더 많은 가치를 심어줄 수도 있다.

는 것은 주변사람과의 직접적인 접촉보다 더 중요한 영향을 미칠 수도 있다는 것이다.

3. 차별적 동일시 이론의 평가

이 이론은 범죄행위를 이해할 때 사람과 환경·상황과의 상호작용뿐만 아니라 사람 간의 상호작용도 고려하는 등 통합론적 노력을 보임으로써 긍정적으로 평가받기도 하지만, 차별적 동일시의 발생근원을 제시하지 못한 한계도 지적되고 있다.

Ⅳ. 자아(자기)관념(Self-Concept)이론 - 레크레스와 디니츠(W. Reckless & Dinitz)

이 이론은 차별적 교제이론이 각각의 개인들의 차별적 반응에 대한 문제를 도외시하고 있다는 비판을 근거로, "범죄적 문화와 접촉한 사람 가운데 어떤 사람은 왜 범죄에 빠지지 않는가"에 초점을 맞추어 각 개인의 개별적 특성을 중시하여 차별적 반응의 문제를 집중 보완한 이론이다.

여기서 '자기관념'(self－concept)이라 함은 '가족관계와 같이 자기와 밀접하고 중요한 다른 사람들과의 관계를 고려하여 형성하는 자신에 대한 심상'으로 정의할 수 있다.

이분들의 설명에 의하면, 범죄문화와 접촉하는 비행다발지역의 청소년들 중 다수가 비행에 가담하지 않는 것은, 그들이 자기 가족관계 등을 고려하여 사회적으로 바람직하다고 인정되는 방향으로 자기에 대한 심상(self－concept)을 형성시켜 유지해 나가기 때문이다. 즉, 긍정적 자아관념이 비행적 영향이나 환경적 압력·유인에 대한 절연체 및 내적 견제 또는 장애 요소로 작용하기 때문이다.

이 입장에 따르면, 바람직하거나 또는 바람직하지 않은 자기에 대한 심상이 비행과 준법행위를 결정하는 요소인 것이다. 따라서 이 입장에서는 긍정적인 자아관념의 정도에 따라 범죄충동의 통제가능성이 차이를 보인다고 보기 때문에 통제이론으로 분류되기도 하며, 뒤에 소개되는 억제(봉쇄)이론으로 발전되었다.

긍정적인 자아관념을 오이세르만(D. Oyserman)과 마쿠스(H. R Markus)가 강조하는 '성취자아의식'(expected possible selves)과도 연관된다. 성취자아의식은 '미래의 자신에 대한 기대 의식'인데, 긍정적인 성취자아의식이 높고 강렬하면 범죄를 범할 가능성이 낮아진다고 한다.

그러므로 청소년은 자신이 미래 좋은 직업과 멋진 결혼을 성취하고 존경받는 사람이 될 것이라고 믿는 정도가 강렬하면 범죄와는 거리가 멀어질 것이다.

제3절 문화갈등이론(Culture Conflict Theory)

Ⅰ. 문화(규범)갈등이론 - 셀린(T. Sellin)

문화갈등이라는 용어는 셀린(Thorsten Sellin)에 의하여 처음 사용되었는데, 셀린의 문화갈등은 행위규범[26] 간의 갈등에 초점을 둔다. 셀린은 문화적 갈등이란 형법에 명시되어 요구되는 규칙이 부분집단의 행위요구와 부딪칠 때 발생한다고 보았다.

문화갈등에 따른 행위규범의 갈등은 심리적 갈등의 원인이 되고, 나아가 범죄의 원인으로 작용한다고 보았다. 셀린의 문화갈등에 대한 개념은 범죄학에 행위규범과 범죄의 상대성을 일깨워주었다.

셀린은 범죄와 일탈행동을 문화적·규범적 갈등 속에 있는 사람의 정상적이고 학습된 행위라고 설명한다. 다시 말해, 사람들은 자기가 속한 사회(개별문화집단)의 규범 및 가치체계에 따라 행동하도록 학습해왔고, 그래서 그에 맞춰 행동했는데 그것이 전체사회의 규범과 가치에 반하고, 전체사회의 가치체계에 맞춰 제정된 형법에 위반되면 범죄로 규정된다는 것이다.

범죄는 그러한 갈등의 표현이고, 자신이 속한 집단의 규범과 가치에 따라 행동하는 사람들이 법으로 규정된 다른 집단의 규범·가치를 위반한 결과이다.

1. 범죄의 발생

셀린은 범죄는 문화의 소산이라는 전제하에 범죄를 이해하고 있으며, 그는 「문화갈등과 범죄」라는 저서를 통하여 다원적이고 복합적인 현대사회는 고유한 규범의식을 가진 다양한 부분사회를 내포하고 있으므로 전체사회의 규범과 부분사회의 규범 간에 갈등이 생기기 쉽고, 이러한 종류의 문화갈등이 내면화되고 규범갈등이 증대되면 그것이 개인의 인격해체를 일으켜 결국 범죄가 유발된다고 지적한다.

26) '행위규범'은 특정한 상황하에서 특정한 종류의 사람이 특정한 방식으로 행동하도록 규정짓는 문화규칙을 말한다.

셀린은 부분사회(개별적 문화집단)의 행동규범과 전체사회의 지배적인 가치체계 사이에 발생하는 규범적(문화적) 갈등관계가 범죄의 원인이 될 수도 있다고 주장한다.

2. 문화갈등의 형태

(1) 일차적 문화갈등

일차적 문화갈등은 서로 다른 두 문화 사이의 경계지역에서 일어나거나, 또는 식민지화·이민의 경우와 같이 이질적인 두 문화가 서로 충돌하는 과정에서 생기는 갈등이다. '횡적(수평적) 문화갈등'이라고도 한다.

예컨대, 미국에 사는 시칠리아인 아버지가 자신의 딸을 유혹한 소년을 살해하고, 자신은 단지 전통적인 방식으로 가족의 명예를 지켰을 뿐(명예살인)인데 체포되었다며 놀라움을 표시했던 사건이 1차적 문화갈등의 문제를 보여준다. 일차적 문화갈등은 이민과 범죄의 관계를 잘 설명할 수 있다.

(2) 이차적 문화갈등

이차적 문화갈등은 다문화 사회 내에서의 갈등으로, 하나의 문화가 각자 자신의 고유한 행동규범을 가지는 여러 가지 상이한 문화를 가진 사회로 분화될 때 발생한다. '종적(수직적) 문화갈등'이라고도 한다.

범죄는 하나의 단일문화가 독특한 행위규범을 갖는 여러 개의 서로 다른 하위문화로 분화될 때, 사람들이 자신이 속한 문화의 행위규범을 따르다 보면 발생할 수 있다.

예컨대, 무법의 오토바이 폭주족, 마약을 추구하는 하위문화 등과 같이 집단에 의한 법 위반이 2차적 문화갈등의 문제를 나타내는 사례이다.

(3) 결론

이 문화적 갈등이 존재하는 경우, 법은 사회의 다양한 구성원의 합의를 나타내는 것이 아니라 지배적인 문화의 규범을 반영하게 된다. 따라서 법에 의해 보호받지 못하는 규범에 따르는 행위는 범죄로 규정되는 경우가 많다.

Ⅱ. 하위계층 문화이론(Lower - Class Culture Theory) - 밀러(Walter Miller)

1. 개관

문화인류학자 밀러는 범죄나 비행 발생에 있어서 문화적 영향을 강조하는 하위문화[27]이론을 제시하면서, 하위계층의 하위문화가 중산층문화에 대한 반발에서 비롯되었다는 코헨과 달리, 하위계층은 중산층문화와는 구별되는 별개의 고유한 문화를 갖는다고 보고, 그 문화가 중산층문화처럼 오랜 전통이 있다고 주장했다.

밀러는 하위계층 구성원들은 미국 사회의 주류를 이루고 있는 중산층과 구별되는 일련의 중점관심사항(focal concerns) 또는 중심가치(central values)를 지니고 있다고 보고, 이것이 하류계층의 독특한 문화를 형성하고, 이 하위문화의 가치와 규범에 따라 정상적으로 반응하는 행위가 일상에서 행해지게 되는데, 이러한 하위계층의 행위들은 중류층문화와 충돌되어 범죄 또는 비행으로 규정되는 경우가 많다고 한다.

따라서 밀러는 하위계층의 중점관심에 따른 하위문화가 주류문화의 규범과 충돌하는 규범적 구조를 범죄나 비행의 주된 원인으로 간주한다. 이는 합의론이 아니라 갈등론에 뿌리를 두고 있다.

코헨이나 클로워드·올린의 하위문화이론은 합의론에 뿌리를 두고 하위계층의 범죄· 비행을 구조적 압박에 대한 반응에서 시작되는 것으로 보기 때문에 압박이론, 사회구조이론 범주에 속한다. 그러나 밀러의 이론은 사회구조적 압박을 반드시 전제하지 않고 범죄·비행의 직접적인 원인으로서, 학습된 하류계층의 관념(가치관) 그 자체를 강조하고 있다.

이는 서덜랜드의 학습이론을 기반으로 하고 있고 또한 중산층문화와의 갈등을 전제하고 있으므로 '하위문화이론'을 통해 '문화갈등이론'의 범위를 확대하고 있다. 따라서 이 이론은 사회구조와 사회과정 모두를 아우르는 특성을 보여주고 있으므로 전적으로 사회구조이론에 속한다고 할 수 없다. 이러한 이론들을 '교량이론(bridging theory)'이라고도 한다.[28]

종합하면, 밀러의 하위계층문화이론은 하위문화이론·갈등이론 범주에 속하고 범죄에 대한 사회구조적 이론의 성격도 있으나, 사회과정이론의 성격을 더욱 강하게 내포하고 있다.

---

27) 하위문화(subculture)란 어떤 사회의 주류문화 또는 전체 문화(total culture)에 대비되는 개념이다. 하위문화는 전체 문화의 내부에 존재하면서 독특한 특징과 정체성을 보여주는 소집단의 문화를 가리킨다. 하위문화의 가장 주요한 기능은 그 구성원들에게 집단적 유대감과 고유한 정체성을 제공해주는 것이다. 하위문화 중에서 비행성이나 범죄성을 그 내용으로 하는 것을 비행적 또는 범죄적 하위문화라고 하며, 범죄학의 주요 관심이 되고 있다.

28) 범죄학, 브라운·애스븐슨·기스 저, 황의갑 외 12인 역, 370면.

2. 하위계층의 중점관심(forcal concerns)[29]

밀러는 하위계층의 사람들은 중산층이 추구하는 목표에는 관심이 없고, 오랜 기간 정착되어 온 자신들의 생활전통에 따라 자신들의 지역사회와 문화 속에서 개인들의 만족감을 성취하기 위해 그들의 중점관심에 따라 행동한다고 한다.

그는 뒷골목집단의 비행은 하위계층문화의 중점관심이 표출된 행위라고 주장했다.

밀러의 이러한 관점은 압박(긴장)이론의 전제와 뚜렷한 대조를 보이고 있다.

압박(긴장)이론에 따르면, 하위계층과 중산층 구성원들이 모두 근본적으로 동일한 가치와 목표(부(富)의 성취)를 추구하지만, 하위계층 구성원들은 그러한 기대에 맞춰 사는 것에 대한 실패로 지위좌절을 겪게 되고, 이러한 좌절감 때문에 비행에 빠져들게 된다고 한다.

밀러가 말하는 하위계층의 '중점관심' 이란, 하위계층의 성원들의 광범위하고 끊임없는 관심사인 동시에 이들이 감정적으로 몰입하고 있는 여섯 가지의 주요한 가치의 내용을 말한다.

이것은 코헨이 하위문화의 특징으로 제시한 가치와 비교할 수 있는 하위문화의 특성이다. 그분은 하위계층의 가치, 규범, 목표 등 하위계층에 독특한 문화규범을 특징짓는 그들의 '중점관심'으로서 골칫거리, 억셈(강건함), 영악함, 흥분거리(자극성), 운명주의(운·숙명론), 자유분방[30] 등을 들었다.

하위계층사회의 주된 구조적 형태 중 하나는 가정의 생계가 여성에 의해서 제공되는 여성가장가구(female-based household·모자가정)이다. 이러한 모자(母子)가정에서 자라나는 하위계층의 소년은 성 역할 정체성에 대한 불만을 갖게 되어 가정을 떠나 동성또래집단(one-sex peer units)인 길거리 비행소년집단(gang)에서 남성정체성을 찾으려 한다.

이와 같은 구조와 중점관심들이 결합하여 갱(gang)비행의 환경을 발생시키는 하위계층문화가 독자적으로 고유하게 형성된다는 것이 밀러의 주장이다.

---

29) 'forcal concerns'를 우리나라에서는 관심의 초점, 주요관심사, 주요 관심 등으로 번역하여 소개하고 있다.

30) 밀러의 하위계층 중점관심 중 하나인 'Trouble'를 국내 문헌에서는 사고치기, 걱정 등으로 번역하고 있으나, 이 이론의 개념에 적합한 우리말 어휘는 '골칫거리'가 적합하다. 또한 'Autonomy'는 '자율성'으로도 번역하고 있는데 '자유분방'이 더욱 적합하다고 본다. 이는 경기대학교 황의갑 교수가 Stephen E. Brown 등의 Criminology를 번역·소개하면서 선택한 우리말 용어이다. 범죄학, 황의갑 外 12인 역, 377~380면 참조.

밀러의 하위계층 중점관심(주요관심사)

골칫거리 (사고치기 · trouble)	주류문화의 공식적 사회통제자에 의한 간섭에 대한 염려가 하위계층에게는 골칫거리가 된다. 비행소년들은 '멋있는 남자', '믿을 만한 남자'로 추앙받기 위하여 기회가 닿는대로 사고를 치고자 한다. 하위계층의 문화적 분위기에서는 서로의 위세를 평가하는 기준이 잘 싸우고, 문란하게 성적 행동하고, 잘마시고 또한 이러한 사고를 친 후 통제로부터 교묘하게 피해가는 정도에 따라 서로의 위세를 평가하기 때문이다. 그러나 이러한 불법적인 행위를 하면 체포 · 법정출두 · 형벌 등으로 불이익을 당할 수 있으므로 이에 대한 두려움도 있다. 그러므로 하위계층의 사람들은 하위문화적 기준에 따라 행동할지 아니면 골칫거리를 회피할 지에 대해 지속적으로 관심을 갖게 된다. 골칫거리는 하위계층문화의 양면성을 보여준다.
강건함 (억셈 · toughness)	남자다움에 대한 왜곡된 이미지를 추구하는 관심이다. 하위계층 청소년들은 여성중심가정에 대한 반발로 강인함을 왜곡시키는 행동유형을 발달시켜 감성적이고 부드러운 언행을 거부하고 육제적인 힘, 싸움능력 등 남성다움을 과시하려 하고 두려움을 나타내지 않으려 한다.
영악함 (기만성 · smartness)	영악함이란 언어적 또는 심리적 기술을 통하여 다른 사람을 조종하거나 속여 다른 사람보다 한 수 앞서는 능력을 말한다. 하위계층사람들은 사기꾼, 사기도박사 등이 성공과 성취를 이룬 사람으로 대접받는다. 영악한 사람은 최소한의 물리력을 사용하여 다른 사람으로부터 이익을 쟁취하기 때문에 강한 남자보다 우월한 지위를 차지하여 칭송을 받는다.
흥분거리 (자극성 · 흥분추구 · excitement)	주류문화의 규범에 위반되더라도 감정을 흥분시키는 오락을 통해 하위계층의 단조롭고 지루한 일상을 탈출하고자 하는 관심이다. 성적 탐닉 · 술 · 마약 · 도박 등으로 적극적인 스릴과 흥분이 추구된다.
운명주의 (운 · 숙명론 · fatalism)	인생을 좌우하는 어떤 힘을 자신이 조정할 수 없다는 믿음이다. 하위계층의 문화는 사람의 미래가 교육 · 노력 · 저축 · 단기적인 욕망 억제 등 중산층에서 중시하는 노력에 달려있는 것이 아니라 운의 문제라고 받아들인다. 운에 대한 믿음은 영악함을 보충하여 노동의 가치를 경시하면서 경마 · 도박 등을 옹호한다. 또한 행운 · 불운에 대한 높은 관심은 범행과 형벌도 팔자소관의 산물로 여겨 대수롭지 않게 반복한다.
자유분방 (자율성 · autonomy)	외부적 통제, 행동에 대한 규제, 불공정하고 강제적인 권위 등에 대해 강력하고 빈번하게 표출되는 분노에 따른 관심이다. 자유분방함은 문화갈등에 대한 하위계층의 분노를 반영하여, 권위로부터 벗어나려 하고 다른 사람으로부터 간섭을 받는 것을 혐오하는 경향으로 나타난다. 이에 따라 사회의 권위 있는 기구들에 대해 경멸적인 태도를 취하고, 선생님 · 경찰 · 부모 등에 의해 간섭받는 것은 스스로의 나약함을 보이는 것이라고 생각하며 자신의 일을 제멋대로 처리하는 것에 높은 관심을 보인다.

3. 이론의 주요 내용

(1) 하위계층의 비행은 반항도 혁신도 아니고, 그들만의 독특한 일련의 구조적인 요소(모자가정: 남편 없이 엄마가 책임지는 가정)와 그들이 주요한 관심사로 간주하는 이러한 하위문화의 '중점관심'을 따르는 동조행위라고 주장했다. 즉 계층의 문화적 분위기에 순응하는 과정에서 범죄를 저지르게 된다는 것이다.

(2) 청소년들은 이러한 관심사에 몰입하게 되는데, 이러한 것들은 중위계층의 관점에서 볼 때 비행으로 보이게 된다는 것이다(문화갈등적 측면). 즉 비행소년집단(갱)이 비행을 저지르는 것은 하층민의 적절한 남성적 역할을 유지하고 예증하기 위한 노력에서 기인한다. 그것은 주류문화와는 상충되지만, 하층민에게는 정상적인 행동에 불과하다.

▌갱(비행소년집단) 비행의 환경을 발생시키는 하위계층문화

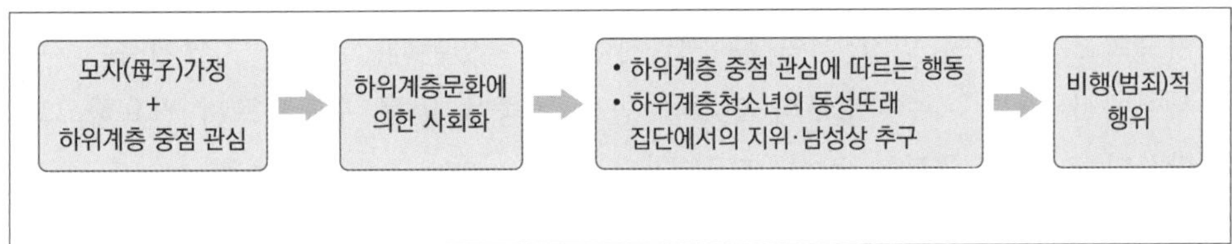

4. 밀러의 이론에 대한 비판

(1) 그가 주장하는 '독자적인 하위문화'가 존재한다고 단정할 수 없다는 비판이 제기되고 있다.
하위계층 청소년이 중위계층 청소년과 분명하게 구별되는 서로 다른 가치체계를 가지고 있다는 것이 증명되지 않고 있기 때문이다.

(2) 밀러의 이론은 하위계층문화의 다양성을 고려하지 않고 있어 흑인슬럼가에는 적용가능성이 높을지라도, 다른 소수민족 등에게는 적합하지 않을 수 있으며, 집단비행과 남자 청소년들의 비행만을 설명하고 있어 단독범행이나 여자 청소년 비행에 대해서는 아무런 설명도 제공하고 있지 않다는 비판을 받고 있다.

(3) '중점관심'이 하위문화의 일부 요소는 될 수 있으나 유일한 관심사라고 할 수는 없고, 중위계층의 가치·문화도 그들 행동에 영향을 미칠 수 있다는 점을 무시하고 있다.

Ⅲ. 울프갱(Marvin Wolfgang)과 페라쿠티(Ferracuti)의 폭력하위문화이론

울프갱 등은 밀러의 영향을 받아, 특정지역에는 폭력을 용인하고 권장하는 폭력하위문화가 존재하고, 이러한 문화적 특성은 이들의 생활양식, 사회화과정, 대인관계 면에서 폭력사용을 정상적인 행위양식의 하나로 순응하게 하여 범죄를 유발하기 쉽다고 본다.[31)]

폭력적인 문화가 일상화되어 있는 지역의 하위문화는 폭력이 자신의 요구를 관철하기 위한 가장 손쉽고 효과적인 방법임을 학습하게 해주기 때문이다. 이는 앤더슨(Elijah Anderson)의 '거리의 문화'(code of street)와 유사한 맥락이다. '거리의 문화'라는 이론적 개념은, 공동체의 구조적 불평등과 사회해체는 거리문화의 성장을 조장하거나 '폭력사용을 합리화하거나 용납하기 쉬운 것'으로 여기도록 하는 사고방식을 만들어낸다고 보는 주장이다. 이러한 거리의 문화 내지 폭력적 하위문화는 미국의 도심 흑인 밀집 지역 등에서 찾아볼 수 있는데, 이러한 지역에서는 주민들 사이에서 '폭력은 주위로부터 인정을 받고 존중을 얻는 수단으로서 필요하고도 정당하다'고 믿는 풍토를 조성한다고 한다.

폭력하위문화가 지배하는 지역에서 생활하는 사람들은 일반인들에 비해서 자신의 명예, 집안의 명예, 남자의 명예 등을 지나치게 강조하고 인간의 생명을 경시하는 경향이 있고, 일반인들이 보기에는 가벼운 농담이나 상대방을 약간 가볍게 여기는 정도의 사건에 대해서도 심각한 폭력을 행사하는 경향이 있다. 미국의 필라델피아 지역이 다른 지역에 비해 살인범죄율이 월등히 높은 것은 이러한 폭력하위문화의 영향 때문일 것이라는 것이 폭력하위문화론자들의 주장이다.

[제4절] 사회적 통제이론(Social Control Theory)

'사회적 통제'란 가족·학교·이웃 등과 같은 사회적 제도의 권위와 영향을 기초로 내면적으로 형성된 규범의식에 의해 개인의 행동을 제지하는 요소를 말한다.

일반적으로 대다수 범죄이론은 '왜 범죄가 생겨나는가'하는 원인 또는 '왜 범죄를

31) 이 이론뿐만 아니라, 앞에서 설명한 하위문화이론들은 '문화결정론'을 바탕으로 하고 있다.

행하게 되는가'의 동기 문제를 해결하고자 연구되었다.

그러나 이러한 다방면의 노력은 쉽거나 간단히 그 해답을 제시해줄 수가 없었다. 또한 현실을 감안한다면, 범죄를 범하는 사람은 사회구성원의 극히 일부에 불과하고 대다수 사람들은 오히려 범죄를 행하지 않고 있음을 알 수 있다.

그러므로 '왜 대다수가 범죄를 저지르지 않는가'의 이유를 밝혀낸다면, 극소수의 사람들이 범죄를 범하는 이유도 알 수 있다고 하여 범죄연구의 관점을 전환하고자 하는 시도가 이루어졌다. 그러한 노력이 통제이론의 발달을 이루었다.

통제이론은, 우리가 야수적 인간으로 태어났지만, 우리는 사회화를 통해서만 사회적 인간이 될 수 있다고 가정하고 있다.

즉, 사람이 혼자 성장하면 사회적 이익보다는 개인적 이익을 추구할 것이라는 가정에 기초하여 사람들은 통제된 사회적 존재로서 양육되고 규제됐을 때에만 비로소 규범에 순응하고자 한다는 것이다.

다시 말해, 제재의 적용을 통해 사회화가 이루어진다는 것이다. 제재란, 순응은 보상하고 일탈은 처벌하는 것이다.

나아가 이 이론은 사회화의 어떤 요소 또는 사회화의 어떤 지표가 규범준수자에게 나타나는지를 구체적으로 설명한다. 그러면서 이러한 규범적 사회화 요소 또는 지표가 약하게 되면 개인은 범죄(비행)로 나아가게 된다고 본다. 또한 범죄적 환경에 노출되어 있다고 해서 누구나 범죄를 행하게 되는 것은 아니므로, 어떠한 요인이 범죄나 비행을 통제·억제하는지를 밝혀 그러한 요소를 갖게 하는 것이 중요하다고 본다.

Ⅰ. 통제론자들의 사고의 틀

(1) 통제이론은 자기보고식 조사방법을 도입하고, 다른 이론들보다 더욱 검증가능성이 높은 개념과 변수들을 사용하였다.

(2) 학습이론과 문화갈등이론이 범죄를 차별적으로 조직화된 범죄적 집단에 특유한 규범에 대한 '정상적(적극적)인 사회화'(정상적인 동조적 행위)로 보는 반면, 통제론자들은 일반적인 규범에 대한 '결함이 있는 사회화'(통제가 약화된 소극적 사회화)로 본다.

또한 사회학습이론이나 문화갈등이론에 따르면, 범죄행위가 범죄를 야기하는 외부적 힘의 산물로 설명되지만, 통제이론은 범죄행위를 내재된 범죄성의 발현으로 본다.

(3) 인간은 누구나 동물이므로 법을 위반할 수 있는 잠재적 범죄자이다. 따라서, 범죄성을 억제하기 위한 통제가 필요하다(홉스(T. Hobbes) 등의 성악설에 바탕을 두고 있다. 홉스는 자연 상태에서의 인간을 '만인의 만인에 대한 싸움'으로 묘사하고 있다).
이러한 성악설적 인간관은, 사람은 본래 백지상태이거나(학습이론), 선하게 태어나지만(압박(긴장)이론, 문화갈등이론), 일부 인간이 일탈행동을 저지르는 것은 부정적인 환경적 경험의 영향 때문이라고 보는 관점과 다르다.

(4) 통제이론은 왜 대부분의 사람이 규범에 순응하는가, 왜 우리가 규칙을 모두 위반하지 않는가에 주목한다. 그래서 무엇이 인간으로 하여금 범죄를 범하도록 하는가를 해명하는 동기·원인 연구보다 왜 범죄를 범하지 않는가에 연구의 초점을 맞춘다(관점의 전환).
사회통제이론들은 공통적으로 범죄원인의 규명에는 관심이 없고, 어떠한 사회통제장치가 범죄예방을 위해 효과적인지에 초점을 맞추고 있다.

(5) 잠재적 범죄성을 지닌 인간들이 대부분 일탈하지 않는 이유는 일탈적 동기가 사회적 관계에 의해 통제받고 있기 때문이며, 일부가 범행하는 것은 그 통제가 약화·붕괴되었기 때문이다.

(6) 가치에 대한 합의를 인정하는 합의론에 바탕을 두고 있는 점은 압박(긴장)이론과 공통적이지만, 압박이론을 비판하고 그 대안으로 등장했다.

(7) 고전주의와 마찬가지로 자유의지적·합리적 인간을 전제로 한다. 이러한 관점은 실증주의 범죄학과 대비된다.

(8) 가벼운 범죄나 비행 설명에는 적합하나 강력범죄에 적용하기 어렵고, 비행·범죄 발생에 대해 보다 거시적 차원의 외부적 압력을 경시하는 점이 한계로 지적되고 있다.

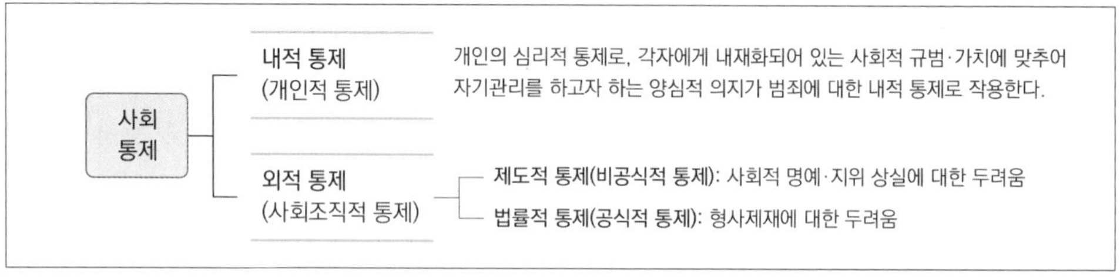

Ⅱ. 중화(무효화) 기술 이론(Techniques of Neutralization Theory) - 사이크스(G. M. Sykes)와 마짜(D. Matza)

1. 개관

이 이론은 도덕적 제재로부터 일시적으로 자신의 행위를 합리화·정당화시키는 중화기술을 범죄의 원인으로 본다. 그러므로 이 이론의 핵심개념은 양심의 가책이나 억제력으로부터의 물타기와 합리화를 의미하는 '중화'이다.

비행이론으로서 중화기술이론은 서덜랜드의 차별적 교제이론에 바탕을 두고 통제이론의 맥락에서 정립되었다. 따라서 중화기술이 학습에 의해 얻어진다는 점에서 학습이론의 범주에 포함시키는 견해도 있지만, 미국에서는 통제이론으로 분류하는 주장이 많다.

마짜(David Matza)는 전통적인 범죄이론들은 차별화와 필연(강제)을 지나치게 강조하고 있다고 비판했다. 즉 비행·범죄 소년은 非비행소년과 근본적으로 차이가 있고(이분법적 사고), 생리적·심리적 또는 사회적 범죄요인이 있으면 그것이 강압적 충동으로 작용해 범행을 할 수밖에 없다는 결정론적 사고가 강하다는 것이다.
그로 인해 마짜는 너무나 많은 비행·범죄가 예측되고 있다고 보았다. 전통적인 범행논리에 따른다면, 비행·범죄 소년은 줄곧 비행·범죄를 행하고 20~30대가 지나고도 평생 범죄적 행각을 보여야 한다.

그러나 현실에 있어서는 비행소년들도 다른 사람들과 마찬가지로 대부분의 시간은 일상적인 법준수행위를 하고 종종 비행·범죄를 할 뿐이고, 대부분의 비행소년들도 청소년 후기나 성인기 초기가 되면 비행·범죄를 그만두고 일상적인 생활을 유지하게 된다.

다시 말해, 비행·범죄는 원칙적인 생활방식은 아니고 예외적인 일탈일 뿐이고, 합법적(제도적) 기회가 부족한 사회적 상황이 그대로 존재한다고 해서 여전히 범죄를 많이 행하지 않고 준법적인 생활로 전환하는데(소위 성장효과), 종래 이론들은 이를 해명할 수 없다는 것이다.

마짜는 「비행과 표류」라는 논문에서 종래의 이분법적·결정론적 범죄인상(像) 대신 표류하는 범죄인상을 제시했다. 이는 필연(강제)과 차별성 대신 자의(自意)와 유사성을 강조한 것이다.

'표류'는 통제의 약화로 조성된다.

마짜에 의하면, 비행자들의 가치체계는 지배적인 사회질서와 항상 반대되는 것이 아니라, 보편적인 규범체계를 받아들이지만 상황에 따라 자신이 믿고 있는 행동규범에 적응할 수도 있고, 자신의 행동규범에서 인정되지 않는 행동을 할 수도 있는 존재, 즉 준법적인 생활방식과 불법적인 생활방식을 교차적으로 행할 수 있는 표류하는 존재일 뿐이라는 것이다.

그러므로 우리들 모두는 범죄자와 비범죄자, 범죄적인 사회구조와 준법적인 사회구조와 같이, 이분법적으로 확연히 구분될 수 있는 존재나 상황이 아니라는 것이다.

즉, 표류하는 비행소년·범죄자상의 맥락에서는 비행·범죄의 적극적 원인을 기술하기보다는 표류를 가능케 하는 통제의 약화 조건을 기술할 필요가 있다(통제이론적 관점).

결론적으로 마짜는 종래의 이론이 제시했던 적극적이고 상습적인 비행자·범죄자의 존재를 완전히 부정하지는 않았지만 비행자·범죄자의 대부분은 표류자라는 점을 강조하여 '표류이론'을 제시했다.[32] 이것은 보통사람들이 준법영역과 불법영역을 표류하다가 사회통제가 약화되었을 때, 범죄를 저지르게 된다는 주장이다.

2. 중화(무효화)기술[33] 이론의 의의

이 이론은 비행자에게도 이미 학습한 규범이 내면화되어 있어 범죄자들은 범행시 준법적인 가치와 태도를 유지하고 있지만, 단지 이들은 일탈행위의 정당화기술(변명기술)을 잘 배워서(학습이론), 이들에게 내면화되어 있는 규범의식이나 가치관을 무효화시킴으로써 범죄에로 나아가게 된다는 논리이다.

---

32) 표류이론은 마짜가 주장했고, 그는 사이크스(Gresham M. Sykes)와 공동연구를 통해 중화기술이론을 만들었다. '중화기술'이란 범죄에 대한 '변명기법' 즉 자기합리화의 테크닉을 말한다.

33) '중화(neutralization)'란 '규범의식 따른 죄책감을 사라지게 하는 데 필요한 도덕적 합리화 또는 정당화'를 뜻한다. 따라서 '중화(中和)'보다는 '무효화'가 더 적합한 용어 번역이다. 중화기술은 일상적인 사회생활에서 사람들이 자기의 행동을 합리화시키는 것과 본질적으로 다르지 않다. 무효화(중화)기술은 일반적으로 사용하는 합리화를 부적절하게 확장한 것으로서, 비행·범죄에 대한 정당화와 변명을 행하는 기교이다. 비행자나 범죄자라 할지라도 인습(전통)적인 사회가치를 전적으로 거부하거나, 일반적인 문화가치와 상반되는 가치를 항상 갖는 것은 아니다. 그들은 단지 잠재적 가치(숨은 가치)를 지니고 있어서 인습적(전통적) 가치를 회피하고, 이것으로부터 일탈을 합리화한다고 보는 것이 이 이론의 핵심논리이다.

3. 중화(무효화)기술의 분류

기술	내용
책임의 부정	법 위반에 대한 개인적 책임을 부인하는 것. 범죄자는 자신을 사회상황의 희생자로 여긴다. 즉 자기의 주위 환경이 자신으로 하여금 범죄를 범하도록 만들었기 때문에 범죄는 자기 잘못이 아니라는 주장이다. '비행자 자신은 상황의 피해자다.'라고 합리화하는 논리. 예 "그들이 나를 이렇게 만들었다.", "나는 선택의 여지가 없었다.", "그것을 내가 아니했어도 누군가가 했을 것이다.", "쟤 탓이야. 부모 때문이야. 시대 탓이야.", "이런 운명을 타고났으니까…"
피해 (손상·가해)의 부정	자신이 행한 금지된 행위를 통해 손상을 입거나 재산상의 피해를 본 사람이 없다고 합리화하는 것. 범죄자는 자기행동을 사회통제기관과 달리 해석한다. 예를 들면, 기물 파괴는 이미 쓸모없는 것을 장난삼아 부순 것에 불과하고, 자동차절도행위는 빌린 행위이고, 불량집단 간의 싸움은 사적인 다툼일 뿐이고, 방화로 소실된 물건은 보험회사에서 보상해 주므로 자신의 행위는 어떠한 피해도 야기하지 않았다는 변명이다. '어느 누구도 자기행위로 손상당하지 않는다.'라는 논리-범죄자는 그 행위의 잘못이나 해악을 부정함으로써 자신의 불법행위를 무효화 한다.
피해자의 부정	위법행위 피해자를 피해받아 마땅한 목표물로 변환시키는 것. 다시 말해, 자신의 행위로 인하여 피해를 본 사람이 있을지 모른다는 것을 인정하면서도, 그런 사람은 피해를 입어 마땅하다고 생각함으로써 자신의 위법행위를 합리화시키는 기술. 예를 들면, 피해자가 범죄를 자초했다고 여기거나 유혹했다고 변명하거나 상대가 나쁜 놈이라서 맞았다고 주장한다. '피해는 나쁜 것이 아니고, 그것은 발생할 만한 상황에서 주어진 것이다.'라고 여기는 논리-이것은 상대방이 무고한 피해자가 아니라 '합당한 범죄대상'일 뿐이라고 하여 자신의 가해행위를 정당화하는 변명기법이다. 이러한 테크닉은 다른 사람에게 상처를 주고도 아무것도 느끼지 못하는 사람에게서 많이 발견된다.
비난자에 대한 비난	자기의 법 위반 혐의를 제기하고 통제하는 사람을 맹렬히 비난하는 것. 사회통제기관이나 기성세대를 부패한 자들로 규정하여 자기를 심판할 자격이 없다고 함으로써 범죄행동을 정당화한다. 범죄자는 오히려 자기를 비난하는 자를 위선자나 범죄자라고 부르면서 자신의 죄를 부인하는 논리를 사용한다. 범죄자는, 비난받을 사람은 자신이 아니라 오히려 다른 사람이라고 함으로써 자신의 행위부당성을 회피하는 경향이 있다.
더 큰 충성심에의 호소(상위가치에 대한 호소)	자신이 소속된 특수 집단의 도덕적 요구에 순응함으로써 법위반을 정당화하는 것. 주관적으로 높은 가치규범을 끌어들여 자기행동을 정당화한다. 예컨대 형법의 요구보다는 자신이 속한 집단의 연대성이 우위에 있다고 생각하여 자신이 중요시하는 집단에 대한 충성심으로 한 행동이므로, 가책은 느끼지만 어쩔 수 없었다고 범죄를 정당화하거나, 민족정기를 수호하기 위해서 매국노를 공격하는 것

기술	내용
더 큰 충성심에의 호소(상위가치에 대한 호소)	은 나쁘지 않다고 정당화시키는 경우 등이다. 이는 동료집단은 근접해 있고 즉각적인 영향을 주고 있다는 점을 고려하여, 그들의 기대를 보편적인 사회적 요구보다 우선시하는 경우에 나타나는 변명논리이다.

범죄자(비행자)들은 이러한 정당화유형들을 유효한 것으로 간주하지만, 그러나 이러한 것들은 법이나 사회가 인정하지 않는다. 중화기술을 발휘하는 경우, 그것은 인생의 과제나 사회적 책무를 회피하려는 범죄자들과 같은 사람들이 자신의 행위를 정당화하기 위한 기교에 불과하다. "핑계 없는 무덤은 없다"고 하듯이, 중화기술이란 자신의 잘못된 일에 대하여 이리저리 돌려 말하는 구차한 변명에 지나지 않는다.

Ⅲ. 라이스(A. Reiss)와 나이(F. Nye)의 개인 및 사회통제이론

통제이론(Control Theory)은 범죄행위의 충동과 그것을 저지하는 사회적 또는 물리적 통제 간의 불균형의 결과에서 범죄가 발생한다고 본다.

그래서 통제이론은 범죄를 저지르는 개인적 동기에 관심을 가지는 것이 아니라, 사람들이 합리적으로 행동한다고 가정하면서, 주어진 기회가 있으면 모든 사람은 일탈적인 행동을 할 수 있다고 전제한다.

1. 라이스(Albert J. Reiss)의 통제이론

라이스는 1951년, 개인의 자기통제력이나 초자아적 통제력이 범죄에 미치는 영향에 대해 최초로 연구한, 초기의 통제이론가이다. 그분은 "비행의 원인은 개인적·사회적 통제의 실패이다."라는 명제를 제시하여 범죄학에 통제개념을 도입하여 체계적인 통제이론을 만들었다.

그분의 연구결과, 소년비행자는 자아통제나 초자아적 통제능력이 미비한 심리상태를 지니고 있어서 사회의 규범이나 규칙들이 범죄충동을 제지하지 못하기 때문에 비행에 빠져든다고 주장했다. 또한 학교와 같이 교육을 담당하는 사회화기관들이 소년들을 제대로 순응시키지 못함으로써 나타나는 사회통제력의 약화도 비행의 원인이 된다고 보았다.

2. 나이의 통제이론

(1) 개관

나이(F. Ive Nye)는 라이스의 견해를 더욱 체계화했다. 나이는 범죄유발에 있어서 통제를 중요시해서 통제의 유형을 구분했으며, 아울러 범죄유발의 계기로서 욕구의 불충족을 고려함으로써 가정 내에서의 애정, 보호, 인정 등에 대한 욕구가 충족되지 못하게 되면 가정 외에서 비정상적인 방법으로 욕구를 해소하고자 하는 계기가 될 수 있다고 보았다. 그분은 청소년에게는 가정이 가장 중요한 사회통제의 원천이라고 주장한다.

나이는 이러한 점들을 종합하여 소년비행 내지 범죄를 억제하는 데에는 가정 내에서의 욕구충족과 이를 바탕으로 형성된 가정에 의한 간접통제가 범죄억제에 중요하다고 주장했다. 나이의 연구는 특히, 가족관계가 좋은 아이들이 비행을 덜 저지른다는 점을 강조한다.

(2) 통제의 유형

직접통제	순응하면 보상하고, 비행이나 범죄를 범했을 때에는 직접적으로 억압적 수단을 부과하든지 아니면 직접 처벌을 가해 범죄를 방지하는 것을 말한다. 직접통제는 국가사법기관에 의한 공식적 직접통제와 가정·학교 등에 의한 비공식적 직접통제로 나누어진다.
간접통제	직접적 통제수단을 사용하는 것이 아니라 범죄 등을 범했을 때 부모나 긴밀한 관계 맺은 사람들에게 얼마나 큰 실망과 고통을 줄 것인가 하는 점을 자각할 수 있는 의식을 길러줌으로써 범죄 등을 자제하도록 하는 통제방법이다. 가정 내에서의 욕구 충족 등은 간접통제에 중요한 바탕이 되며, 소년비행예방에 가장 효율적인 것은 비공식적 간접통제이다. 이는 부모나 건전한 사람들과의 애정적 동일시와 관련된 통제이다.
내부통제	행위자 스스로의 법도의식이나 양심, 죄책감을 느껴 스스로 범행충동을 통제하는 것을 말한다.

직접통제와 간접통제는 사회적 통제의 범주에 속하고, 내부적 통제는 개인적 통제에 해당한다.

나이는 직접·간접·내부 통제 외의 통제로서 '욕구충족의 대안적 충족에 의한 통제'를 통제의 마지막 유형으로 제시했다. 이와 관련하여 나이는 "사람이 자신의 욕구를 법을 위반하지 않으면서도 적절하게 지체됨 없이 충족할 수 있다면, 어떠한 법위반의 필요성도 없을 것이고, 이러한 상황에서는 내적·외적·간접적 통제도 거의 필요 없게 된다."고 보았다.

Ⅳ. 억제이론(Containment Theory)[34)] - 레크레스(Walter Reckless)

1. 레크레스(W. Reckless)의 이론 분석

그는 범죄적 환경이 왜 어떤 사람에게는 영향을 미치고 어떤 사람에게는 영향을 줄 수 없는가를 해명하기 위해 범죄를 조장하는 요소 세 가지와 범죄를 억제하는 요소 두 가지를 들어 설명한다.

(1) 범죄조장요소

① 외적 압력(압력요인) (external pressures)	빈곤, 실업, 사회적 차별, 약자신분 등 사람들을 불만족한 조건에 들게 하는 사회조건을 지칭한다. 열악한 생활조건, 가족갈등, 열등한 신분적 지위, 성공기회 박탈 등 거시적 환경요소(거시적 범죄조장요소)
② 외적 유인(유인요인) (outer pulls)	나쁜 친구, 우상적 범죄인, 비행집단, 대중매체의 유혹 등 미시적·상황적 환경요소로서 사람들을 정상적인 조건에서 이탈시키는 조건(미시적 범죄조장요소)
③ 내적 강요(배출요인) (internal pushes)	긴장과 좌절감, 분노·열등감, 공격성, 격정성, 뇌손상, 즉시적 쾌락욕구, 정신적 결함 등 직접 범죄나 비행을 범하도록 하는 각 개인의 생물학적 또는 심리적 요소(개인적 범죄조장요소)

(2) 범죄억제요소

① 외적 억제(봉쇄) (외적 억제요인) (outer containment)	가족, 지역사회, 사회적 평가나 기대감, 지위 및 집단·사회에 대한 소속감 등 가족이나 주위 사람들과 같이 외부적으로 범죄를 차단하는 요인
② 내적 억제(봉쇄) (심리적 억제요인) (inner containment)	좋은 자아관념, 자기통제력, 목표지향성, 현실적 목적, 좌절감에 대한 내성(tolerance of frustration), 합법성에 대한 일체감 등에 의해 내부적으로 형성된 범죄차단력. 이 중에서 내적 억제가 제대로 형성되느냐 여부는 주로 자아관념의 정도에 달려 있음. 따라서 긍정적인 자아관념은 '비행에 대한 절연체'로서 가장 중요한 요소

34) 'containment theory'는 우리나라에서는 '봉쇄이론', '억제이론', '견제이론', '제지이론' 등으로 번역하고 있는데, 본서에서는 '굳게 막아버리거나 잠금'을 뜻하는 '봉쇄'보다는, '억제'를 'containment'에 대한 번역어로 정했다. 이 이론의 논리맥락으로 볼 때, '감정이나 욕망, 충동적인 행위 따위를 내리눌러 그치게 함'을 뜻하는 '억제'가 가장 적합한 용어이기 때문이다.

(3) 결론

비행을 야기하는 내적·외적 압력이나 유인이 내적·외적 억제에 의해 통제되지 않으면 비행이 발생한다. 범죄는 범죄로 이끄는 힘이 차단하는 힘보다 강하면 발생하고, 반면에 차단하는 힘이 강하면 비록 이끄는 힘이 있었어도 범죄는 발생하지 않는다.

따라서 내적 억제(봉쇄)요인과 외적 억제(봉쇄)요인 중에서 어느 한 가지라도 작용하면 범죄를 방지할 수 있다. 렉크레스는 비행을 두 가지 형태의 통제 즉 내면적 통제와 외면적 통제 간의 상호작용으로 설명했지만, 두 가지 가운데 내면적인 것이 보다 중요하다고 보았다. 따라서 범죄를 억제할 수 있는 개인적 능력의 정도가 범죄를 결정짓는 가장 중요한 요소라고 할 수 있다.

V. 사회적 결속이론(Social Bond Theory, 사회유대이론) - 허쉬(T. Hirschi)[35)]

1. 개관

사회유대이론은, 준법적 행동(순응)은 다른 사람이나 사회에 대한 강한 유대에서, 비행 또는 범죄는 약한 유대에서 생겨난다는 주장이다. 이 이론은 사회와 개인 간의 유대(결속)를 결정하는 요소를 제시하면서, 비행이나 범죄는 이러한 유대가 붕괴되거나 이완될 때 발생한다고 본다.

허쉬(Travis Hirschi)는 사회통제론의 사고의 틀을 기초로 비행은 비행을 야기시키는 동인(動因)에 의해서가 아니라, 비행을 금지·억제하는 효과적인 신념 또는 통제의 부재에 의해서 야기된다고 하면서, 범인성을 개인과 사회를 결속시키는 유대의 약화와 관련시킨다.

즉 전통(인습)적인 질서와의 유대가 어떻게든 깨졌기 때문에 개개인은 제멋대로 일탈행동을 한다는 것이다. 그리하여 일탈에 대한 통제는 부모·친구 등 자신이 중요하다고 여기는 사람들 또는 학교·직장 등 중요한 사회제도와의 사회적 유대의 정도에 의해서 결정된다고 한다.

35) 초기의 여러 통제이론들은 오늘날 통제이론의 대표이론이라 할 수 있는 트래비스 허쉬(Travis Hirschi)의 이론으로 대체되었다. 허쉬는 현대 범죄사회학의 거장으로 인정받고 있다. 허쉬는, 1969년 발표한 연구를 통해 인간은 범죄행위에 가담함으로써 기대되는 이익과 위험을 저울질해, 범죄에 가담할 것인가 말 것인가를 계산하는 이기적인 존재라고 가정했다.

그러므로 이러한 사회적 유대는 범죄를 억제하는 사회적 통제 메카니즘으로 작용하고, 범죄의 발생방향과는 역(−)의 관계에 있다고 본다. 이에 따르면, 사람들이 준법규범을 내면화하고 사회유대를 유지시키는 한(限) 법을 위반하지 않는다.

허쉬는 모든 사람이 잠재적 범죄자이므로 일탈의 동기는 비교적 일정하나, 개인별 결속의 정도는 애착, 전념, 참여, 신념에 의해 결정되므로 개인별 차이가 크다고 한다. 개인이 사회와 결속력이 강할 때 이러한 결속요소들이 규범위반을 막아 사회통제와 준법을 유지하는 데 도움이 된다. 그러나 사회와 결속이 약하면 비행과 범죄가 일어난다.

2. 결속력을 결정하는 네 가지 요소[36)]

애착 (attachment) : 다른 사람과의 감정적 유대	애정과 정서적 관심 등을 통하여 개인이 사회와 맺고 있는 유대의 정도로서, 가장 중요한 유대요소이다. 즉, 자신에게 중요하고 그들의 의견에 민감해야 할 사람들에 대한 청소년들의 감정적 결속을 의미한다. 부모나 친구와의 결속력이 클수록 비행은 억제된다. 허쉬는 애착에 의한 사회유대를 가장 강조했다. 개인이 유대를 갖는 집단의 유형과 관계없이 애착이 강할수록 강한 사회화가 이루어져 타인의 기대에 어긋나지 않으려 한다. 개인이 타인의 기대를 중요시하는 정도에 따라 그 사람은 통제된다. 타인의 평가에 대한 민감성은 애착의 핵심내용이다. 규범의 내면화·양심·초자아의 본질은 결국 한 사람이 다른 사람에게 가지는 애착에 기초한다. 이는 가족관계의 질적 측면이 중요하다는 점을 보여주고 있다. 의미 있는 타인과 상호신뢰와 정이 깊으면, 욕구와 감정 등을 잘 조절할 수 있게 되어 비행이나 범죄유혹으로부터 스스로를 통제하고 지켜낼 힘이 강해진다. 그렇지만 지나치게 애착심을 키워주면 아이들을 응석받이로 만들 수도 있음에 주의를 기울여야 한다.
전념(헌신) (commitment) (수행·투입) : 성과에 대한 손익계산 후 행동 선택	규범준수에 따른 사회적 보상에 관심을 갖는 정도에 의해 맺어지는 유대를 말한다. 즉, 인습적인 생활방식과 활동에 투자하는 시간과 정열에 대한 보상을 이성적으로 판단해서 생성되는 유대관계를 의미한다. 장래의 목표 성취와 추구에 대한 열망이 클수록 비행억제, 작을수록 비행이 조장된다. 따라서 학교에서 공부 잘 하고 모범적인 학생은 비행을 덜 저지른다. 규범준수에 따른 사회적 보상에 대한 기대가 클수록 범죄를 적게 저지른다. 사람이 합리적 동물이라고 전제한다면, 사람들은 행동하기에 앞서 그 행동으로 인한 결과를 고려할 것이기 때문이다. 이는 사회적으로 유대관계가 약하고 소위 '잃을 것이 없는 사람'

36) 이 네 가지 요소에 대한 우리말 번역은 용어가 갖는 뉘앙스의 차이로 학자에 따라 여러 용어로 다르게 번역하고 있으므로 영어와 함께 이해하도록 하자. 'commitment'는 오직 규범준수나 인습적인 생활에만 마음을 쓰는 성향을 의미한다. 따라서 '전념' 또는 '헌신'으로 번역한 용어가 적합하다. '전념'이란 "오직 한 가지에 전적으로 마음을 씀"을 뜻하고, '헌신'이란 "몸과 마음을 바쳐 있는 힘을 다함"을 뜻한다.

	은 더욱 쉽게 범죄를 행하게 된다는 것을 보여주는 개념이다. 애착은 준법적인 생활양식에의 전념을 위한 전제조건이다.
참여(관여) (involvement) : 전통적인 활동에 대한 참여 정도	전념의 결과로서, 실제로 인습적인 일에 참여하는 행위에 의해 맺어지는 유대를 의미한다. 따라서, 인습적인 생활에의 참여가 적극적이고 많을수록 비행이나 범죄가능성은 낮아진다. 예컨대, 장래를 위해 수험준비에 열중하다 보면 비행의 시간과 기회가 적어지나, 참여가 없으면 비행의 시간과 기회가 커진다. 따라서 바쁜 사람은 범죄나 비행을 덜 범하나 학교에도 가지 않고 직업도 없는 사람은 범죄나 비행을 더 저지른다. "게으른 손은 악마의 작업도구"라는 말은 참여의 개념을 잘 나타내고 있다.
신념(믿음) (belief) : 규범의 도덕적 타당성에 대한 인정 정도	사회 내의 보편적 가치체계에 대한 믿음인 인습적 신념이 크면 규범을 일탈할 가능성이 작어지고, 인습적 신념이 적으면 규범에 동조할 책무를 느끼지 못해 일탈이 증가한다. 즉, 규범의 내면화를 통하여 개인이 사회와 맺고 있는 유대를 말한다. 따라서 규범을 지켜야 한다는 생각이 강한 소년은 비행을 덜 저지른다. 이 개념에 따르면, 청소년들이 독서나 사색 그리고 의미 있는 대화를 통해 바른 신념을 굳건히 세울수록 그 험난한 청소년기의 표류상태에서 안정과 통제력을 키울 동력을 얻게 된다. 그러므로 청소년들에게 건전한 가정과 공부가 중요하다. 이를 기반으로 '사회구성원으로서 사회규범에 따르는 것이 사회적으로 정상'이라고 믿으며 생활하는 것이 비행이나 범죄와 멀어지게 한다. 이 요소는 법규에 대한 존중수준과 전통적인 가치에 대한 지지정도로 측정된다.

3. 사회적 결속이론은 소년비행과 같은 경미한 범죄에 대해서는 잘 적용되나, 강력범죄와 같은 중요범죄 설명에는 적합하지 않다는 평가가 지배적이다.

Ⅵ. '범죄일반이론'[37]으로서의 통제이론 - 허쉬, 고트(갓)프레드슨(M. Gottfredson)의 낮은 자기통제이론

1. 개관

허쉬는 사회적 통제이론(Social Control Theory)을 주장한 「비행의 원인」(1969)이라는 저술 이후, 1990년 「범죄일반이론」을 고트(갓)프레드슨(Michael Gottfredson)과 함께 저술하였다.

37) '일반이론'이란 다양한 범죄유형과 각종 범죄인들을 모두 설명할 수 있는 이론을 가리킨다. 그분들은 낮은 자기통제이론이 다양한 범죄행태와 다양한 범죄인들을 모두 설명하는 '일반이론'이라고 주장했다.

그분들은 모든 범죄의 일반적인 원인으로서 가장 중요한 것은 '낮은 자기통제'라고 보았다. '낮은 자기통제'는 개인의 내면적 통제요소이다.

이는 외적 사회통제요소인 '사회적 연대(사회적유대)'와는 대비된다.

그분들은 소질과 환경적 요인이 범죄를 야기한다는 결정론적 실증주의 범죄원인론을 완전히 부정하면서, 특정한 규범적 동기로 정립된 자기통제에 의해 범죄가 억제(통제)되지 않는다면 자연히 범죄는 유발될 수밖에 없다고 하였다.

자기통제가 낮은 사람들은 충동적이고, 육체지향적이고, 모험적·단견적이고, 주변의 반응에 무신경하며(자기중심적이고), 발끈한 성미를 지니며, 술·담배를 많이 한다고 한다.

이러한 낮은 자기통제 형성에 가장 큰 영향을 끼치는 것은 잘못된 자녀양육이다. 따라서 자기통제 형성에 있어서 중요한 것은 가정에서의 사회화이고, 학교는 가정의 사회화를 보완하는 역할을 한다. 가정은 사람에게 있어 최초의, 또한 가장 중요한 인격형성의 마당이다.

2. 낮은 자기통제이론 분석

(1) 범죄에 대한 일반이론 또는 낮은 자기통제이론은 최근에 폭넓게 논의되고, 가장 많이 인용되고 있으며, 많은 검증을 거친 범죄이론이다.

(2) 이 이론에 따르면, 비행이나 범죄는 낮은 자기통제력을 가진 사람이 상대적으로 낮은 수준의 검거·처벌 위험으로 즉각적인 만족을 얻을 수 있는 상황 또는 기회를 만났을 때 발생한다. 자기통제력이 낮은 사람은 장기적인 목표를 희생하면서도 단기적인 쾌락을 추구하는 경향이 있다.

(3) 고트(갓)프레드슨과 허쉬는 모든 범죄의 원인은 낮은 자기통제력이라고 주장한다. 이를 근거로 낮은 자기통제이론은 일반이론이라고 지칭되고 있다.

(4) 사람의 자기통제력의 특성은 8세까지 형성되어 일생동안 안정적으로 유지된다고 보고 있다. 고트(갓)프레드슨과 허쉬는 범죄란 오직 기본적인 하나의 핵심구성물, 즉 낮은 자아통제력이라는 개인의 성향에서 비롯되는 것이며, 여러 요인에 기한 다양한 형태의 범죄유형은 존재하지 않는다고 본다.
이 점은 시간의 흐름에 따라 범죄성향도 계속 변화·발전해간다고 보는 발달범죄학과 대립된다.

(5) 낮은 자기통제이론은 자유의사론에 바탕을 두고 있는 고전주의 내지 제지이론과 결정

론에 바탕을 두고 있는 실증주의 이론 사이의 괴리(어긋남)를 채워주는 이론이다. 낮은 자기통제이론은 고전주의의 쾌락주의에 근원을 두고 있으면서도, 환경에 따라 형성된 자기통제력의 수준차이로 인해, 모든 사람들이 똑같이 억제될 수는 없다고 보기 때문이다.

3. 범죄방지대책

(1) 자기통제력이 다양한 비행·범죄의 원인이고, 이것은 어렸을 때 형성되므로 건건하고 일관된 양육환경을 조성하여야 한다. 그리하려면 부족한 가정환경을 보완하기 위한 학교교육과 건전한 또래와 어울릴 수 있는 환경이 제도화되어야 한다.
아이들이 자신과 나이·능력이 비슷한 친구를 사귀는 것은 언제나 가장 좋은 일이다. 아이들은 또래의 무리 안에서 공동체 감각과 협력을 가장 잘 배울 수 있기 때문이다. 이 속에서 아이들은 같은 나이에, 비슷한 능력과 경험을 가진 아이들과 자신을 빗대어보기 시작한다. 용기는 사회 속에서만 훈련시킬 수 있다. 범죄에 대한 통제와 예방은 적절한 공동체 의식이 가장 큰 기능을 한다. 협력훈련을 통해 공동체 감각이 제대로 함양되었음에도 범죄인이 되었다는 증거는 아직까지 보고되지 않고 있다.

(2) 낮은 자기통제력과 더불어 범행에 참여할 기회 정도가 범죄발생의 요소가 되므로 범죄기회를 차단하기 위한 셉테드(CPTED·범죄예방환경설계)와 같은 상황적 범죄예방제도의 확대가 필요하다.

Ⅶ. 법률적 통제를 강조하는 이론 - 제지이론[38](Deterrence Theory)

1. 의의

이 이론은 인간의 합리성, 이익극대화 추구, 자율적 행동결정능력을 전제로, 법률적 처벌이 범죄를 제지(억제)하는 사회적·외적 통제수단으로 가장 유효하다고 주장하는 논리로, 범죄의 원인보다는 형벌을 통한 법률적 통제에 역점을 둔다는 점에서 고전

38) ‘Deterrence Theory’는 억제이론, 견제이론, 제지이론 등으로 번역어를 쓰고 있는데, 본서에서는 ‘containment theory’를 ‘억제이론’으로 번역한 것과 구분하기 위해 ‘말려서 못하게 함’을 뜻하는 ‘제지이론’으로 번역어를 정했다.

주의 범죄학파와 일맥상통한다. 그러므로 이것은 현대 고전주의 범죄학으로의 회귀 경향을 보여주는 예라 할 수 있다.

2. 제지(억제)의 유형

(1) 제지(억제)란, 처벌의 위협으로 범행충동을 제지하는 것을 의미하는데 일반제지(gener deterrence)와 특별제지(specific deterrence)로 나눌 수 있다.

일반제지	범죄자에 대한 처벌이 아직 범죄를 저지르지 않은 일반인(잠재적 범죄자)에게 범죄의 비용에 관한 정보를 제공함으로써 형벌의 두려움을 통해 그들의 범행을 제지(억제)시키는 것. 일반제지(억제)효과는 범죄인에게는 나타나지 않고 일반인에게만 나타나는 효과이다.
특별제지	범죄자 자신이 경험한 처벌에 대한 고통으로 인해 차후의 범행충동을 제지(억제)하는 것. 이는 형벌의 고통과 해악만을 재범방지수단으로 삼으므로, 교화개선을 통한 범죄인의 재범방지까지 추구하는 특별예방보다는 좁은 개념이다.

(2) 제지(억제)이론은 일반제지(억제)이론과 특별제지(억제)이론으로 구별되지만, 범죄의 제지(억제) 및 예방이라는 공통된 목적을 지니고 있다는 점에서는 일치한다.

3. 제지이론의 3대 제지(억제)요소

(1) 처벌의 신속성: 처벌의 신속성은 형사제재가 범행 후에 얼마나 빨리 이루어지는가의 정도를 의미한다. 범행 시부터 처벌 시까지의 간격이 짧을수록 제지(억제)효과가 크다고 본다.

(2) 처벌의 엄중성: 범죄에 비례하는 엄중한 형벌일수록 범죄제지(억제)효과가 클 것이라는 가설. 그러나 지나친 처벌은 오히려 역작용을 야기할 수 있다. 제지(억제)효과가 형벌의 경중과 정비례하는가에 대해서는 논란의 여지가 있다.

(3) 처벌의 확실성: 범죄 후 처벌받을 확률이 높을수록 범죄수준이 낮아질 것이라는 가설. 처벌의 확실성과 관련해서는, 처벌의 확실성이 범죄에 미치는 영향도 일반적으로 인정되지만, 범죄율 또한 확실성에 영향을 미친다는 점도 인정되고 있다. 다시 말해, 범죄율이 높아지면 형사사법기관이 제대로 범죄를 대처할 수 없게 되는 과부하 상태가 되어 처벌의 확실성이 낮아진다는 것이다. 이를 '과부하가설'이라고 한다.

연구결과 처벌의 확실성이 엄중성보다 제지(억제)효과가 크다고 한다.

(4) 결론: 처벌이 엄중, 신속, 확실할수록 제지(억제)효과가 커진다는 병합적 상승효과는 인정되나, 세 가지 요소가 각각 독립적으로 적용될 때의 상대적 효과에 대해서는 오늘날, 확실성 > 엄격성 > 신속성 순으로 제지(억제)효과가 나타난다고 보고 있다.

Ⅷ. 합리적 선택이론(Rational Choice Theory)

합리적 선택이론은 범죄로 인해 기대되는 이익이 범죄로 인해 치르게 되리라고 예상되는 비용보다 더 크다고 생각될 때 사람들은 범죄행위를 선택한다는 논리를 전제로 하고 있다.

다시 말해, 범죄를 범하고자 하는 동기를 지닌 사람(잠재적 범죄인)은, 얼마나 많은 돈을 벌 수 있고, 그리고 국가에 의해 붙잡혀서 처벌받게 되면 얼마나 많은 것을 잃을지를 계산해서, 범죄로 인해 얻게 되는 이익이 크다고 판단될 경우에만 범죄를 저지르게 된다고 가정한다.

따라서, 이 입장에서는 범죄자에 대한 관용은 범죄의 중요한 원인이고, 보다 확실하고 보다 장기의 자유형을 적용하거나, 범죄로 인한 예상이익을 최대한 감소시키는 방안은 사회의 범죄문제를 해결할 수 있는 핵심대책으로 본다.

합리적 선택이론은 '형사제재를 강화하는 장기의 자유형을 수단으로 하는 해결'보다는 '예상이익의 감소를 위한 비공식적 상황적 범죄예방'을 통해서 범죄를 억제하는 것을 더 선호한다.

합리적 선택이론의 논리는 클라크(Crarke)에 의해 '상황적 범죄예방이론'으로 구체화되어 발전했다.

클라크에 따르면, 범죄는 범죄자를 교화 개선함으로써 예방되는 것이 아니라, 오히려 전형적으로 범죄가 발생하는 '상황'적 측면을 개선함으로써 예방된다는 것이다.

'상황' 개선의 핵심은 범죄를 저지르기 더 어렵게 만들거나, 덜 이익이 되도록 만들어서 범행을 선택하는 것이 '덜 매력적인 것'으로 되도록 하는 것이다.

상황적 범죄예방이론은 앞에서 살펴본 바와 같이, 범죄예방의 방법은 범죄기회를 감소시키는 데 있고(기회감소론), 그 기회감소방법은 범죄발생의 가능성이 있는 환경에 직접 작용하도록 하는 것이어야 하며, 그로 인해 범죄자의 노력과 위험을 증가시키면 범죄로부터 얻을 수 있는 이익이 줄어들므로 범죄예방효과가 나타나게 된다는 것을 기본내용으로 한다.

상황적 범죄예방이론은 이를 바탕으로 '환경설계를 통한 범죄예방이론'(CPTED;셉테드)과 '깨진 유리창 이론'이 파생되었다.

CPTED는 범죄를 줄이기 위한 '상황'적 측면과 관련하여 외형적인 측면을 중시하고 있고, 깨진 유리창이론은 내용적·심리적 측면을 중시하고 있다.

CPTED는 영역성을 강화함으로써 범죄 대상(표적)에 대한 접근을 방해하는 물리적 장벽을 쌓아 올려 범죄를 예방하는 데 초점을 맞추고 있다.

예를 들면, 거리의 조명을 밝게 하고, CCTV를 많이 설치하는 것 등이다.

이에 비해, 깨진 유리창 이론은 낙서·유리창 파손 등을 방치하여 지역 주민의 방범의식이 저하되면 범죄가 많이 유발되므로, 주민의 방범의식을 높임으로써 범행의사에 대한 심리적 장벽을 쌓아올리는 데에 중점을 두고 있다.

예를 들면, 경찰과 지역주민과의 연계를 통한 커뮤니티 치안 활성화, 지역주민에 의한 자율 방범 순찰, 범죄 없는 마을 만들기 운동 등이다.

Ⅸ. 깨진 유리창이론(Broken Window Theory)

깨진 유리창 이론은, 다른 사람에게 관심을 두지 않는 익명적 사회상황은 일탈적·반사회적인 이기적 행위를 조장하기 쉽다는 사회심리학에 바탕을 둔 통제이론이다.

이 이론은 '자동차의 깨진 유리창 방치'처럼 일상의 사소한 무질서가 더 큰 범죄와 일탈을 야기할 수 있으므로, 사소한 무질서에 대해서도 경각심을 가지고 질서유지의식을 강화해야만 그 사회의 더 큰 범죄들을 예방하는 데 도움이 된다는 주장이다.

이 이론은 미국의 범죄학자 윌슨(James Q. Wilson)과 켈링(Georg L. Kelling)이 제시한 범죄이론이다. 이는 사소한 규칙위반이나 가벼운 범죄에 대해서도 관용을 베풀지 않는 형사정책인 무관용원칙(zero tolerance)의 근거를 제시했다.

이 이론은 사회심리학자 짐바르도(Philip Zimbardo)가 실험한 연구에 바탕을 두고 있다.

짐바르도는 두 대의 비슷한 자동차를 보닛을 열어 둔 채 한 대는 유리창을 깨 놓고, 다른 한 대는 깨지 않은 상태로 일주일 동안 내버려 두었다. 그 결과 유리창이 멀쩡한 자동차는 처음처럼 그대로 유지되고 있었으나, 유리창이 깨진 채 두었던 차는 부속품이 도난당했고, 타이어까지 빼어가다가 훔쳐갈 것이 더 이상 없어지자 자동차 파손행위까지 가해지는 현상이 나타났다.

이 사회심리학 실험에서 주목한 또 다른 점은, 어느 정도 교양 수준이 있는 평범한 사람들도 그러한 행위에 가담하더라는 사실이다.

이 이론의 성공사례는 미국 뉴욕에서 나타났다. 1990년대, 뉴욕시에서는 높은 범죄율로 심각한 상황이었다. 그래서 깨진 유리창이론을 이용해서 지하철의 낙서를 지우는 프로젝트를 진행하면서 부정승차에서부터 무단 방뇨(오줌누기) 및 사소한 경범죄에 대해서까지 철저히 단속하였다. 이렇게 5년을 시행한 결과 지하철에서의 범죄율이 50% 가량 감소했다.

지하철에서의 대대적인 성공을 기반으로 당시 뉴욕시장이었던 줄리아니(Rudolph W. Giuliani)는 깨진 유리창이론의 무관용원칙에 대한 확신을 갖고, 뉴욕경찰행정에 이 이론을 도입해서 도심의 낙서를 지우면서, 경범죄를 철저히 단속하는 등 강력한 경찰력을 행사하며 질서를 확립하는 데 집중하였다.

이 시도 또한 성공적이어서 뉴욕의 범죄율이 상당히 감소한 것으로 나타났다.

이러한 성공사례에도 불구하고, 이 이론의 효과에 대해서는 그 효과가 단순히 경범죄 단속 그 자체에서 비롯된 효과인지 아니면, 다른 사회적 여건의 영향도 상당히 가미된 효과인지에 대해서 논란이 제기되었다.

경범죄에 대한 철저한 단속이 참으로 더 심각한 범죄의 발생을 예방하고 전체적인 범죄율을 감소시킨 직접적인 원인인지에 대해서는 여러 반론도 제기되었다.

당시 미국에서는 전반적인 범죄율 감소 추세를 보이고 있었으므로, 당시 뉴욕의 범죄율 감소가 깨진 유리창이론 적용의 결과로만 볼 수는 없다는 주장이다.

그리고 경찰의 역할로서 지역사회의 물리적·사회적 무질서를 집중적으로 다루도록 하는 것이 강조되다 보면 개인의 자유와 권리 보장, 법의 지배라는 기본적 가치가 상실될 수 있는 위험이 커질 수 있다는 비판도 제기되었다.

현재, 깨진 유리창이론에 대한 효과의 크기(effect size)에 대하여는 '거의 효과가 없다'는 보고에서부터 '상당한 효과가 있다'는 보고까지 다양하게 연구결과가 제시되고 있다.

이러한 점을 감안하더라도, 이 이론은 사회적 질서의 유지와 공공의 이익을 강조하는 것이 여러 면에서 긍정적인 효과가 있다는 것을 인식시키고 있는 점에서 그 가치가 있다고 본다.

제5절 사회적 반응(반작용)이론(Social Reaction Theories of Crime) – 낙인이론(Labeling Theories)

사회적 반응이론은 법을 위반한 개인에 대한 사회적·제도적 반응에 초점을 맞춘다. 이 이론들은 비행이나 범죄를 사회통제 집행자들에 대한 반응방식으로 설명한다. 이 관점에서는, 개인들은 사회적인 규정지음(definition·정의)이나 다른 사람들의 반응에 의해서 범죄인의 역할로 강제되는 매우 수동적인 존재라고 본다.

'낙인'은 다른 사람이 어떻게 한 개인을 보는가에 영향을 미칠 뿐만 아니라, 개인의 자아인식에도 영향을 미친다. '사회 낙인'(social stigma) 또는 '낙인 효과'란, 상대방이나 주변으로부터 부정적으로 무시당하거나, 치욕을 당하게 되면, 그러한 낙인 찍힘으로 인해 낙인 찍힌 당사자가 부정적으로 변해가는 현상을 말한다.

Ⅰ. 범죄이론의 패러다임(Paradiam: 인식의 체계) 전환[39]

(1) 주류범죄학이론들은 합의론에 바탕을 두고 있기 때문에 형사법상 범죄로 규정된 행위의 범죄적 성격 자체의 당부(當否)를 문제 삼지 않고, 행위자가 그러한 행위를 행하게 된 원인이나 과정을 연구하는 데 중점을 두었다. 이러한 전제는 범죄의 양태가 형사법에 완전하게 규정되어 있으므로 모든 행위에 대한 범죄성 여부는 형사법 규정에 의해 식별할 수 있다는 것이다.
그 근거는 형사법의 구성요건표지가 서술적인 성격을 가지고 있고, 형사법은 행위의 특정한 속성을 판단하는 기준이 될 수 있다는 점을 근거로 한다. 그러나 범죄는 일정한 행위속성의 객관적 결과가 아니고 단지 사회구성원에 의해 범죄로 평가되었을 뿐이고, 사법기관에 의해 범죄로 규정된 행위일 뿐이라는 관점이 있을 수 있다.
이에 따르면, 형사법의 구성요건표지가 서술적이 아니라 귀속(평가)적 성격을 가지고 있다고 볼 수 있고, 범죄는 일정한 원인에 의해 발생하는 것이 아니라 사법기관의 낙인에 의해 선별적으로 만들어지는 것에 지나지 않는다는 결론이 된다.

(2) 1960~70년대 학자들로부터 많은 호응을 얻은 낙인이론은 범죄사회학에 가장 큰 패러다임의 전환을 가져왔다.

---

39) 배종대(2014), 형사정책, 302~303면.

낙인이론은 범죄는 일정한 행위의 속성이 아니고 오히려 귀속 또는 낙인찍는 과정에서 생긴 산물이라고 보는 상호작용주의이론이다. 어떠한 행위를, 범죄로 귀속시키고 낙인을 부과하는 것은 경찰·검찰·법원과 같은 제도적·법적 통제기관이다. 따라서 낙인이론에서 중점을 두는 것은 범죄행위 자체가 아니라 범죄행위에 대한 통제기관의 반작용과 낙인찍힌 사람의 미래행위에 낙인이 미치는 효과 등이다.

(3) 종합하여 낙인이론의 특징을 정리하면,

1) 낙인이론은, 어떤 과정으로 일정한 범주의 행위들이 형사법상의 범죄로 규정되는가, 형사사법기관이 특정한 사람과 사건을 범죄자나 범죄로 규정하는 과정은 어떠한가, 그리고 낙인찍힌 사람은 장래 사회생활을 하는데 어떠한 영향을 받는가를 행위자의 자아개념(자아정체감)과 연관 지어 분석한다. 자아개념은 차후 행동에 영향을 미치게 된다고 본다.

2) 낙인이론은 일탈이나 범죄를 해명하는 데 있어서 행위자에 대한 다른 사람들의 사회적 반응을 중요한 변수로 취급한다.

   낙인이론은 범죄행위 및 범죄자에 대하여 경찰 등 공적 기관의 반응이 미치는 영향을 주목하는 이론으로서, 기존이론들과 가장 큰 차이점은 행위자의 주관적 상호과정을 중심으로 범죄현상을 설명한다는 것이다. 낙인이론가들은 범죄학의 관심방향을 범죄나 범죄자에 한정시키는 경향에 반대하면서, 그 관심방향을 범죄자로 규정되는 제도나 과정으로 돌렸다.

   낙인이론의 관점은, 범죄화 과정을 강조하여 범죄나 비행을 정태적인 실체로 보는 것이 아니라 사회적 상호작용의 산물로 본다. 그것은 범죄(비행)이론이라기보다는 '범죄(비행)역할의 이론'이라고 특징지어진다.

Ⅱ. 낙인이론의 전체 개관

낙인이론은 악의 극화이론, 일차적 일탈과 이차적 일탈이론, 주지위(대표지위)이론, 자기낙인이론 등이 있다.

(1) 낙인이론은 전통적인 범죄이론과는 달리 "범죄는 낙인이다."라는 관점에서 범죄행위 자체에 초점을 두지 않고, 어떤 사람들은 왜 일탈자로 낙인되고, 어떤 행위는 왜 일탈적인 것으로 규정되는지에 대한 탐구에 연구의 초점을 맞춘다. 즉, 일탈규정 자체를 독립 변수로 보지 않고 종속변수로 보아 그러한 규정지음(definition)이 형성된 과정이나 적용되는 메커니즘을 연구대상으로 한다.

(2) 이 이론은 범죄, 일탈, 사회문제에 대한 실증주의적 또는 전통적·심리학적·다원적 범죄원인론을 배척한다. 낙인이론가들은 "본질적·객관적으로 범죄적인 행위는 없다."라고 본다.

(3) 시카고학파의 상징적 상호작용론[40]의 이론과 방법론에 기반하고 있기 때문에 '후기 시카고학파'라고 불리기도 한다.

(4) 이 접근은 구조보다 과정에 초점을 두고 있고, 방법에 있어서도 공식통계의 허점(暗數의 문제)을 지적하고 참여적 관찰에 더 의존하며, 법집행기관을 낙인의 주체로서 중요시하게 되었다. 이에 따라 형사입법자나 법집행종사자들의 가치관과 행동양식도 그 연구대상으로 한다.

(5) 이 이론은 언어와 같은 상징체계를 매개로 하는 사회적 상호작용, 행위자의 현상에 대한 해석능력, 자아정체감(자아개념)에 따른 행위동기의 형성, 자기 충족적 예언의 성취[41] 등에 초점을 맞춰 범죄과정을 연구하고, 사회적 상호작용과정에서

---

40) 상징적 상호작용론이란 일탈을 한 사람의 고립적 행위(정적 실체, 靜的實體)로 보지 않고 범죄자와 비범죄자는 어떻게 서로의 행위에 대해 의미부여의 해석을 하고 상대방이 어떻게 행동해야 된다고 바라는가에 따른 사회적 상호작용의 결과로 파악한다. 그리고 이러한 상호작용론은 상호작용의 당사자의 행위에 상호 어떠한 영향을 미치게 되는가 하는 동적 과정(動的過程)을 탐구하는 논리체계를 말한다.
이러한 상호작용은 언어와 같은 상징체계에 의해 이루어지며, 현상에 대한 의미부여는 행위자의 해석능력을 바탕으로 한다. 현상에 대한 의미부여의 기초로 낙인이론가들이 강조하는 사항은 자아정체감이다. 자아정체감은 주위 사람들과의 사회적 상호작용과정에서 형성된다고 인식하고 있다. 이 점은 "우리 자신을 이해한다는 것은 다른 사람들이 우리에게 어떻게 반응하는가를 아는 것" 즉 우리는 다른 사람들을 통해서 우리 자신을 보게 된다고 하는 Cooley의 '거울자아'(looking-glass self) 개념에서 잘 표현되고 있다.
상징적 상호작용론에 따르면, 스스로 자기 자신을 어떠한 사람으로 생각하느냐에 따라 같은 현상이라도 사람마다 다르게 받아들일 수 있다는 것이다. 그래서 낙인이론은 행위자의 주관적 사고과정을 중심으로 범죄현상을 설명한다고 본다. 따라서 낙인이론에서는 행위자를 단순히 피동적인 존재로만 인식했던 기존이론들과는 달리 행위자의 자의(自意)적인 해석능력을 인정하고, 그 해석에 따라 현상의 의미를 다르게 부여한다고 본다. 그리고 주관적 해석결과에 따라 행위가 달라진다고 본다.
상징적 상호작용을 기반으로 범죄와 일탈을 연구하는 학자들은 범죄나 비행을 객관적 실체를 갖춘 행위로 보지 않고, 사회적으로 구성된 현상으로 본다. 비행·범죄에 대한 정의(定義)는 입법기관이나 경찰·검찰·법원의 해석을 통해 만들어진다는 것이다. 따라서 그들은 본질적으로 범죄·비행적인 행위 유형이 존재한다는 것을 인정하지 않는다. 그보다는, 원초적인 행위가 어떻게 비행이나 범죄로 정의되고, 왜 어떤 집단은 비행·범죄집단으로 불리고, 왜 어떤 집단은 사회에 더 해로움에도 범죄집단으로 불리지 않는가에 질문을 던진다.

41) 자기충족적 예언(self-fulfilling prophecy)은 '자기실현적 예언'이라고도 부른다. 이는 누군가 어떠한 일이 발생한다고 예측하거나 기대하고서, 순전히 자신이 그렇게 되리라고 믿는 마음이 강렬하면, 결국 그러한 예측이나 기대가 이루어진다는 것이다. 이렇게 되는 것은

나타나는 국가통제기관의 반작용이나 주위 사람의 반응이 범죄문제를 더욱 악화시킬 수도 있고 그렇지 않을 수도 있다고 보므로 「사회적 반응이론」이라고도 한다.
어떤 사람에게 도둑놈, 패륜아 등으로 부정적 반응을 하면서 범죄자로 낙인을 가하고, 낙인이 되면 그 사람은 자아정체감을 부정적인 쪽으로 형성하게 되고, 이후의 행동은 부정적인 자아정체감에 따라 이루어지게 된다.
예를 들면, 범죄성이 없는 소년이 친구들에게 '나쁜 놈'이라는 놀림을 받다가 결국에는 범죄인이 되는 경우이다. 이처럼 낙인이론가들은 범죄자에 대한 부정적인 사회반응이 범죄문제를 악화시키는 데 있어 근본적인 원인이라고 주장한다.

(6) 주류범죄학에서는, 모든 행위는 형법에 의해 범죄적인 것 또는 비범죄적인 것으로 식별할 수 있다는 것으로부터 출발한다.
그 근거는 형법의 구성요건규정이 서술적 성격을 지니고 있고, 형법은 특정한 행위의 속성을 객관적으로 서술한다는 점을 전제로 한다. 그러나 낙인이론에서는 구성요건규정이 서술적이 아니라 귀속적 성격을 지니고 있으므로 범죄행위를 어떤 탓으로 돌리고자 하며, 형법적용과정은 결단주의적 요소를 다분히 내포하고 있다고 본다.

(7) 이 이론은 타넨바움의 「악의 극화(惡의 劇化)」(1938)라는 개념에서 출발한 것으로, 이것은 규범 위반행위 자체보다 사회법규 및 이러한 법규를 위반한 개인에게 향해진 낙인이나 사회반응의 성격과 효과를 강조했다. 특히 범죄행위에 대한 통제기관의 반작용에 초점을 두고 있다. 낙인이론은 일차적 일탈에 대한 사회적 반응을 이차적 일탈의 매개변수로 본다. 대표자는 베커(H. Becker), 레머트(E. Lemert), 슈어(E. Schur), 고프만(E. Goffman), 셰프(T. Scheff) 등이다.

(8) 낙인의 주체는 법과 질서 및 관습적 도덕성의 세력을 대변하는 사람들이고, 범죄자로서의 낙인은 도덕적 열등성을 부과하는 하나의 수단일 뿐 생물학적·심리학적으로 특징지어지는 것이 아니다.
이러한 범죄자로서의 낙인은 그를 사회의 감시대상으로 만들고 차별대우를 받게 하며 다른 범죄자들과 어울리게 하며, 차후에 거역할 수 없고 영속적인 또 다른 낙인을 초래하고, 스스로를 일탈자로 치부하게 하여(Gafinkle의 '성공적인 비하의식'), 일탈적인 행위를 지속하도록 하는 부정적 자아관념을 형성시키는 등 부정적인 결과를 초래한다.
예를 들면, 어떤 사람이 전과자라는 범죄경력 때문에 일자리를 못 얻는 등 정상적인 생활이 거의 불가능하다는 것을 인식하게 되면, 그는 '만약 범죄자

자신의 행동을 자신도 모르게 그 믿음에 따라 맞춰가기 때문이다. 이 현상은 사람의 믿음이 행동과 결과에 큰 영향을 준다는 것을 보여준다.

라는 낙인이 지워지지 않는다면, 나는 차라리 범죄자로서 살아가는 것이 더 나을지도 모른다'라고 생각하면서 아예 범죄생활로 빠져들게 된다는 것이다.

(9) 낙인이론은 사회학적 가설설정방법을 사용하는 주류범죄학과는 달리 실증적 연구결과에 의존하지 않고, 일정한 이데올로기적 신념(갈등론)을 바탕으로 하고 있다. 낙인이론가들은 형사사법기관의 역할에 대해 회의적이며, 공식적 낙인은 주로 사회적 약자에게 차별적으로 가해질 가능성이 높다고 보고 있다.
"범죄를 정의(규정)하는 것은 권력자들의 이해관계에 따라 행해진다. 어떤 사람이 법률을 위반하였기 때문에 범죄자가 되는 것이 아니라, 형사사법기관에 의하여 범죄자로 규정되었기 때문에 범죄자가 된다."라는 것이다.

(10) 낙인이론이 형사정책적으로 추구하는 대책은 소위 '4D원칙' 또는 '5D원칙'으로 일컬어지는 비범죄화(Decriminalization), 비형벌화(Depenalization), 법의 적정절차(Due process of law), 비사법적 해결(Diversion: 전환), 비시설처우(Deinstitutionalization: 사회내처우), 탈낙인화(Destigmatization) 등이다.

(11) 그 밖에 낙인이론의 특성으로는, ① 미시사회학적 이론이다. ② 범죄개념에 대해 가장 상대주의적 입장을 취한다. ③ 범죄의 원인을 전체로서의 사회구조보다는 범죄자 개인의 심리적 측면(부정적 자아정체성)에서 찾는다. ④ 처벌은 범죄의 결과라기보다는 범죄의 원인이다. ⑤ 범죄대책으로 범죄에 대한 관용 및 처벌의 억제를 주장한다. ⑥ 행위자의 주관적 사고과정을 중심으로 범죄현상을 설명한다. ⑦ 갈등론에 바탕을 두고 있다 등이다.

▌낙인이론의 인과과정

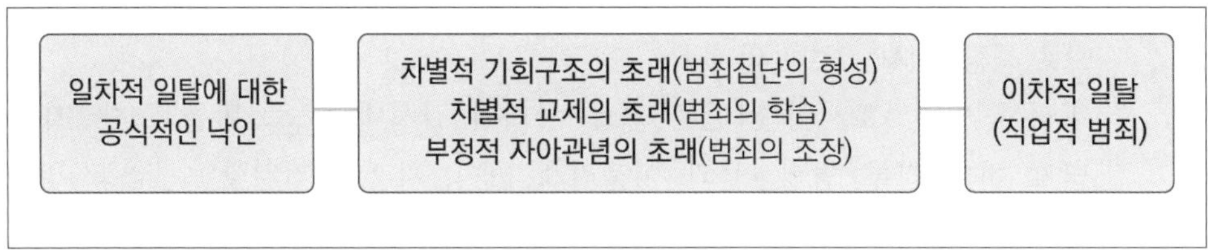

낙인이론에서 '일탈자라는 낙인'은 그들이 낙인에 따라 행동할 위험을 높이고, 일탈자로서의 역할을 수행하도록 하며, 돌이킬 수 없는 '일탈자로서의 자아개념'을 형성하도록 만든다. 낙인이론에서 이 일탈역할과 자아개념은 낙인과 미래의 경력적 일탈 사이의 중요한 연결고리를 제공한다.

Ⅲ. 타넨바움(Frank Tannenbaum)의 악의 극화(Dramatization of Evil) 이론

1. 악의 극화 과정

청소년비행의 초기 행동(유리창 깨기, 행인 희롱 등)은 일상적 생활 중에서 정상적인 부분이라 할 수 있다. 그런데 청소년들과 가치관이 다른 기성사회에서 그러한 행동들을 비행으로 간주해 버리면 무해한 행위일지라도 지역사회에서 일탈 행위로 치부될 수 있으며, 만일 이것이 처벌과 같은 공식적인 반응으로 전환되어 많은 사람에게 알려지게 된다면 그 청소년은 비행소년이라는 꼬리표가 붙어 낙인된다.

이렇게 되면, 그 청소년은 스스로도 그 꼬리표와 같은 유형의 인간으로서 부정적 자아 관념을 형성시키게 되어, 자신에 대한 사회의 부정적 반응으로부터의 도피 수단으로서 다른 비행친구와 사귀고 비행활동에 가담하게 된다. 이때, 사회사업가나 청소년관계자들이 이들을 선별하여 교화시키려 할 것이고, 이러한 노력은 오히려 이들 청소년에게 더욱 반항심을 불러 일으켜서 문제를 심화시키게 된다.

그래서 타넨바움은 "소년범은 우리가 그를 나쁘다고 규정하고, 그를 선하다고 믿지 않기 때문에 오히려 나쁘게 된다. 범죄형성의 과정은 낙인과정이다. 우리가 악(evil)에 대해서는 적게 말하면 말할수록, 선에 대해서는 많이 말하면 말할수록 좋다."고 했다.

그는 청소년기에 비행을 저질렀다고 하더라도 범죄자로 낙인찍히지만 않는다면 그가 계속 범죄를 저지르게 되는 성향을 갖지는 않는다고 보고, 이러한 일련의 과정, 즉 무해한 비행이 심각한 상습범죄로 변화되어 가는 메커니즘을 마치 일상적인 것이 드라마와 같이 각색되는 것과 유사하다고 하여, 불법행동에 대한 사회적 반응과정을 '악의 극화(惡의 劇化)'라고 설명한다.

2. 대책

기성세대나 사회통제기관 등은 청소년들의 초기 잘못에 대해 과잉반응하거나 함부로 '비행소년'이라는 꼬리표를 붙이지 말아야 '악의 극화'를 막을 수 있고, 결국은 청소년 자신들도 스스로를 정상적으로 생각하게 되어 비행이나 범죄적 생활로 빠져들지 않게 된다. 즉, 낙인이 적으면 적을수록 청소년의 심화되는 비행을 방지할 수 있다.

Ⅳ. 레머트(Edwin Lemert)의 일차적 일탈과 이차적 일탈이론

1. 레머트의 관점

그는 다원주의적 사회를 전제하고 갈등론적 관점에서 "규범과 법은, 다양한 이익 집단들이 사회권력과 주도권(지배)을 위해 경쟁하고 투쟁하는 사회적 과정에서 생성되는 일시적 산물이다."라고 개념화한다.

이러한 전제하에 레머트는 일차적 일탈과 이차적 일탈을 구분하고 '일탈이 사회통제를 이끌어 가는 것이 아니라 오히려 통제가 일탈을 이끌어 간다. 즉, 낙인은 이차적 일탈을 야기한다'라고 보아, 낙인의 범죄원인성을 강조한다.

레머트는 어떻게 일탈이 한 개인의 자아정체감과 일체화되고 자아정체감의 핵심이 되는가를 이해하는 모델을 발전시켰다. 일차적 일탈에 대해 행위자를 범죄적이라고 낙인 찍었을 때, 그가 그 낙인을 받아들여 자신을 일탈적인 사람이라고 인식하면, 그 이후부터 그는 상습적으로 일탈을 행하는 사람이 된다. 이것을 이차적 일탈이라고 한다.

2. 일차적 일탈과 이차적 일탈

일차적 일탈
일차적 일탈이란 아동들이 일시적으로 상점에서 물건을 훔치는 것과 같은 행위를 말한다. 이것은 개인의 심리적 구조 및 사회적 역할의 수행에 영향을 주지 않는 일탈로서, 일시적인 것으로 여러 다양한 사회·문화적·심리적·생물학적 조건에 기인하여 야기된다. 일차적 일탈은 낙인이 부여되기 이전의 일시적이고 경미한 일탈이다.
이차적 일탈[42)]
이차적 일탈은 일차적 일탈에 대한 사회적 반응에 의해 생긴 문제들을 방어하거나, 공격하거나, 또한 그러한 문제에 적응하기 위한 수단으로서 나타난 일탈행위나 사회적 역할들이다. 이차적 일탈은 낙인의 부작용에 의해 생성되는 상습적이고 중대한 범죄이다. 이차적 일탈은 일반적으로 오랜 기간에 걸쳐 일어나고 심리적 구조 및 사회적 역할의 수행에 부정적 영향을 주며, 일탈적 행위 유형을 고정화시킨다. 모든 일차적 일탈이 이차적 일탈을 야기시키는 것은 아니지만, 「경력적 일탈」(Becker)의 단계인 이차적 일탈은 일차적 일탈에 대한 사회통제의 부작용에서 생성된다. 이처럼 일탈을 통제하기 위한 노력이 오히려 일탈적 행위와 일탈적 생활 유형을 많이 만들어낸다고 주장하는 레머트는 이차적 일탈을 중시하였다. 이러한 경향은 당시까지의 특별 예방적 교정이데올로기에 대한 반성을 반영한다고 볼 수 있다.

42) 이차적 일탈을 Simmons는 '역할감금', Becker는 '경력적 일탈'이라는 개념으로 표현하고 있다.

3. 일차적 일탈이 이차적 일탈로 이끌어가는 상호작용의 단계

레머트는 사회적 반응의 종류를 비공식적·표출적 반응과 사법기관의 공식적 반응으로 나누고, 공식적 반응을 중시하면서 일차적 일탈자를 이차적 일탈자로 악화시키는 과정을 다음과 같이 설명했다.

▍이차적 일탈자로 악화시키는 낙인화 과정

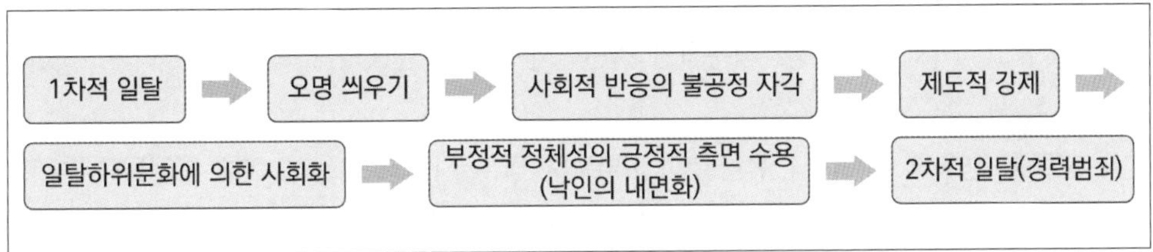

이와 같이 레머트는 잘못된 사회적 반응(낙인)은 일차적 일탈자를 보다 심각한 이차적 일탈자로 악화시킨다고 주장했다. 즉, 일차적 일탈에 대한 사회의 부정적 반응이 일탈(범죄)을 지속하는 사회적·심리적 과정을 낳게 하고 일탈을 생활화하게 한다고 하였다.

그러므로 국가와 사회는 일차적 일탈에 대해 섣불리 형벌을 가해서는 아니 되고, 보다 관대하게 낙인효과를 최소화하는 방법으로 대처해야 한다고 주장했다.

V. 베커(Howard. S. Becker)의 주지위(대표지위)이론

1. 베커의 관점

그분의 저서 「국외자들」(Outsiders)에 의하면, "일탈은 행위의 특성이 아니라, 오히려 다른 사람들이 범죄인에게 법과 제재를 적용한 결과이며 준법과 일탈은 상대적으로 정의될 수밖에 없다."라고 하면서 정상적인 행위와 일탈을 구분하는 객관적인 명확한 기준은 없다고 주장한다. 따라서 일탈은 객관적이고 고유한 행위의 실체가 아니라 사회집단들이 규칙을 만듦으로써 생성된다고 보고 있다.

그러므로 "누가 만든 法인가?"가 중요한 문제로 제기되는데, 이는 다원주의적 사회 내에서의 여러 이익집단 간의 경쟁과 갈등을 전제하며, 정치적·경제적 권력의 문제와도 직결된다. 베커는 사회의 일부 규범이 어떻게 법으로 입법화되는가와 관련하여 '도덕 사업'(moral enterprise)이라는 개념을 사용했다. 이에 따르면 도덕기업가란, 사회의 주도권을 가지고, 일탈·의무·허용의 경계를 변경하면서, 사회집단들이 규범을 채택하거나 유지하도록 영향을 미치려는 개인·집단 또는 공식조직을 가리킨다.

이러한 맥락에서 법이란 주도권을 가진 도덕사업가의 도덕 사업의 산물이다.

낙인이론가들은 이 세상에는 보편적으로 합의된 규범은 존재하지 않는다고 보는 갈등론을 바탕으로 하고 있다.

다만, 베커는 이러한 구조적 불평등의 문제를 근본적인 구조적 측면에서 다루지는 않았고, 미시적이고 상호작용적인 측면에서의 사회 반응의 효과를 주로 다루고 있다(미시적 이론).

'일탈은 행위의 특성이나 규범위반 여부보다 다른 사람의 반응에 의해 규정된다.'라고 보는 사회반응이론은 베커에 의해 더욱 명확하게 제시되었다. 그래서 보통 베커(H.S. Becker)를 낙인이론의 제창자로 평가하고 있다. 베커는 일탈행동을 단순한 사회병리현상으로 다뤄 온 그 때까지의 방식과 구별하여, 일탈이나 범죄는 행위자의 내적 특성이 아니라, 주위로부터의 낙인에 의해 만들어진다는 것을 체계적으로 이론화했다.

2. 규율의 위반과 일탈행위의 구분

베커는 어떤 행위가 일탈행위로 불리는 것과 그렇지 않은 것은, 행해진 시간에 따라서 또는 누가 그 행위를 범했으며, 그 행위에 의하여 피해를 입은 사람이 누구냐에 따라 달라진다고 하면서 단순히 규율을 위반하는 것과 일탈행위(범죄)를 구분할 필요가 있다고 주장한다.[43]

그리하여 그는 ① 실제로 일탈적인 행위가 아닌 규범에 순응하는 동조적 행위, ② 실제로 일탈행위를 했으나 일탈행위로 밝혀지지 않은 비밀일탈(숨은 범죄), ③ 실제로 일탈행위를 하고 그것이 공식처리된 경우인 순수일탈행위(진짜범죄), ④ 실제 아무런 규율을 어기지 않았으나 억울하게 규율을 어긴 것처럼 인식되는 '잘못 비난받는 행위'로 구분하였다.

이 중에서 ②는 단순한 규율위반이지만, 일탈로 낙인된 행위가 아니고 사회적으로는 일상적 행위이고, ③과 ④는 사회적으로는 일탈로 낙인된 행위(범죄)이다.

---

43) Lemert가 사회적 반응이 일반적으로 규범위반적 행동의 심각성에 관련된다는 것을 강조한 반면, Becker는 규율위반 자체는 실제로 사회적 대중에 의해 일탈자로 낙인받는 지침이 되지 못한다는 점을 강조한다. 그는 일탈자로 낙인되는 과정이 규율의 본질이나 관련된 행동 자체보다 누가 낙인을 받고 누가 낙인을 부여하는가에 따라 훨씬 더 큰 영향을 받는다고 하면서 갈등론적 관점을 더욱 강조했다.

	규범 준수 행위	규범 위반 행위
일탈자로 규정된 경우	④ 잘못된 소추	③ 진성 일탈자
일탈자로 규정되지 않은 경우	① 규범 준수자	② 드러나지 않은 숨은 일탈자

3. 일탈경력의 발전단계

그분은 일탈에 대한 종전의 원인론적·실증주의적 이론들을 비판하면서 이들이 기반하고 있는 '동시적 모델(이론)', 즉 최초의 범죄 발생 원인만을 분석하는 접근방법의 부적절함을 지적하고, 재범이나 누범과 같이 지속적으로 범해지는 범죄습관을 설명할 수 있는 '단계적 모델(이론)'을 다음과 같이 제시했다.

비동조적 행위를 범하는 단계
그분에 의하면, 비동조적 행위는 누구나 범할 수 있다고 가정하고, 이는 의도적일 수도 있고 의도되지 않은 것일 수도 있다.
일탈적 동기와 관심의 발전 단계
비동조적 행위에 대해 잘못된 반응을 보이게 되면 일탈적 동기가 더욱 악화되고, 일탈에 대한 관심이 더욱 커지게 된다. 그래서 보다 심각한 범죄를 범하는 단계로 진입된다.
검거되어 공식적으로 낙인찍히는 단계
검거하여 공식적 형벌을 가하게 되면 일탈자라는 낙인이 주지위(대표지위)[44]로 작용하여 한 개인의 공적(公的) 정체(사회적 지위)에 급격한 변화가 일어난다. 즉, 일탈자(범죄자·전과자)라는 규정은 하나의 사회적 신분이나 지위로 볼 수 있기 때문에 그런 사회적 지위나 신분은 그 사람의 사회적 상호작용의 형태와 과정에 가장 큰 영향을 미치게 된다.
조직화된 일탈집단으로 들어가는 단계
이 결과, 자신의 행위의 합리화·범행기술 등을 학습하게 되고 주변 사회에서 국외자(outsider)로서, 직업적 범죄생활을 하게 된다.

위와 같이, 낙인은 사회적 지위를 부여하는 효과를 낳게 하여, 낙인찍힌 사람에게는 직접적으로 작용하면서 사회생활에 있어서 가장 큰 영향을 미치는 주(主)지위로서 작용한다. 범죄자(전과자)라는 낙인은 갖가지 편견과 냉대와 따돌림을 받

44) 주지위(master status): 사람은 누구나 여러 개의 사회적 지위(예컨대, 여성·동양인·경찰관 등)를 가지고 있는데, 상호작용의 과정과 유형에 있어서 이 중 어떤 지위가 다른 지위들보다 우선하는 지위를 「주지위(대표지위)」라고 한다. 다인종 사회에서는 인종이, 단일인종이 사는 곳에서는 성별(性別)이 대체로 주지위에 해당한다고 보고 있다. 베커는 일탈자로 낙인되었을 때에 그 사람의 지위변화가 이후의 행동에 영향을 미치는 것에 초점을 맞춰, 일탈자 내지 범죄자라는 낙인은 주지위가 되어 그 사람의 원활한 상호작용에 부정적인 영향을 미쳐 범죄경향을 더욱 악화시키게 된다고 보았다. 베커는 주지위 기능을 통해 낙인에 의해 조직적 규범위반자(경력범죄자)로 전환케 하는 과정에서 단계성과 지속성을 강조했다.

게 하여, 본인 또한 자포자기 상태에서 결국 사회가 규정한 것과 같이 자기충족적 예언을 실현하면서 평생을 범죄자로서 살아가게 된다.

베커는 이러한 단계에 의해 일탈의 경력을 순서대로 쌓아감으로써(경력적 또는 직업적 일탈), 단순한 규범위반자를 상습적 범죄자로 변모시키는 과정을 정형화된 이론으로 설명하는 과정적 단계 이론을 체계적으로 제시했다.

Ⅵ. 슈어(E. M. Schur)의 자기낙인이론

슈어는 이차적 일탈을, 공식낙인으로 인하여 사회적 상호작용에 부과된 외적 낙인의 영향이라기보다는 일탈적 자아관념이나 동일시의 표현이라고 이해하는 입장이다.

그는 피낙인자로서의 공적 신분이나 그로 인한 사회적 상호작용의 외적 제한보다는 자기 스스로 자신에게 각인한 자아관념 및 자기낙인과 스스로 부과한 사회적 상호작용의 제한이 더 중요하다고 본다.

슈어에 의하면 이차적 일탈로의 발전은 정형화된 발전단계를 거치는 것이 아니라 그 사람이 어떻게 사회적 반응에 반응하느냐에 따라 외부적 낙인이 자아정체성에 영향을 미칠 수도 있고 미치지 않을 수도 있는 협상과정이라고 보았다. 또한 주위에서 낙인하지 않더라도 스스로 내면화된 사회적 기대에 따라 자아낙인할 가능성도 있다는 점을 인정하였다. 이러한 점이 레머트나 베커와의 다른 특징이다.[45)]

슈어는 범죄대책과 관련해서는 '눈덩이 효과 가설'[46)]을 바탕으로 급진적 불개입주의(Radical Nonintervention)로서 '피해자 없는 범죄에 대한 비범죄화'를 주장했다.

Ⅶ. 낙인이론에 대한 평가

1. 공헌

사회반응이론 중 대표적인 낙인이론이 형사정책 이론발전에 기여한 점은, 일탈의 생성에 있어서 사회통제의 양면성을 보지 못한 종래의 구조적 접근이론들의 허점을 지적·보완하고 의료모델을 비판하였으며, 흥미로운 경험적 조사연구 방법인

45) 슈어는 사회적 낙인에 대해서 개인의 적응을 고려하여, 낙인과정의 유동적 속성과 스스로에 의한 자아규정의 중요성을 강조했다.

46) '눈덩이 효과 가설'은 형사제재를 가하게 되면 범죄성이 교정·경감되기보다는 산 위에서 눈덩이를 굴리듯이 확대된다는 주장으로, 형사사법의 한계 내지 역기능을 지적한 것이다.

「참여적 관찰」을 낳았다.

낙인이론은, 아이들이 일시적으로 나쁜 행동을 한다 해도 대부분 공식적인 개입(처벌)이 없으면 나이가 들면서 그만두지만, 공식적 낙인이 있으면 보통소년들이 상습범죄자로 변해간다고 주장하여, 이를 근거로 소년사법 분야·경미범죄자·과실범죄자 분야에서 이차적 일탈예방(재범방지)에 대한 대책수립에 영향을 주었다.

즉, 경미·과실범죄의 비범죄화, 비형벌화, 공식형사절차에 따른 부정적 낙인을 방지하기 위해 다양한 대체처분으로 전환해야 한다는 소년비행에 대한 다이버전, 교도소 수감인원 축소를 통한 비용절감을 위한 사회내처우를 추구한 탈시설수용화 등에 많은 영향을 주었다.

이러한 네 가지 형사정책적 방법은 소위 4D정책[47]이라고 하고, 여기에 법의 적정절차화(Due process of law)까지 추가해서 5D원칙이라고도 한다.

또한 낙인이론은 범죄자와 일반인을 본질적으로 구분하지 않고, 범죄자는 다만 낙인찍힌 사람에 불과하다고 보아 보장적 측면을 중시하고, 범죄자에 대한 국가개입의 최소화와 사회내처우의 중요성을 강조하여 비판범죄학과 더불어 보다 인도적 형사정책을 제시하고 있다.

2. 비판

(1) 낙인이론은, 일탈의 개념규정에 있어서, 낙인이 없이는 일탈도 없다는 상대주의에 빠져 있다.

이 이론에서는, 행위란 본질적으로 범죄적인 것은 없다고 주장하고 있지만, 강간이나 살인 등의 강력범죄는 처음부터 범죄적이고 본질적인 범죄로 여겨지고 있기 때문에 지나치게 상대주의적으로 보는 것은 타당하지 않다.

(2) 낙인이론은 일탈자로 낙인되는 사람과 낙인을 부과하는 사람의 역할을 지나치게 단순화하고 있다는 지적을 받는다.

낙인되는 편은 주로 하류계층의 피지배계층이며, 낙인을 가하는 편은 지배계

47) 4D전략에 '탈낙인화'를 들기도 한다. 즉 박·손·이, 163면에 의하면, i) 기존형법의 목록 중에서 사회변화로 인하여 더 이상 사회유해성이 없는 행위로 평가되는 것에 대해서는 범죄목록에서 삭제해야 한다는 '비범죄화', ii) 가능한 한 범죄에 대한 공식적 반작용은 비공식적 반작용으로, 무거운 공식적 반작용은 가벼운 공식적 반작용으로 대체되어야 한다는 '전환'(Diversion), iii) 가능한 한 범죄자를 자유로운 공동체 내에 머물게 하여 자유상태에서 그를 처우하여야 한다는 '탈제도화'·'탈시설수용화', iv) 이미 행해진 사회통제적 낙인은 재사회화가 성과 있게 이루어진 후에는 피낙인자에게 그의 사회적 지위를 되돌려 주는 탈낙인화가 뒤따라야 한다고 하여 '탈낙인화'를 4D정책으로 설명하고 있다.

층(도덕기업가)으로 보고 있는데, 형벌(낙인)은 죄질에 기초하여 반응되는 것이지 계층에 따라 반응되는 것이 아니다. 실제로도 범죄통계상 사회계층별 차이가 크지 않게 나타나고 있다.

(3) 낙인은 불가피하게 일탈적 정체성(identity)과 일탈적 경력을 초래하는 것으로 간주되고 있다. 그러나 대부분의 낙인 연구가 이미 범죄자가 되어 있는 사람을 대상으로 하기 때문에 실제로 낙인이 반드시 일탈적 정체성과 경력을 초래한다고 단정할 수는 없다.

(4) 낙인이론에서는 공식적 낙인이 부정적 결과만을 초래하는 것으로 이해되기 쉬우나 상당 부분 긍정적 결과를 가져올 수도 있다.

(5) 낙인이론은 특히 중요범죄에 관한 형사정책적 대안을 충분히 제시하지 못한다는 비판을 받고 있다.

형사사법기관의 개입과 그로 인한 공식 낙인이 더 많은 일탈을 초래한다면, 가장 최선의 형사정책은 이들 일탈에 대해서 아무런 반응을 하지 않고 방관하는 것일 수 밖에 없을 것이다. 그러나 그냥 내버려 두면 해결되는 것이 아니고 악화된다는 사실은 너무도 자명하다.

(6) 그 밖에 일탈자와 사회 간의 상호작용을 지나치게 과장하고 있다는 점, 사회통제기관을 너무 비판적으로 인식하는 점, 화이트 칼라범죄와 같은 지배계층의 범죄에 관대한 결과로 된다는 점, 부정적 사회반작용에 중점을 둠으로써 일탈자에 대한 반교정주의(反矯正主義)로 나아가게 된다는 점, 초범의 범죄원인을 설명할 수 없는 점, 피해자에 대한 관심이 소홀한 점, 이론 자체의 경험적 검증이 불명확한 점 등이 지적되고 있다.

CHAPTER 04

갈등이론과 비판범죄론

[제1절] 갈등론적 범죄이론

Ⅰ. 범죄학에 있어서 갈등론적 관점

갈등이론적 관점은, 법률은 부유하고 힘 있는 자들이 제정하고, 그 법률은 그들의 이익을 보호하는 혜택으로 작용되며, 이렇게 왜곡된 사회구조가 힘없는 사람들의 범죄를 유발시키는 원인이 된다고 본다. 결국 갈등이론은 법의 제정과 집행 및 정부의 역할이 사회의 더욱 힘 있는 집단의 이익을 위해 봉사하는 것이라고 주장한다. 따라서 권력과 공식범죄율은 반비례적 관계로 나타난다고 본다.

1. 갈등이론 개관

갈등론에서는 사회생활은 갈등관계이고, 사회가 유지되는 근본적인 동력 자체가 갈등의 산물이라는 입장이다. 따라서 갈등론자들은 법의 제정과 국가사법기관의 활동도 보편적인 가치를 반영하고 공공의 이익을 대변하는 중립적인 국가활동이 아니라, 특정집단의 권력과 이익을 도모하는 편파적인 활동일 뿐이라는 시각이다.

그래서 이 입장에서는 법의 정당성을 전제된 것으로 받아들이지 않고 법집행도 공정하게 이루어지고 있다고 보지 않는다. 따라서, 범죄행위를 설명하는 데에만 초점을 맞추지 않고 법의 제정과 집행과정에 대해서도 중요한 고찰대상으로 삼고 문제시한다.

갈등이론은 1950년대 이후 발생·발전하였고, 지금은 어떠한 주요이론가도 합의론을 법에 관한 최상의 이론으로 이해하지는 않고 있다. 갈등이론은 범죄행위에 대한 설명보다는 형사사법체계와 법 제정에 관한 설명으로서 더 큰 지지를 받는다.

갈등이론은 다양한 이해와 가치가 공정하게 대표되고, 법과 형사사법체계가 비차별적이어야 한다는 점을 강조한다.

그러나 범죄에 대한 구체적인 정책적 방향 제시가 어렵다는 한계가 있다.

갈등이론은 갈등의 속성을 어떻게 파악하는가에 따라 다양한 집단 간의 다원적 갈등으로 인식하는 보수적 갈등이론[48]과 마르크스주의 입장에서 자본가계급과 노동자계급의 이원화된 계급갈등관계로 파악하는 급진적 갈등이론으로 나눌 수 있다.

보수적 갈등이론 내지 다원적 갈등모형은 경쟁적 이익집단이 입법과 통치를 통해 그들의 가치를 실현시키려는 오늘날 민주사회에 보다 잘 적용된다. 이와 같은 갈등적 설명은 볼드의 집단갈등이론에서 가장 잘 나타난다.

2. 갈등이론의 연구의 초점

(1) 왜 특정집단이나 계층의 규범은 법으로 보호되는 반면, 왜 다른 집단이나 계층의 규범은 법제화되지 않아 특정집단·계층과 갈등관계에 있는 집단이나 계층에서만 주로 범죄자가 발생하게 되는가?

(2) 왜 법률이 특정 집단이나 계층에 대해서만 집행되고 일부 다른 집단·계층에 대해서는 집행되지 않아서, 왜 특정 법률위반자만 범죄자로 규정되어지고 다른 위반자는 왜 범죄자로 규정되어지지 않는가? 즉, 갈등론의 연구초점은 범죄와 범죄자가 만들어지는 사회적·정치적 과정에 관심이 높다.

(3) 경제계층적 갈등, 집단 및 문화적 갈등, 권력구조에 따른 갈등 등 사회적 갈등은 다양한 요인에 기인하므로, 갈등론적 범죄이론은 위와 같이 다양한 방법으로 범죄에 대한 사회적 갈등의 역할과 기능을 설명하고 있다.

(4) 갈등이론은 범죄와 일탈행동을 문화적·집단적 갈등 속에 있는 사람의 정상적이고 학습된 행위라고 설명한다. 범죄는 그러한 갈등의 표현이고, 자신이 속한 집단의 규범과 가치에 따라 행동하는 사람들이 법으로 규정된 다른 사람들의 규범·가치를 위반한 결과라고 한다.

---

48) 보수적 갈등이론은 다렌도르프(R. Dahrendorf)의 제도적 권위에 근거한 갈등론을 바탕으로, 사회를 구성하는 다양한 집단이 그들의 이익을 추구하기 위해 경쟁하고 있다는 것을 전제로 입법·법 위반·법집행의 모든 과정이 사회적·경제적·정치적 이익집단 사이의 갈등과 권력 차이에 관련된 것으로 본다. 범죄행위는 이러한 지속적인 집단적 갈등의 산물이라고 주장한다.

제2절 보수적(다원적) 갈등이론

Ⅰ. 볼드(Vold)의 집단갈등이론(Group Conflict Theory)

1. 개관

볼드(Georbe B. Vold)는 1958년 '범죄행위는 집단갈등의 표현이다.'라는 명제를 제시하여 1960년 이후 갈등이론이 범죄학의 선두이론이 되는 계기를 마련했다.

볼드는 사람들은 집단지향적이며, 사회는 이익집단들의 집합으로 구성된 집단의 결합체라고 보았다.

집단이 조직화되는 이유는, 집단행동에 의할 때 그 구성원들의 공통의 이익과 욕구가 잘 실현되기 때문이다. 집단들의 갈등은 그들이 추구하는 이익과 목적이 서로 겹치고 서로 침해하기 때문에 발생한다. 갈등이 발생하면 각 집단은 스스로를 지키고자 하며, 그 구성원들은 집단구성원으로서의 충성심을 발전·강화시키는 경향이 있다.

사회 내에서는 새로운 이해관계과 발생하기 때문에 새로운 집단이 계속적으로 형성되며, 집단이 기여할 수 있는 목표가 없어지면 기존의 집단은 약해지거나 사라진다.

사회질서는 집단 간의 합의를 반영하는 것이 아니라, 서로 다른 힘과 이해관계를 가진 다양한 집단 간의 불편한 상호적응을 반영하여 형성된다. 집단 간의 갈등은 특히 입법정책에서 강하게 드러난다. 집단갈등의 일반적인 상황은, 갈등관계에 있는 집단 중 하나가 다른 집단과의 갈등에서 조직화된 정부권력이 자신들을 지원해주도록 유도하는 것으로 집약된다.

이렇게 해서 제정된 법은 한 집단의 이익을 증진시키고 다른 집단의 이익을 저지하거나 경감시킨다. 따라서 새로운 법이 통과되면, 그 법 제정에 반대했던 사람들은 더 많이 법률을 위반하여 범죄를 범하게 된다.

왜냐하면, 그 법이 지배집단의 이익이나 목적과 상충되는 것들을 보호하기 때문이다. 볼드는 범죄나 비행을 주로 세력이 약한 소수집단의 행동으로 본다. 즉 자신의 이익이나 목적을 입법과정에서 보호하거나 통과시킬 수 있는 충분한 권력을 갖지 못한 집단의 행위라고 규정했다.

볼드의 집단갈등이론은 조직화된 정치사회의 갈등적인 상황을 지적하며, 상당한 양의 범죄가 집단 간의 갈등과 관련이 있다고 주장한다. 그러나 그의 이론은 조직화된 사회 내에서 서로 다른 집단 간의 이익충돌과 관련이 없는 충동적·비이성적 범죄나 강간·횡령·강도·사기와 같이 개인에 바탕을 둔 범죄들에는 잘 적용되지 않는다.

2. 집단갈등과 범죄

범죄를 집단갈등의 소산으로 보는 Vold의 이론은 범죄를 개인적 법률위반이 아니라 집단 간의 투쟁으로 이해하는 것으로서, 인종분쟁·조직 간의 분쟁으로 인한 범죄·정치적 시위로 인한 범죄·노사분쟁·확신범죄 등 전통범죄학에서 도외시되었던 특정범죄를 이해하려는 시도로 적합하다는 평가를 받고 있다.

볼드는 입법·사법 등 모든 과정이 집단 간의 이해갈등을 반영하고 있다고 보면서, 특히 집단 간의 이익갈등이 가장 심한 부분은 입법정책부분이라고 보았다.

볼드의 집단갈등론에 의하면 법의 제정, 위반 및 법집행의 전과정은 집단갈등문제의 해결에 국가의 권력을 이용하고자 하는 집단 간의 투쟁의 결과라고 주장한다.

이러한 과정에서 자신들의 이익이나 목적을 제대로 방어하지 못한 집단의 행위가 범죄행위로 규정된다는 것이다.

Ⅱ. 터크(A. Turk)의 갈등이론 - 범죄화이론(Theory of Criminalization)

"법은 집단 간의 갈등의 결과이면서 갈등상황에서 사용되는 무기이기도 하다."

1. 개관

터크(Austin Turk)는 범죄행위란 권력자 등에 의해서 규정되고 부과되는 것이라고 한다. 즉 권력자가 피지배자들을 지배하기 위해 범죄자로 규정하는 법을 제정하기 때문에 범죄행위라는 개념이 생기게 된다고 한다. 그는 "어느 누구도 선천적으로 범죄자는 아니다. 범죄성은 법률적 및 법률 외적 기준에 의해 집행권력을 가진 사람들에 의해 적용된 규정(definition)이다"라고 하면서 낙인 또는 범죄인의 지위는 사회에서 지배를 당하는 힘없는 사람들에게 부여된다고 한다.

터크는 그분의 이론에서 "어떠한 조건하에서 권력자 - 종속자의 문화적·행위적 차이가 법률적 갈등으로 나타나고, 어떠한 상황에서 법률이 집행되어 범죄로 규정되는가"하는 법률적 갈등과 범죄화에 초점을 맞추어 범죄화이론을 제시했다.

터크는 집단 간의 갈등원인을 사회를 통제할 수 있는 권위를 추구하는 데 있다고 보고, 다른 갈등론자와는 달리 법제도 자체보다는 법이 집행되는 과정에서 특정한 집단구성원이 범죄자로 규정되는 과정을 중요시했다.

2. 문화적·행동양식적 차이가 법률적 갈등을 초래하기 위한 조건

(1) 권력자와 종속자 간의 행위적 차이가 문화적 차이와 복합될 때 종속자와 권력자 간의 갈등이 야기된다고 본다.

그는 이를 규명하기 위해 문화적 규범과 사회적 규범을 구분하였는데, 문화적 규범은 가치의 언어적 형식화로 가치규범과 관련되며, 사회적 규범은 사회적·실제적 행동규범과 관련된다고 본다.

그는 권력자와 종속자 간에 문화적 차이가 실제 행동양식적 차이와 밀접하게 관련될 때 갈등이 일어날 확률이 높으며, 양자 간에 문화적 차이가 실제 행동약식에 반영되지 않거나 두 집단 행동양식적 차이가 중요한 가치 차이를 반영하지 않을 때는 갈등이 최소화된다고 보고 있다.

(2) 갈등이 일어날 확률은 양자 간의 조직화 정도에도 영향을 받는다.

그에 의하면 권력집단은 조직화되기 마련이지만 종속자는 조직화될 수도 있고 조직화되지 않을 수도 있다. 종속자가 조직화될수록 갈등의 가능성이 높아진다고 한다.

(3) 갈등이 일어날 확률은 또한 양자의 지적 교양 또는 세련화의 정도에도 영향을 받는다.

세련화란 "다른 사람을 이용하기 위한 행동양식에 대한 지식" 내지 "행동을 정당화하기 위해 사용되는 근거나 이유" 말한다. 양자가 서로 상대의 약점과 강점을 알고 이용할 수 있을 때 세련화되었다고 규정할 수 있다.

따라서 세련화된 종속자는 갈등을 회피하면서도 자신의 목표를 성취할 수 있으며, 세련화되지 못한 세력은 그들의 목표를 달성하기 위해 주로 강제에 의존해야 하기 때문에 세련화의 정도에 따라 갈등 가능성은 달라진다.

3. 갈등이 피지배집단의 범죄화로 귀결될 가능성이 높은 조건

터어크는 모든 갈등이 항상 동일하게 피지배집단의 범죄화로 귀결되는 것이 아니라는 전제 하에 갈등이 범죄행위(범죄성)를 야기하는 요인을 다음과 같이 주장했다.

(1) 그는 경찰·검사·판사 등 법집행자에게 금지된 행동이나 가치가 가지는 의미가 범죄화의 가장 중요한 요소라고 주장한다.
법을 집행하는 사람이 금지된 행위를 더 많이 찾아내어 심각하다고 여기거나 또는 공격적이라고 생각할수록 높은 검거율·높은 유죄판결률·엄한 양형이 이루어질 가능성이 높다는 것이다.
이 말은 권력자에게 문화적으로 중요한 의미가 있는 법일수록 집행될 가능성이 높다는 것이다. 예를 들어, 경제범죄보다는 강도죄가 더욱 엄격하게 집행되는 것은 권력자의 법적 규범만을 위반하는 경제 범죄에 비해, 강도는 법적 규범은 물론이고 문화적 규범까지도 위반하기 때문이라고 한다.
결국, 권력자의 문화적 규범과 행동양식적 규범 모두를 위반하는 행위일 때 법규범의 집행가능성이 높아진다고 본다.

(2) 범죄화에 영향을 미치는 두 번째 요인은 권력자와 종속자, 집행자와 저항자 사이의 힘의 상대성이다.
법이란 저항력이 적은 사람에게 강력하고 확실하게 집행되기 때문에, 일반적으로 권력자의 힘이 세고 종속자의 힘이 약할 때 범죄화가 가장 많이 일어날 것으로 여겨진다.

(3) 세 번째 요인은, 양자가 현실합치적으로 갈등을 진행시킨다면 법 집행의 가능성은 작아지고, 반면에 현실불합치적으로 갈등이 진행되면 법 집행의 가능성이 커지게 된다는 '갈등 진행의 현실성'을 들고 있다.
갈등진행의 현실성을 권력자의 입장에서 본다면, 잔인함을 회피하고 정상적인 법절차에 따르며 피지배집단에 대해 적개심을 표출하지 않는 등의 방식으로 갈등을 해결하는 경우를 현실합치적이라 할 수 있다.
반대로 피지배집단의 입장에서는 공격적 행위는 감추고, 감춰질 수 없는 공격적 행위에 대해서는 그 공격성을 완화시키는 방식을 취하며, 여론을 들끓게 하는 행위나 권력자의 관심을 증폭시키는 법률위반행위를 자제하는 것이 현실합치적 방법으로 법 집행의 가능성을 줄이는 것이 된다.
예를 들어, 미성년자에 대한 약취유인, 성폭력 등은 권력자의 관심을 불러일으키는 현실불합치적 법률위반행위이기 때문에 법 집행의 가능성을 높이게 된다는 것이다. 다시 말해, 집단 간의 갈등의 산물인 법규위반이 실현가능성이 낮은 목표를 주장, 관철하려는 경우일수록 법 집행이 강화된다고 보았다.

Ⅲ. 갈등이론의 비판

1. 갈등이론은 주로 이념적·정치적 갈등에 연관된 개인과 집단의 행위를 분석하는 데에만 적합하다는 적용범위상의 한계가 문제되고 있다. 즉, 비정치적 전통범죄는 집단갈등의 소산이라고 설명하기에는 적합하지 않다.
2. 갈등이론의 주장처럼 법과 형벌이 계층질서를 유지하기 위해서만 제정·적용된다 볼 수 없다는 비판을 받는다.
3. 갈등이론에 입각하여 범죄의 원인이 되는 집단갈등을 제거하기 위한 사회정책을 실행하는 데 따른 어려움도 비판의 대상이 된다. 즉, 갈등론자들의 주장을 실제로 정책적으로 응용하기가 어렵다는 것이다.

제3절 비판범죄론(Critical Criminology) – 마르크스주의 범죄이론

Ⅰ. 비판범죄학의 의의

갈등이론은 낙인이론과 함께 1960년대 미국 범죄학계에서 두각을 나타냈다.

이를 바탕으로, 1970년대에는 퀴니(Quinney), 챔블리스(Chambliss), 슈벤딩어(Schwendinger) 부부 등은 마르크스주의이론을 수용하여 '급진적'(radical) 또는 '비판적'(critical)범죄이론[49]을 발전시켰다. 마르크스주의 이론은 갈등이론에 바탕을 두고 있지만 사회가 다수 집단 간의 갈등으로 이루어져 있다는 관점을 거부하고, 후기 자본주의 사회가 사회적·경제적·정치적 권력을 장악한 소수 자본주의 지배 엘리트사회임을 주장한다.

---

49) 낙인이론과 비판범죄학의 본질적 차이점은, 범죄자로 만드는 주체의 정당성을 문제 삼느냐 여부이다. 비판범죄학은 자본주의사회를 거시적·구조적으로 분석하고, 범죄통제주체의 정당성을 인정하지 않는다. 범죄학과 관련하여 '비판적'·'급진적'·'갈등적'이란 용어는 1960년대 중반부터 1970년대 전반까지 '마르크스주의'라는 용어사용에 부담을 느낀 범죄학자들이 '마르크스주의이론'과 동의어로 사용했다. 그리하다가 1970~80년대 학계에서 마르크스주의에 대한 인기가 급격히 상승하자 이 용어의 사용은 줄고, 직접적으로 '마르크스주의'란 용어가 주로 사용되었다. 그러나 1980년대 이후에는 '비판 및 급진범죄학'이 마르크스주의 범죄학과 같은 의미로 사용되지 않고, 사회주의적 페미니스트 범죄이론·포스트모더니즘 범죄학 등을 포괄하는 의미로 사용되고 있다.

즉, 범죄는 자본주의와 계급갈등에 의해 야기된다고 한다.
마르크스주의이론(비판범죄학)은 자본주의사회를 생산수단을 소유한 지배계급(부르주아)과 가진 것은 자신의 노동력밖에 없는 노동자(프롤레타리아) 두 계급으로 구성되어 있다고 본다.

자본주의체제에서 생산수단에 대한 자본가의 독점은 이들로 하여금 정치적 권력·국가에 대한 통제를 장악하게 한다. 이렇게 장악된 정치적 권력, 형법, 형사사법체계는 자본가 계급의 권력과 특권을 계속하여 유지·증진하기 위한 체계로서 작용한다.

마르크스주의 범죄이론은, 생산수단 및 권력의 불평등한 분배는 계급갈등의 토대가 되고, 자본가-노동자 계급의 갈등의 산물이 범죄라고 본다. 그러므로 범죄로부터 해방된 사회를 만들기 위해서는 사회주의체제를 수립하는 길밖에는 없다고 한다.

사회주의체제가 되면 궁극적으로 경제적·사회적·정치적으로 평등해지고, 정의(justice)가 실현되고, 범죄 없는 사회가 된다는 것이다. 마르크스주의에 따르면, 모든 사회는 두 분파의 상반된 집단으로 짜여지는데 한 분파는 현재 상태를 유지하고자 하며, 다른 한 분파는 현존상태를 뒤바꾸려 한다.
현대 마르크스주의 범죄학은 크게 '도구적 마르크수주의'와 '구조적 마르크스주의'로 구분된다.

이 입장들은 모두 범죄를 자본주의체제의 경제모순에서 야기되는 산물로 파악하고, 형벌은 경제적 지배계급인 부르주아가 피지배계급인 프롤레타리아를 억압·착취하기 위해 사용하는 강제력이라고 보며, 형법을 부르주아가 계급투쟁을 억제하고 계급의 분화를 유지하기 위한 사회통제수단이라고 보는 점에 있어서는 공통적이다.

그러나 국가나 법의 종속·편파성의 인식 정도, 즉 지배계급으로부터의 '상대적 자율성'의 인식 정도에서는 차이가 있다.

도구적 마르크스주의는 국가와 법을 자본가계급의 이익과 권력을 유지하기 위한 도구로만 간주한다. 즉 "경찰·검찰·법원·교도소는 현 상태를 위협할 수 있는 노동자들을 통제함으로써 권력엘리트의 이익을 보장하는 장치이다."라고 본다. 이 입장을 취하는 대표적 학자가 퀴니이다.

구조적 마르크스주의는 국가와 법이 전적으로 지배층의 도구로만 작용하지 않고, 지배계급으로부터 상대적으로 독립되었으며 때때로 프롤레타리아의 이익을 반영할 수도 있다는 수정적 주장이다.

다시 말해, 법과 형사사법체계의 상당 부분은 자본가의 이해를 그대로 반영하지 않으며, 자본가의 이해와 직접적으로 상반되는 내용을 가진 채 통과되며, 지배계급의 일원이라도 법 위반 시 체포·처벌되기도 한다는 것을 인정한다.

구조주의적 마르크스주의는 단기적으로는 자본가와 프롤레타이아 사이의 충돌 이외의 갈등도 존재할 수 있다고 인정하고, 법은 자본주의체제의 유지가 궁극적 목적이므로 노동자뿐 아니라 자본가도 체제를 흔드는 행위를 하는 경우에는 규제의 대상이 된다고 한다.

도구적 마르크스주의와 구조적 마르크스주의는 단기적으로는 이러한 차이점이 인정되지만, 장기적인 역사적 경향에서는 법체계가 자본가의 이해를 반영하고 프롤레타리아 대중을 억압하는 것이라고 보는 점에서는 일치된다.

Ⅱ. 마르크스의 범죄관과 초기의 마르크스주의 범죄이론

1. 칼 마르크스(Karl Marx)범죄 분석

칼 마르크스는 범죄와 범죄대책 및 법 그 자체에 대해서는 체계적인 이론을 제시한 바 없다. 그러나 자본주의의 속성인 재산과 권력의 불평등한 분배로 인한 계급갈등에 대한 문제 제기는 범죄학 내에서 급진적 갈등이론의 발전을 가져오는 토대가 되었다.

마르크스는 범죄 발생의 원인을 경제적 불평등과 계급갈등의 산물로 본다. 범죄 원인에 대한 마르크스의 관점은 '타락'이라는 개념으로 설명된다. 즉, 산업화된 자본주의 사회에서 실업이나 불완전고용상태에 처하게 된 수많은 실업자들은 비생산적이기 때문에 타락하게 되고, 온갖 종류의 범죄와 악습에 빠지게 된다는 것이다.

또한 범죄행위는 지배적인 사회체제의 대한 '원시적 반역'의 형태이고, 그 자체로는 부정적인 행위지만 경우에 따라서는 의식적인 혁명활동으로 발전할 수도 있다고 한다.

마르크스는 자본주의체제의 억압과 착취구조 아래에서 임금노동자가 되는 집단과 룸펜프롤레타리아가 되는 집단으로 구분하는데, 범죄인은 사회변혁 업무수행에 전혀 도움이 되지 않으며, 범죄는 프롤레탈리아를 일차적 공격 대상으로 삼는 룸펜프롤레타리아의 행위이며, 프롤레타리아의 도덕성을 밑으로부터 잠식하는 역할을 한다고 본다.

Ⅲ. 초기 마르크스주의 범죄이론 - 봉거(Willem Bonger)

1. 개관

범죄 원인에 관한 최초의 체계적인 마르크스주의 범죄이론은 네덜란드의 범죄학자 봉거에 의해 제시되었다. 그분은 1916년의 저서 「범죄성과 경제적 조건」에서 범죄는 자본주의적 사회조직에 의해 만들어진다고 주장했다. 즉, 자본주의 구조 자체가 모든 범죄의 근본원인이라는 것이다. 자본가 지배계급에 의한 생산수단의 독점적 소유는 근본적으로 범죄생산적 사회를 만들어낸다는 것이다. 봉거는 당시 범죄학계를 지배하던 롬브로소의 범죄생물학과는 전혀 다른 관점에서, '범죄가 자본주의사회구조로 인해 발생한다.'고 주장한 것은 범죄학에 있어서 패러다임의 전환이었다.

2. 범죄원인

자본주의 경제체제는 모든 사람의 이기심과 탐욕을 부추겨 다른 사람의 복지에는 관심을 두지 않고 자신만의 이익을 추구하도록 비도덕화시킨다. 그리하여 모든 계급은 자본주의에 의해 유발된 이기주의의 영향을 받아 탐욕에 빠져 이기적인 행동을 하게 된다.

자본주의적 경제체제는 생산수단을 소유하고 법을 통제하는 부르주아에게는 욕망을 추구할 수 있는 합법적인 기회를 제공하기 때문에 부르주아의 이기적 행동은 범죄화되지 않고, 프롤레타리아의 이기적 행위만 범죄로 규정된다. 따라서 범죄는 프롤레타리아 계급에 집중된다.

3. 범죄대책

봉거가 제시한 범죄대책은 자본주의를 사회주의체제로 전환하는 것뿐이다. 즉, 체제의 개선을 위한 노력은 거부되고, 유일한 대책은 자본주의 체제를 전복하고 사회주의 체제로 대체하는 것이다. 세상이 범죄로부터 자유로워질 수 있는 유일한 길은 자본주의 체제가 전복되어 계급 구분이 소멸될 때뿐이라는 것이다.

사회주의 사회는 생산수단이 공유되고, 전체적인 사회복지가 증진되고, 법적 편향이 제거되므로, 궁극적으로 범죄가 제거된다고 주장했다.

그에 따르면, 사회주의 사회의 범죄는 정신질환에 의해 야기되는 것뿐이고, 이러한 범죄는 법관에 의해 처벌받는 행위가 아니라 의사에 의해 치료받는 행위로서의 성격을 지닌다.

[제4절] 급진적 시대(1960 · 70년대)의 마르크스주의 범죄학

Ⅰ. 테일러(I. Taylor) · 월튼(P. Walton) · 영(J. Young)의 신범죄학

1. 개관

신범죄학은 비판범죄학, 마르크스주의 범죄학과 같은 의미이다. 봉거의 경제적 결정론은 1960년대까지 크게 주목받지 못했는데, 1970년대에 와서 마르크스주의 범죄이론이 새로운 범죄학으로 부각되어 서구 사회과학에서 영향력 있는 위치를 차지하는 기반을 마련하는 데 기여했다. 1970년 이후 신마르크스주의 범죄학자로서 비판범죄학의 토대를 마련한 것은 영국의 테일러·월튼·영이다.

이들은 자본주의적 사회구조 자체가 범죄의 근본원인이라고 하면서, 그간 공식적으로 범죄로 규정되지 않은 '사회적으로 해로운' 지배계급의 행위유형을 권력형 범죄로 규정하여 폭로하고, 형사사법체계의 불평등을 부각시키는 데 중점을 두었다.

이러한 지배계급의 권력형 범죄의 예로는, 라이먼(Reiman)이 제시한 '지배계급의 일반대중에 대한 피해유발 행위'를 들 수 있다.

라이먼은 지배계급이 유발하는 일반대중에 대한 범죄피해는 하류계층 거리범죄자가 유발하는 범죄피해보다 훨씬 심각하다고 주장했다. 그는 한 해 동안 미국의 거리범죄비용은 약 180억 달러인데 기업범죄의 비용은 1조 달러에 이를 것이라고 보고, 살인범죄로 사망하는 사람보다 불법적인 작업장의 환경으로 인한 사망은 두 배, 폭행범죄로 상해를 입는 사람에 비해 불량작업장으로 인한 상해는 11배에 달한다고 추산했다.

이러한 '사회적으로 해로운' 행위에는 인종차별주의 ·성차별주의·제국주의·안전하지 못한 작업조건·환경오염·전쟁 도발·가격담합·부적절한 고용 및 교육기회·열악한 주거환경과 의료보호 등이 포함된다.

그런데, 이런 행위들은 대부분 범죄행위로 규정되지 않고, 규정되더라도 법은 거의 집행되지 않으며, 집행되더라도 거리범죄에 비해 미미한 수준의 형벌이 과해진다.

이러한 권력형 범죄를 규정하지 못하는 전통적 범죄이론과 형법 및 형사사법기관의 결함을 비판하는 데 초점을 맞추고, 이러한 사회적 해악까지 궁극적으로 해결하기 위해서는 사회주의 체제를 실현해야 한다고 주장하는 것이 비판범죄학의 핵심적 특징이다.

2. 테일러·월튼·영의 비판범죄학

(1) 이분들은 사회학에서 전통적 범죄이론들의 이론적·이데올로기적 문제점을 강하게 비판하면서, 범죄는 자본주의하에서 노동계급에 대한 착취와 억압의 산물이라고 주장했다.
자본주의체제에서는, 대부분의 프롤레타리아 법위반자로 하여금 절도·성매매·조직범죄 등 '적응범죄'(crime of accommodation)를 범하도록 유도된다.
이 적응범죄는 부당한 사회체제 변혁을 위한 계급투쟁과는 관련이 없고, 자신의 생존을 위한 행동일 뿐이다. 그러나 다른 범죄자는 자본주의체제에 대항하는 혁명적 투쟁으로서 반항적 범죄나 정치범죄를 저지른다고 보았다.

(2) 비판범죄학은 원래 사회적으로 해로운 지배계급의 권력형범죄에 초점을 맞추었기 때문에 하류층의 거리범죄는 심각한 문제로 보지 않는다. 따라서 이들은 '일탈행동은 개인 또는 사회의 병리적 산물이 아니라, 정상적인 인간의 행동으로 간주되어야 한다고 주장했다.
다시 말해, 일탈은 인간의 다양성의 표현인데, 그 행동의 질과는 상관없이 권력에 의해 범죄화된다는 것이다. 그러므로 인간의 다양한 행위들이 권력에 의해 범죄화대상이 되지 않도록 마르크스주의사회를 만들어야 한다고 주장했다.

3. 비판

비판범죄학은 범죄 없는 사회를 추구하지만 그러한 범죄해방적 사회건설은 실천 가능성이 낮고, 이 이론은 실증적 연구가 부족한 주장이고, 즉각 실행할만한 구체적인 대책을 제시하기 어렵다는 비판이 제기되고 있다.

또한 국가조직과 법을 자본주의적 생산양식을 관리하기 위한 기능적 수단으로 간주하기 때문에, 후기 산업사회의 복잡한 성격과 기능을 고려하는 데 부적합하다는 지적도 있다.[50]

---

50) 배종대, 형사정책(9판), 317면. Vold의 이론범죄학, 381~382면.

Ⅱ. 퀴니[51](Quinney)의 급진적 갈등론 - 경제계급론

1. 다원적 갈등이론

퀴니(Richard Quinney)는 1970년 「범죄의 사회적 실재」라는 저술을 통해 볼드의 집단갈등이론을 근거로 형사법 제정·집행 과정이 개인 및 집단의 이익을 추구하는 정치적 상황에서 이루어진다고 주장했다.

볼드가 조직화된 이익집단 간의 갈등을 강조하고 충동적이고 비이성적 범죄는 갈등이론 적용에서 제외했다면, 퀴니는 사회 분파 간 갈등을 전제로 하면서 여성·빈민·동성애자처럼 조직화되지 않을 수도 있는 대립적 분파 간의 갈등을 강조하면서 범죄의 일정부분이 아니라 모든 범죄를 설명하는 데 갈등이론을 적용했다.

퀴니는 비이성적·충동적인 사람들도 이익집단으로 조직화되어 있지는 않지만 공통가치를 지닌 사회의 한 분파를 대표한다고 보았다.

이러한 사회적 상황에서 권력이 없는 분파에 속한 사람의 행위가 주로 법적 제재를 받고 범죄자로 공식 처리된다는 것이다.

또한 퀴니는 범죄의 개념이 특정한 가치와 이익을 증가시키는 정치적 과정의 일부로서 만들어져 분파별로 전달되고 창조된다고 주장했다.

예를 들면, 소비자나 환경단체는 회사경영자가 진정한 범죄자라고 주장하고, 도심지의 빈민공동체 운영자는 지나치게 비싼 임대료를 받으면서도 책임감 없는 지주나 탐욕스러운 상인이 진정한 범죄자라고 주장하지만, 이러한 범죄개념은 이를 제시한 집단이 정치적 힘이 없으므로 법적으로는 범죄개념으로 인정되지 않는다.

그러나 권력이 많은 집단이나 개인이 주장하는 범죄의 개념은 사회에서 널리 인정된다는 것이다.

퀴니에 따르면, '범죄의 사회적 실재'는 권력 있는 개인이나 집단이 자신의 권위를 정당화하고 공동이익이라는 명분 아래 사실상 자신들의 이익을 증진시키는 정책을 추진하는 과정에서 특정한 행위가 범죄로 개념화된 것이다.

퀴니는 낙인이론가들처럼 범죄는 사회적 정의(definition)에 의한 결과물이라고 본다.

---

51) 퀴니는 1970년대 저서에서는 터크와 비슷하게 다원적 갈등이론에 기초하여 다양한 집단들의 경쟁적 이해관계로 인한 갈등현상을 다루었으나, 1980년 저술에서부터는 범죄학에서 마르크스주의이론의 가장 대표적인 주장자가 되었다.

2. 급진적 갈등이론(비판범죄학)

퀴니는 마르크스 이후 발전된 경제계급론을 총체적으로 흡수하여 자본주의 사회에서의 범죄 및 범죄통제를 분석하였다.[52]

(1) 계급, 국가, 범죄 - 자본주의사회의 모순

퀴니는 형법을 국가와 부르주아가 기존의 사회경제질서를 유지하고 영구화시키기 위한 도구로 본다(도구적 마르크스주의). 그는 종래의 주류범죄학이 개혁주의를 이념으로 하면서도 정치기관이 내린 범죄정의를 당연하게 받아들인다고 비판한다.

퀴니의 급진적 범죄이론 명제[53]
① 국가는 자본주의 지배계급의 이익에 봉사하기 위하여 조직된 것이다. ② 형법은 국가와 지배계급이 기존의 사회·경제 질서를 유지하고 영속화하기 위하여 사용하는 도구이다. ③ 자본주의사회에서 범죄통제는 관료엘리트에 의해 구성·운영되는 다양한 제도를 통해 이루어지고, 이러한 제도·기관은 지배계급의 이해를 대변한다. ④ 노동력 착취와 잉여가치 확보 과정에서 나타나는 계급 간의 갈등에 의해 나타나는 자본주의의 모순은 법체계의 억압성으로 은폐된다. ⑤ 자본주의체제의 붕괴와 사회주의의 실현만이 범죄문제의 궁극적인 해결책이 될 수 있다.

(2) 범죄의 원인과 유형

퀴니는 범죄를 자본주의의 경제적 조건에 대한 불가피한 반응으로 보았다.
테일러 등과 마찬가지로 그는 노동계급의 범죄는 '적응범죄'와 '저항범죄'가 있다고 보았다.

그리고 지배계급에 의한 범죄도 자본주의체제의 결과로 보면서, 지배계급이 자신의 이익을 보호하기 위해 저지르는 범죄유형을 '지배와 억압의 범죄'라고 하였다.

자본주의 사회에서의 범죄는 행위주체와 목적에 따라 다음과 같이 구분된다.

---

52) 배종대, 앞의 책, 314면. L. Akers, 범죄학이론, 428~433면.

53) 배종대, 앞의 책, 315면. J. Robert Lilly 등, 범죄학이론, 262~271면.

ⓘ 자본주의체제의 범죄유형

노동자계급의 범죄	**적응범죄(crime of accommodation)[54]**
	강·절도와 같이 타인의 재산을 빼앗는 약탈적 재산범죄나 살인·강간·폭행과 같은 대인범죄. 이는 '약자의 범죄'로서 자본주의에 의해 궁핍해진 사람들이 생존을 위해 다른 사람의 수입과 재산을 탈취하는 것이거나 자본주의체제의 모순이 심화됨으로써 나타나는 난폭성의 표현임
	대항(저항)범죄(crime of resistance)
	이는 노동자계급이 자본주의의 모순에 저항하고 그것을 극복하기 위해 행하는 행동으로서의 비폭력적·잠재적 불법행위와 혁명적 행위까지 포함됨. 이러한 행동은 보편적 가치를 기준으로 평가하면 정의로운 행동이지만 자본주의체제의 속성상 국가가 범죄로 규정한 것임
자본가계급의 지배와 억압의 범죄	**경제(기업)범죄(crime of econmy)**
	기업이 저지르는 입찰담합·가격조작·증권거래법 위반 등과 같이 지배계급에 의한 '경제적 지배'형태로, 노동자계급에게 피해를 주는 행위 및 기업구성원·전문인 등의 화이트칼라범죄행위 등
	통제범죄(crime of control)
	형사사법기관의 관리들이 자본가에게는 유리하게, 노동자계급에게는 불리하게 법을 적용하여 불공정한 법 집행으로 노동자계급의 인권을 탄압하는 행위
	정부범죄(crime of government)
	공무원이 그 지위나 직권을 남용하여 뇌물을 받은 따위의 부정한 행위를 저지르는 것과 정치적 테러, 전쟁 등으로 피해를 끼치는 행위

(3) 자본주의사회에서 행해지는 체제유지 방법

자본주의체제 유지 방법은 사회통제(social control)와 사회적 서비스(social servires) 제공 두 가지가 있다.

사회통제는 부르주아의 체제유지에 목적을 두고 행해지는데, 강제력 행사와 의식조종의 두 방법이 사용된다. 강제력 행사 수단은 법체계 운용이고, 의식조종은 교육제도나 매스컴을 통한 이데올로기 지배를 통해 이루어진다.

자본주의사회에서의 범죄통제는 통제와 복지(사회적 서비스)라는 복합적 구도에서 파악될 수 있다.

---

54) '적응범죄'란 모순된 자본주의 체제에 대해서는 저항하지 않고 순응하여 개인적 이익을 추구하는 행위이므로 '화해의 범죄'라고도 번역된다.

(4) 범죄대책

퀴니는 사회 내에 존재하는 다양한 이해와 관련된 모든 갈등은 프롤레타리와 부르주아 사이의 투쟁으로 귀결된다고 한다. 각각의 계급 안에서 발생하는 내부적 갈등은 중요하지 않다. 따라서 범죄문제에 대한 유일한 해결책은 계급투쟁에 가담해 자본주의체제를 전복하고 사회주의 국가를 수립하는 것이다.

정통 마르크수주의 이데올로기는 이러한 체제의 전복이 폭력적인 수단을 통해서만 가능하다고 주장한다. 그러나 퀴니는 체제가 비폭력적으로 전복될 수 있고 민주적 사회주의 형태로 대체될 수 있다고 주장하면서, 범죄이론가의 임무는 사회주의 실현에 기여하는 것이라고 한다.

(5) 비판

급진적 계급주의 범죄학은, 자본주의 사회에서 법과 형벌의 체계는 원래 공정하지 않으며, 전체사회를 위해 범죄를 통제하도록 구조화된 것이 아니라 대중을 복종시키기 위해 설계되었다는 점을 지적하여, 통제주체의 정당성에 대한 답변은 할 수 있어도, 구체적인 통제방법에 대한 제시가 없다는 한계가 있다. 즉, 범죄해결방법이 너무 단순하고 이데올로기적이고 유토피아적이라는 비판을 받고 있다.

Ⅲ. 스핏처(Spitzer)의 후기자본주의 갈등론

스핏처(Steven Spitzer)는 과학기술의 발전과 자본이 집중되고 대량생산과 대량소비를 주축으로 하는 후기자본주의 시대의 경제활동 및 계급갈등을 중심으로 범죄발생과 사회통제문제를 규명하고자 하였다.

이러한 시대가 되면 생산현장에서 밀려난 비숙련노동자와 같은 문제인구가 늘어남으로써 전통적인 사회통제방법으로는 폭증하는 범죄문제에 대처할 수가 없으므로 사회통제상 위기가 초래될 것이라고 주장하였다.

이에 따라, 후기자본주의 사회는 점차 늘어나는 범죄위협에 대처하기 위하여 범죄자를 지역사회에 방치한다든지(정상화), 범죄자를 국가사법기관의 활동을 보조하는 보조자로 전환시킨다든지(전환), 문제인구들을 특정한 지역에 봉쇄시킨다든지(억류), 범죄적 사업을 묵인한다든지 하여 보다 값싼 사회통제방법으로 변화시킬 수밖에 없을 것이라고 보았다.

Ⅳ. 페미니스트(Feminist) 범죄이론

페미니스트이론은 여성범죄와 성비(남성·여성 범죄율의 차이)는 성적 불평등과 가부장적 사회의 반영이라고 설명한다. 마르크스주의는 자본주의사회를 두 집단으로 구분하는 기본적 기준이 계급이라고 본다. 이에 비해 페미니스트이론은 가부장제가 계급만큼 중요하다고 보며, 사회를 지배와 종속으로 구분한 때 남성의 여성지배가 계급에 우선할 수 있다고 가정한다. 이 이론은 형사사법상의 결정이 주로 성이나 성 역할을 고려해 이루어진다고 본다. 그러나 지금까지의 실증적 연구는, 성(gender)이 형사사법적 제재에 미치는 효과는 미미하거나 없다고 보고 있다. 형사사법상의 결정에 가장 강력한 영향을 미치는 것은 범죄의 심각성이나 범죄자의 범죄특성과 같은 법적 요인이고 성차별적 요소는 거의 없다.

성이 범죄를 설명하는 데 한 부분을 차지해야 하지만, 여성범죄에 대한 설명이 남성범죄에 대한 설명과 근본적으로 달라야 한다고 가정할 이유가 없고, 범죄의 성비 차이를 일반적으로 설명할 수 있는 논리도 없으므로 페미니스트이론은 아직까지는 정립된 이론으로 인정받지 못하고 있으나, 다음과 같은 페미니즘적 관점의 가설이 제시되고 있다.[55)]

(1) 여성이 남성에 비해 열악한 사회적 지위를 지니고 있으므로 특정범죄유형에 있어서는 여성이 더 많은 범죄를 저지른다고 한다. 이렇게 된 것은 사회경제체제가 여성에게 불리하게 구조화되었기 때문이라고 주장한다(헌니컷(G. Hunnicutt)과 브로이디(L. Broidy)).

(2) 가부장적 사회의 고정된 성역할에 대한 강요가 사회에서 남성의 범죄를 부추기는 요인이 된다는 주장이 있다(매서슈미트(J. Messerschmidt). 이 입장에서는 남성이 많은 범죄를 저지르는 것은 사회적 분위기가 남성다움을 강요하므로 남자들은 남성다움을 실현하기 위해 폭력적인 범죄를 저지르거나, 남성다움의 정체성이 흔들릴 때 남성다움의 과시수단으로 범죄를 저지르는 경우가 있다는 것이다.

(3) 소년사법절차에 있어서는 여성소년범들이 범죄를 저질렀거나 약물사용·가출·성관련 비행을 행한 경우, 남자소년범들에 비해 무거운 처분이 이루어지고 있다는 주장이 있다(체스니(M. Chesney). 이는 남성지배적 사회구조에서 형사사법이 여성을 통제하기 위한 장치로 운용되는 것의 증거라고 주장한다.

(4) 가부장적 사회에서는 남성지배의 근원이 재산소유와 경제적 수단의 지배에 있으므로, 남성이 경제적인 지배권을 가지고 여성의 성역할을 남성에게 봉사하는 노동분업에 고착화하고, 이러한 틀을 깨뜨리는 여성의 행위를 형사법체계에서 범죄로 규정하는 경우가 많다는 주장이 있다(밀레트(K. Millett)).

---

55) 배종대·홍영기, 형사정책, 2019, 345~346면. Vold의 이론범죄학, 403~414면.

CHAPTER 05

범죄학의 새로운 경향: 통합적 접근 및 발달 범죄학 (Developmental Criminology)

이 장에서는 20세기 후반에서 21세기 초에 걸쳐서 새롭게 대두되고 있는 범죄학 이론들을 정리하였다. '지금까지의 학설', 또는 '어느 학설'이 잘못되어 있어서가 아니라, 그간의 학설만으로는 불충분하기 때문에 새로운 학설들이 계속 만들어지고 있다. 범죄학은 대립하는 관점 간의 경쟁을 통해 발달되어왔고, 시간이 지남에 따라 관점 및 이론적 통합이 나타나는 경우가 증가해왔다. 범죄는 복잡한 여러 원인이 영향을 미쳐 나타나는 현상이다, 그래서 범죄증후군(syndrome)이라는 관점에서 통합적 이론이 강조되고 있다. 또한 인간은 발달의 연속선상에 있는데도, 인간발달의 연속성을 고려하지 않고 있었던 그간의 이론에 대한 반성에서 '발달이론'이 인간발달에 관한 이론모형으로 관심을 모으고 있다. 발달범죄학은 범죄경력의 시작과 지속이 전 생애과정을 통해 발전적으로 변화한다고 보는 이론이다. 범죄학에 있어서 새로운 경향은 범죄학적 탐구가 가만히 멈춰 서있지 않고 계속해서 진보하며 새로운 영역으로 확장되고 있음을 보여주고 있다.

제1절 범죄이론의 통합

Ⅰ. 개관

이론의 통합이란 둘 이상의 이론을 합성하여 범죄의 다양성을 더욱 잘 설명할 수 있는 종합적인 이론을 만들어내는 시도이다.

기본적으로 이론의 통합화를 시도한다는 것은 기존의 다양한 이론들을 하나로 결합하여 범죄원인을 보다 효과적으로 설명함을 의미한다.

범죄학 이론의 통합형태는 개념적 통합과 명제적 통합으로 구분할 수 있다.

다양한 이론을 통합하기 시작한 것은 쇼와 맥케이가 1940년 사회해체론과 사회학습이론을 이용하여 하나의 통합이론을 만들고자 한 것이고, 그 후 클로워드와 올린이 전통적인 긴장이론(아노미이론)과 사회학습이론(차별적 교제이론)을 결합하여 차별적 기회이론을 만든 예가 있지만, 1970년대에 와서는 서로 대립·경쟁관계에 있는 이론들을 하나의 통합이론으로 본격적으로 결합하는 경향이 범죄학의 한 흐름으로 자리잡고 있다.

통합이론모델이 등장하게 된 배경은, 기존의 이론들이 실제 범죄의 근본원인을 제대로 설명하지 못하는 한계가 드러난 데 있다. 그리하여 각각의 이론들이 가지고 있는 장단점을 아우를 수 있는 상호보완적 특성의 새로운 이론의 필요성에 공감하는 학자들이 많아졌다.

대부분의 경우 범죄화되는 경로나 절차 및 그 원인은 매우 복잡하고 다양하다. 또한 범죄화되어 가는 과정 역시 범죄자 개인의 유형에 따라 여러 형태로 나타나고 있다. 그러므로 범죄원인을 해명하기 위한 이론의 통합은 범죄에 대한 심층적인 이해를 할 수 있게 하고 동시에 보다 종합적인 범죄원인적 근거를 밝혀줄 수 있다.

통합이론모델로 대표적인 것은 엘리엇(D. Elliott)과 아제턴(S. Ageton)과 캔터(R. Canter)의 통합이론 접근법이다.

그 외 브레이스웨스트의 재통합적 수치심부여이론, 티틀의 통제균형이론, 애그뉴의 범죄의 일반통합이론(일반긴장이론)등이 제시되었다.

그러나 이러한 경향에 대해 반대하는 범죄학자들도 있다. 대표적인 반대론자는 허쉬(Hirschi)이다. 그분은 범죄학이론은 "분리되어 다양하게 존재하는 것이 더 좋다."고 주장한다.

II. 엘리어트 등의 비행과 약물남용의 통합이론[56)]

엘리엇·아제턴·캔터는 압박(긴장)이론(Strain Theory), 통제이론, 사회학습이론의 시각을 이용해 비행과 약물남용의 설명력을 높였다.

(1) 엘리엇(Delbert S. Ell) 등은 범죄학이론을 두 단계로 통합했다. 그분들은 긴장이론을 사회통제이론과 통합한 후 긴장-통제이론을 사회학습이론과 결합했다.

56) Vold의 이론범죄학, 457~459면. L. Akers, 범죄학이론, 553~580면.

1) 그분들의 견해에 따르면 압박(긴장)이론(Strain Theory)은, 비행을 사회적으로 추구되는 욕구나 목표(지위·부 등)를 성취하는 데 있어서 생겨난 실패에 대한 반응으로 보고 있다. 사회통제이론은 인습(전통)사회에 대한 개인의 유대의 강도가 그 개인의 비행 참여가능성과 반비례적으로 관련된다.
약한 사회통제의 원천으로는 가정에서의 부적절한 사회화와 지역사회나 사회 내부의 해체 등이 포함된다.
이를 기반으로 그분들은 압박(긴장)이론과 통제이론을 통합하면, 비행가능성은 어떤 개인이 더 많은 압박(긴장)과 더 적은 통제의 결합 상황을 겪을 때 가장 높아진다고 주장했다.
그분들은 사회통제를 약화시키는 요인으로 알려진 사회해체가 압박(strain)을 증가시킨다고 하면서, 결국 압박 그 자체가 사회통제를 약화시켜 비행을 증가시킨다고 설명한다.
2) 압박(긴장)이론과 통제이론을 통합한 후 사회학습이론을 통합했다. 그들은 사회화의 순응적 행동과 일탈적 행동패턴 모두가 보상과 처벌 간의 균형에 의해 영향을 받는다고 주장한다.
청소년은 주로 가족·학교·친구에게서 그들의 행동에 대한 보상과 처벌을 받는다. 가정과 학교는 대부분 합법적·인습적 행동을 강화하고, 친구집단은 그 성격에 따라 다르지만 일탈적인 행동을 강화하는 경향이 더욱 많다.
그러므로 친구집단에서의 비행적 가치·태도와 비행에 대한 노출의 양은 비행을 범할 확률에 큰 영향을 미치는 요인이 된다고 한다.

(2) 엘리엇 등의 통합이론에서는 전통적인 통제이론을 수정하여 개인이 유대를 갖는 집단의 유형에 따라 일탈가능성의 정도가 달라진다고 한다.
1) 전통적인 통제이론은 "약한 사회화가 일탈을 만들어낸다."라는 명제를 제시하여 사회화의 강도만이 비행·범죄 설명에 필요하다고 주장한다.
이와 대조적으로 사회학습이론은 사회화의 내용이 일탈이나 준법행동에 호의적일 수도 있고 거부적일 수도 있는데, 개인은 일탈적 사회집단과의 강한 유대를 형성하여 일탈적인 성향을 강화할 수 있다고 본다.
2) 엘리엇 등의 통합이론에서는, 일탈집단에 강한 유대가 있고 인습(전통)적 집단에 약한 유대가 있을 때 일탈행동이 일어날 가능성이 가장 높고, 인습적 집단에 강한 유대가 있고 일탈집단에 약한 유대가 있을 때 비행·범죄가 일어날 가능성이 가장 낮다고 한다.
3) 통합이론에서는 각 변수들이 미치는 영향을 시간적인 차원을 달리하여 범죄과정을

설명한다. 압박(긴장)이론, 통제이론, 사회학습이론을 통합하면서, 이 세 이론에서 나온 모든 변수들을 포함하도록 하나의 단일한 인과경로를 아래와 같이 제시한다.

① 긴장, 부적절한 사회화, 사회해체는 모두 약한 인습적 유대의 원인이 된다.

② 인습적 유대 실패는 그 후 강한 일탈적 유대를 만든다.

③ 강한 일탈적 유대는 비행으로 이어진다. 즉 약한 인습적 유대가 직접적인 비행의 원인이 되는 것이 아니라, 약한 인습적 유대는 강한 비행적 유대를 통하여 비행유발효과를 낸다는 주장이다.

4) 이 통합이론은 전통 범죄학이론에 내재된 계층에 대한 편견을 최소화하면서, 지속적인 범죄행동에 대한 복합적인 인과관계 경로를 분석했다. 또한 사회학습의 관점보다 사회통제의 관점을 강조하여 일탈행동 통제에 대한 제도적 구조의 역할을 중시함으로써 사회학적 가치를 높였다.

▍범죄발생의 통합적 인과경로57)

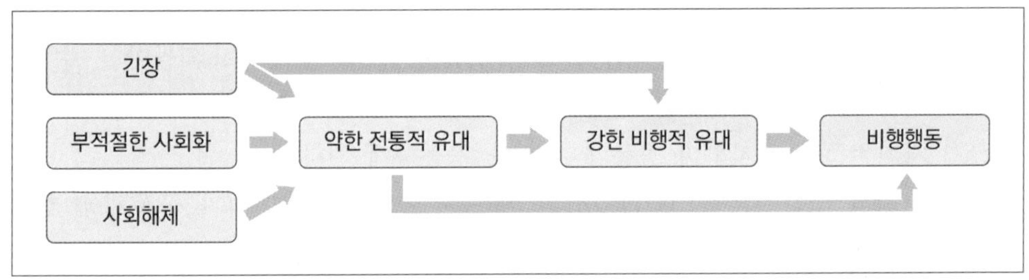

Ⅲ. 브레이스웨이트(J. Braithwaite)의 재통합적 부끄럼주기이론(수치심부여이론)[58]

(1) 이 통합이론은 낙인이론, 하위문화이론, 기회이론, 통제이론, 차별적 교제이

57) Vold의 이론범죄학, 458면.

58) 'Reintegrative Shaming Theory'는 '재통합적 수치심부여이론', '재통합적 수치주기 이론' 등으로 번역하여 소개하고 있다. 본서에서는 현대 우리말의 어감상 보다 쉽게 의미를 느낄 수 있도록 '재통합적 부끄럼주기 이론'으로 번역어를 선정했다.
이 입장에서는 법 위반에 대해 비난할 때에는 항상 행위와 사람을 분리해야 한다는 점을 강조한다. "항상 사람과 그의 행위를 분리하십시오."라는 슬로건처럼, 우리가 비난하는 것은 그 사람의 행위에 그쳐야 하지, 사람까지 싸잡아 비난하고 따돌려서는 안된다. 우리 속담에 "죄는 미워하되, 사람을 미워해서는 아니 된다."고 했듯이, 사람을 비난하거나 욕하는 것은 절대, 절대로 안된다. 그런 권리는 그 누구에게도 없다.

론, 사회학습이론을 바탕으로 낙인이론을 수정하여 '재통합적 부끄럼주기(수치심 부여)'라는 새로운 개념을 만들어내고, 그 개념을 통해 여러 이론의 주장을 체계화했다.

그분의 이론에 의하면, 처벌적 낙인은 범죄자집단 내의 참여를 초래하고(차별적 교제), 불법적 기회의 활용을 좀 더 매력적으로 만들며(압박강화), 이는 다시 범죄를 반복할 가능성을 높인다.

(2) 브레이스웨이트는 '부끄럼주기'(shaming)란, "부끄럼이 주어지는 것을 알고 부끄럼을 부여하는 다른 사람에 의해, 부끄럼을 당하거나 비난을 받는 사람이 양심의 가책을 갖도록 의도하거나 그런 효과를 염두에 두고 행하는 불승인 표시의 모든 사회화 과정"이라고 한다.

(3) 그분은 '부끄럼주기'를 두 가지 유형으로 구분한다. 하나는 그 부끄럼주기가 부끄럼을 느끼는 사람에게 '오명 씌우는 부끄럼주기'이고, 다른 하나는 부끄럼을 느끼게 하는 사람이 부끄럼을 느끼는 사람과의 유대를 유지할 것을 확신시키는 '재통합적 부끄럼주기'이다.

이는 범죄행위는 비난하더라도 가해자는 비난하지 않고, 되돌아올 수 있는 길을 제시한다. 잘못을 인정하고 이를 바로잡기 위한 행동을 하게 함으로써, 자기존중을 유지하며 공동체 참여가 가능하게 된다.

이러한 부끄럼은 이미 저질러온 잘못을 오히려 인격형성과 공동체에 참여할 기회로 삼게 한다.

재통합적 부끄럼주기는 2차적 일탈을 방지한다.

(4) 브레이스웨이트 통합이론의 핵심주장은 재통합적 부끄럼주기는 범죄율로 낮추는 반면, 오명씌우기식 부끄럼주기는 범죄율을 높인다는 것이다.

해체적·처벌적 낙인은 재범률을 높이게 되므로 범죄행위는 비난하더라도 가해자는 비난하지 말고, 그가 잘못을 인정하고 부끄러움을 느껴 인격형성과 공동체에 새롭게 참여할 기회를 삼도록 처벌과정을 회복적 사법과정으로 발전시켜야 한다고 본다.

(5) 회복적 사법정책에 큰 영향을 미쳤다.

재통합적 부끄럼주기 프로그램은 일부 회복적 사법 프로그램을 위한 동기부여체계가 되었다.

Ⅳ. 티틀(C. R. Tittle)의 통제 균형이론(Control - Balance Theory)

티틀(Charles R. Tittle)은 차별적 교제이론, 아노미이론, 마르크스주의 갈등이론, 낙인이론, 일상활동이론의 핵심요소들을 통합한 범죄(비행) 일반이론을 수립했다.

티틀은 이 이론과 관련해서 '통제균형'(control balance) 개념을 제시하였다.

통제의 균형이란, 한 사람이 다른 사람들로부터 받는 통제와 그가 다른 사람에게 행사할 수 있는 통제의 비율이 비슷한 수준이다. 여기에서의 '통제비'(control ration)란, '한사람이 행사할 수 있는 통제의 양에 대한 그 사람이 받는 통제의 양'으로 정의된다. 이러한 통제의 균형은 범죄(비행)의 동기 및 억제 모두와 연관된다.

이 이론의 핵심논리는, "어떤 사람이 다른 사람에 대해 행사하는 통제가, 대체로 다른 사람이 자신에게 행사하는 통제와 비슷할 때, 규범에 순응하는 경향이 나타난다는 것이다. 따라서 통제균형이 깨뜨려지면 그것이 범죄(비행)의 원인이 된다는 것이다."

이 이론에 따르면, 사람들이 범죄나 비행을 하지 않고 순응하도록 하는 것은 통제 그 자체가 아니라 '통제의 균형'이다. 따라서 가장 많이 통제를 행사하는 사람들과 가장 적게 통제를 가질 수 있는 사람들이 범죄(비행)를 가장 많이 하게 된다.

이에 따라, 세로축을 범죄량이 나타나도록 하고 가로축을 통제의 양을 표시할 때, 그 패턴은 U자 모양의 곡선으로 나타난다.

사람들이 행사하는 통제의 양이 그가 받는 통제의 양과 비슷할 때에는 통제균형이 이루어져 일탈가능성은 낮아진다. 그러나 그 비율이 불균형을 이룰 때, 일탈가능성은 그 불균형 정도에 비례하여 증가한다.

이 이론은, 범죄 등 일탈행동은 사람이 일시적 또는 지속적으로 자신의 불균형한 통제비율을 바꾸려는 동기에서 발생한다고 본다.

통제균형이론은 통제균형의 이상(異常)성(control balance desirability)에 따른 일탈가능성 외에도 그에 따른 일탈의 유형도 설명한다.

다른 사람을 통제하기보다는 다른 사람의 통제를 더 많이 받고 있어 통제부족을 경험하는 사람은 약탈적·반항적 범죄를 저지르는 경향이 강하다.

반면에, 다른 사람의 통제를 받기보다는 다른 사람에게 더 많은 통제를 하고 있어 '통제과잉'을 경험하는 사람은 착취적이거나 퇴폐적인 범죄(비행)을 저지르는 경향이 강하다.

통제균형이론은, 불균형한 통제비율은 자율욕구 및 기본적인 신체적·정신적 욕구와 결합해 범죄(비행)의 원인이 된다고 주장하고 있지만, 아직까지는 충분한 검증은 이루어지지 않고 있다.[59]

제2절 발달이론과 생애과정이론 (Developmental and Life-Course Criminology·DLC)

Ⅰ. 개관

발달이론과 생애과정 범죄학(DLC)은 개인의 범죄성향은 고정되어 있지 않고, 시간의 흐름(연령)에 따라 반사회적 행동이 계속 변화·발전해 가고, 그 행동의 안정성 및 변화 여부가 다양한 요인에 영향을 받게 된다고 보는 이론이다.

이 이론에서는 반사회적 행동의 원인이 인생경로에 따라 얼마든지 바뀔 수 있다고 가정하고, 시간이 경과함에 따라 나타나는 다양한 유형의 범죄행위를 설명하고자 한다.

그리하여 연령대별로 적용되는 범죄이론을 다르게 배치해서 연령대별로 범죄를 범하는 이유를 달리 설명한다.

연구결과에 따르면, 범죄활동은 일반적으로 청소년기에 최고조에 이르고, 그 이후로 나이가 들수록 점차 감소한다.

범죄시작연령은 경력기간과 밀접한 관련이 있으며, 조기에 시작한 경우에 범죄경력기간은 길다. 만성(경력)범죄자는 시작 연령이 어리고, 평균적으로 범죄경력이 길며, 폭력범죄가 많았고, 다양한 범죄를 저지르는 경향이 있다.

발달범죄학은 발달심리학에 뿌리를 두고, 범죄를 생애과정의 사회적 사건이라고 보며, 범죄와 비행을 단일이론으로는 설명할 수 없다고 주장한다.

따라서 범죄경력 패러다임과 통합이론모델이 발달이론과 생애과정 범죄학이라는 새로운 범죄이론 분야를 만들어 냈다.

이 이론은 최근 대두한 범죄학 이론 중 가장 각광을 받는 새로운 분야로 자리잡게 되었다.[60]

---

59) Charles R. Tittle, Control Balance, Toward a General Theory of Deviance, 1995.

DLC는 시간의 경과에 따른 연령의 변화, 경력, 범죄 및 일탈행동의 과정에 초점을 맞춤으로써 연령이나 인생단계를 범죄학의 중심으로 본다.

이는 마르크스이론이 계급에 초점을 맞추고, 갈등이론이 인종이나 이익집단에 초점을 맞추며, 페미니스트이론이 성(gender)에 초점을 맞추는 것과 같은 맥락이다.

이러한 이론을 주장하는 대표적인 학자는 모피트(Moffitt), 손베리(Thornberry), 샘슨(Sumpson)과 라웁(Laub) 등이 있다.

Ⅱ. 모피트(Terry Moffitt)의 범죄발달 유형 분류체계 - 청소년기 한정형 범죄자와 생애과정 지속형 범죄자

1. 개관

모피트는 생애과정의 발달단계 내지 다른 연령대에서의 서로 다른 범죄유형을 파악하는 연구를 최초로 했다. 모피트는 시간의 흐름에 따라 펼쳐지는 범죄자들의 행동변화 과정을 살펴본 결과 소수 청소년 집단만이 지속적으로 범죄를 범하여 상습범죄자가 되고, 대다수의 청소년범죄자들은 성인기가 되면서 자연스럽게 범죄를 그만두게 된다는 사실을 발견했다.

이를 근거로 그녀는 '청소년기 한정형 범죄자'와 '생애(평생)지속형 범죄자'로 구분하고, 이 두 가지 범죄자 유형은 각각 고유한 이론 설명 논거를 갖고 있다고 주장했다.

모피트가 이처럼 청소년기 한정형 범죄자와 생애지속형 범죄자를 구분하여 연구한 것은 앞에서도 본 바와 같이 생물사회학 또는 사회생물학(sociobiology)의 발전에도 중요한 전환점이 되었다.

2. 청소년기 한정형 범죄자와 생애지속형 범죄자

청소년기 한정형 범죄자들은 청소년기 초반부터 범죄를 시작하고, 성인기 초반이 되어 성숙해지면 범죄를 중단함으로써 시간경과에 따른 범죄활동의 변화를 보여준다.

생애지속형 범죄자들은 청소년기뿐만 아니라 성년기 전과정을 통해 범죄행위와 일탈행동이 더욱 심각한 형태로 증가하며 지속된다.

이 두 유형의 범죄자군을 비교해 본 결과, 청소년기의 반사회적 행동 유형은 서로 흡사하지만, 아동기와 성인기의 범죄패턴은 큰 차이를 보이는 것으로 나타났다.

---

60) 범죄학, 황의갑 외 12인 역, 493면.

이러한 차이가 나타나는 것은 생물학적이거나 유전적 요인도 작용한다고 한다.

생애지속형 범죄자는 생물학적 요인과 신경심리적 문제[61], 그리고 나쁜 사회적 환경이 복합적으로 작용하여 범죄가 발생되지만, 청소년기 한정형 범죄자는 발달단계와 사회적 상호작용이 주로 영향을 미쳐 범죄가 발생한다. 따라서 또래집단의 영향력은 청소년기 한정형 범죄자들에게는 크게 미치지만, 생애지속형 범죄자들에게는 그 영향이 미미하다.

3. 주요 정책적 함의

비행소년 부모훈련 및 간호사의 가정방문 프로그램과 같은 인생 초기 개입 문제행동 예방프로그램이 필요하다.

Ⅲ. 샘슨(Sampson)과 라웁(Laub)의 발달모델 - 연령단계에 따른 비공식적 사회통제이론

1. 개관

샘슨과 라웁은 허쉬(Hirschi)의 사회통제이론을 원용해서 범죄행동에 대한 새로운 발달이론모델로서 '연령에 따른 비공식적 사회통제이론'(비공식적 사회통계 연령단계 이론)을 제시했다.

샘슨과 라웁은 이와 같은 접근에서 '사회적 자본'(social capital)이라는 개념을 제시하고 있다. 사회적 자본은 한 개인이 생애과정에서 다른 사람들이나 사회제도와 갖게 되는 적극적 신뢰관계를 말한다. 다시 말해, 개인이 소유하는 합법적 수단으로, 자신의 목표를 성취하는 것을 도와주는, '준법적인 사람들과의 사회관계적 자산'이 사회적 자본이다. 사회적 자본은 높은 교육수준, 활발한 인간관계, 충실한 직장생활, 인습적 생활경력 등에 의해 축적된다. 이러한 사회적 자본이 커질수록 범죄와는 거리가 멀어진다고 본다.

이분들의 발달이론모델은 글룩 부부(Gluecks)의 '청소년 비행문제 해결' 데이터를 재분석하여 만들어졌으며, 범죄행동이 발생하는 것은 사회와의 유대가 약화된 것이라고 가정한다.

이 모델은, 시간(나이) 변화에 따른 개인 내부의 변화를 중요하게 다루고, 인생과도기의

61) '신경심리적 문제'란 뇌손상과 마음의 관계를 연구하는 신경심리학적 문제를 말한다.

경험이 범죄발생에 큰 영향을 미친다고 한다.

이 모델은, 어린 시절에 아주 강한 유대감을 형성한 사람도 장차 성장하면서 그 유대감이 약해져 결국 범죄행동을 할 수 있고, 반대로 어린 시절에는 매우 약한 인습적 유대감을 갖고 생활했지만 성장과정에서 긍정적인 친사회적 경험이 늘게 되고 학교에서 좋은 친구들과 어울림으로써 전통적인 유대감이 강화되어 결국 범죄행동을 그만두게 되기도 한다고 가정한다.

이러한 발달범죄 접근방법은 왜 대다수의 비행청소년이 성인기 초기가 되면 불법행동을 그만두게 되는가를 잘 설명해주는 논거가 되었고, 왜 상당수의 성인범죄자는 청소년기 동안 아무런 비행경력도 갖고 있지 않은지를 설명해 준다. 샘슨과 라웁의 모델은 범죄의 개시뿐만 아니라 종결에도 다양한 차이가 있을 수 있음을 인정하게 하는 탄력적인 논거를 제시한다.

이 이론에 따르면, 비행·범죄의 시작·유지·중단 등 연령에 따른 행동변화는 생애과정에서의 비공식적인 통제와 사회유대를 반영한다.

2. 주요 정책적 함의(의의)

범죄를 방지하기 위해서는 연령에 따라 건전한 유대를 강화시키기 위한 개인·가족 대상 치료·예방 프로그램이 필요하다.

Ⅳ. 손베리(Thornberry)의 상호작용이론

1. 개관

(1) 손베리는 소년비행의 유발원인이 개인의 생애과정에 따라 변화할 수 있다고 주장했다. 그분의 상호작용이론은 통제이론과 사회학습이론을 결합하여, 소년비행을 설명할 때 두 이론의 통합적 능력을 향상시켰다.

(2) 상호작용이론은 통제이론을 기본으로 한다. 소년비행의 일차적 원인으로 사회적 통제(social constraint)의 약화를 강조한다.
비행소년은 사회적 통제가 약화된 상태에 있기 때문에 마음대로 비행을 할 수 있지만, 그것이 지속되려면 그것을 학습하고, 수행하고, 강화하는 상호작용적 환경이 필요하다.
그런데 비행소년이 대학재학·군입대·취업 등 인습적 활동에 대한 관여(참여)가 강화되면 비행은 지속·발전하지 않고 준법적 행동이 일상화된다고 한다.

(3) 상호작용이론은 통제이론과 사회학습이론에서 중시하는 부모에 대한 애착, 학교에의 관여, 전통(인습)적 가치에 대한 신념, 비행친구와의 교제, 비행가치의 수용, 비행행위 모방 등 여섯 개의 주요개념으로 구성되어 있다.
이러한 개념요소들은 한 방향으로만 영향을 미치지 않고 상호 영향을 미치면서 그 효과를 변화·발전시킨다. 예컨대, 친구교제가 행위에 영향을 미치지만, 행위도 마찬가지로 친구의 선택에 영향을 미친다. 소년비행은, 애착이나 관여는 물론 애착에 대한 상호 영향을 통해 전통(인습)적 가치에 대한 신념에도 부정적 영향을 미친다.

(4) 손베리의 상호작용이론은 생애과정 동안 비행의 설명모델들이 어떻게 변하는가를 설명한다. 초기 소년기에는 부모애착의 역할이 크지만, 중기 소년기에는 비행친구와의 교제가 더 큰 역할을 하며, 후기 소년기 또는 성인기 초기에는 취업·결혼 등에 의한 인습적 활동에 대한 관여가 보다 큰 영향을 준다.

2. 정책적 함의(시사)

손베리는 소년비행에 대한 효과적인 정책을 개발하려면 비행관련 요인에서 원인과 효과를 성장단계별로 정확히 분리하는 것이 필수적이라고 강조했다. 이 분리는 발전이론의 맥락에서 종단적인(시계열적인) 연구를 통해서만 가능하다고 결론지었다.[62]

V. 발달범죄학에 대한 평가

(1) 1970년대 이후 통합이론모델과 발전범죄학이 빠르게 확산되는 경향이다. 이러한 경향은 자기보고식 설문방법이 뒷받침되었다. 자기보고식 설문방법은 개인의 인구사회학적 특성과 범죄행동 사이의 직접적 연관성을 더욱 효과적으로 검증해내는 토대를 마련해 주었기 때문이다.

(2) 발달과 생애과정범죄학은 현재 상당한 정도로 발전하여 범죄학 분야에서 큰 희망을 제시하는 연구분야로 자리 잡았다.
전통적으로 정적인 분위기를 유지하며 청소년기와 성인기 초기로 연구범위를 한정했던 기존의 연구범위를 뛰어넘어, 발달범죄학은 이제 전체 인생경로과정에 초점을 둔 광범위한 연구범위를 포함하는 새로운 이론 접근방법이 되었다.
또한 발달범죄학은 어린 시절의 경험과 성인기에 나타난 문제행동 사이의 상호작용을 보다 섬세하게 연구할 수 있는 토대를 제공해주고 있다.[63]

---

62) Vold의 이론범죄학, 439면.

(3) 발달과 생애과정범죄학은 문제행동의 조기개입과 예방을 목적으로 하는 정책과 프로그램에 자원을 투자하는 것이 유용하다는 정책적 함의(含意)를 보여준다.

63) 범죄학, 황의갑 외 12인 역, 508면.

PART 05

범죄대책에 관한 이론
(Theories of Project Against Crime)

경찰을 위한 범죄학 犯罪學 CRIMINOLOGY

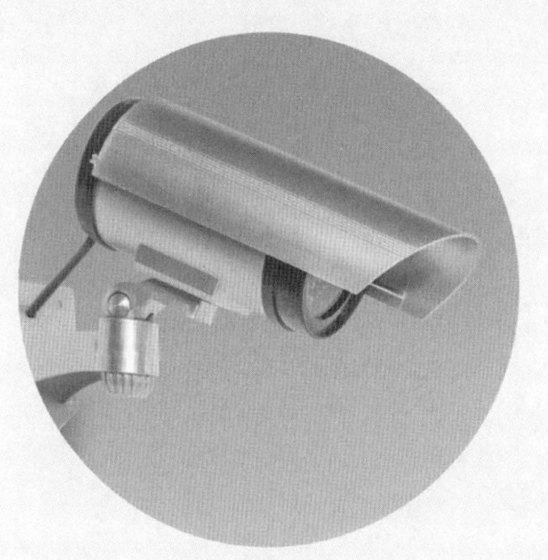

범죄학은 범죄의 원인을 규명하는 것을 기본으로 하고 있지만, 범죄학의 궁극적인 목적은 범죄인과 피해자를 과학적으로 분석하여 효과적인 범죄예방 및 재범방지 대책을 수립하는 데에 있다. 그러므로 범죄대책에 관한 이론은 범죄학의 핵심영역이라고 할 수 있다.

우리는 우리 사회가 경험하고 있는 범죄에 대해 어떠한 형태의 범죄가 어떠한 원인과 동기로, 어떠한 사람에 의해 주로 범해지는지를 탐구하며 이 단계에 이르렀다.
이제는 범죄에 대한 대처 방안을 탐색하는 데 관심을 모아보자.

범죄에 대응하기 위한 방안을 범죄학에서는 '범죄대책'이라고 부른다. 범죄에 대한 대책은 범죄의 발생을 예방하는 사전적 '범죄예방대책'과 이미 발생한 범죄에 대한 사후적 '재범방지대책'으로 나눌 수 있다. 현재까지 범죄에 대한 사후 대처 수단은 형벌과 보안처분이 중심이 되고 있다.
이에 따라 이 편에서는 '범죄예방론'과 '형벌론' 및 '보안처분론'을 통해 우리 사회에서 범죄를 줄일 수 있는 방법을 모색해 보자.

CHAPTER 01

범죄에 대한 대책은 어떻게 전개되어야 하는가?

제1절 범죄대책으로서의 여러 방법

I. 범죄대책의 전개에 대한 개괄적 설명

범죄학 연구의 최종 목표는 바람직한 범죄통제방안을 제시하는 데에 있다. 범죄의 실태를 정확히 파악하여 그 원인을 밝히려고 노력하는 것은 결국 우리 사회에서 범죄를 줄이는 것을 궁극적인 목적으로 삼고 있다.

범죄를 줄이기 위한 사회적 대책으로는, 범죄가 발생하기 이전에 범죄 발생 요인을 없애거나 줄이는 사전예방대책 및 범죄가 이미 발생한 이후에 형사제재나 보호처분을 통해 또다시 그러한 범행을 반복하지 아니하도록 특별예방하는 대책, 또는 잠재적으로 범행 가능성이 있는 일반인으로 하여금 범죄 의사를 억제하도록 하는 일반예방 대책 등이 있다.

이러한 범죄방지대책 중 사전예방대책이 가장 바람직하다.

범죄가 이미 발생하게 되면, 범죄에 대한 피해자가 생겨나면서 범죄피해에 따른 많은 비용, 완전한 피해회복의 불가능, 범죄자 검거와 재판에 뒤따르는 국가재정적 지출, 그리고 범죄자에 대한 형 집행·교화개선 비용과 노력 및 실질적 교정효과의 저조 등을 고려한다면, 사전예방이 우선시되어야 하는 것은 지당하다.

이와 관련해서는 범죄예방에 대해 전문적인 연구를 해 온 랩(S. P. Lap)도, 범죄예방이란 "실제로 범죄발생을 줄이고, 범죄에 대한 일반적인 두려움을 가볍게 해주는 사전(事前) 활동이다."라고 규정하면서, 사전적 범죄예방대책의 중요성을 특히 강조하고 있는 것을 보더라도 확인할 수 있다.[1)]

그리하여 현대 범죄학에서는 범죄예방대책에 관한 연구가 중요한 대상이자 목적으로 자리잡아 가고 있다. 이러한 움직임은 1970·80년대에 미국과 유럽에서 시작되었다.

당시까지는 범죄의 원인을 규명하고, 그에 근거하여 범죄자를 교화개선시켜 재사회화함으로써 재범을 방지하고자 하는 범죄이론과 정책이 중심이 되고 있었으나, 그러한 경향의 효과에 의문이 제기되면서 범죄학계와 범죄대책분야에서도 방향전환이 강도 높게 추구되었던 것이다.

이러한 배경과 흐름에 맞추어 일상활동이론(routine activity theory) 등 범죄기회이론이 포함된 환경범죄학이나 사회구조의 개선과 사회정의의 실현을 추구하는 비판범죄학 등 갈등론적 범죄학, 그리고 발달이론과 생애과정이론(developmental and life-course criminology) 등이 활발하게 전개되었음은 앞으로 살펴본 바와 같다.

그렇지만, 제아무리 예방적 대책과 노력이 최선을 다해 시도된다 하더라도 범죄없는 사회를 만들 수가 없음은 역사적으로 확인되었다. 그러므로 범죄에 대한 사후진압적 재범방지대책도 동시에 병행하여 연구, 추진해야 한다.

이미 발생한 범죄에 대한 사후진압적 형사제재를 통한 대책에서는 범죄자에 대한 개별적 처우를 통한 교화개선적 특별예방뿐만 아니라, 범죄에 대한 사회정의의 실현 및 범죄동기의 억제를 통해서도 잠재적인 범죄를 예방하여 범죄를 줄일 수 있어야 한다.

이러한 차원에서는 앞에서 다룬 제지이론(deterrence theory)과 수형자 처우방식으로서의 정의모델[2](justice model)이 주목을 받고 있다.

제2절 범죄대책의 기본모델(Model)

Ⅰ. 제프리의 범죄대책모델

제프리(C. Ray Jeffery)는 범죄대책에서 중시하는 목적을 기준으로 1) 처벌을 통한

1) S. P. Lab, Crime Prevention: Approaches, Practices and Evaluation, 1992, 11면.

2) 정의(공정)모델(justice model): 형 집행에 있어서 범죄자의 개인적인 비난 가능성을 중시하고 범죄행위의 심각성에 초점을 맞추어, 범죄인의 책임에 상응하는 마땅한 응보적(just deserts) 처벌을 받도록 하는 것을 목표로 하는 행형이념이다.

범죄억제모델, 2) 범죄인의 개선 처우를 통한 사회복귀모델, 3) 사회환경의 개선을 통한 범죄예방모델 등 세 가지 범죄대책모델을 제시하면서 사회환경 개선을 통한 범죄예방모델을 특히 강조하였다[3]

제프리는 개인의 심리적 수준에서부터 광범위한 사회정책에 이르기까지의 다양한 차원의 범죄예방 방법을 제안한다.

제프리는 특히 "세상에는 환경적 조건에 의한 범죄행동만 있을 뿐, 본질적으로 범죄인은 존재하지 않는다. 특정한 환경적 여건이 제공됨에 따라 누구나 범죄인이 될 수도 있고, 되지 않을 수도 있다."라고 주장하면서, 건축환경설계 차원에서 '환경설계를 통한 범죄예방'(Crime Prevention Through Environmental Design; CPTED)이라는 용어를 처음 사용하였다. 그분은 범죄예방을 환경설계 차원에서 근본적으로 접근하는 방안을 제시하고 있다.

ⓘ 제프리(C. Ray Jeffery)의 범죄통제를 위한 세 가지 범죄대책모델

범죄억제 모델	• 비결정론적 인간관을 전제하는 고전학파에 기초하고 있다. • 형법 내지 형벌을 통한 범죄방지를 강조하며, 처벌을 통한 일반예방의 효과를 높이기 위해서 처벌의 신속성, 확실성, 엄격성을 중시한다. • 범죄방지대책의 고전적 모델이다.
사회복귀 (재사회화) 모델	• 사회복귀모델은 결정론적 실증주의에 기초하고 있다. • 범죄인의 재사회화를 통한 특별예방적 재범방지에 중점을 두는 대책이다. • 최근 범죄인의 교정·처우·복지에 대한 관심도 이 모델에 의해 본격화되었다. • 현대 행형(교정)의 가장 중요한 기초가 되고 있다. • 단점: 범죄인의 생물학적·심리학적 특성과 사회적 환경에 따라 그 효과가 차이가 난다는 점, 범죄인의 개인적 특성에 따라 범죄대처방법을 수시로 변화시켜야 하는 점 등이다.
환경설계를 통한 범죄예방모델	• 범죄의 원인을 개인과 환경과의 상호작용에서 찾는 사회적(환경적) 범죄론에 기초하고 있다. • 도시정책, 환경정화, 인간관계의 개선, 정치·경제·사회·문화 등 사회 환경 개선을 통한 사전적 범죄의 예방을 중시한다. 제프리가 가장 강조한 모델이다. • 형법 외적 수단을 통한 범죄방지까지 고려하는 광의의 형사정책적 입장에서 의미가 있으며, 근원적인 범죄예방을 지향한다. • 사회환경개선을 통하여 비로소 궁극적인 범죄방지가 가능하다고 보는 입장에서 선호되고 있는데, 반사회적 행위를 형법적 수단만을 통해 통제하려는 경향에 대한 반성으로 등장한 모델이다.

3) C. R. Jeffery, Crime Prevention Through Environmental Design, 1971, 77~80면. 현대적 범죄예방설계론의 아이디어를 처음 제시한 사람은 제이콥스(J. Jacobs) 이다. 이분은 1961년의 저서 「위대한 미국 도시의 생사」에서 도시재개발에 따른 범죄문제 감소해법으로 도시건축 설계방법을 처음 제시했다.

환경설계를 통한 범죄예방모델	• 1977년 제프리가 제시한 '환경설계를 통한 범죄예방(CPTED)'도 이 모델에 포함시킬 수 있다. 이것은 주택 및 도시설계를 범죄예방에 적합하도록 구성하려는 전략이다. 이와 같이 범죄 행위에 대한 위험과 어려움을 높여 범죄기회를 줄임으로써 범죄예방을 도모하려는 방법을 '상황적 범죄예방모델'이라고 부른다.

Ⅱ. 뉴먼(Oscar Newman)의 범죄예방모델

제프리에 이어서 건축환경설계 차원에서 범죄예방을 범죄학에 접목시킨 뉴먼은 건축학적 관점을 더욱 강조하여 '방어공간'(defensible space) 개념을 제시하고 있다.[4)]

그분은 건축설계단계에서 '방어공간'을 확보하여 주택영역에서 익명성을 줄이고, 공동체의 자연적 감시와 순찰이 용이하도록 하면서, 범죄자의 침입과 도주가 보다 잘 차단되도록 하여야만 범죄예방의 효과가 크다고 주장했다.

제프리가 처음 제시하고 뉴먼이 건축학적 관점에서 보다 구체적으로 발전시킨 '환경설계를 통한 범죄예방'(Crime Prevention Through Environmental ; CPTED)은 오늘날까지 계속하여 수정·발전하면서 그 활용이 확대되고 있다. 이는 특히 도시계획자들과 건축자들에게 많은 관심을 끌고 있다.

CPTED(셉테드)는 환경범죄학 분야의 연구에 적극 수용되었고, 후속 연구자들에 의해 폭넓게 활용도가 높아지고 있다.

Ⅲ. 환경설계를 통한 범죄예방(CPTED, 셉테드)

셉테드(범죄예방 환경설계)는 건축 환경(bult environment)의 설계단계에서부터 범죄예방을 도모하려는 시도이다. 다시 말해, 아파트·학교·공원·주택단지 등 도시생활공간의 설치단계에서부터 범죄를 예방할 수 있도록 다양한 안전시설 및 방범수단을 적용한 도시계획 및 건축설계를 가리킨다. 셉테드는 건축학·도시공학·범죄학 분야에서 응용원리로 활용되고 있다.[5)]

4) Oscar Newman, Defensible Space, 1972.

5) 우리나라에서 범죄학 분야에서 대표적인 연구는 김일수의 '전환기의 형사정책'. 신의기·박경래·정명오·홍경구·김걸의 '범죄예방을 위한 환경설계(CPTED)의 제도화', 박현호의 '범

'범죄 예방을 위한 도시 환경설계'라 함은, 적절한 도시공간 및 건축 환경을 유효하게 활용할 수 있는 설계를 통해, 범죄발생정도와 범죄에 대한 공포를 감소시켜, 그 지역에 거주하는 사람의 생활 질을 향상하게 하는 방법을 일컫는 용어이다.

이를 실현하기 위한 원리와 방법은 1) 자연스런 감시, 2) 자연스런 접근 통제, 3) 영역성 강화이다. 그리고 부가 원리·방법으로 4) 활동의 활성화 제고, 5) 건전한 유지와 세심한 관리이다.

자연스러운 감시
• 자연스러운 감시가 이루어지면 잠재적인 범죄자들은 검거 위험이 높다고 생각하여 쉽사리 범행을 시도하려고 하지 않는다. • 자연스러운 감시는 건물·시설물 등을 배치할 때 시야를 가리는 구조물을 최소화하는 방향으로 하여 일반인들에 의한 관찰을 최대한 확보함으로써, 공공장소에서의 일탈이나 범죄에 대한 자연스러운 감시가 이루어지도록 하는 것이다.
자연스러운 접근 통제
• 범죄가 이루어지려면 잠재적인 범죄자가 범행의 목표물(대상물)에 가까이 다가가야만 한다. 그러므로 목표물에의 접근성을 어렵게 만들면 범행기회가 적어져 범죄를 예방하는 데 효과가 있다. • 자연스러운 접근 통제는 보호되어야 할 사적 공간에 대한 출입을 어렵게 만들어 범죄목표물에 쉽게 다가가지 못하도록 하고, 범행 시 쉽게 눈에 띄도록 하여 노출가능성을 높이는 원리이다. • 이는 통행로나 조경 등을 출입자들의 노출가능성을 높이게 만들고, 범행이나 이상한 행동을 했을 때 최대한 노출될 수 있도록 설계하며, 출입문에는 비밀번호 잠금장치나 지문인식기 등을 설치하여 출입이 허락되지 않은 사람들의 통행과 출입을 차단함으로써 범죄예방효과를 불러온다.
영역성 강화
• 사람들은 자신의 영역이라고 생각하면 주인의식을 가지고 관심을 높이고, 영역권에 소속된 사람들 간에 유대감이 커진다. • 영역성 강화는 거주민에게 자기 주변에 대한 관심을 높이고, 공동체로서의 소속감을 부여하여 영역 내에서의 안정감을 키우면서, 비상상황에서는 서로 협력하는 분위기를 조성하여 잠재적 범죄자로 하여금 그러한 영역 내에서는 범행 성공이 어려울 것이라는 이미지를 키워 그 영역 내에서는 감히 범행을 시도하지 못하도록 하여 범죄를 예방하는 원리이다. • 이는 누구나 통행이 자유로운 공적인 공간과 소속인들만이 출입할 수 있는 사적인 영역을 색깔이나 표식 등으로 명확하게 구분 짓는 방법에 의해 나타나는 효과이다.
부가 원리 ; 활동의 활성화 제고
• 주된 원리를 기반으로 하여 부가적으로 증대시킬 필요가 있는 원리로서의 '활동의 활성화'는 주민들 간의 믿음과 유대를 넓혀 주민들이 함께 어울리고 소통할 수 있는 여건을 조성하여 주민들의 지역 내 활동을 활발하게 유도하는 것이다. • 활동의 활성화는 주민들에 의한 자연스러운 감시력을 높이고, 넓히는 효과로 나타난다.

죄예방 환경설계(CPTED)표준화 연구', 박형민의 '(CPTED)이론의 적용 현황' 등이 있다.

부가 원리 ; 건전한 유지와 세심한 관리

- 특정 영역의 사소한 무질서를 방치하면, 그것이 더 큰 문제로 이어질 가능성을 키우는 분위기로 작용한다는 '깨진 유리창 이론'과 맥락을 같이 하는 원리이다.
- '건전한 유지와 세심한 관리의 원리'는 영역 내에 있는 시설물들을 깨끗이 정상으로 유지되게 하고 항상 세심하게 관리하여, 그 영역에서는 잠재적 범죄자의 범행욕구가 애당초 일어나지 못하도록 하는 것이 범죄예방효과를 키울 수 있다는 심리학적 응용기법이다.

셉테드를 적용한 사례로는 미국의 플로리다 주에서 1996년 실시했던 예를 들 수 있다. 이 주에서는 범죄인들이 외부에서 주거지역으로 접근하지 못하도록 '접근통제' 셉테드를 도입했고, 편의점 강도범죄를 막기 위해 편의점 유리창을 가리는 게시물의 부착을 금지시켰다.

또한 계산대도 외부에서 잘 보이도록 설치하게 했으며, 주차장에는 CCTV를 설치하도록 하고 조도가 높은 조명등을 켜두도록 하였다.

이러한 셉테드 시행 결과 재산범죄가 크게 감소했다.

영국의 런던에서는 일정지역의 가로등 조명을 밝게 하였는데, 그곳에서는 무질서가 크게 줄었고, 시민들의 범죄에 대한 두려움이 많이 낮아졌으며, 그 결과 보행자의 야간 도로 이용률이 늘어나면서 거리의 범죄도 많이 줄어들었다.

우리나라에서도 여러 도시에서 셉테드의 도입이 시도되고 있다. 1990년대에 시작된 셉테드 연구를 바탕으로 하여 2005년 경기도 부천시가 국내 처음으로 일반주택단지를 셉테드 시범지역으로 지정하여 고강동과 심곡동에서 실시하였다.

실시 결과, 이 지역의 범죄발생률이 이전보다 줄어들면서 셉테드의 효과가 긍정적으로 나타났다.

이어서 판교·광교 신도시와 서울 은평 뉴타운 일부 단지에도 셉테드 기법이 도입된 바 있다.

이러한 시범 시행을 기반으로 서울시는 2010년 조례를 제정하여, 이후 지정된 성북구 길음 뉴타운 등에 셉테드기법을 도입하도록 권장했다.

또한 2010년에는, 셉테드에 대한 연구를 하고 이론을 개발하여 생활 주변에 적용하도록 하는, 역할 관련 인증제도를 만들어 관리하도록 하기 위해 '한국셉테드학회'가 설립되어, 현재 운영 중에 있다.

Ⅳ. 상황적 범죄예방이론

상황적 범죄예방(situational crime prevention)은 범죄행위에 대한 위험과 어려움을 높여, 범죄기회를 감소시킴으로써 범죄예방을 도모하는 방법이다.

이 이론은 1992년 클라크(Ronard Clarke)가 저서 「상황적 범죄예방」(Situational Crime Prevention)을 통해 제시하였다.[6)]

이 이론은 1970년대 제프리의 주장과 뉴먼의 방어공간이론 코헨(L. E. Cohen)과 펠슨(M. Felson)의 일상활동이론(Routine Theory)을 융합적으로 발전시킨 것이다.

일상활동이론은 약탈범죄의 발생요소로서 동기화된 범죄인(범행욕구), 적절한 목표물(범죄능력), 보호자의 부재 상황이 갖춰져 범죄기회가 주어지면 누구든지 합리적 선택과정을 거쳐 범죄를 저지를 수 있다고 본다.

상황적 범죄예방모델에 따르면, 범죄자는 범행과정에서 합리적으로 판단하여 범죄비용보다 범죄효용(수익)이 크다고 생각할 때 범죄를 행하게 된다고 전제한다. 따라서 환경설계를 통해 범죄기회를 낮추고 검거위험을 높여, 범죄로 얻을 수 있는 효용이 범죄로 인해 치러야 할 비용보다 크지 않겠다고 인식시킨다면, 범죄가 매력적이지 않게 되어 범죄예방을 이룰 수 있다는 것이다.

이 이론에서는 범죄자의 범죄실행이 어려워질 수 있도록 하는 범죄기회 감소뿐만 아니라, 범죄에 대한 보상 축소를 강조한다.

범죄기회의 감소방안의 예를 들면, 잠금장치·경보장치 등을 사용함으로써 목표물의 물리적 안전성을 높이는 '대상의 강화', 차단장치나 전기울타리 등을 통한 '접근 통제', 무기 구입 과정을 엄격히 규제하고 공공장소에서 음주행위 등을 통제하는 '요인 통제', 출입자 체크와 통제, 그리고 민간경비의 활성화 및 경찰의 순찰 강화, 우범지역마다 CCTV설치 등이다.

이렇게 하면, 범죄에 대한 검거 위험은 커지고 실행은 어려워지며 기대되는 보상은 적어지므로 합리적으로 행동하는 사람이라면 범죄를 범하려고 하지 않을 것이므로 범죄 예방 효과는 즉각적으로 쉽게 이루어질 것으로 보인다.

V. 레피토(T. A. Reppetto)의 상황적 범죄예방에 대한 전이효과(Displacement Effect)론

상황적 범죄예방이론에 대해서는, 한 지역의 상황적 범죄예방활동의 효과는 다른 지역으로까지 퍼져나가 다른 지역의 범죄예방에도 긍정적인 효과가 나타나게 된다는 이익의 확산효과(diffusion of benefit)론이 주장되기도 하지만, 상황적 범죄예

6) Ronald V. Clalke, Situational Crime Prevention: Successful Case, 1992.

방활동은 '풍선효과'처럼 다른 시간·다른 지역으로 범죄가 옮겨갈 뿐 사회 전체적으로는 범죄감소효과가 거의 나타나지 않는 주장도 제기되고 있다.

범죄의 전이(轉移·displacement)란 특정 지역 안에서 범죄예방을 위한 전략을 시행하면 그 곳에서 발생하려했던 범죄가 다른 지역으로 이동하여 발생하는 것을 말한다.

전이를 주장하는 학자들에 따르면 범죄예방을 위해 행해지는 전략들이 실제로는 범죄를 사회 전체적으로 예방하기 보다는 단순히 범죄를 주변으로 분산시킬 뿐이라고 주장한다. 예컨대, 특정한 지역에 CCTV를 설치하고 경찰순찰을 강화하면 특정 지역에서 발생하던 범죄가 다른 취약지역으로 옮겨간다는 것이다.

레피토(T. A. Reppetto)는 상황적 범죄예방활동과 관련하여 전이효과론을 주장한 대표적인 학자이다. 레피토는 상황적 범죄예방 활동은 다른 지역, 다른 시간에서의 범죄로 옮겨가게 할 뿐 사회 전체적인 측면에서 범죄를 줄이는 효과는 없다고 하면서, 범죄의 전이 양상을 시간적 전이, 공간적(지역적) 전이, 전술적 전이, 목표물 전이, 기능적 전이로 분류했다.

'시간적 전이'란 범행시간을 낮에서 밤으로 바꾼다든지 해서 범행시간대를 바꾸어 행하는 것이고, '공간적 전이' 란 강남에서 행하던 범죄를 강북지역으로 바꾼다든지 하여 범죄지역을 옮겨서 행하는 것이다.

'전술적 전이'란 빈집털이방법에서 가스배관타기 절도로 바꾼다든지 하여 범죄방법을 교체하는 것이고, '목표물 전이'란 같은 지역에서, 상점털이에서 빈집털이로 바꾼다든지 하여 범죄의 주된 목표를 바꾸는 것이며, '기능적 전이'란 소매치기범죄를 행하다가 보이스피싱범죄로 바꾼다든지 해서 주로 행해오던 범죄의 유형을 다른 범죄유형으로 바꿔서 범죄생활을 계속해가는 것을 말한다.[7)]

제3절 경찰의 범죄예방(Crime Prevention)

Ⅰ. 경찰의 예방 의미

범죄예방활동은 지역사회의 자율방범단체의 민간 방범활동, 매스컴의 범죄예방활동, 민간 경비업체의 보완경비활동 등 다양한 방식이 있다. 그렇지만 현대사회

7) T. A. Reppetto, Crime Prevention and the Displacement Phenomenon, 1976, 85~90면.

에서 범죄예방의 중심 역할은 경찰이 맡고 있다.

경찰은 치안활동·방범(防犯)활동으로서 사회 일반의 안녕질서를 유지하고 범죄의 발생을 예방하는 여러 가지 활동이나 작용을 하는 것이 주된 업무 중 하나이다.

현행 경찰법에 의하면, 경찰은 국민의 생명·신체의 보호, 범죄의 예방·진압 및 수사, 범죄피해자 보호, 경비·요인경호 및 대간첩·대테러 작전 수행, 치안정보의 수집·작성 및 배포, 교통의 단속과 위해 방지, 외국 정부기관 및 국제기구와 국제 협력, 그 밖의 공공의 안녕과 질서유지를 임무로 규정하고 있다(제 3조).

이를 보더라도 경찰의 중심적 기능은 치안기능과 관련되어 있음을 알 수 있다.

Ⅱ. 경찰의 범죄예방활동

경찰의 범죄예방(방범)활동은 일반방범활동과 특별방범활동으로 구분한다.

일반방범활동은 순찰을 비롯하여 범죄취약 환경에 대한 진단과 개선, 청소년 선도활동, 풍속업소에 대한 계도와 단속, 총기·화약류에 대한 관리와 단속 등의 방식으로 이루어지고 있다.

특별방범활동은 특정된 사람을 대상으로 집중적인 예방 관련 조치를 취하거나 특별사안에 관하여 시행되는 방범활동을 말하는데, 수형자로서 귀휴 나온 사람의 행동 관찰, 가석방자의 선도와 관리, 석방된 피석방자의 취업알선 등이 이러한 활동의 예이다.

그렇지만, 경찰의 방범활동을 이렇게 구분하는 것은 현실적으로 실익이 거의 없다고 본다. 그러므로 최근에는 범죄예방과 관련해서 '지역사회의 경찰활동'이 주목을 받고 있다.

지역사회 경찰활동에서는 지역주민과의 협력은 물론 방범활동에 대한 주민의 의견수렴과 적극적인 참여를 강조한다. 이것은 경찰에 대한 지역주민의 기대와 염려를 잘 파악하고, 그 지역사회의 다양하고 변화하는 위험요인을 잘 파악하여 문제 중심으로 경찰활동을 펼칠 수 있게 해준다.

'문제 중심 경찰활동'은 경찰이 사건 지향적이기보다는 문제 지향적이어야 한다는 원리인데, 이는 경찰이 너무 좁은 시야로 사건 위주로만 초점을 맞추어서 활동하는 것에서 벗어나, 그러한 반복적인 범죄사건들로 이르게 만드는 지역적·사회적 문제를 미리 해결하는 데 더욱더 관심을 기울임으로써 범죄예방효과를 높이자는 것이다.

또한 지역사회경찰활동에서는 업무의 우선순위와 평가 기준에 있어서도 지역사회를 불안케 하는 모든 문제를 최우선순위에 두도록 하고 있다. 이것도 범죄예방과 관련하여 강조되고 있는 것이다.

경찰의 방범활동으로서 가장 대표적인 것은 순찰(patrol)이다.

이는 방범의 중심이 되고 있는 지구대나 파출소 경찰이 행하는 주된 근무활동이다.

경찰이 일반시민의 눈에 띄게 되면 생기는 경찰가시성(police visibility)을 높이기 위하여 순찰을 가능한 한 자주 하는 것이 좋다.

현대에 와서는 차량순찰이 순찰의 대표형태가 되고 있다.

차량순찰은 컴퓨터 등 첨단 기술의 지원을 받아 걷는 순찰에 비해 훨씬 더 효율적인 범죄예방 기능을 수행하고 있다.

차량순찰은 걷는 순찰(도보순찰)보다 훨씬 더 빠르게 이동할 수 있고 무거운 장비나 '무기를 갖출 수 있으며, 법 위반자를 효과적으로 호송할 수도 있다.

그렇지만, 차량 통행이 어려운 지역이나 협소한 장소에 대해서는 걷는 순찰이 필요하고, 범죄요인 등에 대해서 세부적으로, 구체적으로 파악을 하는 데 있어서는 걷는 순찰이 유리하다.

그러므로 지역적 여건이나 필요성에 적합하게 차량순찰과 걷는 순찰을 조화시켜야 한다.

그리고 범죄 발생이 빈번한 장소와 우범 시간대, 또는 특정한 관리대상자에 대해서는 특정 목적의식을 가지고 집중순찰활동(hot spots patrol)도 적용하여야 한다.

오늘날에는 정례적으로 순찰하는 방식의 한계를 보완하기 위해서 빅데이터(big data)를 이용하여 범죄율이 높은 시간대와 지역을 산출하여 그에 맞추어 집중순찰활동을 강화하는 방안이 널리 확산되고 있다. 이에 따라 범죄예방효과도 증대할 것으로 기대된다.

제4절 범죄예방을 위한 범죄예측

I. 범죄예측의 범죄학적 의미

범죄예측(crime prediction)이란 범죄를 저지를 가능성이 높은 잠재적 범죄인이나 이전에 범죄를 저질렀던 범죄인을 대상으로 장래의 범죄행위가능성 및 그 빈도·정도 등을 사전에 조사·분석·평가하는 활동을 말한다.

다시 말해, 범죄유발과 관련이 있는 개인적·사회적 요인과 이들의 작용법칙을 과거의 사례들에 비추어 파악하고, 이를 근거로 현재 시점에서 초범 또는 재범가능성을 미리 예견하는 작업을 범죄예측이라고 부른다. 이를 '위험성 및 필요성 평가제도'(risk and needs assessment system)라고도 한다.

범죄예측을 위하여 고려되는 요인은 여러 가지가 있다.

대상자의 인격 특성, 과거의 범죄경력, 사회경력 및 교육 정도, 범행 시의 나이, 대상자와 가족·보호자 등과의 유대관계, 또래집단과의 교우관계 등 사회적 환경, 교정가능성 등이 고려요인이 된다. 따라서 범죄예측은 이러한 요인들의 작용법칙을 과학적으로 분석하고, 구체적으로 대상자가 지닌 예측요인과의 연관성을 파악하여 범행가능성과 그 정도 등을 계산해야 한다.

이는 여러 요인을 파악하여 날씨·기온·바람·미세먼지 등을 미리 내다보는 일기예보와 유사한 작업이다.

범죄예측은 왜 필요로 하는가?

범죄예방을 위한 조치를 하기 위해서는 범죄가 일어날 가능성이 큰 대상을 선별하여야 하고, 그에 따라 범죄예방자원이 배정되어야 효율적인 범죄예방이 실현될 수 있을 것이다.

그리고 비행소년이나 법을 위반한 사람들의 장래의 범죄 가능성을 알아야만 그에 맞추어 보호처분이나 다이버전(Diversion)·기소·형의 종류와 양의 결정 등을 적절하게 할 수 있게 되는 것이다.

이러한 맥락에서 범죄 가능성과 정도를 예측하는 활동은 범죄학적 의미가 있다.

범죄예측은 초범예방을 위한 보호단계 및 수사·기소·재판·교정의 각 단계에서 많이 필요로 하며, 이의 정확성 정도는 범죄인 관리 등 여러 처분이나 교정처우활동의 성패를 좌우하여 결과적으로는 범죄예방의 성패로 이어지는 중요한 제도이다.

Ⅱ. 범죄예측의 역사와 발전

범죄예측은 미국에서 1923년 워너(S. Warner)가 처음으로 시작하였다. '필요는 발명의 어머니'라는 말이 있듯이, 워너가 범죄예측에 관한 연구를 시작한 것은 당시 교정시설에서 활용하고 있던 교정처우제도인 가석방의 심사기준의 타당성에 따라 범죄자들의 재범방지와 제도의 성패가 좌우되었기 때문이다.

가석방되는 범죄자 선정의 적합성 및 가석방 후의 재범률은 사회의 안전과 질서에도 큰 영향을 미칠 수밖에 없으므로 보다 객관적인 방법으로 신뢰성이 높은 범죄예측이 이루어져야 할 필요가 있었다.

워너가 범죄예측연구를 시작한 이후 1928년 버제스(E. W. Burgess)는 미국 일리노이 주에서 3000명의 가석방대상자를 대상으로 범죄자유형·범행특성·국적·주거상태·거주지역·결혼연령·지능연령 등 생활태도나 정신의학적 요인 등이 포함된 21개 요인을 분석하여 공통적 평가기준을 추출하여 경험표(experience table)에 해당하는 범죄예측표를 만들었다.

이는 각 요인에 점수를 부여하는 방식으로 실무에서 예측표를 사용할 수 있도록 한 것으로서, 객관적인 범죄예측 발전에도 기여했다.

1940년대 비행소년 전문 연구가인 글루크 부부(Gluecks)는 매사추세츠 주의 비행소년 500명과 일반소년 500명에 대해 비교·분석하여 약 300개에 달하는 요인을 파악했다.

이 요인들 중에서 비행소년과 일반 소년을 확정적으로 구분 짓는 기준으로서 아버지의 훈육, 어머니의 감독, 아버지의 애정, 어머니의 애정, 가족의 유대 정도 등을 추출하여 특정 항목에 가중 점수나 감점 점수를 부여하는 방식으로 초범을 예측하는 조기비행 예측표를 만들었다.

이와 같이 글룩 부부는 각 요인들에 점수를 매기고, 각 요인들에 예측요인의 중요도에 따라 점수를 가중하거나 감점하는 방법을 사용했기 때문에 이를 ‘가중실점방식’이라고 특징짓는다.

글룩 부부의 비행예측방법은 영국에도 알려져 1955년에 맨하임(H. Mannheim)과 윌킨스(L. T. Wilkins)는 소년원 퇴원자에 대한 조사연구를 기초로 재범예측표를 만들었다.

또한 미국의 예측연구가 독일에도 소개되어 엑스너(F. Exner)는 버제스의 예측을 응용하여 범죄예측에 대해 실험하는 연구를 하였고, 이를 바탕으로 1936년 쉬트(R. Schiedt)가 재범예측표를 만들었다.

이와 같이 워너가 범죄예측을 시작한 것을 기화로 그 후 여러 나라에서 여러 학자가 개인의 장래 범행 가능성을 보다 객관적이고 정확하게 예측하여 범죄예방에 도움이 될 수 있도록 많은 연구를 해오고 있다.

최근에는 장래의 범행 가능성에 대한 확률 판단만이 아니라 범행시점까지도 예측하는 방법을 연구하고 있다.

범죄예측을 위한 인성심리검사도 많이 개발되어 사용되고 있다. 대표적인 것이 해서웨이(S. Hathway)와 맥킨리(J. Mckinly)가 고안한 미네소타 다면적 인성검사법(Minnesota Multiphasic Personality Inventory; MMPI 검사법)이다. 이 인성검사표는 자기보고식 설문서의 질문에 긍정하거나 반대하는 것을 체크하도록 함으로써 대상자의 인성특성을 측정·진단하여 장래 범죄 가능성이나 반사회적 인성장애 정도 등을 평가하는 방법이다.

MMPI는 오랜 역사를 거치면서 여타 심리검사와 비교해 방대한 연구 및 임상자료가 축적되고 다양한 척도들이 개발되었으며, 이에 대한 신뢰도와 타당도가 확인되었고, 실시와 채점이 용이하고 표준화된 객관적 기준을 갖추었다고 평가받고 있다.

또한 코드 타입 등을 활용해 간편하게 해석할 수 있어 숙련되지 않은 초보 임상가들도 활용할 수 있고, 투입하는 시간과 노력 대비 효용성이 높아 세계적으로 널리 쓰이고 있다.

국내에서도 1960년대 원판 MMPI를 표준화한 한국판 MMPI가 처음 사용된 이후 재표준화·보완 작업이 이루어져 활용되고 있다.

다만, 우리나라 교정시설에서는 2001년 이전까지 수형자의 인성특성을 측정·진단하기 위해 사용되다가 2001년 개발된 교정심리검사가 사용되고 있다.

MMPI 이외에 범죄예측과 관계되는 것으로 알려진 심리검사방법으로는 투사법(projective techniques)과 I-Level검사 등이 있다.

투사법은 대상자로 하여금 그림이나 모형이 무엇을 상징하는가를 기술하거나 이야기해 줌으로써 그 그림이나 모형에 반응하도록 하는 것으로서, 로르샤흐(Rorschach)검사가 대표적인 검사이다. 글룩 부부는 로르샤흐검사를 이용하여 500명의 비행소년과 500명의 일반소년을 비교 연구한 결과, 두 집단 간에는 중요한 인성 특성의 차이가 있음을 발견하였다.

그분들의 연구에 의하면, 비행소년들은 보다 더 도전적이고 반항적이며, 외향적이고 양면가치적인 성격이 강하다고 한다.

최근 청소년비행자의 교정교화 보호시설에서 주로 활용되고 있는 또 다른 인성검사법으로는 대인성숙도검사(Interpersonal Maturity Test)가 있다. 이를 보통 I－Level 검사라고 부른다.

이 검사에 따르면, 비행소년들은 인성이 미성숙할 뿐만 아니라 동시에 공격적이고 수동적이며 신경질적인 성향이 강한 것으로 분석된다. 또한 이성적 사고능력·옳고 그름에 대한 관심·어구사용상의 적합수준 등이 낮아 대인관계에 있어서 성숙도가 평균수준보다 낮게 나타난다.

이 밖에도 캘리포니아 인성검사표(CPL), 브리스톨 사회적응성 지침, KD 위험성 측정 등 다양한 방법들이 범죄인의 재범예측방법으로 활용되며 다각도로 범죄예측의 발전이 시도되고 있다.

Ⅲ. 사법(司法)단계에 따른 범죄예측

예방단계(조기) 예측의 활용 ; 일차적 범죄예방을 위한 예측
• 잠재적 범죄자(비행소년)를 사전에 식별하여 개별적으로 범죄성의 발전이나 심화 또는 범죄성(犯罪性)의 발현을 사전에 예방하기 위한 조기예측이다. • 이것은 예방단계에서 행하여지므로 비사법(非司法)예측이다. 이는 범행 후 사법절차상(司法節次上)에서 행해지는 사법예측(司法豫測)과는 구별된다.
수사단계에서의 범죄예측
• 경찰이나 검찰에서 범죄수사단계에 있어서 수사의 종결 시 기소 여부·기소유예 여부·소년부법원 송치 결정 등 범죄자의 처리나 처분을 결정하기 위한 예측이다. • 특히 소년사건에 있어서 형사사법기관의 개입의 필요성 유무나 훈방 또는 개입의 시기와 정도를 결정하고, 검찰단계에서의 전환제도(diversion) 등을 활용하기 위해서는, 소년의 잠재적 비행성이 예측되어야 한다. • 적용례: 검찰의 조건부 기소유예 결정을 위한 범죄예측, 소년법상 결정 전 조사(제49조의 2)
재판단계에서의 범죄예측
• 양형과 같은 범죄자의 처분을 결정하는 데 기초가 되는 범죄예측이다. • 재판단계에 있어서 처우나 형벌의 개별화가 강조되는 현대형사사법관행상, 범죄자의 재범을 방지하기 위해서 어떠한 처분이 가장 바람직한가 하는 결정은, 상당부분 범죄자의 재범가능성의 예측에 의해 영향을 받고 있다. • 판결전조사 제도의 필요성: 재판 시 예측은 단기간에 조사와 판단이 이루어지므로, 재판 시까지 수집한 자료에 기해서 예측상의 양(良)과 불량(不良)을 보다 정확하게 하기 위해서는 판결전조사 제도와 같은 별도의 장치를 요한다. 현행 보호관찰법·치료감호법 등에서 채택 • 적용례: 보호처분·보안처분 여부 결정 시, 형의 집행유예·선고유예 결정 시, 양형(量刑)판단 시
교정단계에서의 범죄예측-가석방·임시퇴원 시 예측
• 범죄자의 합리적인 교화개선을 통한 재범방지를 목적으로 한 합리적인 처우방법의 선택을 위해 필요한 예측, 가장 중요한 것은 가석방·임시퇴원의 여부 및 시기에 관한 판단자료를 얻기 위한 예측이다. 형집행상 분류심사가 대표적인 예이다. • 만기석방의 경우에는 출소 후의 사후관리를 위해서 또는 사회의 보호를 위해서, 갱생보호의 위탁 등을 결정할 때 필요하다.

Ⅳ. 예측방법에 따른 분류

1. 직관적 예측법(Intuitive Prognose)

이 방법은 예측하는 사람의 보편적인 인식능력이나 오랜 경험을 바탕으로 한 직관적 예측능력을 활용하여 예측하는 방법이다.

경찰·검사·법관·교도관은 오랫동안 가지가지의 범죄자들을 접하고 다루면서 직업적 경륜과 직업적인 분석능력을 갖게 된다.

이 방법은 실무에서 현실적으로 흔히 이용되는 방법이다.

이 방법은 예측하는 사람의 주관적 판단·경험·지식 등을 바탕으로 분석·평가하여 객관적 기준 없이 이루어지기 때문에 판단자에 따라 다른 결론이 나올 수 있고, 자의적 판단에 따른 불공정이 나타날 수 있다. 또한 전문적인 지식이나 경험이 없는 사람에게서는 타당한 예측을 기대하기 어렵고, 객관적인 기준을 확보할 수 없으므로 보편적 제도로는 이용할 수 없다.

2. 통계적 예측법(Statistical Prognose)

이 방법은 범죄와 관련이 있는 기존 자료에 대한 분석을 통하여 범죄와 상관성이 높거나 범죄유발에 미치는 힘이 크고 범죄자들에게서 공통적으로 나타나는 요인으로서 빈도가 많은 요소를 선별하여 그 중요도에 비례하는 점수를 부여한 후, 그러한 요인들을 계량화해서 표준적인 예측표를 작성하고, 그 예측표에 따라 예측하는 방법이다.

이 방법은 원래 보험업계에서, 예견되는 사고위험성의 정도에 따라 예측표를 만들어, 그 기준에 따라 보험료를 산정하는 방식에서 비롯되었다.

이 방법은 이미 정해진 판정척도에 따라 범죄 가능성의 정도를 예측하므로, 전문적인 지식이나 오랜 경륜이 없어도 사용할 수 있고, 예측을 누가 하느냐에 따른 차이도 없이 정형적인 결과가 나오므로 객관성이 높다.

또한 과거부터 오랫동안 많은 사례를 축적하여 예측자료를 만들었으므로, 그만큼 타당성도 높다고 할 수 있다. 그리고 다른 예측법에 비해 비용도 적게 든다.

그렇지만 사람의 개별적인 성향이나 독특한 특성 등을 고려할 수 없기 때문에 개별범죄자마다 고유한 특성이나 개인의 편차를 예측과정에서 충분히 반영할 수 없고, 보편타당한 예측결과를 기대하는 데에서는 한계가 있다.

또한 사람은 환경요인으로 결정되는 것이 아니라 각자가 그 요인을 어떻게 해석하느냐에 따라 결정되는 측면이 많은데, 통계적 예측에서는 범죄유발요인을 일면적으로만 고려함으로써, 과거 요인들의 과도한 영향력을 인정하는 예측을 할 위험성도 높다고 본다.

예를 들면, 부모 밑에서 불행한 가정생활을 경험한 것은 일반적으로 범죄위험도가 높은 요인으로 평가되어, 부정적인 예측에 상당한 영향을 미친다. 그렇지만 어떤 사람은 그러한 경험을 한 사실이 자신의 결혼생활에서는 더 좋은 자극제가 되어, 결혼을 더욱 철저히 준비하려고 노력하고 더욱 행복한 결혼생활로 나아갈 수도 있다.

그러므로 통계적 예측법에 따른 결과에 따라 그 사람을 함부로 판단하거나 배제해서는 아니 된다는 점에 주의를 소홀히 해서는 아니 될 것이다.

이와 관련하여 다음과 같은 말을 명심하는 것도 큰 의미가 있다.

"한 가지 확실한 것은, 확실한 것은 아무것도 없고 모든 것이 변화한다는 사실이란다."

3. 통합적 예측법

통합적 예측법은 직관적 예측법과 통계적 예측방법 및 임상적 예측법을 조합함으로써 그 각각의 예측방법의 단점을 보완하는 절충적 방법이다.[8)]

예를 들면, 통계적 예측결과가 구체적인 대상자에게는 직관적 평가와 너무 동떨어지는 경우에는 더욱 경험이 많은 전문가로 하여금 종합적인 평가를 하도록 하여 획일적 조치를 피하고 양자의 결론을 탄력적으로 반영하는 것이 좋을 것이다.

통합적 예측법은 각각의 예측법의 결함을 줄일 수 있고, 실무에서 타당성 높은 조치를 하는 데 있어서 기여할 수 있다.

4. 임상적 예측법(Clinical Prognose)

이 예측법은 정신(심리)학 전문의사나 학자 등이 전문·의학적 상담과 진단을 통해 개별대상자에 대한 예측을 하는 방법이다.

임상적 예측은 대상자에 대한 전체 자료를 종합하여 분석·평가하는 방법이므로 '전체적 평가법'이라고도 한다.

이 방법은 개별대상자의 특성과 개인 편차까지 고려하여 구체적 타당성 있는 예측을 할 수 있는 것이 장점이다.

그렇지만, 이 방법은 전문가만이 할 수 있고, 비용이 많이 들며, 예측자에 따라 다른 결론이 나오는 경우가 많아 객관성이 부족하다는 점이 단점이다.

---

8) 배종대·홍영기, 형사정책, 2019, 382면 참조.

ⓘ 임상적 예측법과 통계적 예측법

방법 / 분석	임상적 예측법 (전체적 평가법)	통계적 예측법 (점수법)
기본 관점	심리학, 정신의학, 범죄생물학	사회학, 통계학, 사회측정학
적용 대상	유전성 범죄자	환경성 범죄자
관심의 초점	생리적 결함, 이상심리	사회적 문화환경
연구 방법	사례연구	통계적 연구
예측 방법	임상적 예측	계량적 예측

V. 범죄예측의 문제점

(1) 일반적인 경우에는 타당한 예측이 가능하나, 각 개인의 개성이나 특수사정에 따른 예외적인 사례의 경우에는 타당한 예측이 어렵다는 한계성을 갖는다.

(2) 예측표는 장래 범죄자가 될 위험성이 크다는 사실을 제시할 뿐이므로 그 원인관계의 해명은 별개의 방법을 통하여야 한다.

(3) 예측표는 일정한 사회문화적 배경 속에서 구성된 것이므로, 그 배경이 변경되면 예측표 자체도 수정해야 한다. 그런데 개인의 개인적·사회적 조건이나 속성의 변화가 분류에 영향을 미칠 수 있을 정도로 충분히 역동적으로 반영되기는 어렵다.

(4) 과연 예측표를 이용한 범죄자 분류가 모든 범죄자를 분류할 수 있을 만큼 완벽한 것이며, 분명하고 측정가능할 정도로 정의되어 범죄자가 아무런 모호성이 없이 분류될 수 있는지 의문이다.
인권보장적 측면에서 석방 시 예측보다는 재판 시 예측이, 재판 시 예측보다는 조기예측이 문제점이 많다고 할 수 있다.

(5) 예측된 위험성에 따라 보다 무거운 제재를 가하는 경우 책임주의 · 죄형법정주의를 침해할 수 있고, 잘못된 긍정(false positive)과 잘못된 부정(false negative)으로 인한 부작용이 나타날 수 있다.

VI. 범죄예측의 평가

1. 기술적 측면의 한계를 극복하지 못하고 있다.

형사정책상 실제에 있어서 문제 되는 것은 잘못된 긍정(false positive)과 잘못된 부정(false negative)인데, 특히 잘못된 긍정의 경우가 빈번하므로, 이러한 오류를 범하지 않도록 최대한의 노력을 경주해야 할 것이다.

잘못된 긍정은 특정인에게 범죄위험성이 없음에도 불구하고 위험성이 있다고 예측하여 제재를 강화하는 것이므로 대상자 개인이 피해를 보게 된다. 반면에 잘못된 부정은 위험성이 있음에도 불구하고 없다고 예측하는 것이므로 대상자 개인에게는 유리하나, 사회방위에는 불리하다.

2. 윤리적 측면의 한계를 벗어나지 않도록 주의를 요한다.

(1) 행위 중심의 죄형법정주의 원칙에 위배될 소지가 있다.

(2) 임상적 예측의 경우는 객관성이 결여된다는 근본적인 한계가 있고, 점수법(통계에 의한 예측)은 행위자의 인격적 특수성이나 자유의지를 고려하지 못한다는 한계가 있다.

(3) 예측 항목으로 성별이나 개인의 소득수준 등이 고려되므로 신분적 지위 때문에 차별대우를 받는 결과를 초래하므로 공평한 사법처리라는 사회의 보다 기본적인 가치에 위배될 수 있다.

(4) 그 밖에도 범죄예측 과정에서 인권침해의 여지가 있다는 점, 예측 자체만으로도 낙인의 효과가 발생할 수 있다는 점, 법관의 자의(恣意)나 편견을 합리화시키는 도구로 사용될 가능성이 있다는 점 등이 한계로 지적되고 있다.

CHAPTER 02

형벌론

[제1절] 형사제재(형벌 · 보안처분 등)와 유사제재(sanction)

사회는 범죄가 나타나면 형사제재로써 반응한다. 형사제재는 발달사 및 성질에 따라 제1의 형사제재인 '형벌'과 제2의 형사제재인 '보안처분', 그리고 보호관찰·사회봉사명령·수강명령·전자장치 부착명령 등 제3의 형사제재로 구분할 수 있다. 제3의 형사제재는 형벌과 보안처분의 성질을 동시에 지니고 있으면서, 가장 나중에 발달한 '사회내처우로서의 형사제재'를 가리킨다. 그렇지만, 우리나라의 판례는 제3의 제재를 보안처분으로 포섭시키고 있고, 미국에서는 '중간제재 또는 중간처벌'(nonincarcerated intermediate sanction or punishment)로서 개념화하고 있다.

Ⅰ. 형벌의 의미와 성질

형법(刑法, criminal law)은 '범죄와 형사제재에 관한 법'을 뜻한다. 형법상 범죄는 구성요건에 해당하고 위법하며 유책한 행위이다. 범죄가 성립하면 그 법적 효과로서 형벌권이 생겨난다. '형벌권'이란 형벌을 부과할 수 있는 공법적 권한이다. 형벌권은 국가가 독점한다. 형벌은 범죄인에 대한 강제적 해악(불이익)의 부과이다.

강제적 해악이란 법익(어떤 법의 규정이 보호하려고 하는 이익)의 박탈이다. 현행 「형법」은 생명, 자유, 명예(자격), 재산을 침해하거나 박탈하는 국가의 형사제재로서 생명형(사형), 자유형(징역·금고·구류), 명예(자격)형(자격상실·자격정지), 재산형(벌금·과료·몰수)을 제도화하고 있다.

형벌은 과거의 범죄에 상응하는 해악을 가하는 강제조치이다. 형벌은 응보적 내지는 억제적·교정적 법적 효과이다. 형벌법규(형사법)에 위반한 사람은 사법절차(형사재판절차)를 통해 형을 선고받는다. 형의 선고·확정이 있으면 형의 집행이 이루어진다. 형의 집행을 받는 사람을 '수형인'이라고 부른다.[9] 수형인이 되면 형벌의 집행대상이 될 뿐만이 아니라 형집행종료 후에도 '전과자'로 낙인되어 사회생활상 제도적인 수단과 기회가 제한되며 여러 가지 불이익을 받게 된다.

Ⅱ. 형벌제도의 변천

형벌제도는 진화·발전해온 단계에 따라 복수(응보)시대 ⇒ 위하(억제)시대 ⇒ 교육적 개선시대(인도주의 형벌시대) ⇒ 과학적 처우시대 ⇒ 사회적 권리보장시대로 구분된다.

구분	특징	시기	주요 내용
복수(응보) 시대	사적 형벌 (私刑)	원시시대 ~ 고대국가 이전	• 사적 복수, 추방이 일반적 처벌 방식 • 원시 종교적·미신적 사회규범(Taboo) • 동해보복(Talio 법칙: 눈에는 눈으로 복수 제한) • 속죄형 제도화
위하(억제) 시대	형벌의 국가중심화	고대국가 ~ 17세기	• 공(公)형벌 제도 정립 • 준엄·잔혹한 형벌 집행 • 일반예방주의(범행억제를 위한 형벌) 강조
교육적 개선 (인도주의 형법) 시대	형벌의 법률화	18세기 ~ 19세기 중엽	• 공리주의와 휴머니즘에 입각한 형벌 • 위하적 혹형(酷刑)에서 박애적 관형(寬刑)으로, 죄형천단(전단)주의에서 죄형법정주의로, 생명·신체형 위주에서 자유형 중심으로, 개인의 자유와 인권 인정
과학적 처우시대	형벌(처우)의 개별화	19세기 후반 ~ 20세기 초반	• 범죄인의 재사회화(특별예방주의) 강조 • 범죄인에 대한 실증적 분석과 과학적 처우 시행 • 과학적 분류심사, 범죄예측, 개별적 처우 도입 • 훈련된 교도관에 의한 수형자 수용분류와 처우 시행
사회적 권리 보장 시대	수형자의 인권보장	2차대전 이후 ~ 현대	• 수형자(범죄자)를 인권의 주체로 인정 • 지역사회와의 재통합을 중시하는 사회내처우 강조 • 수형자(범죄자)에 대한 권리구제제도 확대

9) 「형의 실효 등에 관한 법률」 제1조 제1호: "수형인"이란 「형법」 제41조에 규정된 형을 받은 자를 말한다.

제2절 형법이론과 교정이념[10](Correctional Ideologie)

범죄에 대응한 형사제재 과정에 대한 교정이념은 처벌(punishment)이념, 사회복귀(rehabilitation)이념, 예방(prevention)이념, 그리고 회복적 사법(restorative justice)이념 등으로 구분할 수 있다.

'처벌'이 범죄에 대해 '보복'할 수 있고, 그것의 효과가 특정 범죄자로부터 일반인들에게까지 확대될 수 있다는 생각은 오래 전부터 존재해왔었다. 처벌을 부과하는 전통적 기본 이유 중 대부분은 응보(retribution), 억제(deterrence), 무능력화(incapacitation)로 범주화할 수 있다.

또한 근대 이후 처벌에서의 한 가지 주요 경향은 범죄자를 신체적·정신적으로 병이 있거나 소외되거나 가난하거나 한 사람들로 인식하는 접근이다. 이는 사회복귀(rehabilitation)이념에 반영되어 있는 보다 인도적인 이념인데, 이것은 처우(treatment)와 교정서비스를 제공함으로써 범죄자 개인의 행동변화를 추구한다.

그간 오랫동안 처벌·교정프로그램의 성공이 매우 제한적이었기 때문에 1970년대 이후 최근에는 범죄예방에 큰 관심을 갖게 되었다. 예방(prevention)은 두 가지에 초점을 두고 있는데, 하나는 개인이며, 다른 하나는 그가 살아가는 환경에 초점을 맞춘 것이다.

개인에 초점을 맞춘 범죄예방활동은 잠재적인 비행청소년들을 문제 있는 생활에서 벗어나게 해주는 것을 목표로 한다. 오늘날 학교에서의 예방 프로그램들은 특성화학교·대안학교·직업교육 그리고 상담 등을 통하여 문제성 있는 청소년들을 인도하려고 한다.

예방이념은 문제 청소년들이 주변으로부터 지지와 도움을 받아야 한다고 인식하고, 이러한 지지와 도움 없이는 그들의 불만과 불안감의 배출구로 범죄나 비행을 이용할 가능성이 커진다고 주장한다. 초기 사회학의 거장 중의 한 사람인 에밀 뒤르켐(Emile Durkein, 1853~1917)이 범죄는 몇몇 형태로 인간사회에 필연적으로 수반되는 것으로 보았듯이(범죄정상설), 예방이념을 지지하는 사람들도 완전한 범죄예방이 불가능하다는 것을 알고 있다. 본질적으로 예방이념은 개인의 범죄성향을

10) '이념'은 '인간의 삶이나 문화에 관한 지도 개념들을 체계적으로 조직한 것'을 말한다. 교정이념은 범죄자의 제재과정에 관여하는 생각과 제도들의 체계적인 지도 개념을 뜻한다.

촉진하는 사회적 및 정서적 문제들을 개선함으로써 범죄가 감소될 수 있다고 주장한다. 개인의 환경 또한 범죄예방에 있어서 중요한 요인으로 인식되고 있다. 따라서, 예방이념은 그러한 범죄기회가 최소화되도록 주변환경을 만드는 것을 강조하고 있다. 한 예로서, 이전에 개발된 가장 획기적인 범죄예방도구가 가로등이었듯이, 최근에는 사회환경 개선을 통해 범죄를 예방하려는 운동이 활발하게 일고 있다. 예방이념은 교정시설 건축·운영에 배분되는 자금을 줄여서 범죄예방에 투입하자는 주장이 설득력을 얻어가고 있다.

역사적으로 응보주의, 일방예방주의, 특별예방주의 접근들은 개별 범죄피해자들, 지역사회, 그리고 범죄자들의 기본적인 필요(needs)를 충족시키지 못했다. 그리하여 20세기 후반부터 현재까지 그에 대한 대안으로서, 회복적 사법(restorative justice) 이념이 부각되고 있다.

회복적 사법은 종래의 형벌시스템에 내포되어 있는 '적대적 보복감정에 기초한 해악의 부과'라는 파괴적 구도를 깨뜨리고 '인도주의와 동정심에 기초한 화해와 용서'를 통해 사회공동체의 항구적인 평화를 추구한다는 구상에서 출발했다. 회복적 사법에서 '회복'이란 피해자·가해자 및 지역사회의 회복(restoration)을 뜻한다.

회복적 사법절차의 주체는 국가와 범죄자로 한정하지 않고, 가해자(범죄자)와 피해자 그리고 지역사회 등 사건관련자들이 모두 주체가 된다. '회복적 사법'이란 특정 범죄와 관련된 모든 당사자들이 함께 참여하여 범죄의 피해와 그로 인한 후유증 등을 형벌이라는 수단에만 의존하지 않고 건설적인 방식으로 해결하려는 새로운 형사사법절차이다. 이 회복적 사법은 범죄로 인해 발생한 정신적·물질적 피해를 원상회복하고 법적 평화를 되찾아 유지하는 것을 이념으로, 피해자와 가해자 또는 지역사회 구성원 등 범죄사건 관련자들이 사건해결과정에 적극적으로 참여하여 피해자 또는 지역사회의 손실을 복구하고, 가해자는 피해배상급부를 통해 자신의 책임을 수용하고 규범에 순응하는 행동양식을 회복함으로써 원활한 사회복귀의 길로 나아가도록 하여 관련당사자들의 화해와 재통합을 추구한다. 이는 1970년대 이후 북미와 유럽에서 시행하고 있는 다양한 형태의 피해회복 및 형사화해프로그램을 통한 새로운 범죄대응방식에서 시작되어 현재는 전 세계적으로 널리 확산되고 있다. 회복적 사법은 범죄통제에 대한 국가의 독점에 반대하고, 피해자·가해자·지역사회 공동체가 가능한 한 초기단계에서부터 범죄사건의 해결에 적극적으로 관여한다.

형법이론은 범죄 및 형벌의 본질에 관한 이론으로서 범죄이론과 형벌이론으로 구성된다. 형벌이론은 형법의 해석과 적용 및 입법정책 내지 형사정책의 지도원리로써 작용하므로 형사정책연구의 출발점이자 도달점이 된다.

Ⅰ. 범죄이론

범죄이론은 범죄가 성립하는데 필요한 기본요소를 법학적으로나 범죄학적 또는 형사정책학적 관점에서 연구하는 형법학의 이론을 뜻한다.

1. 객관주의 범죄이론 – 행위 중심의 사상

객관주의 범죄이론이란 범죄판단의 중점을 범죄의 외부에 나타난 부분, 즉 외부적인 행위와 결과에 두고 형벌의 종류와 경중(輕重)도 이에 상응해야 한다는 이론이다.

이는 인간의 자유의사(의지)를 전제로 하는 고전학파에 의하여 주장된 이론으로, 형벌이론에 있어서 응보주의 또는 일반예방주의와 연계된 이론이다. 이에 의하면 자유의사(의지)는 누구에게나 똑같이 존재하므로, 형사책임의 기초는 범죄자의 악성 내지 위험성에 있는 것이 아니라 외부적 범죄사실의 경중에 있다. 다시 말해, 형벌부과의 기준으로서 범죄자 개인의 비난가능성을 중시하고 행위의 속성(고의·과실)에 초점을 맞추며, 범행결과인 피해를 고려한다. 따라서 형벌은 범죄사실의 양에 따라 공정하게 결정되어야 한다(획일적 처벌주의).

2. 주관주의 범죄이론 – 행위자 중심의 사상

주관주의 범죄이론은, 범죄인은 정상적인 인간이 아니라 결함이 있는 특수한 상태에 있는 사람이므로 형벌의 대상은 외부적 범죄사실이 아니라 범죄인이며, 형벌의 종류와 경중도 범죄행위와 결과에 따라 정할 것이 아니라 범죄인의 악성 내지 사회적 위험성의 정도에 의하여 결정되어야 한다는 이론이다.

이는 결정론과 사회적 책임론에 바탕을 두고 주장되고 있으며, 형벌은 범죄의 원인과 상태에 따라 그에 적합하게 정해져야 하고, 범죄인은 처벌의 대상이 아니라 교정(처우)의 대상이 되어야 한다는 이론이다(특별예방주의, 처우의 개별화주의).

Ⅱ. 형벌이론과 교정이념

형벌이론은 형벌의 본질과 목적 및 그 존재가치가 무엇인가를 규명하고자 하는 이론이다. 형벌의 존재가치란 형벌이 범죄인과 사회에 어떤 가치를 가지는가의 문제이다. 형벌의 목적은 형벌의 정당성의 문제까지 포함하여 형벌을 어떻게 과할 것인가에 대한 주장이다.

1. 응보(retribution)형주의

응보주의[11]는 형벌의 본질이 '범죄에 대한 상응한 보복'에 있다고 하는 사상이다. 다시 말해, 범죄는 법을 위반한 악행이므로 범죄를 행한 자에게는 그 범죄행위에 상응하는 해악을 가하는 것이 형벌이며, 형벌의 본질은 응보에 있고, 형벌의 내용은 악에 대한 보복적 대가로서의 고통을 의미한다. 응보주의는 평균적 정의(正義)를 강조한다.

응보주의는 그것이 각자에게 마땅한 처벌을 부과한다(just deserts)는 점에서 정의롭고 매력적이라고 여겨진다.

응보형주의는 형벌을 범죄예방적 목적으로부터 분리하여 범죄에 의한 해악에 대하여 형벌에 의한 고통부과에 그 본질이 있다고 보는 처벌(punishment)이념이므로, 형벌은 다른 목적을 가진 것이 아니라, 그 자체가 목적이라고 한다(절대설). 처벌이념은 사회의 적으로 여겨지는 범죄자들에게 적용되는 고통스런 제재 자체를 중시한다. 이는 형벌의 목적에 관한 이론이 아니라 형벌의 본질에 관한 이론이다.

2. 목적형주의

형벌의 존재가치가 장래의 범죄를 예방하는 데 있다고 보는 예방(prevention)이념이다. 예방이념은 범죄예방에 기여하는 방법과 프로그램을 이용하여 범죄행동을 회피하거나 감소시키는 것을 강조한다. 형벌은 그 자체가 목적이 아니라 범죄를 방지하기 위한 예방의 수단에 지나지 않는다는 점에서 이를 상대설이라고도 한다. 목적형주의는 다시 일반예방주의와 특별예방주의로 나누어진다. 일반예방은 일반억제(general deterrence)라고도 한다. 일반억제(제지)는 처벌이 실제 범죄자에게 고통을 안겨줌으로써 잠재적인 범죄자들의 범죄를 억제하는 효과이다. 예를 들어, TV에서 범죄자가 수갑을 차고 포트라인에 서는 것을 보게 되면, 잠재적인 범죄자들은 잡혀서 처벌될 것을 생각하면서 그 두려움으로 인해 비슷한 범죄를 범하려 하지 않게 된다는 것이다.

(1) 일반예방주의(공리주의 형벌이론 · 억제(제지)이론)

형벌을 위하(억제)적 작용으로 이해하여, 형벌의 목적은 범죄를 저지를 가능성이 있는 일반인 즉 잠재적 범죄인의 위하(위협)에 의한 범죄예방에 있다고 한다.

이에 의하면 형벌의 정당성은 잠재적 범죄자가 범죄를 못하도록 억제(제지)하는 기

11) '응보'란 다른 사람의 권리를 침해하고, 그로 인해 처벌당할 만한 범죄자에게 행하는 앙갚음을 뜻한다. '상응보복'의 줄임말이다. 법철학적으로 응보는 보통 가해자에게 복수를 하는 것을 의미한다. 오늘날 범죄자에 대한 복수는 '사회적 복수'(social revenge)라는 용어를 쓴다. 이는 개인이 복수를 할 수 없지만, 국가가 그들의 이름으로 복수한다는 것을 나타낸다.

능을 하는 데에 있다. 범죄예방의 대상이 일반인이므로 일반예방주의라고 한다. 일반예방주의는 내용에 따라 소극적 일반예방이론과 적극적 일반예방이론으로 구분된다.

1) 소극적 일반예방이론: 형벌의 목적은 일반인을 위하하여(겁주어) 심리강제를 가함으로써 범죄가능성이 있는 사람, 즉 잠재적 범죄인이 장차 범죄를 범하지 않도록 예방함에 있다고 본다.
2) 적극적 일반예방이론: 범죄인에게 형벌이 가해지는 것을 보면, 일반인들은 법을 위반해서는 아니 되고 법을 더욱 준수해야겠다고 생각하게 된다. 이처럼, 법준수의식을 적극적으로 강화시켜 법규범의 안정화를 가져오게 하는 것이 형벌의 기능이라고 보는 이론이다.

(2) 특별예방주의(사회복귀주의이론)

'특별예방' 개념에는 특별억제(specific deterrence)가 내포되어 있다. 특별억제는 개별범죄자를 처벌하여 그의 미래의 재범행동을 예방하는 것이다. 처벌이 실제 범죄자에게 부과될 때, 그 범죄자가 미래에 범죄를 저지르기 않게 되는 효과를 특별억제라고 부른다.

특별예방은 범죄예방의 대상을 특수한 범죄원인을 지닌 각각의 범죄인에 둔다. 즉 형벌의 목적은 형벌을 부과받는 범죄인을 개선·교화하여 다시는 범죄를 범하지 않도록 재사회하는 데 있다고 보는 이론이다.

재사회화(resocialization)란 범죄인으로 하여금 정상적인 사회구성원으로 사회에 복귀하게 하는 것이다. '사회복귀'(rehabilitation)라고도 한다. 이 견해는 범죄행위를 사회환경이나 소질의 결과로 보기 때문에 범죄인은 환자나 사회적 약자로 간주되어 도덕적 책임의 대상이 되거나 처벌의 대상이 아니라 교정처우의 대상으로 인식한다. 이는 형벌에 대하여도 자연과학적·실증적 방법에 의하여 그 본질을 규명하고자 한 이론으로서, 의료(치료)모델의 근거가 되고 있다.

특별예방주의는 이탈리아의 실증주의자들(롬브로소·페리·가로팔로)에 의하여 주장되어 독일의 형사정책 학자 리스트(Franz. V. Liszt, 1851~1919)의 목적형주의에 의하여 확립되었다. 이 이외에 교육형주의와 사회방위이론[12]도 특별예방주의에 속한다.

---

12) 실증주의 범죄이론에 기반을 둔 보안처분은, 목적을 일차적으로 사회 또는 그 법질서를 방위하는 데 두고 있으며, 위법한 행위를 전제로 재범의 위험성을 방지하는 것에 한정하지만, 사회방위론에서 주장하는 사회방위처분은 궁극적으로는 범죄인의 인격에 관한 인간 제과학의 연구성과를 받아들여 개인에게 사회적 자유와 인간적 가치를 자각하도록 하여 범죄인을 과학적으로 처우하는 데 목적을 두며(인간의 가치에 대한 존중 보장을 통한 인도주의 실현), 그것의 실현을 통한 범죄의 합리적 예방 및 사회방위를 추구한다. 또한 반드시

Ⅲ. 무능력화이론(Theory of Disablement)과 선택적 무능력화 운동

범죄자를 처벌하는 이유 중 하나는 무능력화(incapacitation)의 개념에서 찾을 수 있다. 무능력화를 중시하는 입장에서는, 범죄자의 범행능력을 억제하는 가장 좋은 방식은 오랫동안 가두어서 그들을 무능력화하는 것이라고 주장한다.

무능력화는 범죄자를 일시적으로 고립시키거나, 제거하거나, 범행능력을 없애는 것이다. 이러한 무능력화 강조 주장을, 무능력화이론(Theory of Disablement)으로 부르고 있다. 현대의 무능력화이론은 사형·유배(추방) 또는 신체절단·거세 등의 완곡한 표현이다. 무능력화의 이상적 실현은 범죄를 더 이상 저지르지 못하게 하여 특별억제(제지)를 도모하는 것이다. 예를 들어, 어느 국가에서는 '거세'를 성범죄자를 처벌하는 데 이용했던 것과 같다.

무능력화는 일반적으로 수용시설의 구금조치를 의미하지만, 오늘날에는 가택구금이나 전자감시 등을 포함한다.

무능력화라는 포괄적 원리의 한 변형으로 1980년대 선택적 무능력화(selective incapacitation) 운동이 나타났다.

범죄자를 고립시키거나 '사회적 무능력화'로 만드는 것을 강조하는 이 운동의 원칙은, 중누범자 등 직업적 범죄자들의 범죄행동이 너무나 해롭고, 재범가능성이 높아서 격리 외에는 다른 어떤 것도 그들의 재범을 막을 수 없다고 보면서, 그러한 직업적 범죄자들을 선별해서 장기간 구금하는 정책을 제안한다.

이처럼 "그 밖에 어떤 것도 효과가 없다."라는 접근은, 장기간의 구금에 적합한 사람들과 대안교정 프로그램으로 전환시킬 사람들을 정확하게 구별하는 과학적인 예측방법이 필요하다.

선별적 능력화의 대표적인 주장자인 그린우드(Peter B. Greenwood)는 과도한 수용과밀화를 해결하는 방법으로 선별적 무능력화가 가장 효과적인 방법이라고 주장했다.[13] 그분은 특히 무장강도범들을 선별해서 교도소에 장기간 수용할 것을 주장하면서, 선별적 무능력화는 교정자원을 효율적으로 사용하게 하면서 보다 효과적인 범죄예방을 가능하게 할 대책이라고 믿었다.

위법한 행위를 전제로 하지 않고 예방적 차원에서 위험성을 제거·약화시키는 처우도 긍정한다. 사회방위론은 보안처분론보다 더욱 인도적이고 진보된 이론이라고 할 수 있다. 사회방위론은 페리(E. Ferri)가 처음 주장했고, 그라마티카(F. Gramatica)에 의해 형벌폐지론인 급진적 사회방위론으로 제시되었으며, 이의 단점을 보완하여 형의 효용도 인정하는 온건한 사회방위론이 앙셀(프랑스어: Ancel)에 의해 주장되었다.

13) Peter B. Greenwood, Selective Incapacitation, 1983.

Ⅳ. 배상주의이론

이 이론은 피해자 중심의 이론이다. 배상주의의 내용은 작은 정부이론과 맥을 같이 한다. 작은 정부이론에서의 정부는 사회 제반사에 가능한 한 적게 개입해야 하고, 가능한 한 사회적 문제의 해결을 자유시장기능에 맡겨야 한다고 하는 이론이다.

다시 말해, 형사범죄를 포함한 모든 위법행위들을 시장경제원리에 따라 민사법에 의해 배상될 수 있는 불법행위 문제로 본다. 따라서 상해로 인한 형사범죄사건도 그 행위에 의하여 유발된 피해에 대하여 배상함으로써 해결될 수 있다고 본다.

이러한 접근방법의 선두주자는 랜디 바넷(Randy E. Bernett)이다. 이 이론은, 부유하면 할수록 타인에게 해를 미칠 수 있는 권리를 많이 구입할 수 있다는 논리가 될 수 있으므로 비판을 받고 있다. 회복적 사법이론은 배상주의의 내용을 형사사법절차에 반영한 측면이 많다.

제3절 형벌과 유사한 제재

Ⅰ. 과태료와 범칙금

(1) 반사회적인 행위를 형벌로만 처벌하면 전과자가 많아진다. 그래서 비범죄화의 필요성에 따라 중시되고 있는 것이 과태료의 활용이다. 과태료는 행정기관이 규범위반자에게 가하는 금전적 제재이다.

과태료는 벌금이나 과료와 같은 형벌 자체는 아니다. 그러므로 과태료납부자는 수형인이 아니며 따라서 전과자로도 되지 않는다. 또한 과태료납부가 있었다 하여 그 형사사건에서 일사부재리의 효력이 발생하지도 않는다. 법률상의 의무를 위반하여 과태료가 부과되는 행위는 범죄행위가 아니라 '질서위반행위'이다.

(2) 우리나라는 완전한 비범죄화가 아니라 중간 정도의 완화책이라고 할 수 있는 범칙금제도가 활용될 수 있다. 범칙금이란 「도로교통법」, 「경범죄 처벌법」 등 형벌법규상 범칙행위를 저지른 사람에게 행정기관이 통고처분을 하여 납부하게 한 돈을 말한다.

범칙금은 벌금·과료처럼 형사절차를 거쳐 법원에서 선고하지 않고 행정기관이 발하는 통고처분절차에 따라 부과된다.

이는 대상자가 일정한 금액을 국고에 납부하기만 하면 형사절차를 경료하지 아니하여도 형사절차를 종료한 것과 같이 인정되어 일사부재리의 효력이 발생한다. 범칙금제도는 형벌법규를 완전히 비범죄화하는 것은 아니지만 형사절차를 생략하게 한다는 점에서 사실상 비범죄화와 비슷한 기능이 나타난다.

Ⅱ. 질서벌과 징계벌

(1) 형벌과 다른 제재로, 소송절차상의 질서벌이 있다. 질서벌은 소송절차와 관련하여 부과되는 제재이다.
「형사소송법」상 증인에 대한 감치·구인, 심리방해자 등에 대한 감치처분 등이 이에 해당한다. 소송절차상 질서벌은 법관이 부과하는 제재이지만 형벌에 대하여 인정되는 일사부재리의 효력이 발생하지 않는다. 감치처분에 의해 교도소나 구치소 등에 구금된 사람도 형집행법(수용자처우법)상 '수용자'에는 포함된다.

(2) 형벌과 구별되는 그 밖의 제재로 징계벌이 있다.
징계벌은 공무원 등 특수영역에 종사하는 사람을 상대로 규범 위반자에게 부과하는 제재이다. 공무원의 비위행위에 대하여 가해지는 파면, 해임, 정직, 감봉, 견책 등의 징계처분이 징계벌에 해당한다.
형집행법(수용자처우법)이나 보호소년법상 징벌·징계 등도 징계벌의 일종이다.
형벌은 일반 국민을 대상으로 중요한 법익을 보호하기 위하여 부과하는 제재이다. 징계벌은 공무원 또는 수용자 등에 한정하여 부과된다는 점에서 구별되고, 징계벌이 부과된 사건에 대해 형사벌을 과하는 것이 금지되지 않는다. 즉, 형벌과 징계벌 사이에는 일사부재리의 원칙이 적용되지 않는다.

제4절 책임주의와 양형조건 및 생명 · 자유형 제도

Ⅰ. 책임주의의 의미

책임주의란 책임이 없으면 형벌을 과할 수 없고, 형벌을 과하는 경우에도 책임의 한도를 넘지 못한다는 원칙을 말한다. 우리 형법전에는 명문 규정이 없지만 형법의 기본원칙으로 책임주의가 채택되고 있다고 본다(통설).

헌법재판소는 책임 정도에 비례하는 법정형을 요구하는 것은 과잉금지의 원칙(비례성원칙·최소침해성 원칙)을 규정하고 있는 헌법 제37조 제2항으로부터 도출된다고 판시하고 있다. 우리 헌법의 체계에 비추어 볼 때 책임주의는 헌법적 원칙이므로 책임주의에 반하는 법률은 위헌 무효로 된다.

Ⅱ. 책임주의와 양형조건(「형법」 제51조)

"형을 정함에 있어서는 다음 사항을 참작하여야 한다. '다음 사항'이란, 1. 범인의 연령, 성행, 지능과 환경 2. 피해자에 대한 관계 3. 범행의 동기, 수단과 결과 4. 범행 후의 정황"이다.

이 양형의 조건은 단순히 형량을 정하는 기준을 넘어서 선고유예, 집행유예, 기소유예의 기준으로도 규정되어 있다.

선고·집행·기소 유예는 범죄인의 사회복귀(재사회화)를 촉진하기 위하여 특별예방의 관점에서 제도화되었다. 이러한 형법 체계로 볼 때 양형의 조건 규정에는 특별예방의 관점이 개입되어 있다. 따라서 책임주의와 형벌목적의 상호관계는 책임을 상한으로 하면서 그 범위 내에서 특별예방 및 일반예방의 관점을 반영하는 선에서 조화를 추구해야 한다.

Ⅲ. 양형위원회와 양형기준 제시

양형의 합리화와 과학화는 형사사법의 신뢰성을 좌우하는 중요한 문제이다. 현재 공정하고 객관적인 양형을 실현하기 위하여 대법원에 양형위원회를 운용하고 있다.

양형위원회는 양형기준을 설정·변경하고, 이와 관련된 양형정책을 연구·심의하는 기구이다. 양형위원회는 법관이 합리적인 양형을 도출하는 데 참고할 수 있는 구체적이고 객관적인 양형기준을 설정하거나 변경하는 기능을 한다. 양형위원회는 양형기준을 공개하여야 한다. 법관은 형의 종류를 선택하고 형량을 정함에 있어서 양형기준을 존중하여야 한다. 다만, 양형기준은 법적 구속력을 갖지 아니한다.

Ⅳ. 형벌의 종류와 경중(輕重)

1. 형벌의 종류 - 9종

1. 사형	2. 징역	3. 금고	4. 자격상실	
5. 자격정지	6. 벌금	7. 구류	8. 과료	9. 몰수

2. 형벌의 경중 - 형벌의 가볍고 무거움의 정도

(1) 형의 경중은 위에 나열된 순서에 의한다. 다만 무기금고와 유기징역은 무기금고를 중한 것으로 하고, 유기금고의 장기가 유기징역의 장기를 초과하는 경우에는 금고를 중한 것으로 한다.

(2) 동종의 형은 장기의 긴 것과 다액의 많은 것을 중한 것으로 하고, 장기 또는 다액이 동일한 때에는 그 단기의 긴 것과 소액의 많은 것을 중한 것으로 한다.

(3) 형벌은 주형과 부가형으로 나누어진다. 주형이란 독자적으로 부과할 수 있는 형이다. 부가형은 다른 주형에 부가하여서만 부과되는 형벌이다. 몰수는 부가형이고 나머지는 주형이다.

Ⅴ. 각종 형벌과 형사정책적 논점

1. 사형(死刑)

(1) 사형 - 생명형

1) 사형은 수형인의 생명을 박탈하는 가장 무거운 '극형'으로서 '교수' 또는 '총살'로 집행한다. 사형은 형무소(교도소·구치소) 내에서 교수하여 집행한다(형법 제 66조). 군형법은 총살형을 인정하고 있다. 「소년법」은 범죄행위 시 18세 미만인 소년에 대해서는 사형을 부과할 수 없다고 규정하고 있다.

2) 형법상 사형을 선고할 수 있는 죄로는 내란죄, 여적죄, 해상강도·치사·강간죄 등이 있고, 이 중 여적죄[14]는 형법상 절대적 법정형으로 사형만을 규정하

고 있다. 형법 이외에 사형을 규정한 법률로는 국가보안법, 군형법, 폭력행위 등 처벌에 관한 법률, 특정범죄 가중 처벌 등에 관한 법률, 보건범죄단속에 관한 특별조치법, 성폭력범죄의 처벌에 관한 특례법 등이 있다.

(2) 사형제도에 대한 찬반론-사형에 대한 폐지 주장과 존치 주장

오늘날 사형제도에 대한 비판은 주로 사형이 정적(政敵) 제거수단으로 악용되어 온 점, 오판에 의한 회복불가능성, 인간의 존엄성에 반하는 형벌이라는 점에 대해서이다.

사형에 대해 사회계약론에 입각하여 체계적으로 최초로 비판한 사람은 베카리아(Cesare Beccaria)이다. 그는 「범죄와 형벌」에서 "인간이 자신을 죽일 천부적 권리가 없는 이상, 그 권리를 타인이나 일반사회에 양도하는 것은 불가능하다."라고 하면서, 국가가 사형권을 행사하는 것은 사회계약에 반하는 제도이므로 폐지하고 종신노역형으로 대체해야 한다고 주장했다.

(3) 사형폐지론 – 사형폐지 주장자와 폐지 논리

1) 사형폐지론자

① 페스탈로치(Pestalozzi): 「입법과 교화」에서 사형은 긍정적인 효과는 적고, 그 형의 집행이 오히려 민심을 혼란시키는 제도이므로 폐지되어야 한다고 주장했다.

② 하워드(T. Howard): 「감옥상태론」에서 폐지 주장

③ 캘버트(E. Roy Calvert): 「20세기에 있어서의 사형」에서 사형에 관한 세계 각국의 자료를 통해 사형에 반대하고, 영국 의회로 하여금 5년간의 사형집행 정지안을 인정하게 했다.

④ 리프만(M. Lepmann): 오판에 의한 사형집행은 회복할 수 없는 제도이므로 폐지 주장

⑤ 위고(Victor Hugo): 「사형인 최후의 날」에서 사형은 죄인 한 사람만 죽이는 것이 아니라 죄 없는 가족들까지 죽이는 효과(간접형벌의 문제)를 초래하므로 폐지되어야 한다고 주장

2) 폐지 논거

① 인도주의적 견지에서 인간의 존엄성을 침해하므로 허용할 수 없다.

---

14) 형법 제 93조(여적) 적국과 합세하여 대한민국에 항적한 자는 사형에 처한다.

② 사형집행은 응보 이외의 특별예방의 효과가 전혀 없다. – 사형은 형벌의 개선적 기능 및 교육적 기능을 전혀 갖지 못한다.
③ 국가가 사람을 살해한 범인의 행위를 비난하면서 국가 자신이 이를 행하는 것은 국가가 살인자임을 인정하는 결과가 된다.
④ 오판의 경우 구제불능하다.
⑤ 사형은 일반사회인이 기대하는 것과 같은 위하적 또는 억제적 효과를 갖지 못하다(Sellin의 실증적 연구가 있다).
⑥ 사형은 개선적·교육적 기능을 갖지 못한다(무기형, 부정기형으로 대체되어야 한다).
⑦ 피해자에 대한 손해배상 내지 구제에 도움이 안 된다.
⑧ 사형제도 자체가 위헌이다(1972년 미국의 Furman 판결).
⑨ 국가는 인간의 생명에 대한 심판기능이 없음에도 불구하고 사형제도를 통하여 살인행위를 정당화한다.
⑩ 범죄 원인의 사회환경적 요인을 무시하고, 모든 원인을 오직 범죄인에게만 돌리려고 한다.
⑪ 반대세력에 대한 정치적 탄압의 도구로 이용된다.
⑫ 현재의 국민의 법감정상 폐지할 수 없다는 주장은, 형벌이 국민의 법 감정을 이끄는 역할도 할 필요가 있으므로 설득력이 없다.

(4) 사형존치론 – 사형 존치주장자와 존치 논리

1) 존치론자

루소, 칸트, 헤겔, 비르크마이어, 롬브로소, 가로팔로, 리스트 등

2) 존치론의 근거

① 범죄자는 사회구성원으로의 자격을 상실하였다(루소).
② 정의를 확립하기 위해서는 불가피하다(칸트).
③ 범죄는 국가의 법을 부정하는 행위로서 이를 회복하는 방법이 형벌이며, 형벌은 그 자체로서 정당하다(헤겔).
④ 생래적 범죄인은 교정·교화가 불가능하므로 도태시켜야 한다(롬브로소).
⑤ 일반 국민의 법적 확신이 사람을 살해한 자는 그의 생명도 박탈해야 한다고 인식하고 있다(정의관념에 부합).
⑥ 법률질서의 유지상 일종의 필요악이다(흉악범으로부터 법익보호목적 달성).
⑦ 사회방위의 실현수단으로 필요하고, 종신형보다 정부의 재정적 부담을 덜어준다.

⑧ 오판의 위험은 모든 형벌에서 동일하므로 이를 이유로 한 사형폐지주장은 설득력이 없다.

⑨ 사형은 일반예방(범죄억지력)효과가 크다. 따라서 특별예방주의에 대한 회의론도 일반예방을 중시하므로 사형존치론의 논거에 속한다. (주의할 것은, 특별예방목적 강조는 사형폐지론의 논거이고, 특별예방에 대한 회의론이 존치논거라는 점이다.)

⑩ 합헌이다(1977년 미국 Gregg 판결, 우리나라 대판, 헌재).

(5) 우리나라의 헌법재판소와 대법원의 판례

우리나라의 실정과 국민의 도덕적 감정을 고려하여 합헌이라고 인정하고 있다(대판 1991.2.26, 90도 2906, 95헌바 1, 2008 헌가 23).

(6) 개선책

1) 현재 사형선고에 대해서는 필요적 변호제도(형소법 제 282조, 제 283조)와 자동상소제도(제 349조)가 마련되어 있다.

2) 이에 더하여, 국가적·사회적 법익침해범죄에 대한 사형규정을 줄이는 방안이 모색되어야 하고, 사형선고를 신중히 할 수 있는 장치가 각 심급마다 마련되어야 한다. 그리고 사형판결은 전원재판부 2/3 이상의 찬성을 요하도록 강화되어야 한다.
또한 초범자에 대한 사형선고를 금지하는 등의 사형선고기준이 구체적으로 명시될 필요가 있으며, 사형선고에 대한 재심청구사유가 완화되어야 한다.

3) 사형집행연기제도(사완(死緩)제도) 도입 필요성 – 사형확정자에 대하여 원칙적으로 일정한 기간 동안 그 집행을 연기하면서 그 사람의 개선효과를 재평가하여 무기형으로 감형할 수 있도록 하는 제도의 도입이 필요하다. 이 제도는 중국 형법이 채택하고 있다.

2. 자유형(구금형) – 시설내처우로서의 대표적 형사제재

(1) 의의

교정시설 내에 수용(구금)하여 범죄자의 신체적 자유를 시간 단위로 박탈하는 것을 내용으로 하는 형벌이다. '구금형'이라고도 한다. 징역·금고·구류 세 가지가 있다. 현재 전세계적으로 형사제재의 대표적이고 상징적인 제도이다. 자유형은 사형에 비해 인도적일 뿐만 아니라 그 기간을 죄질에 맞춰 조정함으로써 범죄와의 균형을 맞추기에 알맞기 때문이었다. 자유형은 범죄의 경중에 따라서 기간을 차등적으로 적용할 수 있는 특징이 있다.

즉, 시간의 단위로 형벌을 적용할 수 있으므로, 고통 부과에 있어서 합리성을 도모할 수 있다. 자유형은 형기가 '확정된 구금기간으로 정해진 정기형'(determinate sentence)과 고정된 형기를 정하지 않고 교화개선이 이루어졌을 때 석방을 허용하는 부정기형(indeterminate sentence)으로 구분된다.

징역[15] (懲役)	범죄인을 교정시설에 가두어 자유를 박탈하면서 노동을 시키는 형벌(정역(定役) 부과). 자유형 가운데 가장 무거운 형벌이다. 유기형과 무기형 두 가지이고, 형기는 1개월 이상 30년 이하(가중 시 50년까지). 무기형에 대한 가석방 인정
금고 (禁錮)	범죄인을 교정시설에 가두어 두기만 하고 강제노역은 시키지 않은 형벌. 다만 신청이 있는 경우 작업부과 가능. 종류와 기간은 징역과 같음. 무기형에 대한 가석방 인정. 금고형은 자유박탈과정에서도 수형자의 명예를 되도록 존중하려는 취지에서 마련된 제도임
구류 (拘留)	범죄인을 1일 이상 30일 미만의 기간 동안(최장 29일) 교정시설이나 경찰서 유치장에 가두어 자유를 속박하는 형벌. 신청에 의해서 작업부과 가능. 「형법」상 공연음란죄, 폭행죄, 과실치상죄, 협박죄 등에 규정. 그 밖에 경범죄처벌법이나 단행법규에 규정
노역장 유치	일종의 변형된 자유형으로서 대체자유형이라 부름. 수용자처우법상 수형자에 포함. 벌금이나 과료를 납부하지 못한 사람을 일정기간 노역장에 가두어 강제노역에 종사시키는 환형(換刑)처분. 벌금을 내지 못한 경우에는 1일 이상 3년 이하, 과료를 내지 못한 경우는 1일 이상 30일 미만의 처분. 노역장 유치를 사회봉사명령으로 대체하는 제도 인정(벌금미납자의 사회봉사 집행에 관한 특례법)

징역·금고·구류의 자유형은 그 자체가 법원이 선고하는 독자적 형벌의 일종이라는 점에서, 벌금이나 과료의 미납을 강제하거나 대체하기 위한 수단으로서의 노역장 유치와는 구분된다.

(2) 자유형과 교도소의 발전

1) 유럽에서 자유형의 시초는 약 8세기경의 랑고바르드시대이다. 현대 교도소의 뿌리는 중세 수도원 제도에서 찾을 수 있다. 입법적으로는 13세기의 카롤리

15) '징역'이란 '징계노역'을 줄여서 부르는 법률용어이다. 이 형벌은 자유박탈과 강제노역을 내용으로 한다는 점에서 자유박탈만을 내용으로 하는 금고·구류형과 차이가 있다.

나 형법전에서 신체형·생명형과 함께 자유형이 제도화되었다. 이 시기의 자유형은 단지 변형된 신체형에 불과했다.

2) 자유형의 변화

자유형에 대한 근본적인 변화는 16세기 말부터 시작되었다. 이 시기부터는 더 이상 범행에 대한 복수적 의미만을 지니는 것이 아니라 사회 복귀를 도모한다는 근대적 이념을 지닌 형벌로 발전되었다.

1557년 영국에서는 런던의 브라이드웰(Bridewell)성에 거지·좀도둑·부랑인들을 수용하여 노동에 종사하게 하는 수용소(workhouse·구빈원(救貧院))가 운영되었다. 이 시설은 형벌집행 목적의 시설이 아니라, 근로습성을 함양하여 교화시키는 '교화소(House of correction·교정원)였다.[16] 이 곳에서는 기본적으로 빈곤의 원인이 개인의 나태에서 비롯된다는 가정하에서 교정교화를 목적으로 노동윤리를 드높여 북돋아주고 기술교육을 실시하였다.

현대 교도소의 효시로 인정되는 최초의 행형시설은 1596년 암스테르담에 설치된 교정원(노역장)인 라스푸이감옥이다. 이 교정원은 부랑자, 절도범 등을 분리수용하면서 작업과 교화의 내용을 달리 하는 등 발전적 시설과 운영방식을 취하였다.

이 교정원 제도는 1597년 남자수형시설과 분리된 여자 전용 수형시설(방적장)을 설치하여 운영하는 방식을 등장시켰다. 또한 1603년에는 이 시설 내에 불량청소년들을 부모로부터 숙박비를 받아 수용하고 교육시키는 부서가 설치되어, '청소년 행형제도의 시초'가 되었다.

이 제도는 그 목적이 개선 가능한 범죄자를 교화하는 것이었다. 즉 기도와 노동을 통한 교육이 기본방침이었다.

그러나 그 후 이러한 제도의 교육적 목표가 퇴색하면서 교화형 대신 감옥형을 집행하는 행형시설이 일반화되었다.

17세기 이후 유럽 각국에서는 자유 박탈을 내용으로 하는 자유형제도가 일반적인 형법제도로 정착되었으나, 17·8세기의 중상주의 영향으로 교도소는 수형자의 재사회화가 목적이 아니라, 값싼 노동력을 이용하여 이윤을 추구하고 생산을 증가시키는 목적으로 운영함으로써 '감옥형'이 일반화된 것이다. 이러한 감옥형 집행시

16) 노역장(workhouse)의 하나였던 브라이드웰(Bridewell) 감화원(house of correction)은 1557년, 런던의 하층민에게 숙소와 일자리를 제공하기 위해 만들어졌다. 이것은 중세사회의 해체와 농촌인구의 도시지역 이주증가를 배경으로 나타났다. '노역장'은 '구빈원'(poorhouse)이라고도 불렸는데, 이 시설은 가벼운 법 위반을 한 경범죄자들을 수용하는 행형시설기능도 부분적으로 수행하고 있었다. 이곳에는 게으름뱅이에서부터 매춘여성 등 문제인간들이 보내져, 그곳에서 그들은 감독자의 가혹한 작업지휘를 받으면서 엄격한 규율 하에 노동이 실시되었다.

설들은 교화개선·사회복귀와 같은 형사정책적 목표는 배제하고 민영기업의 이윤추구수단으로 운영되고 있었다.

전체적으로 17·18세기의 교도소는 이념적으로 퇴보되었다고 평가받고 있다. 그러나 교도소 설치의 초기목표는 19세기 들어 행형이나 교도소 정책을 개혁하는 사상의 중심 역할을 하였다.

소년범죄자에 대한 최초의 전문적 수용시설(소년전용교정시설)로 인정되고 있는 시설은 성 미켈레(San Michele)소년감화원이다. 이 시설은 1703년 교황이 로마에 설치하였다.

이 시설은 범죄소년을 비롯한 불량소년에 대해 과학적 방법으로 인격훈련과 직업훈련을 실시하여 교정과 형벌에 있어서 인도주의철학을 보여주었다. 이 시설에서는 교정교화의 이념을 체계적으로 적용하여 교정발전에 큰 기여를 하였다는 평가를 받고 있다.

이 감화원에서는 최초로 독방제도가 운영되었다(독거제의 효시). 이곳 수용자들은 각 개인의 공간에서 침묵과 종교적 명상 속에서 회개하도록 지도되었다. 주간에는 침묵 속에서 생산작업에 집단적으로 참여하고 야간에는 각자의 방에서 기거하는 방식으로 운영되었다(야간독거제·반독거제). 이곳에서의 형 집행은 노동과 정신적 순화를 결합하는 형태를 통해 교화개선을 이루고자 하였으며, 수도원적인 생활과 작업장의 기능을 동시에 살리고자 하였다.

이 제도는 응보적 형벌 집행보다 교화개선적 측면을 강조했다는 점에서 오늘날의 소년교도소나 소년원제도 발달에 큰 영향을 미쳤다.

다양한 형태의 구금시설이 국가의 공(公)형벌체계와 결합된 것은 1777년 하워드(John Howard, 1726~1790)가 「감옥의 상태」(State of Prisons)를 출간한 18세기 후반 이후이다. 존 하워드는 역사상 행형제도개혁에 가장 큰 공헌을 한 사람으로 평가받고 있다. 그분은 죄수들이 구금비용을 내서 그 돈으로 간수들의 급여를 지급하는 제도를 폐지하고, 간수들의 급여를 국가에서 지급하는 방안을 제시하였다. 그는 교정시설에 대한 정기적인 감독, 위생과 보건시설의 제공, 수용자에 대한 교화활동의 강화, 사형폐지, 생산적인 노동을 통한 교화개선, 유형(流刑)반대 등을 주장했다. 그분에 따르면, 자유형집행은 규율을 중시한 가운데 규율이 종교적 가르침·일상생활 그리고 생산적인 노동으로 연결된다. 하워드의 행형개혁은 종교적 요소를 포함하였다.

그분은 교화를 위해서는 각 수용자가 독방을 사용해야 하며, 고독과 침묵을 통해 반성과 회개의 시간을 가져야 한다고 하였다. 또 다른 개혁조치로서 정신질환자의 격리, 여성과 어린이의 분리수용, 조기출소제도 활용 등이 있다. 그분의 이름을 딴 '존 하워드 협회'(John Howard Societies)는 오늘날까지 미국과 영국에서 활동하며 교정의 발전에 기여하고 있다.

미국에서는 프랭클린(B. Franklin)이 이끈 필라델피아협회를 중심으로 감옥개량운동이 전개되었고, 그 결실로 1790년 필라델피아 신(新)행형법의 제정, 월넛가(街)(Walnut Sterrt)에 독거감옥 설치 등이 이루어졌다.

월넛가 감옥(Walnut Street Prison)은 미국 대륙의 최초의 교도소(구치소)이다. 이 교도소의 수용자는 모두 독방에 구금되었으며 서로 간의 대화가 금지되었다.

구금되는 순간부터 석방되는 날까지 격리되었고, 가족과의 접견을 금지할 정도로 수용자의 모든 사회적 관계를 허용하지 않았다. 이 시설 내에서 수용자가 접촉할 수 있는 대상은 종교적 인사에 한정되었고, 오직 성경책만이 허용되었으며 교도소 내에 회개실이 설치·운영되었다.

월넛가의 교도소를 시작으로 펜실바니아주에서는 피츠버그 외곽에 대규모로 서부교도소가, 필라델피아 근처에 동부교도소가 설치되어 운영되면서 엄정독거구금제인 펜실바니아제(필라델피아제)가 정립되었다.

완전독거와 명상을 통한 회개를 추구했던 펜실바니아제도는 공장제 노동이 허용되지 않았으므로 작업을 통한 생산성과 수익성을 창출하는 데에 한계점을 가지고 있었다. 펜실바니아제가 안고 있었던 또 다른 문제점은 독거에 따른 수용자의 정신질환 발생과 과도한 경제적 운영비용이 요구된다는 점이다.

펜실바니아제(필라델피아제)의 문제점에 대한 대안적 제도로서 등장한 것은 침묵제인 뉴욕의 오번교도소(Auburn Prison)이다.

오번제는 주간에는 침묵 속에서 작업과 식사를 함께하고, 야간에는 독거실에 수용되는 방식이었다. 오번제에서는 엄격한 규율이 강조되었고, 이에 따라 밀집행진법(lockstep formation)이 적용되었고, 수형자들에게는 줄무늬 죄수복(prision stripes)이 착용되었다. 이 유명한 줄무늬 죄수복(囚衣)은 오늘날 수용자 의류의 기원이 되었다.

이 제도의 핵심은 야간에는 독거구금되고 주간에는 혼거작업이 이루어지는 것이다. 오번제의 시작은 성 미켈레 감화원과 간트(강·겐트)교도소[17]이다.

이 제도는 비용을 절감하고, 노동효율을 높일 수 있으며, 산업시대에 요구되는 규율을 함양할 수 있어 신흥 산업방식에 부합하는 공장제 생산양식을 적용하여

17) '간트교도소'로 지칭되는 이 시설은 벨기에의 겐트(Ghent, 프랑스어: Gand, 플랑드로어: Gent)에 1773년 건설·운영된 '메종 드 포스'를 가리킨다. 장 자크 빌랭(Jean-Jacques Philppe Vilian)의 메종 드 포스(프랑스어: Maison de Force, 영어: Maison Correction)는 거지와 가벼운 범죄를 저지른 경범자를 위한 노역장이다. 이 곳은 고된 노동과 규율 및 침묵제를 시행하면서 작업을 통해 수익을 올리도록 운영되었다. 이 노역장의 모토는 "일하지 않는 사람은 먹지도 말라"였다. 이 노역장을 '교도소'라고 지칭하기도 한다.

시설유지비용을 충당함은 물론(자급자족원칙 실현), 엄격한 침묵과 규율에 의해 교화하면서도, 산업교도소의 특성을 살릴 수 있다.

(3) 자유형의 문제점과 개선책

1) 단기자유형의 문제

① 의의

단기자유형이 어느 정도의 짧은 기간 집행되는 자유형인지에 대해서는 일률적으로 정의되어 있지 않다. 문제시되는 단기자유형의 정의에 대해서는 다양한 견해가 제시되어 왔다. 리스트는 6주 이하를, 국제 형법 및 형무회의는 3개월 이하를, 범죄예방 및 범죄자 처우에 관한 유엔회의 또는 독일의 경우는 6개월 이하를, 미국의 일반적인 견해는 1년 이하를 단기로 보고 있다.[18]

단기자유형의 문제는 단기를 수량적으로 표시하여 한정적으로 획일화하는 데에 형사정책적 의의가 있는 것이 아니고, 이 제도가 가지는 폐해를 과학적으로 탐구하여 그 부작용을 확인할 수 있는 형기의 범위를 개별적으로 찾아내는 데 그 의미가 있다.[19]

이러한 차원에서 이탈리아의 뽀레스타는 '죄수를 개선하기 위해서는 너무나 짧을 기간이지만 그를 부패시키는 데는 충분한 기간'이 단기자유형이라고 정의하였다. 현행법상 구류형의 존폐문제도 단기자유형의 문제와 결부되어 있다.

② 문제점 및 개선방안

근대형법학자로서 최초로 단기자유형의 폐해를 지적한 학자는 독일의 리스트(v. Liszt)였다.

ⓘ 단기 자유형의 집행이 초래하는 문제점 - 폐지 논거

- 수형시설 내 범죄자들의 범죄성향에 오염될 위험성이 높아 형벌의 예방적 효과 저지(악풍감염의 폐해)
- 재사회화를 위한 교정시간 부족
- 위하력이 약하다(일반예방효과 미흡)
- 수형자의 구금으로 가족의 경제력이 파탄되기 쉽다(직업상실)-범죄의 정도에 비해 가족이 겪는 고통이 너무 큼(간접형벌의 문제)

18) 정영석·신양균(1997), 형사정책 329면.

19) 박상기·손동권·이순래(2010), 형사정책 269면.

- 전과자로 낙인찍혀 사회복귀에 어려움이 있다(낙인화의 폐해 발생).
- 구금시설의 복잡·무질서(교도소의 과밀화) 초래
- 수형자 처우 실태에 부적합(본격적인 처우 이전단계에서 종료)
- 하층계급의 일시적 도피수단으로 이용될 가능성(생존범죄 유발 가능성)
- 단기 자유형도 누범요건에 포함되므로 3년 동안 집행유예의 결격사유로 작용

ⓘ 단기자유형의 개선방안

현실에서 법정형상 단기자유형을 선고하지 않을 수 없는 범죄행위들이 존재하고 있으므로 즉각 폐지보다는 이를 개선하는 방안 보완이 필요하다.

- 벌금형의 활용-벌금형으로의 대체제도는 일수벌금형제도를 취할 때 실효성이 있음
- 선고·집행유예와 보호관찰 활용
- 기소유예제도 확대
- 구금제도의 완화(주말구금, 휴일구금, 단속구금, 가택구금, 반구금제, 무구금강제노동 등 탄력적 구금제도 활용)
- 선행보증, 가택구금, 거주제한, 수강명령, 원상회복, 사회봉사명령 등 중간처벌 활용
- 단기교정 요법의 합리적 활용: 영국의 3S(Short, Shock, Sharf)요법, 독일의 소년구금에 대한 자각형으로서의 단기형, 일본의 교통범죄에 대한 집금처우 등과 같이 청소년 범죄·교통범죄·경제범죄 등에 대하여 제한적으로나마 단기자유형을 효과적으로 활용하는 방안, 미국의 경우 shock probation(단기자유형 집행 후 보호관찰), shock parole(단기자유형 집행 후 가석방), split sentencing(형의 일부에 대한 집행유예) 등의 활용 등이 이러한 경향 반영 제도임. 이러한 제도는 단기자유형이 부정적 효과만 초래하는 것이 아니라 경고적 기능이 있다는 주장을 반영한 것임

2) 자유형의 단일화 문제

① 의의

자유형의 단일화는 현행법상 징역, 금고, 구류 등 3종류로 세분화되어 있는 자유형을 노동형 한 가지로 통일하자는 논의이다. 자유형의 단일화 주장은 목적형·교육형주의, 교정주의 입장에서 주장된다.

자유형을 단일화하자는 움직임은 1878년 제2회 국제형법 및 형무회의 결의에서 처음 등장하였고, 2차 대전 이후 영국·독일 등의 국가에서 채택하였다. 단일화 논의에서는 보통 금고와 징역을 통합하자는 논의가 주류를 이루고 있다. 왜냐하면 구류는 단기자유형의 폐지문제로 거론되기 때문이다.

② 단일화의 논거

㉠ 교정행정의 일관성 유지(경비의 이중화, 수용행정의 불편 해소): 작업을 통한 교화·개선의 필요성

㉡ 금고형에서 노동의 교정효과를 도외시하는 것은 타당치 않음

㉢ 징역과 금고의 선택기준인 파렴치성의 상대성 및 지나친 윤리성

㉣ 징역형에만 정역을 부과하는 것은 노동천시사상의 반영에 불과

㉤ 징역형자는 파렴치범으로 낙인찍혀 사회복귀 방해

㉥ 행형의 실제상 금고수형자 대부분은 신청에 의해 정역에 복무하므로, 구별의 현실성 없음

㉦ 행형단계에서 처우를 개별화하면 되기 때문에 양형단계에서는 단일화가 필요하다.

㉧ 자유형의 목적이 재사회화에 있는 이상 노동교육의 교정·개선기능을 살리기 위해서 자유형의 종류에 상관없이 노동형으로 단일화해야 함

③ 반대론의 논거

㉠ 강제적 노동은 천시이지만, 비강제적일 때는 천시가 아니다.

㉡ 파렴치성 여부의 구분이 불가능하지 않다.

㉢ 자유형은 응보적 징벌의 의미도 있으므로 구분할 필요가 있다－형의 종류가 다양할수록 책임에 따른 형벌의 개별화는 그만큼 더 실현될 수 있다.

㉣ 정치범에 대한 고려는 정치적 상대주의를 고려한다면 마땅하다.

㉤ 행형정책상의 불편 등은 자유형 세분화 폐지의 충분한 논거가 될 수 없다.

3) 부정기형제도의 문제

① 의의

부정기형은 자유형을 선고할 때 정기형처럼 재판단계에서 형기를 한 점의 숫자로 확정하지 않고, 형기를 집행단계에서 결정하는 제도이다.

부정기형의 핵심취지는 "구금의 기간은 책임에 상응한 사법적 결정에 의해서가 아니라 구금기간 동안 수형자가 보인 개선정도에 의해 결정되어야 한다."라는 것이다. 부정기형의 종류로는 절대적 부정기형과 상대적 부정기형이 있다.

절대적 부정기형은 형의 기간에 대한 일체의 결정이 없이 "징역에 처한다."라는 식으로 선고하는 방식이고, 이는 죄형법정주의의 명확성 원칙에 반하기 때문에 인정되지 않는다.

상대적 부정기형은 그 형기를 장기와 단기로 범위를 정하여 "단기 2년, 장기

5년의 징역에 처한다."라는 식으로 선고하는 제도이다.

이 제도는 죄형법정주의에 반하지 않기 때문에 세계적으로 널리 시행되고 있다. 특히 자율적 개선이 요구되는 소년범의 경우에는 상대적 부정기형이 적합하다.

현재 우리나라에서는 성인범에 대해서는 부정기형이 전혀 허용되지 않으나, 집행단계에서는 가석방제도가 사실상 부정기형제도의 기능을 가지고 있다.

② 형법이론상의 논의 – 형법이론에서의 신·구파의 입장

㉠ 응보형주의, 일반예방주의, 객관주의, 도의적 책임론의 입장을 취하는 고전주의 학파(구파): 형벌의 분량은 객관적으로 나타난 범죄사실의 대소에 따라 정해야 한다는 입장이므로 부정기형을 인정할 여지가 없다.

㉡ 목적형 내지 교육형주의, 특별예방주의, 주관주의, 사회적 책임론의 입장을 취하는 실증주의 학파(신파): 형벌의 경중은 객관적인 범죄사실보다는 범죄인의 반사회적 위험성에 따라 정해야 한다는 입장이므로 형벌의 개별화를 위한 당연한 귀결로 부정기형을 인정할 수 있다. 그러므로 실증주의학파의 등장이 부정기형의 이론적 기초가 되었다고 본다. 즉 특별예방(형의 개별화)과 사회방위의 목적을 달성하기 위해 고안된 제도이다.

③ 부정기형 제도의 연혁

19세기 전반 실증주의 입장에서 부정기형의 필요성이 주장되기 시작했다.

19세기 후반 미국에서 브록웨이(Zebulon Brockway) 등이 부정기형 운동을 전개했다. 그리하여 1876년 뉴욕 엘마이라(Elmira)에 개설되어 미국의 첫 소년원(reformatory)이 된 엘마이라 소년 감화원(house of correction)의 초대 원장이 된 브록웨이에 의해 양형상의 부정기형 제도가 세계 최초로 제도화되었다.

④ 형사정책적 관점에서의 논의

가) 도입 찬성론

㉠ 부정기형은 개선의 목적을 달성하기 위한 가장 적합한 방법이다.

㉡ 양형은 짧은 시간에 이루어지기 때문에 합리적으로 결정되기 어렵다. 그러므로 행형단계에서 수형자를 더욱 면밀히 관찰하여 범죄성을 다시 평가하여 형량을 결정하는 것이 바람직하다.

㉢ 위험한 범죄자나 상습적 누범자에 대하여 장기간 구금이 확보되기 때문에 그들로부터 사회를 방위할 수 있다.

㉣ 부정기형을 채용함으로써 실질적으로 형의 불균형을 시정할 수 있다. 수형기간을 개선 정도에 따라 결정할 수 있으므로 사회와 수형자 모두에 대하여 이익이 된다.

ⓜ 초범자나 범죄성이 계속되지 않는 자에게는 수형기간을 단축한다는 이점(利點)이 있고, 자신의 석방기일을 스스로의 노력에 따라 당길 수 있으므로 개선의욕이 촉진된다.

ⓑ 형기가 부정기라는 사실 자체가 범죄자에 대하여 위하효과를 가진다.

ⓢ 사회복귀가 충분히 기대될 수 없는 범죄자에 대해서는 교정시설에 계속 구금함으로써 사회방위와 처우의 효과를 기대할 수 있다.

나) 도입 반대론

ⓖ 장기화될 경향이 있는 부정기형이 개선효과가 있는가 하는 점이 의문이다.

ⓝ 주로 빈곤하고 사회적으로 불이익을 받고 있는 자에 대하여 과해지는 경향이 있으므로 사회적 불공정이 야기될 수 있다.

ⓓ 부정기형은 행위 당시의 책임을 넘어서는 처벌을 가능하게 할 수 있다. 이것은 형의 판단은 행위 당시의 책임을 기준으로 하여야 한다는 죄형법정주의 이념에 위배된다.

ⓡ 운용의 실제에 있어서 형기의 장기화와 인권침해를 가져올 염려가 있다.

ⓜ 부정기형을 선고받은 수형자는 언제 석방될지 모른다는 정신적 불안감을 가지며, 석방시기의 결정이 교정담당기관의 평가에 달려 있다. 이로 인해 교정기관의 자의적 결정권한에 따른 문제를 야기할 수 있고 수형자와 교도관 사이에 왜곡된 인간관계를 낳을 수 있다.

ⓑ 부정기형은 교활한 수형자에게는 유리하지만, 사회적 적응력이 떨어지는 수형자에게는 오히려 준엄한 형벌이 될 수 있다.

ⓢ 석방기일이 분명하지 않기 때문에 수형자의 지나친 긴장을 가져올 뿐만 아니라, 그 가족에 대해서도 상당한 압박을 주게 된다.

ⓞ 가석방의 결정과정에 관하여 적정절차의 보장이 결여되어 있고, 그 판단기준도 모호하다.

ⓙ 수형자 간 긴장과 불안이 생기며 서로 불신하는 분위기에 놓이게 된다.

⑤ 부정기형의 현황

가) 부정기형제도는 책임주의에 반한다는 치명적 약점 때문에 소년범에 대한 상대적 부정기형 외에 성인에 대한 부정기형제도를 실시하는 나라는 거의 없다. 왜냐하면 단기는 책임에 상응한 속죄기간이고 장기는 교정을 위한 보안기간으로 해석되기 때문이다.

나) 형법규정 및 소년법 규정[20)]

현행 「형법」은 양형상 정기형을 원칙으로 하고 있지만 「소년법」은 소년범에 대해서 상대적 부정기형을 인정하고 있다(소년법 제60조). 그러나 현행 형법은 가석방이 인정되므로 실질적으로는 형기를 부정기화하고 있고 또한 무기자유형도 가석방과 결합됨으로써 실질적으로는 일종의 부정기형처럼 운영되고 있다.

그렇지만 교정단계에서의 부정기형화는 부정기형제도 자체와는 엄격히 구별해야 한다(교정단계에서 상대적 부정기형에 상응하는 것으로는 「선시제도」가 있으나, 우리나라에서는 채택하지 않고 있다).

제5절 재산형 제도

재산형은 범죄자로부터 일정한 재산을 박탈하는 형벌로서, 벌금·과료·몰수가 있다. 벌금과 과료는 액수의 차이만 있으나, 벌금·과료와 몰수는 그 성질·요건·내용 등에서 차이가 있다. 몰수는 범죄의 반복을 예방하고, 범죄로부터 얻은 이익을 직접적으로 박탈한다는 의미를 지니고 있으므로 현행 형법은 형벌로서 제도화하고 있지만, 실질적으로는 보안처분의 성질을 가지고 있다.

Ⅰ. 재산형의 형사정책적 의의

(1) 벌금형은 특히 이욕에 기한 범죄(장물, 도박죄 등)에 있어서는 자유형에 못지않은 고통과 교육적 효과를 가지므로 범죄의 동기를 억압할 수 있다(일반적인 범죄예방 효과). 특히 현대 자본주의시대에는 자유형 못지않은 위하적 효과를 지닌다.

(2) 벌금형은 그 성질상 자유형과는 달리 수형자의 자유를 구속하지 않으므로 동료 수형자의 악풍감염 염려가 전혀 없고(단기자유형의 폐단 방지), 사회생활이 중단되지 않으면서도 합리적인 양정을 통하여 보다 나은 사회복귀를 가

---

20) 소년법 제60조 제1항: 소년이 법정형으로 장기 2년 이상의 유기형에 해당하는 죄를 범한 경우에는 그 형의 범위에서 장기와 단기를 정하여 선고한다. 다만 장기는 10년, 단기는 5년을 초과하지 못한다.
소년법 제60조 제3항: 형의 집행유예, 형의 선고유예를 선고할 때에는 부정기형이 적용되지 아니한다.

능하게 하며, 오판 시에도 완전한 회복이 가능하다.

(3) 집행에 많은 비용을 요하지 아니하고, 특히 즉결심판이나 약식절차에 의하는 경우에는 소송경제상으로도 큰 도움이 되므로 경제적으로 유리하다.

(4) 벌금형을 통하여 국고수입을 증대시킬 수 있고, 이렇게 마련된 재원을 범죄 방지 대책에 사용한다면 또 다른 형사정책적 효과를 거둘 수 있다.

(5) 오늘날과 같이 기업, 회사 등과 같은 법인에 의한 범죄가 격증하고 있는 실정 하에서는 벌금형이 보다 효과적인 제재수단이 될 수 있다.

(6) 벌금형은 재범의 우려가 적고 죄질이 비교적 가벼운 범죄자와 과실범에게 이용하면 그 효과가 크다. 그리고 중대범죄자의 경우에도 재범의 우려가 적으면 벌금액의 가중으로 과형목적을 달성할 수 있다.

(7) 현재 세계적으로 가장 많이 활용되는 형벌이 되었다(우리나라도 마찬가지임).

Ⅱ. 재산형의 연혁

1. 함무라비법, 12표법, 게르만법

벌금형은 함무라비법에 규정되어 있었다. 그러나 현재의 벌금형의 원형은 속죄금에서 찾을 수 있다. 가해자가 피해자에 대하여 지급하는 배상금 내지 속죄금의 의미를 가지는 이러한 법률들의 벌금은 사(私)형벌의 성격을 띠고 있었다. 벌금형은 현재까지 속죄금적 성격이 가장 짙은 형벌이다. 우리나라 고조선의 '8조 금법' 중 상해죄에 대한 곡물배상제도와 절도죄에 대한 금전대납제도도 이러한 성질을 가지고 있었다.

2. 평화금 제도

국가가 가해자에 대해 피해자에 대한 배상금의 지급을 강제함과 동시에 배상금의 일부를 국가에 납입하게 하는 것으로 일종의 공형벌의 성격을 지니고 있었다. 평화금제도는 공형벌로서의 재산형의 시작이었다. 중세 이후 속죄금 대신 공적인 벌금형이 등장했다. 이 시기에 벌금형은 "형벌의 국고화"라고 할 수 있을 만큼 국가재정수입의 증가를 가져왔다.

3. 근래의 경향

화폐경제의 발달과 함께 단기자유형에 대한 대체방안으로 주목받고 있다. 20세기 이후 재산형은 단기자유형의 폐단을 줄이는 대체수단으로 이용되고 있는데, 대표적인 주장자는 리스트(Liszt)이다.

Ⅲ. 재산형의 종류

1. 현행법상의 제도

(1) 벌금, 과료

벌금과 과료는 그 금액과 적용대상 범죄 및 노역유치기간, 시효기간에 있어서만 차이가 있는데, 벌금은 5만 원 이상으로 상한은 없고 시효기간은 5년인데 반하여, 과료는 2천 원 이상 5만 원 미만으로 시효기간은 1년이다. 우리나라 형법은 개별구성요건에서 벌금액수의 상한과 하한을 규정하고 있으므로 총액벌금형제도를 취하고 있다.

(2) 몰수

1) 의의

범죄의 반복을 방지하거나 범죄로 인한 이득의 취득을 막기 위해 범죄와 관련된 재산의 취득을 박탈하는 것을 내용으로 하는 형벌로서, 다른 형에 부가하여 과하는 것(부가형)을 원칙으로 하고 있다. 벌금과 과료는 일정한 금액의 지급의무만을 부담케 하는 채권적 효력에 그치나, 몰수는 재산권을 일방적으로 국가에 이전시키는 물권적 효력이 있다. 몰수할 수 없을 때에는 추징[21]을 한다.

2) 유형

① **일반몰수**: 범죄인의 전 재산을 국고에 귀속시키는 방법이다.

② **특별몰수**: 범죄에 관련된 특정한 물건의 소유권을 국고에 귀속시키는 방법(통상의 몰수)을 말한다.

③ 계몽주의시대 이후 일반몰수는 폐지되고, 특별몰수로 대체되었다.

---

21) 몰수에 갈음하는 추징은 부가형적 성질을 띠고 있어 그 주형에 대하여 선고를 유예하는 경우에는 그 부가할 추징에 대하여도 선고를 유예할 수 있으나, 그 주형에 대하여 선고를 유예하지 아니하면서 이에 부가할 추징에 대하여서만 선고를 유예할 수는 없다(대판 1979.4.10, 78도3098).

④ 최근 조직범죄나 약물범죄 등과 관련하여 일반몰수제도 도입의 필요성이 강하게 제기되고 있다. 이러한 범죄에 대한 '범죄수익 박탈제도'가 일반몰수제도의 성격을 지니고 있다.

3) 몰수의 성격

① 부가성

몰수는 원칙적으로 다른 형벌에 부가하도록 되어 있다. 다만, 형법 제49조는 예외적으로 행위자에게 유죄의 재판을 하지 아니할 때에도 몰수의 요건이 있을 때에는 몰수만을 선고할 수 있도록 규정하고 있다. 행위자에게 유죄의 재판을 아니 할 때에도 몰수만을 선고할 수 있는 경우로 판례(대판 1973.12.11, 73도1133)는 선고유예의 경우를, 학설은 책임무능력의 경우를 그 예로 인정하고 있다.

몰수의 부가성에 대한 예를 들면, 압수된 물건의 몰수만을 위한 검사의 공소 제기는 불가능하며, 불기소처분을 하는 경우에도 압수된 물건만을 몰수할 수 없다. 또한 검사가 공소를 제기하면서 몰수의 청구를 하지 않은 경우에도 몰수의 요건이 있는 경우에는 법원이 형을 선고하면서 직권으로 몰수를 할 수 있다.

② 대물적 보안처분으로서의 성격

몰수의 법적 성격에 관하여 여러 견해가 있었는데, 오늘날에는 실질적으로는 '대물적 보안처분'으로 보는 것이 지배적이다.

③ 임의적 몰수 원칙

몰수의 종류에는 임의적 몰수와 필요적 몰수 두 가지가 있는데, 형법은 임의적 몰수를 원칙으로 하고 뇌물죄 등과 「공무원 범죄에 관한 몰수특례법」 등 특별법에서 필요적 몰수를 인정하고 있다. 특별법에 규정된 몰수·추징의 요건이 충족되지 않은 경우에도 형법 제 48조의 요건이 충족되면 임의적 몰수가 가능하다.

(3) 추징

1) 의의

추징이란 몰수의 대상인 물건이 사실상의 원인으로 몰수하기 불가능한 경우에 몰수에 갈음하여 그 가액을 납부를 명하는 사법처분이다. 이는 몰수의 취지를 관철하기 위한 제도이므로 실질적으로 부가형의 성질을 가진다.

2) 추징가액 산정기준 및 산정시기

몰수는 범죄에 의한 이익을 박탈하는 데 그 취지가 있고 추징도 이러한 몰수의 취지를 관철하기 위한 것인 점 등에 비추어 볼 때, 몰수할 수 없는 때에 추징하여야 할 가액은 범인이 그 물건을 보유하고 있다가 몰수의 선고를 받았더라면 잃었을 이득상당액을 의미하므로, 다른 특별한 사정이 없는 한 그 가액산정은 재판선고 시의 가격을 기준으로 하여야 한다(대판 2008도6944).

(4) 폐기

문서·도화·전자기록 등 특수매체기록 또는 유가증권의 일부가 몰수에 해당하는 때에는 그 부분을 폐기한다.

2. 범죄수익 박탈제도

(1) 개념

조직범죄나 약물범죄와 관련하여 돈세탁 등으로 인한 범죄와의 인과관계 입증 문제를 해소하고 범죄인의 재산 일반에 대해 몰수를 인정함으로써 운영자금을 차단하여 근본적으로 범죄를 무능력화하기 위한 제도이다. 이 제도는 1970년대부터 각국에서 채택하는 경향이다.

(2) 형사정책적 의의와 문제점

1) 재산상 수익을 목적으로 하는 조직범죄, 약물범죄, 기업범죄에 대해 그 범죄활동으로부터 생긴 이익을 박탈함으로써 범죄를 근원적으로 무력화시킬 수 있는 제도이다.

2) 형사정책의 초점이 범죄인의 정당한 처벌이나 재사회화에서 범죄무력화(무해화)로 이행되는 경향을 반영하는 제도이다.

3) 범죄수익몰수제도는 특별억제적인 고려가 책임의 한도를 넘어서게 될 수 있다는 형법이론적인 문제 및 국민의 재산권 보장을 침해할 위험성이 높아진다는 문제점이 있다.

(3) 현행법상 범죄수익 박탈제도

1) 인정법률

「공무원범죄에 관한 몰수특례법」(1995.1.5. 시행), 「마약류 불법거래방지에 관한 특례법」(1995.12.6. 시행) 등 우리나라에서도 채택되고 있다.

2) 대상 범죄

① **특정 공무원범죄**: 공무원의 수뢰죄, 회계 관련 직원의 횡령·배임죄 등(공무원범죄에 관한 몰수특례법 제2조)
② **마약류범죄**: 「마약류관리에관한법률」 기타 관계법률 위반

3) 몰수대상

불법재산(불법수익 + 불법수익으로부터 유래한 재산을 말함: 마약류특례법 제2조, 공무원범죄특례법 제2조)
① **불법수익**: 범죄행위로 취득한 재산
② **불법수익으로부터 유래한 재산**: 불법수익의 과실, 대가, 그 대가의 대가
③ **혼합재산**: 불법재산 및 그 외의 재산

Ⅳ. 현행 벌금형의 성격 및 환형처분, 사회봉사 대체제도

(1) 일신전속적 성격: 범죄인을 대신하여 제3자가 벌금을 대신 납부하는 대납은 허용하지 않는다.

(2) 상계금지: 범죄인이 국가에 대하여 가지고 있는 채권과 상계할 수 없다.

(3) 개별책임: 범죄인은 각자 독립하여 책임을 져야 하며, 다수인이 벌금을 납입하는 경우에도 공동연대의 책임을 지지 않는다.

(4) 상속부인: 원칙적으로 벌금은 상속되지 않으므로, 범죄인이 사망하게 되면 벌금 납부의무는 소멸한다. 다만 형사소송법상의 예외규정(제478조, 제479조)이 있다.

제478조【상속재산에 대한 집행】
몰수 또는 조세, 전매 기타 공과에 관한 법령에 의하여 재판한 벌금 또는 추징은 그 재판을 받은 자가 재판확정 후 사망한 경우에는 그 상속재산에 대하여 집행할 수 있다.

제479조【합병 후 법인에 대한 집행】
법인에 대하여 벌금, 과료, 몰수, 추징, 소송비용 또는 비용배상을 명한 경우에는 법인이 그 재판확정 후 합병에 의하여 소멸한 때에는 합병 후 존속한 법인 또는 합병에 의하여 설립된 법인에 대하여 집행할 수 있다.

(5) 환형(換刑)처분 가능

벌금은 확정판결일로부터 30일 이내에 납부하여야 한다. 납부하지 아니한 경우에는 벌금의 경우는 1일 이상 3년 이하의 기간, 그리고 과료는 경우에는 1일 이상 30일 미만의 기간 교도소에 구치하여 대체자유형에 복무시킨다.

이것이 환형처분인데, 노역장유치 즉 환형처분은 납입을 강제하기 위한 것과 벌금의 납입을 대체하는 방법이 있다. 우리나라의 제도는 후자이다. 환형처분은 단기자유형의 폐해가 나타나므로 사회봉사명령과 같은 제도로 대신하자는 주장이 제기되다가 2009년 「벌금미납자에 대한 사회봉사 집행에 관한 특례법」에 의해서 사회봉사 대체제도가 병행되고 있다. 형사정책적으로, 고의로 납입하지 않는 자와 납입할 능력이 없는 자는 차별적으로 취급해야 보다 정의롭고 타당한 형벌이 되기 때문이다.

V. 벌금형의 문제점과 개선방안

1. 벌금형 운용상의 문제점

(1) 형평성 문제

1) 범죄인의 경제적 지위에 따라 형벌의 위하력에 차이가 나타난다.

2) 직업적 범죄자에게는 일종의 세금으로 여겨져 형벌경시풍조를 낳을 위험성이 있다.

3) 특히 우리나라에서와 같은 총액벌금제를 채택할 경우 문제 된다.

(2) 범죄예방력의 문제

화폐가치의 변동에 따라 범죄예방력에 영향이 크다.

(3) 형벌효과의 문제

타인에 의한 대납 시 형벌효과 반감하게 된다.

(4) 실효성 문제

벌금을 자진하여 내지 않는 경우 형벌로서의 실효성이 상실될 우려가 있다.

(5) 간접형벌의 문제

한 사람이 벌금에 처해지면 나머지 가족에게도 금전적인 손실을 초래하여 생계에 영향을 미칠 수 있다.

2. 벌금형의 개선안

(1) 벌금형의 탄력적 운용을 위한 제도

1) 일수벌금형제도(day-fine system), 재산비례 벌금제

① 개념
책임량에 따른 벌금일수를 정한 다음 범죄자의 경제적 사정(재산정도·납입가능성)을 고려하여 1일의 벌금액을 결정하는 방식이다. 이 제도는 범죄자의 경제력 차이에 따른 벌금형의 위하력 차이를 최소화하려는 제도이다.

② 장점
㉠ 벌금의 위하력과 배분적 정의 실현의 조화를 고려한 제도이다.
㉡ 책임주의와 희생 동등의 원칙의 조화가 실현된다.
㉢ 벌금형 미납 시의 노역장 유치에 대한 기준이 명료하게 해결될 수 있다.
㉣ 피고인의 자력에 관계없이 동일한 형벌감내력을 갖게 하므로 정의의 이념과 형벌개별화사상에 부합하는 제도이다.
㉤ 불법과 책임이 같은 행위는 범죄인의 경제적 능력과 관계없이 동일한 일수의 벌금이 부과되어 정의가 실현된다는 인식을 주어 법제도에 대한 신뢰를 높일 수 있다.

③ 단점

㉠ 범죄자의 경제능력 조사(산정방법)의 어려움이 있다.

㉡ 다른 양형의 기초사실에 비해 경제적 사정을 지나치게 고려하고 있다.

㉢ 제도가 너무 기교적이다.

④ 채택국가

일수벌금제는 1921년 핀란드 형법에서 시작하여 스웨덴, 덴마크, 독일, 오스트리아에 도입되었다. 그래서 일수벌금제를 보통 '스칸디나비아 벌금제도'라고 한다.

미국의 경우도 일수벌금제를 시험실시한 결과 중간 형태의 형사제재로서 중요성이 인정되고 있다.

우리나라는 현재 도입하지 않고 있다.

2) 벌금의 연납 및 분납제

벌금의 일시 납부가 곤란한 경우에 대비(총액벌금제나 일수벌금제 모두 문제됨)하여 나누어 내거나 연기 후 나중에 낼 수 있는 제도이다.

현재 검찰징수사무규칙에서는 벌과금의 일부 납부가 규정되어 있으나, 실무에서는 충분히 활용되지 못하고 있다.

우리나라에서의 실무상 벌금의 분납·연납제도

▸ 검찰징수 사무규칙 제12조 【일부납부 등】(1995.12.30)

납부의무자가 벌금의 일부납부 또는 납부연기를 받고자 할 때에는 별지 제12호 서식에 의한 일부납부(납부연기) 신청서를 제출하여야 한다. 이 경우 징수사무 담당직원은 일부납부 또는 납부연기를 신청한 자가 다음 각 호의 1에 해당하는지 여부를 조사한 후 소명자료를 첨부하여 소속과장을 거쳐 검사의 허가를 받아야 한다.

1. 생활보호대상자
2. 장애인
3. 1월 이상 치료를 요하는 무능력자
4. 불의의 재산피해자
5. 본인 외에는 가족을 부양할 자가 없는 자
6. 타인의 대리납부자
7. 기타 부득이한 사유가 있는 자

3) 벌금의 집행유예

종래 형법은 벌금형에 대해 선고유예만을 인정하고 집행유예는 인정하지 않았으나, 2018.1.7부터 500만 원 이하의 벌금형을 선고할 경우에 집행을 유예할 수 있다.

(2) 벌금형의 현실화

1) 불법과 책임에 상응하는 벌금액수의 문제와 화폐가치의 변동에 따른 현실화 문제가 논의되고 있다.

2) 현행 형법은 벌금, 과료의 상·하한을 상향조정하였고, 벌금형의 화폐단위를 '환'에서 '원'으로 변경하였으며, 각칙상의 벌금액을 조정함으로써 벌금형 현실화를 도모하였고, 「벌금 등에 관한 임시조치법」에 의해 벌금의 현실화를 도모하고 있다.

(3) 대체자유형 제도(환형처분)

1) 법관의 자유재량으로 벌금형을 자유형으로 바꾸어 부과하는 대체자유형제도는 현행법상 채택되지 않고 있다. 다만, 벌금을 법정 납입기간 내에 납입하지 아니한 자는 노역장에 유치하여 작업에 복무하게 하고 있다.

2) 대체자유형 제도는 일수벌금형제와 결합될 때 불법과 책임에 상응하는 형벌로서의 의미를 갖게 된다.

3) 벌금미납자의 악폐감염방지 등을 위하여 노역집행을 위한 별도의 전문시설이 마련되어야 한다.

(4) 벌금미납자에 대한 사회봉사 대체 제도 도입

벌금 등의 납입불능자에 대해서는 환형유치보다는 사회봉사명령으로 대체하는 제도가 형사정책적으로 더욱 타당하다. 노역장유치자에 대해 고의로 납입하지 않는 자와 납입할 능력이 없어 납입하지 않는 자는 차별적으로 취급해야 하기 때문이다.

현재 우리나라는 경제적 무능력 때문에 벌금을 납입하지 못한 사람에 대하여 노역장 유치에 앞서 미납벌금을 사회봉사로 대체하여 집행할 수 있는 벌금형의 사회봉사 대체제도가 시행되고 있다.

「벌금미납자의 사회봉사집행에 관한 법률」에 따르면, 죄질이 나빠 고액의 벌금을 선고받은 사람은 사회봉사로 대체할 수 없도록 하면서 500만 원 이하의 벌금을 선고받은 사람에 대해서는 검사에게 대체 신청해서 검사의 청구에 의하여 법원의 결정으로 미납벌금을 사회봉사로 대체할 수 있도록 하고 있다. 이 법은 사회봉사 집행 중 벌금 납입을 인정하여 사회봉사를 강요하는 결과가 나타나지 아니하도록 하고 있다.

미납벌금의 사회봉사 대체제도는 노역장유치에 따른 범죄학습폐해 방지 및 직장상실, 가족관계 단절 등 단기자유형의 폐단을 방지할 수 있고, 수용시설과밀화 해소, 벌금미납자의 편익 도모 등 형사정책적 효과가 있다.

(5) 벌금형의 과태료로의 전환 필요성

현재 행정법상의 벌칙조항에서 벌금형을 규정하는 것은 엄벌주의로서 국민을 통제하려는 관료주의적 발상이고, 행정형벌과 행정질서벌의 구별기준도 모호하므로 행정법상 벌칙조항으로 규정된 벌금형은 과태료(질서벌)로 전환하자는 주장이 제기되고 있다[22]. 이렇게 되면 형사정책적 측면에서는 다수 국민이 전과자로 되는 것을 막을 수 있다.

(6) 노역장 유치 시 1일 공제금액 법정화 필요성

"형법 제70조(노역장 유치)는 벌금 또는 과료를 선고할 때에는 납입하지 아니하는 경우의 유치기간을 정하여 동시에 선고해야 한다."라고 규정하여 1일 공제금액이 정해져 있지 않다. 이로 인해 그간 관행적으로 하루 5만 원 기준으로 정했다가 최근 10만 원으로 조정한 바 있다.

그러나 법정 범위 규정이 없어 하루 5억 원까지 인정하는 이른바 '황제노역'의 문제가 발생할 수 있으므로 이에 대한 대책이 요구되고 있었다. 그리하여 현행 「형법」은 선고하는 벌금이 1억 원 이상 5억 원 미만인 경우에는 300일 이상, 5억 원 이상 50억 미만인 경우에는 500일 이상, 50억 원 이상인 경우에는 1천일 이상의 노역장 유치기간을 정하도록 규정하고 있다(제70조 1항).

Ⅵ. 과료(科料)

과료는 벌금형과 같이 재산형의 일종이지만 금액과 노역장유치기간에서 차이가 있다.

현재 경제수준에서 보면 50,000원 이하의 금액을 형벌로 규정하는 것은 무의미하므로 벌금형으로 일원화하자는 주장이 제기되고 있다.

형법에서는 점유이탈물횡령죄, 도박죄, 공연음란죄 등에서 규정하고 있다.

---

22) 박상기·손동권·이순래, 형사정책 277면.

Ⅶ. 추징

추징은 몰수대상물의 전부 또는 일부를 몰수할 수 없을 때 몰수를 대신해서 그 가액의 납부를 명하는 사법처분으로, 형식상 형벌은 아니지만 실질적으로는 일종의 형벌로서 부가형의 성격을 지니고 있다. 추징의 산정의 기준시는 재판선고시라고 보는 것이 판례의 입장이다(대판 1991.5.28., 91도352).

제6절 명예(자격)형 제도

Ⅰ. 의의

명예(자격)형이란, 명예감정을 손상시키거나 명예를 누릴 수 있는 자격을 박탈하거나 제한하는 형벌이다. 이중 전자, 즉 명예감정을 손상시키는 것을 주 내용으로 할 때 이를 치욕형 또는 견책형이라 부르고, 후자 즉 명예를 누릴 수 있는 자격을 박탈 또는 제한하는 것을 주 내용으로 하는 경우를 권리박탈형 또는 자격형이라고 한다.

현행형법이 제도화하고 있는 명예(자격)형으로는 자격상실과 자격정지가 있다.

치욕형은 중세부터 19세까지 유럽에서 널리 이용된 형벌이었다. 그 이후에는 공직박탈, 직업금지 등 자격형이 주로 이용되고 있다.

우리나라 조선시대에도 관직에서 해임되거나 관직 취임을 금지시키는 금고(禁錮), 윤형(閏刑)이 있었다. 조선시대의 '금고'는 형법상의 자유형의 일종인 금고와 한자까지 같으나, 조선시대에는 금고가 죄의 경중에 따라 벼슬 등을 주지않는 자격형의 내용을 지니고 있었다.

Ⅱ. 자격형의 형사정책적 측면에서의 비판

명예형의 경우 명예감정이 주관적이어서 그 침해 정도를 확인하기가 어렵고 개인편차도 크기 때문에 보편적인 형벌이 되기 어려웠다.

1. 자격형에 대한 형사정책적 측면에서의 비판

(1) 범죄를 통해 죄악을 행했다는 사실 자체가 개인에게 불명예가 되는데, 여기에 별도로 개인의 명예를 박탈하는 것은 바람직하지 않다(이중형벌의 문제).

(2) 형벌로 자격을 박탈하거나 견책하는 것은 일반예방이나 특별예방의 효과를 기대하기 어렵고, 범죄인에게 사회적 낙인을 찍는 결과만 될 뿐이다(예방효과 미흡).

(3) 특히 자격정지를 병과형으로 하는 경우, 다른 형의 집행을 종료한 후에 다시 형기가 기산되어 사회에의 적응을 막는 결과가 된다(사회복귀 장애).

(4) 자격 박탈이나 자격정지로 인한 병역의무면제나 증인의 자격 박탈은 오히려 범죄인에게 이익으로 여기게 될 위험이 있다(의무면제가능성).

(5) 그 범죄와 관련이 없는 업무나 선거권 등을 박탈 또는 정지하는 것은 과잉금지의 원칙에 반한다.

(6) 명예형의 본질은 범죄인에게 낙인을 찍는 것인데, 낙인효과가 개인에 따라 다르게 나타난다(낙인효과의 차별).

(7) 자격상실은 무기형을 받은 자가 사면·가석방되더라도 복권이라는 별도의 사면조치가 없으면 일정자격을 영원히 상실한다는 점에서 너무 과혹하다.

2. 최근의 경향

자격상실이나 자격정지를 별도의 형벌로 규정하지 않고, 단지 자유형을 비롯한 다른 형벌로 선고하는 판결에 부수하는 효과로 규정하는 방안이 제시되고 있다.

Ⅲ. 현행 형법의 자격형

1. 자격상실(형법 제43조 1항) – 당연상실

자격상실은 사형, 무기징역·무기금고의 형의 선고·확정이 있으면, 그 형의 효력으로서 1) 공무원이 되는 자격, 2) 공법상의 선거권과 피선거권, 3) 법률로 요건을 정한 공법상의 업무에 관한 자격, 4) 법인의 이사·감사·지배인 기타 법인의 업무에 관한 검사역이나 재산관리인이 되는 자격을 당연히 상실한다.

2. 자격정지 – 당연정지·선고정지

(1) 의의

자격정지란 일정기간 동안 특정 자격의 전부 또는 일부를 정지시키는 형벌이다. 현행 형법은 자격정지를 선택형 또는 병과형으로 규정하고 있다. 자격정지는 일정한 형의 선고·확정을 받은 자의 자격이 당연히 정지되는 당연정지와 판결의 선고에 의해 선고내용에 따라 자격이 정지되는 선고정지가 있다.

(2) 당연정지(형법 제43조 2항)

유기징역·유기금고의 판결을 받아 확정된 자는 그 형의 집행이 종료되거나 면제될 때까지 1) 공무원이 되는 자격, 2) 공법상의 선거권과 피선거권, 3) 법률로 요건을 정한 공법상의 업무에 관한 자격이 당연히 정지된다. 다만 다른 법률에 특별한 규정이 있는 경우에는 그 법률에 따른다. 특별규정으로 대표적인 것은 「공직선거법」에 따른 선거권 제한이다.

(3) 선고정지(형법 제44조)

판결의 선고에 의하여 일정한 자격의 전부 또는 일부를 선고한 기간동안 정지시키는 형벌로서, 정지기간의 범위는 1년 이상 15년 이하이다. 자격정지 기간은 선택형인 경우에는 판결이 확정된 날부터 기산하고, 병과형인 경우에는 징역 또는 금고의 집행이 종료하거나 면제된 날부터 기산한다.

Ⅳ. 소년법 제67조의 특칙

소년으로 범한 죄에 의하여 형의 선고를 받은 자가 그 집행을 종료하거나 집행의 면제를 받은 때에는 자격에 관한 법령의 적용에 있어서는 장래에 향하여 형(刑)의 선고(宣告)를 받지 아니한 것으로 본다. 그러나 누범가중에 관한 형법 제35조는 자격에 관한 법령에 해당하지 않는다.

소년법이 자격에 과한 법의 적용에 특례를 인정한 것은 소년범의 경우에 형의 실효시점을 앞당기기 위함이다. 형법 제81조나 형의 실효 등에 관한 법률 제7조에 의한 형의 실효는 일정기간이 경과해야 비로소 가능하다.

그러나 소년범의 경우에는 형의 집행을 종료하거나 집행을 면제받은 때에는 즉

시 장래에 향하여 자격에 관한 법령적용에 있어서 형의 선고를 받지 아니한 것으로 취급된다. 이것은 소년에게 곧바로 전과 사실을 이유로 불이익을 가하지 못하도록 하려는 형사정책적 배려로서 보호주의에 입각한 제도이다.

V. 현행 자격형 제도의 개선점

현행 운전면허 정지·취소제도를 자격형의 내용으로 흡수할 필요가 있으며, 자격정지에 대해서는 정지기간 만료 전이라도 자격회복의 가능성을 인정하는 것이 필요하다.[23)]

제7절 형의 시효와 형의 소멸(형집행 종료·사면 등)

I. 형의 시효

1. 의의

형의 시효란 형의 선고를 받은 자가 재판이 확정된 후 그 형의 집행을 받지 않고 일정한 기간이 경과한 때에는 그 집행이 면제되는 것이다.

형의 시효는 공소시효와 다르다. 양자는 모두 형사시효제도로서 일정한 시간이 경과함으로써 생성·축적된 사실관계를 법률적으로 유지·존중하기 위한 제도라는 점에서는 그 취지가 같다.

그러나 형의 시효는 기간의 경과로 인하여 확정된 형벌의 집행권이 소멸되는 제도인데 반해, 공소시효는 검사가 형사사건을 일정기간 기소하지 않고 방치한 경우 국가의 형사소추권이 소멸된다는 점에서 구별된다. 다만 살인죄에 대하여는 공소시효가 적용되지 않는다(2015년 폐지).

2. 시효기간

형의 시효는 형을 선고하는 재판이 확정된 후 그 집행을 받음이 없이 일정한

23) 박상기·손동권·이순래, 형사정책(2010) 283면.

기간이 경과함으로써 완성된다.

그 기간은 ① 사형은 30년, ② 무기징역·금고는 20년, ③ 10년 이상의 징역·금고는 15년, ④ 3년 이상의 징역·금고 또는 10년 이상의 자격정지는 10년, ⑤ 3년 미만의 징역·금고 또는 5년 이상의 자격정지는 7년, ⑥ 5년 미만의 자격정지·벌금·몰수 또는 추징은 5년, ⑦ 구류 또는 과료는 1년이다(형법 제78조).

형의 시효는 판결이 확정된 날로부터 진행되고, 그 말일 24시에 종료한다.

3. 효과

형의 선고를 받은 자는 시효의 완성으로 인하여 집행이 면제되지만(제77조), 형의 선고 자체는 유효하다. 시효의 완성으로 집행면제의 효과는 당연히 발생하고 별도의 재판을 필요로 하지 않는다.

4. 시효정지와 중단

(1) 시효정지

시효는 형의 집행유예나 집행 정지 또는 가석방 기타 집행할 수 없는 기간 중에는 진행하지 않는다(제79조). "기타 집행할 수 없는 기간"이란 천재지변 기타 사변으로 인하여 형을 집행할 수 없는 기간을 말한다. 시효가 정지된 때에는 정지사유가 소멸하면 다시 시효이전기간이 경과되어야 하는 것이 아니라 잔여시효기간이 진행된다는 점에서 '시효의 중단'과 다르다.

(2) 시효중단

시효는 사형·징역·금고와 구류에서는 수형자를 체포함으로써 중지되고, 벌금·과료·몰수와 추징에서는 강제집행을 개시함으로써 중단된다(제80조).

Ⅱ. 형의 소멸

1. 의의

형의 소멸이란 유죄판결의 확정에 의하여 발생한 국가의 형벌권이 소멸되는 법적 사실 내지 조치를 뜻한다.

형의 소멸은 적법한 공소가 제기되어 유죄의 확정판결이 있은 후에 그 집행권을 소멸시키는 제도이므로 형 선고의 효력을 상실하게 하는 형의 실효와 다르고, 검사의 형벌청구권을 소멸시키는 공소시효제도와도 다르다.

형의 소멸원인은 형 집행의 종료·면제, 선고유예·집행유예기간의 경과, 가석방기간의 만료, 시효의 완성, 사망, 사면, 형의 실효 및 복권 등이다.

2. 사면·복권

사면이란 국가원수의 특권에 의하여 형벌권을 소멸시키거나 또는 그 효력을 제한하게 하는 제도이다. 대통령은 법률이 정하는 바에 의하여 사면·감형 또는 복권을 명할 수 있다(헌법 제79조). 이에 관한 법률이 사면법으로서 사면·감형과 복권에 관한 사항을 규정하고 있다(사면법 제1조).

사면은 검찰의 소추기능과 사법부의 재판기능을 무의미하게 하는 결과를 가져오므로 신중하여야 한다. 또한 일반예방효과를 약화시킬 수도 있다.

대통령이 행사하는 사면권이 사법심사의 대상은 아니지만 내재적 한계까지 무시하는 사면권의 자의적 행사는 인정되기 어렵다.

이러한 점을 감안해서 우리나라에서는 2007년 사면법을 일부 개정하여 '사면심사위원회' 제도를 신설했다.

사면심사위원회는 법무부장관이 특별사면 등을 대통령에게 상신하기 전에 그 상신의 적정성을 심사하는 역할을 담당한다.

제10조의2(사면심사위원회)

① 제10조 제1항에 따른 특별사면, 특정한 자에 대한 감형 및 복권 상신의 적정성을 심사하기 위하여 법무부장관 소속으로 사면심사위원회를 둔다.
② 사면심사위원회는 위원장 1인을 포함한 9인의 위원으로 구성한다.
③ 위원장은 법무부장관이 되고, 위원은 법무부장관이 임명 또는 위촉하되, 공무원이 아닌 위원을 4인 이상 위촉하여야 한다.
④ 공무원이 아닌 위원의 임기는 2년으로 하며, 1회에 한하여 연임할 수 있다.
⑤ 사면심사위원회의 심사과정 및 심사내용의 공개시기·공개범위와 공개방법은 대통령령으로 정한다.
⑥ 위원은 사면심사위원회의 업무처리 중 알게 된 비밀을 누설하여서는 아니된다.
⑦ 위원은 「형법」이나 그 밖의 법률에 따른 벌칙의 적용에 있어서는 공무원으로 본다.
⑧ 그 밖에 사면심사위원회에 관하여 필요한 사항은 법무부령으로 정한다.

3. 사면에는 일반사면과 특별사면이 있다(동법 제2조).

(1) 일반사면

일반사면이란 죄를 범한 모든 자에 대하여 이들 대상자가 위반한 죄 또는 형의 종류를 정하여 대통령령으로 행하는 사면을 말한다(동법 제3조 제1호, 제8호). 일반적으로 행해지므로 대사(大赦)라고도 한다.

일반사면의 효력은 원칙적으로 형의 선고를 받은 자에 대하여는 그 선고의 효력이 상실되며, 아직 형의 선고를 받지 않은 자에 대하여는 공소권이 상실된다(동법 제5조 제1항, 제1호). 일반사면은 국회의 동의를 얻어야 한다(헌법 제79조 제2항).

(2) 특별사면

특별사면은 형의 선고를 받은 특정인에 대하여 대통령이 하는 사면이다(동법 제3조 제2호, 제9조). 특별사면의 효력은 원칙적으로 형의 집행이 면제되는 것이지만(잔형집행면제), 특별한 사정이 있는 경우에는 형의 선고의 효력을 상실하게 할 수도 있다. 형선고실효는 집행유예나 벌금형 등을 선고받은 사람에게 내려지며 잔형집행면제와 달리 형선고기록이 완전히 삭제된다.

사면의 효력은 장래에 향하여 형의 선고의 효력을 상실하게 하거나 또는 형의 집행이 면제되는 것뿐이므로 형의 선고에 의한 기성의 효과는 사면으로 인하여 변경되지 않는다(동법 제5조 제2항).

(3) 복권

사면법상의 복권이란, 죄를 범하여 형의 선고를 받은 자가 그 형의 선고의 부수적 효력으로서 다른 법령에 의하여 자격이 상실 또는 정지된 경우에는 그 상실 또는 정지된 자격의 회복을 목적으로 하는 처분을 말한다(사면법 제5조 제1항, 제5호). 복권은 형의 집행을 종료하지 않은 자 또는 집행의 면제를 받지 않은 자에 대하여는 행하지 않는다(사면법 제5조).

4. 형의 실효 및 복권

형벌권은 형 집행의 종료, 형 집행의 면제, 기타 일정한 원인으로 소멸되더라도 형의 선고의 법률상의 효과는 소멸하지 않는다. 즉 전과사실은 존속하는 것이다. 이로 인하여 당사자는 사회생활상 불리한 지위에 서게 되므로 전과사실을 말소시켜 자격을 회복시키고 이를 통하여 사회복귀를 용이하게 하는 것이 형사정책적으로 요구된다.

이를 위하여 형법은 형의 실효(제81조) 및 복권(제82조)에 관한 규정을 두고 있으나, 이는 재판을 통한 복권을 의미하여 사면에 의한 형의 실효나 복권과는 구별된다.

(1) 형의 실효

징역 또는 금고의 집행을 종료하거나 집행이 면제된 자가 피해자의 손해를 보상하고 자격정지 이상의 형을 받음이 없이 7년을 경과한 때에는 본인 또는 검사의 신청에 의하여 그 재판의 실효를 선고할 수 있다(제81조).

이에 따라 '형의 실효'의 재판이 확정되면 처음부터 형의 선고를 받지 않은 것과 동일한 결과가 된다.

다만 형의 실효는 형벌의 집행권을 소멸하게 하는 것이 아니라 집행권이 이미 소멸한 후에 형의 선고의 효력을 상실하게 하는 점에서 일반적인 형의 소멸과는 의미가 다르다.

(2) 복권

자격정지의 선고를 받은 자가 피해자의 손해를 보상하고 자격정지 이상의 형을 받음이 없이 정지기간의 2분의 1을 경과한 때에는 본인 또는 검사의 신청에 의하여 자격의 회복을 선고할 수 있다(제81조).

이는 자격정지의 선고를 받은 자가 자격정지기간이 만료되지 않았더라도 일정한 조건 아래 자격을 회복시켜 정상적인 사회생활을 영위할 수 있도록 하는 데에 목적이 있다.

(3) 「형의 실효 등에 관한 법률」상 실효제도

「형의실효 등에 관한 법률」은 전과기록 및 수사경력 자료의 관리와 형의 실효에 관한 기준을 상세히 규정하고 있다.

1) 이 법에 의하면 형을 선고받았던 사람(수형인)이 자격정지 이상의 형을 받음이 없이 형의 집행을 종료하거나 그 집행이 면제된 날부터 계산하여 3년을 초과하는 징역·금고에 해당하는 경우는 10년, 3년 이하의 징역·금고에 해당하는 경우는 5년, 벌금에 해당하는 경우는 2년이 경과한 때에 그 형은 실효된다. 다만, 구류·과료는 형의 집행을 종료하거나 그 집행이 면제된 때에 그 형이 실효된다(동법 제7조 제1항).

2) 형이 실효된 때, 형의 집행유예기간이 경과한 때, 자격정지기간이 경과한 때 또는 일반사면이나 형의 선고의 효력을 상실하게 하는 특별사면 또는 복권이 있은 때에는 수형인명부는 폐기된다(제8조 제1항). 또한 검사의 기소유예·혐의 없음·공소권 없음 또는 죄가 안 됨의 불기소처분이 있는 경우, 법원의 무죄·면소 또는 공소기각의 판결이 확정된 경우 또는 법원의 공소기각의 결정이 확정된 경우에는 그 처분 또는 결정이 있거나 판결이 선고된 날부터 5년이 경과한 때에 전산 입력된 수사경력 자료의 해당 사항은 삭제된다(제2호).

CHAPTER 03

보안처분론

제1절 보안처분의 의의와 개념

Ⅰ. 보안처분의 의의

일반적으로 '보안처분'은 장래에 범죄를 저지를 위험성이 있는 범죄인의 재범을 방지하여, 이를 통해 사회 일반인의 안전을 확보하기 위한 형사제재를 가리킨다. '형벌'은 과거의 범죄행위에 대한 책임을 묻기 위한 과거지향적인 형사제재임에 비해, '보안처분'은 미래의 재범위험성에 대비하여 예방조치를 취하는 미래지향적인 형사제재라는 점에서 성질상 차이가 있다. 따라서 형벌절차에서는 책임주의 원칙이 인권보장원리로서 강조되지만, 보안처분에서는 비례성의 원칙이 강조된다.

보안처분이란 '보안·개선 처분'의 줄임말이다. '보안처분'은 '사회를 안전하게 지키기 위한 처분'을 뜻하고, '개선처분'은 '특수한 교육·개선 및 치료조치를 행함으로써 재범위험성이 있는 사람의 재범을 방지하여 사회복귀를 촉진하는 처분'을 의미한다. 그러므로 보안처분은 개선처분과 보안처분의 양면성을 갖는다. 보안처분은 '강제적 예방처분'이라고 이해하는 것이 좋다.

넓은 의미의 보안처분은 범죄인에 대한 형사제재로서, 형벌 이외의 제재를 말한다.

보안처분이란 범죄로부터 사회를 방위하고 범죄인을 재사회화하기 위한 방법으로서, 특정범죄인에 대하여 형벌부과만으로는 형사제재의 목적달성이 부적합하거나, 법적 관점에서 형벌이 허용되지 않는 경우에 시행하는 제재이다. 따라서 보안처분은 책임주의로 인해 사회방위수단으로서의 한계가 있는 형벌을 보완하기 위해 사용하는 형사제재이다.

예를 들어 정신질환으로 인한 심신장애인이 범죄를 저지른 경우, 형벌이 부과되지 않거나 형벌이 감경될 수 있다(형법 제10조). 그렇지만, 그 사람이 정신질환 상태에 있는 한 재범위험이 높으므로, 사회의 일반인들은 그 사람의 범행으로 인한 피해를 입을 위험성이 많다. 따라서 그 사람의 정신질환을 치료하여 재범을 저지르지 못 하도록 하는 예방조치가 필요하다. 이와 같이 보안처분은 형벌을 부과할 수 없는 경우 그 형벌을 대체하거나, 형벌을 감경하는 경우 그 형벌의 감경된 부분을 보완하는 기능을 하고 있다.

ⓘ 형벌과 보안처분의 구별

형벌	보안처분
책임을 전제로 하고 책임주의의 범위 내에서 과하여진다(책임원칙).	행위자의 재범의 위험성을 전제로 하여 특별예방의 관점에서 과하여진다(비례성(과잉금지)의 원칙).
과거의 침해행위를 대상으로 하는 형사제재이다(과거의 불법에 대한 책임에 기초하고 있는 제재).	장래에 대한 예방적 성격을 가진 형사제재이다(장래의 위험성으로부터 행위자를 보호하고 사회를 방위하기 위한 합목적인 조치).
형벌의 종류와 내용에 대해서는 「형법」에서 규정하고 있다.	보안처분의 종류와 내용에 대해서는 「치료감호 등에 관한 법률」 등 각종 특별법에서 규정하고 있다.
형벌의 부과절차에 관하여는 「형사소송법」에서 규정하고 있다.	보안처분의 부과절차는 「치료감호 등에 관한 법률」이나 그 밖의 특별법에 따르도록 하고 있다.
행위시법 적용(소급효 금지)	재판시법 적용(소급효 인정)

Ⅱ. 보안처분의 개념

1. 광의(넓은 의미)의 보안처분

행위자의 재범위험성을 방지하기 위하여 이에 대한 특별예방목적으로 범죄인을 치료·개선하여 그로부터 사회방위를 도모하려는 형벌 이외의 모든 형사제재를 뜻한다. 따라서 광의의 보안처분에는 행정처분과 대물적 보안처분 및 범죄행위를 전제로 하지 않는 미연 예방처분까지 포함한다. 이는 나치 독일에서처럼 남용되어 인권을 침해할 위험성이 크기 때문에 대부분의 국가에서는 범죄행위를 전제로 하지 않으면서 순수한 위험성만을 이유로 부과하는 처분은 인정하지 않고 있다.

2. 협의(좁은 의미)의 보안처분

구성요건해당성 및 위법성을 갖춘 일정한 범죄행위를 전제로 하여, 책임원칙 때문에 감경되는 형벌량을 보충하거나 형벌을 가할 수 없는 책임무능력자에 대해 형벌을 대체하기 위하여, 법관에 의한 사법 절차를 통하여 부과되는 처분을 말한다. 따라서 협의의 보안처분에는 대인적 보안처분, 사법(司法)처분만 해당된다.

제2절 보안처분의 종류

Ⅰ. 대인적 보안처분과 대물적 보안처분

(1) 대인적 보안처분이란 사람에 대하여 부과되는 예방처분이다. 치료감호·보호감호·보안감호·주거제한·보호관찰·전자장치 부착명령·약물치료명령·신상공개명령·사회봉사명령·수강명령 등이 있다.

(2) 대물적 보안처분이란 물건에 대한 예방처분이다. 몰수·범죄수익박탈·영업장폐쇄·법인의 해산명령 등이 그 예이다.

Ⅱ. 자유를 박탈하는 처분(시설내 보안처분)과 자유를 제한하는 보안처분[사회내(외래적) 보안처분]

(1) 자유박탈보안처분이란 일정한 수용시설에 격리·수용되는 것을 내용으로 하는 구금성 예방처분이다. 시설내처우에 속한다. 치료감호·보호감호·보안감호·사회치료처분 등이 있다.

(2) 자유제한보안처분이란 자유를 박탈하지는 아니하고 자유제한의 정도에 이르는 비구금성 보안처분이다. 사회내(외래적)처우에 속한다. 보호관찰·보안관찰·전자장치 부착명령·거주제한·신상공개명령·약물치료명령 등이 있다.

제3절 형벌과 보안처분의 선고·집행 관계

Ⅰ. 이원주의

형벌은 책임을 근거로, 보안처분은 위험성을 근거로 과해지는 처분으로 보아 본질적으로 형벌과 보안처분을 구분하는 입장이다. 형벌이론에서 응보주의에 바탕을 두고 있다.

이원주의에서는 형벌과 보안처분을 병과하고(동시에 선고하고), 순차적으로 형벌 집행 후 보안처분을 중복집행하는 방식이다. 이중처벌을 인정하는 단점이 있다. 과거 우리나라의 구(旧)사회보호법상 보호감호가 전형적인 예이다.

또한 형벌과 보안처분을 형사제재장치로 병행하는 입법체제를 '형사제재의 이원주의'라고 한다. 우리 헌법은 형사제재의 수단으로 형벌과 보안처분을 함께 인정하고 있다(헌법 제12조 제1항).

Ⅱ. 일원주의

형벌과 보안처분을 본질적으로 동일시하며 양자 중 택일하여 적용한다. 형벌과 보안처분을 병과할 수는 없고 형벌집행이 부적합한 경우에만 보안처분을 대체·보완 적용하는 주의이다.

이 입장은 형벌이론에서 교육형주의에 바탕을 두고 있다. 책임주의에 반할 위험성이 있다는 것이 단점이다.

Ⅲ. 대체주의(대체집행주의)

(1) 오늘날 이원주의의 입장도 형벌과 보안처분의 목적을 다르게 보는 것이 아니다. 다만 목표달성을 위한 방법이 다를 뿐이다. 그래서 형벌은 책임의 정도에 따라 선고하되 집행은 형벌과 보안처분으로 순차적이 아니라, 형벌 대신 보안처분으로 집행을 대체하는 방식인 대체주의가 정립되었다.

(2) 이 주의의 특징은, 형벌과 보안처분의 병과는 인정하되 원칙적으로 보안처분

을 형벌보다 먼저 집행하도록 하여, 보안처분집행기간을 형집행기간에 산입하여 집행단계에서 보안처분이 형벌기능을 대체하게 한 점이다.

「치료감호 등에 관한 법률」상 치료감호가 전형적인 예이다. 형벌과 치료감호가 동시에 선고된 경우에는 치료감호를 형벌보다 먼저 집행하고, 치료감호 집행기간은 형기에 산입하고 있다.

ⓘ 일원주의 · 이원주의 · 대체(집행)주의의 비교

<table>
<tr><th>구분</th><th colspan="2">이원주의</th><th>일원주의</th><th>대체주의</th></tr>
<tr><td>형벌과의 관계</td><td colspan="2">형벌 ≠ 보안처분</td><td>형벌 = 보안처분</td><td>선고단계: 이원주의
집행단계: 일원주의</td></tr>
<tr><td>주장 채택</td><td colspan="2">응보형론자</td><td>목적형 · 교육형론자,
사회방위론자</td><td>통합적 형벌이론가</td></tr>
<tr><td rowspan="5">특징</td><td>형벌</td><td>보안처분</td><td rowspan="5">① 둘 다 개선 및 사회방위처분
② 둘 다 특별예방 및 사회방위가 목적
③ 형벌은 응보성을 지양하고 예방 목적형으로 전환되어야 한다.</td><td rowspan="5">① 형벌의 응보성을 긍정 또는 부정하면서 형벌의 목적을 일반·특별예방에 두는 통합설의 입장
② 보안처분과 전통적 책임형법의 조화
③ 범죄인의 사회복귀에 효율적인 대책
④ 보안처분 선집행 및 보안처분기간의 형기 산입(기능적 대체)
⑤ 형사정책상 현실적용성 탁월</td></tr>
<tr><td>책임</td><td>위험성</td></tr>
<tr><td>범죄의 진압</td><td>범죄의 예방</td></tr>
<tr><td>회고성,
응보성,
고통부과성</td><td>전망성,
범죄위험 대응성</td></tr>
<tr><td>형사처분</td><td>행정처분</td></tr>
<tr><td>대체성</td><td colspan="2">병과주의(대체불가)</td><td>택일주의(완전대체 가능)</td><td>요건과 선고는 별개, 집행은 대체 가능</td></tr>
<tr><td>선고관할</td><td colspan="2">행정기관(행정처분)</td><td>법원(형사처분)</td><td>선고는 법원, 집행은 행정기관(교정기관)</td></tr>
<tr><td>비판</td><td colspan="2">이중형벌의 위험성
(일원주의 입장에서 명칭사기·상표사기라고 비판)</td><td>책임주의에 반할 위험성
(형법의 보장적 기능 경시)</td><td>① 책임주의와 불일치 여지 있음
② 정의관념에 배치
③ 적용기준의 불명확성</td></tr>
</table>

제4절 보안처분법정(法定)주의 - 죄형법정주의의 확대

Ⅰ. 보안처분법정주의

우리 「헌법」 제12조 제1항은 "누구든지 법률과 적법한 절차에 의하지 아니하고는 보안처분을 받지 아니한다."라고 규정하고 있다. 이 조문은 보안처분법정주의를 선언한 것이다.

보안처분은 형벌과 마찬가지로 신체의 자유를 중대하게 침해하는 형사제재이다. 따라서 보안처분의 요건과 효과 또한 성문의 법률로써 엄격하게 규율되지 않으면 안된다. 보안처분에는 형벌의 죄형법정주의에 준하여 보안처분법정주의 원칙이 지배원리로 작용한다.

Ⅱ. 책임주의와 비례의 원칙(최소침해성의 원칙)

보안처분은 형벌과 달리 책임주의가 아니라 비례의 원칙(최소침해성(과잉금지)의 원칙)에 지배된다는 점에서 본질적인 차이를 나타낸다.

형벌은 책임이 없으면 부과할 수 없다. 또한 책임의 한도 내에서만 형벌이 부과된다. 이에 비해 보안처분은 사회방위 및 범죄인의 치료·개선을 달성하기 위하여 필요한 한도 내에서 부과할 수 있다. 보안처분은 책임에 의한 제한보다는 목적달성을 위한 필요성(합목적성)이 강조되는 처분이다.

보안처분은 재범의 위험성이 있는 사람으로부터 사회를 방위하고 재범의 위험성이 있는 사람을 교육·개선·치료하기 위한 처분이다.

Ⅲ. 보안처분과 재판시법주의

보안처분의 부과에는 행위시법이 아니라 재판시법이 기준으로 적용된다. 보안처분을 규율하는 법률에는 형벌법규와 달리 소급효금지의 원칙이 적용되지 않는 것도 허용된다. 따라서 보안처분을 규정하는 법률이 제정되기 이전에 발생한 사실을 고려하여 보호관찰과 같은 일부 보안처분을 과하는 것도 허용된다(대법원 판례).[24]

---

24) 1983,6,28, 83도 1070, 83 감도 208.

CHAPTER 04

우리나라의 보안처분제도

어느 시대에나 오늘날의 보안처분과 비슷한 기능을 하는 범죄예방조치들이 존재하고 있었다. 그러나 형사제재로서 형벌과 구분되는 현대적 의미의 보안처분이 유럽에서 시작된 것은 18세기 말부터이다. 우리나라의 경우, 1958년에 제정된 「소년법」에서 보호처분이 제도화되었고, 1975년 제정된 「사회안전법」에서는 반국가사범에 대한 보호관찰·주거제한·보안감호가 있었다. 그 후 우리나라에서 보안처분이 본격적으로 제도화된 것은 1980년 전두한 군사정권에 의해 제정된 「사회보호법」에 의해서였다. 동법(同法)은 제정이유를 상습범과 심신장애(정신질환) 범죄자 등으로부터 사회의 안전을 보호하고, 이들을 치료·개선하기 위한 보호처분제도의 마련이라고 내세웠지만, 5·17 군사쿠데타에 의해 정권을 강탈한 군부독재세력들이 범죄에 대한 강경대응책을 통한 민심수습의 의도도 있었다.

제1절 사회안전법, 사회보호법의 보안처분 도입과 폐지

Ⅰ. 「사회안전법」의 보안처분 도입과 폐지

우리나라에서 전형적인 보안처분제도를 최초로 도입한 법률은 1975년에 제정된 「사회안전법」이었다. 이 법률은 국가의 안전에 관련된 특정범죄와 관련하여 "이 법은 특정범죄를 다시 범할 위험성을 예방하고 사회복귀를 위한 교육개선이 필요하다고 인정되는 자에 대하여 보안처분을 함으로써 국가의 안전과 사회의 안녕을 유지함을 목적으로 한다."라고 규정하여 '보안처분'이라는 용어를 처음으로 사용하였다. 「사회안전법」은 보안처분의 종류로 보호관찰처분, 주거제한처분, 보안감호처분을 규정하고 있었는데, 보안감호처분은 자유를 박탈하는 시설내 보안처분(구금성 보안처분)이었다.

이후 「사회안전법」은 1989년에 「보안관찰법」으로 대체되었다. 「보안관찰법」은 시설내 보안처분인 보안감호처분을 폐지하고 사회내 보안처분으로 '보안관찰처분'을 도입하여 시행되고 있다.

Ⅱ. 「사회보호법」의 보안처분 도입과 폐지

일반형사범을 대상으로 보안처분을 도입한 법률은 1980년부터 시행된 「사회보호법」이었다. 「사회보호법」은 "이 법은 죄를 범한 자로서 재범의 위험성이 있고 특수한 교육·개선 및 치료가 필요하다고 인정되는 자에 대하여 보호처분을 함으로써 사회복귀를 촉진하고 사회를 보호함을 목적으로 한다."라고 규정하면서, 보호감호, 치료감호, 보호관찰이라는 세 종류의 보안처분을 도입하였다.

이 가운데 보호감호는 재범의 위험성이 있는 전과자를 수용시설에 수용하여 감호·교화하고, 사회복귀에 필요한 직업훈련과 근로를 과하는 자유를 박탈하는 구금성 보안처분이었다.

형벌의 집행과 보호감호의 집행은 그 실태에 있어서 거의 차이가 없었다.

양자 모두 신체의 자유를 박탈한다는 점에서 공통되었을 뿐만 아니라 보호감호가 격리·구금 위주의 형벌과 거의 다름없이 시행되었기 때문이다.

그러므로 보호감호에 대하여 이중처벌이라는 비난이 제기되고 있었다. 그리하여 2005년 보호감호의 근거가 되었던 「사회보호법」을 폐지하였다.

Ⅲ. 사회보호법 폐지 후 현행법의 보안처분

1. 「치료감호법」의 제정·시행

보호감호와는 달리 심신장애 또는 마약류·알코올 그 밖에 약물중독 상태 등에서 범죄행위를 한 자에게 재범의 위험성이 있는 경우 이들의 범죄로부터 사회를 방위해야 할 필요성은 계속 인정되었다.

그리하여 「사회보호법」의 대체입법으로 2005년 「치료감호법」이 제정되었다. 「사회보호법」으로부터 「치료감호법」으로 이행하는 과정에서 보호감호는 폐지되었다.

그 후 「치료감호법」 개정에 의하여 소아성기호증이나 성적가학증 등 성적 성벽(性癖)이 있는 정신성적(精神性的) 장애인도 치료감호의 대상에 포함되었다. 2016년부터는 「치료감호 등에 관한 법률」로 개정되어 치료명령제도를 추가·도입하였다.

2. 「특정범죄 가중처벌 등에 관한 법률」의 개정

사회보호법이 폐지되면서 재범의 위험성이 있는 범죄자에 대한 형사처벌이 강화되었다. 「특정범죄가중처벌 등에 관한 법률」 제5조의4 제6항을 신설하여 상습절도 등으로 2회 이상 실형을 받아 그 집행을 종료하거나 면제받은 후 3년 이내에 다시 동종의 죄를 범한 때에는 그 죄에 정한 형의 단기의 2배까지 가중하도록 하였다.

3. 보안처분의 확대

보안처분에 대해서는 형법 이외의 단행 특별법률들이 규정하고 있는데, 이들 특별법을 통하여 다양한 형태의 보안처분이 점차 확대되고 있다.

제2절 현행법상의 보안처분제도

Ⅰ. 「치료감호 등에 관한 법률」상 치료감호제도와 치료명령제도

1. 치료감호제도

(1) 치료감호의 의미

치료감호 처분은 심신장애 상태, 마약류·알코올이나 그 밖의 약물중독 상태, 정신성적(精神性的) 장애가 있는 상태 등에서 범죄행위를 한 자로서 재범의 위험성이 있고 특수한 교육·개선 및 치료가 필요하다고 인정되는 자에 대하여 부과하는 보호와 치료의 처분이다.

(2) 심신장애인에 대한 치료감호

심신상실로 벌할 수 없거나 심신미약으로 형이 감경되는 심신장애인으로서 금고 이상의 형에 해당하는 죄를 지은 자가 대상이다. 심신장애인에 대한 치료감호시설에의 수용은 계속하여 15년을 초과할 수 없다.

(3) 약물중독자 등에 대한 치료감호

마약·향정신성의약품·대마, 그 밖에 남용되거나 해독을 끼칠 우려가 있는 물질이나 알코올을 식음·섭취·흡입·흡연 또는 주입받는 습벽이 있거나 그에 중독된 자로서 금고 이상의 형에 해당하는 죄를 지은 자가 대상이다. 약물중독자 등을 치료감호시설에 수용하는 경우 계속하여 2년을 초과할 수 없다.

(4) 정신성적 장애인에 대한 치료감호

소아성기호증, 성적가학증 등 성적 성벽(性癖)이 있는 정신성적(精神性的) 장애인으로서 금고 이상의 형에 해당하는 일정한 성폭력범죄를 지은 자가 대상이다. 정신성적 장애인에 대한 치료 감호시설에의 수용은 계속하여 15년을 초과할 수 없다.

(5) 치료감호의 집행

치료감호를 선고받은 자에 대하여는 치료감호시설에 수용하여 치료를 위한 조치를 한다. 치료감호의 집행은 검사가 지휘한다.

치료감호와 형이 병과된 경우에는 치료감호를 먼저 집행한다. 이 경우 치료감호의 집행기간은 형기에 산입한다. 이는 대체(집행)주의를 채택한 것이다. 대체(집행)주의란 보안처분의 집행을 형벌의 집행으로 갈음할 수 있도록 허용하는 방식을 말한다.

치료감호의 선고를 받은 자는 그 치료감호의 집행이 종료되거나 면제될 때까지 ① 공무원이 될 자격, ② 공법상의 선거권과 피선거권, ③ 법률로 요건을 정한 공법상 업무에 관한 자격이 정지된다.

(6) 치료감호의 종료

「치료감호법 등에 관한 법률」에 의하여 설치된 위원회가 치료감호심의위원회이다. 치료감호심의위원회는 피치료감호자에 대한 치료의 위탁·가종료 및 그 취소와 치료감호 종료 여부에 관한 사항을 심사·결정하며, 그 밖에 피보호관찰자에 대한 준수사항의 부과 및 지시·감독과 그 위반 시의 제재에 관한 사항과 그 밖에 위의 사항과 관련된 사항에 대해 심사·결정한다.

2. 치료명령제도

(1) 치료명령의 의의

치료명령은 치료시설 내에서 구금하여 범죄의 원인을 치료·개선하는 처우가 아니라, 지역사회에서 생활하도록 하면서 치료시설로 통원하면서 치료받는 외래 처분이다. 치료감호가 구금성·자유박탈적 보안처분임에 비해 치료명령은 비구금성·자유제한적 보안처분에 속한다.

(2) 치료보호대상자

① 「형법」에 따라 형이 감경되는 심신장애인 즉, 심신미약자로서 금고 이상의 형에 해당하는 죄를 지은 자, ② 알코올을 식음하는 습벽이 있거나 그에 중독된 자로서 금고 이상의 형에 해당하는 죄를 지은 자, ③ 마약·향정신성의약품·대마, 그 밖에 남용되거나 해독을 끼칠 우려가 있는 물질을 식음·섭취·흡입·흡연 또는 주입받는 습벽이 있거나 그에 중독된 자로서 금고 이상의 죄를 지은 자 등이다.

(3) 치료명령 사건

법원은 치료명령대상자에게 형의 선고유예를 하거나 형의 집행유예를 하는 경우에 치료기간을 정하여 통원치료 받을 것을 명할 수 있다. 치료명령을 명하는 경우에는 반드시 보호관찰을 병과해야 한다. 보호관찰기간은 선고유예의 경우에는 1년, 집행유예의 경우에는 원칙적으로 그 유예기간으로 한다. 치료명령에 의한 치료기간은 보호관찰기간을 초과해서는 아니 되고 보호관찰기간 내에서 정해야 한다.

(4) 치료명령의 집행

법무부장관은 치료명령을 받은 사람의 치료를 위하여 치료기관을 지정할 수 있다. 치료명령은 검사의 지휘를 받아 보호관찰관이 집행한다.

치료명령을 받은 사람은 보호관찰관의 지시에 따라 성실히 치료에 응해야 하고 인지치료 등 심리치료 프로그램을 성실히 수행해야 한다.

치료명령을 받은 사람은 치료기간동안 치료비용을 부담하여야 한다(자비부담의 원칙). 다만, 치료비용을 부담할 경제적 능력이 없는 경우에는 국가가 그 비용을 부담할 수 있다.

Ⅱ. 보호관찰 제도

1. 보호관찰의 의의와 성질

(1) 보호관찰의 의의

일반적으로 보호관찰이란 유죄의 확정판결을 받은 범죄인 중 교정시설내 형집행보다 사회내 처우가 필요하다고 인정되는 사람을 선별하여 보호관찰관에게 위탁하여 행상을 지도·감독·원호하게 함으로써 재범을 저지르지 않고 사회에 정상적으로 복귀할 수 있도록 하는 제도를 말한다.

넓은 의미의 보호관찰은 범죄인을 사회 내에서 지도·감독·원호하는 일체의 처분이다. 이에 대해 좁은 의미의 보호관찰은 재범의 위험성이 있는 범죄인을 사회 내에서 지도·감독·원호하는 사회 내의 처분이다.

(2) 보호관찰의 법적 성질

우리나라 판례는 선고·집행유예와 관련한 보호관찰을 보안처분으로 보고 있다. 과거의 불법에 대한 책임에 기초하고 있는 제재가 아니라 장래의 위험성으로부터 행위자를 보호하고 사회를 방위하기 위한 합목적적인 조치라는 것이다. 대법원 판례 가운데에는 집행유예 시의 보호관찰에 대해 재판시법주의를 적용하여 소급효를 인정한 예가 있다.

(3) 보호관찰의 근거법령

「형법」은 선고유예, 집행유예, 가석방 관련하여 보호관찰을 규정하고 있다. 선고유예 또는 집행유예에 부수하는 경우에는 지도·원호제도(probation)에 가깝고, 가석방 또는 가출소에 부수하는 경우에는 지도·감독제도(parole supervision)에 가까운 제도로 구분된다. 「소년법」은 보호처분의 일종으로서 보호관찰을, 「치료감호 등에 관한 법률」은 치료감호 가출소 및 치료감호시설 외에서의 치료위탁과 관련된 보호관찰을, 「가정폭력범죄의 처벌 등에 관한 특례법」은 가정보호사건에 대한 보호처분의 일환으로 보호관찰을 각각 규정하고 있다.

「보안관찰법」은 특정한 보안관찰범죄에 대해 보안관찰 해당범죄를 다시 범할 위험성이 있다고 인정할 충분한 이유가 있어 재범의 방지를 위한 관찰이 필요한 자에 대하여 보안관찰처분을 규정하고 있는데, 이것도 특수한 보호관찰의 일종으로 볼 수 있다.

2012년 「특정 범죄자에 대한 보호관찰 및 전자장치 부착 등에 관한 법률」[25)]을 통하여 형의 집행을 마친 사람들에 대한 보호관찰명령 제도를 도입하였다.

2. 전자장치부착 등에 관한 법률상 보호관찰명령 청구제도

(1) 보호관찰명의 청구

위치추적 전자장치에 관한 근거법률을 「특정 범죄자에 대한 보호관찰 및 전자장치 부착 등에 관한 법률」으로 확대 개정하면서 보호관찰명령 청구제도를 도입하였다.

이는 지금까지의 보호관찰이 형벌이나 다른 보안처분에 부가되는 형태의 것이었음에 대하여 보호관찰명령 청구제도는 형 집행을 마친 사람에 대해 검사가 독립하여 보호관찰명령을 법원에 청구할 수 있다는 점에서 다른 보호관찰제도와 큰 차이가 있다.

(2) 청구대상

검사는 ① 성폭력범죄를 저지른 사람으로서 성폭력범죄를 다시 범할 위험성이 있다고 인정되는 사람, ② 미성년자 대상 유괴범죄를 저지른 사람으로서 미성년자 대상 유괴범죄를 다시 범할 위험성이 있다고 인정되는 사람, ③ 살인범죄를 저지른 사람으로서 살인범죄를 다시 범할 위험성이 있다고 인정되는 사람, ④ 강도범죄를 저지를 사람으로서 강도범죄를 다시 범할 위험성이 있다고 인정되는 사람의 어느 하나에 해당하는 사람에 대하여 형의 집행이 종료한 때부터 「보호관찰 등에 관한 법률」에 따른 보호관찰을 받도록 하는 명령을 법원에 청구할 수 있다.

법원은 전자장치 부착명령이 청구된 사건에 대하여 부착명령보다 보호관찰명령을 선고할 필요가 있다고 인정하는 때에는 보호관찰명령 청구를 기각하면서 직권으로 2년 이상 5년 이하의 범위에서 기간을 정하여 보호관찰명령을 선고할 수 있다(동법 제21조의3 제2항).

법원은 보호관찰명령 대상자에 해당하는 사람이 금고 이상의 선고형에 해당하고 보호관찰명령의 청구가 이유가 있다고 인정하는 때에는 2년 이상 5년 이하의 범위에서 기간을 정하여 보호관찰명령을 선고하여야 한다.

---

25) 「특정 범죄자에 대한 보호관찰 및 전자장치 부착 등에 관한 법률」은 2020년 개정을 통해 보석조건으로 피고인에게도 전자장치 부착을 명할 수 있도록 하는 '전자보석'제도를 도입하면서 「전자장치 부착 등에 관한 법률」로 법률명을 바꾸었다.

(3) 준수사항

법원은 보호관찰명령을 선고하는 경우 ① 야간 등 특정 시간대의 외출제한, ② 특정지역·장소에의 출입금지 및 접근금지, ③ 주거지역의 제한, ④ 피해자 등 특정인에의 접근금지, ⑤ 특정범죄 치료 프로그램의 이수, ⑥ 마약 등 중독성 있는 물건의 사용금지, ⑦ 그 밖에 부착명령을 선고받는 사람의 재범방지와 성행교정을 위하여 필요한 사항 등의 준수사항 중 하나 이상을 부과할 수 있다.

다만, 특정범죄 치료 프로그램의 이수는 300시간의 범위에서 그 기간을 정하여야 한다.

(4) 보호관찰명령의 집행 절차

보호관찰명령은 특정범죄사건에 대한 형의 집행이 종료되거나 면제·가석방되는 날 또는 치료감호 집행이 종료·가종료되는 날부터 집행한다.

다만, 보호관찰명령의 원인이 된 특정범죄사건이 아닌 다른 범죄사건으로 형이나 치료감호의 집행이 계속될 경우에는 보호관찰명령의 원인이 된 특정범죄사건이 아닌 다른 범죄사건에 대한 형의 집행이 종료되거나 면제·가석방되는 날 또는 치료감호의 집행이 종료·가종료되는 날부터 집행한다.

보호관찰대상자는 특정범죄사건에 대한 형의 집행이 종료되거나 면제·가석방되는 날부터 10일 이내에 주거지를 관할하는 보호관찰소에 출석하여 서면으로 신고하여야 한다.

보호관찰대상자는 주거를 이전하거나 7일 이상의 국내 여행을 하거나 출국할 때에는 미리 보호관찰관의 허가를 받아야 한다.

보호관찰대상자가 정당한 사유 없이 준수사항을 위반하거나 주거지신고 등 의무를 위반한 때에는 법원은 보호관찰소의 장의 신청에 따른 검사의 청구로 ① 1년 범위에서 보호관찰 및 전자장치 부착 기간의 연장, ② 준수사항의 추가 또는 변경의 결정을 할 수 있다. 이 처분은 병과할 수 있다. 위의 사항 외의 사정변경이 있는 경우에도 법원은 상당한 이유가 있다고 인정하면 보호관찰소의 장의 신청에 따른 검사의 청구로 준수사항을 추가, 변경 또는 삭제하는 결정을 할 수 있다.

3. 치료감호 가종료 등의 보호관찰 절차

「치료감호 등에 관한 법률」에 따르면 ① 피치료감호자에 대한 치료감호가 가종료되었을 때와 ② 피치료감호자가 치료감호시설 외에서의 치료를 위하여 법정대리인 등에게 위탁되었을 때 보호관찰이 시작된다. 보호관찰의 기간은 3년이다.

보호관찰은 ① 보호관찰기간이 끝났을 때, ② 보호관찰기간이 끝나기 전이라도 치료감호심의위원회의 치료감호 종료결정이 있을 때, ③ 보호관찰기간이 끝나기 전이라도 피보호관찰자가 다시 치료감호 집행을 받게 되어 재수용된 경우에 종료된다.

피보호관찰자는 「보호관찰 등에 관한 법률」이 규정한 준수사항을 성실히 이행하여야 한다. 치료감호심의위원회는 피보호관찰자의 특성을 고려하여 위의 준수사항 외에 치료나 그 밖에 특별히 지켜야 할 사항을 부과할 수 있다.

4. 보호관찰 등에 관한 법률상의 보호관찰 절차

보호관찰의 집행에 관한 전담 법률로 「보호관찰 등에 관한 법률」이 있다. 이 법률은 "죄를 지은 사람으로서 재범 방지를 위하여 보호관찰, 사회봉사, 수강 및 갱생보호 등 체계적인 사회 내 처우가 필요하다고 인정되는 사람을 지도하고 보살피며 도움으로써 건전한 사회복귀를 촉진하고, 효율적인 범죄예방 활동을 전개함으로써 개인 및 공공의 복지를 증진함과 아울러 사회를 보호함"을 목적으로 하고 있다.

보호관찰, 사회봉사, 수강 또는 갱생보호는 해당 대상자의 교화, 개선 및 범죄예방을 위하여 필요하고도 적절한 한도 내에서 이루어져야 하며, 대상자의 나이, 경력, 심신상태, 가정환경, 교우관계, 그 밖의 모든 사정을 충분히 고려하여 가장 적합한 방법으로 실시되어야 한다.

「보호관찰 등에 관한 법률」은 구체적인 보호관찰의 종류에 따라 여러 가지 형태의 보호관찰방법과 절차를 규정하고 있다. 보호관찰 대상자의 준수사항은 일반적 준수사항과 특별준수사항으로 구별된다. 보호관찰은 보호관찰 대상자의 주거지를 관할하는 보호관찰소 소속 보호관찰관이 담당한다.

Ⅲ. 전자장치 부착명령제도

1. 전자장치 부착제도의 의의와 근거법률

(1) 위치추적 전자장치 부착제도

범행이 중대하고 반복될 개연성이 높은 특정범죄에 대해 위치추적 전자장치 부착제도를 도입하였다. 재범의 가능성이 높다고 객관적으로 인정되는 특정범죄자에게

출소 후 위치를 추적할 수 있는 전자장치를 부가적으로 부착함으로써 그의 행적을 추적·확인할 수 있게 하여 같은 범죄가 다시 발생하는 것을 예방하려는 제도이다.

전자장치 부착제도의 근거법률은 순차적으로 확대 개정되었다. 전자장치 부착제도는 2007년에 제정된 「특정 성폭력범죄자에 대한 위치추적 전자장치 부착에 관한 법률」에 의하여 2008년부터 시행되었다.

2009년에는 근거법률이 「특정 범죄자에 대한 위치추적 전자장치 부착 등에 관한 법률」로 개정되면서 적용대상이 미성년자 대상 유괴범죄로 확대되었고, 이후 살인범죄가 추가되었다. 그리고 2012년에 「특정 범죄자에 대한 보호관찰 및 전자장치 부착 등에 관한 법률」로 다시 확대 개정되면서 적용대상에 강도범죄가 추가되었고, 출소자에 대한 독자적 보호관찰 실시의 법적 근거도 마련되었다.

전자장치 부착제도는 성폭력범죄, 미성년자 대상 유괴범죄, 살인범죄, 강도범죄 등 재범의 위험성이 특별히 높은 범죄에 대한 대비책이라는 점에서 실질적 의미의 보안처분에 해당한다. 따라서 전자장치 부착제도의 실시에는 소급효가 인정되며, 일사부재리의 원칙이나 불이익변경금지의 원칙이 적용되지 않는다.

전자장치 부착 요건으로서 재범의 위험성은 재범할 가능성만으로는 부족하고 대상자가 장래에 다시 대상 범죄를 범하여 법적 평온을 깨뜨릴 상당한 개연성이 있음을 의미한다. 법원이 치료감호와 부착명령을 함께 선고할 경우에는 치료감호의 요건으로서의 재범의 위험성과는 별도로 치료감호를 통한 치료 경과에도 불구하고 부착명령의 요건으로서의 재범의 위험성이 인정된다고 본다.

(2) 위치추적전자장치

「전자장치 부착 등에 관한 법률」이 규정한 위치추적 전자장치란 전자파를 발신하고 추적하는 원리를 이용하여 위치를 확인하거나 이동경로를 탐지하는 일련의 기계적 설비로 대통령령으로 정하는 전자발찌 등을 말한다. 위치추적 전자장치의 부착은 법원의 부착명령에 의한 경우와 그 밖의 경우로 나누어 규정하고 있다.

2. 법원의 부착명령에 의한 전자장치 부착

(1) 대상범죄 네 가지

전자장치 부착명령의 대상범죄는 성폭력범죄, 미성년자 대상 유괴범죄, 살인범죄, 강도범죄이다.

검사는 ① 성폭력범죄로 징역형의 실형을 선고받은 사람이 그 집행을 종료한 후 또는 집행이 면제된 후 10년 이내에 성폭력범죄를 저지른 때, ② 성폭력범죄로 전자장치를 부착받은 전력이 있는 사람이 다시 성폭력범죄를 저지른 때, ③ 성폭력범죄를 2회 이상 범하여 그 습벽이 인정된 때, ④ 19세 미만의 사람에 대하여 성폭력범죄를 저지른 때, ⑤ 신체적 또는 정신적 장애가 있는 사람에 대하여 성폭력범죄를 저지른 때의 어느 하나에 해당하고, 성폭력범죄를 다시 범할 위험성이 있다고 인정되는 사람에 대하여 전자장치를 부착하도록 하는 명령을 법원에 청구할 수 있다.

검사는 미성년자 대상 유괴범죄를 저지른 사람으로서 미성년자 대상 유괴범죄를 다시 범할 위험성이 있다고 인정되는 사람에 대하여 부착명령을 법원에 청구할 수 있다. 다만, 유괴범죄로 징역형의 실형 이상의 형을 선고받아 그 집행이 종료 또는 면제된 후 다시 유괴범죄를 저지른 경우에는 부착명령을 청구하여야 한다.

검사는 살인범죄를 저지른 사람으로서 살인범죄를 다시 범할 위험성이 있다고 인정되는 사람에 대하여 부착명령을 법원에 청구할 수 있다. 다만, 살인범죄로 징역형의 실형 이상의 형을 선고받아 그 집행이 종료 또는 면제된 후 다시 살인범죄를 저지른 경우에는 부착명령을 청구하여야 한다.

검사는 ① 강도범죄로 징역형의 실형을 선고받은 사람이 그 집행을 종료한 후 또는 집행이 면제된 후 10년 이내에 다시 강도범죄를 저지른 때, ② 강도범죄로 전자장치를 부착하였던 전력이 있는 사람이 다시 강도범죄를 저지른 때, ③ 강도범죄를 2회 이상 범하여(유죄의 확정판결을 받은 경우를 포함한다) 그 습벽이 인정된 때의 어느 하나에 해당하고 강도범죄를 다시 범할 위험성이 있다고 인정되는 사람에 대하여 부착명령을 법원에 청구할 수 있다.

(2) 부착명령의 청구

전자장치 부착명령의 청구는 공소가 제기된 특정범죄사건의 항소심 변론종결 시까지 하여야 한다. 법원은 공소가 제기된 특정범죄사건을 심리한 결과 부착명령을 선고할 필요가 있다고 인정하는 때에는 검사에게 부착명령의 청구를 요구할 수 있다. 특정범죄사건에 대하여 판결의 확정 없이 공소가 제기된 때부터 15년이 경과한 경우에는 부착명령을 청구할 수 없다.

(3) 부착명령의 판결 선고

법원은 부착명령 청구가 이유 있다고 인정하는 때에는, ① 법정형의 상한이 사형 또는 무기징역인 특정범죄에 경우에는 10년 이상 30년 이하, ② 법정형 중 징역형의 하한이 3년 이상의 유기징역인 특정범죄의 경우에는 3년 이상 20년 이하, ③ 법정형 징역형의 하한이 3년 미만의 유기징역인 특정범죄의 경우에는 1년 이상 10년 이하의 기간 범위 내에서 부착기간을 정하여 판결로 부착명령을 선고하여야 한다.

다만, 19세 미만의 사람에 대하여 특정범죄를 저지른 경우에는 부착기간의 하한을 2배로 한다.

부착명령을 선고받은 사람은 부착기간 동안 「보호관찰 등에 관한 법률」에 따른 보호관찰을 받는다.

(4) 준수사항의 병과

법원은 전자장치 부착명령을 선고하는 경우 부착기간의 범위에서 준수사항으로 ① 야간, 아동·청소년의 통학시간 등 특정 시간대의 외출제한, ② 어린이 보호구역 등 특정지역·장소에의 출입금지 및 접근금지, ③ 주거지역의 제한, ④ 피해자 등 특정인에의 접근금지, ⑤ 특정범죄 치료 프로그램의 이수, ⑥ 마약 등 중독성 있는 물질의 사용금지, ⑦ 그 밖에 부착명령을 선고받은 자의 재범방지와 성행교정을 위하여 필요한 사항 가운데 하나 이상을 부과할 수 있다.

이 경우 법원은 부착기간의 범위 내에서 준수기간을 정하여야 한다.

(5) 준수사항의 부과·추가·변경·삭제 등 소급 적용 인정

피부착명령자의 재범위험성에 관하여 행형(行刑)성적 등 자료에 의해 판결선고 당시에 예상하지 못한 새로운 사정이 소명되는 등 특별한 사정이 있는 경우 법원은 보호관찰소의 장의 신청에 따른 검사의 청구로 위의 준수사항을 부과·추가·변경 또는 삭제하는 결정을 할 수 있다.

(6) 집행유예와 부착명령 선고

특정범죄사건에 대하여 선고유예 또는 집행유예를 선고하는 때에는 법원은 판결로 부착명령 청구를 기각하는 것이 원칙이다.

그러나 법원은 특정범죄를 범한 자에 대하여 형의 집행을 유예하면서 보호관찰을 받을 것을 명할 때에는 보호관찰기간의 범위 내에서 기간을 정하여 준수사항의 이행 여부 확인 등을 위하여 전자장치를 부착할 것을 명할 수 있다.

이 경우 법원은 전자장치 부착명령기간 중 소재지 인근 의료기관에서의 치료,

지정 상담시설에서의 상담치료 등 대상자의 재범방지를 위하여 필요한 조치들을 과할 수 있다.

특정범죄자에 대하여 집행유예를 선고할 경우에 보호관찰을 받을 것을 함께 명할지 여부 및 그 구체적인 준수사항의 내용, 전자장치의 부착을 명할지 여부 및 그 기간 등에 대한 법원의 판단은 그 전제가 되는 집행유예의 선고와 일체를 이루는 것으로서 형의 집행유예를 선고하는 것과 마찬가지로 법원의 재량사항에 속한다(대법원 판례).

(7) 부착명령의 집행

전자장치 부착명령은 검사의 지휘를 받아 보호관찰관이 집행한다.

부착명령은 특정범죄사건에 대한 형의 집행이 종료되거나 면제·가석방되는 날 또는 치료감호의 집행이 종료·가종료되는 날 석방 직전에 피부착명령자의 신체에 전자장치를 부착함으로써 집행한다.

다만, 부착명령의 원인이 된 특정범죄사건이 아닌 다른 범죄사건으로 형이나 치료감호의 집행이 계속될 경우에는 부착명령의 원인이 된 특정범죄사건이 아닌 다른 범죄사건에 대한 형의 집행이 종료되거나 면제·가석방되는 날 또는 치료감호의 집행이 종료·가종료되는 날부터 집행한다.

보호관찰관은 피부착자의 재범방지와 건전한 사회복귀를 위하여 필요한 지도와 원호를 한다. 보호관찰관은 전자장치 부착기간 중 피부착자의 소재지 인근 의료기관에서의 치료, 상담시설에서의 상담치료 등 피부착자의 재범방지를 위하여 필요한 조치를 할 수 있다.

보호관찰소의 장은 소속 보호관찰관 중에서 보호관찰 및 부착명령의 집행 등을 전담하는 보호관찰관을 지정하여야 한다. 다만, 보호관찰소의 장은 19세 미만의 사람에 대하여 성폭력범죄를 저지른 피부착자 중 재범의 위험성이 현저히 높은 사람에 대하여는 일정기간 그 피부착자 1명만을 전담하는 보호관찰관을 지정하여야 한다.[26]

26) 이 내용은 2008년 어린이를 유인하여 성폭행하고 상해에 이르게 했던 '나영이 사건'으로 알려졌던 범죄자가 2020년 12월 12일 만기출소를 앞두고 "출소 후 거주하겠다."고 밝힌 도시의 주민들이 두려움에 떨었던 것에 대응하여 신설된 규정이다. 이 사건의 범죄인과 관련해서는 많은 사람들이 그의 출소를 반대하며 가벼운 형 선고에 분노하였다. 이런 사회적 분위기에서 "그 범죄인 수형자는 자신이 보복당할 것이 무서워 팔굽혀펴기를 1시단 당 1,000개씩 한다."는 풍문이 있었지만, 법무부는 사실이 아니라고 밝혔었다.

(8) 부착명령의 종료사유

법원이 선고한 전자장치 부착명령은 ① 부착명령기간이 경과한 때, ② 부착명령과 함께 선고한 형이 사면되어 그 선고의 효력을 상실하게 된 때, ③ 부착명령이 가해제된 자가 그 가해제가 취소됨이 없이 잔여 부착명령기간을 경과한 때의 어느 하나에 해당하는 때에 그 집행이 종료된다.

3. 판결 이외의 전자장치 부착

위치추적 전자장치의 부착은 법원의 부착명령 판결에 의하여 이루어지는 것이 원칙이다. 그러나 법원의 부착명령 판결 없이 전자장치 부착이 이루어지는 경우도 있다. 가석방과 치료감호 가종료·치료위탁의 경우가 이에 해당한다.

(1) 가석방

법원의 부착명령 판결을 선고받지 아니한 특정 범죄자로서 형의 집행 중 가석방되어 보호관찰을 받게 되는 자는 준수사항 이행 여부 확인 등을 위하여 가석방기간 동안 전자장치를 부착하여야 한다.

다만, 보호관찰심사위원회가 전자장치 부착이 필요하지 아니하다고 결정한 경우에는 그러하지 아니하다.

(2) 치료감호 가종료 등

「치료감호 등에 관한 법률」에 따른 치료감호심의위원회는 법원의 전자장치 부착명령 판결을 선고받지 아니한 특정범죄자로서 치료감호의 집행 중 가종료 또는 치료위탁되는 피치료감호자나 보호감호의 집행 중 가출소되는 피보호감호자에 대하여 「치료감호 등에 관한 법률」에 따른 준수사항 이행 여부 확인 등을 위하여 보호관찰기간의 범위 내에서 기간을 정하여 전자장치를 부착하게 할 수 있다.

Ⅳ. 성폭력범죄자에 대한 보안처분

1. 성폭력범죄자에 대한 보안처분의 의의

성폭력범죄는 성충동에 의한 재범의 위험성이 매우 높은 범죄이다. 그래서 성폭력범죄에 효율적으로 대처하기 위하여 각종 특별법을 통해 여러 형태의 보안처분 제도를 확대·시행하고 있다.

성폭력범죄에 대한 보안처분은 '신상정보 공개명령 및 고지명령', '취업제한', '성충동 약물치료명령', '치료감호', '위치추적 전자장치 부착명령', '보호관찰명령', '수강명령(이수명령)' 등이 있다.

그 법적 근거는 「성폭력범죄의 처벌 등에 관한 특례법」, 「아동·청소년 성보호에 관한 법률」, 「성폭력범죄자의 성충동 약물치료에 관한 법률」, 「치료감호 등에 관한 법률」, 「전자장치 부착 등에 관한 법률」 등이다.

2. 「성폭력범죄의 처벌 등에 관한 특례법」에 의한 보안처분

(1) 보호관찰제도

법원이 성폭력범죄를 범한 사람에 대하여 형의 선고를 유예하는 경우에는 1년 동안 보호관찰을 받을 것을 명할 수 있다. 다만, 성폭력범죄를 범한 「소년법」 제2조에 따른 소년에 대하여 형의 선고를 유예하는 경우에는 반드시 보호관찰을 명하여야 한다.

(2) 수강명령과 이수명령제도

법원이 성폭력범죄를 범한 사람에 대하여 유죄판결(선고유예는 제외한다)을 선고하는 경우에는 500시간의 범위에서 재범예방에 필요한 수강명령 또는 성폭력 치료 프로그램의 이수명령을 병과하여야 한다.

다만, 수강명령 또는 이수명령을 부과할 수 없는 특별한 사정이 있는 경우에는 그러하지 아니한다.

수강명령 또는 이수명령은 ① 일탈적 이상행동의 진단·상담, ② 성에 대한 건전한 이해를 위한 교육, ③ 그 밖에 성폭력범죄를 범한 사람의 재범예방을 위하여 필요한 사항을 내용으로 한다.

성폭력범죄를 범한 자에 대한 수강명령은 형의 집행을 유예할 경우에 그 집행유예기간 내에서 병과하고, 이수명령은 벌금 이상의 형을 선고하거나 약식명령을 고지하는 경우에 병과한다. 다만, 이수명령은 성폭력범죄자가 「전자장치 부착 등에 관한 법률」에 따른 이수명령을 부과받은 경우에는 병과하지 아니한다.

법원이 성폭력범죄를 범한 사람에 대하여 형의 집행을 유예하는 경우에는 수강명령 외에 그 집행유예기간 내에서 보호관찰 또는 사회봉사 중 하나 이상의 처분을 병과할 수 있다.

수강명령 또는 이수명령은 형의 집행을 유예할 경우에는 그 집행유예기간 내에, 벌금형을 선고하거나 약식명령을 고지할 경우에는 형 확정일부터 6개월 이내에, 징역형 이상의 실형을 선고할 경우에는 형기 내에 각각 집행한다.

다만, 수강명령 또는 이수명령은 성폭력범죄를 범한 사람이 「아동·청소년의 성보호에 관한 법률」에 따른 수강명령 또는 이수명령을 부과받은 경우에는 병과하지 아니한다.

수강명령 또는 이수명령이 벌금형 또는 형의 집행유예와 병과된 경우에는 보호관찰소의 장이 집행하고, 징역형 이상의 실형과 병과된 경우에는 교정시설의 장이 집행한다. 다만, 징역형 이상의 실형과 병과된 이수명령을 모두 이행하기 전에 석방 또는 가석방되거나 미결구금일수 산입 등의 사유로 형을 집행할 수 없게 된 경우에는 보호관찰소의 장이 남은 이수명령을 집행한다.

성폭력범죄를 범한 사람으로서 형의 집행 중에 가석방된 사람은 가석방기간 동안 보호관찰을 받는다.

다만, 가석방을 허가한 행정관청이 보호관찰을 할 필요가 없다고 인정한 경우에는 보호관찰을 부과하지 아니한다.

보호관찰, 사회봉사, 수강명령 및 이수명령에 관하여 「성폭력범죄의 처벌 등에 관한 특례법」에서 규정한 사항 외의 사항에 대하여는 「보호관찰 등에 관한 법률」을 준용한다.

(3) 신상정보의 등록기관

신상정보의 등록이란 등록대상 성범죄로 유죄판결이 확정된 자 또는 공개명령이 확정된 자에 대해 ① 성명, 주민등록번호, 주소지 및 실제거주지, 직업 및 직장 등의 소재지 등 일정한 인적사항과 ② 등록대상 성범죄 경력정보, ③ 성범죄 전과사실(죄명, 횟수), ④ 「전자장치 부착 등에 관한 법률」에 따른 전자장치 부착 여부에 관한 정보를 법무부장관이 등록하는 것을 말한다. 법무부장관은 등록한 정보에 대하여는 등록일자를 밝혀 등록대상자에게 통지하여야 한다.

법무부장관을 등록정보를 최초 등록일(등록대상자에게 통지한 등록일을 말한다)부터 10년에서 30년까지의 기간 동안 보존·관리하여야 한다[27]. 법무부장관은 등록정보를

27) "이 사건 관리조항이 추구하는 공익이 중요하더라도, 모든 등록대상자에게 20년 동안 신상정보를 등록하게 하고 위 기간 동안 각종 의무를 부과하는 것은 비교적 경미한 등록대상 성범죄를 저지르고 재범의 위험성도 인정되지 않는 자들에 대해서는 달성되는 공익과 침해되는 사익 사이의 불균형이 발생할 수 있으므로, 법익의 균형성이 인정되지 않는다, 따라서 이 사건 관리조항은 청구인들의 개인정보자기결정권을 침해한다." 그러므로 "「성폭력범

등록대상 성범죄와 관련한 범죄예방 및 수사에 활용하게 하기 위하여 검사 또는 각급 경찰관서의 장에게 배포할 수 있다.

(4) 등록정보의 공개와 고지의 집행

성범죄자에 대한 정보의 등록과 관리는 법무부장관이 행하지만 등록정보에 대한 공개와 고지는 「아동·청소년의 성보호에 관한 법률」에 따라 여성가족부장관이 집행한다. 법무부장관은 등록정보의 공개에 필요한 정보를 여성가족부장관에게 송부하여야 한다.

3. 「아동·청소년의 성보호에 관한 법률」

(1) 관련 법령의 통합

「아동·청소년의 성보호에 관한 법률」은 성범죄자의 신상에 관한 등록정보의 공개 및 고지에 관하여 규정하고 있다.

종래 아동·청소년 상대 성폭력범죄에 대한 등록정보의 공개 및 고지에 관하여 근거법령이 「성폭력범죄의 처벌 등에 관한 특례법」인지 「아동·청소년의 성보호에 관한 법률」인지 논란되고 있었다.

그리하여 2012년에 「성폭력범죄의 처벌 등에 관한 특례법」 및 「아동·청소년의 성보호에 관한 법률」 개정을 통하여 모든 성범죄자에 대한 등록정보의 공개 및 고지의 법적 근거를 「아동·청소년의 성보호에 관한 법률」로 통일하였다. 그와 함께 등록정보의 등록과 관리는 법무부장관의 소관사항으로, 등록정보의 공개와 고지에 관한 사항은 여성가족부장관의 소관사항으로 구분하였다.

(2) 등록정보 공개 명령 절차

특정 성범죄자에 대하여 공개하도록 제공되는 등록정보를 '공개정보'라고 하고, 법원이 공개정보를 일정한 등록기간 동안 정보통신망을 이용하여 공개하도록 하는 명령을 '공개명령'이라고 한다.

법원은 일정한 성범죄자에 대하여 공개명령을 등록대상 사건의 판결과 동시에 선고

죄의 처벌 등에 관한 특례법」 제45조제1항은 헌법에 합치되지 아니한다. 위 조항은 2016.12.31.을 시한으로 입법자가 개정할 때까지 계속 적용된다." 2014헌마340 『신상정보 등록기간 헌법불합치 사건』. 그 후 [전문개정 2016.12.20.]을 통해 등록기간을 10~30년으로 구분하여 규정했음.

하여야 한다. 다만, 피고인이 아동·청소년인 경우, 그 밖에 신상정보를 공개하여서는 아니 될 특별한 사정이 있다고 판단하는 경우에는 공개명령을 선고하지 아니한다.

공개명령 및 고지명령의 예외사유로 되어 있는 '피고인이 아동·청소년인 경우'에 해당하는지 여부는 사실심 판결의 선고 시를 기준으로 판단하여야 한다(대법원 판례).

등록정보 공개명령의 대상이 되는 성범죄자는 ① 아동·청소년대상 성폭력범죄를 저지를 자, ② 「성폭력범죄의 처벌 등에 관한 특례법」상의 일정한 범죄를 저지른 자, ③ 위의 ① 또는 ②에 해당하는 죄를 범하였으나 형법 제10조 제1항에 따라 처벌할 수 없는 자로서 위의 ① 또는 ②의 죄를 다시 범할 위험성이 있다고 인정되는 사람이다. 공개명령의 대상이 된 성범죄자에 대하여는 공개정보등록기간 동안 해당 정보를 공개한다.

등록정보의 공개기간은 「형의 실효 등에 관한 법률」 제7조에 따른 기간을 초과하지 못한다. 이에 따라 등록정보의 공개기간은 ① 3년을 초과하는 징역·금고의 경우에는 10년, ② 3년 이하의 징역·금고의 경우에는 5년, ③ 벌금의 경우에는 2년을 초과하지 못한다. 이 규정의 내용은 해당 공개대상자가 공개명령 집행을 기산한 이후에 더 이상 자격정지 이상의 범죄로 인한 형이 확정되지 않아 해당 재판이 실효된 경우에 해당한다. 그러므로 공개기간은 원칙적으로 공개정보의 등록기간 동안이다.

등록정보의 공개기간은 판결이 확정된 때부터 기산한다. 다만, 공개명령을 받은 자가 실형 또는 치료감호를 선고받은 경우에는 그 형 또는 치료감호의 전부 또는 일부의 집행을 종료하거나 집행이 면제된 때부터 기산한다.

공개하도록 제공되는 등록정보는 ① 성명, ② 나이, ③ 주소 및 실제거주지, ④ 신체정보(키와 몸무게), ⑤ 사진, ⑥ 등록대상 성범죄 요지(판결일자, 죄명, 선고형량을 포함한다), ⑦ 성폭력범죄 전과사실(죄명 및 횟수), ⑧ 「전자장치 부착 등에 관한 법률」에 따른 전자장치 부착 여부 등이다.

공개명령은 여성가족부장관이 정보통신망을 이용하여 집행한다. 공개정보를 정보통신망을 이용하여 열람하고자 하는 자는 실명인증 절차를 거쳐야 한다.

(3) 등록정보 고지명령 절차

등록정보 공개대상자 중 일정한 성범죄자에 대해 법원이 판결로 공개명령 기간 동안 일정한 고지정보를 일정한 사람들에 대하여 고자하도록 하는 명령을 '고지명령'이라고 한다.

법원은 등록대상 성범죄 사건의 판결과 동시에 고지명령을 선고하여야 한다. 다만, 피고인이 아동·청소년인 경우, 그 밖에 신상정보를 고지하여서는 아니 될 특별한 사정이 있다고 판단하는 경우에는 고지명령을 선고하지 아니한다.

고지명령은 ① 집행유예를 선고받은 고지대상자는 신상정보 최초 등록일부터 1개월 이내, ② 금고 이상의 실형을 선고받은 고지대상자는 출소 후 거주할 지역에 전입한 날부터 1개월 이내, ③ 고지대상자가 다른 지역으로 전출하는 경우에는 변경정보 등록일부터 1개월 이내에 하여야 한다.

고지명령의 대상이 되는 성범죄자는 ① 아동·청소년대상 성폭력범죄를 저지른 자, ② 「성폭력범죄의 처벌 등에 관한 특례법」상의 일정한 범죄를 저지른 자, ③ 위의 ① 또는 ②의 죄를 범하였으나 형법 제10조 제1항에 따라 처벌할 수 없는 자로서 위의 ① 또는 ②의 죄를 다시 범할 위험성이 있다고 인정되는 자이다.

고지명령에 따라 고지해야 하는 고지정보는 다음과 같다.

① 고지대상자가 이미 거주하고 있거나 전입하는 경우에는 공개명령의 대상인 공개정보

② 고지대상자가 전출하는 경우에는 고지정보와 그 대상자 전출정보이다.

고지정보는 고지대상자가 거주하는 읍·면·동의 아동·청소년 친권자 또는 법정대리인이 있는 가구, 어린이집의 원장, 유치원의 장, 초·중등학교의 장, 읍·면사무소와 동주민자치센터의 장, 학교교과교습학원의 장과 지역아동센터 및 청소년수련시설의 장에게 고지한다.

고지명령의 집행은 여성가족부장관이 한다. 여성가족부장관은 고지정보를 관할구역에 거주하는 아동·청소년의 친권자 또는 법정대리인이 있는 가구, 어린이집의 원장 및 유치원의 장과 초·중등학교의 장, 읍·면사무소와 동 주민자치센터의 장, 학교교과교습학원의 장과 지역아동센터 및 청소년수련시설의 장에 우편으로 송부하고, 읍·면사무소 또는 동 주민자치센터 게시판에 30일간 게시하는 방법으로 고지명령을 집행한다.

여성가족부장관은 고지명령의 집행에 관한 업무 중 우편송부 및 게시판 게시 업무를 고지대상자가 실제 거주하는 읍·면사무소의 장 또는 동 주민자치센터의 장에게 위임할 수 있다. 여성가족부장관의 위임을 받은 읍·면사무소의 장 또는 동 주민자치센터의 장은 우편송부 및 게시판 게시 업무를 집행하여야 한다. 여성가족부장관은 우편송부 및 게시판 게시에 따른 고지 외에도 그 밖의 방법에 의하여 고지명령을 집행할 수 있다.

(4) 취업제한명령

아동·청소년 대상 성범죄뿐만 아니라 성인 대상 성범죄로 형 또는 치료감호를 선고하는 경우, 법원은 판결로 그 형 또는 치료감호의 전부 또는 일부의 집행을 종료하거나 집행이 유예·면제된 날부터 일정기간 동안 아동·청소년 관련 기관 등을 운영하거나 그러한 기관 등에 취업 또는 노무를 제공할 수 없도록 하는 '취업제한명령'을 성범죄사건의 판결과 동시에 선고하여야 한다.

다만, 재범의 위험성이 현저히 낮은 경우나 그 밖에 취업을 제한해서는 아니 되는 특별한 사정이 있는 경우에는 취업제한명령을 선고하지 아니한다. 취업제한명령기간은 10년 이내의 범위에서 정하여 선고해야 한다.

4. 「치료감호 등에 관한 법률」에 의한 치료감호

소아성기호증, 성적가학증 등 성적 성벽(性癖)이라 있는 정신성적 장애인으로서 금고 이상의 형에 해당하는 일정한 성폭력범죄를 지은 자에 대해서는 치료감호가 행해진다. 이 경우 성폭력범죄자에 대한 치료감호기간은 15년이다.

5. 「성폭력범죄자의 성충동 약물치료에 관한 법률」에 의한 약물치료명령

(1) 성충동 약물치료의 특성

「성폭력범죄자의 성충동 약물치료에 관한 법률」은 사람에 대하여 성폭력범죄를 저지른 성도착증 환자로서 성폭력범죄를 다시 범할 위험성이 있다고 인정되는 사람에 대하여 성 충동 약물치료를 실시하여 성폭력범죄의 재범을 방지하고 사회 복귀를 촉진하는 것을 목적으로 하여 제정된 법률이다.

'성 충동 약물치료'란 비정상적인 성적 충동이나 욕구를 억제하기 위한 조치로써 성도착증 환자에게 약물 투여 및 심리치료 등의 방법으로 도착적인 성기능을 일정기간 동안 약화 또는 정상화하는 치료로서, 보안처분의 일종이다. 이처럼 성범죄자의 재범과 성욕을 억제하기 위해 약물을 주입하는 제도를 '화학적 거세'라고도 한다.

성 충동 약물치료는 원칙적으로 형 집행 종료 이후 신체에 영구적인 변화를 초래할 수도 있는 약물의 투여를 피청구자의 동의 없이 강제적으로 상당 기간 실시하게 된다는 점에서 헌법이 보장하고 있는 신체의 자유와 자기결정권에 대한 가장 직접적이고 침익적(侵益的)인 처분에 해당한다(대법원 판례, 2013도 12301). 그러므로 약물치료명령에 의해 기본권을 제한하는 경우에도 기본권의 본질적인 내용을 침해하지 아니할 정도로 최소한으로 하여야 한다.

(2) 약물치료명령의 요건

성 충동 약물치료는 ① 비정상적 성적 충동이나 욕구를 억제하거나 완화하기 위한 것으로서 의학적으로 알려진 것일 것, ② 과도한 신체적 부작용을 초래하지 아니할 것, ③ 의학적으로 알려진 방법대로 시행될 것이라는 세 가지 요건을 모두 갖추어야 허용된다.

성 충동 약물치료 명령의 내용 및 특성과 최소침해성의 원칙(비례성의 원칙) 등을 요건으로 하는 보안처분의 성격 등에 비추어 장기간의 형 집행 및 그에 부수하여 전자장치 부착 등의 처분이 예정된 사람에 대해서는 형 집행 및 전자장치 부착처분에도 불구하고 재범의 방지와 사회복귀의 촉진 및 국민의 보호를 위한 추가적인 조치를 취할 필요성이 인정되는 불가피한 경우에 한하여 치료명령을 부과하여야 한다(대법원 판례).

(3) 약물치료명령의 청구

검사는 사람에 대하여 성폭력범죄를 저지른 성도착증 환자로서 성폭력범죄를 다시 범할 위험성이 있다고 인정되는 19세 이상의 사람에 대하여 약물치료명령을 법원에 청구할 수 있다. 검사는 치료명령 청구대상자에 대하여 정신과 전문의의 진단이나 감정을 받은 후 치료명령을 청구하여야 한다.

치료명령의 요건으로 '성폭력범죄를 다시 범할 위험성'이라 함은 재범할 가능성만으로는 부족하고 피청구자가 장래에 다시 성폭력범죄를 범하여 법적 평온을 깨뜨릴 상당한 개연성을 의미한다.

비록 피청구자가 성도착증 환자로 진단받았다고 하더라고 그러한 사정만으로 바로 피청구자에게 성폭력범죄에 대한 재범의 위험성이 있다고 단정할 것이 아니라, 치료명령의 집행시점에도 여전히 약물치료가 필요할 만큼 피청구자에게 성폭력범죄를 다시 범할 위험성이 있고 피청구자의 동의를 대체할 수 있을 정도의 상당한 필요성이 인정되는 경우에 한하여 비로소 치료명령의 요건을 갖춘 것으로 보아야 한다(대법원 판례).

(4) 약물치료명령의 선고

법원은 치료명령 청구가 이유 있다고 인정하는 때에는 15년의 범위에서 치료기간을 정하여 판결로 치료명령을 선고하여야 한다. 치료명령을 선고받은 사람은 치료기간 동안 「보호관찰 등에 관한 법률」에 따른 보호관찰을 받는다.

치료명령을 받은 사람은 치료기간 동안 「보호관찰 등에 관한 법률」 소정의 준수사항 이외에 다음의 준수사항을 이행하여야 한다. 다시 말해,

1) 보호관찰관의 지시에 따라 성실히 약물치료에 응할 것,
2) 보호관찰관의 지시에 따라 정기적으로 호르몬 수치 검사를 받을 것,
3) 보호관찰관의 지시에 따라 인지행동치료 등 심리치료 프로그램을 성실히 이수할 것 등의 특별준수사항을 이행하여야 한다.

(5) 약물치료명령의 집행 절차

치료명령은 검사의 지휘를 받아 보호관찰관이 집행한다. 치료명령은 「의료법」에 따른 의사의 진단과 처방에 의한 약물 투여, 「정신건강복지법」에 따른 정신보건전문요원 등 전문가에 의한 인지행동 치료 등 심리치료 프로그램의 실시 등의 방법으로 집행한다.

보호관찰관은 치료명령을 받은 사람에게 치료명령을 집행하기 전에 약물치료의 효과, 부작용 및 약물치료의 방법·주기·절차 등에 관하여 충분히 설명하여야 한다.

보호관찰소의 장 또는 치료명령을 받은 사람 및 그 법정대리인은 관할 보호관찰심사위원회에 치료명령의 임시해제를 청구할 수 있다.

(6) 약물치료명령의 종료사유

법원이 선고한 약물치료명령은 다음의 어느 하나에 해당하는 때에 그 집행이 종료된다.

1) 치료기간이 지난 때
2) 치료명령과 함께 선고된 형이 사면되어 그 선고의 효력을 상실하게 된 때
3) 치료명령이 임시해제된 사람이 그 임시해제가 취소됨이 없이 잔여 치료기간을 지난 때

(7) 성폭력 수형자에 대한 치료명령 청구

검사는 사람에 대하여 성폭력범죄를 저질러 징역형 이상의 형이 확정되었으나, 재판단계에서 치료명령이 선고되지 아니한 수형자 중 성도착증 환자로서 성폭력범죄를 다시 범할 위험성이 인정되고 약물치료를 받는 것을 동의하는 사람에 대하여 관할 지방법원에 치료명령을 청구할 수 있다. 이 청구가 이유 있다고 인정하는 경

우에는 법원을 '결정'으로 치료명령을 고지하여야 한다. 이 경우 '판결'로 선고된 고지명령과 달리 대상자의 동의가 있어야 청구할 수 있고, 치료비용도 치료명령을 받은 사람이 부담하여야 한다. 다만, 치료비용을 부담할 경제적 능력이 없는 경우에는 국가가 비용을 부담할 수 있다.

(8) 가종료·치료위탁된 자에 대한 약물치료명령

「치료감호 등에 관한 법률」 상의 치료감호심의위원회는 성폭력범죄자 중 성도착증환자로서 치료감호의 집행 중 가종료 또는 치료위탁되는 피치료감호자나 보호감호 집행 중 가출소되는 피보호감호자에 대하여 보호관찰 기간의 범위 내에서 치료명령을 부과할 수 있다.

6. 「전자장치 부착 등에 관한 법률」에 의한 전자장치 부착명령 및 보호관찰명령

검사는 일정한 성범죄자로서 성폭력범죄를 다시 범할 위험성이 있다고 인정되는 사람에 대하여 '전자장치를 부착하도록 하는 명령'을 법원에 청구할 수 있다.

또한 검사는 성폭력범죄를 저지른 사람으로서 성폭력범죄를 다시 범할 위험성이 있다고 인정되는 사람에 대하여 형의 집행이 종료한 때부터 「보호관찰 등에 관한 법률」에 따른 '보호관찰'을 받도록 보호관찰명령을 법원에 청구할 수 있다.

색인

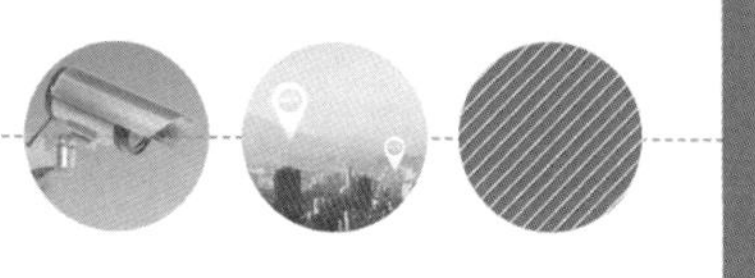

인명색인

ㅌ

ㅍ

ㅎ

내용색인

ㄴ

ㄷ

ㅅ

ㅇ

ㅈ

ㅊ

ㅋ

ㅌ

ㅍ

ㅎ

주요 참고문헌

Akers/sellers/Jennings, Criminological Theories, 7th. ed.(민수홍 외 역, 범죄학이론, 2017)
Beccaria, C., Delitti e delle Pene(한인섭 신역, 범죄와 형벌, 2018)
Brown/Esbensen/Geis, Criminology, 8th. ed (황의갑 외 역, 범죄학, 2015)
Durkheim, E., De la division du travail social(임희섭 역, 사회분업론, 1990)
Durkheim, E., Le suicide (황보종우 역, 자살론, 2019)
Foucault, M., Surveiller et punir(오생근 역, 감시와 처벌 - 감옥의 역사, 1994)
Hassemer, W., Warum Strafe sein muss, Ein Plädoyer, 2009 (배종대/윤재왕 역, 범죄와 형벌, 2011)
Kaufmann, Arthur, Rechtsphilosophie(김영환 역, 법철학, 2006)
Kohlberg, L., The Psychology of Moral Development(김민남 외 역, 도덕발달의 심리학, 2001)
Lilly/Cullen/Ball, Criminological Theory(이순래 외 역, 범죄학 이론, 2017)
Lombroso., C., Criminal Man(이경재 역, 범죄인의 탄생, 2010)
Lynch/Michalowski/Groves, The New Primer in Radical Criminology: Critical Perspctives on Crime, Power and Identity(이경재 역, 자본주의 사회의 범죄와 형벌, 급진범죄학의 분석, 2004)
Newman, G., The Punichment Response(이경재 역, 서양형벌사, 1997)
Pelfrey, W, V., The Evolution of Criminology(이경재 역, 범죄학 입문, 1996)
Radbruch, G., Rechtsphilosophie(Hrsg. v. Wolf/Schneider), 8, Aufl., 1973(최종고 역, 법철학, 2007)
Siegel, J., Criminology. Theories, Patterns and Typologies(이민식 외 역, 범죄학: 이론과 유형, 2012)
Slater, L., Opening Skinner's Box(조증열 역, 스키너의 심리상자 열기, 2005)
Tarde, G., Les lois de l'imitation(이상률 역, 모방의 법칙, 2012)
Vold/Bernard/Snipes, Theoretical Criminology(이순래 외 역, 범죄학이론, 2000)
Zipf, H., Kriminalpolitik(김영환 외 역, 형사정책, 1993)

금용명/장응혁/안성훈 역, 일본의 형사정책, 2020
김미숙 외 역, 앤서니 기든스/필립 서튼 지음, 현대사회학, 8th, 2019
김일수/서보학, 새로운 형법총론, 2018
박상기/손동권/이순래, 형사정책, 2010
배종대, 형사정책, 2003
배종대/홍영기, 형사정책, 2019
손진 역, 하워드 제어 지음, 회복적 정의란 무엇인가?, 2015
송광섭, 범죄학과 형사정책, 1999
송봉규/유동겸 역, 래퍼(N. Raffer) 외 지음, 범죄자의 뇌, 2020
신동운, 형법총론, 2015

신동운, 신형사소송법, 2017
신진규, 범죄학겸 형사정책, 1995
심희기 외, 현대 한국의 범죄와 형벌, 2020
오영근, 형법총론, 2019
이명석 역, 프로이트의 정신분석입문, 1997
이윤호, 형사정책, 1996
이윤호, 범죄학, 2021
이윤호, 피해자학, 2017
이윤호, 범죄심리학, 2015
이윤호, 교정학, 2021
이은모/김정환, 형사소송법, 2019
이재상/장영민/강동범, 형법총론, 2019
이재상/조균석, 형사소송법, 2019
이주원, 형사소송법, 2020
정영석/신양균, 형사정책, 1997
정승환, 형사소송법, 2018
조응경/황정아 역, 로버트 D. 헤어 지음, 진단명: 사이코패스(PSYCHOPATH)
최재천/장대익 역, 에드워드 윌슨의 지식의 대통합 「통섭」, 2007
한성자 역, 아들러(Alfred Adler) 인생방법 심리학, 2017
허경미, 피해자학, 2017
허경미, 범죄학, 2020
홍영남/이상임 역, 리처드 도킨스 지음, 이기적 유전자, 2018

저자 소개

김옥현은 고려대학교 법학과를 졸업하고 1996년 사법시험 형사정책 기본서 「신경향 형사정책」(법학사)을 저술하여 고려대학교 사법시험 형사정책강의를 시작한 후 「쉽게 풀어쓴 형사정책학」(고시연구사), 「객관식 형사정책」(배종대 교수 공동저술, 홍문사)을 연구·저술하였고, 태학관 법정연구회·춘추관법정연구회·한국법학원과 연세대학교·서강대학교·성균관대학교·경희대학교·중앙대학교 등에서 20년간 사법시험 형사정책강의를 하였다.

1999년부터 경찰대학교 부설 경찰수사보안연수소 연구위원·겸임교수를 맡아 로널드 L. 에이커스의 「Criminological Theories」를 중점연구하면서 이스턴 코네티컷대학 루고(William Lugo) 교수, 노스캐롤라이나 주립대학 티틀(Charles Tittle) 교수 등과 학술 교류 연구하며 미국 범죄학(Criminology)을 경찰간부교육과 범죄정책개발에 접목하며 범죄학·형사정책·교정학을 연구하여 왔다.

교정학·범죄학 연구 저술로는 「쉽게 풀어쓴 교정학」(고시연구사), 「맥 교정학」(서울고시각), 「쉽게 풀어쓴 김옥현 교정학」(훈민정음), 「경찰을 위한 범죄학」(박영사) 등이 있다.

현재 사단법인 한중문자교류협회 이사장을 맡아 중국교육부와 공동으로 한중 문자·문화 교류 교육사업을 펼치고 있고, 공단기·법검단기에서 교정직 교정학 강의와 프라임법학원에서 경찰간부 후보생 선발시험 범죄학 강의를 하고 있다.

경찰을 위한 **범죄학**

초판발행 2021년 3월 5일
초판2쇄 발행 2021년 6월 10일

지은이 김옥현
펴낸이 안종만·안상준

편 집 김보라
기획/마케팅 조성호
표지디자인 조아라
제 작 고철민·조영환

펴낸곳 (주)박영사
서울특별시 금천구 가산디지털2로 53, 210호(가산동, 한라시그마밸리)
등록 1959. 3. 11. 제300-1959-1호(倫)
전 화 02)733-6771
f a x 02)736-4818
e-mail pys@pybook.co.kr
homepage www.pybook.co.kr
ISBN 979-11-303-1174-6 93350

정 가 28,000원